Dirk Petter

Auf dem Weg zur Normalität

Pariser Historische Studien

Herausgegeben vom
Deutschen Historischen Institut Paris

Band 103

Dirk Petter

Auf dem Weg zur Normalität

Konflikt und Verständigung in den
deutsch-französischen Beziehungen
der 1970er Jahre

DE GRUYTER
OLDENBOURG

Pariser Historische Studien

Herausgeber: Prof. Dr. Thomas Maissen
Redaktion: Veronika Vollmer
Anschrift: Deutsches Historisches Institut (Institut historique allemand)
Hôtel Duret-de-Chevry, 8, rue du Parc-Royal, F-75003 Paris

Bibliografische Information der Deutschen Nationalbibliothek
Die Deutsche Nationalbibliothek verzeichnet diese Publikation in der Deutschen Natio-
nalbibliografie; detaillierte bibliografische Daten sind im Internet über http://dnb.dnb.de
abrufbar.

Library of Congress Cataloging-in-Publication Data
A CIP catalog record for this book has been applied for at the Library of Congress.

© 2014 Oldenbourg Wissenschaftsverlag GmbH
Rosenheimer Straße 143, 81671 München, Deutschland
www.degruyter.com
Ein Unternehmen von De Gruyter

Lektorat: Dr. Ulrike Voigt, Stuttgart
Titelbild: Bundeskanzler Helmut Schmidt empfängt Frankreichs Präsidenten Valéry Gis-
card d'Estaing auf dem Flughafen Hamburg-Fuhlsbüttel vor der Frachthalle, 5. Juli 1976
© Bundesregierung/Engelbert Reineke

Gedruckt in Deutschland

Dieses Papier ist alterungsbeständig nach DIN/ISO 9706.

ISBN 978-3-486-76386-7
eISBN 978-3-486-78032-1

Inhaltsverzeichnis

Dank und Dedikation

Bei der vorliegenden Arbeit handelt es sich um die geringfügig überarbeitete Fassung meiner Dissertation, die im Wintersemester 2011/2012 an der Philosophischen Fakultät der Christian-Albrechts-Universität zu Kiel eingereicht wurde. Die Entstehung dieses Buches wäre nicht möglich gewesen ohne die vielfältige Hilfe und Unterstützung, die mir in den vergangenen Jahren zuteil wurde. Hierfür möchte ich im Folgenden danken.

Zuerst sei mein akademischer Lehrer Prof. Dr. Christoph Cornelißen genannt, der die Arbeit von Beginn an fachkundig betreut und mich darüber hinaus in jeglicher Hinsicht gefördert hat. Das von ihm geleitete Oberseminar am Kieler Lehrstuhl für Neuere und Neueste Geschichte bot mir in regelmäßigen Abständen einen Rahmen, um mein laufendes Forschungsprojekt zur Diskussion zu stellen. Gerade die Anregungen aus diesem Kreise haben sich für mein Vorhaben als richtungsweisend erwiesen. Ferner danke ich Prof. Dr. Birgit Aschmann, die meinen wissenschaftlichen Werdegang freundschaftlich begleitet hat und mir bei zahlreichen Fragen mit ihrem Rat zur Seite stand. Prof. Dr. Volker Seresse gilt mein Dank für die Übernahme des Zweitgutachtens und die damit verbundenen wertvollen Denkanstöße. Prof. Dr. Hans Manfred Bock danke ich für konstruktive Anregungen vor allem in der Anfangsphase der Arbeit. Maßgeblich zum Gelingen dieser Dissertation haben zudem Prof. Dr. Corine Defrance und Prof. Dr. Ulrich Pfeil beigetragen. Ihnen verdanke ich nicht nur die Einführung in die deutsch-französische Wissenschaftslandschaft, sondern ebenso zahlreiche praktische wie inhaltliche Hinweise. Nicht zuletzt war für mich die Teilnahme an dem von ihnen mitinitiierten Nachwuchsforscherprogramm »Le rôle des sociétés civiles dans les processus de rapprochement et de réconciliation France/Allemagne et Grèce/Turquie«, das zwischen 2009 und 2011 in Athen, Istanbul, Mainz und Metz stattfand, äußerst gewinnbringend. Für das gründliche Korrekturlesen des Dissertationsmanuskripts danke ich Sven Hamann, Dr. Carsten Mish und Merle Zeigerer, die meiner Bitte trotz vieler anderweitiger Verpflichtungen nachgekommen sind.

Im Hinblick auf die Quellenrecherchen zu dieser Arbeit bin ich vor allem den deutsch-französischen Organisationen zu Dank verpflichtet, die ihre privaten Archive für meine Forschungen geöffnet haben. Es sind dies das Bureau international de liaison et de documentation, die Deutsch-Französische Gesellschaft »Cluny« Hamburg, das Deutsch-Französische Institut in Ludwigsburg, die Deutsche Auslandsgesellschaft und die Vereinigung Deutsch-Französischer Gesellschaften für Europa. Auch dem Deutschen Akademischen Austauschdienst nebst seiner Pariser Außenstelle und dem Zentrum für Zeitgeschichte von Bildung und Wissenschaft an der Universität Hannover bin ich für die Gewährung von Einsicht in die bei ihnen verwahrten Unterlagen dankbar. Stellvertretend für die kompetente Beratung und Hilfestellung, die ich von Seiten zahlreicher Archivarinnen und Archivare in Frankreich wie in Deutschland erfahren habe, möchte ich Alexandre Cojannot (Archives diplomatiques La Courneuve), Pascal Geneste (Archives nationales Paris) und Dr. Elke Hauschildt (Bundesarchiv Koblenz) meinen Dank aussprechen. Den notwendigen Freiraum zu konzentriertem Forschen hat mir die Studienstiftung des deutschen Volkes eröffnet. Neben der finanziellen Unterstützung durch die Promotionsförderung bot sie mir ein äußerst anregendes geistiges Umfeld. Für die Gewährung eines zweimonatigen Forschungsstipendiums und vor allem für die Aufnahme meiner Dissertation in die Reihe der Pariser Historischen Studien danke ich dem Deutschen Historischen Institut Paris, namentlich Prof. Dr. Gudrun Gersmann und Dr. Stefan Martens. Für das ebenso umsichtige wie sorgfältige Lektorat sei Dr. Ulrike Voigt und Veronika Vollmer sehr herzlich gedankt.

Zu guter Letzt möchte ich meiner Familie danken. Sanna hat mir mit ihrer Liebe und ihrem Glauben an mich und mein Tun über so manche Promotionskrise hinweggeholfen und damit ganz wesentlich dazu beigetragen, dass diese Arbeit gelingen konnte. Meine Eltern haben mich meinen Weg gehen lassen und mich unterstützt, solange ich denken kann. Ihnen ist dieses Buch gewidmet.

Braunschweig und Marburg im Oktober 2013   Dirk Petter

1. Einleitung

1.1 Einführung und Fragestellung

Im Juli 1982 herrschte Krieg zwischen Frankreich und Deutschland. So jedenfalls formulierte es eine markige Schlagzeile der französischen Wochenzeitschrift »Paris Match«[1]. In den ersten Zeilen des dazugehörigen Artikels hieß es unmissverständlich: »Tout est guerre. De 1914 et de 1940. De 1982, où, pour la troisième fois en un siècle, la France rencontrait l'Allemagne dans un match capital et sur le champ de bataille de Séville«[2]. Auf dem hier erwähnten »Schlachtfeld von Sevilla« hatten sich jedoch nicht die Armeen, sondern lediglich die Fußballnationalmannschaften beider Länder gegenübergestanden, die im Rahmen des Halbfinales der in Spanien ausgetragenen Weltmeisterschaft aufeinandergetroffen waren. Erhitzt hatte die Gemüter in diesem Zusammenhang insbesondere ein Foul des deutschen Torwarts Harald »Toni« Schumacher an seinem Gegenspieler Patrick Battiston, der anschließend minutenlang um sein Bewusstsein hatte ringen müssen, während die westdeutsche Auswahl siegreich in das Endspiel des Turniers einzogen war[3]. Angesichts dieser auch jenseits des Spielfelds für Aufsehen sorgenden Geschehnisse hatte Bundeskanzler Helmut Schmidt bereits am Tag nach dem sportlichen Wettkampf in einem Telegramm an Staatspräsident François Mitterrand seine Anteilnahme an der Niederlage der französischen Equipe bekundet: »Das Gottesurteil, das jedem Zweikampf getreu den klassischen Mythen eigen ist, hat gewollt, daß das Glück im Spiel auf die deutsche Seite fiel. Wir fühlen mit den Franzosen, die den Sieg ebenso verdient hatten wie wir«[4].

---

[1] Das Wochenblatt »Paris Match«, welches Elemente eines Nachrichtenmagazins mit Anleihen aus dem Boulevardjournalismus kombiniert, erreichte in der zweiten Hälfte der 1970er Jahre eine Auflage von knapp 600 000 Exemplaren, siehe hierzu Pierre ALBERT, La presse française, Paris 1979, S. 114.

[2] Jean CAU, Les grands moments d'un match historique. Pourqoui nous avons perdu la 3^e guerre franco-allemande, in: Paris Match, 23.07.1982, S. 58.

[3] Vgl. Florent GOUGOU, Sport, in: Astrid KUFER, Isabelle GUINAUDEAU, Christophe PREMAT (Hg.), Handwörterbuch der deutsch-französischen Beziehungen, Baden-Baden 2009, S. 175–177; Ingo KOLBOOM, Deutschlandbilder der Franzosen: Der Tod des »Dauerdeutschen«, in: Günter TRAUTMANN (Hg.), Die hässlichen Deutschen? Deutschland im Spiegel der westlichen und östlichen Nachbarn, Darmstadt 1991, S. 212–243, hier S. 213.

[4] Telegramm Bundeskanzler Helmut Schmidts an Staatspräsident François Mitterrand vom 9. Juli 1982, zitiert nach: XII. Fußball-Weltmeisterschaft, in: Die Welt, 10.07.1982, S. 15.

Diese offizielle Geste deutschen Mitgefühls vermochte es indes nicht, die französischen Pressekommentare in den Tagen und Wochen nach dem Aufeinandertreffen von Sevilla zu besänftigen. In der von Kriegsvokabular und Reminiszenzen an vergangene deutsch-französische Konflikte geprägten Berichterstattung erschien die Mannschaft der Bundesrepublik, wie »Le Monde« schrieb, als »grosse armée en campagne«[5], die mit brachialer deutscher Kraft die Oberhand über französische Leichtigkeit und Fantasie behalten habe[6]. Sinnbild des brutalen Deutschen war für die französischen Zeitungen Tormann Harald Schumacher, der in Reaktion auf das Fußballspiel Schmähbriefe aus Frankreich erhielt, in denen sein unsportliches Verhalten gar in die Nähe der nationalsozialistischen Gewaltpraktiken des Zweiten Weltkriegs gerückt wurde[7]. Beunruhigt über diese plötzliche Wiederbelebung von bereits seit langem überwunden geglaubten Ressentiments im Nachbarland konstatierte »Die Zeit«: »Und mit einem Male waren sie alle wieder da, die alten Vorurteile, die alten bösen Bilder von der deutschen Kampfmaschine, der Dampfwalze, dem finsteren Adler. [...] Aus Anlaß der Ereignisse bei dieser Fußball-Weltmeisterschaft hat man den ›häßlichen Deutschen‹ wiederentdeckt«[8].

In ähnlicher Weise besorgt, fragte der Koordinator der Bundesregierung für die deutsch-französische Zusammenarbeit, Paul Frank, in einer Rede vom September 1982, ob »das schlimme Zerrbild des deutschen ›Boche‹« im Begriff sei, wieder Einzug zu halten in die Meinungsbildung der Franzosen über die Deutschen: »Wenn eine solche Entwicklung eintreten sollte, wäre das überaus schlimm. Der so notwendigen gemeinsamen Politik der beiden Länder würde der Boden entzogen«[9]. Für Frank zeigten Ereignisse wie die öffentlichen Auseinandersetzungen infolge des Halbfinales von Sevilla, dass im deutsch-französischen Verhältnis »das Vertrauen und die Freundschaft zum jeweils anderen Volk noch eine dünne Decke bildet«[10], die nur in Maßen belastbar sei.

---

[5] Pierre GEORGES, RFA-France: 120 minutes exceptionnelles, in: Le Monde, 10.07.1982, S. 10.

[6] Vgl. Thomas KELLER, Das Spiel – le match oder Krieg der Vorurteile, in: Informationen Deutsch als Fremdsprache 10/1 (1983), S. 16–27.

[7] Siehe Kathrin ENGEL, Stars ohne Grenzen, in: Vis-à-vis: Deutschland und Frankreich, hg. v. Haus der Geschichte der Bundesrepublik Deutschland, Köln 1998, S. 159–168, hier S. 163f.; Ingo KOLBOOM, Das Bild vom Nachbarn: Zur Rolle nationaler Klischees in der Entwicklung der deutsch-französischen Beziehungen am Beispiel französischer Deutschlandbilder, in: Französisch heute 24/1 (1993), S. 1–15, hier S. 2.

[8] Aloys BEHLER, Aufstand der wunden Seelen. Wie die Deutschen Zweite wurden, in: Die Zeit, 16.07.1982, S. 38.

[9] Die Bundesrepublik Deutschland und Frankreich bilden eine Schicksalsgemeinschaft. Rede des Koordinators für die deutsch-französische Zusammenarbeit, Paul Frank, am 6. September 1982, in: Bulletin des Presse- und Informationsamtes der Bundesregierung 82 (1982), S. 738.

[10] Ibid., S. 737.

Mit dieser Einschätzung stand der Koordinator für die deutsch-französische Zusammenarbeit im Zeitraum zwischen ausgehenden 1970er und beginnenden 1980er Jahren nicht alleine da. Bereits im Juli 1979 hatte der französische Botschafter Jean-Pierre Brunet aus Bonn an den Quai d'Orsay berichtet: »Il faut cependant bien avoir conscience du caractère encore fragile de notre rapprochement. Les anciennes méfiances n'ont pas disparu et il suffit quelquefois d'un incident [...] affectant les deux pays pour que le passé résurgisse, avec son cortège de préjugés, de préventions et d'idées reçues«[11]. Und auch aus Sicht des Pariser Außenministeriums waren die Beziehungen zwischen Deutschen und Franzosen zu Beginn des Jahres 1980 nicht mehr als eine »amitié imparfaite«[12], bestimmt durch fortbestehendes Unverständnis gegenüber dem jeweiligen Nachbarland und tief verankerte Stereotype. In Frankreich genüge das geringste Vorkommnis, um die latent vorhandenen Ängste vor Deutschland wiederzuerwecken, wie es dort hieß[13].

Gewiss: Die Kooperation zwischen den Regierungen stand auf einem soliden Fundament und funktionierte zumindest weitgehend reibungslos, sei es im außenpolitischen, wirtschaftlichen oder militärischen Bereich. Dies wurde nach außen vor allem durch das vielerorts inszenierte Vertrauensverhältnis zwischen Helmut Schmidt und Valéry Giscard d'Estaing versinnbildlicht[14], aber auch interne Bewertungen aus dem Umfeld der zuständigen Ministerien, Botschaften und weiterer staatlicher Organe teilten diese Auffassung[15]. Von einer »entente étroite«[16] in den Regierungsbeziehungen ist dort gar die Rede. Doch wie war es um die so viel beschworene deutsch-französische Freundschaft auf Ebene der Bevölkerungen bestellt, wenn noch fast vierzig Jahre nach dem Ende des Zweiten Weltkriegs und nahezu zwanzig Jahre nach Abschluss des Élysée-Vertrags ein Fußballspiel und seine medialen Nachwirkungen ausreichten, um zu einem Wiederaufleben alter Erbfeindrhetorik zu führen?

---

[11] AMAE Paris-La Courneuve, Europe, RFA 1976–1980, Bd. 3999, Telegramm des französischen Botschafters in Bonn, Jean-Pierre Brunet, an das französische Außenministerium vom 19. Juli 1979, S. 4.

[12] AMAE Paris-La Courneuve, Europe, RFA 1976–1980, Bd. 3999, Vermerk der Sousdirection d'Europe centrale bezüglich der deutsch-französischen Zusammenarbeit vom 25. Februar 1980, S. 14.

[13] Siehe ibid.

[14] So etwa im Rahmen des Besuchs von Valéry Giscard d'Estaing in Helmut Schmidts Privathaus in Hamburg im Juli 1976 oder im Zuge des informellen Treffens zwischen Bundeskanzler und Staatspräsident in einem Wirtshaus im elsässischen Blaesheim im Juli 1977, vgl. Klaus Peter SCHMID, Liebesmahl des Kanzlers für Giscard, in: Die Zeit, 09.07.1976, S. 2 und Jürgen LEINEMANN, »Willst du den Herren Sauerkraut servieren?«, in: Der Spiegel, 25.07.1977, S. 24f.

[15] Vgl. zum Beispiel PA-AA, Auslandsvertretungen, Botschaft Paris, Bd. 13523, Schreiben des deutschen Botschafters in Paris, Axel Herbst, an das Auswärtige Amt vom 4. Januar 1979, S. 1, wo die Zusammenarbeit als »sehr positiv« bewertet wird.

[16] AMAE, Paris-La Courneuve, Europe, RFA 1976–1980, Bd. 4011, Vermerk der Sousdirection d'Europe centrale betreffend »La RFA au printemps 1979« vom 14. Juni 1979, S. 6.

Nun sind ein Sportereignis und die hierdurch ausgelösten Emotionen für sich genommen noch kein Indikator, um Rückschlüsse auf das deutsch-französische Verhältnis zu ziehen. Erweitert man jedoch den Blickwinkel und betrachtet die Debatten vom Juli 1982 als Element einer Reihe von zunehmend intensiver hervortretenden, öffentlich ausgetragenen Auseinandersetzungen zwischen beiden Ländern seit Beginn der 1970er Jahre, offenbart sich ein größerer Kontext. Die französischen Reaktionen auf die Begegnung von Sevilla erscheinen hierin als mögliche Ausdrucksform einer noch immer belasteten Freundschaft zwischen Deutschen und Franzosen, als Charakteristikum jener »amitié imparfaite«, die auf Seiten der Außenministerien und Botschaften mit Sorge beobachtet wurde. Dabei hatten in den Jahrzehnten, die auf den Zweiten Weltkrieg folgten, diverse westdeutsche und französische Regierungen mit großer Beständigkeit Annäherung und Aussöhnung gerade zwischen den Bevölkerungen zu vorrangigen Zielen ihres politischen Handelns erklärt.

Symptomatisch ist in dieser Hinsicht die dem deutsch-französischen Vertrag vorangehende gemeinsame Erklärung Konrad Adenauers und Charles de Gaulles vom Januar 1963. Dort wird der Anspruch formuliert, der Vertragsschluss besiegele »die Versöhnung zwischen dem deutschen und dem französischen Volk«, beende eine »Jahrhunderte alte Rivalität« und sorge somit dafür, dass das »Verhältnis der beiden Völker von Grund auf neugestaltet« werde[17]. Bekenntnisse ähnlichen Inhalts und ähnlicher Zielrichtung finden sich auch in offiziellen Verlautbarungen der darauffolgenden Jahre in steter Regelmäßigkeit wieder. So sprach Ludwig Erhard 1965 etwa von dem geschichtlichen Auftrag, »die Versöhnung zwischen unseren beiden Völkern weiterzuführen«[18]. 1973 berief sich Willy Brandt ausdrücklich auf das von de Gaulle und Adenauer geschaffene »Werk der Aussöhnung« und erklärte, er betrachte dies als »ein Vermächtnis, das weiterzuführen zu den ersten Aufgaben jeder deutschen Regierung gehört«[19]. 1976 betonte auch Valéry Giscard d'Estaing, dass nichts für den Fortschritt Europas kostbarer, nichts unerlässlicher sei, als »ein gutes Einvernehmen zwischen dem deutschen Volk und dem französischen Volk«[20]. In all den angeführten Stellungnahmen kommt der Anspruch zum Ausdruck, neben der Etablierung einer

[17] Gemeinsame Erklärung Bundeskanzler Adenauers und Staatspräsident de Gaulles zum deutsch-französischen Vertrag vom 22. Januar 1963, in: Bundesgesetzblatt 1963, Teil II, S. 706.
[18] Tischrede von Bundeskanzler Erhard beim Abendessen für Staatspräsident de Gaulle anlässlich des deutsch-französischen Gipfeltreffens am 11. Juni 1965, in: Adolf KIMMEL, Pierre JARDIN (Hg.), Die deutsch-französischen Beziehungen seit 1963. Eine Dokumentation, Opladen 2002, S. 121.
[19] Erwiderung Bundeskanzler Brandts auf die Tischrede Staatspräsident Pompidous im Rahmen des deutsch-französischen Gipfeltreffens am 25. Januar 1971, in: Bulletin des Presse- und Informationsamtes der Bundesregierung 10 (1971), S. 84.
[20] Tischrede Staatspräsident Giscard d'Estaings im Rahmen des deutsch-französischen Gipfeltreffens am 6. Juli 1976, in: Bulletin des Presse- und Informationsamtes der Bundesregierung 86 (1976), S. 805f.

konsensorientierten politischen Zusammenarbeit auch die Menschen beider Länder miteinander zu verbinden. Verständigung zwischen Deutschen und Franzosen sollte auf einer ganz elementaren Ebene bewirkt werden. Nicht zuletzt dieser Anspruch ist es, welcher der Frage nach der Substanz deutsch-französischer Völkerfreundschaft ihre Berechtigung verleiht.

In der geschichtswissenschaftlichen Forschung gelten zumindest die 1960er Jahre als Zeit einer verstärkten Annäherung im Bereich der Bevölkerungen. Der Einschätzung des Freiburger Historikers Hans Fenske zufolge ist der Abschnitt als Epoche einer »Aussöhnung im vollen Sinne, als innere Wandlung, getragen von einem soliden Fundament in den öffentlichen Meinungen«[21] zu bezeichnen. Als Beginn einer Phase beschleunigter gesellschaftlicher Annäherung zwischen Frankreich und Westdeutschland hat auch der Berliner Sozialhistoriker Hartmut Kaelble diese Dekade aufgefasst[22]. Im Verlaufe der 1960er Jahre sei es, wie der Tübinger Frankreichforscher Ansbert Baumann urteilt, begünstigt durch die Bestimmungen des Élysée-Vertrags, zu einem Einstellungswandel gekommen, der die Grundlage für eine »Begegnung der Völker« beiderseits des Rheins geschaffen habe[23]. Der Prozess der deutsch-französischen Aussöhnung, so schließlich die Ansicht des französischen Historikers Cyril Buffet, habe in diesem Jahrzehnt die Mentalität von Franzosen und Deutschen geradezu durchdrungen[24].

Demnach hatte der Gedanke der Versöhnung während der 1960er Jahre auf Ebene der Bevölkerungen Fuß gefasst. Darüber hinaus war, wie bereits angeklungen, auf Seiten der Regierungen eine mit Beständigkeit und Nachdruck vorgetragene politische Intention vorhanden, diese Entwicklung nicht nur unterstützend zu begleiten, sondern aktiv zu steuern. In Anbetracht dieser augenscheinlich günstigen Vorzeichen drängt sich umso mehr die Frage auf, mit welchen Ursachen und Hintergründen die öffentlichen deutsch-französischen Zerwürfnisse zu erklären sind, die seit den frühen 1970er Jahren zunehmend häufiger auftraten, Zweifel an einem allzu geradlinig zugeschnittenen Versöhnungsschema aufwerfen und in deren Abfolge sich auch die Auseinandersetzungen vom Juli 1982 einordnen lassen. War die »menschliche

---

[21] Hans Fenske, Nachbarn – Erbfeinde – Freunde. Zu den Schwierigkeiten der deutsch-französischen Beziehungen seit dem 17. Jahrhundert, in: Jahrbuch für westdeutsche Landesgeschichte 17 (1991), S. 263–298, hier S. 295.

[22] Siehe Hartmut Kaelble, Die sozialen und kulturellen Beziehungen Frankreichs und Deutschlands seit 1945, in: Aus Politik und Zeitgeschichte 3–4 (2003), S. 40–46, hier S. 43–45.

[23] Siehe Ansbert Baumann, Begegnung der Völker? Der Élysée-Vertrag und die Bundesrepublik Deutschland. Deutsch-französische Kulturpolitik von 1963 bis 1969, Frankfurt a.M. u. a. 2003.

[24] Siehe Cyril Buffet, La sage aventure. Les conditions de la réconciliation franco-allemande 1944–1963, in: Stephen A. Schuker (Hg.), Deutschland und Frankreich. Vom Konflikt zur Aussöhnung. Die Gestaltung der westeuropäischen Sicherheit 1914–1963, München 2000, S. 249–268, hier S. 266–268.

Infrastruktur«[25], welche die Annäherung zwischen beiden Ländern noch in den 1960er Jahren gestützt hatte, ein gutes Jahrzehnt später bereits instabil geworden?

Um diesem Problem auf den Grund gehen zu können, liegt es nahe, den bislang wenig untersuchten Zeitraum zwischen den späten 1960er und beginnenden 1980er Jahren in den Mittelpunkt des Forschungsinteresses zu rücken. Damit gerät, wie schon angedeutet, ein zeitgeschichtlicher Abschnitt in den Blick, innerhalb dessen das »Wunder unserer Zeit«[26] seine mirakulöse Ausstrahlungskraft, die sich zu großen Teilen aus dem Versöhnungsenthusiasmus der Nachkriegsjahre speiste, nach und nach zu verlieren schien. Die in den 1950er und 1960er Jahren zu einiger Verbreitung gelangte Idee einer besonderen deutsch-französischen Freundschaft hatte ihre Alltagstauglichkeit fortan in zuweilen wenig freundschaftlichen Auseinandersetzungen unter Beweis zu stellen. Das deutsch-französische Verhältnis[27] soll somit in einer Phase beleuchtet werden, in welcher die gesellschaftliche Verankerung des Aussöhnungsgedankens einem tief greifenden Wandel unterlag und sein emotionales Fundament von ersten Rissen durchzogen wurde. Dabei liegt der Fokus der Arbeit ausdrücklich nicht auf bilateralen Aushandlungsvorgängen in einzelnen Politikfeldern, die im Rahmen der Regierungskooperation zwischen Frankreich und der Bundesrepublik in den 1970er Jahren von Relevanz waren, wie etwa den Fragen der Wirtschafts- und Energiepolitik, der Finanz- und Währungspolitik oder der technischen Zusammenarbeit. Die Betrachtung hat auch nicht oder nur am Rande zum Ziel, die deutsch-französischen Beziehungen in ihren multilateralen Kontexten wie der europäischen Integration oder dem Ost-West-Konflikt zu verorten. Diese Themenkomplexe sind ohne Zweifel von wesentlicher Bedeutung für das Verständnis einer »deutsch-französischen Geschichte«[28] der zweiten Hälfte

[25] Alfred GROSSER, Frankreich und Deutschland. Freundschaftliche Bindungen und unterschiedliche Interessen, in: Aus Politik und Zeitgeschichte 48 (1965), S. 3–11, hier S. 3.

[26] So das Diktum Staatspräsident de Gaulles bezüglich der Entwicklung der Beziehungen zwischen Deutschen und Franzosen nach dem Zweiten Weltkrieg, zitiert nach Horst MÖLLER, Klaus HILDEBRAND (Hg.), Die Bundesrepublik Deutschland und Frankreich. Dokumente 1949–1963, Bd. 3: Parteien, Öffentlichkeit, Kultur, bearb. v. Herbert ELZER, München 1997, S. 1; vgl. auch Ulrich LAPPENKÜPER, »Wunder unserer Zeit«. Konrad Adenauer und die Versöhnung mit Frankreich (1949–1963), in: Jürgen ARETZ, Günter BUCHSTAB, Jörg-Dieter GAUGER (Hg.), Geschichtsbilder: Weichenstellungen deutscher Geschichte nach 1945, Freiburg 2003, S. 71–85.

[27] »Deutsch-französisch« meint hier und im Folgenden Beziehungen zwischen Frankreich und der Bundesrepublik Deutschland unter Ausschluss der DDR; zum Verhältnis zwischen Frankreich und der DDR in den 1970er Jahren vgl. Ulrich PFEIL, Die »anderen« deutsch-französischen Beziehungen. Die DDR und Frankreich 1949–1990, Köln u. a. 2004; Christian WENKEL, Entre normalisation et continuité. La politique étrangère de la France face à la RDA, in: Francia 36 (2009), S. 231–249.

[28] Vgl. die auf insgesamt 11 Bände angelegte und im Namen des Deutschen Historischen Instituts Paris herausgegebene deutsch-französische Geschichte, hier zum Zeitraum nach 1945 bes. Corine DEFRANCE, Ulrich PFEIL, Eine Nachkriegsgeschichte in Europa 1945

des 20. Jahrhunderts und haben bereits seit geraumer Zeit ein berechtigtes Forschungsinteresse geweckt[29].

Im Gegensatz hierzu richtet die vorliegende Studie ihr Augenmerk ganz bewusst auf den Annäherungsprozess zwischen Franzosen und Deutschen und untersucht insbesondere das Wirken einer Reihe von »Protagonisten der Verständigung«, die sowohl im staatlichen Bereich als auch auf Ebene der Gesellschaft zu verorten sind. Bereits unmittelbar nach 1945 hatten sie sich der deutsch-französischen Freundschaft verschrieben und erblickten vor allem in der Förderung »kulturellen Austauschs«[30] ein adäquates Mittel, um

---

bis 1963, Darmstadt 2011 und Hélène MIARD-DELACROIX, Im Zeichen der europäischen Einigung 1963 bis in die Gegenwart, Darmstadt 2011.

[29] Vgl. zum Beispiel Jean-François ECK, Stefan MARTENS, Sylvain SCHIRMANN (Hg.), L'économie, l'argent et les hommes. Les relations franco-allemandes de 1871 à nos jours, Paris 2009; Katrin RÜCKER, What Role for Europe in the International Arena of the Early 1970s? How France and Germany Were Able to Matter, in: Carine GERMOND, Henning TÜRK (Hg.), A History of Franco-German Relations in Europe. From »Hereditary Ennemies« to Partners, New York 2008, S. 211–221; Georges-Henri SOUTOU, Staatspräsident Valéry Giscard d'Estaing und die deutsche Frage, in: Klaus HILDEBRAND, Udo WENGST, Andreas WIRSCHING (Hg.), Geschichtswissenschaft und Zeiterkenntnis von der Aufklärung bis zur Gegenwart. Festschrift zum 65. Geburtstag von Horst Möller, München 2008, S. 373–382; Michèle WEINACHTER, Le tandem Valéry Giscard d'Estaing – Helmut Schmidt et la gouvernance européenne, in: Wilfried LOTH (Hg.), La gouvernance supranationale dans la construction européenne, Brüssel 2005, S. 205–238.

[30] Die Auffassung von Kultur, welche dem Verständigungshandeln dieser Akteure zugrunde lag, hatte sich bereits während der ersten beiden Nachkriegsjahrzehnte mehr und mehr an einem zwar noch nicht im offiziellen Sprachgebrauch verankerten, dennoch bereits praktisch angewandten »erweiterten Kulturbegriff« orientiert. In Abgrenzung zu der bis dahin geltenden eng gefassten Definition, derzufolge einzig Literatur, Theater und die schönen Künste, mithin die Errungenschaften einer elitären Hochkultur, dem Bereich der Kultur zuzurechnen waren und somit kultureller Austausch allein zwischen geistigen Eliten stattfinden konnte, sahen die verschiedenen Protagonisten breite Bevölkerungsschichten als Träger von Kultur an. Kulturaustausch war damit aus ihrer Sicht durch Intellektuellentreffen oder das Gastspiel eines deutschen Theaterensembles in Frankreich ebenso möglich wie im Rahmen deutsch-französischer Jugendreisen oder des Ausstrahlens von Fernsehdokumentationen, die sich mit dem Nachbarland beschäftigten. Vgl. zu Definition und Anwendung des »erweiterten Kulturbegriffs« mit Blick auf die deutsch-französischen Nachkriegsbeziehungen Hans Manfred BOCK, Vom Elitenaustausch zur zivilgesellschaftlichen Gruppenbegegnung. Die Ursprünge des Deutsch-Französischen Jugendwerks, in: DERS., Topographie deutscher Kulturvertretung im Paris des 20. Jahrhunderts, Tübingen 2010, S. 269–294, hier S. 282–286; DERS., Ulrich PFEIL, Kulturelle Akteure und die deutsch-französische Zusammenarbeit: Formen, Ziele, Einfluß, in: Corine DEFRANCE, Ulrich PFEIL (Hg.), Der Élysée-Vertrag und die deutsch-französischen Beziehungen 1945 – 1963 – 2003, München 2005, S. 215–234, hier S. 222–225; zum »erweiterten Kulturbegriff« in der auswärtigen Kulturpolitik vgl. Julia SATTLER, Nationalkultur oder europäische Werte? Britische, deutsche und französische Auswärtige Kulturpolitik zwischen 1989 und 2003, Wiesbaden 2003, S. 7–13; Hans ARNOLD, Auswärtige Kulturpolitik. Ein Überblick aus deutscher Sicht, München u. a. 1980, S. 29–30; Steffen R. KATHE, Kulturpolitik um jeden Preis. Die Geschichte des Goethe-Instituts von 1951 bis 1990, München 2005, S. 291–294; Heinz L. KRETZENBACHER, Der »erweiterte

dem deutsch-französischen Verhältnis dauerhaft Stabilität zu verleihen[31]. Vor dem Hintergrund eines Jahrzehnts, in dem öffentlich geführte Auseinandersetzungen zwischen Frankreich und Westdeutschland sich mehrten, musste dieses Verständigungshandeln jedoch auf die Probe gestellt werden. Das sich hieraus ergebende und während der 1970er Jahre immer wieder aufscheinende Spannungsverhältnis zwischen einem einerseits von staatlichen wie gesellschaftlichen Akteuren formulierten Anspruch, Verständigung zu schaffen, und regelmäßig hervorbrechenden deutsch-französischen Kontroversen andererseits bildet den zentralen Ansatzpunkt dieser Arbeit. Ausgewählten »öffentlichen Konflikten«[32] will sie die verschiedenen Ausprägungsformen

Kulturbegriff« in der außenpolitischen Diskussion der Bundesrepublik Deutschland. Ein Vergleich mit der öffentlichen/innenkulturpolitischen und kulturwissenschaftlichen Begriffsentwicklung von den sechziger bis zu den achtziger Jahren, in: Jahrbuch Deutsch als Fremdsprache 18 (1992), S. 170–196.

[31] Einen Überblick zu den nach 1945 zwischen Frankreich und Westdeutschland entstandenen Verständigungs- und Austauschstrukturen bieten Hans Manfred BOCK, Les racines de l'OFAJ dans la société civile. Les initiatives privées de rapprochement en République fédérale et en France de 1949 à 1964, in: DERS. u. a. (Hg.), Les jeunes dans les relations transnationales, S. 15–38; DERS., PFEIL, Kulturelle Akteure und die deutsch-französische Zusammenarbeit, S. 215–234; Corine DEFRANCE, Les relations culturelles franco-allemandes dans les années cinquante. Acteurs et structures des échanges, in: HUDEMANN, MIARD-DELACROIX (Hg.), Wandel und Integration, S. 241–255. Beispiele für das Wirken einzelner Persönlichkeiten für die deutsch-französische Annäherung finden sich in François BEILECKE, Katja MARMETSCHKE (Hg.), Der Intellektuelle und der Mandarin. Für Hans Manfred Bock, Kassel 2005; Rainer HUDEMANN, Georges-Henri SOUTOU (Hg.), Eliten in Deutschland und Frankreich im 19. und 20. Jahrhundert. Strukturen und Beziehungen, Bd. 1, München 1994; Martin STRICKMANN, L'Allemagne nouvelle contre l'Allemagne éternelle. Die französischen Intellektuellen und die deutsch-französische Verständigung 1944–1950, Frankfurt a.M. u. a. 2004.

[32] Hierunter werden in dieser Studie Auseinandersetzungen gefasst, die zwischen französischen und westdeutschen Tages- und Wochenzeitungen geführt wurden und von den verschiedenen Akteuren der Verständigung als Gefährdungspotenzial für das deutsch-französische Verhältnis wahrgenommen wurden. Das Verständnis des Begriffs der »Öffentlichkeit«, welches der getroffenen Eingrenzung zugrunde liegt, beruht mithin auf der Einsicht, dass Öffentlichkeit nicht als monolithisches Ganzes verstanden werden darf, sondern sich vielmehr aus unterschiedlichen »Teilöffentlichkeiten« zusammensetzt. Wenn somit im Folgenden von »öffentlichen« Konflikten die Rede ist, bezieht sich dies auf die (Teil)Öffentlichkeit der Presse. Dieser analytische Gebrauch des Terminus ist allerdings von seiner historischen Verwendungsweise, die variierte, zu unterscheiden. Der Öffentlichkeitsbegriff der Zeitgenossen konnte unterschiedliche Medien ebenso einschließen wie gesellschaftliche Gruppen oder sich auf eine in der Bevölkerung vorherrschende Meinung beziehen. Eine präzise Bestimmung ist daher im Einzelfall kaum möglich. Handelt es sich in der vorliegenden Arbeit um den historischen Gebrauch des Begriffs, wird dies durch Zitationszeichen beziehungsweise die entsprechende Quellenangabe oder die Verwendung des Konjunktivs kenntlich gemacht; siehe zu dieser Begriffsbestimmung Dominik GEPPERT, Pressekriege. Öffentlichkeit und Diplomatie in den deutsch-britischen Beziehungen (1896–1912), München 2007, S. 22f.; Karl Christian FÜHRER, Knut HICKETHIER, Axel SCHILDT, Öffentlichkeit – Medien – Geschichte. Konzepte der modernen Öffentlichkeit und Zugänge zu ihrer Erforschung, in: Archiv

kultureller Verständigungsarbeit entgegenstellen, versuchen, deren Wirkungen zu bestimmen[33] und ausgehend von der Offenlegung dieses Wechselspiels von Konflikt und Verständigung Rückschlüsse für die Bewertung der Beziehungen zwischen Franzosen und Deutschen in den 1970er Jahren ziehen. Einer solchen ergebnisorientierten Überprüfung sind die Bemühungen um die deutsch-französische Verständigung bislang in keiner wissenschaftlichen Studie unterzogen worden.

Untersuchungen, die sich mit den Annäherungsprozessen zwischen beiden Ländern im 20. Jahrhundert beschäftigt haben, waren in erster Linie darauf ausgerichtet, die Entwicklung, das Handeln und die institutionellen Verflechtungen einzelner Akteure des deutsch-französischen Kulturaustauschs darzulegen[34]. Dabei ist jedoch der Problemstellung kaum Aufmerksamkeit geschenkt worden, in welcher Weise die Verfechter der Freundschaft auf Konfrontationen reagierten, die dem deutsch-französischen Verhältnis ihrer Wahrnehmung nach Schaden zufügen konnten, mit welchen Mitteln sie ver-

---

für Sozialgeschichte 41 (2001), S. 1–38; Werner FAULSTICH, Einführung in die Medienwissenschaft, München 2002, S. 211–229; Jörg REQUATE, Öffentlichkeit und Medien als Gegenstände historischer Analyse, in: Geschichte und Gesellschaft 25 (1999), S. 5–32; vgl. zur Begriffsgeschichte Lucian HÖLSCHER, Art. »Öffentlichkeit«, in: Otto BRUNNER, Werner CONZE, Reinhart KOSELLECK (Hg.), Geschichtliche Grundbegriffe. Historisches Lexikon zur politisch-sozialen Sprache in Deutschland, Bd. 4, Stuttgart 2004, S. 413–468.

[33] Angesichts der Schwierigkeiten bei der genaueren Bemessung von Quantität und Qualität kultureller Beziehungen muss es hier vielfach bei einem Versuch bleiben. Fingerzeige, um Aussagen über den Erfolg oder Misserfolg kultureller Verständigungsbemühungen zu treffen, geben die Selbsteinschätzungen der betrachteten Akteure. Ihnen kommt daher für die vorliegende Untersuchung eine wesentliche Bedeutung zu; vgl. zum Problem der Messbarkeit von Kulturbeziehungen BAUMANN, Begegnung der Völker?, S. 14; Werner LINK, Thesen über Mittlerorganisationen in den deutschen auswärtigen Kulturbeziehungen, in: Kurt DÜWELL, Werner LINK (Hg.), Deutsche auswärtige Kulturpolitik seit 1871: Geschichte und Struktur, Köln u. a. 1981, S. 262–279, hier S. 279.

[34] Vgl. Ina BELITZ, Befreundung mit dem Fremden: Die Deutsch-Französische Gesellschaft in den deutsch-französischen Kultur- und Gesellschaftsbeziehungen der Locarno-Ära. Programme und Protagonisten der transnationalen Verständigung zwischen Pragmatismus und Idealismus, Frankfurt a.M. u. a. 1997; Hans Manfred BOCK (Hg.), Projekt deutsch-französische Verständigung. Die Rolle der Zivilgesellschaft am Beispiel des Deutsch-Französischen Instituts in Ludwigsburg, Opladen 1998; Margarete MEHDORN, Französische Kultur in der Bundesrepublik Deutschland. Politische Konzepte und zivilgesellschaftliche Initiativen 1945–1970, Köln u. a. 2009; Guido MÜLLER, Europäische Gesellschaftsbeziehungen nach dem Ersten Weltkrieg. Das Deutsch-Französische Studienkomitee und der Europäische Kulturbund, München 2005; Ulrich PFEIL, Die Pariser DAAD-Außenstelle in der »Ära Schulte« (1963–1972). Die Institutionalisierung der transnationalen Wissenschaftskooperation in den westdeutsch-französischen Beziehungen, in: Francia 32/3 (2005), S. 51–74; Marita ZIMMERMANN, Kultur/Culture: Zum Verhältnis zwischen Deutschen und Franzosen. Eine Analyse des gepflegten Kulturaustauschs, Frankfurt a.M. 1995; Victoria ZNINED-BRAND, Deutsche und französische auswärtige Kulturpolitik. Eine vergleichende Analyse. Das Beispiel der Goethe-Institute in Frankreich sowie der Instituts und Centres culturels in Deutschland seit 1945, Frankfurt a.M. 1999.

suchten, Auseinandersetzungen zu verhindern und ob ihre Anstrengungen letztlich Erfolge zeitigten. Unter Berücksichtigung dieses Desiderats lässt sich die vorliegende Betrachtung von drei zusammenhängenden Fragenkomplexen leiten: Sie wird erstens zu erörtern haben, wer die Protagonisten der deutsch-französischen Annäherung in den 1970er Jahren waren, welches Selbstverständnis und welche Ziele ihrem Verständigungshandeln zugrunde lagen und welche Formen dieses annahm. Zweitens ist von Interesse, welche Funktion die verschiedenen Akteure in Phasen öffentlicher Zerwürfnisse einnahmen und ob sie dazu beitragen konnten, diese zu entschärfen beziehungsweise ob es ihnen gelang, schon im Vorfeld präventiv einzuschreiten. Daran schließen sich drittens die Fragen an, inwieweit die vielgestaltigen Engagements für die Verständigung es vermochten, die Entwicklung des deutsch-französischen Verhältnisses im Verlaufe des untersuchten Zeitabschnitts positiv zu beeinflussen und welcher Platz der Dekade der 1970er Jahre in den Nachkriegsbeziehungen zwischen Franzosen und Deutschen zuzuschreiben ist.

1.2 Forschungsstand

Lenkt man von diesen Fragestellungen ausgehend auf der Suche nach fruchtbaren Anregungen und methodischen Anknüpfungspunkten den Blick auf das Forschungsfeld der deutsch-französischen Nachkriegsbeziehungen, so fällt ein recht buntes und aufgrund der inzwischen vorherrschenden Fülle an Arbeiten wenig übersichtliches Nebeneinander von verschiedenen Ansätzen und Konzepten ins Auge. Dennoch lassen sich einige Sichtachsen finden, welche die Forschungslandschaft geradlinig durchziehen. Bis in die jüngste Zeit hinein ist etwa der Fortbestand diplomatiegeschichtlicher Studien klassischen Zuschnitts zu beobachten, welche noch in den 1990er Jahren eine dominierende Stellung einnahmen, heute jedoch nur noch eine mögliche Herangehensweise zur Bearbeitung deutsch-französischer Themen repräsentieren. Die in diesem Bereich anzusiedelnden Vertreter analysieren zumeist mit einem politikwissenschaftlichen oder historischen Zugriff das Handeln von Staatsmännern und Regierungen, um Antworten auf vorwiegend außen- und sicherheitspolitische Fragestellungen zu finden[35]. Die oftmals

---

[35] Beispiele hierfür sind u. a. Johannes BAUER, Die deutsch-französischen Beziehungen 1963–1969. Aspekte der Entwicklung nach Abschluss des Vertrages vom 22. Januar 1963, Bonn 1980; Klaus HILDEBRAND, Der provisorische Staat und das ewige Frankreich. Die deutsch-französischen Beziehungen 1963–1969, in: Historische Zeitschrift 240 (1985), S. 283–311; Martin KOOPMANN, Das schwierige Bündnis. Die deutsch-französischen Beziehungen und die Außenpolitik der Bundesrepublik Deutschland 1958–1965, Baden-Baden 2000; Ulrich LAPPENKÜPER, Die deutsch-französischen Beziehungen 1949–1963. Von der »Erbfeindschaft« zur »Entente élémentaire«, 2 Bde., München 2001; Hans-Pe-

einseitige Fokussierung auf die staatliche Ebene und die »großen Männer« unter Ausschluss weiterer Bestimmungsfaktoren wie etwa gesellschaftlicher und kultureller Kräfte und Strukturen ist dabei von verschiedenen Seiten als Verkürzung des Untersuchungsgegenstandes bemängelt worden[36].

Im Gefolge der wieder einsetzenden Diskussionen um die Öffnung und Modernisierung der seit den Fachkontroversen der 1970er Jahre weitgehend in methodischem Stillstand befindlichen Politikgeschichte konnte sich seit Mitte der 1990er Jahre eine Forschungstendenz durchsetzen, die darauf abzielte, die historische Teildisziplin der Diplomatiegeschichte von ihrer traditionellen Fixierung auf außenpolitisches Staats- und Regierungshandeln zu lösen[37]. Eine sich erneuernde und erweiternde Geschichte der internationalen Beziehungen wollte Politik- und Gesellschaftsgeschichte nicht mehr als unbewegliche Pole in einem starren System konfrontativer Gegenüberstellung auffassen. Sie wollte keine unveränderlichen Deutungsschablonen im Rahmen eines vermeintlichen Primats von Außen- oder Innenpolitik anlegen und sich der Bedeutung ökonomischer, demographischer, geographischer, sozialer und mentaler Tiefenkräfte, der *forces profondes*[38], nicht länger hermetisch verschließen[39]. Ohne vorschnell von den weiterhin als gültig

---

ter SCHWARZ (Hg.), Adenauer und Frankreich. Die deutsch-französischen Beziehungen 1958–1969, Bonn ²1990; Georges-Henri SOUTOU, L'alliance incertaine. Les rapports politico-stratégiques franco-allemands 1954–1996, Paris 1996; Maurice VAÏSSE, Internationale Politik und deutsch-französische Beziehungen im zweiten Halbjahr 1967, in: Klaus HILDEBRAND, Udo WENGST, Andreas WIRSCHING (Hg.), Geschichtswissenschaft und Zeiterkenntnis von der Aufklärung bis zur Gegenwart. Festschrift zum 65. Geburtstag von Horst Möller, München 2008, S. 365–371.

36 Vgl. Hans Manfred BOCK, Wiederbeginn und Neuanfang in den deutsch-französischen Gesellschafts- und Kulturbeziehungen 1949 bis 1955, in: Lendemains 21/84 (1996), S. 58–66; Corine DEFRANCE, Sozio-kulturelle Beziehungen zwischen Frankreich und der Bundesrepublik Deutschland nach 1945, in: Wolfgang BERGSDORF u. a. (Hg.), Erbfreunde. Deutschland und Frankreich im 21. Jahrhundert, Weimar 2007, S. 7–24; Dietmar HÜSER, Geschichte internationaler Beziehungen und Methoden zeithistorischer Forschung – Zum deutsch-französischen Verhältnis zwischen Kriegsende und Jahrtausendwende, in: Frankreich-Jahrbuch 15 (2002), S. 243–254.

37 Siehe Eckart CONZE, »Moderne Politikgeschichte«: Aporien einer Kontroverse, in: Guido MÜLLER (Hg.), Deutschland und der Westen. Internationale Beziehungen im 20. Jahrhundert. Festschrift für Klaus Schwabe zum 65. Geburtstag, Stuttgart 1998, S. 19–30; Reiner MARCOWITZ, Von der Diplomatiegeschichte zur Geschichte der internationalen Beziehungen: Methoden, Themen, Perspektiven einer historischen Teildisziplin, in: Francia 32/3 (2005), S. 75–100.

38 Siehe Jean-Baptiste DUROSELLE, Pierre RENOUVIN, Introduction à l'histoire des relations internationales, Paris ⁴1997.

39 Vgl. Eckart CONZE, Ulrich LAPPENKÜPER, Guido MÜLLER (Hg.), Geschichte der internationalen Beziehungen: Erneuerung und Erweiterung einer historischen Disziplin, Köln u. a. 2004; Friedrich KIESSLING, Der »Dialog der Taubstummen ist vorbei«. Neue Ansätze in der Geschichte der internationalen Beziehungen des 19. und 20. Jahrhunderts, in: Historische Zeitschrift 275 (2002), S. 651–680; Wilfried LOTH, Jürgen OSTERHAMMEL (Hg.), Internationale Geschichte. Themen, Ergebnisse, Aussichten, München 2000; mit stärkerer Fokussierung auf die Frühe Neuzeit Hillard von THIESSEN, Christian WINDLER

erachteten Analysekategorien Staat und Staatlichkeit Abschied zu nehmen[40], forderten diese neueren Konzepte eine stärkere Berücksichtigung »transnationaler« Strukturen und Bewegungen ein[41], insbesondere der Vernetzungen und Wechselwirkungen zwischen staatlichen und nicht-staatlichen Akteuren[42], und plädierten für eine konsequente Integration kulturgeschichtlicher Elemente[43].

Vor dem Hintergrund einer im methodischen Um- und Aufbruch begriffenen Geschichte der internationalen Beziehungen fassten auch Forschungsarbeiten zu deutsch-französischen Themenbereichen ihren jeweiligen Untersuchungsgegenstand kaum mehr unter dem Vorzeichen der »Großen Politik der Kabinette«[44] auf. Vielmehr wurde nun der Einbettung außenpolitischen Handelns in breitere wirtschaftliche, gesellschaftliche, kulturelle und mentale Zusammenhänge, der Verzahnung von Innen- und Außenpolitik sowie der Funktion und Wirkung wechselseitiger Wahrnehmungen eine herausgehobene Bedeutung beigemessen[45]. Ausgehend von diesem

---

(Hg.), Akteure der Außenbeziehungen. Netzwerke und Interkulturalität im historischen Wandel, Köln u. a. 2010.

[40] Hierfür hat vor allem Eckart CONZE plädiert, vgl. DERS., Abschied von Staat und Politik? Überlegungen zur Geschichte der internationalen Politik, in: DERS., LAPPENKÜPER, MÜLLER (Hg.), Geschichte der internationalen Beziehungen, S. 15–43; Eckart CONZE, Jenseits von Männern und Mächten: Geschichte der internationalen Politik als Systemgeschichte, in: Hans-Christof KRAUS, Thomas NICKLAS (Hg.), Geschichte der Politik. Alte und neue Wege, München 2007, S. 41–64.

[41] Vgl. Gunilla BUDDE, Sebastian CONRAD, Oliver JANZ (Hg.), Transnationale Geschichte: Themen, Tendenzen und Theorien. Jürgen Kocka zum 65. Geburtstag, Göttingen 2006; Hartmut KAELBLE, Martin KIRSCH, Alexander SCHMIDT-GERNIG (Hg.), Transnationale Öffentlichkeiten und Identitäten im 20. Jahrhundert, Frankfurt a.M. 2002; Jürgen Osterhammel, Transnationale Gesellschaftsgeschichte: Erweiterung oder Alternative?, in: Geschichte und Gesellschaft 27 (2001), S. 464–479.

[42] Vgl. zum Beispiel Wilfried LOTH, Einleitung, in: DERS., OSTERHAMMEL (Hg.), Internationale Geschichte, S. VII–XIV sowie Andreas WIRSCHING, Internationale Beziehungen, in: Joachim EIBACH, Günther LOTTES (Hg.), Kompass der Geschichtswissenschaft, Göttingen 2002, S. 112–125.

[43] So etwa Ursula LEHMKUHL, Diplomatiegeschichte als internationale Kulturgeschichte. Theoretische Ansätze und empirische Forschung zwischen historischer Kulturwissenschaft und soziologischem Institutionalismus, in: Geschichte und Gesellschaft 27 (2001), S. 394–423; vgl. auch Jessica GIENOW-HECHT, Frank SCHUMACHER (Hg.), Culture and International History, New York 2003.

[44] Siehe Hans-Ulrich WEHLER, Moderne Politikgeschichte oder »Große Politik der Kabinette«?, in: Geschichte und Gesellschaft 1 (1975), S. 344–369.

[45] Vgl. u. a. Eckart CONZE, Die gaullistische Herausforderung: Deutsch-französische Beziehungen in der amerikanischen Europapolitik 1958–1963, München 1995; Corine DEFRANCE, La politique culturelle de la France sur la rive gauche du Rhin 1945–1955, Straßburg 1994; Dietmar HÜSER, Frankreichs »doppelte Deutschlandpolitik«. Dynamik aus der Defensive – Planen, Entscheiden, Umsetzen in gesellschaftlichen und wirtschaftlichen, innen- und außenpolitischen Krisenzeiten 1944–1950, Berlin 1996; Reiner MARCOWITZ, Option für Paris? Unionsparteien, SPD und Charles de Gaulle 1958 bis 1969, München 1996.

vermehrten Aufgreifen neuer wissenschaftlicher Ansätze fächerte sich das Forschungsfeld der deutsch-französischen Beziehungen seit Mitte der 1990er Jahre zunehmend auf. Es wurde offener für disziplinfremde Konzepte wie die von Michel Espagne und Michael Werner Ende der 1980er Jahre entwickelte literaturwissenschaftliche Theorie des Kulturtransfers[46] oder die verschiedenen Varianten der überwiegend soziologisch inspirierten französischen Intellektuellenforschung[47]. Die Vervielfältigung und Ausdifferenzierung von methodischen Zugangsweisen führte in der Gesamttendenz dazu, dass sich die deutsch-französische Forschungslandschaft seit Ende der 1990er Jahre von der Beschäftigung mit Fragestellungen, welche politische Prozesse und Ereignisse in den Vordergrund stellten, mehr und mehr entfernte. In verstärktem Maße wandte sie sich nun der zuvor vernachlässigten Analyse gesellschaftlicher und kultureller Strukturen und Phänomene zu. Das Verdienst, auf diesem Gebiet Pionierarbeit geleistet zu haben, kommt vor allem dem Kasseler Komparatisten Hans Manfred Bock zu. Mit seinen Arbeiten, die zumeist einer historisch-sozialwissenschaftlichen Perspektive folgen, hat er den Anstoß gegeben, ein Feld deutsch-französischer Begegnungen jenseits der Ebene der offiziellen politischen Beziehungen zu erschließen[48].

Zur Eingrenzung dieses Bereichs hat in den vergangenen Jahren insbesondere der im Kontext der Demokratisierungsprozesse in Ostmitteleuropa zu Popularität gekommene Begriff der »Zivilgesellschaft«[49] Verwendung gefun-

---

[46] Siehe Michel ESPAGNE, Michael WERNER, Transferts culturels franco-allemands, in: Revue de synthèse 2 (1988), S. 187–194; DIES. (Hg.), Transferts. Les relations interculturelles dans l'espace franco-allemand, Paris 1998; Michel ESPAGNE, Les transferts culturels franco-allemands, Paris 1999; für das Forschungsgebiet der deutsch-französischen Beziehungen nach 1945 vgl. Hans-Jürgen LÜSEBRINK, Patricia OSTER (Hg.), Am Wendepunkt. Deutschland und Frankreich um 1945. Zur Dynamik eines »transnationalen« kulturellen Feldes, Bielefeld 2008.

[47] Vgl. Pierre BOURDIEU, Die Intellektuellen und die Macht, Hamburg 1991; Christophe CHARLE, Jürgen SCHRIEWER, Peter WAGNER (Hg.), Transnational Intellectual Networks. Forms of Academic Knowledge and the Search for Cultural Identities, Frankfurt a.M. 2004; Pascal ORY, Jean-François SIRINELLI, Les intellectuels en France. De l'affaire Dreyfus à nos jours, Paris ³2002; Michel WINOCK, Das Jahrhundert der Intellektuellen, Konstanz 2003. Als Forschungsüberblick vgl. die Einleitung in François BEILECKE, Französische Intellektuelle und die Dritte Republik. Das Beispiel einer Intellektuellenassoziation 1892–1939, Frankfurt a.M. 2003; Hans Manfred BOCK, Der Intellektuelle und der Mandarin? Zur Rolle des Intellektuellen in Frankreich und Deutschland, in: Frankreich-Jahrbuch 11 (1998), S. 35–51.

[48] Vgl. u. a. DERS., Die Deutsch-Französische Gesellschaft 1926 bis 1934. Ein Beitrag zur Sozialgeschichte der deutsch-französischen Beziehungen der Zwischenkriegszeit, in: Francia 17/3 (1990), S. 57–101; DERS. (Hg.), Französische Kultur im Berlin der Weimarer Republik: kultureller Austausch und diplomatische Beziehungen, Tübingen 2005; DERS., Kulturelle Wegbereiter politischer Konfliktlösung. Mittler zwischen Deutschland und Frankreich in der ersten Hälfte des 20. Jahrhunderts, Tübingen 2005; DERS. (Hg.), Deutsch-französische Begegnung und europäischer Bürgersinn: Studien zum Deutschfranzösischen Jugendwerk 1963–2003, Opladen 2003.

[49] Vgl. zum Begriff der Zivilgesellschaft ausführlich Frank ADLOFF, Zivilgesellschaft.

den[50], der allerdings trotz wiederholter definitorischer Versuche nicht ganz einheitlich gefasst werden konnte[51]. Aus der heute bestehenden Fülle an begrifflichen Bestimmungen für das, was »Zivilgesellschaft« ausmacht, ist für die Untersuchung der deutsch-französischen Nachkriegsbeziehungen vor allem den Vorschlägen des Schweizer Philosophen Emil Angehrn[52] und des Sozialhistorikers Jürgen Kocka[53] Analysepotenzial beigemessen worden. Beide

Theorie und politische Praxis, Frankfurt a.M. 2005; Jürgen SCHMIDT, Zivilgesellschaft. Bürgerschaftliches Engagement von der Antike bis zur Gegenwart. Texte und Kommentare, Reinbek b. Hamburg 2007; Arnd BAUERKÄMPER (Hg.), Die Praxis der Zivilgesellschaft. Akteure, Handeln und Strukturen im internationalen Vergleich, Frankfurt a.M. 2003; Ralph JESSEN, Sven REICHARDT, Ansgar KLEIN (Hg.), Zivilgesellschaft als Geschichte. Studien zum 19. und 20. Jahrhundert, Wiesbaden 2004; Manfred HILDERMEIER, Jürgen KOCKA, Christoph CONRAD (Hg.), Europäische Zivilgesellschaft in Ost und West. Begriff, Geschichte, Chancen, Frankfurt a.M. 2000.

[50] Ein aktueller Überblick zum Forschungsfeld der Zivilgesellschaft in den deutsch-französischen Beziehungen findet sich in DEFRANCE, PFEIL, Eine Nachkriegsgeschichte in Europa, S. 160–177; vgl. auch die jüngste Auseinandersetzung mit dem Forschungskonzept der Zivilgesellschaft in Stefan SEIDENDORF (Hg.), Deutsch-französische Beziehungen als Modellbaukasten? Zur Übertragbarkeit von Aussöhnung und strukturierter Zusammenarbeit, Baden-Baden 2012.

[51] Dem Begriff der Zivilgesellschaft wurde immer wieder eine definitorische Unschärfe und Vieldeutigkeit bescheinigt, die ihn als wissenschaftliches Analysekonzept unbrauchbar werden ließen; vgl. zu dieser Kritik Bob EDWARDS, Michael W. FOLEY, Civil Society and Social Capital, in: DIES., Mario DIANI (Hg.), Beyond Tocqueville. Civil Society and the Social Capital Debate in Comparative Perspective, Hanover NH 2001, S. 1–14; Dieter RUCHT, Von Zivilgesellschaft zu Zivilität: Konzeptuelle Überlegungen und Möglichkeiten der empirischen Analyse, in: Christiane FRANTZ, Holger KOLB (Hg.), Transnationale Zivilgesellschaft in Europa. Traditionen, Muster, Hindernisse, Chancen, Münster 2009, S. 75–102; Chris HANN, Zivilgesellschaft oder Citizenship? Skeptische Überlegungen eines Ethnologen, in: HILDERMEIER, KOCKA, CONRAD (Hg.), Europäische Zivilgesellschaft in Ost und West, S. 85–109.

[52] Angehrn versteht unter dem Begriff der Zivilgesellschaft »eine Sphäre sozialer Institutionen und Organisationen, die nicht direkt der Funktion politischer Selbstverwaltung integriert sind und nicht unmittelbar staatlicher Regulierung unterliegen, doch in verschiedener Weise auf den Staat einwirken: für ihn Grundlagen bereitstellen, Rahmenbedingungen schaffen, seine Leistungen ergänzen, ihn aktiv beeinflussen. In Wirtschaft, Kultur, Bildung, Medien, Verbänden usw. erfüllt die Zivilgesellschaft Funktionen, die sich nicht in der Koordinierung von Privatinteressen erschöpfen, sondern die Konstitution eines Allgemeinen tragen. Sie bildet kollektive Identitäte(n), begründet Gemeinsinn, stiftet Öffentlichkeit, fördert soziale Sicherheit«, Emil ANGEHRN, Zivilgesellschaft und Staat. Anmerkungen zu einer Diskussion, in: Politisches Denken 1 (1992), S. 145–158, hier S. 150.

[53] Kocka zufolge meint Zivilgesellschaft »einen spezifischen Typus sozialen Handelns [...] in einem sozialen Bereich oder Raum, der in modernen ausdifferenzierten Gesellschaften ›zwischen‹ Staat, Wirtschaft und Privatsphäre zu lokalisieren ist, in dem Raum der Vereine, Assoziationen, sozialen Bewegungen und Non-Governmental Organizations (NGO), einem Raum, für den ein hohes Maß an gesellschaftlicher Selbstorganisation kennzeichnend ist. Deshalb bezeichnet ›Zivilgesellschaft‹ nicht nur einen Typus sozialen Handelns, sondern auch den selbstorganisierten, dynamischen, spannungsreichen Raum der Vereine, Netzwerke, Bewegungen und Organisationen zwischen Staat, Wirtschaft

beschreiben zivilgesellschaftliche Strukturen in ähnlicher Weise als eine Sphäre gemeinwohlorientierter sozialer Institutionen, Vereine und Netzwerke, als
einen Raum gesellschaftlicher Selbstorganisation und öffentlicher Diskussion,
der unabhängig von direkter staatlicher Kontrolle existiert, jedoch mit dem
Staat in vielerlei Hinsicht verbunden ist und auf sein Handeln einzuwirken
vermag. In Anlehnung an diese Definition wurden mit dem Attribut »zivil-
gesellschaftlich« diejenigen Gruppierungen und Einzelpersonen des deutsch-
französischen Kontextes versehen, die, im Gegensatz zur »amorphen Masse
der entpolitisierten Privatpersonen«[54], aktiv für eine Festigung der Beziehungen zwischen Franzosen und Deutschen eintraten. Der Begriff kreist mithin
die Verfechter einer deutsch-französischen Annäherung »von unten« ein, einer Annäherung, die vor allem mittels einer Intensivierung der kulturellen
Kontakte erreicht werden sollte.

Für den Betrachtungszeitraum 1945 bis 1963 liegt mittlerweile eine
größere Anzahl an historischen, kulturwissenschaftlichen und sozialwissenschaftlichen Studien vor, welche sich im Rahmen der Untersuchung deutsch-
französischer Kulturbeziehungen den verschiedenen Protagonisten gewidmet
haben, die, gemäß dem oben bezeichneten Sinn, zivilgesellschaftliche Verständigungsprozesse zwischen Frankreich und Westdeutschland initiierten
oder flankierten[55]. Dabei ist nach und nach Einvernehmen darüber entstan-

---

und Privatsphäre«, Jürgen KOCKA, Zivilgesellschaft in historischer Perspektive, in: Neue
Soziale Bewegungen. Forschungsjournal 18/2 (2003), S. 29–37, hier S. 32; vgl. auch DERS.,
Zivilgesellschaft als historisches Problem und Versprechen, in: HILDERMEIER, KOCKA,
CONRAD (Hg.), Europäische Zivilgesellschaft in Ost und West, S. 14–20; Jürgen KOCKA
u. a., Neues über Zivilgesellschaft. Aus historisch-sozialwissenschaftlichem Blickwinkel,
WZB-Paper P 01–801, Berlin 2001.
54 Hans Manfred BOCK, Das Deutsch-Französische Institut in der Geschichte des zivilgesellschaftlichen Austauschs zwischen Deutschland und Frankreich, in: DERS. (Hg.),
Projekt deutsch-französische Verständigung, S. 11–120, hier S. 15.
55 Beispiele hierfür sind Corine DEFRANCE, »Es kann gar nicht genug Kulturaustausch geben«: Adenauer und die deutsch-französischen Kulturbeziehungen 1949–1963, in: Klaus
SCHWABE (Hg.), Konrad Adenauer und Frankreich: 1949–1963. Stand und Perspektiven der Forschung zu den deutsch-französischen Beziehungen in Politik, Wirtschaft
und Kultur, Bonn 2005, S. 137–162; Corine DEFRANCE, Aus Feinden werden Freunde. Frankreich und Deutschland nach 1945, in: Franz J. FELTEN (Hg.), Frankreich am
Rhein: vom Mittelalter bis heute, Stuttgart 2009, S. 217–233; Corine DEFRANCE, Michael KISSENER, Pia NORDBLOM (Hg.), Wege der Verständigung zwischen Deutschen und
Franzosen nach 1945. Zivilgesellschaftliche Annäherungen, Tübingen 2010; Jay ROWELL,
Anne-Marie SAINT-GILLE (Hg.), La société civile organisée aux XIXe et XXe siècles: perspectives allemandes et françaises, Villeneuve-d'Ascq 2010; Katharine FLORIN, Bürger
schlagen Brücken. Das zivilgesellschaftliche Engagement für die deutsch-französische
Annäherung, Kassel 2009; Gesa BLUHM, Vertrauensarbeit: Deutsch-französische Beziehungen nach 1945, in: Ute FREVERT (Hg.), Vertrauen: Historische Annäherungen,
Göttingen 2003, S. 365–393; Emmanuelle PICARD, Les réseaux du rapprochement franco-allemand dans les années 1950, in: HUDEMANN, MIARD-DELACROIX (Hg.), Wandel
und Integration, S. 257–265; Ulrich PFEIL (Hg.), Deutsch-französische Kultur- und
Wissenschaftsbeziehungen im 20. Jahrhundert. Ein institutionengeschichtlicher Ansatz,

den, dass zivilgesellschaftliche und staatliche Kräfte nicht isoliert voneinander betrachtet werden sollten, sondern vielmehr von ihrer beständigen Interaktion auszugehen ist. Insbesondere dem Zusammenspiel dreier Akteursgruppen wird in dieser Hinsicht ein konstituierender Charakter zugeschrieben. Hierzu gehören erstens die Institutionen der offiziellen auswärtigen Kulturpolitik, zweitens die aus privater Initiative entstandenen deutsch-französischen Verständigungsorganisationen sowie drittens einzelne Persönlichkeiten, die unter der Bezeichnung »Mittler«[56] firmieren[57]. Mit Blick auf die Zeitspanne zwischen Kriegsende und ausgehenden 1960er Jahren sind inzwischen erste Dissertationen zu deutsch-französischen Thematiken erschienen, welche diesem Modell kommunizierender Handlungsebenen Rechnung tragen[58].

Die deutsch-französischen Beziehungen der 1970er Jahre sind hingegen bislang weder in den Blick dieser neueren Forschungsrichtung gerückt noch stellen sie in der Gesamtbetrachtung der deutsch-französischen Forschungslandschaft ein hinreichend erschlossenes Gebiet dar[59]. Im Gegenteil: Die wenigen monografischen Arbeiten, die existieren, datieren entweder aus den frühen 1990er Jahren und sind daher naturgemäß noch kaum quellengesättigt oder zeichnen sich, wenn sie jüngeren Datums sind, durch eine sehr

---

München 2007; Jacqueline PLUM, Französische Kulturpolitik in Deutschland 1945–1955. Jugendpolitik und internationale Begegnungen als Impulse für Demokratisierung und Verständigung, Wiesbaden 2007; MEHDORN, Französische Kultur in der Bundesrepublik; als umfassendes Nachschlagewerk und Forschungsüberblick zu diesem Themenfeld mag dienen Nicole COLIN u. a. (Hg.), Lexikon der deutsch-französischen Kulturbeziehungen nach 1945, Tübingen 2013.

56 Vgl. Katja MARMETSCHKE, Mittlerpersönlichkeiten. Neuere biographische Arbeiten zur Mittlerfunktion zwischen Deutschland und Frankreich, in: Lendemains 25/98–99 (2000), S. 239–257.

57 Siehe Hans Manfred BOCK, Zwischen Locarno und Vichy. Die deutsch-französischen Kulturbeziehungen der dreißiger Jahre als Forschungsfeld, in: DERS., MEYER-KALKUS, TREBITSCH (Hg.), Entre Locarno et Vichy, S. 25–61; Hans Manfred BOCK, Transnationale Kulturbeziehungen und auswärtige Kulturpolitik. Die deutsch-französischen Institutionen als Beispiel, in: PFEIL (Hg.), Deutsch-französische Kultur- und Wissenschaftsbeziehungen, S. 9–27; Dietmar HÜSER, Zivilgesellschaftliche Mittler im kurzen 20. Jahrhundert. Deutsch-französische Intellektuellengeschichten um Edmond Vermeil und Robert Minder, in: Frankreich-Jahrbuch 22 (2009), S. 187–194.

58 Vgl. Anne KWASCHIK, Auf der Suche nach der deutschen Mentalität. Der Kulturhistoriker und Essayist Robert Minder, Göttingen 2008 und Katja MARMETSCHKE, Feindbeobachtung und Verständigung. Der Germanist Edmond Vermeil (1878–1964) in den deutsch-französischen Beziehungen, Köln u. a. 2008.

59 Einen ersten Ansatz zur Betrachtung der Dekade der 1970er Jahre in vergleichender deutsch-französischer Perspektive bieten Bernhard GOTTO u. a. (Hg.), Nach »Achtundsechzig«. Krisen und Krisenbewusstsein in Deutschland und Frankreich in den 1970er Jahren, München 2013; daneben sei genannt der jüngst erschienene und dezidiert politikwissenschaftlich ausgerichtete Band von Ulrich KROTZ, Joachim SCHILD, Shaping Europe. France, Germany and Embedded Bilateralism from the Élysée Treaty to Twenty-First Century Politics, Oxford 2013, der allerdings über den zeitlichen Rahmen der 1970er Jahre hinausweist.

stark ausgeprägte Fokussierung auf die politischen Führungspersönlichkeiten Helmut Schmidt und Valéry Giscard d'Estaing aus[60]. Die Tagungsbände, kleineren wissenschaftlichen Studien und Einzelabschnitte in Überblickswerken, welche sich mit dem Themenfeld beschäftigt haben, beleuchten, wie bereits angedeutet, vor allem die deutsch-französische Regierungskooperation der 1970er Jahre im Lichte der Europapolitik oder des Ost-West-Gegensatzes. Deren Ergebnisse gleichen sie mit den vertraglichen Vereinbarungen von 1963 ab, um sie anschließend als Erfolg oder Misserfolg der bilateralen Zusammenarbeit zu verbuchen[61]. Der von politischen und zivilgesellschaftlichen Kräften getragene Verständigungsprozess zwischen den Bevölkerungen in einem Jahrzehnt, in dem die Nachwirkungen von Krieg und Besatzung das deutsch-französische Verhältnis noch immer in vielfacher Hinsicht belasteten, bleibt derweil fast gänzlich unerwähnt. Dieser Forschungslücke in der Geschichte des deutsch-französischen Nachkriegsweges will sich die vorliegende Untersuchung annehmen.

In einer Vielzahl der Arbeiten, die das Forschungsterrain der deutsch-französischen Beziehungen in den letzten Jahren abgesteckt haben und insbesondere in den Studien, die das vorbenannte Konzept sich wechselseitig befruchtender Handlungsebenen zugrunde legen, finden sich hilfreiche

---

[60] Vgl. Matthias WAECHTER, Helmut Schmidt und Valéry Giscard d'Estaing. Auf der Suche nach Stabilität in der Krise der 1970er Jahre, Bremen 2011; Rainer BAUMS, Die deutsch-französischen Beziehungen von 1969–1982 unter besonderer Berücksichtigung der Sicherheitspolitik, Bonn 1992; Hélène MIARD-DELACROIX, Partenaires de choix? Le chancelier Helmut Schmidt et la France (1974–1982), Bern u. a. 1993; Michèle WEINACHTER, Valéry Giscard d'Estaing et l'Allemagne. Le double rêve inachevé, Paris 2004; Andreas WILKENS, Der unstete Nachbar. Frankreich, die deutsche Ostpolitik und die Berliner Vier-Mächte-Verhandlungen 1969–1974, München 1990.

[61] Vgl. Serge BERSTEIN, Jean-François SIRINELLI (Hg.), Les années Giscard. Valéry Giscard d'Estaing et l'Europe 1974–1981, Paris 2006; Heinrich SIEDENTOPF, Benedikt SPEER (Hg.), Deutschland und Frankreich in der europäischen Integration: »Motor« oder »Blockierer«?, Berlin 2011; Horst MÖLLER, Maurice VAÏSSE (Hg.), Willy Brandt und Frankreich, München 2005; Ulrich LAPPENKÜPER, Auswärtige Angelegenheiten: Auf dem Weg zu einer gleichgerichteten Haltung in Fragen gemeinsamen Interesses?, in: DEFRANCE, PFEIL (Hg.), Der Élysée-Vertrag, S. 101–125; Michèle WEINACHTER, Franco-German Relations in the Giscard-Schmidt Era 1974–81, in: Carine GERMOND, Henning TÜRK (Hg.), A History of Franco-German Relations in Europe. From »Hereditary Ennemies« to Partners, New York 2008, S. 223–233; Henri MÉNUDIER, Valéry Giscard d'Estaing und die deutsch-französischen Beziehungen (1974–1981), in: Deutsche Studien 21 (1983), S. 259–282; die Beiträge zur deutsch-französischen Kooperation in den 1970er Jahren in Klaus MANFRASS (Hg.), Paris-Bonn. Eine dauerhafte Bindung schwieriger Partner. Beiträge zum deutsch-französischen Verhältnis in Kultur, Wirtschaft und Politik seit 1949, Sigmaringen 1984; Werner LINK, Außen- und Deutschlandpolitik in der Ära Schmidt 1974–1982, in: Wolfgang JÄGER, Werner LINK, Geschichte der Bundesrepublik Deutschland, Bd. 5, Teil II: Republik im Wandel 1974–1982, Stuttgart 1987, S. 275–432, hier S. 341–353; SOUTOU, L'alliance incertaine, S. 311–370; Gilbert ZIEBURA, Die deutsch-französischen Beziehungen seit 1945. Mythen und Realitäten, Stuttgart 1997, S. 225–327.

methodische wie inhaltliche Anknüpfungspunkte. Wesentlich erscheint vor allem die Einsicht, dass die Betrachtung kultureller Bedingungsfaktoren der deutsch-französischen Verständigung nicht abgekoppelt von der Analyse politischer Entscheidungsvorgänge und diplomatischen Austauschs erfolgen sollte. Im Sinne eines integrativen Forschungsansatzes ist vielmehr stets eine Verknüpfung von Kultur und Diplomatie anzustreben[62]. Über diese einschlägigen Überlegungen hinaus muss die beabsichtigte Untersuchung jedoch vor allem den spezifischen Strukturmerkmalen des Annäherungsprozesses zwischen Frankreich und Westdeutschland in den 1970er Jahren Rechnung tragen. Vor dem Hintergrund eines seit der Hochphase der deutsch-französischen Freundschaftsbestrebungen tendenziell abnehmenden gesellschaftlichen Versöhnungseifers und sich gleichzeitig mehrender öffentlicher Konflikte hat sie ihr Augenmerk stärker als Arbeiten, die sich mit der Zeit der 1950er und 1960er Jahre beschäftigt haben, auf die Wirkungsweise und konkreten Resultate der verschiedenen Erscheinungsformen deutsch-französischer Verständigungsbemühungen zu richten. Diese gilt es kritisch zu prüfen und weniger die Entwicklung und institutionellen Verflechtungen einzelner Akteure herauszustellen. Eine solche Herangehensweise ermöglicht es, die nach dem Zweiten Weltkrieg gewachsenen Mythen der Aussöhnung[63] mit der notwendigen Distanz zu hinterfragen und beugt der Versuchung vor, die Meistererzählung der deutsch-französischen »Erbfreundschaft«[64] unreflektiert fortzuschreiben. Der Erkenntnisgewinn der vorliegenden Studie besteht somit insbesondere darin, die noch unbekannte Geschichte von Konflikt und Verständigung zwischen Deutschen und Franzosen in einem Jahrzehnt sichtbar zu machen[65], in welchem die einstigen Kriegsgegner weithin als

---

[62] Vgl. hierzu Dietmar HÜSER, Struktur- und Kulturgeschichte französischer Außen- und Deutschlandpolitik im Jahre 1945. Für eine methodenbewusste Geschichte der internationalen Beziehungen, in: Historische Mitteilungen 16 (2003), S. 155–170; Christoph CORNELISSEN, Politische Geschichte, in: DERS. (Hg.), Geschichtswissenschaften. Eine Einführung, Frankfurt a.M. ³2004, S. 133–148.

[63] Vgl. hierzu Corine DEFRANCE, Construction et déconstruction du mythe de la réconciliation franco-allemande au XXᵉ siècle, in: PFEIL (Hg.), Mythes et tabous des relations franco-allemandes, S. 69–86.

[64] Vgl. zum Gebrauch dieses Begriffs sowie zur wissenschaftlichen Auseinandersetzung damit Rainer HUDEMANN, Mariannes und Michels Erbfreundschaft?: Deutschland und Frankreich seit 1945, Trier 2005; Ulrich LAPPENKÜPER, Von der »Erbfeindschaft« zur »Erbfreundschaft«. Deutsch-französische Beziehungen zwischen Reichsgründung und Wiedervereinigung (1870–1990), in: Französisch heute 34/3 (2003), S. 220–236; Hans-Peter SCHWARZ, Erbfreundschaft. Adenauer und Frankreich, Bonn, Berlin 1992; Étienne FRANÇOIS, Erbfreunde. Deutschland und Frankreich in Vergangenheit, Gegenwart und Zukunft, in: Wolfgang BERGSDORF u. a. (Hg.), Erbfreunde. Deutschland und Frankreich im 21. Jahrhundert, Weimar 2007, S. 127–144; Franziska LAY, Erbfeinde, Erbfreunde. Die deutsch-französischen Beziehungen zwischen 1870 und 1945 im Spiegel zeitgenössischer Literatur. Eine Ausstellung des Deutsch-Französischen Instituts Ludwigsburg, Ludwigsburg 2007.

[65] Dafür, dass vor allem die konflikthafte Seite des deutsch-französischen Verhältnisses bis-

ausgesöhnt gelten, welches gar mit dem Begriff des »Vertrauensbooms«[66] beschrieben worden ist, und das in der heutigen Wahrnehmung vielfach unter dem ausschließlich auf die Regierungszusammenarbeit abzielenden Signum des politischen »Glücksfalls«[67] Giscard-Schmidt firmiert.

1.3 Quellenlage

Um die oben formulierten Zielsetzungen ins Auge zu fassen, kann sich die vorliegende Arbeit auf eine umfängliche und, was die Provenienz der herangezogenen Dokumente anbelangt, weit gestreute Quellengrundlage stützen. Es soll somit der für die Untersuchung internationaler Beziehungen zwar nicht neuen, aber dennoch wesentlichen und berechtigten Forderung nach einer Erweiterung der Materialbasis über regierungsamtliche Quellen und Egodokumente hinaus nachgekommen werden[68]. Auf diese Weise ist es möglich, auch die Prozesse und Bewegungen unterhalb der staatlichen Ebene zu erfassen und insbesondere das Zusammenwirken der verschiedenen Akteure, deren Handeln sich auf eine Verständigung zwischen Deutschen und Franzosen richtete, auf angemessene Weise nachzuvollziehen. Demgemäß speist diese Studie sich aus insgesamt vier größeren Quellengruppen.

Erstens wird sie fundiert durch die diplomatischen Akten aus dem Bereich der Regierungen, der Botschaften und weiterer staatlicher Organe. Hierzu wurden die für die angestrebte Untersuchung relevanten Bestände im Politi-

---

lang im Wesentlichen unbekannt ist, spricht etwa die jüngste Einschätzung von Hélène Miard-Delacroix, welche den Zeitraum nach 1963 als eine Epoche »ohne wesentliche Dramen und Kriege« beschreibt, eine »sehr friedliche Phase der Normalisierung«, die noch weniger von Konflikten geprägt gewesen sei als die unmittelbare Nachkriegszeit. Der Abschnitt zeichne sich vielmehr durch die Konvergenz zweier Nachbarstaaten aus, »die sich in ihren Beziehungen auf immer mehr Nähe und Intimität eingelassen haben«, Miard-Delacroix, Im Zeichen der europäischen Einigung, S. 9. Die Gefahr des Krieges, insoweit ist diesem Urteil zuzustimmen, war in der Tat aus den deutsch-französischen Beziehungen gebannt. Mit Blick auf die 1970er Jahre von einem konfliktfreien deutsch-französischen Verhältnis zu sprechen, wäre jedoch nicht zutreffend, wie die vorliegende Untersuchung im Folgenden aufzeigt.

[66] Siehe Christoph Conrad, Der Erbfeind als Nachbar. Französisch-deutsche Wahrnehmungen der 1950er Jahre, in: Hohls, Schröder, Siegrist (Hg.), Europa und die Europäer: Quellen und Essays, S. 211–217.

[67] Vgl. Kurt Becker, Die »Bonne Entente« – Zweiergespann für Europa. Die Freundschaft zwischen Giscard und Schmidt ein Glücksfall in der Geschichte der beiden Nationen, in: Die Zeit, 04.07.1980, S. 9f.; Edgar Wolfrum, Aufruhr und Zuversicht, in: Die Zeit, 23.02.2006 (Beilage »60 Jahre Die Zeit – 60 Jahre Zeitgeschichte 1946–2006«), S. 14; Ders., Die geglückte Demokratie. Geschichte der Bundesrepublik Deutschland von ihren Anfängen bis zur Gegenwart, Stuttgart 2006, S. 368; Valéry Giscard d'Estaing, Le pouvoir et la vie, Paris 1988.

[68] Siehe zum Beispiel Conze, Abschied von Staat und Politik?, S. 40.

schen Archiv des Auswärtigen Amtes in Berlin, im Bundesarchiv in Koblenz, in den Archives diplomatiques in Paris/La Courneuve und Nantes sowie in den Archives nationales in Paris und Fontainebleau, nebst den nur schwer zugänglichen Dokumenten des Élysée-Palasts[69], eingesehen. Ein besonderes Interesse galt hierbei den Akten der jeweiligen politischen Abteilungen und der Kulturabteilungen der beiden Außenministerien und Botschaften[70]. Trotz eines sich eng an der gesetzlichen Aktensperrfrist von in der Regel dreißig Jahren bewegenden Untersuchungszeitraums und des mit der zeitlichen Nähe zum Betrachtungsgegenstand verbundenen Problems fehlender oder in provisorischem Zustand befindlicher Bestandsverzeichnisse und Findbücher deckt das in dieser Studie verwendete Aktenmaterial das Jahrzehnt der 1970er Jahre hinreichend ab[71]. Die diplomatischen Akten konnten ergänzt werden durch Recherchen zu den so genannten Mittlerorganisationen der bundesdeutschen auswärtigen Kulturpolitik, die sowohl ihrem Selbstverständnis zufolge als auch aus Sicht der Bonner Regierung ein wesentliches Instrument für die Anbahnung und Pflege von Kontakten zwischen den Bevölkerungen beider Länder darstellten[72]. Im Einzelnen wurden Bestände im Archiv des Deutschen Akademischen Austauschdienstes in Bonn sowie im Archiv des Zentrums für Zeitgeschichte von Bildung und Wissenschaft in Hannover

---

[69] Die Bestände 5 AG 2 und 5 AG 3 unterliegen einer gesetzlichen Sperrfrist von fünfzig Jahren und können lediglich mittels eines zeitaufwändigen Derogationsverfahrens zur Einsichtnahme beantragt werden. Die Findbücher sind in beiden Fällen inzwischen in gedruckter Form erschienen, vgl. Sandrine BULA, Archives de la présidence de la République: Georges Pompidou, 1969–1974, Paris 1996; Pascal GENESTE, Archives de la présidence de la République: Valéry Giscard d'Estaing 1974–1981, Paris 2007.

[70] Für einen ersten, allerdings nicht mehr ganz aktuellen Überblick zu den französischen Beständen mag dienen Andreas WILKENS, Archivführer Paris – 19. und 20. Jahrhundert. Zentrale Bestände zu Politik, Wirtschaft und Gesellschaft in Archiven und Bibliotheken, Sigmaringen 1997.

[71] Punktuelle Ergänzungen bieten die in edierter Form bis 1982 vorliegenden und im Auftrag des Auswärtigen Amts vom Institut für Zeitgeschichte herausgegebenen Bände der »Akten zur Auswärtigen Politik der Bundesrepublik Deutschland« (AAPD). Ihr französisches Pendant, die im Namen der französischen Commission des Archives diplomatiques von Maurice Vaïsse herausgegebenen »Documents diplomatiques français« (DDP), sind hingegen erst bis zum Jahr 1969 erschienen.

[72] Vgl. Kurt-Jürgen MAASS, Das deutsche Modell – die Mittlerorganisationen, in: DERS. (Hg.), Kultur und Außenpolitik. Handbuch für Studium und Praxis, Baden-Baden ²2009, S. 269–280; Eckard MICHELS, Zwischen Zurückhaltung, Tradition und Reform: Anfänge westdeutscher auswärtiger Kulturpolitik in den 1950er Jahren am Beispiel der Kulturinstitute, in: Johannes PAULMANN (Hg.), Auswärtige Repräsentationen. Deutsche Kulturdiplomatie nach 1945, Köln 2005, S. 241–258.

konsultiert, hier vor allem Dokumente aus dem Umfeld der Goethe-Institute in Frankreich[73] und der Pariser DAAD-Außenstelle[74].

Zweitens ist für die vorliegende Arbeit eine Reihe von Aktenbeständen in Stadt- und Privatarchiven von Bedeutung, in denen sich sowohl Spuren kollektiv organisierter als auch individuell agierender Kräfte der deutschfranzösischen Verständigung wiederfinden lassen. Gestalten sich die Nachforschungen in den verzeichneten Beständen der Stadtarchive noch komfortabel, so sieht sich der Historiker, der in privaten Sammlungen auf die Suche nach Protagonisten und Erscheinungsformen der Freundschaftsbemühungen gehen will, zwei grundlegenden Problemen gegenüber. Einerseits stellt sich die Frage, ob dort überhaupt Material existiert, das verwertbar ist. Denn privat und oftmals ehrenamtlich geführte Vereinigungen verfügen zumeist weder über die notwendigen finanziellen Mittel noch über entsprechende Räumlichkeiten, um ihre Dokumentation sachgerecht zu archivieren. Nicht selten entsorgen die Verantwortlichen, sei es aus Unwissen, sei es aus Achtlosigkeit, ganze Nachlässe, die damit für die Wissenschaft unwiederbringlich verloren sind[75]. Andererseits hat es der Forscher in den vorhandenen und ihm zugänglichen privaten Archiven mit einer äußerst heterogenen Archivlage zu tun. Diese ist durch eine Bandbreite an Aufbewahrungsformen gekennzeichnet, welche von einer mehr oder weniger systematischen Ordnung bis hin zu völliger Desorganisation reicht, was nicht zuletzt die Frage der wissenschaftlichen Nachprüfbarkeit aufwirft[76]. Angesichts dieser Schwierigkeiten war für die Quellenrecherche auf der Ebene der deutsch-französischen Verständigungsakteure ein nicht unerheblicher Aufwand erforderlich.

Das Kriterium des Quellenzuganges beziehungsweise der bloßen Existenz schriftlicher Zeugnisse musste sich nicht zuletzt als ausschlaggebend für die Auswahl der untersuchten Vereinigungen erweisen. Diese sollten zudem

---

[73] Vgl. François ROCHE, Das Goethe-Institut als Motor der deutsch-französischen Zusammenarbeit, in: Joachim SARTORIUS (Hg.), In dieser Armut – welche Fülle! Reflexionen über 25 Jahre auswärtige Kulturpolitik des Goethe-Instituts, Göttingen 1996, S. 222–225; Eckard MICHELS, Vom Deutschen Institut zum Goethe-Institut, in: PFEIL (Hg.), Deutschfranzösische Kultur- und Wissenschaftsbeziehungen, S. 181–196.

[74] Vgl. Reinhart MEYER-KALKUS, Le bureau parisien du DAAD, in: Michel ESPAGNE, Michael WERNER (Hg.), Les études germaniques en France (1900–1970), Paris 1994, S. 301–306; Béatrice PELLISSIER, L'antenne parisienne du DAAD à travers les archives de l'Auswärtiges Amt de Bonn jusqu'en 1939, in: BOCK, MEYER-KALKUS, TREBITSCH (Hg.), Entre Locarno et Vichy, S. 273–286; Ulrich PFEIL, »Dynamische, expansive Austauschpolitik auf allen akademischen Gebieten«. Die DAAD-Außenstelle in Paris (1963–1972), in: DERS. (Hg.), Deutsch-französische Kultur- und Wissenschaftsbeziehungen, S. 197–222; Hans Manfred BOCK, Vertretung und Vermittlung: Die Pariser Zweigstelle des Deutschen Akademischen Austauschdienstes 1964–2004, in: DERS., Topographie deutscher Kulturvertretung im Paris des 20. Jahrhunderts, Tübingen 2010, S. 365–390.

[75] Zum Problem der Archivgrundlage siehe BOCK, Transnationale Kulturbeziehungen, S. 17 und bereits BAUER, Die deutsch-französischen Beziehungen, S. 13.

[76] Aus diesem Grund befindet sich eine Kopie jedes zitierten Schriftstückes im Besitz des Verfassers, womit die Existenz der verwendeten Dokumente verbürgt ist.

über möglichst große Wirkungsradien und institutionelle Ankerstellen in beiden Ländern verfügen, jeweils in unterschiedlichen Bereichen des Kulturaustauschs wirken und sich vor allem selbst als Verbindungsinstitutionen und vermittelnde Instanzen zwischen Franzosen und Deutschen begreifen. Ausgehend von der Festlegung der genannten Erkennungszeichen bezieht die vorliegende Studie Aktenmaterial zur Internationalen Bürgermeister-Union für deutsch-französische Verständigung[77] ein, welches im Stadtarchiv Stuttgart konsultiert werden konnte. Im Mainzer Stadtarchiv standen sodann Bestände zur Vereinigung Deutsch-Französischer Gesellschaften[78] offen, die gleicherorts über ein eigenes Archiv verfügt, das ebenfalls die Möglichkeit zur Recherche bot. Ergänzt wurden die dort gesichteten Dokumente durch Funde aus dem Aktenbestand zur Deutschen Auslandsgesellschaft[79], der sich im Archiv der Hansestadt Lübeck befindet. Ferner gewährten das Deutsch-Französische Institut in Ludwigsburg[80] sowie das in Paris ansässige Bureau international de liaison et de documentation[81] Einsichtnahme in ihre jeweilige schriftliche Hinterlassenschaft der 1970er Jahre. Im Institut Mémoires de l'édition contemporaine in Saint-Germain-la-Blanche-Herbe, Normandie, konnte schließlich der ungeordnete Nachlass des französischen Historikers Joseph Rovan[82] in seinen wesentlichen Teilen gesichtet werden.

---

[77] Vgl. Annette JÜNEMANN, Emanuel RICHTER, Hartmut ULLRICH (Hg.), Gemeindepartnerschaften im Umbruch Europas, Frankfurt a.M. 1994; Corine DEFRANCE, Les jumelages franco-allemands. Aspect d'une coopération transnationale, in: Vingtième siècle 99 (2008), S. 189–201; Hansjürgen GARSTKA, Die Rolle der Gemeinde in der internationalen Verständigung nach dem Zweiten Weltkrieg gezeigt am Beispiel der deutsch-französischen Verständigung, Stuttgart 1972; Thomas GRUNERT, Langzeitwirkungen von Städte-Partnerschaften. Ein Beitrag zur europäischen Integration, Kehl, Straßburg 1981; Robert PICHT, Städtepartnerschaften und deutsch-französische Beziehungen, in: Hans-Günter BRÜSKE (Hg.), Städtepartnerschaften. Kulturelle Beziehungen, Bonn 1983, S. 16–20.

[78] Bis zu ihrer Umbenennung im Jahr 1981 trug die Organisation den Namen Arbeitskreis Deutsch-Französischer Gesellschaften (ADFG), vgl. Bernd van DEENEN, Die Vereinigung Deutsch-Französischer Gesellschaften in Deutschland und Frankreich e.V. (VDFG). Versuch einer Standortbestimmung, in: Klaus Otto NASS (Hg.), Elsie Kühn-Leitz. Mut zur Menschlichkeit. Vom Wirken einer Frau in ihrer Zeit, Bonn 1994, S. 404–417; Bernd van DEENEN, Georges KOCH, La FAFA, in: MÉNUDIER (Hg.), Le couple franco-allemand, S. 314–319; Beate GÖDDE-BAUMANNS, Bürgerschaftliche Basis der Annäherung: Die Deutsch-Französischen Gesellschaften – Einblicke in die Praxis, in: DEFRANCE, KISSENER, NORDBLOM (Hg.), Wege der Verständigung, S. 137–158.

[79] Vgl. BOCK, PFEIL, Kulturelle Akteure und die deutsch-französische Zusammenarbeit, S. 220–223.

[80] Vgl. den zur Geschichte des DFI grundlegenden Sammelband von BOCK (Hg.), Projekt deutsch-französische Verständigung; des Weiteren Gerhard KIERSCH, Geduldiges Abtragen von »Kulturmauern«. Vierzig Jahre Deutsch-Französisches Institut, in: Dokumente 44/5 (1988), S. 357–363.

[81] Vgl. Michel GUERVEL, Le BILD de Jean du Rivau à Joseph Rovan, in: MÉNUDIER (Hg.), Le couple franco-allemand, S. 299–306; Henri MÉNUDIER, La revue Documents et le BILD. Les articles des années 1945–1955, in: Passerelles et passeurs, S. 233–256.

[82] Vgl. die Beiträge in Frédéric HARTWEG (Hg.), À Joseph Rovan, penseur et acteur du

Neben den genannten archivalischen Quellen greift die vorliegende Studie drittens auf die veröffentlichten Schriften, darunter Bücher und Aufsätze, Redemanuskripte und Presseartikel, deutsch-französischer Mittler zurück. Es werden damit Persönlichkeiten in den Fokus genommen, die in der Forschung als die »sinndeutenden Intellektuellen und Organisatoren grenzüberschreitender Kontakte zwischen beiden Nationen«[83], als »Brückenbauer über den Rhein«[84] gelten und denen eine »Stichwortgeberfunktion für die Deutung des Nachbarlandes«[85] beigemessen wird. Durch ihre Vorträge und Publikationen oder ihre beratende Tätigkeit wirken diese Mittler auf die »politisch-gesellschaftliche Meinung« ein und sind als Länderexperten weithin anerkannt[86].

Über diese allgemeinen Merkmale hinaus war für die hier getroffene Auswahl an Mittlerfiguren allerdings entscheidend, ob die einzelnen Persönlichkeiten sich in den betrachteten deutsch-französischen Auseinandersetzungen der 1970er tatsächlich zu Wort meldeten und versuchten, einen mäßigenden Einfluss auszuüben. Dieses Kriterium trifft insbesondere auf den Politologen Alfred Grosser, den oben genannten Historiker Joseph Rovan – beide gleichsam in exemplarischer Weise Repräsentanten verflochtener deutsch-französischer Biografien im 20. Jahrhundert[87] – sowie den französischen Germanisten Pierre Bertaux zu[88]. Sie griffen beständig

dialogue franco-allemand: hommages pour son soixante-dixième anniversaire, Paris 1989; Claudia MOISEL, Joseph Rovan: ein bürgerliches Leben im Zeitalter der Extreme, in: Theresia BAUER u. a. (Hg.), Gesichter der Zeitgeschichte. Deutsche Lebensläufe im 20. Jahrhundert, München 2009, S. 115–132; Hansgerd SCHULTE, Le messager: Joseph Rovan. Essai d'une biographie franco-allemande, in: Gilbert KREBS (Hg.), Sept décennies de relations franco-allemandes 1918–1988: hommage à Joseph Rovan, Asnières 1989, S. 319–341.

83 BOCK, Vorwort, in: DERS., Kulturelle Wegbereiter politischer Konfliktlösung, S. 7f., hier S. 7.

84 Vgl. Peter HÖLZLE, Brückenbauer über den Rhein: Pierre Viénot und Pierre Bertaux, in: Frankreich-Jahrbuch 15 (2002), S. 231–242.

85 Katja MARMETSCHKE, Zwischen Feindbeobachtung und Verständigungsarbeit: Edmond Vermeil und die französische Germanistik in der Zwischenkriegszeit, in: BEILECKE, MARMETSCHKE (Hg.), Der Intellektuelle und der Mandarin, S. 503–526, hier S. 504.

86 Siehe DIES., Feindbeobachtung und Verständigung, S. 53f.

87 Zu Joseph Rovan siehe oben, Anm. 82; zur Biografie Alfred Grossers vgl. Ingo KOLBOOM, Alfred Grosser: Le Français franco-allemand, l'Européen, in: Documents 50/1 (1995), S. 46–56; Henri MÉNUDIER, En l'honneur d'Alfred Grosser, in: DERS. (Hg.), La République fédérale d'Allemagne dans les relations internationales. En l'honneur d'Alfred Grosser, Brüssel 1990, S. 9–22; STRICKMANN, L'Allemagne nouvelle, S. 220–242.

88 Vgl. Hansgerd SCHULTE, Pierre Bertaux 1907–1986. Une esquisse biographique, in: Pierre BERTAUX, Mémoires interrompus, hg. v. Hansgerd SCHULTE u. a., Asnières 2000, S. 273–280. Die jüngste Zusammenstellung von Biografien und Tätigkeitsmerkmalen deutsch-französischer Mittlerfiguren findet sich in Michel GRUNEWALD u. a. (Hg.), France-Allemagne au XXᵉ siècle – La production de savoir sur l'autre (vol. 2). Deutschland und Frankreich im 20. Jahrhundert – Akademische Wissensproduktion über das andere Land (Bd. 2), Bern u. a. 2012, hier sei vor allem auf die Beiträge von Corine Defrance zu Alfred Grosser und von Hans Manfred Bock zu Pierre Bertaux verwiesen.

als Streitschlichter in Konflikte ein und verstanden sich nicht nur selbst als geistige Mittler zwischen Deutschen und Franzosen, sondern wurden auch aus zeitgenössischer Sicht als solche empfunden[89]. Ihre ausnehmend hohe Präsenz in den öffentlichen Diskussionen der 1970er Jahre unterscheidet sie deutlich von weiteren Vertretern dieser Gruppe[90]. Ihr jeweiliges literarisches Schaffen gibt von ihrem Wirken Zeugnis und stellt daher einen wesentlichen Materialfundus für diese Arbeit dar.

Schließlich bilden ausgewählte Artikel westdeutscher und französischer Presseorgane die vierte Quellengattung, auf welche die Untersuchung sich stützt. Anhand von Hinweisen auf deutsch-französische Konflikte aus den Regierungsakten wurden auflagenstarke überregionale Tageszeitungen sowie Wochenzeitungen und -zeitschriften durchgesehen, die das politische Meinungsspektrum in beiden Ländern im Wesentlichen abdecken[91]. Zwar ist es

---

[89] Vgl. Marion Gräfin DÖNHOFF, Mittler zwischen zwei Kulturen. Alfred Grosser machte sich um die deutsch-französische Aussöhnung verdient, in: Die Zeit, 10.10.1975, S. 2; Horst MÖLLER, Joseph Rovan (1918–2004), in: Francia 32/3 (2005), S. 195–199 sowie die Rede von Pierre GRAPPIN anlässlich der Verleihung des Heinrich-Heine-Preises an Pierre Bertaux im Dezember 1975, vgl. DERS., Laudatio, in: Revue d'Allemagne 9/4 (1977), S. 560–570.

[90] Als Pendants zu Grosser, Rovan und Bertaux in der Bundesrepublik können für den Zeitraum der 1970er Jahre der Direktor des DFI in Ludwigsburg, Robert Picht, sowie der Leiter der Pariser DAAD-Außenstelle und spätere DAAD-Präsident Hansgerd Schulte gelten. Insoweit sich dies anhand ihrer veröffentlichten Schriften sagen lässt, waren jedoch beide im Gegensatz zu ihren französischen Mitstreitern in den öffentlichen Auseinandersetzungen zwischen beiden Ländern kaum präsent. Dies mag darauf zurückzuführen sein, dass sie aufgrund ihrer jeweiligen Position vielmehr als Organisatoren in den deutsch-französischen Kulturbeziehungen gewirkt haben denn als öffentlich agierende Intellektuelle. Über die universitären Freiheiten, die es Grosser, Rovan und Bertaux als Professoren an französischen Hochschulen ermöglichten, diese Rolle auszufüllen, dürften Picht und Schulte jedenfalls nicht verfügt haben; vgl. zur Biografie von Robert Picht Kap. 2.2, Anm. 109; zu Hansgerd Schulte in Kap. 4.2, Anm. 92.

[91] Mit Blick auf die westdeutsche Presseberichterstattung sind dies hauptsächlich die Tageszeitungen »Die Welt« (Auflage 1972: 228 000, 1982: 266 380), die »Frankfurter Allgemeine Zeitung« (Auflage 1970: 272 365, 1977/78: 294 195, 1980: 330 806) und die »Süddeutsche Zeitung« (Auflage 1972: 272 000, 1977/78: 310 718, 1982: 340 400) sowie die Wochenblätter »Die Zeit« (Auflage 1970: 270 000, 1980: 395 000) und »Der Spiegel« (Auflage 1972: 898 000, 1982: 970 911). Um die französischen Pressediskurse nachvollziehen zu können, wurden vor allem die Tageszeitungen »Le Monde« (Auflage 1976: 439 937), »Le Figaro« (Auflage 1976: 347 379) und »L'Humanité« (Auflage 1974: 151 387) sowie die wöchentlich erscheinenden »Le Nouvel Observateur« (Auflage 1976: 340 701), »L'Express« (Auflage 1976: 537 676) und »Le Point« (Auflage 1976: 250 023) ausgewertet. Die getroffene Auswahl konzentriert sich mithin auf die großen Qualitätsblätter in beiden Ländern. Punktuell werden Artikel weiterer Presseorgane zitiert. Zu den angegebenen Auflagenhöhen siehe ALBERT, La presse française, S. 99 und 114; Rudolf STÖBER, Deutsche Pressegeschichte. Von den Anfängen bis zur Gegenwart, Konstanz ²2005, S. 265 und 288; Hans-Ulrich WEHLER, Deutsche Gesellschaftsgeschichte, Bd. 5: Bundesrepublik und DDR 1949–1990, München 2008, S. 393; Wolfgang BRANDT, Die Sprache der Wirtschaftswerbung. Ein operationelles Modell zur Analyse und Interpretation von Wer-

kaum möglich, fundierte Aussagen über die Wirkung der Pressebotschaften auf den einzelnen Leser zu treffen, doch helfen die Zeitungsartikel dabei, die Kontroversen der 1970er Jahre in ihren Ausmaßen zu erfassen und ihren Widerhall bei den Regierungsstellen in Paris und Bonn, den einzelnen Mittlern sowie den privaten Organisationen nachzuzeichnen. Ausgehend von der Frage, in welcher Form die öffentlich zu Tage tretenden Auseinandersetzungen seitens der verschiedenen Akteure wahrgenommen wurden, können sodann ihre Reaktionen und vor allem das Entwerfen von Gegenkonzepten näher bestimmt sowie etwaige Folgen für den Annäherungsprozess zwischen den Bevölkerungen beiderseits des Rheins herausgearbeitet werden. Hierzu dienen punktuell auch die Ergebnisse demoskopischer Erhebungen, die jedoch für den Betrachungszeitraum, zumindest insoweit dies feststellbar ist, lediglich in geringer Anzahl vorliegen. Die somit hier vorgenommene Kontextualisierung der herangezogenen Quellen trägt entscheidend dazu bei, die Wirkungszusammenhänge von Konflikt und Verständigung im deutsch-französischen Verhältnis der 1970er Jahre offen legen zu können.

1.4 Aufbau und Vorgehensweise

Die Erschließung der unterschiedlichen Quellenkonvolute hat zu einem sich über drei Abschnitte erstreckenden Aufbau der vorliegenden Studie geführt. Die Absteckung des Untersuchungszeitraums ist hierbei weitgehend an den großen politischen Umbrüchen in Frankreich und Westdeutschland am Ende der 1960er und zu Beginn der 1980er Jahre ausgerichtet. Es sind dies der Amtsantritt Georges Pompidous in Paris und der Machtwechsel in Bonn von der großen zur sozialliberalen Koalition im Jahr 1969 sowie das nah aufeinander folgende Abtreten Helmut Schmidts und Valéry Giscard d'Estaings von der politischen Bühne in den Jahren 1981/82. Verweise auf die Zeit vor 1969 sind, insbesondere mit Blick auf die Erläuterung der unterhalb der offiziellen Ebene bestehenden deutsch-französischen Beziehungen, allerdings unumgänglich. Was die innere Gliederung der Arbeit anbelangt, so folgt diese keiner strengen Ereignischronologie der 1970er Jahre, sondern ergibt sich vielmehr aus dem hier verfolgten Ansatz, eine ergebnisorientierte Überprüfung von Verständigungshandeln vorzunehmen.

Zunächst wird das zweite Kapitel die um das Jahr 1970 zwischen Frankreich und Westdeutschland bestehenden Infrastrukturen der Annäherung skizzieren und die Konturen der drei Akteursgruppen, denen in dieser Hinsicht ein konstituierender Charakter zukommt – kulturpolitische Institutionen, private Verständigungsorganisationen und deutsch-französische Mittlerpersönlich-

bungen im Deutschunterricht, in: Germanistische Linguistik 5/1–2 (1973), S. 1–290, hier S. 28; Horst HOLZER, Medien in der BRD. Entwicklungen 1970–1980, Köln 1980, S. 35.

keiten – genauer bestimmen. Ihre jeweilige Funktion und Position in den nach 1945 entstandenen grenzüberschreitenden Zusammenhängen wird hier definiert, ihre spezifischen Verständigungskonzepte, Ziele und Handlungsstrategien sind darzulegen. Im folgenden dritten Kapitel, welches den Hauptteil der Arbeit bildet, gilt es, die Tragfähigkeit des zuvor umschriebenen Fundaments der Verständigung im Hinblick auf die sich öffentlich manifestierenden Konflikte der 1970er Jahre zu prüfen. Ein besonderes Interesse ist der Frage gewidmet, in welcher Weise die Protagonisten der Annäherung versuchten, den auftretenden Spannungen mäßigend entgegenzuwirken. Belastungsproben für das deutsch-französische Verhältnis der 1970er Jahre erwuchsen vor allem aus vier Konfliktsträngen, die anhand eines historischen Längsschnitts für den gesamten Untersuchungszeitraum verdeutlicht werden können und sich in der Gliederung dieses Abschnitts widerspiegeln.

Die aus der thematischen Auffächerung hervorgehenden Unterkapitel folgen einem einheitlichen Analyseschema. In einem ersten Schritt werden jeweils konfrontativ geführte mediale Debatten zwischen beiden Ländern beleuchtet und ihrem Kontext zugeordnet. In einem zweiten Schritt wird die Konfliktwahrnehmung aus Sicht der staatlichen Stellen in Paris und Bonn erörtert und gezeigt, mit welchen Gegenmaßnahmen die Regierungen auf die öffentlichen Dissonanzen reagierten. Der dritte Schritt zielt sodann darauf ab, der Verständigungsarbeit der deutsch-französischen Organisationen und Mittler in der jeweiligen Konfliktsituation auf den Grund zu gehen. Den Abschluss eines jeden Teilabschnitts bildet eine kurze Bewertung des Zusammenwirkens von Konfliktaustragung und Verständigungshandeln. Eine solche Stringenz dient zum einen der Übersichtlichkeit, bietet zum anderen einen geeigneten Rahmen, um das gesichtete Quellenmaterial zu ordnen und zu durchdringen, und erlaubt es schließlich, die Fragestellung der vorliegenden Studie mit einem Maximum an Analysekraft zu bearbeiten. Sie wurde daher ganz bewusst einer flexibleren Strukturvariante vorgezogen.

Die vier Konfliktstränge, welche für den Aufbau des Hauptteils maßgebend sind, lassen sich wie folgt benennen: Erstens bilden die französischen Ängste vor einem den westeuropäischen Bündnispartnern möglicherweise den Rücken kehrenden »Großdeutschland« eine thematische Klammer. Diese verdichteten sich vor dem Hintergrund der Bonner Ostpolitik, der ungelösten deutschen Frage und der aufkommenden Friedensbewegung in Westdeutschland und stellten den Ausgangspunkt für heftige Kontroversen zwischen beiden Ländern dar. Ein zweites Konfliktfeld beschreiben sodann die in Frankreich immer wieder hervortretenden Befürchtungen, die Bundesrepublik könne aufgrund ihrer in den Nachkriegsjahrzehnten wiedererlangten Stärke danach streben, eine Hegemonialstellung in Westeuropa zu errichten und den schwächeren französischen Partner dabei zu marginalisieren. Hieraus folgende Spannungen lassen sich zum einen anhand des Streits um die Finanzierung des europäischen Agrarmarkts nachvollziehen. Zum anderen geben die Mitte der 1970er Jahre aufflammenden Diskussionen um die deutsche Wirtschaftskraft und die im Vorfeld der ersten Direktwahl zum Europa-Parlament geführten Debatten lohnende Betrachtungsgegenstände ab.

Ein dritter Konfliktbereich lässt sich in den Zusammenhang von nachwirkenden Kriegserfahrungen und unbewältigter Kriegsvergangenheit einordnen. Die Frage straflos gebliebener deutscher Kriegsverbrecher, die in Verbindung mit dem Gerichtsprozess gegen Beate Klarsfeld im Jahr 1974 für große öffentliche Aufmerksamkeit sorgte, spielte hierbei ebenso eine Rolle wie die Aktivitäten von in der Bundesrepublik legal existierenden Verbänden ehemaliger SS-Angehöriger. Und auch die Ausstrahlung von Joachim Fests Film »Hitler – Eine Karriere« im Juli 1977 sowie die nur wenig später bekannt gewordene Weigerung der Bundesregierung, den aus italienischer Gefangenschaft geflohenen ehemaligen SS-Offizier Herbert Kappler auszuliefern, gaben Anlass zu ernsten Verstimmungen. Zahlreichen französischen Zeitungen galten Fest-Film und Kappler-Flucht als Indizien dafür, dass die Deutschen von einer wahren »Hitler-Nostalgie« befallen seien, die sie in gefährlicher Weise zu Komplizen von Alt- und Neo-Nazis werden lasse. Eine vierte wesentliche Konfliktlinie des deutsch-französischen Verhältnisses ist schließlich in den Debatten um die Stabilität der westdeutschen Demokratie auszumachen, die sich einerseits um die so genannten Berufsverbote in der Bundesrepublik, andererseits um das strafrechtliche Vorgehen der bundesdeutschen Behörden gegen die RAF formierten. Mutmaßungen der französischen Presse, die Bundesrepublik kehre zu antidemokratischen und antiliberalen Traditionen der deutschen Vergangenheit zurück, wandele sich gar zu einem autoritären Polizeistaat, stand hier der deutsche Vorwurf gegenüber, die Franzosen misstrauten ihren Nachbarn trotz eines dreißig Jahre andauernden gemeinsamen Nachkriegsweges noch immer. Vor allem im Herbst 1977 war die bittere Klage zu vernehmen, die französischen Partner seien in der Stunde der Not unsolidarisch von der Seite der Deutschen gewichen.

Die Zunahme deutsch-französischer Konflikte, die im Verlaufe der 1970er Jahre zu verzeichnen war, und die nicht mehr für möglich gehaltenen feindseligen Töne, welche die öffentlichen Debatten streckenweise prägten, ließen die verschiedenen Akteure am Ende des Jahrzehnts eine Bilanz des Annäherungsprozesses und damit der eigenen Anstrengungen im Dienste der Freundschaft ziehen. Diesen Vorgang der Selbstreflexion zeichnet das vierte Kapitel der vorliegenden Studie für die drei betrachteten Handlungsebenen nach und macht anschaulich, dass im deutsch-französischen Verständigungsmilieu am Ende der 1970er Jahre weithin ein Gefühl der Ernüchterung Einzug hielt. Ausgehend von diesem wenig befriedigenden Ergebnis des Überprüfens und Bilanzierens planten die Protagonisten der Annäherung, wie die Untersuchung im Folgenden zeigt, seit den späten 1970er Jahren eine Reihe neuerlicher Initiativen, die darauf abzielten, das deutsch-französische Verhältnis zu revitalisieren. Die Etappe der Aussöhnung sollte im Rahmen dessen endgültig überwunden, eine veritable Schicksalsgemeinschaft zwischen Deutschen und Franzosen begründet werden. Als Dreh- und Angelpunkt dieses ambitionierten Vorhabens wurde seitens der politisch Verantwortlichen das deutsch-französische Gipfeltreffen vom Februar 1981 auserkoren. Die Erwartungen, die sich hiermit verbanden, konnten jedoch in keiner Weise erfüllt werden.

Die Gegenbewegung, welche die Kräfte der Verständigung initiiert hatten, kam – dies zeigt eine Vorausschau auf die Entwicklungen bis Mitte der 1980er Jahre – bald vollständig zum Erliegen. Dieser Befund wirft die Frage auf, ob mit dem Scheitern der groß angelegten Verständigungsinitiative das Ende des mehr als drei Jahrzehnte andauernden Projektes der Völkerfreundschaft einherging und führt die Arbeit zu einer Gesamtbewertung des deutsch-französischen Miteinanders in den 1970er Jahren.

2. Infrastrukturen der Annäherung zwischen Frankreich und Westdeutschland um 1970

Um 1970 war der deutsch-französische Neuanfang bereits ein Vierteljahrhundert alt. Wunden, welche der Zweite Weltkrieg vor allem in Frankreich geschlagen hatte, begannen sich zu schließen. Die Bereitschaft zur Verständigung mit dem Gegner von einst wuchs schrittweise an. Die staatlichen Initiativen der ersten Nachkriegsjahre wie der Schuman-Plan und die lange verhandelte Regelung der Saar-Frage hatten hierzu ebenso beigetragen wie das vielgestaltige gesellschaftliche Engagement auf beiden Seiten des Rheins, verkörpert etwa durch Schriftstellertreffen oder organisierte Begegnungen von Jugendlichen[1]. Zentral für die Popularisierung von Versöhnungsmotiven war in den 1950er und 1960er Jahren insbesondere eine emotionale Bezugnahme auf das Leid und die Zerstörungen, die der Griff zu den Waffen zwischen 1940 und 1944 Franzosen und Deutschen eingebracht hatte. Sie fand sich zumeist verbunden mit der eindringlichen Botschaft, dass die Geschichte blutiger Konfrontationen zwischen beiden Ländern sich unter keinen Umständen wiederholen dürfe. Die Basis der Annäherung bildete somit vor allem ein sich in den Gesellschaften Frankreichs und Westdeutschlands verbreitendes Gefühl des »nie wieder«, welches zudem durch eine in der Öffentlichkeit sehr präsente politische Symbolik, durch Gesten, die sich einer unmissverständlichen bildhaften Sprache bedienten, wirkungsvoll unterfüttert wurde[2].

---

[1] Vgl. Rainer HUDEMANN, Raymond POIDEVIN (Hg.), Die Saar 1945–1955. Ein Problem der europäischen Geschichte, München [2]1995; Andreas WILKENS (Hg.), Le plan Schuman dans l'histoire. Intérêts nationaux et projet européen, Brüssel 2004; Mechtild RAHNER, Die Intellektuellentreffen der Nachkriegszeit als Agentur der deutsch-französischen Verständigung, in: Lendemains 21/84 (1996), S. 96–109; Stefan ZAUNER, Erziehung und Kulturmission. Frankreichs Bildungspolitik in Deutschland 1945–1949, München 1994.

[2] Einen Höhepunkt politisch motivierter Symbolik stellte die gemeinsame Teilnahme Konrad Adenauers und Charles de Gaulles an einem Gottesdienst in der Kathedrale von Reims im Jahr 1962 dar. Reims gab in gleich zweierlei Hinsicht einen symbolträchtigen Rahmen für die deutsch-französische Begegnung ab: Zum einen als traditioneller Krönungsort der französischen Könige, zum anderen als Stadt, die im Ersten Weltkrieg durch deutsche Waffen schwer gelitten hatte, vgl. hierzu Andreas W. DAUM, Charisma und Vergemeinschaftung: Zur Westbindung der Deutschen im Kalten Krieg, in: Manfred BERG, Philipp GASSERT (Hg.), Deutschland und die USA in der internationalen Geschichte des 20. Jahrhunderts, Wiesbaden 2004, S. 461–472.

Seit Mitte der 1960er Jahre, auch bedingt durch die wachsende zeitliche Distanz zu den Kriegsgeschehnissen, wurde die emotionale Grundierung des Verständigungsprozesses jedoch zusehends schwächer. Nach und nach machte sie einer nüchternen, pragmatischeren Herangehensweise an das deutsch-französische Verhältnis Platz. Diese spiegelte sich nicht zuletzt im politischen Diskurs und im Handeln der Entscheidungsträger in Paris und Bonn wider und schloss auch die Austragung von ernsthaften Interessenkonflikten ein. Deutlich wurde dies etwa während der Kanzlerschaft des dezidiert transatlantisch ausgerichteten Ludwig Erhard, im Zusammenhang mit dem Rückzug Frankreichs aus den integrierten Kommandostrukturen der NATO im Jahr 1966 oder im Zuge des langjährigen Streits um den europäischen Agrarmarkt und die politische Struktur der Europäischen Gemeinschaft[3].

Gleichwohl nahmen Frankreich und die Bundesrepublik im Rahmen der fortschreitenden Integration Westeuropas eine wichtige Schrittmacherrolle ein, so bereits in den 1950er Jahren und erneut seit Ende der 1960er Jahre, beginnend mit dem wegweisenden Gipfel der Staats- und Regierungschefs in Den Haag im Dezember 1969[4]. Die dort getroffenen Vereinbarungen, darunter die Schaffung einer Wirtschafts- und Währungsunion, die Erweiterung der Gemeinschaft, die Einrichtung der Europäischen Politischen Zusammenarbeit (EPZ) und die Prüfung von Direktwahlen zum Europäischen Parlament bildeten die Voraussetzung für die Intensivierung des europäischen Einigungsprozesses während der 1970er Jahre, an welcher das Gespann Helmut Schmidt und Valéry Giscard d'Estaing erheblichen Anteil hatte[5]. Die Dynamik, die aus ihrer engen Zusammenarbeit entsprang, kam in dem bald viel gebrauchten Schlagwort des »deutsch-französischen Motors« zum Ausdruck, der als entscheidender Antrieb für das Zusammenwachsen Westeuropas erachtet wurde[6]. Und auch auf internationaler Ebene erwies sich die Kooperation zwischen beiden Regierungen als prägendes Element. Begünstigt wurde dies vor allem durch die anhaltende Schwäche der Vereinigten Staaten infolge des außer Kontrolle geratenen Vietnam-Kriegs und des Rücktritts des US-amerikanischen Präsidenten Richard Nixon im August 1974[7]. So war die Einrichtung regelmäßiger Treffen der großen westlichen

---

[3] Vgl. Tim GEIGER, Atlantiker gegen Gaullisten. Außenpolitischer Konflikt und innerparteilicher Machtkampf in der CDU/CSU 1958–1969, München 2008; Burkard SCHMITT, Frankreich und die Nukleardebatte der Atlantischen Allianz 1956–1966, München 1998; Philip Robert BAJON, Die Krise des leeren Stuhls 1965/66. Ursachen, Verlauf und Folgen, in: Michael GEHLER (Hg.), Vom gemeinsamen Markt zur europäischen Unionsbildung. 50 Jahre Römische Verträge 1957–2007, Wien u. a. 2009, S. 371–392.

[4] Vgl. zum Gipfel von Den Haag Claudia HIEPEL, Willy Brandt und Georges Pompidou. Deutsch-französische Europapolitik zwischen Aufbruch und Krise, München 2012, S. 37–72.

[5] Vgl. hierzu Hartmut KAELBLE, Kalter Krieg und Wohlfahrtsstaat. Europa 1945–1989, München 2011, S. 121–126.

[6] Siehe SOUTOU, Staatspräsident Valéry Giscard d'Estaing und die deutsche Frage, S. 373.

[7] Vgl. Willi Paul ADAMS, Die USA im 20. Jahrhundert, München 2008, S. 104–110.

Industrienationen, der G7-Staaten, auf eine deutsch-französische Initiative zurückzuführen[8]. Ebenso trugen wesentliche Maßnahmen zur Bekämpfung der Wirtschaftskrise, welche der industrialisierten Welt spätestens seit dem Ölpreisschock 1973 die Grenzen des Wachstums aufzeigte, die Handschrift von deutschem Bundeskanzler und französischem Staatspräsidenten[9].

Die deutsch-französische Verständigung, dies hatten die Entwicklungen seit der unmittelbaren Nachkriegszeit deutlich gemacht, war längst kein Selbstzweck mehr, sondern Ausgangspunkt für Kooperationen, die weit über den ursprünglich engen bilateralen Rahmen hinausgingen. Trotz dieser Tendenzen des Wandels, die auf eine stärkere Internationalisierung des Verhältnisses zwischen Frankreich und Westdeutschland und die Etablierung einer von Pragmatismus geprägten Partnerschaft hinwiesen, waren auch in den 1970er Jahren in beiden Ländern Kräfte präsent, welche dem deutsch-französischen Gedanken in besonderer Weise verpflichtet blieben. Ihnen widmen sich die folgenden drei Kapitel.

2.1 »Bindeglied zu anderen Völkern«: die auswärtige Kulturpolitik

Unsere auswärtige Kulturpolitik ist internationale Zusammenarbeit im kulturellen Bereich. Sie ist Teil unserer Außenpolitik, einer Außenpolitik, die der Sicherung des Friedens in der Welt dienen will. Sie muß daher zum wechselseitigen Verständnis der inneren Entwicklung der einzelnen Nationen beitragen, den gesellschaftlichen Wandel, die stürmische Entwicklung von Wissenschaft und Technik sowie die politischen Veränderungen in der Welt berücksichtigen und vor allem auch helfen, Bande zwischen den Menschen verschiedener Nationalitäten zu knüpfen[10].

Die hier zitierten »Leitsätze für die auswärtige Kulturpolitik« wurden in den Jahren 1969 und 1970 unter Federführung des parlamentarischen Staatssekretärs Ralf Dahrendorf[11] im Auswärtigen Amt erarbeitet. Sie bildeten nicht nur den ersten umfassenden Ansatz für eine Systematisierung der

---

[8] Vgl. Wenke SIEDERSLEBEN, Tobias PABEL, Die historische Entwicklung der G7/G8: von Weltwirtschaftsgipfeln zu Gipfeln der »Weltinnenpolitik«, in: Sieglinde GSTÖHL (Hg.), Global Governance und die G8. Gipfelimpulse für Weltwirtschaft und Weltpolitik, Münster u. a. 2003, S. 29–57; vgl. auch Helmut SCHMIDT, Fritz STERN, Unser Jahrhundert. Ein Gespräch, München [6]2011, S. 182f.

[9] Vgl. Christian HACKE, 60 Jahre Außenpolitik der Bundesrepublik Deutschland, in: Hans-Peter SCHWARZ (Hg.), Die Bundesrepublik Deutschland. Eine Bilanz nach 60 Jahren, Köln u. a. 2008, S. 487–510, hier S. 496.

[10] Leitsätze für die auswärtige Kulturpolitik, hg. v. Auswärtigen Amt, Bonn 1970, S. 5.

[11] Vgl. Jens ALBER, In memoriam Ralf Dahrendorf (1.5.1929–17.6.2009) – ein persönlicher Rückblick, in: Soziologie 38/4 (2009), S. 465–475; Jürgen KOCKA, Ralf Dahrendorf in historischer Perspektive. Aus Anlass seines Todes am 17. Juni 2009, in: Geschichte und Gesellschaft 35 (2009), S. 346–352.

westdeutschen Kulturdiplomatie in der Nachkriegszeit, sondern hielten auch den Gedanken, dass Völkerverständigung in erster Linie durch kulturellen Austausch zu erreichen sei, erstmalig in offizieller Form fest[12]. In den beiden unmittelbar auf den Zweiten Weltkrieg folgenden Jahrzehnten hatte vor allem die Repräsentation der neuen deutschen Demokratie, ihrer Friedfertigkeit und ihrer Abkehr von der nationalsozialistischen Vergangenheit im Vordergrund einer im Wesentlichen auf kultureller Selbstdarstellung beruhenden Kulturpolitik der Bundesrepublik im Ausland gestanden. Seit der zweiten Hälfte der 1960er Jahre begann sich jedoch sowohl in der Kulturabteilung des Bonner Außenamts als auch in weiteren Kreisen der politisch Verantwortlichen die Auffassung durchzusetzen, das bis dahin dominante Prinzip des bloßen Kulturexports sei von dem Gedanken der Gegenseitigkeit abzulösen[13]. »Kulturpolitik ist keine Einbahnstraße«, wie der Leiter der Bonner Kulturabteilung, Luitpold Werz, im Oktober 1969 formulierte[14]. Der hier bereits anklingende Paradigmenwechsel vollzog sich nach dem Regierungsantritt der sozialliberalen Bundesregierung in Form eines breit angelegten und mehrere Jahre andauernden Prozesses der Neuorientierung, der nicht zuletzt dem Bedeutungszuwachs Rechnung trug, welcher die auswärtige Kulturpolitik zu verzeichnen hatte. Als »dritte Säule«[15] sollte sie fortan neben klassischer Diplomatie und Wirtschaftspolitik stehen[16]. Die »politische Hochschätzung

---

[12] Vgl. Kurt-Jürgen MAASS, Überblick: Ziele und Instrumente der Auswärtigen Kulturpolitik, in: DERS. (Hg.), Kultur und Außenpolitik, S. 25–32; Wolfgang SCHNEIDER, Vom Export zum Netzwerk, vom Event zur Intervention. Zum Wandel Auswärtiger Kulturpolitik, in: DERS. (Hg.), Auswärtige Kulturpolitik. Dialog als Auftrag – Partnerschaft als Prinzip, Essen 2008, S. 13–31.

[13] Vgl. Kurt DÜWELL, Zwischen Propaganda und Friedensarbeit – 100 Jahre Geschichte der deutschen Auswärtigen Kulturpolitik, in: Kurt-Jürgen MAASS (Hg.), Kultur und Außenpolitik, S. 61–111, hier S. 96–102; Johannes PAULMANN, Auswärtige Repräsentationen nach 1945: Zur Geschichte der deutschen Selbstdarstellung im Ausland, in: DERS. (Hg.), Auswärtige Repräsentationen. Deutsche Kulturdiplomatie nach 1945, Köln 2005, S. 1–32, hier S. 1–6; DERS., Deutschland in der Welt: Auswärtige Repräsentationen und reflexive Selbstwahrnehmung nach dem Zweiten Weltkrieg – eine Skizze, in: Hans Günter HOCKERTS (Hg.), Koordinaten deutscher Geschichte in der Epoche des Ost-West-Konflikts, München 2004, S. 63–78.

[14] PA-AA, B 1, Bd. 388/2, »Drei Jahre Kulturarbeit«, Aufzeichnung des Leiters der Kulturabteilung des Auswärtigen Amts, Luitpold Werz, vom 18. Oktober 1969, S. 6.

[15] Diese Formulierung gebrauchte Bundesaußenminister Willy Brandt bereits 1966 in Anlehnung an Dieter Sattler, 1959–1966 Leiter der Kulturabteilung des Auswärtigen Amts, der für die auswärtige Kulturpolitik den Begriff der »dritten Bühne« der Außenpolitik geprägt hatte, vgl. Wolfgang R. LANGENBUCHER, Ralf RYTLEWSKI, Bernd WEYERGRAF (Hg.), Kulturpolitisches Wörterbuch Bundesrepublik Deutschland/Deutsche Demokratische Republik im Vergleich, Stuttgart 1983, S. 373; Dieter SATTLER, Die Dritte Bühne – Kulturelle Außenpolitik, in: Universitas 18/9 (1963), S. 913–920; Ulrike STOLL, Kulturpolitik als Beruf. Dieter Sattler (1906–1968) in München, Bonn und Rom, Paderborn u. a. 2005, S. 335–338.

[16] Vgl. hierzu Ralf DAHRENDORF, Gesamtplan für die auswärtige Kulturpolitik. Notwendigkeit eines wechselseitigen Verständnisses der inneren Entwicklungen der Völker. Rede

der internationalen Kulturbeziehungen« wurde, so die Ansicht von Werner Link, geradezu ein Signum der 1970er Jahre[17].

Den vor diesem Hintergrund einsetzenden Reformbemühungen und konzeptionellen Planungen, die einerseits unter der Ägide des Auswärtigen Amts standen und mit denen andererseits eine 1970 durch den Deutschen Bundestag einberufene Enquête-Kommission betraut wurde[18], lag ein »erweiterter Kulturbegriff«[19] zugrunde. Dieser sollte sich von der vormals exklusiven Bezugnahme auf die schönen Künste, von dem »allzu engen [...] Kulturbegriff der Vergangenheit«[20], lösen und Kunst und Literatur einbinden in ein weites Verständnis der menschlichen Lebensverhältnisse. Programmatisch hieß es in den Leitsätzen des Auswärtigen Amts: »Kultur ist heute nicht mehr ein Privileg elitärer Gruppen, sondern ein Angebot an alle«[21]. Ausgehend von diesen Überlegungen verschob sich der Fokus der westdeutschen Kulturpolitik. Nun bildeten nicht mehr ausschließlich gesellschaftliche Eliten, sondern breitere Bevölkerungsschichten das Zielpublikum des kulturpolitischen Handelns. Somit war die Voraussetzung dafür geschaffen, dass auswärtige Kulturpolitik mehr denn zuvor als ein »Bindeglied zu anderen Völkern«[22] verstanden werden konnte. Letztlich komme es vor allem darauf an, so lautete der im Schlusswort der »Leitsätze« zum Ausdruck kommende Anspruch, »das Ziel der auswärtigen Kulturpolitik, der Verständigung zwischen den Menschen und so der Sicherung des Friedens zu dienen, nie aus den Augen zu verlieren«[23].

Ein derartiges Postulat musste sich aus Sicht der offiziellen bundesdeutschen Stellen ein Vierteljahrhundert nach Kriegsende auch und insbesondere

---

vor dem Deutschen Bundestag am 28. November 1969, in: Bulletin des Presse- und Informationsamtes der Bundesregierung 147 (1969), S. 1254–1256; vgl. auch Matthias BODE, Expertise mit Weltverstand. Transnationalismus und auswärtige Kulturpolitik der Bundesrepublik in den sechziger und siebziger Jahren, in: Habbo KNOCH (Hg.), Bürgersinn mit Weltgefühl. Politische Moral und solidarischer Protest in den sechziger und siebziger Jahren, Göttingen 2007, S. 93–114.

[17] LINK, Außen- und Deutschlandpolitik in der Ära Schmidt, S. 413.

[18] Vgl. PA-AA, Zwischenarchiv, Nr. 106868, Rundschreiben des Leiters der Kulturabteilung des Auswärtigen Amts, Hans-Georg Steltzer, an die diplomatischen Vertretungen der Bundesrepublik betreffend die Einsetzung einer Enquête-Kommission Auswärtige Kulturpolitik des Deutschen Bundestages vom 13. Juli 1971 und Vermerk über die Entstehung und die bisherige Tätigkeit der Enquête-Kommission vom 6. August 1971; nach mehrjährigen Beratungen legte die Kommission 1975 ihren Bericht vor, vgl. Bericht der Enquête-Kommission Auswärtige Kulturpolitik gemäß Beschluß des Deutschen Bundestages vom 23. Februar 1973, Bonn 1975.

[19] Vgl. hierzu Kap. 1., Anm. 30.

[20] PA-AA, B 90–600, Bd. 918, Rede des parlamentarischen Staatssekretärs Ralf Dahrendorf anlässlich der Regionaltagung des Goethe-Instituts in Rom am 3. März 1970, S. 5.

[21] Leitsätze für die auswärtige Kulturpolitik, S. 5.

[22] Ibid., S. 6.

[23] Ibid., S. 15.

auf die Beziehungen mit den einstigen französischen »Erbfeinden«[24] richten. Schließlich sei die Decke der Verständigung zwischen beiden Bevölkerungen, wie die deutsche Botschaft im Januar 1969 an das Auswärtige Amt berichtete, noch immer dünn und könne schnell brechen. Die »›Infrastruktur‹, jener Boden, auf dem Verständnis und Zusammenarbeit zukünftiger Generationen gedeihen«, so die dortige Prognose, bedürfe weiterhin beständiger Pflege und wacher Aufmerksamkeit[25]. Die »immer wieder strapazierte ›deutsch-französische Freundschaft‹«, dies eine Einschätzung aus dem Jahr 1971, erzeuge zwangsläufig Illusionen und sei »keine rationale Grundlage für eine solide, nüchterne Alltags-Zusammenarbeit«[26]. Auch jetzt noch müsse man Frankreich somit als einen »schwierigen und empfindsamen Partner« bewerten und sich bewusst sein, dass die bundesdeutschen Verständigungsbemühungen erst am Anfang stünden[27]. Wenn in Zukunft nicht mehr geschehe, um die wechselseitige Unkenntnis des Partnerlandes und damit den Nährboden neuen Misstrauens wirkungsvoll zu bekämpfen, so mahnte gar der deutsche Botschafter Sigismund von Braun, »laufen wir Gefahr, daß das deutsch-französische Verhältnis – wie de Gaulle in einer Pressekonferenz einmal resigniert festgestellt hatte – eine ›cordiale virtualité‹ bleibt – eine ›löbliche Absicht‹«[28]. Dies zu verhindern, den Annäherungsprozess zwischen Franzosen und Deutschen gleichsam unumkehrbar zu machen, setzte sich die Auswärtige Kulturpolitik der Bundesregierung in Frankreich Anfang der 1970er Jahre zum Ziel. Der kulturpolitische Jahresbericht 1969 der westdeutschen Vertretung in Paris formulierte diesbezüglich in klaren Worten: »Keine Anstrengung sollte außer Acht gelassen werden, um Zusammenarbeit und Zusammenleben zweier benachbarter, im Wesen jedoch grundverschiedener Völker erträglich, um nicht zu sagen erfreulich, zu gestalten und auf eine so dauerhaft solide Basis zu stellen, daß sie immer wieder möglichen Krisen und Emotionen standhalten«[29].

Die Kulturdiplomatie der Bundesrepublik müsse, wie es dort weiter hieß, zur »Festigung des Deutschland-Bildes, zum Verständnis mit dem Partner und, eo ipso, zur Vorbereitung einer gemeinsamen Zukunft beitragen«[30].

---

[24] Vgl. zum Begriff der »Erbfeindschaft« zwischen Deutschland und Frankreich Michael Kissener, Wie Völker hassen lernen. Deutsche und Franzosen im 19. Jahrhundert, in: Franz J. Felten (Hg.), Frankreich am Rhein: vom Mittelalter bis heute, Stuttgart 2009, S. 181–198.

[25] PA-AA, B 97, Bd. 376, Kulturpolitischer Jahresbericht 1968 der deutschen Botschaft Paris vom 24. Januar 1969, S. 10.

[26] PA-AA, B 97, Bd. 429, Kulturpolitischer Jahresbericht 1970 der deutschen Botschaft Paris vom 20. Januar 1971, S. 1.

[27] Ibid., S. 11.

[28] PA-AA, B 97, Bd. 548, Kulturpolitischer Jahresbericht 1973 der deutschen Botschaft Paris vom 20. Februar 1974, S. 16.

[29] PA-AA, B 97, Bd. 376, Kulturpolitischer Jahresbericht 1969 der deutschen Botschaft Paris vom 26. Januar 1970, S. 7.

[30] Ibid., S. 15.

Mit welchen konkreten Maßnahmen sollte dies geschehen? Die »Gattung Hauskonzerte und Dichterlesungen« konnte jedenfalls, wie Botschafter von Braun im Januar 1970 konstatierte, fünfundzwanzig Jahre nach Kriegsende nicht mehr Aufgabe einer offiziellen Kulturpolitik in Frankreich sein[31]. Diese klassischen Mittel des kulturellen Austauschs hätten zwar unzweifelhaft zur Verbesserung des deutsch-französischen Verhältnisses beigetragen und die politischen Anstrengungen der Regierungen durch wirksame Klein- und Tiefenarbeit unterstützt. Doch um die Gefahr eines erneuten Auseinandergleitens zu bannen, sei eine Kulturarbeit bleibenden Wertes vonnöten, die nur aus und in dem Zusammenleben mit der Bevölkerung geleistet werden könne[32]. Von Braun war der Ansicht:

> Mit dem Nachbarn sich zu vertragen ist bekanntlich schwieriger als mit weit entfernt lebenden Verwandten. Die deutsch-französische Nachbarschaft bedarf [...] dauernder, intensiver Pflege. Massentourismus ist kein Verhütungsmittel gegen Konflikte und Mißverständnisse – hingegen Information, Landeskunde, Sprache – der Gesamtbereich menschlicher Begegnung[33].

Die seitens des deutschen Botschafters benannten kulturpolitischen Aufgaben, vornehmlich die sprach- und landeskundliche Bildungsarbeit, nahmen neben der bundesdeutschen Vertretung selbst, der hier zumeist eine unterstützende Funktion zukam, weitere Einrichtungen und Organisationen wahr, die dem staatlichen Bereich direkt oder indirekt zugeordnet werden können. Hierunter fällt insbesondere das auf Grundlage des Regierungsabkommens vom Juli 1963 ins Leben gerufene Deutsch-Französische Jugendwerk (DFJW). Durch seine vielfältige Austauscharbeit war es der hauptsächlichen Aufgabe verpflichtet, »die Bande zwischen der Jugend der beiden Länder enger zu gestalten und ihr Verständnis füreinander zu vertiefen«[34]. Nach Auffassung der westdeutschen Diplomaten war das DFJW bereits binnen weniger Jahre zur »ersten Kraft im kulturellen Austausch zwischen Frank-

---

[31] Siehe ibid., S. 14.

[32] PA-AA, B 97, Bd. 620, Kulturpolitischer Jahresbericht 1972 der deutschen Botschaft Paris vom 7. März 1973, S. 18f.

[33] Ibid., S. 19.

[34] Abkommen zwischen der Regierung der Bundesrepublik Deutschland und der Regierung der Französischen Republik vom 5. Juli 1963, in: KIMMEL, JARDIN (Hg.), Die deutsch-französischen Beziehungen, S. 483; vgl. hierzu auch Ansbert BAUMANN, L'Office franco-allemand pour la jeunesse: une fondation controversée, in: BOCK u. a. (Hg.), Les jeunes dans les relations transnationales, S. 39–58; Henri MÉNUDIER, Das Deutsch-Französische Jugendwerk: ein exemplarischer Beitrag zur Einheit Europas, Stuttgart u. a. 1991; Hans Manfred BOCK, Complication des relations politiques et consolidation de l'OFAJ au cours des années 1960, in: DERS. u. a. (Hg.), Les jeunes dans les relations transnationales, S. 59–87; DERS., Vom Elitenaustausch zur zivilgesellschaftlichen Gruppenbegegnung, S. 269–294; Jacqueline PLUM, Jugend und deutsch-französische Verständigung. Die Entstehung des Deutsch-Französischen Vertrages und die Gründung des Deutsch-französischen Jugendwerkes, in: Francia 26/3 (1999), S. 77–108.

reich und Deutschland«[35] geworden. Darüber hinaus bildeten aus Sicht der Bonner Regierungsstellen auch die seit Anfang der 1970er Jahre eingerichteten deutsch-französischen Gymnasien, mittels derer in beiden Ländern die Entstehung zweisprachiger Eliten gefördert werden sollte[36], wichtige Knotenpunkte kultureller Kontakte zwischen jungen Deutschen und Franzosen.

Da auf Seiten der politisch Verantwortlichen in den Jahrzehnten nach dem Zweiten Weltkrieg zunehmend die Ansicht vertreten wurde, die Kulturarbeit im Ausland sei »empfindlich gegenüber allzu bürokratischer Handhabung« und eigne sich nicht dazu, »im Detail durch ein Ministerium gesteuert zu werden«[37], bediente sich die Bundesregierung zur Implementierung ihrer kulturpolitischen Ziele zudem nicht-staatlicher Akteure. Sie wurden in eigener Verantwortung, jedoch in enger Verzahnung mit dem Staat, auf dem Gebiet der Auswärtigen Kulturpolitik tätig[38]. Zum Teil waren diese »Mittlerorganisationen« bereits während der Weimarer Republik entstanden[39], so dass nach 1945 an ihre Tradition angeknüpft werden konnte, zum Teil wurden sie in den Nachkriegsjahren neu gegründet[40]. Die Ursachen für eine solche Delegierung staatlicher Kompetenzen lagen zum einen darin, dass nach der politisch-ideologischen Indienstnahme der Auslandskulturarbeit während der Zeit des Nationalsozialismus eine unmittelbare staatliche Trägerschaft nicht mehr akzeptabel schien. Zum anderen konnten die betreffenden Organisationen auf internationaler Bühne glaubwürdiger auftreten und erweckten nicht den Anschein, regierungsamtliche Propagandainstrumente zu sein. Schließlich wur-

---

[35] PA-AA, B 97, Bd. 376, Kulturpolitischer Jahresbericht 1966 der deutschen Botschaft Paris vom 22. März 1967, S. 5.

[36] Siehe BA, B 304, Bd. 2876, Bericht des Bayerischen Ministerpräsidenten Goppel über seine Tätigkeit als Bevollmächtigter der Bundesrepublik Deutschland für kulturelle Angelegenheiten im Rahmen des Vertrages über die deutsch-französische Zusammenarbeit vor der Kultusministerkonferenz am 6. Februar 1969, S. 4; vgl. auch das Abkommen zwischen der Regierung der Bundesrepublik Deutschland und der Regierung der französischen Republik über die Errichtung deutsch-französischer Gymnasien und die Schaffung des deutsch-französischen Abiturs vom 10. Februar 1972, abgedruckt in: Harald KÄSTNER, Die deutsch-französische Zusammenarbeit im Bildungswesen. Sammlung der Beschlüsse der deutsch-französischen Zusammenarbeit in den Bereichen Schule, Berufliche Bildung und Hochschule auf der Grundlage des deutsch-französischen Vertrages, Bonn 1999, S. 97–116.

[37] PA-AA, B 90–600, Bd. 1175, Vermerk betreffend die Reform der Mittlerorganisationen vom 14. Februar 1973, S. 3.

[38] Vgl. LINK, Thesen über Mittlerorganisationen in den deutschen auswärtigen Kulturbeziehungen.

[39] Vgl. Volkhard LAITENBERGER, Organisations- und Strukturprobleme der auswärtigen Kulturpolitik und des akademischen Austauschs in den zwanziger und dreißiger Jahren, in: Kurt DÜWELL, Werner LINK (Hg.), Deutsche auswärtige Kulturpolitik seit 1871: Geschichte und Struktur, Köln u. a. 1981, S. 72–95.

[40] Vgl. als Überblick Heino LEDERER, Vademecum der Auslandskulturarbeit. Informationen über die Tätigkeit amtlicher Stellen, Mittlerorganisationen und Institutionen der auswärtigen Kulturarbeit, Stuttgart 1975; Siegfried Johannes TROMMER, Die Mittlerorganisationen der auswärtigen Kulturpolitik, Tübingen 1984.

de von ihnen auch eine größere Beweglichkeit und Handlungsfähigkeit im Vergleich zur schwerfälligen staatlichen Ministerialbürokratie erwartet[41]. Wesentlicher Stützpfeiler der Auswärtigen Kulturpolitik der Bundesrepublik in Frankreich war in dieser Hinsicht vor allem das Goethe-Institut[42]. Entsprechend der Auffassung, intensive Sprachförderung sei »die beste Voraussetzung für das Verständnis [...] zwischen den beiden Ländern«[43], sahen die westdeutschen Regierungsstellen es als vorrangig an, das Interesse der Franzosen an der deutschen Sprache zu wecken und dauerhaft wachzuhalten[44]. Die sechs Dependancen des Goethe-Instituts in Paris, Lille, Nancy, Lyon, Marseille und Toulouse galten daher der deutschen Botschaft am Ende der 1960er Jahre als die »bedeutendsten Träger der kulturellen Tätigkeit im Gastland«[45]. Eine ähnliche Bedeutung als Forum des deutsch-französischen Kulturdialogs wurde auch der 1963 geschaffenen DAAD-Zweigstelle in Paris beigemessen[46]. Seit den Gründungsjahren war es ihr vornehmliches Ziel, »eine besondere Art von Kulturbeziehungen herzustellen, die in der Tiefe wirken und eine Kontinuität des Austausches schaffen, so daß etwaige oberflächliche Störungen und Spannungen zwischen zwei Völkern nie wieder ernsthaft gefährlich werden können«[47]. Die zahlreichen bilateralen Austauschprogramme, welche die Zweigstelle im akademischen Bereich initiierte und betreute, trugen aus Sicht der bundesdeutschen Diplomaten in der Tat erheblich dazu bei, der französischen Bevölkerung den »immer noch in vieler Hinsicht unbekannten, unheimlichen und unverständlichen Nachbarn«[48] näher zu bringen. Das Urteil Botschafter von Brauns lautete denn auch: »Mit

---

[41] Siehe PA-AA, B 90–600, Bd. 1175, Vermerk betreffend die Reform der Mittlerorganisationen vom 14. Februar 1973, S. 2f.

[42] Vgl. Eckard MICHELS, Vom Glück der verspäteten Arbeitsaufnahme: Die Anfänge des Goethe-Instituts in Paris, in: Lendemains 26/103–104 (2001), S. 97–107; DERS., Von der Deutschen Akademie zum Goethe-Institut. Sprach- und auswärtige Kulturpolitik 1923–1960, München 2005; SARTORIUS (Hg.), In dieser Armut – welche Fülle!; ZNINED-BRAND, Deutsche und französische auswärtige Kulturpolitik.

[43] PA-AA, Zwischenarchiv, Nr. 109737, Aufzeichnung betreffend »Prioritäten und Probleme unserer Kulturpolitik in Frankreich« vom 15. September 1970, S. 1.

[44] PA-AA, B 97, Bd. 376, Kulturpolitischer Jahresbericht 1969 der deutschen Botschaft Paris vom 26. Januar 1970, S. 8.

[45] PA-AA, B 97, Bd. 376, Kulturpolitischer Jahresbericht 1967 der deutschen Botschaft Paris vom 6. März 1968, S. 8.

[46] Vgl. zur Geschichte des DAAD im Allgemeinen Peter ALTER (Hg.), Spuren in die Zukunft. Der Deutsche Akademische Austauschdienst 1925–2000, Bd. 1: Der DAAD in der Zeit. Geschichte, Gegenwart und zukünftige Aufgaben – vierzehn Essays, Bonn 2000; Manfred HEINEMANN, Spuren in die Zukunft. Der Deutsche Akademische Austauschdienst 1925–2000, Bd. 2: Fakten und Zahlen zum DAAD. Personen, Programme und Projekte – ein Rundblick, Bonn 2000; siehe zur Geschichte der DAAD-Zweigstelle Paris im Besonderen Kap. 1., Anm. 74.

[47] Jahresbericht 1964, hg. v. DAAD, Bonn 1965, S. 121.

[48] PA-AA, B 97, Bd. 429, Kulturpolitischer Jahresbericht 1971 der deutschen Botschaft Paris vom 14. Februar 1972, S. 9.

dem DAAD [...] verfügt unsere auswärtige Kulturpolitik in Frankreich über ein erstklassiges, wirkungsvolles Instrument«[49]. Jenseits der beiden großen Mittlerorganisationen nahm eine beachtliche Anzahl weiterer Akteure direkt oder indirekt Aufgaben der Auswärtigen Kulturpolitik wahr. Hinsichtlich ihres strukturellen Unterbaus und ihrer Mittelausstattung konnten sie sich zwar nicht mit Goethe-Institut und DAAD messen lassen, trugen aber im Rahmen ihrer begrenzteren Möglichkeiten in durchaus bemerkenswerter Weise zur Dynamisierung des deutsch-französischen Kulturaustauschs bei. Ein Beispiel hierfür ist das Heinrich-Heine-Haus in der Pariser Cité universitaire, das sich seit seiner Gründung in den 1950er Jahren nicht nur als Wohnheim für Studenten, sondern aufgrund seines vielfältigen kulturellen Angebots vor allem auch als Stätte der Begegnung von Deutschen und Franzosen verstand[50].

Eine ganze Reihe von Kräften, die ihre Tätigkeit als Beitrag zur Verständigung zwischen Franzosen und Deutschen begriffen, war somit zu Beginn der 1970er Jahre auf dem Feld der westdeutschen Kulturdiplomatie aktiv. Sie alle einte der Anspruch, die Bevölkerungen beider Länder durch kulturelle Mittel miteinander zu verbinden und auf diese Weise künftigen deutsch-französischen Konflikten vorzubeugen. Der hohe Stellenwert, welchen die Bonner Regierungsinstitutionen der Auswärtigen Kulturpolitik insgesamt beimaßen, war allerdings nicht nur an das Ziel gebunden, hierdurch menschliche Annäherungen zu schaffen. Denn für die Bundesrepublik blieb trotz aller neuen Konzepte, die seit Ende der 1960er Jahre erarbeitet worden waren, Kulturarbeit im Ausland immer auch ein Weg, um das durch den Zweiten Weltkrieg weithin verlorene internationale Ansehen zurückzugewinnen und der Welt das Bild eines anderen, friedlichen Deutschlands zu präsentieren[51]. Zudem war für den westdeutschen Staat angesichts einer durch die Besatzungsmächte stark beschnittenen außenpolitischen Souveränität und vor dem Hintergrund der Blockkonstellation des Ost-West-Konflikts »die Kulturpolitik das Gebiet [...], auf dem wir am selbständigsten und mit Aussicht auf Dauererfolg tätig

---

[49] PA-AA, Zwischenarchiv, Nr. 107749, Kulturpolitischer Jahresbericht 1974 der deutschen Botschaft Paris vom 19. März 1975, S. 10.

[50] Vgl. hierzu Martin RAETHER (Hg.), Maison Heinrich-Heine Paris 1956–1996. Quarante ans de présence culturelle, Bonn, Paris 1998; Hans Manfred BOCK, Die »Maison de l'Allemagne« in der Cité internationale universitaire de Paris 1956–1972. Zur Implementierung des ersten kulturpolitischen Projekts der Bundesrepublik in der französischen Hauptstadt, in: Lendemains 32/125 (2007), S. 110–149; DERS., Dialog der Kulturen. 50 Jahre Heinrich-Heine-Haus in der Cité universitaire de Paris, in: Dokumente 63/2 (2007), S. 25–28; Ulrich LAPPENKÜPER, Ein »Mittelpunkt deutscher Kulturarbeit«. Das Deutsche Haus in der Cité universitaire de Paris (1950–1956), in: PFEIL (Hg.), Deutschfranzösische Kultur- und Wissenschaftsbeziehungen, S. 257–279.

[51] Vgl. Horst HARNISCHFEGER, Auswärtige Kulturpolitik, in: Siegmar SCHMIDT, Gunther HELLMANN, Reinhard WOLF (Hg.), Handbuch zur deutschen Außenpolitik, Wiesbaden 2007, S. 713–723; MAASS, Überblick: Ziele und Instrumente der Auswärtigen Kulturpolitik, S. 25.

sein können«[52]. Der Wille zur Völkerverständigung fand sich somit beständig begleitet von den Rahmenrichtlinien der Bonner Außenpolitik in den Nachkriegsjahrzehnten.

Ein solches Nebeneinander von außenpolitischen Grundkonstanten und genuinen Verständigungskonzepten prägte auch die auswärtige Kulturpolitik Frankreichs. So galt den Pariser Verantwortlichen auch noch in der zweiten Hälfte des 20. Jahrhunderts das Prinzip des *rayonnement culturel*, der kulturellen Ausstrahlung, und hier vor allem der Export der französischen Sprache als Instrument, um politische und wirtschaftliche Einflusssphären aufrechtzuerhalten beziehungsweise zurückzugewinnen und das nationale Prestige ihres Landes, seine *grandeur*, zu mehren[53]. Der Gedanke eines kulturellen Dialogs mit dem Ausland hatte in diesem stark repräsentatorisch veranlagten Konzept zunächst keinen Platz[54]. Zu Beginn der 1970er Jahre vertrat die französische Regierung denn auch mit einiger Vehemenz den universellen Anspruch der Kulturnation Frankreich, die gleichsam dazu berufen sei, die internationale Völkergemeinschaft an ihren Errungenschaften teilhaben zu lassen. So formulierte der Leiter der Kulturabteilung des Quai d'Orsay, Pierre Laurent, im März 1970: »La France n'entend nullement renoncer à sa vocation universelle«[55]. Frankreich könne, wie Laurent ausführte, der Welt durch seine Sprache, seine Denkweise, seine Kultur schließlich maßgebende Wertorientierungen vermitteln, die traditionelle humanistische Ideale mit dem wissenschaftlich und technologisch inspirierten Fortschrittsdenken der Moderne verknüpften: »La France possède ce rare privilège de pouvoir entrer par la porte des réalités technologiques et scientifiques, en apportant, en outre, un grand message culturel«[56]. Das Hauptaugenmerk der Auswärtigen Kulturpolitik war dabei auf die Stabilisierung und Verbreitung des weltweit auf dem Rückzug befindlichen Französischen gerichtet. In einem Planungspapier des Pariser Außenministeriums zur kulturpolitischen Orientierung für die

---

[52] PA-AA, B 1, Bd. 388/2, »Drei Jahre Kulturarbeit«, Aufzeichnung des Leiters der Kulturabteilung des Auswärtigen Amts, Luitpold Werz, vom 18. Oktober 1969, S. 2.

[53] Vgl. hierzu Alain DUBOSCLARD u. a. (Hg.), Entre rayonnement et réciprocité. Contributions à l'histoire de la diplomatie culturelle, Paris 2002; François Chaubet, La politique culturelle française et la diplomatie de la langue. L'Alliance française 1883–1940, Paris 2006; Jean Marie GUÉHENNO, Diplomatie culturelle: culture de France, culture d'Europe, in: Politique étrangère 51/1 (1986), S. 165–171.

[54] Erst im Verlaufe der 1970er Jahre wurde die Vorstellung der kulturellen Ausstrahlung Frankreichs schrittweise aufgeweicht. Niederschlag fand dieser Prozess des Umdenkens im so genannten Rigaud-Bericht, vgl. Jacques RIGAUD, Les relations culturelles extérieures, Paris 1980; hierzu weiterführend Élise LANOË, La réforme des diplomaties culturelles dans les années 1970: la RFA et la France sur le même chemin?, in: Allemagne d'aujourd'hui 183 (2008), S. 94–103.

[55] AMAE Paris-La Courneuve, DGRCST 1969–1972, Bd. 80, Textes d'intérêt général concernant l'action de la Direction générale des relations culturelles, scientifiques et techniques, années 1969 et 1970, S. 4.

[56] Ibid., S. 5.

frühen 1970er Jahre ist zu lesen: »Le caractère particulier des interventions françaises en matière de coopération culturelle [...] est que, toutes, directement ou indirectement sont liées à la sauvegarde des positions de la langue française«[57]. Eine derart eindeutige Prioritätensetzung erklärt sich vor allem aus der Überzeugung, Sprache nicht nur als Vehikel der kulturellen Ausstrahlung Frankreichs, sondern ebenso sehr als grundlegendes Element nationaler Existenz und Selbstvergewisserung zu begreifen. Umso mehr musste es daher ein Ziel der französischen Kulturpolitik sein, dieses nationale Gut vor einem drohenden Bedeutungsrückgang zu schützen. Ganz in diesem Sinne erklärte Laurent in einer Rede vom März 1971: »Que chacun soit conscient du fait que d'une action à la fois hardie, réaliste et persévérante de défense et de diffusion de notre langue dépendent tout notre avenir, et – pourquoi ne pas le dire – une bonne part des progrès de la culture et de l'entente entre les hommes«[58].

Neben der plakativen und auf einen nationalen Identitätsdiskurs zugeschnittenen Formel, von der Verteidigung und Verbreitung des Französischen hänge die Zukunft Frankreichs und der Franzosen ab, klingt in den Worten Laurents auch die Vorstellung an, Sprache sei ein Mittel nicht nur kommunikativer Verständigung, sondern auch zwischenmenschlichen Verständnisses. Hierin lässt sich eine zweite Zielrichtung der französischen Kulturdiplomatie erkennen, die nicht in der Durchsetzung französischer Interessen und der Sicherung weltweiten Einflusses ihre hauptsächliche Bestimmung hatte, sondern in der Erreichung eines friedlichen internationalen Zusammenlebens. Gerade mit Blick auf das östliche Nachbarland, das für Frankreichs Sicherheit seit Ende des 19. Jahrhunderts und bis zur deutschen Kriegsniederlage 1945 eine nahezu permanente Bedrohung dargestellt hatte, musste dieser Ansatz von Relevanz sein.

In einer Aufzeichnung der französischen Botschaft in Bonn vom März 1968 hieß es dementsprechend, Versöhnung und Freundschaft zwischen Deutschen und Franzosen seien nur auf Grundlage eines gründlichen Wissens um den Nachbarn zu erreichen, und dieses wiederum nur durch eine fundierte Kenntnis seiner Kultur und seiner Sprache[59]. Was das konkrete Wissen der Deutschen über Frankreich anbelangte, so sah der französische Botschafter

---

[57] AMAE Paris-La Courneuve, DGRCST 1969–1972, Bd. 80, Les orientations générales de la Direction générale des relations culturelles, scientifiques et techniques dans le cadre du budget 1973, S. 5.

[58] Rede des Leiters der Kulturabteilung des französischen Außenministeriums, Pierre Laurent, zum Thema »La langue française dans le monde« am 8. März 1971, zitiert nach: BA, B 304, Bd. 2184, Schreiben der deutschen Botschaft Paris an das Auswärtige Amt vom 25. März 1971, S. 2.

[59] AMAE Nantes, Bonn Service culturel, Bd. 48, Rundschreiben des Kulturrats der französischen Botschaft, René Cheval, an die Leiter der französischen Kultureinrichtungen vom 20. März 1968, Anlage (in deutscher Sprache): Argumente für die Verstärkung des Französisch-Unterrichts in den deutschen Schulen, S. 5.

François Seydoux de Clausonne allerdings verstärkten Handlungsbedarf für die Pariser Diplomatie. Frankreich sei in den Augen eines Großteils der westdeutschen Nachbarn doch, wie der Botschafter im September 1969 an den Quai d'Orsay schrieb, noch immer ein in überkommenen Strukturen verhaftetes rückständiges Land: »Trop souvent nos voisins – même ceux qui ne sont pas mal disposés à notre égard – s'imaginent que la France est et doit rester le pays de l'agriculture et de la littérature. C'est ainsi que l'on nous voit, ainsi que l'on nous aime«[60]. Einem solch stereotypen Bild, dem potentiellen Keim neuer Missverständnisse und Konflikte, galt es durch kulturpolitische Informationsarbeit in der Bundesrepublik entgegenzuwirken. Dies zumindest war ein erklärtes Ziel der französischen Vertretung in Bonn, auf deren Agenda zu Beginn der 1970er Jahre der Punkt »information du public sur le visage de la France moderne«[61] einen nicht unwichtigen Platz einnahm. Insgesamt, so der Tenor verschiedener mit deutsch-französischen Fragen befasster Regierungsstellen[62], sei zwar durch die seit 1963 intensivierte kulturelle Austauscharbeit eine Annäherung zwischen den Bevölkerungen beider Länder erreicht worden. Jedoch könne angesichts immer wieder auftretender Verzerrungen in der Wahrnehmung des Nachbarn diese Aufgabe keineswegs als abgeschlossen betrachtet werden. Im November 1971 erbrachten die im Rahmen einer Lagebesprechung zur Kulturpolitik in Westdeutschland in der französischen Botschaft geführten Diskussionen, an denen sowohl der seit 1970 amtierende Botschafter Jean Sauvagnargues als auch der Kulturrat der Vertretung, René Cheval, maßgeblich beteiligt waren, vielmehr das Ergebnis: »Les problèmes franco-allemands ne peuvent pas être considérés comme réglés définitivement. Notre action pour un rapprochement et une meilleure compréhension doit être continuée«[63].

Zu einer Annäherung zwischen Deutschen und Franzosen sollte nicht zuletzt die Sprachpolitik beitragen, da, wie Sauvagnargues bereits im Juli 1970 in einem Schreiben an das Pariser Außenministerium betont hatte, es keine tatsächliche Verständigung zwischen Deutschen und Franzosen geben könne, wenn sie nicht in der Lage seien, miteinander zu kommunizieren, sich im wahrsten Sinne des Wortes zu verstehen. Vor allem der Sprachunterricht sei daher »une des clés les plus importantes du rappro-

---

[60] AMAE Paris-La Courneuve, DGRCST 1969–1972, Bd. 79, Schreiben des französischen Botschafters in Bonn, François Seydoux de Clausonne, an den Leiter der Kulturabteilung des französischen Außenministeriums, Pierre Laurent, vom 15. September 1969, S. 1.

[61] AMAE Nantes, Bonn Service culturel, Bd. 28, Ambassade de France à Bonn, Rapport d'activité des services culturels, année 1971–72, S. 9.

[62] Vgl. zum Beispiel die Einschätzung des französischen Bildungsministeriums aus dem Jahr 1972, AN Fontainebleau, ministère de l'Éducation nationale, Bd. 900672/35, Vermerk betreffend die deutsch-französische Zusammenarbeit vom 30. Oktober 1972, S. 1.

[63] AMAE Paris-La Courneuve, DGRCST 1969–1972, Bd. 137, Compte rendu des travaux de la réunion de la Mission universitaire et culturelle française en République fédérale d'Allemagne, 7./8. November 1971, S. 11.

chement des deux nations«[64]. Auch aus dieser Motivation heraus sind die kontinuierlichen und mit starkem Nachdruck betriebenen Bemühungen der französischen Kulturpolitik um eine Förderung der französischen Sprache in den öffentlichen Bildungseinrichtungen Westdeutschlands zu erklären. So versetzte jede westdeutsche Schul- oder Unterrichtsreform, die potenziell zu einer Verschlechterung des Französischunterrichts in der Bundesrepublik hätte führen können, die offiziellen französischen Stellen in äußerste Alarmbereitschaft. Ein Beispiel hierfür waren die Bestrebungen der westdeutschen Ministerpräsidentenkonferenz vom Januar 1971, die Dauer des obligatorischen Fremdsprachenerwerbs an Gymnasien zu reduzieren. In dieser Angelegenheit meldete die französische Botschaft nach Paris:

> La réduction de l'enseignement du français [...] constitue une violation du traité d'amitié franco-allemand. La réconciliation des deux peuples, longtemps animés par une intimité réciproque, suppose une compréhension mutuelle, ce qui implique la connaissance de la langue de l'autre. Accepter que la plupart des lycéens ne consacrent que quatre années à l'étude du français [...], c'est ›rendre un mauvais service‹ à l'amitié franco-allemande[65].

Folgerichtig stellte der Einsatz für das Französische eines der Hauptaktionsfelder der französischen Vertretung in der bundesdeutschen Hauptstadt dar. Ihrem Bericht über die in den Jahren 1972 und 1973 in der Bundesrepublik durchgeführten kulturellen Aktivitäten ist zu entnehmen: »La défense et l'amélioration de la position du français continuent à être le souci majeur de nos préoccupations«[66].

Hinsichtlich der Umsetzung ihrer kulturpolitischen Richtlinien konnten die Pariser Regierungsstellen außer auf die Bonner Botschaft vor allem auf ein weit verzweigtes Netz an staatlichen Kulturinstituten in Westdeutschland zurückgreifen, dessen Ursprünge in den Jahren der französischen Besatzung in Südwestdeutschland nach 1945 zu suchen sind[67]. Zu Beginn der 1970er Jahre

---

[64] AMAE Paris-La Courneuve, Europe, RFA 1961–1970, Bd. 1480, Telegramm des französischen Botschafters in Bonn, Jean Sauvagnargues, an das französische Außenministerium vom 15. Juli 1970.

[65] AMAE Paris-La Courneuve, DGRCST 1969–1972, Bd. 135, Schreiben der französischen Botschaft Bonn an die Kulturabteilung des französischen Außenministeriums vom 28. Januar 1971, S. 2.

[66] AMAE Nantes, Bonn Service culturel, Bd. 28, Ambassade de France, Rapport d'activité des services culturels, année 1972–73, S. 1.

[67] Vgl. hierzu Corine DEFRANCE, La création du réseau de centres culturels français en Allemagne dans l'immédiat après-guerre, in: Lendemains 26/103–104 (2001), S. 83–96; vgl. zur französischen Kulturpolitik im besetzten Deutschland DIES., La politique culturelle de la France; Franz KNIPPING (Hg.), Französische Kulturpolitik in Deutschland 1945–1950, Tübingen 1987; Andreas LINSENMANN, Musik als politischer Faktor. Konzepte, Intentionen und Praxis französischer Umerziehungs- und Kulturpolitik in Deutschland 1945–1949/50, Tübingen 2010; MEHDORN, Französische Kultur in der Bundesrepublik; PLUM, Französische Kulturpolitik in Deutschland; Jérôme VAILLANT (Hg.), Französische Kulturpolitik in Deutschland 1945–1949. Berichte und Dokumente, Konstanz 1984; vgl. zur französischen Besatzungspolitik allgemein Rainer HUDEMANN, Lehren

existierten in der Bundesrepublik etwa zwanzig *instituts* und *centres culturels français*, die entlang einer Achse, die sich von Hamburg im Norden bis nach München im Süden erstreckte, in nahezu sämtlichen urbanen Ballungszentren Westdeutschlands zu finden waren[68]. Ganz im Sinne der französischen Konzeption Auswärtiger Kulturpolitik sollten diese Einrichtungen die Funktion von Ausstrahlungszentren französischer Sprache und Kultur erfüllen, wie der Leiter der Pariser Kulturabteilung im November 1970 formulierte: »Il nous faut donc disposer d'un soutien logistique, de points de rayonnement, à partir desquels pourra se diffuser une action culturelle aux formes multiples et renouvelées. Nos instituts et centres culturels doivent désormais être regardés comme de tels points«[69]. Durch die Anziehungskraft der Kulturinstitutionen sollten unterschiedliche soziale Milieus, gesellschaftliche Interessengruppen und Multiplikatoren erreicht, für Frankreich eingenommen und insbesondere Voraussetzungen geschaffen werden, um den geistig-mentalen Brückenschlag über den Rhein zu erleichtern. Die verschiedenen Mittel kulturellen Austauschs, mit denen die französischen Kulturinstitute arbeiteten, von der Abhaltung von Sprachkursen über die Fortbildung von Französisch-Lehrkräften bis hin zur Organisation klassischer Kulturveranstaltungen[70], wurden als Möglichkeiten der Annäherung zwischen den Bevölkerungen beider Länder verstanden und eingesetzt.

Neben den Kulturinstituten spielte schließlich auch aus Pariser Sicht das DFJW eine herausgehobene Rolle als Institution deutsch-französischer Begegnung. Mit den Ergebnissen seiner Arbeit war man im Quai d'Orsay in den

---

aus dem Krieg. Neue Dimensionen in den deutsch-französischen Beziehungen nach 1945, in: HOHLS, SCHRÖDER, SIEGRIST (Hg.), Europa und die Europäer: Quellen und Essays, S. 428–435; HÜSER, Frankreichs »doppelte Deutschlandpolitik«; Stefan MARTENS (Hg.), Vom »Erbfeind« zum »Erneuerer«. Aspekte und Motive der französischen Deutschlandpolitik nach dem Zweiten Weltkrieg, Sigmaringen 1993; Edgar WOLFRUM, Die Besatzungsherrschaft der Franzosen 1945 bis 1949 in der Erinnerung der Deutschen, in: Geschichte in Wissenschaft und Unterricht 46 (1995), S. 567–584; DERS., Die französische Politik im besetzten Deutschland. Neue Forschungen, alte Klischees, vernachlässigte Fragen, in: Kurt HOCHSTUHL (Hg.), Deutsche und Franzosen im zusammenwachsenden Europa 1945–2000, Stuttgart 2003, S. 61–72; eine Zusammenfassung der jüngeren Debatten zur französischen Besatzungspolitik in Deutschland findet sich in DEFRANCE, PFEIL, Eine Nachkriegsgeschichte in Europa, S. 145–159.

68 Eine Liste der französischen Kulturinstitute in Westdeutschland für das Jahr 1971 findet sich in AMAE Paris-La Courneuve, DGRCST 1969–1972, Bd. 137, Vermerk betreffend »Coût de l'action culturelle des instituts et centres«, 1971, S. 1.

69 AMAE Paris-La Courneuve, DGRCST 1969–1972, Bd. 80, Textes d'intérêt général concernant l'action de la Direction générale des relations culturelles, scientifiques et techniques, années 1969 et 1970, S. 21, hier: Rundschreiben des Leiters der Kulturabteilung des französischen Außenministeriums, Pierre Laurent, an die französischen Botschafter vom 6. November 1970.

70 Siehe AMAE Nantes, Bonn Service culturel, Bd. 28, Ambassade de France, Rapport d'activité des services culturels, année 1972–73.

Jahren um 1970 vollauf zufrieden[71]. Seit seiner Gründung, so geht aus einem Vermerk der französischen Diplomaten hervor, habe das DFJW beachtliche Erfolge erzielen können: In über 35 000 Austauschprogrammen seien fast zwei Millionen Jugendliche beider Länder zusammengekommen und feste Bande auch im Hinblick auf die zukünftige deutsch-französische Zusammenarbeit geknüpft worden. »Ces échanges [...] contribueront [...] à créer, entre des milliers de cadres et des dizaines de milliers de jeunes participants, une volonté de coopération active et des liens de solidarité dont l'efficacité se vérifiera encore mieux, d'ici dix à quinze ans, lorsque les bénéficiaires [...] auront atteint l'âge des responsabilités«[72].

Eine ebensolche Zukunftsversicherung für den Annäherungsprozess von Deutschen und Franzosen stellten aus Sicht der französischen Regierungsstellen die deutsch-französischen Gymnasien dar. Diese sollten gemäß den Vorstellungen des Pariser Bildungsministeriums den Schülern bilinguale Sprachkompetenz verleihen, sie mit den Kulturen beider Länder vertraut machen und ihnen ein Verständnis für das Nachbarland und dessen Probleme mit auf den Weg geben. Hierdurch würden sie in die Lage versetzt, in ihrem Berufsleben die Funktion von Vermittlern zwischen den Menschen westlich und östlich des Rheins einzunehmen[73].

Die verschiedenen Einrichtungen, denen Planung und Implementierung der Auswärtigen Kulturpolitik Frankreichs in Westdeutschland oblagen, vertraten damit zu Beginn der 1970er Jahre den deutlich erkennbaren Anspruch, die Bevölkerungen beider Länder in Freundschaft miteinander zu verbinden. Als ursächlich hierfür darf wohl einerseits die gemeinsame kriegsbelastete Geschichte, andererseits die zu Zeiten Adenauers und de Gaulles etablierte Idee der Besonderheit des deutsch-französischen Verhältnisses angesehen werden. Diesen Anspruch teilten die französischen Institutionen mit der Kulturdiplomatie der Bundesregierung, in deren Konzeption der Leitgedanke einer Annäherung zwischen den Bevölkerungen nicht zuletzt aufgrund der deutschen Vergangenheit noch sehr viel stärker betont wurde.

---

[71] In einem Vermerk der Sous-direction d'Europe centrale des französischen Außenministeriums vom Mai 1970 hieß es etwa: »Dans le domaine de la culture et de la jeunesse, nous ne pouvons que nous féliciter des résultats obtenus par l'Office franco-allemand de la jeunesse«, AMAE Paris-La Courneuve, Europe, RFA 1961–1970, Bd. 1649, Bl. 195, Vermerk betreffend die deutsch-französische Zusammenarbeit vom 13. Mai 1970, S. 3; die Kulturabteilung des französischen Außenministeriums urteilte: »Le bilan des cinq premières années d'activités de l'OFAJ apparaît nettement positif«, AMAE Paris-La Courneuve, Europe, RFA 1961–1970, Bd. 1480, Bl. 135, Vermerk betreffend die Jugendfragen in den deutsch-französischen Beziehungen vom 12. Januar 1970, S. 3.

[72] AMAE Paris-La Courneuve, Europe, RFA 1961–1970, Bd. 1480, Bl. 271, Vermerk bezüglich der kulturellen deutsch-französischen Zusammenarbeit in den Bereichen Bildung und Jugend, nicht datiert, S. 5.

[73] Siehe AN Fontainebleau, ministère de l'Éducation nationale, Bd. 770641/27, Vermerk betreffend »Formation d'élites bilingues dans les lycées franco-allemands« vom Dezember 1967, S. 3.

Demnach waren auf Ebene der Regierungspolitik sowohl auf französischer als auch auf westdeutscher Seite maßgebliche Akteure vorhanden, die in der praktischen Ausgestaltung der deutsch-französischen Freundschaft durch grenzüberschreitende menschliche Begegnungen und kulturellen Austausch ein wesentliches, wenn nicht sogar prioritäres Ziel politischen Handelns erblickten. Einrichtungen und Organisationen des staatlichen wie nicht-staatlichen Bereichs dienten ihnen dazu, dieses Ziel zu verwirklichen. Die Schaffung kultureller Verbindungen zwischen Deutschen und Franzosen galt dabei den Verantwortlichen in Bonn wie in Paris als wichtiges Instrument zur Verhinderung künftiger Missverständnisse und Auseinandersetzungen, zum Abbau von Vorurteilen und stereotypen Bildern des Nachbarn und als Versicherung für eine gut funktionierende Kooperation in der Zukunft. Aus diesem Grunde mussten Bestrebungen aus der Gesellschaft, die in eine ähnliche Richtung wiesen, ganz im Sinne der Verständigungspolitik der Regierungen sein.

2.2 »Lobbyisten« der deutsch-französischen Freundschaft: die Verständigungsorganisationen

Bereits seit den ersten Nachkriegsjahren und damit deutlich vor dem Abschluss des Élysée-Vertrags 1963 hatten sich zwischen Frankreich und Westdeutschland unterhalb der Ebene staatlichen Handelns Beziehungsstrukturen herausgebildet, deren Urheber sich, oftmals unter dem unmittelbaren Eindruck der zurückliegenden Kriegsereignisse, dem Ziel der Aussöhnung von Franzosen und Deutschen verpflichtet sahen[74]. Die hier wirkenden Protagonisten traten zumeist in Gestalt formal organisierter Vereinigungen und Verbände in Erscheinung, lancierten in eigener Regie Initiativen, die Annäherungen zwischen den Bevölkerungen zum Zweck hatten, oder versuchten, die Politik der beiden Regierungen in ihrem Sinne zu beeinflussen. Im Verlaufe der 1950er und 1960er Jahre fächerte sich dieses Feld zivilgesellschaftlichen Engagements für die deutsch-französische Verständigung in hohem Maße auf, sowohl was die Anzahl der existierenden Organisationen anbetrifft als auch den Grad ihrer Spezialisierung in einzelnen Bereichen kultureller Austausch- und Begegnungsarbeit[75].

---

[74] Vgl. Hans Manfred BOCK, Zivilgesellschaftliche Kooperation zwischen Deutschland und Frankreich, in: Ingo KOLBOOM, Thomas KOTSCHI, Edward REICHEL (Hg.), Handbuch Französisch: Sprache – Literatur – Kultur – Gesellschaft. Für Studium, Lehre, Praxis, Berlin ²2008, S. 716–723; Corine DEFRANCE, Ulrich PFEIL, Der Élysée-Vertrag und die deutsch-französischen Beziehungen: Eine Einleitung, in: DIES. (Hg.), Der Élysée-Vertrag, S. 9–46; Corine DEFRANCE, Société civile et relations franco-allemandes, in: DIES., KISSENER, NORDBLOM (Hg.), Wege der Verständigung, S. 17–31.

[75] Vgl. hierzu die Literaturangaben in Kap. 1., Anm. 31.

Für diese Entwicklung zeichneten nicht zuletzt die Auswirkungen des deutsch-französischen Vertrags selbst verantwortlich, der einerseits als Katalysator fungierte, indem er mit dem DFJW eine Institution ins Leben rief, die seit 1964 eine stetig wachsende Zahl an Einzelvorhaben und Austauschprogrammen privater Träger finanziell förderte[76]. Andererseits stellten die somit zu großen Teilen »etatisierten Kulturbeziehungen«[77] zwischen Frankreich und Westdeutschland die Verständigungsorganisationen vor ein grundsätzliches und zum Teil sogar existenzielles Dilemma[78]. Zwar war mit der vertraglich fixierten Verankerung der deutsch-französischen Freundschaft im zwischenstaatlichen Bereich eines ihrer wesentlichen Ziele realisiert worden und sie konnten sich mit Recht zu den Wegbereitern des Vertrags zählen, doch warf die offizielle Besiegelung der Aussöhnung durch Adenauer und de Gaulle für die privaten Träger zugleich das Problem ihrer Existenzberechtigung auf. Hatte sich die Aufgabe, für die sie nach 1945 angetreten waren, nicht mittlerweile erübrigt? So jedenfalls mochten die verschiedenen Akteure angesichts der feierlichen Versöhnungszeremonien in der Kathedrale von Reims 1962[79] und im darauffolgenden Jahr bei der Vertragsunterzeichnung im Élysée-Palast[80] gefragt haben. Zumindest einige der deutsch-französischen Vereinigungen bejahten diese Frage und lösten sich in Konsequenz dessen auf, wie etwa das 1948 durch den Philosophen Emmanuel Mounier gegründete und von Alfred Grosser als Generalsekretär maßgeblich geprägte Comité français d'échanges avec l'Allemagne nouvelle[81]. Am 18. November 1967, so ist einer Erklärung der Vereinigung zu entnehmen, folgte ihre Mitgliederversammlung dem Vorschlag Grossers und beschloss, die Arbeit zum Jahresbeginn 1968 einzustellen. Die Gründe für diese Entscheidung fasste der Vorsitzende der Versammlung, der Historiker Henri Brunschwig, wie folgt zusammen:

---

[76] Siehe Tätigkeitsbericht 1963–1973, hg. v. DFJW, Paris 1974; vgl. Hans Manfred BOCK, Komplizierung der politischen Beziehungen und Konsolidierung des DFJW in den sechziger Jahren, in: DERS. (Hg.), Deutsch-französische Begegnung, S. 61–90.

[77] Siehe BOCK, Wiederbeginn und Neuanfang, S. 62f.; vgl. auch DERS., PFEIL, Kulturelle Akteure und die deutsch-französische Zusammenarbeit, S. 226–234.

[78] Vgl. BOCK, Das Deutsch-Französische Institut, S. 102–104.

[79] Vgl. Armin HEINEN, Jumelage Reims-Aachen. Eine Bildgeschichte deutsch-französischer Beziehungen über Interessen, gesellschaftliche Verflechtungen und die Bedeutung von Symbolen, in: DERS., HÜSER (Hg.), Tour de France, S. 239–252, hier S. 244f.; Jean-Luc SUSINI, Reims als historischer Ort, in: Horst MÖLLER, Jacques MORIZET (Hg.), Deutsche und Franzosen. Orte der gemeinsamen Geschichte, München 1996, S. 238–262, hier S. 246f.

[80] Vgl. Edgar WOLFRUM, Der Élysée-Vertrag, in: HEINEN, HÜSER (Hg.), Tour de France, S. 499–503.

[81] Vgl. Carla ALBRECHT, Das Comité français d'échanges avec l'Allemagne nouvelle als Wegbereiter des Deutsch-Französischen Jugendwerks, in: Lendemains 27/107–108 (2002), S. 177–189; Christiane FALBISANER, Emmanuel Mounier et l'Allemagne, in: Revue d'Allemagne 21/2 (1989), S. 257–279; MARMETSCHKE, Feindbeobachtung und Verständigung, S. 475–477; STRICKMANN, L'Allemagne nouvelle, S. 202–220.

C'est la 20ᵉ assemblée générale que j'ai l'honneur de présider aujourd'hui; elle sera probablement la dernière; la dernière non parce que nous nous trouvons devant un constat de faillite [...], mais parce que nous estimons que notre tâche est actuellement remplie, et que nous avons l'impression que nous n'avons plus de raison particulière de continuer [...]. Sur le plan de l'amitié franco-allemande, nous ne pouvons pas ajouter grand-chose à ce qui se fait à l'heure actuelle partout[82].

Die seit der ersten Stunde seitens des Comité durchgeführte Austausch- und Informationsarbeit sei nunmehr gut in den Händen neu entstandener Institutionen aufgehoben, wie dem Deutschen Haus in der Pariser Cité universitaire, dem Goethe-Institut und vor allem dem DFJW. Der Erfolg des Comité, so das Fazit seiner Mitglieder, habe ihm letztlich seine Daseinsberechtigung und Existenzgrundlage entzogen[83].

Für die Vereinigungen, welche sich hingegen dazu entschlossen, ihre Tätigkeit fortzuführen, bedeuteten die nach 1963 veränderten Rahmenbedingungen der deutsch-französischen Beziehungen gleichermaßen Chance und Gefahr. Durch geschicktes Positionieren im Gedränge der Antragsteller und die Herausstellung eines eigenen spezifischen Profils bestand die Möglichkeit, einen Teil der potenziell zur Verfügung stehenden Fördermittel aus dem Haushalt des DFJW oder der Außenministerien zu erhalten und sich auf diese Weise das Überleben als unabhängige Organisation zu sichern. Gelang die Einstellung auf die neuen Gegebenheiten nicht und blieb damit der Zugang zu staatlichen Geldern verwehrt, drohte auf lange Sicht ein existenzgefährdender Bedeutungsrückgang. Der somit entstehende Anpassungsdruck, verbunden mit einer sich tendenziell verstärkenden Konkurrenzsituation zwischen den einzelnen Akteuren, läutete im Milieu der privaten Verständigungsorganisationen spätestens seit Ende der 1960er Jahre eine Phase des Umbruchs ein. Diese war durch Bemühungen der Umstrukturierung und Neuorientierung gekennzeichnet, in deren Folge die seit der unmittelbaren Nachkriegszeit zur Anwendung gekommenen Konzepte, Instrumente und Programme kultureller Austauscharbeit auf den Prüfstand kamen. An der großen Idee der deutsch-französischen Freundschaft und dem Ziel, Annäherungen zwischen den Bevölkerungen beider Länder herbeizuführen, hielten die verschiedenen Protagonisten gleichwohl fest.

Eine der ältesten aus privater Initiative heraus entstandenen Vereinigungen des deutsch-französischen Kontextes, deren Aktivitäten auch während der 1970er Jahre nicht erloschen, war das bereits 1945 in der französischen Besatzungszone durch den Jesuitenpater Jean du Rivau[84] gegründete Bureau international de liaison et de documentation (BILD). Seit Ende der 1940er Jah-

---

[82] AN Fontainebleau, ministère de l'Éducation nationale, Bd. 770641/27, Aufzeichnung betreffend »Comité français d'échanges avec l'Allemagne nouvelle, une dissolution et ses suites« vom 12. Februar 1968, S. 1.

[83] Siehe ibid., S. 4f.

[84] Vgl. François BOUREL, Jean du Rivau, in: Dokumente 26/1 (1970), S. 3–8; Michel GUERVEL, Le fondateur Jean du Rivau, in: Documents 45/1 (1990), S. 125–131; Hugues du

re hatte es in der Gesellschaft für übernationale Zusammenarbeit (GÜZ) eine westdeutsche Partnerorganisation[85]. Mit Unterstützung zunächst der französischen Militäradministration[86], dann des Hochkommissariats und des Quai d'Orsay[87], organisierte das BILD in den Nachkriegsjahren zahlreiche Begegnungen zwischen unterschiedlichen Bevölkerungsgruppen[88]. Darüber hinaus gab es die Zeitschriften »Dokumente« und »Documents« heraus, die Deutschen und Franzosen Informationen über den jeweils anderen vermitteln und die »Möglichkeit eines Dialogs zwischen den beiden Nachbarvölkern über hermetisch abgeschlossene Grenzen« schaffen sollten[89]. Nach dem Tod ihres gut vernetzten Gründers und langjährigen Präsidenten Anfang 1970[90] brach für die Organisation eine unsichere Zeit des Übergangs in einen neuen Abschnitt ihres Bestehens und eine Phase intensiver Selbstüberprüfung an. Es

RIVAU, Souvenir de famille. Hommage à Jean du Rivau, fondateur de BILD-GÜZ, in: Dokumente/Documents 66/3 (2010), S. 31–33.

[85] In den Gründungsjahren firmierte die in Offenburg ansässige Organisation zunächst unter dem Namen Centre d'études culturelles, économiques et sociales, siehe BILD-Archiv, Aufzeichnung über das Centre d'études culturelles, économiques et sociales vom 8. November 1946; vgl. zudem Eitel-Victor COUCHOUD, Die Gesellschaft für übernationale Zusammenarbeit, in: Deutschland-Frankreich. Ludwigsburger Beiträge zum Problem der deutsch-französischen Beziehungen 3 (1963), S. 28–31; GUERVEL, Le BILD de Jean du Rivau à Joseph Rovan; Jean-Charles MOREAU, Jugendarbeit und Volksbildung in der französischen Besatzungszone, in: VAILLANT (Hg.), Französische Kulturpolitik in Deutschland, S. 23–41; PLUM, Französische Kulturpolitik in Deutschland, S. 159–166; RAHNER, Die Intellektuellentreffen der Nachkriegszeit; STRICKMANN, L'Allemagne nouvelle, S. 126–134.

[86] Siehe BILD-Archiv, Vermerk des Commandement en chef français en Allemagne, Sous-division des affaires culturelles et de l'information, betreffend »Régularisation administrative du capitaine du Rivau« vom 23. November 1946 sowie Vermerk des Commandement en chef français en Allemagne, Cabinet civil, betreffend »Reconnaissance du Centre d'études culturelles d'Offenburg« vom 8. Februar 1947.

[87] Siehe BILD-Archiv, Schreiben des Haut-Commissariat de la République française en Allemagne, Le Directeur général des affaires culturelles, an Jean du Rivau vom 27. April 1951; Schreiben des französischen Außenministers Robert Schuman an Jean du Rivau vom 5. Februar 1951.

[88] Siehe BILD-Archiv, Aufzeichnung »Le BILD, grand artisan de la compréhension franco-allemande«, 1962.

[89] BILD-Archiv, Aufzeichnung betreffend Aufgaben und Ziele der Gesellschaft für übernationale Zusammenarbeit vom 18. Mai 1960, S. 1; vgl. auch MÉNUDIER, La revue Documents et le BILD; Raïssa MÉZIÈRES, Documents, revue des questions allemandes et de l'idée européenne, 1945–1949, in: Bulletin de l'institut Pierre-Renouvin 5 (1998), S. 33–50; René WINTZEN, Le rôle des »services d'éducation populaire« et des initiatives privées (rencontres franco-allemandes d'écrivains, Documents/Dokumente), in: Joseph JURT (Hg.), Von der Besatzungszeit zur deutsch-französischen Kooperation, Freiburg 1993, S. 209–224; René WINTZEN, Private und persönliche Initiativen in der französischen Besatzungszone. Die Zeitschriften »Documents« und »Dokumente«, »Vent debout« und »Verger«, in: VAILLANT (Hg.), Französische Kulturpolitik in Deutschland, S. 143–151.

[90] Siehe BA, B 145, Bd. 9937, Aufzeichnung des Presse- und Informationsamtes der Bundesregierung bezüglich des Todes Père du Rivaus vom 6. Januar 1970.

liege auf der Hand, so der Tätigkeitsbericht für das Jahr 1970, dass das plötzliche Wegscheiden einer Persönlichkeit wie Rivau, der das Wirken des BILD
entscheidend geprägt habe, eine Umstellung der Arbeitsmethoden zur Folge
haben müsse[91].

Zu diesem Zwecke führten die beiden Schwestervereinigungen im Oktober 1970 eine Klausurtagung im Pariser Vorort Chantilly durch. Anlässlich
derer wurde konstatiert, dass die Gesellschaft ihren früheren zentralen Platz
als Austauschinstitution in den deutsch-französischen Beziehungen nicht
zuletzt aufgrund der »Vielfältigkeit vergleichbarer Organisationen«, welche
die eigene Arbeit erschwere, eingebüßt habe[92]. Der neue Präsident François
Bourel fand in seiner kritischen Bilanz deutliche Worte: »Le BILD est par
définition un centre de relations franco-allemandes. Il a voulu être le Centre
franco-allemand. Il l'a été. L'est-il toujours? Non«[93]. Die Vereinigung befinde
sich zum gegenwärtigen Zeitpunkt an einer Weggabelung, die entscheidend
für ihre künftige Existenz sei. Sie müsse in den folgenden Jahren versuchen, sich wieder mehr Gewicht in den deutsch-französischen Beziehungen
zu verschaffen, Tätigkeitsformen jenseits des zuvor zu stark akzentuierten
Jugendaustausches erproben oder ausbauen und die Funktion der beiden
Zeitschriften als Organe der Informationsvermittlung präziser definieren[94].
Schließlich sei es ebenso eine vorrangige Aufgabe, »neue soziologische
Milieus zu entdecken«[95] und die Gesellschaft dort zu verankern. Im Mittel-
punkt dieser seit Beginn der 1970er Jahre forcierten Bemühungen um neue
Impulse und neue Orientierungen für die Begegnungsarbeit stand jedoch
weiterhin der Gedanke einer Annäherung der Bevölkerungen. Das Ziel der
»Verständigung und sachliche[n] Auseinandersetzung zwischen Deutschen
und Franzosen«, so formulierten die Verantwortlichen der Organisation,
behalte »auch heute noch seine Gültigkeit«[96]. Denn die deutsch-französische
Aussöhnung sei ein Prozess, der nie vollständig abgeschlossen sei, sondern
beständig aufs Neue begonnen werden müsse: »Chaque génération doit
apprendre à son tour la nécessité d'une mise en convergence des efforts de
nos deux peuples«[97]. Aufgrund der Überzeugung, dass die Kriegserfahrun-

---

[91] Siehe BILD-Archiv, Bericht über die Tätigkeit der Gesellschaft für übernationale Zusammenarbeit und des Bureau international de liaison et de documentation im Jahre 1970,
S. 1.

[92] Ibid., S. 1.

[93] BILD-Archiv, Aufzeichnung betreffend »Journées d'études sur le rôle du BILD et de
la Gesellschaft für übernationale Zusammenarbeit dans les échanges franco-allemands,
Chantilly, 16–18 octobre 1970«, S. 2.

[94] Ibid., S. 2f.

[95] Siehe BILD-Archiv, Bericht über die Tätigkeit der Gesellschaft für übernationale Zusammenarbeit und des Bureau international de liaison et de documentation im Jahre 1970,
S. 1.

[96] BILD-Archiv, Tätigkeitsbericht 1974–1976 der Gesellschaft für übernationale Zusammenarbeit und des Bureau international de liaison et de documentation, Mai 1977, S. 1.

[97] BILD-Archiv, Note sur la situation, 1975, S. 1.

gen im deutsch-französischen Verhältnis noch immer präsent seien und die notwendige Verständigungsarbeit nicht allein durch die Regierungen fortgesetzt werden könne, komme es dem BILD daher zu, ein Aktivposten grenzüberschreitender menschlicher Beziehungen zu bleiben: »L'action du BILD nous paraît plus nécessaire que jamais: informer, réunir, encourager les initiatives et les dynamismes«[98].

Die Austauschprogramme, Studienseminare und Sprachkurse, welche die Organisation ausgehend von diesen grundsätzlichen Handlungsmotiven durchführte, sollten bei den Teilnehmern vor allem ein tieferes Verständnis für die Realität und die Lebensverhältnisse des Nachbarlandes wecken[99]. Das BILD und seine Schwestergesellschaft waren bestrebt, durch ihr vielgestaltiges Wirken »persönliche Kontakte zwischen allen Schichten der Völker Frankreichs und Deutschlands zu fördern, Vorurteile abzubauen und nach drei blutigen Kriegen in zwei Jahrhunderten das Aussöhnungswerk fortzusetzen«[100]. Gleichermaßen Stätte der Begegnung und Plattform des Meinungs- und Informationsaustauschs wollte die Organisation somit in den Beziehungen zwischen Frankreich und Westdeutschland während der 1970er Jahre sein[101]. Zur »Bewältigung der heutigen deutsch-französischen Probleme«[102] wollte sie einen Beitrag leisten und als »groupe de pression pour la convergence franco-allemande«[103] auf die politischen Entscheidungszentren genauso wie auf breite Bevölkerungsschichten einwirken.

Einen Mitstreiter im Geiste fand sie hierbei im Deutsch-Französischen Institut (DFI) in Ludwigsburg. Das DFI, welches 1948 auf Initiative des Historikers und Romanisten Fritz Schenk[104] in der Rechtsform eines eingetragenen Vereins gegründet worden war[105], konnte auf eine ähnlich lange Tradition als Protagonist der Annäherung zwischen beiden Ländern zurückblicken.

---

[98] Vgl. BILD-Archiv, Note sur le Bureau international de liaison et de documentation, 1973, S. 3f.

[99] BILD-Archiv, Portrait der Gesellschaft für übernationale Zusammenarbeit und des Bureau international de liaison et de documentation, 1976, S. 3.

[100] BILD-Archiv, Tätigkeitsbericht 1977/78 der Gesellschaft für übernationale Zusammenarbeit vom 3. Oktober 1979, S. 1.

[101] Ibid.

[102] BILD-Archiv, Aktennotiz des deutschen Generalsekretärs Josef Winkelheide betreffend »Stichworte zu dem Selbstverständnis der Gesellschaft und zu ihrer heutigen Wirkungsmöglichkeit im Rahmen der deutsch-französischen Zusammenarbeit« vom 24. Mai 1976, S. 1.

[103] BILD-Archiv, Rede des Vize-Präsidenten des Bureau international de liaison et de documentation, Joseph Rovan, anlässlich der Feier zum dreißigjährigen Bestehen der Vereinigung am 20./21. August 1976 in Stuttgart, S. 6.

[104] Zur Biografie Schenks siehe BOCK, Das Deutsch-Französische Institut, S. 79f.

[105] Vgl. zur Gründung des DFI Paul H. DISTELBARTH, Verständigungsbemühungen. Ein Kommentar zur Institutseröffnung, in: DERS., Das andere Frankreich. Aufsätze zur Gesellschaft, Kultur, Politik Frankreichs und zu den deutsch-französischen Beziehungen 1932–1953, mit einer Einleitung hg. v. Hans Manfred BOCK, Bern u. a. 1997, S. 439–441; Joseph ROVAN, Erinnerungen an die Gründung des Deutsch-Französischen Insti-

Laut Satzung widmete es seine Arbeit dem Ziel, »die deutsch-französische Verständigung auf allen Gebieten des geistigen und öffentlichen Lebens zu fördern«[106]. Als Gründungspräsidenten konnte Schenk den damaligen Justizminister Württemberg-Hohenzollerns und Sohn einer Französin und eines Deutschen, Carlo Schmid, gewinnen[107]. Mit dessen Hilfe formte er aus dem Institut, das bis Mitte der 1960er Jahre hauptsächlich Jugendliche und Familien aus Frankreich und Westdeutschland im Rahmen von Austauschprogrammen zusammenführte, Sprachkurse abhielt und Vorträge französischer Redner organisierte, ein Zentrum deutsch-französischer Aktivitäten in der Bundesrepublik[108].

Die Ausweitung und Ausdifferenzierung der zivilgesellschaftlichen Beziehungsstrukturen sowie die Gründung des DFJW zwangen jedoch auch das DFI zu einer Neujustierung seiner Verständigungsinstrumente. Diese wurde vor allem unter der Ägide des Romanisten und Soziologen Robert Picht[109] angestrengt, der 1972 die Leitung des Instituts übernahm[110]. Von nun an sollte das DFI neben der seit 1948 praktizierten Austausch- und Begegnungsarbeit das Profil einer wissenschaftlichen Forschungs- und Dokumentationseinrichtung ausbilden[111]. Es sei, wie Picht in einem Pla-

---

tuts, in: BOCK (Hg.), Projekt deutsch-französische Verständigung, S. 164–166; BOCK, Das Deutsch-Französische Institut, S. 74–101.

[106] PA-AA, B 90–600, Bd. 731, Satzungen des Deutsch-Französischen Instituts Ludwigsburg e.V., § 2.

[107] Vgl. Petra WEBER, Carlo Schmid 1896–1979. Eine Biographie, München 1996; Carlo SCHMID, Über die Arbeit des Deutsch-Französischen Instituts, in: Deutschland-Frankreich. Ludwigsburger Beiträge zum Problem der deutsch-französischen Beziehungen 3 (1963), S. 22–24; BOCK, Das Deutsch-Französische Institut, S. 81f.

[108] Vgl. PA-AA, B 90–600, Bd. 731, Sachlicher Bericht über die Arbeit des Deutsch-Französischen Instituts im Jahre 1966; Fritz SCHENK, Über Ziele und Arbeit des Deutsch-Französischen Instituts, in: Deutschland-Frankreich. Ludwigsburger Beiträge zum Problem der deutsch-französischen Beziehungen 1 (1954), S. 281–289; DERS., Zwanzig Jahre Deutsch-Französisches Institut Ludwigsburg. Rechenschaftsbericht vorgelegt von Fritz Schenk, Ludwigsburg 1968.

[109] Vgl. Hans Manfred BOCK, Europäische Kulturpolitik als gesellschaftliche Praxis (Robert Picht 1937–2008), in: Lendemains 33/132 (2008), S. 156–159; Hansgerd SCHULTE, Robert Picht – eine europäische Biographie, in: Frank BAASNER, Michael KLETT (Hg.), Europa. Die Zukunft einer Idee. Robert Picht zum 70. Geburtstag, Darmstadt 2007, S. 277–283.

[110] Zur Übernahme der Leitung des DFI durch Robert Picht vgl. AMAE Paris-La Courneuve, Europe, RFA 1971–1976, Bd. 2968, Bericht des französischen Generalkonsulats Stuttgart bezüglich der Verabschiedung von Fritz Schenk als Leiter des DFI Ludwigsburg vom 17. Oktober 1972; Rückblick und Ehrung, 14.10.1972: Verabschiedung von Dr. Fritz Schenk und Einsetzung seines Nachfolgers Dr. Robert Picht, hg. v. DFI, Ludwigsburg 1972; Eine neue Selbstbezogenheit in beiden Ländern. Carlo Schmid und Alfred Grosser verabschieden den Leiter des Deutsch-Französischen Institutes, Dr. Fritz Schenk, in: FAZ, 17.10.1972, S. 10.

[111] Vgl. DFI-Archiv, Ordner Tätigkeitsberichte 1968–1977, Aus der Arbeit des Deutsch-Französischen Instituts Ludwigsburg im Jahre 1972, 1. Februar 1973.

nungspapier für die Jahre 1972–1973 formulierte, eine »Neuorientierung der deutsch-französischen Arbeit erforderlich«[112]. Zwar habe das DFI in der Vergangenheit dazu beitragen können, nationale Ressentiments zwischen Deutschland und Frankreich abzubauen und Verständigungsbereitschaft zu wecken, doch bestünden Vorurteile latent fort. Vor allem sei das soziale und politische System des Partnerlandes selbst bei den Führungsschichten nicht hinreichend bekannt. Um diesem Missstand Abhilfe zu verschaffen, bedürfe es zuverlässiger Information sowie einer sprachlichen, sozialkundlichen und methodischen Schulung, welche Schulen und Universitäten bislang nicht vermittelten. Das Institut werde sich daher in den kommenden Jahren vermehrt den Problemen gegenwartsbezogener Landeskunde zuwenden[113]. Ziel müsse es sein, das DFI »institutionell als Clearingstelle für Deutschland- und Frankreichkunde zu etablieren«[114], wie Picht im Rahmen einer Vorstandssitzung im Juli 1973 betonte. Weniger die Annäherung weiter Kreise der Bevölkerungen als vielmehr die Verständigung zwischen den gesellschaftlichen Eliten beider Länder stand demnach seit Anfang der 1970er Jahre im Vordergrund der Institutsbemühungen. Gleichwohl hielt der Leiter des DFI in seinem Jahresbericht für 1972 fest: »Diese Tätigkeitsbereiche führen gleichzeitig zu einer weiteren Vertiefung der bisherigen Arbeit des Instituts auf den Gebieten von Austausch und Begegnung zwischen Franzosen und Deutschen«[115].

Als Forum des grenzüberschreitenden Dialogs waren insbesondere die seit 1973 jährlich in Ludwigsburg durchgeführten deutsch-französischen Kolloquien konzipiert. Sie führten Wissenschaftler, Spitzenbeamte, Journalisten und Politiker beider Länder zusammen, um sie in ihrer täglichen Arbeit für die Probleme und Empfindlichkeiten des jeweiligen Nachbarlandes zu sensibilisieren[116]. In aller Offenheit sollten dort »die auch bei den Verantwortlichen noch wirksamen Missverständnisse und Vorurteile«[117] diskutiert werden, wie Carlo Schmid in einem Schreiben an Bundespräsident Gustav Heinemann vom November 1973 erläuterte. In seiner Funktion als Zentrum

---

[112] BA, B 122, Bd. 12628, Arbeitsplanung des Deutsch-Französischen Instituts Ludwigsburg für die Jahre 1972/73, S. 1.

[113] Siehe ibid.

[114] DFI-Archiv, Ordner Vorstandssitzungen 1972–1976, Ergebnisprotokoll zur Sitzung des geschäftsführenden Vorstands des Deutsch-Französischen Instituts am 13. Juli 1973, S. 1.

[115] DFI-Archiv, Ordner Tätigkeitsberichte 1968–1977, Aus der Arbeit des Deutsch-Französischen Instituts Ludwigsburg im Jahre 1972, 1. Februar 1973, S. 5.

[116] Siehe PA-AA, Zwischenarchiv, Nr. 109190, Vermerk bezüglich des Deutsch-Französischen Instituts in Ludwigsburg vom 30. März 1973; DFI-Archiv, Ordner Tätigkeitsberichte 1968–1977, Aus der Arbeit des Deutsch-Französischen Instituts Ludwigsburg im Jahre 1973, S. 3f. und Sachlicher Bericht zum Verwendungsnachweis, Teil A 2, 1974, S. 3.

[117] PA-AA, Zwischenarchiv, Nr. 109189, Schreiben des Präsidenten des Deutsch-Französischen Instituts, Carlo Schmid, an Bundespräsident Gustav Heinemann vom 23. November 1973, S. 2.

der Frankreichinformation in der Bundesrepublik machte es sich das Institut darüber hinaus zur Aufgabe, auf Presselandschaft und Multiplikatoren einzuwirken. Sein Ziel war, zu erreichen, dass französische Themen »mit möglichst geringer Perspektivverzerrung« in der Öffentlichkeit dargestellt, Globalurteile über Frankreich kritisch hinterfragt und die meinungsbildenden Medien zu einer kontinuierlichen Beschäftigung mit den Problemen des Nachbarlandes motiviert würden[118]. Eine solche »Verbesserung der deutsch-französischen Kommunikation«[119] sollte die notwendigen Voraussetzungen schaffen, um die noch bestehenden »kulturellen Barrieren«[120] zwischen Frankreich und Westdeutschland zu überwinden und atmosphärische Störungen ihrer Beziehungen auf gesellschaftlicher wie politischer Ebene in Zukunft zu verhindern. Damit behielt eine Einschätzung des französischen Generalkonsuls in Stuttgart vom November 1968 hinsichtlich der Ziele und Leitlinien des DFI auch für die frühen 1970er Jahre weiterhin ihre Gültigkeit: »éclaircir bien des malentendus, forger des amitiés, promouvoir des idées et réformes«[121].

Seit seinen Gründungsjahren hatte das DFI, insbesondere im Rahmen des Engagements für die Städtepartnerschaft zwischen Ludwigsburg und Montbéliard[122], eng mit der Internationalen Bürgermeister-Union (IBU) zusammengearbeitet. Auch die IBU war maßgeblich an der Herausbildung von grenzüberschreitenden Infrastrukturen der Annäherung beteiligt und verdankte ihre Existenz einer privaten Initiative[123]. Im Juni 1948 hatte der Schweizer Literat Eugen Wyler mit dem Kultursoziologen Hans Zbinden und dem Frankfurter Oberbürgermeister Walter Kolb auf dem Mont Pèlerin am Genfer See eine Zusammenkunft deutscher und französischer Bürgermeister organisiert. Diese sollte einer »menschlichen Kontaktaufnahme« zwischen Deutschen und Franzosen dienen und helfen, nach dem Zweiten Weltkrieg

---

[118] Siehe PA-AA, Zwischenarchiv, Nr. 104059, Schreiben des Direktors des DFI, Robert Picht, an den Gesandten Enders, Auswärtiges Amt, vom 28. November 1974, Anlage: Arbeitsplan zum Projekt »Frankreichforschung« im Deutsch-Französischen Institut, S. 1.

[119] Ibid., Anlage: Frankreichstudien im Deutsch-Französischen Institut Ludwigsburg, S. 2.

[120] Siehe Gerhard KIERSCH, L'Institut franco-allemand de Ludwigsburg. L'abolition patiente des »barrières culturelles«, in: MÉNUDIER (Hg.), Le couple franco-allemand, S. 320–325.

[121] AMAE Paris-La Courneuve, Europe, RFA 1961–1970, Bd. 1676, Bl. 216, Schreiben des französischen Generalkonsuls in Stuttgart an das französische Außenministerium vom 8. November 1968, S. 2.

[122] Vgl. DFI-Archiv, Ordner Städtepartnerschaft Ludwigsburg-Montbéliard 1950–1975, Aufzeichnung »Die Städtepartnerschaft Montbéliard-Ludwigsburg« von Dr. Fritz Schenk; ibid., Ordner Tätigkeitsberichte 1968–1977, Rückblick auf 25 Jahre Deutsch-Französisches Institut, Abschiedsrede von Fritz Schenk, Oktober 1972, S. 12.

[123] Vgl. Kap. 1., Anm. 77 sowie Ingo BAUTZ, Die Auslandsbeziehungen der deutschen Kommunen im Rahmen der europäischen Kommunalbewegung in den 1950er und 1960er Jahren: Städtepartnerschaften – Integration – Ost-West-Konflikt, Siegen 2002; Corine DEFRANCE, Les premiers jumelages franco-allemands 1950–1963, in: Lendemains 21/84 (1996), S. 83–95.

den Weg zu einer »zukünftigen Verständigung und Völkerversöhnung« zu ebnen[124]. In seiner Eröffnungsansprache erklärte Wyler:

> Die Menschen selber müssen zusammenkommen, einander wieder sehen und kennenlernen und achten. Dann werden auch Zweifel und Misstrauen nach und nach erlöschen und einem neuen Vertrauen Platz machen. Die Menschen selber müssen sich finden und versöhnen! [...] Die Menschen selber müssen die gegenseitige Verständigung beginnen, von Mann zu Mann, von Haus zu Haus, dann kommt das Verstehen auch von Volk zu Volk[125].

Eine Rolle ersten Ranges in der Vermittlung von Kontakten zwischen den Bevölkerungen beider Länder maßen die Organisatoren den Gemeinden bei, da, wie Hans Zbinden hervorhob, deren Vertreter leichter zueinander finden könnten als Politiker, deren Handeln viel stärker von parteipolitischen Zwängen und nationalen Interessen eingeengt sei[126].

Dem Treffen auf dem Mont Pèlerin, aus dem die Einrichtung eines Informations- und Verbindungsbüros hervorgegangen war[127], folgte ein Jahr später eine zweite Konferenz auf dem Bürgenstock[128], bevor 1950 in Stuttgart die IBU offiziell gegründet wurde[129]. Das in den Statuten der Vereinigung formulierte Ziel einer »dauernden Verständigung«[130] zwischen Frankreich und Deutschland sollte insbesondere durch Austauschprogramme und die Schaffung kultureller Verbindungen im Rahmen kommunaler Zusammenarbeit realisiert werden[131]. Vor allem in der Vermittlung und Unterstützung von deutsch-französischen Städtepartnerschaften fand die IBU, die Geschäftsstellen in Paris und Stuttgart einrichtete, seit den 1950er Jahren ihre hauptsächliche Bestimmung[132]. Aufgrund ihrer jahrelangen Erfahrung

---

[124] Siehe StASt, Bestand 1020, Bd. 476, Round-Table-Konferenz französischer und deutscher Bürgermeister auf dem Mont Pèlerin vom 9.–14. Juni 1948, Zitate auf S. 3.

[125] StASt, Bestand 1020, Bd. 476, Zusammenkunft französischer und deutscher Stadtpräsidenten vom 9.–14. Juni 1948, Mont-Pèlerin ob Vevey, Aus der Eröffnungsansprache von Schriftsteller Eugen Wyler, S. 4.

[126] Siehe den Auszug aus der Begrüßungsansprache Hans Zbindens im Rahmen der Gründungskonferenz der IBU auf dem Mont Pèlerin am 9. Juni 1948, in: Dreißig Jahre deutsch-französische Verständigung. Chronik der IBU 1948–1978, hg. v. der IBU, Kornwestheim 1981, S. 18; vgl. auch StASt, Bestand 1020, Bd. 530, »Über das Wesen der Gemeinde und ihre internationalen Funktionen«, Aufzeichnung von Hans Zbinden vom 30. August 1951.

[127] Vgl. StASt, Bestand 1020, Bd. 538, Konferenz europäischer Bürgermeister – Aufgaben des Verbindungsbüros, August 1948.

[128] Vgl. hierzu StASt, Bestand 1020, Bd. 543, Programm, Teilnehmerliste und Resolutionen der Konferenz deutscher und französischer Stadtpräsidenten auf dem Bürgenstock vom 10.–15. Juni 1949.

[129] Vgl. Lucien THARRADIN, Rencontre de maires français et allemands à Stuttgart, in: Allemagne 2/8 (1950), S. 3.

[130] StASt, Bestand 1020, Bd. 389, Statuten der Internationalen Bürgermeister-Union für deutsch-französische Verständigung und europäische Zusammenarbeit, § 2.

[131] Siehe StASt, Bestand 1020, Bd. 387, Richtlinien des Arbeitsprogramms der IBU, August 1950.

[132] Vgl. Protokoll des XII. Internationalen Bürgermeister-Kongresses zum 20jährigen Be-

in der Begegnungsarbeit und mit Blick auf die sich plötzlich eröffnenden Subventionsmöglichkeiten versuchte sie zudem, sich nach 1963 sowohl beim Auswärtigen Amt als auch beim Bundesministerium für Familien- und Jugendfragen als exklusiver Träger für den Jugendaustausch zwischen verschwisterten westdeutschen und französischen Städten in Stellung zu bringen und sich einen Platz im Kuratorium des Jugendwerks zu sichern[133]. Beide Vorhaben scheiterten jedoch[134]. Erreichen konnte die IBU lediglich eine Förderung ihrer jährlich veranstalteten Jugendseminare[135]. Um sich nach diesem Fehlschlag im Feld der Verständigungsorganisationen behaupten zu können, arbeitete die Vereinigung seit Mitte der 1960er Jahre verstärkt mit dem Rat der Gemeinden Europas[136] zusammen[137]. Ihre Ausrichtung als Organisation, die sich zuvorderst dem Gedanken der deutsch-französischen Annäherung verpflichtet sah, behielt die IBU jedoch weiterhin bei. Gerade die zwischen den Regierungen immer wieder aufgetretenen Spannungen könnten, wie der Geschäftsführer der Vereinigung, Heinz Engelhardt, im Jahr 1964 formulierte, als der beste Beweis für die Notwendigkeit ihrer Verständigungsarbeit angesehen werden: »Die Städte und Gemeinden wollen unabhängig von diesen politischen Schwankungen, insbesondere durch die Schaffung von Städtepartnerschaften, dazu beitragen, daß sich die Bürger

---

stehen der IBU, 17.–19. Mai 1968 in Menton, hg. v. der IBU, Stuttgart 1968; Goldenes Buch der deutsch-französischen Städtepartnerschaften, hg. v. der IBU, Stuttgart 1964.

[133] Vgl. StASt, Bestand 1020, Bd. 156, Schreiben des Geschäftsführers der IBU, Heinz Engelhardt, an das Bundesfamilienministerium vom 18. Oktober 1963; DFI-Archiv, Ordner IBU I, Schreiben des Präsidiums der IBU an Bundeskanzler Konrad Adenauer vom 29. Januar 1963; Protokoll der Sitzung des Verwaltungsausschusses der IBU in Stuttgart am 8. Juli 1963, S. 6f.; Schreiben des Auswärtiges Amts an den Vizepräsidenten der IBU, Oberbürgermeister Dr. Klett, vom 28. März 1963; Aktenvermerk des Geschäftsführers der IBU, Heinz Engelhardt, vom 20. März 1963.

[134] Siehe hierzu StASt, Bestand 1020, Bd. 156, Vermerk über die Besprechung beim Deutsch-Französischen Jugendwerk, Rhöndorf, am 17. Januar 1964; DFI-Archiv, Ordner IBU I, Protokoll der Sitzung des Verwaltungsausschusses der IBU in Colmar am 29. Januar 1966, S. 4.

[135] Vgl. StASt, Bestand 1020, Bd. 390, »Die IBU und ihre Tätigkeiten«, Aufzeichnung vom 12. Mai 1976, S. 1; BA, B 252, Bd. 20, Diverse Korrespondenz zwischen der deutschen Sektion der Bürgermeister-Union und dem DFJW, Abteilung Bonn, bezüglich der Förderung von Jugendseminaren der IBU im Jahr 1968.

[136] Vgl. hierzu Jean-Marie PALAYRET, De la CECA au Comité des régions: le Conseil des communes et des régions d'Europe – un demi siècle de lobbying en faveur de l'Europe des régions, in: Marie-Thérèse BITSCH (Hg.), Le fait régional de la construction européenne, Brüssel 2003, S. 85–113.

[137] Siehe StASt, Bestand 1020, Bd. 156, Vermerke des Geschäftsführers der IBU, Heinz Engelhardt, bezüglich der Zusammenarbeit mit dem RGE vom 12. Mai und 11. Juni 1964; ibid., Bd. 98, Mitgliederversammlung der IBU, Protokoll der Sitzung vom 18. Mai 1968 in Menton, S. 1f.; DFI-Archiv, Ordner IBU I, Schreiben des Vizepräsidenten der IBU an den Präsidenten des RGE vom 1. Dezember 1966 und Bericht der Geschäftsstelle zur Verwaltungsausschusssitzung der IBU am 3. Oktober 1966 in Nancy, S. 1.

beider Länder menschlich näherkommen«[138]. Die deutsch-französischen *jumelages* seien die »solideste Grundlage einer dauerhaften Verständigung«, ohne die der Élysée-Vertrag kaum hätte geschlossen werden können[139]. Trotz der bereits errungenen Erfolge müsse es jedoch weiterhin Aufgabe der IBU sein, »wach zu bleiben und alle Gründe eines in den deutsch-französischen Beziehungen aufkommenden Unbehagens schonungslos aufzudecken«[140], wie der Vizepräsident der Vereinigung, Adolphe Chauvin, im Oktober 1971 deutlich machte. Der IBU komme somit die Rolle eines Informationsorgans und Multiplikators im Verhältnis zwischen Deutschen und Franzosen zu.

Neben der Vermittlungsarbeit im Bereich der Städtepartnerschaften beabsichtigte die Organisation, vor allem die junge Generation für den Gedanken der Verständigung zu gewinnen und in ihre Aktivitäten einzubinden, ferner bei den Regierungen ihren Einfluss im Hinblick auf eine Förderung der gemeinsamen Kultur- und Erziehungspolitik sowie eine Intensivierung des Sprachunterrichts geltend zu machen[141]. Letztlich sollten sich all ihre Bemühungen, so betonte der Präsident der IBU, Sigmund Widmer, im April 1970, auf ein übergeordnetes Ziel konzentrieren: die »Freundschaft zwischen Frankreich und Deutschland«, die an jedem Tag und zu jeder Stunde erneuert und erkämpft werden müsse[142]. Ihr Wirken verstand die Vereinigung demzufolge nicht nur als Beitrag zur Annäherung der Bevölkerungen beider Länder, sondern ebenso als Grundlagenarbeit für stabile politische Beziehungen. In der Funktion eines Seismographen wollte sie deutsch-französische Konflikte aufspüren und diesen mäßigend entgegentreten.

In einer ähnlichen Position sah sich auch der in den Jahren 1956 und 1957 auf Bestreben der Wetzlarer Industriellentochter Elsie Kühn-Leitz entstandene Arbeitskreis Deutsch-Französischer Gesellschaften (ADFG)[143]. Dieser widmete sich der Intensivierung von Kooperation und Austausch

---

[138] StASt, Bestand 1020, Bd. 328, Schreiben des Geschäftsführers der IBU, Heinz Engelhardt, an Dieter Reichel vom 29. Oktober 1964, S. 1.

[139] Ibid., S. 1.

[140] StASt, Bestand 1020, Bd. 90, Übersetzung des Protokolls der IBU-Verwaltungsausschusssitzung am 11. Oktober 1971 in Évian, S. 2.

[141] Siehe StASt, Bestand 1020, Bd. 89, Protokoll der IBU-Verwaltungsausschusssitzung am 6. März 1972 in Sindelfingen, S. 3.

[142] Eröffnungsrede des Präsidenten der IBU, Sigmund Widmer, anlässlich des Bürgermeister-Kongresses in Baden-Baden vom 24. bis 26. April 1970, in: Dreißig Jahre deutsch-französische Verständigung, S. 144f.

[143] Vgl. VDFG-Archiv, Ordner Korrespondenz Kühn-Leitz mit den DFG, Rede von Elsie Kühn-Leitz anlässlich der Feier des 20-jährigen Bestehens der Deutsch-Französischen Gesellschaft Wetzlar am 14.11.1975, S. 1–5; Elsie KÜHN-LEITZ, So fing es an – Gründung und Zusammenschluß deutsch-französischer Gesellschaften nach dem Zweiten Weltkrieg, in: Europa – Herausforderung der Jugend, hg. v. ADFG, Mainz 1970, S. 102–107; BOCK, Das Deutsch-Französische Institut, S. 96f.; MEHDORN, Französische Kultur in der Bundesrepublik, S. 224–231; AHL, DAG, Ordner Frankreich 1950–1959, Schreiben der Deutsch-Französischen Gesellschaft Wetzlar an die Deutsche Auslandsgesellschaft Lübeck vom 12. Juli 1956, darin: Bericht über die Studienreise der deutsch-französischen

zwischen den diversen Gesellschaften, die in den Jahren nach Kriegsende auf beiden Seiten des Rheins entstanden waren, und zielte auf eine »Festigung und Vertiefung der deutsch-französischen Zusammenarbeit«[144] ab. Kühn-Leitz, die seit 1957 als Präsidentin fungierte, hielt in einer Aufzeichnung über den Arbeitskreis fest: »Il n'est pas une ›organisation de tête‹, mais une communauté de travail ayant pour but d'échanger les expériences entre les différentes organisations indépendantes l'une de l'autre. Il sert surtout à renforcer le travail des différentes sociétés«[145]. Der vorrangige Wirkungsbereich des ADFG müsse der öffentliche Raum sein, essentielles Ziel die Schaffung von Kontakten zwischen Deutschen und Franzosen[146]. Um dies zu erreichen, hielt die Organisation während der 1960er Jahre regelmäßige Tagungen der deutsch-französischen Gesellschaften ab, lancierte Informationskampagnen zu deutsch-französischen Problemlagen, initiierte Jugendaustauschprogramme in Kooperation mit dem DFJW und setzte sich für die Förderung des Sprachunterrichts in beiden Ländern ein[147].

Der Rücktritt der Gründungspräsidentin im Jahr 1968[148], die dem ADFG sowohl Räumlichkeiten in ihrem Wetzlarer Haus zur Verfügung gestellt als auch mit ihren privaten Mitteln für dessen finanzielle Ausstattung gesorgt hatte, bedeutete allerdings eine Zäsur für die Verständigungsarbeit der Vereinigung[149]. Zwar betrachtete auch ihr Nachfolger Helmut Paetzold, wie dieser den Mitgliedern des Arbeitskreises in einem Rundschreiben vom Oktober 1968 mitteilte, »nicht nur die Vertiefung der deutsch-französischen Freundschaft, sondern auch [...] die endgültige Überwindung der mehr als ein Jahrtausend bestehenden Trennung zwischen unseren beiden Völ-

---

Gesellschaften nach Frankreich auf Einladung der Kulturabteilung der französischen Botschaft vom 23. bis 30. Juni 1956.

[144] VDFG-Archiv, Ordner Beginn des ADFG 1965, Satzung des Arbeitskreises Deutsch-Französischer Gesellschaften vom 30. Januar 1965, S. 1.

[145] StAMa, Nl. 96, Bd. 5, »Rapport sur le Cercle de travail des sociétés franco-allemandes, son activité, ses buts et ses désirs«, Aufzeichnung der Präsidentin des ADFG, Elsie Kühn-Leitz, nicht datiert.

[146] Siehe ibid.

[147] PA-AA, Zwischenarchiv, Nr. 106189, Aufzeichnung der Präsidentin des ADFG, Elsie Kühn-Leitz, betreffend »Sinn und Aufgaben des Arbeitskreises Deutsch-Französischer Gesellschaften – Cercle de travail des associations franco-allemandes e.V. (ADFG)«, 1970, S. 2–9.

[148] Siehe VDFG-Archiv, Ordner Vorstandssitzungen 1967–1971, Pressenotiz bezüglich der 13. Jahrestagung des ADFG vom 26.–29. September 1968 in Dortmund, S. 2.

[149] Vgl. PA-AA, Zwischenarchiv, Nr. 106189, Schreiben des deutschen Botschafters in Paris, Helmuth Ruete, an Staatssekretär Paul Frank bezüglich der finanziellen Schwierigkeiten des ADFG vom 21. Dezember 1970; VDFG-Archiv, Rede des Präsidenten des ADFG, Helmut Paetzold, anlässlich der Eröffnung der 14. Jahrestagung des ADFG vom 2.–6. Oktober 1969 in Dijon, in: Mitteilungsblatt für die Deutsch-Französischen Gesellschaften 32 (1970), S. 36–40; VDFG-Archiv, Ordner Rundschreiben/Mitteilungen 1969–1978, Bericht des deutschen Generalsekretärs des ADFG, Klaus-Peter Zimmer, vom September 1971.

kern«[150] als zukünftige Hauptaufgabe. Doch die Rahmenbedingungen für die Tätigkeit des ADFG hatten sich zu Beginn der 1970er Jahre grundlegend verändert, insbesondere in finanzieller Hinsicht. Dem Rechnung tragend, versuchte Paetzold, die öffentliche Präsenz des Arbeitskreises, dessen deutsche Geschäftsstelle Anfang 1969 nach Mainz verlegt wurde[151], zu verstärken. Insbesondere sollten Kontakte zur Bundesregierung sowie in enger Kooperation mit dem Präsidenten der französischen Sektion des ADFG, Pierre Martin, auch zur Pariser Regierung hergestellt werden, um der Organisation Aufmerksamkeit, Unterstützung und neue Finanzquellen zu verschaffen. In seiner Ansprache zur Eröffnung der Jahrestagung des ADFG im Oktober 1970 teilte Paetzold den Vertretern der deutsch-französischen Gesellschaften diesbezüglich mit: »Wir sind eifrig damit beschäftigt, dass der Arbeitskreis, der seit über dreizehn Jahren besteht, überall bekannt wird, dass man seine Bedeutung mehr und mehr schätzt, dass man weiss, dass der Arbeitskreis die Politik [...] von unten her stützt«[152]. Verbindungen nahm die Vereinigung vor allem zum Auswärtigen Amt, zum Presse- und Informationsamt der Bundesregierung und zur französischen Botschaft in Bonn auf[153]. Darüber hinaus war beabsichtigt, die Zusammenarbeit mit dem DFJW zu intensivieren[154] und ein Kuratorium zu bilden, welches, mit Persönlichkeiten des öffentlichen Lebens besetzt, dem Arbeitskreis helfen sollte, seine Beziehungen zur Regierungsebene und damit seine Einflussmöglichkeiten auszuweiten[155].

---

[150] VDFG-Archiv, Ordner Arbeitskreis e.V. Vorstand, Rundschreiben des ADFG-Präsidenten Helmut Paetzold an die Vorstände und Mitglieder des Arbeitskreises vom 3. Oktober 1968, S. 2.

[151] Siehe AMAE Nantes, Bonn Service culturel, Bd. 188, Schreiben des französischen Konsuls in Mainz, Alain Radenac, an den französischen Botschafter in Bonn, François Seydoux de Clausonne, vom 18. November 1968; im Rahmen des Umzugs gelang es dem ADFG, finanzielle Zuwendungen seitens des Kultusministeriums Rheinland-Pfalz sowie der Stadt Mainz zu erhalten, wodurch der Aufbau der neuen Geschäftsstelle bestritten werden konnte, siehe hierzu StAMa, Nl. 96, Bd. 32, Vermerk des Ministeriums für Unterricht und Kultus des Landes Rheinland-Pfalz bezüglich der finanziellen Ausstattung des ADFG vom 25. Februar 1971; VDFG-Archiv, Ordner Rundschreiben/Mitteilungen 1969–1978, Rundschreiben des ADFG an die Mitgliedsgesellschaften vom 9. Juni 1969, S. 1.

[152] VDFG-Archiv, Ansprache des Präsidenten des ADFG, Helmut Paetzold, anlässlich der Eröffnung der 15. Jahrestagung des ADFG am 1. Oktober 1970 in Mainz, in: Mitteilungsblatt für die Deutsch-Französischen Gesellschaften 34 (1971), S. 22.

[153] Vgl. hierzu VDFG-Archiv, Ordner Arbeitskreis e.V. Vorstand, Vermerk Helmut Paetzolds über eine Dienstreise nach Bonn vom 23. April 1970 sowie Aktennotiz betreffend die Besuche des Präsidenten und des Generalsekretärs des ADFG in Bonn beim Bundespresseamt, dem Auswärtigen Amt und der französischen Botschaft vom 15. März 1971.

[154] VDFG-Archiv, Rede des Präsidenten des ADFG, Helmut Paetzold, anlässlich der Eröffnung der 14. Jahrestagung des ADFG vom 2.–6. Oktober 1969 in Dijon, in: Mitteilungsblatt für die Deutsch-Französischen Gesellschaften 32 (1970), S. 38.

[155] Siehe StAMa, Nl. 96, Bd. 7, Protokoll über die ordentliche Mitgliederversammlung des ADFG am 29. September 1967 in Aix-en-Provence sowie StAMa, Nl. 96, Bd. 1, Presse-

Aus Sicht der Verantwortlichen führten diese Anstrengungen binnen kurzem zu positiven Ergebnissen. Es seien, so berichtete der deutsche Präsident des ADFG den Mitgliedern im September 1973, enge Kontakte zu den staatlichen Stellen in beiden Ländern geknüpft und der Arbeitskreis und seine Verständigungsarbeit ins Licht der Öffentlichkeit gerückt worden[156]. Hierdurch habe man endlich das erreichen können, worum die deutsch-französischen Gesellschaften so lange gerungen hätten, nämlich eine Position, in der sie von offizieller Seite gehört würden: »Der endgültige Durchbruch zur Regierung ist gelungen«, wie Paetzold diese Entwicklung in Worte fasste[157]. Das Vertrauen, welches dem Arbeitskreis entgegengebracht und die finanzielle Förderung, die ihm seither zuteil werde[158], müsse er nunmehr dadurch rechtfertigen, so hatte der Präsident bereits zuvor unterstrichen, dass er sein Programm, seine Aufgaben und Ziele mit erhöhter Intensität verfolge und öffentlich noch klarer vortrage[159]. Vor allem sollte herausgestellt werden, dass das Verhältnis zwischen Deutschen und Franzosen durch die Erfahrungen des Zweiten Weltkriegs weiterhin belastet, die Aussöhnung mitnichten besiegelt sei. Zwar hätten sich die bereits bestehenden »fest verankerten Freundschaftsbande«[160] zwischen den Nachbarländern durchaus bewährt, wie der Präsident der deutschen Sektion an seinen französischen Amtskollegen schrieb, doch gelte es, diese angesichts immer wieder auftretender Krisen kontinuierlich zu stärken. Vornehmliche Aufgabe des Arbeitskreises in den 1970er Jahren war daher: »im vollen Bewußsein dessen, was geschehen ist, aus der Vergangenheit

notiz des Generalsekretariats bezüglich der Konstituierung des Kuratoriums des ADFG vom 3. Februar 1970; im Kuratorium des ADFG waren unter anderem die ehemaligen Botschafter Manfred Klaiber und André François-Poncet, der Koordinator für die deutsch-französische Zusammenarbeit, Carlo Schmid, und Staatsminister Bernhard Vogel vertreten, vgl. StAMa, Nl. 96, Bd. 1, Liste der Mitglieder des Kuratoriums des ADFG, 1970.

[156] VDFG-Archiv, Ordner Vorstandssitzungen 1972–1973, Protokoll der Mitgliederversammlung des ADFG am 6. September 1973 in Nancy, S. 4f.

[157] VDFG-Archiv, Ordner Vorstandssitzungen 1972–1973, Protokoll der Vorstands- und Kuratoriumssitzung des ADFG anlässlich der 17. Jahrestagung in Konstanz am 6. September 1972, S. 9.

[158] Seit 1971 erhielt der ADFG einen laufenden Zuschuss aus dem Kulturhaushalt des Auswärtigen Amts, vgl. PA-AA, Zwischenarchiv, Nr. 106189, Schreiben des Koordinators für die deutsch-französische Zusammenarbeit, Carlo Schmid, an Staatssekretär Sigismund von Braun vom 5. Oktober 1970 und Vermerke der Kulturabteilung des Auswärtigen Amts betreffend die Förderung des Arbeitskreises Deutsch-Französischer Gesellschaften, Mainz, vom 9. Oktober sowie vom 4. und 29. Dezember 1970; VDFG-Archiv, Ordner Abrechnungen AA 1969–1990, Schreiben des Auswärtigen Amts an den ADFG bezüglich der Bewilligung von Tätigkeitszuschüssen vom 6. Januar 1972, 11. Juli 1974 und 11. März 1975.

[159] Vgl. VDFG-Archiv, Ordner Vorstandssitzungen 1967–1971, Protokoll der Vorstandssitzung des ADFG am 13. Juni 1970 in Mainz, S. 2.

[160] VDFG-Archiv, Ordner Arbeitskreis e.V. Vorstand, Schreiben Helmut Paetzolds an den Präsidenten der französischen Sektion des ADFG, Pierre Martin, vom 29. April 1969, S. 1.

lernend, eine echte und dauernde Freundschaft zwischen unseren beiden Völkern begründen und pflegen«[161]. Die deutsch-französische Versöhnung, so betonte Paetzold im Rahmen einer Vorstandssitzung im Juni 1972, sei »doch letzten Endes das, woran wir immerzu arbeiten«[162].

Der ADFG verkörpert ebenso wie die IBU, das DFI und das BILD in exemplarischer Weise die zu Beginn der 1970er Jahre bestehende Ebene eines organisierten Verständigungsengagements zwischen Frankreich und Westdeutschland. Selbstverständnis und Zielvorstellungen dieser verschiedenen, aus privater Initiative heraus gegründeten Vereinigungen zeigen auf, dass neben den staatlichen Akteuren weitere Kräfte in den deutsch-französischen Beziehungen wirkten, die sich auch ein Vierteljahrhundert nach Kriegsende explizit der Annäherung von Deutschen und Franzosen verschrieben hatten. Mit ihrer Begegnungsarbeit, mit ihren Mitteln kulturellen Austauschs, bezweckten sie, die Regierungskooperation abzustützen und nahmen sich hiervon ausgehend als tragende Säulen auch der politischen Zusammenarbeit beider Länder wahr, als »Lobbyisten« der deutsch-französischen Freundschaft. Den grenzüberschreitend agierenden Verständigungsorganisationen und den staatlichen Institutionen war der Anspruch gemein, Annäherungen zwischen den Bevölkerungen diesseits und jenseits des Rheins herbeizuführen und damit eine Versicherung gegen das Aufkommen deutsch-französischen Unfriedens zu schaffen. Ihre gemeinsamen Bemühungen waren vorwiegend praktischer Natur und äußerten sich etwa in der Durchführung von Austauschprogrammen für Jugendliche, der Abhaltung von Sprachkursen, der Veranstaltung von Tagungen und Kolloquien oder der Initiierung von Städte- und Gemeindepartnerschaften. Demgegenüber kann eine dritte Akteursgruppe, deren Handlungsradius stärker in Wissenschaft und Publizistik lag, als Begleiter und intellektueller Wegbereiter dieser vielfältigen Verständigungsprozesse betrachtet werden.

2.3 Vom Sprechen gegen den Strom: die geistigen Wegbereiter der Annäherung

Als dem französischen Politikwissenschaftler Alfred Grosser am 12. Oktober 1975 in der Frankfurter Paulskirche der renommierte Friedenspreis des Deutschen Buchhandels verliehen wurde, ehrte ihn der Börsenverein, wie

---

[161] VDFG-Archiv, Ordner Arbeitskreis e.V. Vorstand, Schreiben des Vorstandsmitglieds Alfred Borgmann an ADFG-Präsident Helmut Paetzold vom 5. Januar 1970, S. 6; vgl. auch PA-AA, B 97, Bd. 681, Memorandum betreffend die Aufgaben des Arbeitskreises Deutsch-Französischer Gesellschaften, 1971, S. 1.

[162] VDFG-Archiv, Ordner Vorstandssitzungen 1972–1973, Protokoll der Vorstandssitzung des ADFG am 10. Juni 1972 in Mainz, S. 21.

Paul Frank in seiner Laudatio hervorhob, für seine Rolle als »Mittler zwischen unseren, zwischen seinen Völkern«[163]. Grosser sei, wie es in der Begründung hieß, »durchdrungen von der Notwendigkeit des nie abreißenden Dialogs zwischen Franzosen und Deutschen«[164], zu einem überzeugenden und unbestechlichen Mahner geworden und habe sich hierdurch in besonderem Maße um die deutsch-französische Aussöhnung verdient gemacht[165]. Im selben Jahr zeichnete die Stadt Düsseldorf mit dem Germanisten Pierre Bertaux, der den Heinrich-Heine-Preis erhielt, ebenfalls eine Persönlichkeit aus, die sich Zeit ihres Lebens für eine Annäherung der Nachbarländer eingesetzt hatte. Bundesaußenminister Hans-Dietrich Genscher gratulierte Bertaux mit den Worten: »Die Ihnen zuteil gewordene Auszeichnung ist erneut Ausdruck des Dankes für Ihr beispielhaftes Wirken um das gegenseitige Verstehen unserer beiden benachbarten Völker«[166]. In dem internen Vermerk der Kulturabteilung des Auswärtigen Amts, welcher das offizielle Glückwunschschreiben angeregt hatte, lautete das begründende Urteil, der in Paris lehrende Germanist könne »als geistiger Mittler zwischen Deutschen und Franzosen bezeichnet werden«[167]. Ähnliche Motive bewegten auch die Verantwortlichen der Sozialwissenschaftlichen Fakultät der Ludwig-Maximilians-Universität München, als sie im Februar 1981 Joseph Rovan die Ehrendoktorwürde zuerkannten. Im Rahmen der aus diesem Anlass abgehaltenen Feierstunde hob der Dekan der Fakultät, Professor Heinz Laufer, insbesondere das Bemühen Rovans um Solidarität und Verständnis zwischen den Bevölkerungen beider Länder hervor. Der französische Historiker sei gleichermaßen »Gelehrter, Ratgeber, Mittler« zwischen Frankreich und Deutschland, so formulierte ein Zeitungsbericht wenige Tage nach der Zeremonie[168].

Die drei Geehrten, dies wird anhand der angeführten Beispiele deutlich, erfuhren durch Auszeichnungen dieser Art eine Würdigung ihres beharrlichen Einsatzes für die Verständigung zwischen Deutschen und Franzosen seit dem Ende des Zweiten Weltkriegs. Aufgrund ihres Engagements waren sie aus Sicht der Regierenden wie auch der Presse zu »Mittlern« zwischen zwei Ländern und ihren Gesellschaften, zwischen unterschiedlichen Kul-

---

[163] Paul FRANK, Laudatio, in: Alfred GROSSER, Ansprachen anlässlich der Verleihung des Friedenspreises, Frankfurt a.M. 1975, S. 17–33, hier S. 20.

[164] GROSSER, Ansprachen anlässlich der Verleihung des Friedenspreises, S. 5.

[165] Vgl. MÉNUDIER, En l'honneur d'Alfred Grosser, S. 19; KOLBOOM, Alfred Grosser: Le Français franco-allemand.

[166] PA-AA, Zwischenarchiv, Nr. 108973, Telegramm Bundesaußenminister Hans-Dietrich Genschers an Pierre Bertaux vom 13. November 1975.

[167] PA-AA, Zwischenarchiv, Nr. 108973, Vermerk bezüglich der Verleihung des Heinrich-Heine-Preises an Pierre Bertaux vom 10. November 1975, S. 2.

[168] BA, B 136, Bd. 41610, Gelehrter, Ratgeber, Mittler. Ehrendoktor für Joseph Rovan, in: Mannheimer Morgen, 07.02.1981; vgl. auch Joseph ROVAN, Föderalismus und Zentralismus in der deutschen und französischen Geschichte: Reden gehalten in der Ludwig-Maximilians-Universität München aus Anlaß der Verleihung der Ehrendoktorwürde an Professor Joseph Rovan, Paris, am 4. Februar 1981, München 1981.

turen und Mentalitäten geworden. Persönlichkeiten wie Grosser, Bertaux und Rovan, die hinsichtlich ihrer Biografien und ihres Wirkens geradezu als Verkörperung dieses Typus anzusehen sind, versuchten in ihrer Eigenschaft als weithin anerkannte Experten für deutsch-französische Fragestellungen die spezifischen Denk- und Sichtweisen der jeweils anderen Nation zu erklären, grenzüberschreitende Kommunikationsprozesse anzustoßen und den Bevölkerungen Orientierungshilfen für einen vorurteilsfreien Blick auf das Nachbarland zu geben. Die Fähigkeiten hierzu lieferten ihnen vor allem ihre bilinguale Sprachkompetenz, eine langjährige wissenschaftliche Beschäftigung mit den Gegebenheiten beider Länder und die sich hieraus ableitende profunde Kenntnis der jeweiligen politischen, gesellschaftlichen und wirtschaftlichen Verhältnisse. Ihr persönlicher Antrieb speiste sich zumeist aus verschlungenen deutsch-französischen Lebenswegen und einschneidenden Erfahrungen als Grenzgänger zwischen beiden Seiten des Rheins[169].

In ihrer geistigen Mittlerarbeit nach 1945 konnten die deutsch-französischen Brückenbauer an eine ganze Reihe von Vorbildern aus der Zwischenkriegszeit anknüpfen[170], wodurch ihre Tätigkeit zweifellos wesentliche Anregungen erhielt und erleichtert wurde. Jedoch gestalteten sich ihre Bemühungen in der insgesamt wenig verständigungsbereiten Atmosphäre, welche die Beziehungen zwischen Frankreich und dem besiegten Deutschland in den ersten Jahren nach dem Ende des Zweiten Weltkriegs kennzeichnete, äußerst beschwerlich. Bevor sich der Gedanke der Aussöhnung während der 1950er und 1960er Jahre in breiten Gesellschaftsschichten

---

[169] Vgl. Alfred GROSSER, Versagen die Mittler? Was Deutschland und Frankreich voneinander wissen, in: Robert PICHT (Hg.), Perspektiven der Frankreichkunde. Ansätze zu einer interdisziplinär orientierten Romanistik, Tübingen 1974, S. 3–12; Hans Manfred BOCK, Créateurs, organisateurs, vulgarisateurs. Biographies de médiateurs socio-culturels entre la France et l'Allemagne au XXe siècle, in: Revue d'Allemagne 33/4 (2001), S. 453–467; DERS., Vom Beruf des kulturellen Übersetzens zwischen Deutschland und Frankreich, oder: Verzagen die Mittler?, in: Lendemains 22/86–87 (1997), S. 8–19; MARMETSCHKE, Zwischen Feindbeobachtung und Verständigungsarbeit; Martin STRICKMANN, Französische Intellektuelle als deutsch-französische Mittlerfiguren 1944–1950, in: LÜSEBRINK, OSTER (Hg.), Am Wendepunkt, S. 17–47.

[170] Vgl. Heike AREND, Gleichzeitigkeit des Unvereinbaren. Verständigungskonzepte und kulturelle Begegnungen in den deutsch-französischen Beziehungen der Zwischenkriegszeit, in: Francia 20/3 (1993), S. 131–149; BELITZ, Befreundung mit dem Fremden; BOCK, Kulturelle Wegbereiter politischer Konfliktlösung; DERS., Kulturelle Eliten in den deutsch-französischen Gesellschaftsbeziehungen der Zwischenkriegszeit, in: HUDEMANN, SOUTOU (Hg.), Eliten in Deutschland und Frankreich, S. 73–91; Hans Manfred BOCK, Gilbert KREBS (Hg.), Échanges culturels et relations diplomatiques. Présences françaises à Berlin au temps de la République de Weimar, Asnières 2004; BOCK, MEYER-KALKUS, TREBITSCH (Hg.), Entre Locarno et Vichy; Klaus GROSSE KRACHT, »Ein Europa im kleinen«. Die Sommergespräche von Pontigny und die deutsch-französische Intellektuellenverständigung in der Zwischenkriegszeit, in: IASL 27/1 (2002), S. 144–169; Gaby SONNABEND, Pierre Viénot (1897–1944). Ein Intellektueller in der Politik, München 2005.

durchsetzen konnte, spiegelte ihre vermittelnde Position die Meinung einer verschwindend geringen Minderheit wider, zumal im kriegsversehrten Frankreich, und stieß sich nicht selten an fortwirkendem Erbfeinddenken[171].

Umso bemerkenswerter ist vor diesem Hintergrund eine programmatische Schrift wie »L'Allemagne de nos mérites«, welche Joseph Rovan im Oktober 1945 in der von Emmanuel Mounier gegründeten Zeitschrift »Esprit« veröffentlichte[172]. Erst wenige Monate zuvor hatte Rovan aus dem Konzentrationslager Dachau zurückkehren können, wo er seit Juli 1944 aufgrund seiner Aktivitäten für die französische Résistance interniert gewesen war[173]. In dem wegweisenden Aufsatz plädierte der erst siebenundzwanzig Jahre alte Rovan für einen humanen Umgang mit den Deutschen, sprach sich entschieden gegen jegliche Form von Siegerjustiz und dafür aus, den Nachbarn die Hand der Versöhnung zu reichen. Gerechtigkeit solle die Besatzungsmacht Frankreich üben und dem zerstörten Deutschland Hilfestellung beim Wiederaufbau geben. »L'Allemagne de demain sera la mesure de nos mérites«[174], so die zentrale Botschaft des Textes, mit welcher sein Autor eine maßvolle Besatzungspolitik einforderte, die sich der Verantwortung für das Deutschland von morgen bewusst sein sollte.

Der kleinen Gruppe an Personen, die sich in den ersten Nachkriegsjahren der französischen Aussöhnung mit Deutschland verpflichtet sah, galt der Aufsatz als Leitkonzept und Handlungsanweisung, für Rovan selbst war seine Veröffentlichung gleichbedeutend mit der Annahme einer Mittlerfunktion zwischen beiden Ländern und Bevölkerungen, die sein Leben fortan bestimmte. Bereits in seinem ersten umfassenden Essay über den östlichen Nachbarn bemühte sich Rovan, den Franzosen dieses bedrohlich und fremd wirkende Deutschland, diesen »continent lointain«[175], näher zu bringen und ein Land zu schildern, das durchaus eine Reise wert sei. Zahlreiche

---

[171] Vgl. DEFRANCE, Aus Feinden werden Freunde, S. 218–220; DIES., PFEIL, Der Élysée-Vertrag, S. 38–41; Thomas HÖPEL, Dieter TIEMANN (Hg.), 1945 – 50 Jahre danach. Aspekte und Perspektiven im deutsch-französischen Beziehungsfeld, Leipzig 1996; Dietmar HÜSER, Frankreich, Deutschland und die französische Öffentlichkeit 1944–1950: Innenpolitische Aspekte deutschlandpolitischer Maximalpositionen, in: MARTENS (Hg.), Vom »Erbfeind« zum »Erneuerer«, S. 19–64; Georges-Henri SOUTOU, Les accords de Paris. Une étape diplomatique traduisant les mutations européennes des années cinquante, in: HUDEMANN, MIARD-DELACROIX (Hg.), Wandel und Integration, S. 41–52, hier S. 48–50.

[172] Joseph ROVAN, L'Allemagne de nos mérites, in: Esprit 13/115 (1945), S. 529–540.

[173] Vgl. DERS., Contes de Dachau, Paris 1987; DERS., Mémoires d'un Français qui se souvient d'avoir été allemand, Paris 1999, S. 190–213.

[174] DERS., L'Allemagne de nos mérites, in: HARTWEG (Hg.), À Joseph Rovan, S. 6–18, hier S. 18; vgl. hierzu auch Alfred GROSSER, Les nouveaux rapports franco-allemands, in: Revue d'Allemagne 9/4 (1977), S. 714–731; Ingo KOLBOOM, Er glaubte an das Deutschland, das wir alle verdienen: Joseph Rovan, in: Documents 60/1 (2005), S. 83–85; Hansgerd SCHULTE, Joseph Rovan (1918–2004), in: BEILECKE, MARMETSCHKE (Hg.), Der Intellektuelle und der Mandarin, S. 453–459.

[175] Joseph ROVAN, Allemagne, Paris 1955, S. 5; vgl. hierzu Michel GUERVEL, Jalons sur une

weitere Schriften folgten, mit denen der 1918 in München geborene Historiker versuchte, »Versöhnung und Verständigung herzustellen zwischen dem Vaterland meiner Väter«, welches er als Sohn jüdischer Eltern nach 1933 hatte verlassen müssen, »und dem Mutterland meiner Kinder«[176], das dem gebürtigen deutschen Juden Joseph Rosenthal 1946 unter dem Namen Joseph Rovan die französische Staatsangehörigkeit verlieh[177].

Neben seiner publizistischen Tätigkeit nahm Rovans Verständigungsarbeit in den Jahren nach Kriegsende eine Vielzahl weiterer Ausprägungen an. Als Mitarbeiter des französischen Verteidigungsministers Edmond Michelet, dessen Bekanntschaft er in Dachau gemacht hatte[178], führte Rovan zwischen 1946 und 1947 Aufsicht über die Kriegsgefangenenlager für deutsche Soldaten in Frankreich und rief in diesem Rahmen insbesondere Studienzentren in Orléans und Saint-Denis ins Leben, die der demokratischen Umerziehung junger deutscher Offiziere dienen sollten[179]. Rovan engagierte sich für die Volksbildungsorganisation Peuple et culture[180] und leitete von 1948 bis 1951 das Bureau de l'éducation populaire der französischen Besatzungsverwaltung in Deutschland. Er war seit 1963 Mitglied im Verwaltungsrat des DFJW und in unregelmäßigen Abständen Dozent an verschiedenen westdeutschen und französischen Hochschulen[181]. 1968 schließlich bot die neu gegründete Reformuniversität Paris VIII-Vincennes Rovan, der die Voraussetzungen für eine Hochschullaufbahn streng genommen nicht erfüllte und daher nach eigenen Angaben die Hoffnung auf eine universitäre Karriere bereits aufgege-

---

éducation allemande, in: HARTWEG (Hg.), À Joseph Rovan, S. 89–91; René LASSERRE, La digue de Cuxhaven, in: HARTWEG (Hg.), À Joseph Rovan, S. 102f.

[176] Zitiert nach BA, B 136, Bd. 41610, Gelehrter, Ratgeber, Mittler. Ehrendoktor für Joseph Rovan, in: Mannheimer Morgen, 07.02.1981.

[177] Vgl. Henri MÉNUDIER, Joseph Rovan. Les vies multiples d'un citoyen d'Europe, in: Documents 60/1 (2005), S. 102–118.

[178] Vgl. ROVAN, Contes de Dachau, S. 46–64; Edmond MICHELET, Rue de la liberté? Dachau 1943–1945, Paris 1988.

[179] Siehe IMEC, Fonds Joseph Rovan, Mappe »Attaché au ministère des armées 1947«; hier finden sich unter anderem Berichte Rovans über die Studienzentren in Orléans und Saint-Denis, diverse Korrespondenz Rovans mit Teilnehmern der dortigen Kurse und die Aufzeichnung »Rapport à monsieur le président du conseil sur la rééducation des prisonniers de guerre allemands« vom 23. Februar 1947; vgl. auch Joseph ROVAN, Erinnerungen an das Centre d'études in Saint-Denis, in: Bildung und Erziehung 37 (1984), S. 75–78.

[180] Vgl. hierzu DERS., Qu'est-ce que peuple et culture?, Paris 1966; Hellmut BECKER, Zwischen zwei Kulturen, in: HARTWEG (Hg.), À Joseph Rovan, S. 55–58; Marc VIGNAL, Joseph Rovan et Peuple et culture, in: Documents 60/1 (2005), S. 73–76.

[181] Vgl. ROVAN, Mémoires d'un Français; BA, B 136, Bd. 41610, Joseph Rovan, Porträt, in: Mannheimer Morgen, 20.03.1964; Wolfgang BERGSDORF, In memoriam Joseph Rovan, in: Die politische Meinung 49/418 (2004), S. 87f.; Daniel GROSCOLAS, Au service de la jeunesse franco-allemande, in: HARTWEG (Hg.), À Joseph Rovan, S. 105f.; Jean-Michel LACROIX, Hommage à Joseph Rovan: une carrière exceptionnelle. Discours prononcé par le président de l'université Paris III-Sorbonne nouvelle, in: Documents 57/1 (2002), S. 61–65.

ben hatte, die Möglichkeit, dort als assoziierter Professor für Germanistik zu lehren[182]. Rovan nahm das Angebot an. Sein ohnehin vielgestaltiges Wirken als deutsch-französischer Mittler erhielt somit eine weitere Facette. Die wissenschaftliche Tätigkeit erlaubte es ihm mehr als zuvor, durch Vorträge und Podiumsdiskussionen, durch das Publizieren von Aufsätzen und Büchern in die Rolle eines öffentlich präsenten Vermittlers zwischen Frankreich und Westdeutschland zu schlüpfen und über die aktuellen politischen und gesellschaftlichen Entwicklungen im jeweiligen Nachbarland zu informieren[183]. Im Vorwort zu seiner »Geschichte der deutschen Sozialdemokratie« erklärte Rovan: »L'ouvrage [...] veut contribuer, comme la plupart de mes autres travaux, à une ›exposition de l'Allemagne‹ au public français, à laquelle il m'a paru nécessaire d'affecter une partie de ma vie professionnelle, dont l'autre versant est consacré à une ›explication de la France‹ au public allemand«[184].

Gerade diese Aufgabe der wechselseitigen Information und des steten Gedankenaustauschs zwischen Deutschen und Franzosen betrachtete Rovan auch in den 1970er Jahren noch als höchst aktuell, da seiner Auffassung nach eine dauerhafte Verbindung beider Länder nie für immer erworben war, sondern vielmehr jeden Tag neu gewonnen werden musste[185]. Zwar habe man, wie Rovan in einem Aufsatz in der Zeitschrift »Dokumente« schrieb, seit 1945 bereits ein großes Stück auf dem Weg der deutsch-französischen Versöhnung zurückgelegt: »Ja, es ist viel erreicht worden seit den Tagen, als ich aus dem deutschen KZ nach Hause kam mit dem Entschluß daran mitzuwirken, daß zwischen Deutschland und Frankreich die Zukunft anders sein sollte«[186]. Doch blieben seiner Meinung zufolge Misstrauen und Abneigung auf beiden Seiten trotz aller Erfolge ernstzunehmende Faktoren, die leicht von unguten Absichten wieder verstärkt und mobilisiert werden konnten. Mehr Interdependenz zwischen beiden Ländern sei eben nicht gleichbedeutend mit mehr Freundschaft zwischen den Bevölkerungen, was es umso notwendiger mache, »die intensive Klein- und Großarbeit im Dienste der ›Verständlichmachung‹ und des ›Befreundetmachens‹ der beiden Völker

---

[182] Vgl. Rovan, Mémoires d'un Français, S. 459–470; Ders., Vincennes – eine französische Reformuniversität, in: Frankfurter Hefte 35/8 (1980), S. 48–58.

[183] Vgl. beispielhaft Ders., Frankreich nach der Mai-Revolution, in: Frankfurter Hefte 23/7 (1968), S. 447–452; Ders., Frankreich im Nachgaullismus, in: Frankfurter Hefte 26/10 (1971), S. 750–757 und 26/11 (1971), S. 844–852; Ders., Les relations franco-allemandes dans le domaine de la jeunesse et de la culture populaire (1945–1971), in: Revue d'Allemagne 4/3 (1972), S. 675–704; Ders., Deux destins mêlés, in: Le Monde, 07.06.1973, S. 4.

[184] Ders., Histoire de la social-démocratie allemande, Paris 1978, S. 9.

[185] Siehe Ders., Hauptziel – dauerhafte Verständigung, in: Dokumente 33/1 (1977), S. 13f., hier S. 14.

[186] Ders., Deutsch-französische Zusammenarbeit: Bilanz und Verpflichtung, in: Dokumente 33/4 (1977), S. 276; siehe auch Ders., Das Problem der außerschulischen Bildung als Phänomen der Demokratisierung und Autonomisierung von Personen und Milieus in Deutschland und Frankreich, Saarbrücken 1973, S. 15f.

emsig, ruhig und einfallsreich fortzusetzen«[187]. Dies war das Wirkungsfeld, in dem Rovan seine intellektuelle Verständigungsarbeit verortete. Er wollte – mehr noch in Frankreich als in Westdeutschland – helfen, Vorurteile abzubauen, Kenntnisse des Nachbarlandes zu vertiefen und Missverständnissen vorzubeugen, um das Fundament der deutsch-französischen Annäherung vor etwaigen Erschütterungen zu bewahren.

Dieses Ziel machte ihn nicht zuletzt in den Augen der Bundesregierung zu einem geschätzten Gleichgesinnten. In einem Vermerk des Bonner Presse- und Informationsamtes vom Januar 1972 ist etwa zu lesen: »Prof. Rovan [...] ist seit Kriegsende einer der verläßlichsten Freunde der Bundesrepublik. Wann immer es galt in der deutsch-französischen Verständigung aktiv zu werden, hat Rovan sich unermüdlich eingesetzt«[188]. Neben seiner Tätigkeit an der Universität von Vincennes blieb Rovan demnach weiterhin dem Bereich der Politik verhaftet, trat auf französischer wie deutscher Regierungsseite beratend oder Einfluss suchend in Erscheinung und pflegte insbesondere enge Beziehungen zu dem damaligen CDU-Parteivorsitzenden Helmut Kohl sowie dem späteren französischen Finanz- und Wirtschaftsminister Jacques Delors[189]. Darüber hinaus fungierte er als Impulsgeber für die privaten Verständigungsorganisationen, indem er sich 1976 zum Vize-Präsidenten des BILD wählen ließ, dem er ab Anfang der 1980er Jahre als Präsident vorstand[190]. In seiner Umtriebigkeit vereinte Rovan eine Vielzahl an Eigenschaften. Er war geistiger Vordenker, Ratgeber und Organisator in den deutsch-französischen Beziehungen der 1970er Jahre, ein Mittler zwischen zwei Ländern und Bevölkerungen, dessen Selbstverständnis wohl am besten im französischen Titel seiner 1999 erschienenen Memoiren zum Ausdruck kommt: Ein Franzose, der sich erinnert, einmal Deutscher gewesen zu sein[191].

Die Biografie des sieben Jahre jüngeren Alfred Grosser spiegelt in ähnlicher Weise einen Lebensweg zwischen Deutschland und Frankreich wider. 1925 als Sohn eines jüdischen Arztes in Frankfurt am Main geboren, wuchs Grosser, der mit seinen Eltern im Dezember 1933 nach Frankreich geflohen war, in der Nähe von Paris auf. Nach der Besetzung der französischen Hauptstadt durch

---

[187] DERS., Deutsch-französische Zusammenarbeit, S. 275–279, hier S. 277f.

[188] BA, B 145, Bd. 9074, Vermerk des Presse- und Informationsamtes der Bundesregierung bezüglich eines Buches Joseph Rovans über Bundeskanzler Brandt vom 27. Januar 1972.

[189] Vgl. Helmut KOHL, Joseph Rovan, die deutsch-französischen Beziehungen und Europa, in: Dokumente 61/4 (2005), S. 45–53; Rede von Jacques Delors zum Tode Joseph Rovans am 27. September 2004, abgedruckt in: Documents 60/1 (2005), S. 24f.; IMEC, Fonds Joseph Rovan, Schreiben Joseph Rovans an Jacques Delors vom 7. September 1979 und an Helmut Kohl vom 16. Juni 1983.

[190] Zur Wahl Joseph Rovans zum Vize-Präsidenten des BILD vgl. BILD-Archiv, Protokoll der 6. Präsidiumssitzung der GÜZ und des BILD am 26. Juni 1976 in Köln, S. 2f.

[191] Siehe oben, Anm. 173; vgl. auch die deutsche Ausgabe, Joseph ROVAN, Erinnerungen eines Franzosen, der einmal Deutscher war, München 2000.

deutsche Truppen im Sommer 1940 lebte Grosser, der inzwischen die französische Staatsangehörigkeit erhalten hatte, mit seiner Mutter unter falschen
Papieren in Südfrankreich. Trotz äußerst widriger Lebensumstände und begleitet von der steten Angst vor Entdeckung konnte er dort bis 1943 das Abitur
ablegen und einen Studienabschluss in Germanistik erwerben[192]. Im Zuge der
Befreiung Frankreichs erfuhr Grosser, der sich kurzzeitig im französischen
Widerstand engagiert hatte, über die BBC, dass ein Großteil seiner Verwandt-
schaft in Auschwitz ums Leben gekommen war. Eine Nacht lang habe er, so
schrieb Grosser später, gegen seine Rachegefühle angekämpft. Am darauffolgenden Morgen sei er sich jedoch sicher gewesen, dass er den Deutschen gegenüber nie einen kollektiven Hass empfinden würde[193]. Ganz im Gegenteil:
Zur Versöhnung der beiden Bevölkerungen wollte er von diesem Zeitpunkt
an beitragen. Dieses Ziel vor Augen, unternahm Grosser im Sommer 1947 eine erste ausgedehnte Reise in sein Geburtsland, aus welcher eine Artikelserie
über die Situation der deutschen Jugendlichen hervorging, die in der Zeitung
»Combat« veröffentlicht wurde[194]. Die hiermit in Zusammenhang stehenden
Erlebnisse, Begegnungen und Erfahrungen, welche dem jungen Mann ein umfassendes Bild Nachkriegsdeutschlands vermittelten, bildeten, wie Grosser in
seinen Memoiren angibt, den Ausgangspunkt seiner doppelten Lebensaufgabe:

L'une en France: faire connaître et comprendre les réalités allemandes, par-delà et le plus
souvent contre les idées reçues, les visions et jugements sommaires, les commodités de
l'ignorance péremptoire. L'autre en Allemagne, où l'objectif était à son tour double: d'une
part, élargir là-bas une vision raisonnable de la France; de l'autre, contribuer à assurer la
solidité de la nouvelle démocratie allemande[195].

Diese Ziele verfolgte Alfred Grosser zum einen im Rahmen seiner Funktion als Generalsekretär des Comité français d'échanges avec l'Allemagne
nouvelle[196], zum anderen in seiner Tätigkeit als Universitätslehrer. In den
Jahren nach Kriegsende entfernte er sich allerdings mehr und mehr von

---

[192] Vgl. Alfred GROSSER, Une vie de Français. Mémoires, Paris 1997, S. 17–46; Marie Cé-
cile AZAM, Annäherungen – Jugendtreffen und Städtepartnerschaften, in: Vis-à-vis:
Deutschland und Frankreich, S. 103–110, hier S. 105f.; Ingo KOLBOOM, Hommage à
Alfred Grosser, in: Allemagne d'aujourd'hui 131 (1995), S. 109–120; MARMETSCHKE,
Feindbeobachtung und Verständigung, S. 492–494; STRICKMANN, L'Allemagne nouvel-
le, S. 220–222.

[193] Siehe Alfred GROSSER, Au nom de quoi? Fondements d'une morale politique, Paris 1969,
S. 25–27.

[194] Vgl. die deutsche Fassung der Artikelserie in DERS., Mit Deutschen streiten. Aufforderungen zur Wachsamkeit, München 1992, S. 11–25.

[195] DERS., Une vie de Français, S. 47.

[196] Vgl. DERS., Deutsch-französische Aufklärungsarbeit in Frankreich, in: Ausblick. Mitteilungsblatt der Deutschen Auslandsgesellschaft 3/5 (1952), S. 72–74; DERS., Emmanuel
Mounier und das Comité français d'échanges avec l'Allemagne nouvelle, in: Deutschland-Frankreich: Ludwigsburger Beiträge zum Problem der deutsch-französischen
Beziehungen 1 (1954), S. 270–280.

seinen Ursprüngen als Germanist und wandte sich dem noch jungen Fach der Politikwissenschaft zu, das er seit Mitte der 1950er Jahre am Pariser Institut d'études politiques (IEP) unterrichtete[197]. Mit seinen in Frankreich publizierten Schriften über die aktuellen Entwicklungen jenseits des Rheins beabsichtigte Grosser, wie er 1953 schrieb, dem nur wenig bekannten Nachbarland mehr öffentliche Präsenz zu verschaffen und den Lesern durch eine tatsachenorientierte Darstellung die Möglichkeit zu geben, vorurteilsfreie Informationen zu erhalten[198]. Denn gerade auf französischer Seite müsse man Unverständnis und Voreingenommenheit gegenüber der Bundesrepublik voraussetzen. Dahingegen sei bei den deutschen Lesern angesichts des Nachkriegsaufschwungs eher mit einer gewissen Selbstgefälligkeit zu rechnen, der mäßigend entgegengewirkt werden müsse[199]. Zu diesem Zweck bedürfe es deutsch-französischer Mittler, die in der Lage seien, über die Gegenwart des anderen Landes zu informieren, unterschiedliche Einstellungen, Ansichten und Wahrnehmungen zu erläutern und somit zu helfen, Verständigungs- und Kommunikationsschwierigkeiten zwischen Deutschen und Franzosen zu überwinden[200]. Grosser, der sich dem so umschriebenen Personenkreis der Mittler zugehörig fühlte, erläuterte diesbezüglich auf einer Tagung der Katholischen Akademie Bayern im Oktober 1962: »Wenn eine gemeinsame Krise kommen sollte, unsere Aufgabe bleibt in jedem unserer Länder, gegen den Strom zu sprechen, das heißt hier in Deutschland Frankreich zu erklären, in Frankreich Deutschland zu erklären und das, was wir auf dem Herzen haben, denen zu sagen, die etwas daran tun können«[201].

Durch seine kontinuierlichen Bemühungen, in Frankreich die Verbreitung eines positiven Deutschlandbildes zu fördern, galt Grosser den Bonner Regierungsstellen, ähnlich wie Joseph Rovan, bereits in den frühen 1960er Jahren als ein unerlässlicher Mitstreiter im Rahmen der westdeutschen Ver-

---

[197] Vgl. Serge HURTIG, Alain LANCELOT, Avant-propos, in: Bertrand BADIE, Marc SADOUN (Hg.), L'autre. Études réunies pour Alfred Grosser, Paris 1996, S. 11–15.

[198] Siehe Alfred GROSSER, L'Allemagne de l'Occident 1945–1952, Paris ⁵1953, S. 25; mit einer ähnlichen Intention verbunden waren auch DERS. (Hg.), Administration et politique en Allemagne occidentale, Paris 1954; DERS., La République fédérale d'Allemagne, Paris ²1964.

[199] Siehe DERS., Die Bonner Demokratie. Deutschland von draußen gesehen, Düsseldorf 1960, S. 15; vgl. auch DERS., Freundschaft ohne Illusionen, in: Hans Dieter MÜLLER (Hg.), Die Force de frappe. Europas Hoffnung oder Verhängnis?, Olten, Freiburg 1965, S. 45–55; Alfred GROSSER, Die Bundesrepublik Deutschland. Bilanz einer Entwicklung, Tübingen 1967; DERS., Die innerdeutsche politische Entwicklung – von außen gesehen, in: Hans BOLEWSKI (Hg.), Nation und Nationalismus, Stuttgart 1967, S. 9–25.

[200] Vgl. Alfred Grosser, Réflexions sur les rapports franco-allemands, in: Documents 19/3 (1964), S. 7–15.

[201] DERS., Der Wandel des Deutschlandbildes in der französischen öffentlichen Meinung in den Jahren nach 1945, in: Karl FORSTER (Hg.), Frankreich und Deutschland. Elemente der Neuorientierung in der kulturellen und politischen Begegnung der beiden Nachbarvölker, Würzburg 1963, S. 103–123, hier S. 123.

ständigungspolitik mit dem Nachbarn. So wurde Grosser in einem Vermerk des Bundespräsidialamts vom Dezember 1962 als einer der »bestinformierten und objektivsten Deutschlandkenner Frankreichs« eingeschätzt, der für die deutsch-französische Verständigung sowie für »Kenntnis und Verständnis unserer besonderen Probleme durch die Franzosen« Außerordentliches geleistet habe[202]. Seine Studenten ebenso wie die französische Öffentlichkeit unterrichte er beharrlicher und ausführlicher über die deutschen Verhältnisse als jeder andere französische Publizist und verfüge zudem »gerade in den Kreisen, die sich infolge fortbestehender Ressentiments direkter deutscher Einflussnahme verschliessen«, über Ansehen und Einfluss[203]. Diese Reputation als Sachkenner und Brückenbauer, über die Grosser nicht nur auf deutscher, sondern auch auf französischer Seite verfügte[204], ermöglichte es ihm, in den Nachkriegsjahrzehnten Kontakte in Paris und Bonn zu knüpfen, mittels derer er unablässig versuchte, die Problemlagen der deutsch-französischen Annäherung auch auf politischer Ebene zu Gehör zu bringen und Missständen Abhilfe zu verschaffen.

Wenn zum Beispiel in der Bundesrepublik etwas vor sich geht, was Frankreich betrifft, etwas, was mir nicht recht gefällt [...], dann nehme ich mein Telefon und rufe jemand in der deutschen Botschaft in Paris an und der berichtet nach Bonn. Und wenn etwas in Frankreich vorfällt, was ihm nicht gefällt, dann ruft er mich an und wenn es geht, schreibe ich einen Artikel in einer französischen Zeitung darüber[205].

So beschrieb Grosser seine informelle Verständigungsarbeit, welcher er im Verlaufe der 1970er Jahre auch dank der Erlangung einer ordentlichen Professur am IEP[206] sowie seines gewachsenen öffentlichen Ansehens als Friedenspreisträger mehr Gewicht verleihen konnte[207]. Seine »nicht ermü-

---

[202] BA, B 122, Bd. 47661, Vermerk betreffend die Rundfunksendung des WDR »Unteilbares Deutschland« vom 13. Dezember 1962, S. 1f.

[203] Ibid.; eine ähnliche Einschätzung findet sich in BA, B 122, Bd. 47661, Schreiben des Auswärtigen Amts an das Bundespräsidialamt vom 30. Oktober 1962 und Aufzeichnung der deutschen Botschaft Paris bezüglich der französischen öffentlichen Meinung vom 19. Oktober 1962.

[204] Vgl. BA, B 145, Bd. 9069, Vermerk des Presse- und Informationsamtes der Bundesregierung bezüglich eines Besuchs von Alfred Grosser in Bonn vom 10. Januar 1968; Rahmenprogramm für einen Besuch Alfred Grossers vom 14. bis 17. Juli 1969 in Bonn; Vermerk des Presse- und Informationsamtes der Bundesregierung betreffend die Einladung Alfred Grossers nach Bonn vom 22. Mai 1969; Vermerk für Bundeskanzler Kurt Georg Kiesinger bezüglich eines Informationsgesprächs mit Professor Grosser vom 14. Juni 1969; AN Fontainebleau, ministère de l'Éducation nationale, Bd. 910066/58, Vermerk betreffend die deutsch-französische Expertengruppe für das Hochschulwesen vom 25. Oktober 1972, S. 3; PA-AA, Zwischenarchiv, Nr. 104053, Programm für den Besuch des Bevollmächtigten, Ministerpräsident Filbinger, in Paris am 7. und 8. Oktober 1974.

[205] Grosser, Der Wandel des Deutschlandbildes, S. 106.

[206] Siehe Hurtig, Lancelot, Avant-propos, S. 13 sowie Grosser, Une vie de Français, S. 100.

[207] Vgl. AMAE Nantes, Bonn Ambassade, Bd. 368, Schreiben des französischen General-

dende Mittlerrolle zwischen Deutschen und Franzosen«[208] sollte Grosser weiterhin dazu dienen, das Bewusstsein für das jeweilige Nachbarland zu schärfen. Mit seinen Publikationen und Vorträgen wollte er »nicht nur beschreiben und erklären, sondern auch aufklären«[209]. Dies sei, so Grosser in einem Artikel aus dem Jahr 1970, notwendiger denn je, halte doch in Frankreich »der Hang zur Feindseligkeit« an und sei die Versuchung selbstzufriedener Arroganz in Westdeutschland immer noch groß. Das Unwissen und die fortbestehenden Vorurteile und Fehlwahrnehmungen zwischen beiden Bevölkerungen machten diese leicht anfällig für plötzliche emotionale Aufwallungen und Stimmungsschwankungen, aus denen ernsthafte Krisen entstehen könnten[210]. Hiergegen Informations- und Überzeugungsarbeit zu setzen, betrachtete Grosser als sein vornehmliches Ziel. Die Aufgabe der Grenzgänger und Aufklärer, der Mittler, habe sich damit auch ein Vierteljahrhundert nach Kriegsende nicht erübrigt. Grosser, »ancien combattant« der deutsch-französischen Beziehungen, wie er sich in einem Vortrag vom Oktober 1972 selbst beschrieb, war jedenfalls bereit, weiter in ihren Reihen im Dienste der Annäherung zwischen Deutschen und Franzosen zu streiten[211].

Hierbei fand er sich auch vereint mit dem 1907 in Lyon geborenen Germanisten Pierre Bertaux. Dessen Affinität zu Deutschland rührte, anders als bei Grosser und Rovan, nicht aus den Erfahrungen des Zweiten Weltkriegs her, sondern lag, wie Bertaux selbst oftmals dargelegt hat[212], vielmehr in der Tradition seiner Familie begründet. Mit seinem Großonkel Félix Piquet und seinem Vater Félix Bertaux hatte sie bereits in zwei Generationen bedeutende Germanisten hervorgebracht[213]. Félix Bertaux pflegte freundschaftliche Beziehungen zu Joseph Roth, Thomas und Heinrich Mann und gehörte während

---

konsulats Frankfurt a.M. an den französischen Botschafter Olivier Wormser bezüglich der Verleihung des Friedenspreises an Alfred Grosser vom 15. Oktober 1975.

[208] BA, B 145, Bd. 9069, Schreiben des Presse- und Informationsamtes der Bundesregierung an Alfred Grosser anlässlich der Bekanntgabe des Friedenspreisträgers vom 16. April 1975.

[209] Alfred GROSSER, Deutschlandbilanz. Geschichte Deutschlands seit 1945, München 1970, S. 6.

[210] DERS., Die Bundesrepublik: bieder oder nüchtern?, in: François BONDY (Hg.), So sehen sie Deutschland. Staatsmänner, Schriftsteller und Publizisten aus Ost und West nehmen Stellung, Stuttgart 1970, S. 44–56, hier S. 45–48; vgl. hierzu auch Alfred GROSSER, Paris und Bonn – Freundschaft im Widerspruch, in: Claus GROSSNER u. a. (Hg.), Das 198. Jahrhundert. Eine Team-Prognose für 1970 bis 1980. 26 Originalbeiträge, Hamburg 1969, S. 79–95, hier S. 88f.; GROSSER, Versagen die Mittler?, S. 3.

[211] DERS., Faut-il encore des médiateurs?, in: Documents 27/6 (1972), S. 9–21.

[212] Vgl. zum Beispiel Pierre BERTAUX, Wie ich Germanist wurde, in: Siegfried UNSELD (Hg.), Wie, warum und zu welchem Ende wurde ich Literaturhistoriker? Eine Sammlung von Aufsätzen aus Anlaß des 70. Geburtstags von Robert Minder, Frankfurt a.M. 1972, S. 27–38.

[213] Vgl. Chryssoula KAMBAS, La famille Bertaux, in: Michel ESPAGNE, Michael WERNER (Hg.), Les études germaniques en France (1900–1970), Paris 1994, S. 205–222; Gilbert KREBS, Hansgerd SCHULTE, Gerald STIEG, Avant-propos, in: DIES. (Hg.), Médiations

der Zwischenkriegszeit zu denjenigen französischen Intellektuellen, die sich um eine Verständigung zwischen Frankreich und Deutschland bemühten. In der von Weltoffenheit und Dialogbereitschaft geprägten Atmosphäre im Hause seines Vaters in Sèvres geriet Pierre Bertaux bereits in jungen Jahren mit zahlreichen Geistesgrößen aus dem Nachbarland sowie vor allem der Frage des deutsch-französischen Verhältnisses in Kontakt[214]. Als entscheidend für seine lebenslange Beschäftigung mit Deutschland sind jedoch Bertaux' mehrmalige Studienaufenthalte in Berlin zwischen 1927 und 1933 anzusehen[215]. Diese ließen ihn zu einem »médiateur culturel entre la France et l'Allemagne«[216] heranreifen, der seine Mittlertätigkeit auch unter dem Eindruck der Ereignisse des Zweiten Weltkriegs fortsetzte. Nachdem Bertaux 1936 seine Habilitationsschrift veröffentlicht[217], hiernach der Wissenschaft für kurze Zeit den Rücken gekehrt und Posten zunächst im Quai d'Orsay, dann im französischen Bildungsministerium bekleidet hatte, unterrichtete er bei Kriegsausbruch Germanistik an der Universität von Toulouse. Dort wurde er nach der Unterzeichnung des Waffenstillstands von 1940, den er als Offizier der französischen Armee erlebte, im Widerstand aktiv[218]. Im Dezember 1941 verhaftet, verbrachte Bertaux anschließend nahezu zwei Jahre in südfranzösischen Gefängnissen, bevor er im Zuge der Libération als Bevollmächtigter der provisorischen Regierung Charles de Gaulles in der Region Toulouse fungierte[219].

In den Jahren nach Kriegsende folgten in Bertaux' Werdegang verschie-

---

ou le métier de germaniste. Mélanges offerts à Pierre Bertaux par ses amis, collègues et élèves, Asnières 1977, S. 5–7.

[214] Vgl. Heinrich MANN, Félix BERTAUX, Briefwechsel 1922–1948. Mit einer Einleitung von Pierre BERTAUX, Frankfurt a.M. 2002; Hans Manfred BOCK, Deutsche und französische Europäer. Berliner Gespräche 1928 zwischen Joseph Roth und Pierre Bertaux, in: Jean MONDOT, Nicole PELLETIER, Jean-Marie VALENTIN (Hg.), L'Allemagne et la crise de la raison: hommage à Gilbert Merlio, Bordeaux 2001, S. 407–421; Hans HARTJE (Hg.), Heinrich Mann: Le roman d'Henri IV et les relations d'amitié avec Félix Bertaux, Paris 2010; Gilbert KREBS, In Paris hatte ich einen sehr geliebten Freund. Heinrich Mann und Félix Bertaux vor Locarno, in: BEILECKE, MARMETSCHKE (Hg.), Der Intellektuelle und der Mandarin, S. 619–642; Hansgerd SCHULTE, Einleitung, in: DERS. (Hg.), Spiele und Vorspiele: Spielelemente in Literatur, Wissenschaft und Philosophie. Eine Sammlung von Aufsätzen aus Anlaß des 70. Geburtstages von Pierre Bertaux, Frankfurt a.M. 1978, S. 7–16.

[215] Vgl. Pierre BERTAUX, Un normalien à Berlin. Lettres franco-allemandes (1927–1933), hg. v. Hans Manfred BOCK, Gilbert KREBS et Hansgerd SCHULTE, Asnières 2001; Pierre BERTAUX, Ein französischer Student in Berlin, in: Sinn und Form 35/2 (1983), S. 314–327; Hans Manfred BOCK, »Ich verzichte Herr Curtius, ich verzichte!«: Félix und Pierre Bertaux im Streitgespräch mit Ernst Robert Curtius (1925–1928), in: Passerelles et passeurs, S. 29–54.

[216] Pierre BERTAUX, Mémoires interrompus, S. 83.

[217] DERS., Hölderlin. Essai de biographie intérieure, Paris 1936.

[218] Siehe die entsprechenden Abschnitte in DERS., Mémoires interrompus.

[219] Vgl. DERS., Libération de Toulouse et de sa région: Haute-Garonne, Ariège, Gers, Hautes-Pyrénées, Lot, Lot-et-Garonne, Tarn, Tarn-et-Garonne, Paris 1973.

dene politische und ministeriale Führungspositionen aufeinander, so die Stellung als Leiter der französischen Sûreté nationale und das Amt des Senators für den französischen Sudan. Erst im Jahr 1958 kehrte er an die Universität zurück, lehrte zunächst als Professor in Lille und folgte 1964 einem Ruf an die Sorbonne[220]. Aufgrund seiner persönlichen Erfahrungen vertrat Bertaux die Ansicht, eine zeitgemäße französische Germanistik dürfe nicht ausschließlich auf das Studium der Literatur vergangener Jahrhunderte ausgerichtet sein. Vielmehr müsse das Fach angesichts der jüngsten deutsch-französischen Vergangenheit darauf abzielen, den Studierenden das Nachbarland in all seinen Facetten näher zu bringen und ihnen durch die Vermittlung politischer, gesellschaftlicher und wirtschaftlicher Sachverhalte eine Verbindung zur deutschen Gegenwart ermöglichen. Daher suchte Bertaux bald nach Wegen, um den in seinen Augen allzu konservativen Rahmen traditioneller Germanistik der altehrwürdigen Sorbonne verlassen zu können[221]. Eine geeignete Möglichkeit hierfür erblickte er in der Gründung eines eigenen Instituts, welches auf dem Konzept einer reformierten und um Elemente der Landeskunde erweiterten Germanistik, der *civilisation allemande*, beruhen sollte. Begünstigt durch die Ereignisse des Mai 1968 und mit der Unterstützung des französischen Bildungsministers Edgar Faure konnte Bertaux sein Reformprojekt 1969 in der Gründung des Institut d'allemand von Asnières, das später der neu geschaffenen Universität Paris III-Sorbonne Nouvelle angegliedert wurde, verwirklichen[222]. Gemäß der Vorstellung Bertaux' sollte

---

[220] Vgl. Brigitte BERMANN FISCHER, Pierre Bertaux, der Kämpfer, der Forscher, der Deuter, in: DIES., Sie schrieben mir oder was aus meinem Poesiealbum wurde, Zürich 1978, S. 282–294; Eberhard LÄMMERT, Bertaux, Hölderlin und die Deutschen, in: DERS., Das überdachte Labyrinth. Ortsbestimmungen der Literaturwissenschaft 1960–1990, Stuttgart 1991, S. 232–238; Alexander SCHMIDT-GERNIG, Europa als Kontinent der Zukunft. Pierre Bertaux und die Zeitdiagnostik der 1960er Jahre, in: HOHLS, SCHRÖDER, SIEGRIST (Hg.), Europa und die Europäer: Quellen und Essays, S. 299–305; SCHULTE, Pierre Bertaux 1907–1986; Ernst WEISENFELD, Im Namen Hölderlins. Zum Tode von Pierre Bertaux: Geheimdienstchef und Germanist, in: Die Zeit, 22.08.1986, S. 36.

[221] Siehe hierzu Pierre BERTAUX, Cent ans de germanisme dans l'université française, in: Revue d'Allemagne 4/3 (1972), S. 592–599; DERS., »Germanistik« und »germanisme«, in: Jahrbuch Deutsch als Fremdsprache 1 (1975), S. 1–6; vgl. hierzu auch Chryssoula KAMBAS, Im Zeichen Hölderlins: Pierre Bertaux' ikonoklastische Germanistik für ein deutsch-französisches Europa, in: Bernhard J. DOTZLER, Helmar SCHRAMM (Hg.), Cachaça. Fragmente zur Geschichte von Poesie und Imagination, Berlin 1996, S. 180–189.

[222] Vgl. Pierre BERTAUX, Eine neue Germanistik-Konzeption, in: Dokumente 39/4 (1983), S. 360–366; Hans Manfred BOCK, Connaître l'Allemagne – Enseigner l'Allemagne. Quelques origines biographiques de la conception des études germaniques de Pierre Bertaux, in: Lendemains 24/95–96 (1999), S. 164–168; DERS., Universitätsrevolte und Reform des französischen Germanistikstudiums. Erinnerung und Dokumentation zur Gründung des Institut d'allemand d'Asnières vor dreißig Jahren, in: Lendemains 24/93 (1999), S. 117–139; Patrick LORIOT, Connaître l'Allemagne, in: Le Nouvel Observateur, 06.10.1969, S. 42.

das Studienprogramm in Asnières den jungen Germanisten ein Bild des aktuellen Deutschland vermitteln und sie, was zum damaligen Zeitpunkt noch keineswegs üblich war, in persönlichen Kontakt mit dem deutschen Sprachraum bringen[223].

In einer Skizze seines Vorhabens für das französische Bildungsministerium präzisierte er die Aufgaben seiner Einrichtung: »Il forme des germanistes alliant une maîtrise effective de la langue allemande à une connaissance approfondie de la réalité sociale, économique, politique et culturelle [...], ce qui leur permet de s'orienter vers l'enseignement, la recherche, l'administration ou les affaires«[224]. Ziel müsse es insbesondere sein, wie Bertaux in einem Schreiben an den Kulturrat der französischen Botschaft, René Cheval, im Mai 1969 erläuterte, die Studierenden auf einen beständigen Austausch mit dem Nachbarland vorzubereiten, um sie mit den gegenwärtigen deutschen Realitäten vertraut zu machen[225]. Hierzu diente vor allem das nach seinem Initiator benannte »programme Bertaux«, das dieser bereits 1967 mithilfe des DFJW und der DAAD-Zweigstelle in Paris ins Leben gerufen hatte und im Zuge dessen französische Germanisten ihr Studium für die Dauer eines Jahres an westdeutschen Universitäten fortsetzen konnten. Dieses im Hinblick auf die Anzahl der teilnehmenden Hochschulen und Studierenden bald stark expandierende Projekt Bertaux' bildete den Anfangspunkt eines kontinuierlichen Austauschs von französischen Germanisten und deutschen Romanisten während der 1970er Jahre[226]. Das Studium am Institut von Asnières folgte, wie Bertaux einige Jahre später dem Quai d'Orsay gegenüber darlegte, letztlich

---

[223] Siehe Pierre BERTAUX, La révolution nécessaire des études germaniques, in: Documents 25/2 (1970), S. 37–43, hier S. 38f.

[224] AN Fontainebleau, ministère de l'Éducation nationale, Bd. 900672/35, Projektskizze Pierre Bertaux' betreffend das Institut d'allemand d'Asnières, Oktober 1969, S. 1; vgl. auch ibid., Aufzeichnung Pierre Bertaux' bezüglich der Aufgaben, Ziele und Projekte des Instituts d'allemand d'Asnières in deutscher Sprache, Oktober 1969.

[225] AN Fontainebleau, ministère de l'Éducation nationale, Bd. 770641/27, Schreiben Pierre Bertaux' an den Kulturrat der französischen Botschaft, René Cheval, vom 14. Mai 1969.

[226] Vgl. hierzu AN Fontainebleau, ministère de l'Éducation nationale, Bd. 770641/24, Schreiben der Direction de la coopération, Sous-direction des accords internationaux et des échanges universitaires, an das DFJW betreffend die Fortführung des »programme Bertaux« vom 21. Dezember 1967; Schreiben des Directeur de la coopération an den Generalsekretär des DFJW, François Altmayer, vom 29. Januar 1968; ibid., Bd. 770641/27, Schreiben Pierre Bertaux' an das französische Bildungsministerium, Directeur de la coopération, vom 7. Juni 1967 und 24. Januar 1968; Rundschreiben des Leiters der DAAD-Zweigstelle Paris, Hansgerd Schulte, an die Lehrstuhlinhaber des Faches Germanistik an den französischen Hochschulen vom 22. Januar 1968, als Anlage: Mitteilung der DAAD-Zweigstelle Paris bezüglich des Studienaufenthalts französischer Germanisten der Sorbonne an deutschen Universitäten im Studienjahr 1966/67; ibid., Bd. 900672/36, Schreiben des Leiters der DAAD-Zweigstelle Paris, Rüdiger Stephan, an das französische Bildungsministerium vom 22. Dezember 1972; Vermerk betreffend die deutsch-französische Zusammenarbeit im Bereich des Bildungswesens seit Abschluss des Élysée-Vertrags vom 18. Januar 1973, S. 4.

einem Leitbild, das den französischen Germanisten die Funktion von Wegbereitern der Annäherung zwischen Deutschen und Franzosen zuerkannte: »La fonction de germaniste, telle qu'elle est conçue à Asnières est donc celle d'un médiateur, qui consiste avant tout à informer, afin de permettre une meilleure connaissance de l'autre, à combattre l'incompréhension et malentendus, à jeter des ponts entre les cousins germains que sont Français et Allemands«[227].

Ausgehend von seinen eigenen Erfahrungen war Bertaux demnach bestrebt, eine neue Generation von deutsch-französischen Grenzgängern auszubilden, die in ihrem späteren Wirken zum Prozess der Verständigung würden beitragen können. Dieser Anspruch war es vor allem, welcher die Unternehmung von Asnières auch in den Augen der politisch Verantwortlichen in beiden Ländern zu einem Projekt machte, dessen staatliche Förderung gerechtfertigt schien[228].

Aufgrund seiner Tätigkeit als Gründer und langjähriger Leiter des Institut d'allemand – darauf lässt zumindest die vergleichsweise unergiebige Quellengrundlage schließen – war Pierre Bertaux allerdings in öffentlichen deutsch-französischen Debatten weitaus weniger präsent als seine Brüder im Geiste Joseph Rovan und Alfred Grosser. Pressebeiträge Bertaux' zu den Streitfällen der 1970er Jahre sind jedenfalls rar. Eher scheint er die Rolle eines im Hintergrund wirkenden Organisators in den deutsch-französischen Beziehungen ausgefüllt zu haben, so auch im Zuge des Gründungsprozesses des Pariser Centre d'information et de recherche sur l'Allemagne contemporaine am Ende der 1970er Jahre[229]. Nicht so sehr durch öffentliches Intervenieren als vielmehr durch die Formung junger französischer Germanisten zu künftigen Mittlern und den Ausbau des deutsch-französischen Institutionengefüges versuchte Bertaux der fortbestehenden Gefahr wechselseitigen Unverständnisses zwischen beiden Bevölkerungen zu begegnen. Stereotype Einstellungen wollte er aufbrechen und insbesondere den Franzosen zu ei-

---

[227] AMAE Paris-La Courneuve, Europe, RFA 1976–1980, Bd. 3968, Aufzeichnung bezüglich des Institut d'allemand d'Asnières vom 12. Juni 1978, S. 2.

[228] Vgl. AMAE Paris-La Courneuve, Europe, RFA 1961–1970, Bd. 1480, Bl. 123, Protokoll der Zusammenkunft des französischen Bildungsministers Olivier Guichard mit dem Bevollmächtigten der Bundesrepublik Deutschland, Heinz Kühn, am 24. Oktober 1969 in Düsseldorf, S. 6; AN Fontainebleau, ministère de l'Éducation nationale, Bd. 870192/14, Protokoll der Sitzung der Interministeriellen Kommission der französischen Regierung für Fragen der deutsch-französischen Zusammenarbeit vom 18. September 1969, S. 9f.; BA, B 304, Bd. 2876, Bericht des Bayerischen Ministerpräsidenten Goppel über seine Tätigkeit als Bevollmächtigter der Bundesrepublik Deutschland vor der Kultusministerkonferenz am 6. Februar 1969, S. 2f.; BA, B 304, Bd. 4327, Schreiben des Bevollmächtigten der Bundesrepublik Deutschland, Heinz Kühn, an den Präsidenten der Kultusministerkonferenz, Senator Carl-Heinz Evers, vom 16. Juni 1969, S. 4; Bericht über die erste Zusammenkunft des Bevollmächtigten, Ministerpräsident Heinz Kühn, mit dem französischen Bildungsminister Edgar Faure am 5. Juni 1969 in Paris, S. 5.

[229] Siehe hierzu die Ausführungen in Kap. 4.2.

ner »meilleure compréhension du monde allemand«[230] verhelfen. In einem Glückwunschtelegramm zu seinem 70. Geburtstag im Oktober 1977 würdigte Bundespräsident Walter Scheel die beständigen Anstrengungen Bertaux' zugunsten der deutsch-französischen Partnerschaft. Seinen »aufrichtigen Dank« wolle er dem Germanisten bezeugen, »Dank für das Verständnis, das Sie in den fünfzig Jahren, in denen Sie sich mit Deutschland befassten, für unser Land aufgebracht und geweckt haben«[231]. Ähnlich lautete die Einschätzung auch auf französischer Seite: Mit seinen Aktivitäten fördere Bertaux eine »connaissance plus vivante et plus vraie de notre pays, dont l'image trop stéréotypée est parfois trompeuse«[232]. Pierre Bertaux galt, so verdeutlichen diese Stellungnahmen, als Persönlichkeit, deren tägliche Arbeit jederzeit dem »Geist deutsch-französischer Freundschaft«[233] verpflichtet war, als ein Mittler, dessen Position er selbst in einem Vortrag an der Universität Marburg im Jahr 1984 nicht treffender hätte beschreiben können: »Zwischen Deutschland und Frankreich«[234].

Protagonisten wie Bertaux, Grosser und Rovan, deren selbst erklärte und auch von außen so wahrgenommene Lebensaufgabe in der Verständigung zwischen Deutschen und Franzosen bestand, waren es, die neben kulturpolitischen Institutionen und privaten Vereinigungen den dritten strukturbildenden Faktor der Annäherung zwischen Frankreich und Westdeutschland um 1970 darstellten. Seit den ersten Nachkriegsjahren schon hatten sie in unterschiedlichen Funktionen für freundschaftliche Verbindungen der beiden Bevölkerungen plädiert, durch ihre Veröffentlichungen und Vorträge der deutsch-französischen Annäherung eine Stimme verliehen, die dank ihrer Reputation als Experten für bilaterale Fragen auch auf Ebene der Regierungen Gehör fand. Mit ihrem Handeln, so klingt es in zahlreichen der von ihnen verfassten Schriften an, zielten sie darauf ab, Aufklärungsarbeit zu leisten, grenzüberschreitende Dialoge anzustoßen und das Verständnis für den jeweils anderen zu vertiefen. Ähnlich den staatlichen Akteuren und privaten Organisationen ging es auch den Mittlern darum, eine Versicherung gegen künftiges Misstrauen und künftige Konflikte in den Beziehungen zwischen Deutschen und Franzosen zu schaffen und hierdurch den Boden für

---

[230] Pierre BERTAUX, La civilisation urbaine en Allemagne, Paris 1971, S. 7.

[231] PA-AA, Zwischenarchiv, Nr. 117506, Telegramm Bundespräsident Walter Scheels an Pierre Bertaux, Textvorlage des Auswärtigen Amts für das Bundespräsidialamt vom 22. September 1977.

[232] AMAE Paris-La Courneuve, Europe RFA 1961–1970, Bd. 1673, Bl. 187, Schreiben des französischen Generalkonsulats Düsseldorf an den französischen Botschafter François Seydoux de Clausonne vom 9. Juli 1968, S. 3.

[233] Pierre BERTAUX, Die Kultur der deutschsprachigen Länder in der französischen Germanistik und im Deutschunterricht, in: Wilhelm SIEGLER (Hg.), Die Kultur der deutschsprachigen Länder im Unterricht. Vorträge, Länderberichte, Diskussionen und Ergebnisse der Arbeitsgruppen. Bericht über ein internationales Seminar des Goethe-Instituts München 16. bis 20. März 1970, München 1972, S. 56–72, hier S. 60.

[234] Pierre BERTAUX, Zwischen Deutschland und Frankreich, Marburg 1984.

eine dauerhafte Verständigung zu bereiten. Die somit auf unterschiedlichen Handlungsebenen verankerten Infrastrukturen, die den Prozess der Annäherung trugen, sollten im Ernstfall verhindern, dass aus deutsch-französischen Auseinandersetzungen neue Feindschaft entstehen konnte. Wie jedoch funktionierte diese von den Protagonisten der Verständigung vertretene Theorie der Konfliktprävention in der Praxis? Lässt sich an konkreten Beispielen belegen, ob ihre Aktivitäten es vermochten, Missstimmungen entgegenzuwirken und Gefährdungslagen für die deutsch-französische Freundschaft zu entschärfen? Mit anderen Worten: Hielt das mit viel Mühe und unermüdlichem Einsatz von zivilgesellschaftlichen wie politischen Kräften gewebte Netz der Verständigung den Belastungsproben der 1970er Jahre stand?

3. Zeiten des Konflikts: Belastungsproben für das deutsch-französische Verhältnis in den 1970er Jahren

3.1 Französische Ängste vor »Großdeutschland«

Nach Jahren einer sowohl selbst auferlegten als auch durch die Besatzungs-mächte erzwungenen außenpolitischen Zurückhaltung Westdeutschlands läutete der Regierungsantritt der von Willy Brandt geführten sozialliberalen Koalition im Jahr 1969 eine Zeit eigenständigeren Handelns der Bonner Di-plomatie in der Nachkriegsära ein. Diese Entwicklung schlug sich vor allem in der umfassenden Neuausrichtung der seit langem brach liegenden Ostpolitik nieder, welcher in der anstehenden Legislaturperiode eine herausragende Be-deutung zukam[1]. »Wandel durch Annäherung«[2] lautete das bald viel zitierte Konzept, mittels dessen die Bundesregierung die eingefrorenen Beziehungen zur Sowjetunion, zu den Staaten Ostmitteleuropas und zur DDR auf eine neue Basis zu stellen suchte. Für die Zeitgenossen unübersehbar begann sich die Bundesrepublik durch ihre groß angelegte außenpolitische Offensive endgültig von der Vormundschaft der einstigen Siegermächte zu befreien.

Bei allem inzwischen gewachsenen Vertrauen in die westdeutsche Demokratie reaktivierte das Eintreten der Bonner Politiker in direkte Ver-handlungen mit den sowjetischen Machthabern auf Seiten der westlichen Regierungen, auch in Frankreich, einen weiterhin vorhandenen Restzweifel an der Stoßrichtung der deutschen Außenpolitik[3]. Vor allem standen die Fragen im Raum, wie weit die von den Initiatoren der Ostpolitik propagierte Annäherung an Moskau tatsächlich gehen würde und ob nicht die Bundes-regierung bei einer entsprechenden Offerte der Versuchung erliegen könnte, die Wiedervereinigung im Tausch gegen ein neutrales Gesamtdeutschland

---

[1] Vgl. Ulrich LAPPENKÜPER, Die Außenpolitik der Bundesrepublik Deutschland 1949 bis 1990, München 2008, S. 27–33 und S. 95–101.

[2] Siehe zu diesem von Egon Bahr geprägten Schlagwort Peter BENDER, Wandel durch An-näherung. Karriere eines Begriffs, in: Deutschland-Archiv 33 (2000), S. 971–978.

[3] Vgl. Gottfried NIEDHART, Zustimmung und Irritationen: Die Westmächte und die deut-sche Ostpolitik 1969/70, in: Ursula LEHMKUHL, Clemens A. WURM, Hubert ZIMMERMANN (Hg.), Deutschland, Großbritannien, Amerika. Politik, Gesellschaft und internationa-le Geschichte im 20. Jahrhundert. Festschrift für Gustav Schmidt zum 65. Geburtstag, Stuttgart 2003, S. 227–246; Gottfried NIEDHART, Ost-West-Entspannung aus amerikani-scher, deutscher und französischer Sicht, in: Chantal METZGER, Hartmut KAELBLE (Hg.), Deutschland – Frankreich – Nordamerika: Transfers, Imaginationen, Beziehungen, Stutt-gart 2006, S. 35–50.

zu realisieren. Ein wiedervereinigter und womöglich unter sowjetischem Einfluss stehender gesamtdeutscher Staat stellte schließlich gerade aus französischer Sicht ein nicht zu kalkulierendes Sicherheitsrisiko dar. Frankreich hätte in diesem Szenario de facto eine direkte Grenze mit dem Machtbereich der UdSSR besessen und wäre zum potenziellen Schlachtfeld eines nuklearen Schlagabtausches zwischen den Bündnissystemen geworden. Die Wiederherstellung der deutschen Einheit konnte somit kaum im französischen Interesse liegen. Ziel der Pariser Regierung musste es vielmehr sein, den status quo in Europa zu wahren. So war es vor allem die Sorge, die bestehenden politischen Verhältnisse könnten sich durch eine Dynamisierung der deutschen Frage zum Nachteil Frankreichs verändern, welche während der 1970er Jahre eine Keimzelle deutsch-französischer Konflikte bildete.

Ebenso stieß die sich zu Beginn der 1980er Jahre entwickelnde westdeutsche Friedensbewegung in Frankreich vielfach auf Unverständnis[4]. Hatte sich die Bundesrepublik aus französischer Sicht bis dahin allzu ergeben in den Dienst der amerikanischen Verbündeten gestellt und war gleichsam als Klassenprimus der atlantischen Allianz wahrgenommen worden, so brachten der nun um sich greifende Pazifismus und die Forderungen nach atomarer Abrüstung dieses Bild gehörig ins Wanken. Der eben noch solide in den westlichen Verteidigungsstrukturen verankerte Nachbar erschien plötzlich als unsicherer Kantonist, auch wenn die Bundesregierung unter Helmut Schmidt ein klares Bekenntnis zur Bündnistreue ihres Landes ablegte. Scherte Westdeutschland unter dem Druck der Friedensdemonstrationen aus der NATO aus, würde es über kurz oder lang, so zumindest die Befürchtung, entweder zu einem Satellitenstaat der Sowjetunion werden oder auf den aggressiv nationalistischen Weg der deutschen Vergangenheit zurückkehren. Ostpolitik, deutsche Frage und Friedensbewegung stellten somit eine große Herausforderung des deutsch-französischen Verhältnisses dar, welcher sich die erklärten Protagonisten der Annäherung, wie das folgende Kapitel zeigt, mit ihren Möglichkeiten entgegenstemmten.

3.1.1 Die Bonner Ostpolitik: eine Bedrohung für Frankreich?

Der französische Staatspräsident Georges Pompidou und die von ihm berufenen Regierungen sicherten zwischen 1969 und 1973 den ostpolitischen Initiativen der Bundesregierung Willy Brandts zwar öffentlich ihre Unterstützung zu und betonten regelmäßig das gemeinsame Interesse an einer

---

[4] Vgl. PFEIL, Die »anderen« deutsch-französischen Beziehungen, S. 567–570; Georges-Henri SOUTOU, Mitläufer der Allianz? Frankreich und der NATO-Doppelbeschluss, in: Philipp GASSERT, Tim GEIGER, Hermann WENTKER (Hg.), Zweiter Kalter Krieg und Friedensbewegung. Der NATO-Doppelbeschluss in deutsch-deutscher und internationaler Perspektive, München 2011, S. 363–376.

Entspannungspolitik gegenüber den Staaten des Warschauer Pakts[5]. Dennoch kamen in Frankreich angesichts der engeren Beziehungen, welche die Bundesrepublik seit Amtsantritt der sozialliberalen Koalition zur Sowjetunion aufnahm, immer wieder Zweifel an der Aufrichtigkeit der westdeutschen Beweggründe auf. Diese schlugen sich insbesondere in der französischen Presseberichterstattung über die Bonner Ostpolitik nieder. Ängste vor einer neuerlichen deutsch-russischen Annäherung, einem »zweiten Rapallo«[6], und Misstrauen gegenüber einem sich hierdurch möglicherweise eröffnenden Weg für eine Wiedervereinigung Deutschlands fanden unterschwellig oder offen Eingang in die französischen Zeitungen. Zu Beginn der 1970er Jahre stellten sie ein latent vorhandenes Konfliktpotenzial in den Beziehungen zwischen beiden Ländern dar[7]. Schließlich berührte die diplomatische Offensive der Bundesrepublik nicht nur das Sicherheitsempfinden, sondern in ebensolchem Maße die Stellung Frankreichs als eine der vier Kontrollmächte und damit auch seine sich aus weltpolitischen Ambitionen speisende Rolle als Vermittler zwischen Ost und West. Dementsprechend wurde im Quai d'Orsay vermerkt: »Quel que soit le jugement d'ensemble que nous pouvons porter sur cette politique d'ouverture vers l'Est du gouvernement fédéral [...], il n'est pas douteux que, telle qu'elle est mise en œuvre aujourd'hui, elle concerne directement nos propres intérêts«[8].

---

[5] Vgl. zum Beispiel die Rede Staatspräsident Pompidous anlässlich des deutsch-französischen Gipfeltreffens in Paris am 30. Januar 1970, in: Bulletin des Presse- und Informationsamtes der Bundesregierung 16 (1970), S. 149 sowie Jean SCHWŒBEL, Paris approuve pleinement la politique d'ouverture à l'Est, in: Le Monde, 01.02.1970, S. 1.

[6] Vgl. Andreas WILKENS, Retour à Rapallo. À propos d'un mythe qui vient de loin, in: PFEIL (Hg.), Mythes et tabous des relations franco-allemandes, S. 87–110; vgl. allgemein zu dem 1922 im italienischen Rapallo geschlossenen deutsch-russischen Vertrag Gottfried NIEDHART, Die Außenpolitik der Weimarer Republik, München ²2006, S. 15f. und S. 90–97; Eberhard KOLB, Die Weimarer Republik, München ⁶2002, S. 220–223 mit zahlreichen weiterführenden Literaturhinweisen; Heinrich KLÜMPEN, Deutsche Außenpolitik zwischen Versailles und Rapallo. Revisionismus oder Neuorientierung?, Münster, Hamburg 1992; Martin SCHULZE WESSEL, Rapallo, in: Étienne FRANÇOIS, Hagen SCHULZE (Hg.), Deutsche Erinnerungsorte, München 2009, S. 537–551.

[7] Vgl. hierzu Christian M. SCHMITZ, Zwischen Mythos und Aufklärung: Deutschland in der außenpolitischen Berichterstattung der Zeitung Le Monde 1963 bis 1983. Eine Untersuchung zu Kontinuität und Wandel französischer Deutschlandbilder unter Berücksichtigung der Presseorgane L'Express, Le Nouvel Observateur und France-Soir, Frankfurt a.M. u. a. 1990, S. 151–198.

[8] AMAE Paris-La Courneuve, Europe, RFA 1961–1970, Bd. 1546, Vermerk betreffend »Politique de M. Brandt à l'égard des pays de l'Est« vom 1. Dezember 1969, S. 6; vgl. allgemein zu den französischen Reaktionen auf die westdeutsche Ostpolitik Werner LINK, Außen- und Deutschlandpolitik in der Ära Brandt 1969–1974, in: Karl-Dietrich BRACHER, Wolfgang JÄGER, Werner LINK, Geschichte der Bundesrepublik Deutschland, Bd. 5, Teil I: Republik im Wandel 1969–1974. Die Ära Brandt, Stuttgart 1986, S. 163–282, hier S. 238–241; Hans-Peter SCHWARZ, Willy Brandt, Georges Pompidou und die Ostpolitik, in: MÖLLER, VAÏSSE (Hg.), Willy Brandt und Frankreich, S. 155–165; Georges-Henri SOUTOU, Willy Brandt, Georges Pompidou et l'Ostpolitik, in: MÖLLER,

Bereits nach den ersten Sondierungsgesprächen zwischen dem deutschen Botschafter Helmut Allardt und dem sowjetischen Außenminister Andrej Gromyko in Moskau Anfang Dezember 1969[9] zeigten sich verschiedene Pariser Presseorgane alarmiert. Die Kommentatoren fragten, ob dies nun der Beginn eines neuen deutsch-sowjetischen Bündnisses sei, im Rahmen dessen die Bonner Regierung in die Position des privilegierten europäischen Verhandlungspartners der Moskauer Machthaber aufrücke und Frankreich ins Abseits des internationalen Geschehens gedrängt werde[10]. Die Wochenzeitschrift »Paris Match« bebilderte ihren Bericht über das Treffen zwischen Allardt und Gromyko gar mit Fotos der Zusammenkunft zwischen Reichsaußenminister Joachim von Ribbentrop und Stalin vom August 1939 und warf die Frage auf, ob die jüngsten Moskauer Gespräche nicht mit einem zweiten Nichtangriffspakt gleichzusetzen seien[11]. »Le Monde« führte die bestehenden Befürchtungen in der Frage zusammen: »Faut-il favoriser résolument une nouvelle version, cette fois pacifique et diplomatique du ›Drang nach Osten‹ qui marque si profondément l'histoire allemande[12]?«

Durch die Unterzeichnung des Moskauer Vertrags am 12. August 1970 sahen sich diejenigen französischen Publizisten, die in der westdeutschen Politik eine Gefahr für Frankreich und Europa ausgemacht hatten, in ihrer Haltung

---

VAÏSSE (Hg.), Willy Brandt und Frankreich, S. 121–154; SOUTOU, L'alliance incertaine, S. 311–349; Raymond POIDEVIN, Sur le malaise 1969–1974: questions de l'historien, in: MANFRASS (Hg.), Paris-Bonn, S. 236–240; Ernst WEISENFELD, Ostpolitik und deutsche Frage: Französische Initiativen und deutsche Ostpolitik, in: MANFRASS (Hg.), Paris-Bonn, S. 247–259; Ernst WEISENFELD, Frankreich und die deutsche Ostpolitik, in: Franz KNIPPING, Ernst WEISENFELD (Hg.), Eine ungewöhnliche Geschichte. Deutschland-Frankreich seit 1870, Bonn 1988, S. 177–186; WILKENS, Der unstete Nachbar, S. 177–188; Michael MEIMETH, Frankreichs Entspannungspolitik der 70er Jahre zwischen Status quo und friedlichem Wandel: die Ära Georges Pompidou und Valéry Giscard d'Estaing, Baden-Baden 1990.

[9] Vgl. Schreiben Botschafter Allardts an Bundesminister Scheel vom 8. Dezember 1969, in: AAPD 1969, Bd. II, Dok. 392; Detlef NAKATH, Das Dreieck Bonn – Ost-Berlin – Moskau. Zur sowjetischen Einflußnahme auf die Gestaltung der deutsch-deutschen Beziehungen (1969–1982), in: Ulrich PFEIL (Hg.), Die DDR und der Westen. Transnationale Beziehungen 1949–1989, Berlin 2001, S. 99–115, hier S. 106f.

[10] Vgl. Du Rhin à l'Oural. Six semaines après l'arrivée au pouvoir du chancelier Brandt, l'URSS et la RFA engagent des pourparlers sur une déclaration de non-recours à la force, in: Combat, 09.12.1969, S. 1; Frankreich: Letzte Zuflucht, in: Der Spiegel, 15.12.1969, S. 52.

[11] Vgl. William de BAZELAIRE, Brandt joue et gagne, in: Paris Match, 20.12.1969, S. 18f.

[12] Paul-Jean FRANCESCHINI, Du bon usage de l'Allemagne, in: Le Monde, 04.07.1970, S. 6; Le Monde berichtete allerdings mehrheitlich wohlwollend über die Bonner Ostpolitik, vgl. hierzu beispielhaft DERS., Les rapports entre Bonn et Berlin-Est: De la réunification à la »nation allemande« ou l'agonie d'un mythe, in: Le Monde, 27.12.1969, S. 4; Maurice DUVERGER, L'heure de l'Allemagne?, in: Le Monde, 07./08.06.1970, S. 1; Nous ne nous adressons pas à l'Est en francs-tireurs nous déclare le chancelier fédéral, in: Le Monde, 31.01.1970, S. 1.

nur allzu bestätigt[13]. Die Zeitung »Combat« etwa zog hieraus die Schluss-
folgerung, die Bundesrepublik werde künftig der Versuchung nicht widerstehen können, zwischen ihrer Verankerung im Westen und ihren östlichen
Hoffnungen nach Gutdünken zu changieren und sich als exklusiven europäischen Dialogpartner der Sowjetunion in Stellung zu bringen[14]. In ähnlicher
Weise beschwor »L'Aurore« das französische »Rapallo-Trauma«[15] herauf und
wies eindringlich auf die Gefahr hin, welche die deutsch-sowjetische Entente
für Frankreichs Sicherheit bedeute[16]. Das Wochenblatt »L'Express« forderte angesichts der vertieften Beziehungen der Bonner Verantwortlichen zur
Moskauer Regierung, die Bundesrepublik im Rahmen eines forcierten Inte-
grationsprozesses noch stärker an den Westen zu binden[17]. Ein mit der bangen
Frage »L'Europe allemande?« überschriebener Artikel der Wochenzeitschrift
»Le Nouvel Observateur« vom Januar 1971 formulierte schließlich symptomatisch:

Ce que les Français craignent obscurément, depuis plus de vingt ans, vient justement
d'arriver: l'Allemagne est sortie de son lit, l'Allemagne bouge. Étirant sa force énorme et
toute neuve, elle s'ébroue vers l'extérieur [...]. Willy Brandt, pour la première fois depuis
la fin de la guerre, traite avec Moscou, joue, hardiment, rapidement, de nouvelles cartes
politiques. N'est-ce pas un signe[18]?

Weitere Nahrung erhielten die Kommentatoren im September 1971 durch die
vertrauliche Zusammenkunft Bundeskanzler Brandts mit dem sowjetischen
Staatschef Leonid Breschnew auf der Krim[19]. Hierdurch schien sich der Verdacht eines deutschen Abdriftens nach Osten und einseitiger Verhandlungen
der Bundesregierung mit den sowjetischen Führern über die deutsche Frage

---

[13] Vgl. ausführlich zum Abschluss des Vertragswerks Julia von DANNENBERG, The Foundations of Ostpolitik. The making of the Moscow Treaty between West Germany and the
USSR, Oxford 2008.
[14] Siehe Bonn et Moscou renoncent à la force. Ils établissent entre eux les prémisses d'une
coopération qui fera de la RFA le partenaire occidental privilégié de l'URSS, in: Combat,
08./09.08.1970, S. 1.
[15] Vgl. Renata BOURNAZEL, Rapallo. Ein französisches Trauma, Köln 1976.
[16] Siehe Paul STEHLIN, Les pactes germano-soviétiques. Jamais deux sans trois, in: L'Aurore,
11.08.1970, S. 4.
[17] Vgl. Marc ULLMANN, Willy Brandt change l'Europe, in: L'Express, 25.01.1971, S. 38–41.
[18] Josette ALIA, Gérard SANDOZ, L'Europe allemande? M. Pompidou reçoit mardi le représentant de la nouvelle Allemagne, devenue la seconde puissance financière mondiale
après les États-Unis, in: Le Nouvel Observateur, 25.01.1971, S. 16; vgl. auch Gérard SAN-
DOZ, Les nouveaux amis, in: Le Nouvel Observateur, 10.08.1970, S. 17; Michel BOSQUET,
Une Europe allemande?, in: Le Nouvel Observateur, 24.08.1970, S. 16.
[19] Vgl. AAPD 1971, Bd. II, Dok. 310–311 und 314–315; Gottfried NIEDHART, Partnerschaft
und Konkurrenz: Deutsche und französische Ostpolitik in der Ära Brandt und Pompidou, in: Ilja MIECK, Pierre GUILLEN (Hg.), Deutschland, Frankreich, Rußland – La
France et l'Allemagne face à la Russie. Begegnungen und Konfrontationen, München
2000, S. 365–367; Ernst WEISENFELD, Welches Deutschland soll es sein? Frankreich und
die deutsche Einheit seit 1945, München 1986, S. 116–121.

weiter zu erhärten[20]. »Le Monde« etwa klagte, die Bundesregierung trete in vermutlich folgenreiche Gespräche mit Moskau ein, ohne auf die Belange ihrer westlichen Verbündeten in angemessener Form Rücksicht zu nehmen[21]. Dass die im Fahrwasser der Bonner ostpolitischen Verhandlungen auftauchende Möglichkeit eines wiedervereinigten Deutschland in Frankreich als Bedrohung wahrgenommen wurde, war neben der medialen Berichterstattung ebenso den Äußerungen verschiedener französischer Spitzenpolitiker geschuldet. Kaum verhohlen unterstellten diese dem Nachbarland und seiner Regierung neutralistische Tendenzen. Insbesondere Landwirtschaftsminister Jacques Chirac, der ehemalige gaullistische Innenminister Christian Fouchet und der Vorsitzende der Sozialistischen Partei, François Mitterrand, schienen das Ziel zu verfolgen, auf diese Weise die unterschwellig vorhandene Furcht vor einer Abkehr der Bundesrepublik von Westeuropa innenpolitisch für ihre Zwecke zu nutzen[22]. Schenkt man dem französischen Soziologen Raymond Aron Glauben, fanden derartige Attacken in Frankreich vor allem deswegen Widerhall, weil die Frage einer künftigen deutschen Einheit für seine Landsleute geradezu eine Obsession war. In einem Interview mit westdeutschen Journalisten vom September 1973 gab er zu Protokoll: »Die Franzosen sind von dem Gedanken an die deutsche Wiedervereinigung besessen – auch wenn diese gar nicht zur Debatte steht –, weil ein wiedervereinigtes Deutschland so viel stärker wäre als Frankreich. Dann kehren eben die jahrhundertealten Befürchtungen wieder«[23].

Unterdessen blieben das in zahlreichen französischen Pressebeiträgen hervortretende Misstrauen gegenüber der Bonner Ostpolitik und vor allem die Berichterstattung über einen vermeintlichen Allianzwechsel der vielfach bedrohlich und aufgrund ihrer Wirtschaftskraft schier übermächtig dargestellten Bundesrepublik[24] seitens der westdeutschen Zeitungen nicht

---

[20] Vgl. Paris: Sorge über Bonns Ostpolitik, in: Der Spiegel, 20.09.1971, S. 105–107; auch die deutsche Botschaft Paris vermerkte hierzu, das Treffen des Bundeskanzlers mit Breschnew habe die deutsch-französischen Beziehungen »in gewissem Umfang auf die Probe gestellt«, PA-AA, Auslandsvertretungen, Botschaft Paris, Bd. 5198, Politischer Halbjahresbericht der deutschen Botschaft Paris vom 18. Januar 1972, S. 5.

[21] Siehe Les deux Allemagnes à l'ONU, in: Le Monde, 21.09.1971, S. 1; vgl. hierzu auch De Yalta à Oréanda, in: Le Monde, 17.09.1971, S. 1; Jean WETZ, La République fédérale est devenue une nation majeure, in: Le Monde, 21.09.1971, S. 2.

[22] Vgl. hierzu Manuel LUCBERT, Le débat sur la neutralisation de l'Allemagne prend le pas sur le différend agricole entre Paris et Bonn, in: Le Monde, 18.08.1973, S. 1; DERS., Réunifier l'Allemagne ou les Allemands?, in: Le Monde, 05.09.1973, S. 1; Paris, Bonn et l'Europe, in: Le Monde, 14.08.1973, S. 1; François SCHLOSSER, Allemagne »dangereuse«. Entre les trois tentations de l'Allemagne (l'Europe, les États-Unis, le rapprochement avec l'URSS), Pompidou comme Mitterrand, redoute que le socialiste Brandt ne choisisse un jour la troisième, in: Le Nouvel Observateur, 27.08.1973, S. 27–29; WILKENS, Der unstete Nachbar, S. 120–122; SCHMITZ, Zwischen Mythos und Aufklärung, S. 172–176.

[23] »Die Franzosen sind ein seltsames Volk«. Der Soziologe Raymond Aron über die Verstimmung zwischen Bonn und Paris, in: Der Spiegel, 03.09.1973, S. 90.

[24] Vgl. hierzu das in dieser Hinsicht symptomatische Buch des französischen Journalisten

unkommentiert[25]. Die Anschuldigungen aus dem Nachbarland wurden vielmehr aufmerksam registriert und gaben nicht selten Anlass, um den französischen Partnern mangelndes Vertrauen, Missgunst gegenüber dem selbstbewussteren Auftreten der Bundesrepublik und eine Verkennung der außenpolitischen Intentionen der Regierung Willy Brandts vorzuhalten[26]. Dass der Bundeskanzler ohne gaullistische Vermittlung direkt mit Moskau verhandele, sei in Paris als unangemessener Einbruch in eine französische Domäne aufgefasst worden, schrieb etwa »Der Spiegel« Anfang Dezember 1969: »Bessere Kontakte zwischen Bonn und Moskau weckten sogleich Erinnerungen an den deutsch-sowjetischen Pakt von 1939 – Vorspiel zu Frankreichs letzter Niederlage«[27]. Die Franzosen fürchteten angesichts der Bonner Initiativen, dass das Europa der Zukunft nicht mehr, wie von de Gaulle propagiert, vom Atlantik bis zum Ural, sondern nur noch vom Rhein bis zum Ural reichen werde und vermuteten, dass die Deutschen nach 1922 einmal mehr mit östlicher Rückendeckung zu viel Unabhängigkeit gewinnen könnten. Allein die vage Aussicht auf eine politische Entspannung zwischen Westdeutschland und der Sowjetunion schrecke die Nachbarn im Westen[28]. Das in diesen Reaktionen zu erkennende »Inselbewußtsein der Franzosen« mache sie, wie das Blatt den deutschen Lesern berichtete, zu einem äußerst schwierigen Partner für die Bonner Politiker. Die Angst vor der deutschen ökonomischen Stärke habe die Franzosen schon seit Jahren gequält, die Ostbemühungen der Bundesrepublik verstärkten ihren bereits bestehenden Argwohn nun umso mehr[29]. Allenthalben vermute man in Frankreich, dass das heimliche Ziel der westdeutschen Außenpolitik die Vereinigung der beiden deutschen Teilstaaten zu einem neutralen Gesamtdeutschland sei[30]. Über vierzig Prozent der französischen Bevölkerung, so wusste das Nachrich-

---

Michel SALOMON, Faut-il avoir peur de l'Allemagne?, Paris 1969, das in Frankreich auf breite Resonanz stieß; vgl. auch die Einschätzung zum französischen Deutschlandbild Anfang der 1970er Jahre von Henri MÉNUDIER, Viel bewundert, aber mehr gefürchtet. Deutschland mit den Augen der Franzosen gesehen, in: FAZ, 06.10.1973, S. 7f.

[25] Vgl. Roland DELCOUR, M. Brandt va tenter de dissiper les réticences françaises sur la politique de l'Est, in: Le Monde, 03.07.1970, S. 1 und 4.

[26] Vgl. August von KAGENECK, Ostpolitik ohne Frankreich, in: Die Welt, 15.12.1969, S. 2; Allerlei französische Zweifel, in: SZ, 10.12.1969, S. 4; Jan REIFENBERG, Bewunderung und Sorge in Paris über Moskauer Gespräche, in: FAZ, 10.12.1969, S. 3.

[27] Frankreich: Deutschenfurcht härter als Gold, in: Der Spiegel, 08.12.1969, S. 143.

[28] Frankreich: Letzte Zuflucht, in: Der Spiegel, 15.12.1969, S. 52; vgl. zu dieser Argumentation auch Ernst WEISENFELD, Pompidou als Hemmschuh? Brandts Ostpolitik – ein heikles Thema der Bonner Konferenz, in: Die Zeit, 03.07.1970, S. 4.

[29] »Sterben, um geliebt zu werden«. Spiegel-Redakteur Dieter Wild über die Deutschen-Furcht der Franzosen, in: Der Spiegel, 01.02.1971, S. 76; vgl. auch: Entente cordiale gegen Bonn?, in: Der Spiegel, 17.05.1971, S. 92–94.

[30] Vgl. Europa: »Zum Zusammenraufen verdammt«, in: Der Spiegel, 20.08.1973, S. 17 und 19.

tenmagazin im September 1971 zu berichten, fürchteten, dass Deutschland eines Tages wieder eine Gefahr für Frankreich werden könnte[31].

Auch »Die Welt«, namentlich der Pariser Korrespondent der Zeitung, August von Kageneck, stellte fest, die französische Presse reagiere ausnehmend heftig auf die Kontakte zwischen Bonn und Moskau. Die Kommentatoren der französischen Zeitungen hätten, wie von Kageneck schrieb, der Versuchung nicht widerstehen können, »einen gewagten historischen Vergleich mit dem deutsch-sowjetischen Rapallo-Vertrag von 1922 zu ziehen«[32]. Selbst ein so maßvoll urteilendes Blatt wie »Le Monde« habe die Abwendung der Bundesrepublik vom Westen und einen Rückfall der deutschen Diplomatie in klassische Balancepolitik nicht ausgeschlossen. Mit unübersehbarem Misstrauen beobachte man daher in Paris den deutschen Alleingang in Richtung Osten, der aus französischer Perspektive die Gefahr einer dynamischen deutschen Politik in Europa mit sich bringe, welche das »Spiel der Kräfte« stören könnte[33]. In ähnlicher Weise sah schließlich die »Frankfurter Allgemeine Zeitung« das »Rapallo-Gespenst«[34] in Frankreich umgehen. In einem Kommentar vom Januar 1970 wertete das Blatt die Pariser Reaktionen auf die beginnenden Verhandlungen der Bundesregierung mit der sowjetischen Führung als »Eifersucht, von der manchmal die französischen Außenpolitiker [...] bei der wachsamen Beobachtung der bescheidenen Bonner Züge jenseits der Nato-Topographie erfaßt zu sein scheinen«[35]. Die Vorstellung, dass am Ende Brandt die Mittlerrolle zwischen Ost und West zufallen könnte, die sich de Gaulle für Frankreich erhofft hatte, sei, wie die Zeitung schrieb, den Planern und Akteuren der französischen Weltpolitik »ganz schrecklich«[36]. Zwar weisen weitere Presseorgane, wie etwa »Die Zeit«, auch Beispiele für einen Berichtsstil auf, der mehr Verständnis für die französischen Sicherheitsinteressen und historisch begründeten Ängste erkennen lässt[37]. Doch deuten die zitierten Zeitungsartikel an, dass zahlreiche westdeutsche Journalisten sich bemüßigt sahen, die in Frankreich angesichts des gewachsenen außenpolitischen Bewegungsradius der Bundesrepublik festzustellenden Besorgnisse

---

[31] Vgl. Paris: Sorge über Bonns Ostpolitik, in: Der Spiegel, 20.09.1971, S. 106.

[32] August von Kageneck, Ostpolitik ohne Frankreich, in: Die Welt, 15.12.1969, S. 2.

[33] Siehe Ders., Mit Mißtrauen beobachtet Paris den deutschen Alleingang, in: Die Welt, 16.09.1971, S. 4.

[34] Karlheinz Renfordt, Im Pariser Außenministerium sieht man das Rapallo-Gespenst, in: FAZ, 27.12.1969, S. 2.

[35] Jürgen Tern, Paris und Bonn, in: FAZ, 31.01.1970, S. 1.

[36] Ibid.

[37] Vgl. Paris unterstützt Bonns Ostpolitik, in: Die Zeit, 06.02.1970, S. 10; Pompidou unterstützt die Ostpolitik. Übereinstimmung in wesentlichen Fragen beim deutsch-französischen Gipfelgespräch, in: Die Zeit, 10.07.1970, S. 10; Ernst Weisenfeld, »Nicht deutscher als die Deutschen«. In der Berlin-Frage hält sich Paris zurück, in: Die Zeit, 06.11.1970, S. 4; Ders., Paris: Sowohl als auch, in: Die Zeit, 24.07.1970, S. 3; Ders., Ja mit stiller Sorge, in: Die Zeit, 18.12.1970, S. 5.

polemisierend vor ihren Lesern auszubreiten und als übermäßige Sensibilität abzutun.

Das Konfliktpotenzial, welches eine derartige Berichterstattung für das deutsch-französische Verhältnis in sich bergen konnte, wurde von den Regierungen in Paris und Bonn derweil wohl erkannt. Insbesondere die möglichen negativen Auswirkungen auf die Wahrnehmung des jeweiligen Nachbarn galten den politisch Verantwortlichen als Unsicherheitsfaktor für die künftigen Beziehungen zwischen beiden Ländern. Im August 1970 berichtete etwa die deutsche Botschaft an das Auswärtige Amt, die Ostpolitik habe bei aller Unterstützung, die ihr von offizieller französischer Seite zuteil werde, auch stark widersprüchliche Gefühle ausgelöst. Vor allem Erwägungen über Deutschlands künftige Rolle in Europa, mögliche Verschiebungen des Kräftegleichgewichts zu Ungunsten Frankreichs und Furcht vor einer stärker national bestimmten deutschen Politik kämen in der Presse zum Tragen[38]. Bereits einige Monate zuvor hatte Botschafter von Braun in einem Schreiben nach Bonn eindringlich gewarnt: »Im vergangenen Jahr sind die Vorbehalte der Franzosen gegenüber Deutschland in einer nicht unbedenklichen Weise gewachsen. Selbst wohlwollende französische Beobachter sprechen von einer neuerwachsenen ›Germanophobie‹«[39]. Die Franzosen, so die Einschätzung von Brauns, vermuteten eine Gewichtsverlagerung in der europäischen Politik von Frankreich in die Bundesrepublik und entwickelten gegenüber den wirtschaftlichen Kräften, der politischen Selbstständigkeit und den neuen Initiativen der Bundesregierung Argwohn und Befürchtungen. In diesem Prozess tauchten viele alte Ressentiments gegenüber Deutschland wieder auf. Eine »althergebrachte instinktive Angst gegenüber einem übermächtigen Partner im Osten« rege sich, das »Gefühl einer Bedrohung des überkommenen französischen Lebensideals durch einen dynamischeren, weniger geschichtsgebundenen Nachbarn«[40]. Um diesem Meinungsstrom entgegentreten und sich zunächst über das Ausmaß der »wieder verstärkten antideutschen Gefühle« klar werden zu können, sei, wie der Botschafter resümierte, eine Untersuchung der öffentlichen Meinung Frankreichs im Hinblick auf das deutsche Image dringend erforderlich[41].

Zu gleicher Zeit beobachtete auch die französische Vertretung in der Bundeshauptstadt die öffentlichen Diskussionen um die ostpolitischen Initiativen der Regierung Willy Brandts mit einiger Besorgnis. Hierdurch seien die Franzosen, wie Botschafter François Seydoux im April 1970 urteilte,

[38] Siehe BA, B 145, Bd. 9867, Schreiben der deutschen Botschaft Paris an das Auswärtige Amt vom 6. August 1970, S. 1f.

[39] BA, B 145, Bd. 9867, Schreiben des deutschen Botschafters in Paris, Sigismund von Braun, an das Presse- und Informationsamt der Bundesregierung vom 27. Januar 1970, S. 1.

[40] Ibid., S. 1f.

[41] Ibid., S. 2; ein Hinweis darauf, dass diese Untersuchung tatsächlich durchgeführt wurde, ist in den Akten allerdings nicht zu finden.

geradezu in einen Alarmzustand versetzt worden: »Depuis que l'éventualité se présente, apparaît la crainte que [...] nous ne soyons jamais aussi proches de la renaissance d'une grande Allemagne«[42]. Auf westdeutscher Seite wachse hingegen angesichts des Misstrauens, das in den französischen Zeitungen vielfach gegenüber der zurückerlangten Unabhängigkeit der Bundesrepublik bekundet werde, ein Gefühl der Verbitterung. Frankreich werde, wie es in einem Vermerk des Quai d'Orsay vom Dezember 1970 hieß, verdächtigt, eine Entwicklung verhindern zu wollen, die Deutschland einen gewachsenen Einfluss in Europa einbringe. Derartige Positionen würden bedauerlicherweise durch die Haltung verschiedener französischer Presseorgane immer wieder gestärkt[43]. Damit sich, so der Appell des französischen Botschafters, aus diesem medialen Gegeneinander keine veritable »malaise franco-allemand« entwickeln könne, müsse die Politik so rasch als möglich handeln: »Dans le cadre de la grande négociation Est-Ouest, des consultations franco-allemandes pourraient empêcher que le malentendu ne se dévelope et que ne succède à une sorte de dépit amoureux [...] une crise de confiance«[44].

In der Tat wurden die wechselseitigen Mediendarstellungen seit Beginn des Jahres 1970 mehrfach zum Thema der deutsch-französischen Gipfeltreffen zwischen Staatspräsident und Bundeskanzler. So kam Georges Pompidou etwa im Rahmen der bilateralen Gespräche vom Februar 1972 aus Anlass der nicht abreißenden westdeutschen Presseberichte über die französischen Ängste vor einer vermeintlichen »Finnlandisierung«[45] der Bundesrepublik auf den Zeitungsartikel eines Journalisten zu sprechen, in dem von geheimen Zusicherungen Brandts an Breschnew die Rede gewesen war, nach denen der französische Staatspräsident sein Gegenüber angeblich fragen würde. Pompidou stellte klar: »Je ne le vous demanderai pas car je ne crois pas que vous ayez fait de telles promesses. Il y a certainement un climat dans la presse qui n'est pas excellent et qui cherche à créer l'impression que la France se méfie de l'Allemagne et l'Allemagne de la France«[46]. Um derartige atmosphärische Störungen zwischen beiden Ländern zu beseitigen, bekräftigte

---

[42] AMAE Paris-La Courneuve, Europe, RFA 1961–1970, Bd. 1610, Bl. 242, Schreiben des französischen Botschafters in Bonn, François Seydoux de Clausonne, an das französische Außenministerium vom 18. April 1970, S. 3.

[43] AMAE Paris-La Courneuve, Europe, RFA 1961–1970, Bd. 1547, Bl. 346, Vermerk betreffend die Position Frankreichs gegenüber der Ostpolitik der Bundesregierung vom 4. Dezember 1970, S. 2.

[44] AMAE Paris-La Courneuve, Europe, RFA 1961–1970, Bd. 1610, Bl. 242, Schreiben des französischen Botschafters in Bonn, François Seydoux de Clausonne, an das französische Außenministerium vom 18. April 1970, S. 5.

[45] Vgl. Dörte PUTENSEN, Die »Finnlandisierung« Finnlands, in: Robert BOHN, Jürgen ELVERT (Hg.), Kriegsende im Norden, Stuttgart 1995, S. 281–294; Hans Jörg SCHRÖTTER, Das neue Europa. Idee, Politik, Zeitgeschichte in 200 Stichworten, Köln ³2006, S. 144.

[46] AN Paris, 5 AG 2, Bd. 106, Protokoll des Gesprächs zwischen Staatspräsident Pompidou und Bundeskanzler Brandt im Rahmen des deutsch-französischen Gipfeltreffens am 10. Februar 1972 in Paris, S. 7.

der französische Staatspräsident, der allerdings selbst auch nicht immer vollkommen frei von Misstrauen war[47], in seinen öffentlichen Stellungnahmen
vielfach Frankreichs vorbehaltloses Einverständnis mit der Ostpolitik der
Bundesregierung[48]. Und auch der deutsche Bundeskanzler war bestrebt, die
im Nachbarland bestehenden Zweifel zu zerstreuen, indem er unentwegt die
westeuropäische Verankerung der Bundesrepublik betonte: »Das, was man
Ostpolitik nennt, fängt im Westen an«[49].

Unterstützung fanden die Staatsmänner hierbei durch die verschiedenen in Politik und Gesellschaft wirkenden Kräfte der Annäherung, die sich
angesichts der auf beiden Seiten kursierenden medialen Zerrbilder zum
Handeln aufgefordert sahen. Mit großer Empfindlichkeit habe Frankreich,
wie es im kulturpolitischen Jahresbericht der deutschen Botschaft vom Januar 1970 hieß, auf die nach dem Amtsantritt der sozialliberalen Regierung
eingetretenen Entwicklungen reagiert und diese seitdem mit einer längst für
überwunden gehaltenen Befangenheit, größter Unsicherheit und Abwehrbe-
reitschaft verfolgt. Dem hellhörigen Beobachter, so formulierte der Bericht,
müsse in den letzten sechs Monaten des vergangenen Jahres klarer geworden
sein als zuvor, wie dünn der Boden einer dauerhaften Verständigung, wie
gering die Kenntnisse trotz jahrelanger Bemühungen noch immer seien und
wie viel harter Arbeit es weiterhin bedürfe[50]. In Anbetracht dieser schwierigen Situation sollte die westdeutsche Kulturdiplomatie insbesondere darauf
abzielen, durch die Vermittlung eines objektiven Deutschlandbildes und eine
sachliche Darstellung der außenpolitischen Intentionen der Bundesrepublik
ein positives Gegengewicht zu Misstrauen und Angstgefühlen zu bilden.
Eine solche pädagogisch-kulturelle Arbeit müsse, so der Botschaftsbericht,
zunächst bei der im Rahmen des Goethe-Instituts durchgeführten Sprachförderung ansetzen, sei diese doch die Voraussetzung jeglicher fruchtbaren
Zusammenarbeit auf wirtschaftlichem, politischen und wissenschaftlichem
Gebiet: »Es darf nie außer Acht gelassen werden, daß jeder Franzose, der

---

[47] Vgl. Soutou, L'alliance incertaine, S. 333–338; Schwarz, Willy Brandt, Georges Pompidou und die Ostpolitik; Ziebura, Die deutsch-französischen Beziehungen seit 1945,
S. 241–243.

[48] Vgl. beispielhaft die Äußerungen Staatspräsident Pompidous im Rahmen einer Pressekonferenz anlässlich des deutsch-französischen Gipfeltreffens am 3. und 4. Juli 1970 in
Bonn, in: Kimmel, Jardin (Hg.), Die deutsch-französischen Beziehungen, S. 160f.

[49] Presseerklärung Bundeskanzler Brandts nach Abschluss der deutsch-französischen Konsultationen am 11. Februar 1972 in Paris, in: Bulletin des Presse- und Informationsamtes
der Bundesregierung 21 (1972), S. 256; vgl. auch AN Paris, 5 AG 2, Bd. 1010, Protokoll
des Gesprächs zwischen Staatspräsident Pompidou und Bundeskanzler Brandt im Rahmen des deutsch-französischen Gipfeltreffens am 30. Januar 1970 in Paris, S. 2; AN Paris,
5 AG 2, Bd. 103, Schreiben Bundeskanzler Brandts an Staatspräsident Pompidou vom
7. August und 5. Oktober 1970.

[50] Siehe PA-AA, B 97, Bd. 376, Kulturpolitischer Jahresbericht 1969 der deutschen Botschaft
Paris vom 26. Januar 1970, S. 3.

Deutsch lernt, gleichzeitig Deutschlandkunde erfährt und damit ein potentieller Multiplikator wird«[51].

Sprachkompetenz und damit einhergehende Kenntnisse der deutschen Gegenwart sollten dabei helfen, in der französischen Bevölkerung Verständnis für die Problemlagen des geteilten Nachbarlandes hervorzurufen und die Franzosen gegen Deutschland-Furcht und »Rapallo-Komplex« immunisieren. Auch die verschiedenen bilateralen Programme des DAAD, wie etwa der Austausch von Lektoren, die an französischen und westdeutschen Universitäten sprach- und landeskundlichen Unterricht erteilten, oder die Durchführung von Studienreisen für Hochschullehrer sollten hierzu beitragen[52]. Die Pariser DAAD-Zweigstelle initiierte etwa anlässlich der Bundestagswahlen im November 1972 in Zusammenarbeit mit dem Ludwigsburger DFI für eine Gruppe französischer Professoren und Deutschlandexperten einen Informationsaufenthalt in der Bundesrepublik. Dieser hatte zum Ziel, den Teilnehmern, darunter auch Pierre Bertaux, einen lebensnahen Eindruck der politischen Verhältnisse zu liefern, sie in ihrer positiven Einstellung zu den deutschen Nachbarn zu bestärken und ihnen nicht zuletzt Argumentationshilfen für die Verbreitung einer ausgewogenen Darstellung Deutschlands in Frankreich zur Verfügung zu stellen[53].

Im Gegenzug war der französischen Regierung und ihren kulturpolitischen Institutionen vor allem daran gelegen, dass das Bild eines argwöhnisch auf die Bonner Ostpolitik und die zunehmende außenpolitische Unabhängigkeit der Bundesrepublik schielenden Frankreichs keinen dauerhaften Einfluss auf die Menschen in Westdeutschland gewinnen konnte. Bereits vor den ersten großen ostpolitischen Initiativen hatte es in einem Bericht der französischen Botschaft geheißen: »S'il est certain que la population allemande dans son ensemble s'intéresse aux divers aspects de la civilisation de notre pays [...], la politique du gouvernement français n'est pas toujours comprise«[54]. Durch die zum Teil von Misstrauen und Anfeindungen geprägten französischen Pressereaktionen auf die sich wandelnden Beziehungen Westdeutschlands zur Sowjetunion und den Staaten Osteuropas konnte dieses Unverständnis aus Sicht der französischen Verantwortlichen nur noch weiter

---

[51] Ibid., S. 10.
[52] Vgl. Jahresbericht 1969, hg. v. DAAD, Bonn 1970, S. 44f.; Jahresbericht 1971, hg. v. DAAD, Bonn 1972, S. 61f.
[53] Vgl. BA, B 145, Bd. 9940, Schreiben des Presse- und Informationsamtes der Bundesregierung an die deutsche Botschaft Paris vom 6. Oktober 1972 und Genehmigungsverfügung vom 24. Oktober 1972; DFI-Archiv, Ordner Seminar Bundestagswahlkampf 1972, Verwendungsnachweis zum Bewilligungsbescheid des Presse- und Informationsamtes der Bundesregierung vom 6. November 1972, S. 2 sowie Schreiben Robert Pichts an das Presse- und Informationsamt der Bundesregierung vom 4. Oktober 1972; Jahresbericht 1972, hg. v. DAAD, Bonn 1973, S. 49f.
[54] AMAE Paris-La Courneuve, Europe, RFA 1961–1970, Bd. 1697, Bl. 25, Jahresbericht der französischen Botschaft Bonn vom April 1969, Abschnitt: »Attitude générale à l'égard de la France«, S. 2.

anwachsen. Die Einrichtungen der französischen Kulturpolitik machten es sich daher zur Aufgabe, der westdeutschen Bevölkerung Frankreich, seine Außenpolitik und seine Sicherheitsinteressen zu erklären, um Vorurteilen und Klischeevorstellungen entgegenzuwirken. So sollte im Bereich der Jugendarbeit seit Anfang der 1970er Jahre nicht mehr nur der bloße Austausch zwischen beiden Ländern gefördert, sondern darüber hinaus ein vielfältiges Informationsangebot bereitgestellt werden, mittels dessen junge Deutsche sich profunde Kenntnisse über die realen Gegebenheiten Frankreichs, »le vrai visage actuel de la France«, aneignen konnten[55]. Die Kulturabteilung der französischen Botschaft führte gemeinsam mit den *instituts* und *centres culturels français* in der Bundesrepublik Seminar- und Vortragsveranstaltungen zur Frankreichkunde durch, an denen Repräsentanten diverser gesellschaftlicher Gruppen – Gewerkschafter, Offiziere der Bundeswehr sowie Vertreter der Industrie- und Handelskammern – teilnahmen. Zudem ermöglichte es die Botschaft westdeutschen Pädagogen und Verwaltungsbeamten, Informationsreisen nach Frankreich zu unternehmen[56]. Diese verstärkten Bemühungen der Öffentlichkeitsarbeit trugen den durch die Ostpolitik gewandelten Rahmenbedingungen des »tête à tête franco-allemand«[57] Rechnung und zielten darauf ab, vor allem den so genannten Multiplikatoren der bundesdeutschen Gesellschaft, aber auch breiteren Bevölkerungsschichten, ein nicht durch den Filter der Presseberichterstattung vorgegebenes Bild Frankreichs zu vermitteln.

In dem Vorhaben, einen Gegenpol zu den in vielen Fällen einseitig negativen Medienpräsentationen zu schaffen und den Bevölkerungen vorurteilsfreie Informationen über den jeweiligen Nachbarn zur Verfügung zu stellen, fanden sich die Akteure der Auswärtigen Kulturpolitik eng verbunden mit den privaten Verständigungsorganisationen. Gerade »in einer Zeit, in der die deutsch-französischen Beziehungen schwere Stunden erleben«[58], wollte etwa das Pariser BILD einen Beitrag zur öffentlichen Aufklärungsarbeit leisten. Hierzu dienten vorrangig die seitens der Vereinigung herausgegebenen Zeitschriften. Das Ziel der in Frankreich erscheinenden »Documents« bestand

---

[55] AMAE Paris-La Courneuve, Europe, RFA 1971–1976, Bd. 3001, Vermerk bezüglich des deutsch-französischen Austauschs im Jugendbereich vom 11. Juni 1971, S. 2; vgl. hierzu auch AMAE Paris-La Courneuve, DGRCST 1969–1972, Bd. 134, Vermerk bezüglich des deutsch-französischen Austauschs in den Bereichen Jugend und Volksbildung vom 16. Juni 1970.

[56] Vgl. ibid. sowie AMAE Nantes, Bonn Service culturel, Bd. 28, Ambassade de France à Bonn, Rapport d'activité des services culturels, année 1971–72, S. 9; Rapport d'activité des services culturels 1972–73, S. 7 f.; Rapport d'activités des services culturels, année 1973–74, S. 9 f.

[57] AN Fontainebleau, ministère de l'Éducation nationale, Bd. 900672/35, Vermerk betreffend die deutsch-französische Zusammenarbeit vom 30. Oktober 1972, S. 2.

[58] BILD-Archiv, Vorläufige Übersicht über die Tätigkeit der GÜZ und des BILD im Jahre 1973, S. 5.

darin, »Informationen so objektiv wie möglich anzubieten [...] sowie den deutschen Realitäten, selbst wenn diese manchmal schockierend erscheinen«[59],
Rechnung zu tragen. Dadurch, dass die Artikel gleichermaßen von deutschen
und französischen Autoren verfasst wurden, sollte der Leser die Möglichkeit
erhalten, sich ein eigenes Urteil über die Entwicklungen jenseits des Rheins
zu bilden. Im Rahmen verschiedener Themenschwerpunkte, die sich mit Ostpolitik und deutscher Frage beschäftigten[60], versuchte die Zeitschrift auf die
seit 1969 immer drängender an sie herangetragenen Leserfragen bezüglich
einer möglichen Wiedervereinigung Deutschlands zu antworten[61]. Hierbei
war es der Redaktion augenscheinlich ein wesentliches Anliegen, die Franzosen mit der Ostdiplomatie der Bundesregierung auszusöhnen. So betonte der
Chefredakteur der »Documents«, Antoine Wiss-Verdier, in seinen Beiträgen
nachdrücklich, dass Frankreich durch Brandts Politik der Öffnung nach Osten
kein zweites Rapallo drohe[62]. Er ließ darüber hinaus an verschiedener Stelle
hochrangige SPD-Politiker zu Wort kommen, um seinen Lesern die außenpolitischen Absichten der Bundesrepublik aus erster Hand erläutern zu lassen[63].
Das BILD wollte auf diese Weise im Sinne einer »entente toujours plus approfondie«[64] auf die französische Bevölkerung einwirken, was der Organisation
nicht zuletzt die Unterstützung der Bonner Regierungsstellen sicherte[65].

Auch das Ludwigsburger DFI war seinerseits bestrebt, dazu beizutragen,
die hitzigen öffentlichen Debatten um die ostpolitischen Verhandlungen
der Bundesregierung in eine sachliche Diskussion zu überführen und dem
Thema das Konfliktpotenzial zu nehmen. Zentrifugale Kräfte seien am Werk,
so wurde im DFI Anfang der 1970er Jahre geurteilt, welche die deutsch-französische Zusammenarbeit bedrohten, weshalb eine sorgfältige Bilanz und
unvoreingenommene Analyse der beiderseitigen Interessengemeinsamkeiten

---

[59] BILD-Archiv, Bericht über die Tätigkeit der GÜZ und des BILD in den Jahren 1968–
1969, S. 8.

[60] So zum Beispiel »Le traité germano-soviétique«, in: Documents 25/5 (1970), S. 57–95;
»Le traité germano-polonais du 7 décembre 1970«, in: Documents 26/1 (1971), S. 59–
119; »La RFA et la sécurité européenne«, siehe hierzu BILD-Archiv, Rapport d'activités
1973, S. 2.

[61] Vgl. BILD-Archiv, Bericht über die Tätigkeit der GÜZ und des BILD in den Jahren 1968–
1969, S. 7; Rapport d'activités 1972, S. 2f.

[62] Vgl. zum Beispiel Antoine WISS-VERDIER, Le double monologue d'Erfurt, in: Documents
25/2 (1970), S. 114–120.

[63] Vgl. Herbert WEHNER, L'intégration européenne et la question allemande, in: Documents
25/4 (1970), S. 7–12; Carlo SCHMID, Ostpolitik et unification européenne, in: Documents
26/1 (1971), S. 7–11; Erhard EPPLER, Dix thèses sur le problème allemand et l'Ostpolitik,
in: Documents 26/2 (1971), S. 6–11.

[64] BILD-Archiv, Aufzeichnung »Conseil d'administration du 19.2.1972, annexe à l'ordre du
jour: Projet de réstructuration du BILD«, S. 1.

[65] Vgl. BA, B 145, Bd. 9936, Schreiben des Presse- und Informationsamtes der Bundesregierung an das Auswärtige Amt vom 23. Juni 1970; BA, B 122, Bd. 5307, Schreiben des
Bundespräsidenten Heinrich Lübke an Bundesaußenminister Willy Brandt vom 20. Oktober 1967.

und -gegensätze erarbeitet werden müsse[66]. Im Rahmen eines Anfang Juni 1973 anlässlich des zehnjährigen Bestehens des Élysée-Vertrags seitens des Instituts organisierten Kolloquiums, das deutsche und französische Politiker und Regierungsbeamte, Wissenschaftler und Publizisten vereinte, standen daher auch die im Zuge der Ostpolitik aufgetretenen Verstimmungen zwischen beiden Ländern auf der Tagesordnung. Die durch diesen offen geführten Dialog freigesetzten Impulse sollten, wie seine Veranstalter erhofften, Eingang in die öffentliche Meinungsbildung finden und positive Rückwirkungen auf die Wahrnehmung des jeweiligen Nachbarlandes seitens der Medien entfalten[67].

Ein ähnliches Ansinnen verfolgte zu gleicher Zeit der ADFG. Dessen Verantwortliche sahen die zwischen Frankreich und Westdeutschland entstandenen Unstimmigkeiten insbesondere hervorgerufen »durch die Veröffentlichungen in der Presse, durch das Radio, durch das Fernsehen, die vielfach glauben machen wollen, dass alles zwischen den Franzosen und Deutschen schlecht geht«[68]. Vor diesem Hintergrund sollten die Kongresse der deutsch-französischen Gesellschaften, welche der ADFG jährlich unter Beteiligung namhafter Journalisten, ausgewiesener Wissenschaftler sowie maßgeblicher Diplomaten und Politiker veranstaltete, ein Forum schaffen, um beide Seiten öffentlichkeitswirksam zur Verständigung aufzurufen[69]. »Coopération dans l'amitié« lautete denn auch das Motto der Jahrestagung, die 1969 in Dijon stattfand und im Rahmen derer Pierre Bertaux in seinem Gastvortrag die Notwendigkeit eines gemeinsamen deutsch-französischen Bewusstseins angesichts der Probleme der Gegenwart beschwor[70]. Von Seiten

---

[66] Siehe DFI-Archiv, Ordner Kolloquium 10 Jahre deutsch-französischer Vertrag 1973, Aufzeichnung »Fragestellungen des Kolloquiums«, nicht datiert, S. 1.

[67] Vgl. PA-AA, Zwischenarchiv, Nr. 109190, Vermerk betreffend das Deutsch-Französische Institut in Ludwigsburg vom 30. März 1973; Programm und Teilnehmerliste des Kolloquiums 10 Jahre deutsch-französischer Vertrag; Thesenpapier zum Vortrag Alfred Grossers, »Die deutsch-französischen Beziehungen und Europa«, S. 2f.; AN Fontainebleau, ministère de l'Éducation nationale, Bd. 840700/26, Schreiben Carlo Schmids an Pierre Garrigue, Chef des Service des relations internationales, vom 23. Mai 1973; BA, B 145, Bd. 9940, Genehmigungsverfügung des Presse- und Informationsamtes der Bundesregierung bezüglich des Kolloquiums 10 Jahre deutsch-französischer Vertrag vom 15. März 1973; DFI-Archiv, Ordner Kolloquium 10 Jahre deutsch-französischer Vertrag 1973, Verwendungsnachweis zum Bewilligungsbescheid des Presse- und Informationsamtes der Bundesregierung vom 18. April 1973.

[68] VDFG-Archiv, Ordner Vorstandssitzungen 1972–1973, Protokoll der Mitgliederversammlung des ADFG in Nancy am 6. September 1973, S. 8.

[69] Vgl. VDFG-Archiv, Ordner Arbeitskreis e.V. Vorstand, Aufzeichnung des Ehrenpräsidentin des ADFG, Elsie Kühn-Leitz, betreffend die 16. Jahrestagung des ADFG in Caen vom 24. Januar 1971, S. 1.

[70] Vgl. hierzu PA-AA, Zwischenarchiv, Nr. 106189, Programm der 14. Jahrestagung des ADFG 1969 in Dijon sowie Schreiben des deutschen Generalkonsulats Lyon an das Auswärtige Amt vom 8. Oktober 1969; VDFG-Archiv, Vortrag Pierre Bertaux' anlässlich der Jahrestagung des ADFG in Dijon 1969, in: Mitteilungsblatt für die Deutsch-Französischen Gesellschaften 32 (1970), S. 78–81.

des Auswärtigen Amts wurde dem Arbeitskreis und seinen Mitgliedsgesellschaften immerhin »eine nicht unerhebliche Bedeutung im Sinne einer
besonders gewünschten privaten Aktivität zur Förderung der deutsch-französischen Beziehungen außerhalb der Regierungsebene«[71] beigemessen. Sie
erfüllten »eine politisch bedeutsame Aufgabe«[72]. Gerade die Presse- und
Fernsehberichterstattung über die Ereignisse im Nachbarland diene nicht
immer der Ausräumung bestehender Missverständnisse und Vorurteile. Hier
komme es den Gesellschaften zu, »behutsam, aber mit allem Nachdruck, für
ein besseres Verstehen für die Probleme und Eigenarten des Nachbarvolkes
einzutreten«[73].

Die verschiedenen Initiativen der privaten Vereinigungen wurden durch
die deutsch-französischen Mittlerpersönlichkeiten immer wieder nach Kräften unterstützt. In einem 1973 gehaltenen Vortrag hatte Pierre Bertaux konstatiert: »La présentation de l'autre pays par les massmédia et les associations
qu'ils entretiennent contribuent sans doute à maintenir les préjugés«[74]. Angesichts dessen gehe es jedoch für diejenigen, die zwischen beiden Ländern
vermittelten, nicht so sehr darum, negative Bilder lediglich durch positive zu
ersetzen. Aufgabe müsse es vielmehr sein, den Menschen kohärente Informationen über die aktuellen Entwicklungen des jeweiligen Partnerlandes zu
liefern. Eine von Sachkenntnis geprägte biperspektivische Aufklärungsarbeit
sollte dazu dienen, die verhängnisvolle Eigendynamik, welche die konfrontativ geführten Diskussionen um die Ostpolitik entwickelt hatten, zu bremsen.
In diesem Sinne versuchte Alfred Grosser einerseits mit seinen in Frankreich
publizierten Beiträgen deutlich zu machen, dass die Befürchtungen vor einer
Schaukelpolitik der Bundesrepublik zwischen Ost und West unbegründet sei-
en und die Franzosen auch aufgrund der von Vernunft geprägten Entwicklung
der Bonner Außenpolitik der vorangegangenen Jahrzehnte allen Grund hätten, der westdeutschen Regierung zu trauen. Andererseits betonte er mit Blick
auf ein deutsches Publikum, dass die Bemühungen Willy Brandts um Entspannung von einer Mehrheit der Franzosen sehr wohl gutgeheißen würden.
Die historischen Ängste vor einer deutsch-russischen Annäherung seien in
Frankreich zwar nicht vollständig verschwunden, hätten aber bereits »phan-

---

[71] PA-AA, Zwischenarchiv, Nr. 178576, Vermerk bezüglich des Arbeitskreises Deutsch-
Französischer Gesellschaften vom 9. Mai 1973, S. 2.
[72] PA-AA, Zwischenarchiv, Nr. 109189, Vermerk betreffend die deutsch-französischen Gesellschaften vom 13. Mai 1974, S. 1.
[73] PA-AA, Zwischenarchiv, Nr. 109189, Entwurf für eine Rede des parlamentarischen
Staatssekretärs Zander anlässlich der Jahrestagung des ADFG im September 1974 in Kassel, S. 1f.
[74] AN Fontainebleau, ministère de l'Éducation nationale, Bd. 840700/26, Redemanuskript
Pierre Bertaux' für einen am 3. Juni 1973 im Deutsch-Französischen Institut Ludwigsburg gehaltenen Vortrag zum Thema »Les relations culturelles et l'information«, S. 2.

tastisch abgenommen«[75] und würden zudem durch das umsichtige Handeln der Bonner Regierung weiter besänftigt[76].

Joseph Rovan hatte, wie er gegenüber den Lesern der französischen Wochenzeitschrift »Le Point« im September 1973 bekundete, nach einem Interview mit Bundeskanzler Brandt ebenso den Eindruck gewonnen, dass der Regierungschef selbst wie auch seine Regierung die potenziellen Gefahren der Ostpolitik gründlich erwogen hätten und im Bewusstsein dieser agierten. Daher bestünde hinsichtlich der Grenzen der Ostpolitik eine viel weitreichendere Übereinstimmung zwischen Frankreich und der Bundesrepublik, als dies in Frankreich gemeinhin angenommen werde. Schließlich sei es, wie Rovan ausführte, nicht zuletzt de Gaulle gewesen, der Westdeutschland mehrfach eine Annäherung an den Osten nahegelegt habe. Allein aus diesem Grunde könne man es der Bundesrepublik kaum zur Last legen, dass sie diesen Rat nun tatsächlich befolge. Letztlich hätten doch Frankreich und Westdeutschland dieselben Ziele, unterstellten sich hierbei jedoch gegenseitig unlautere Absichten. Diese für die deutsch-französischen Beziehungen nicht ungefährliche Situation müsse, wie Rovan appellierte, unverzüglich ein Ende finden. Hierzu sollten Deutsche und Franzosen gleichermaßen beitragen[77].

Mit kulturpolitischen Akteuren, privaten Verständigungsorganisationen und intellektuellen Mittlern standen den öffentlichen Auseinandersetzungen um die Bonner Ostpolitik Kräfte entgegen, die hierin die Gefahr einer unheilvollen Wendung des deutsch-französischen Verhältnisses erblickten. Ausgehend von diesem Befund versuchten sie, den möglichen negativen Folgen der zum Teil stark polemisch gefärbten Berichterstattung beider Seiten entgegenzuwirken. Die Vermittlung von Sprachkenntnissen und landeskundlichen Kompetenzen, die Förderung von persönlichen Begegnungen mit dem jeweiligen Nachbarland und das Einwirken auf die Medien im Sinne eines besseren Verständnisses des anderen erschienen den diversen Protagonisten der Annäherung hierbei als geeignete Maßnahmen. Dem vielfach erklärten Anspruch, sich bei einem drohenden Konfliktfall für die Verständigung zwischen den Bevölkerungen einsetzen zu wollen, wurden sie demzufolge

---

[75] Alfred GROSSER, Die Bundesrepublik im Urteil Frankreichs, in: Hans STEFFEN (Hg.), Die Gesellschaft in der Bundesrepublik. Analysen. Zweiter Teil, Göttingen 1971, S. 178–186, hier S. 183.

[76] Vgl. DERS., France and Germany: less divergent outlooks?, in: Foreign Affairs 48/2 (1970), S. 235–244, hier S. 243f.; DERS., Le traité de Varsovie, in: Le Monde, 26.11.1970, S. 1 und 7; DERS., Les traités et les institutions, in: Le Monde, 20.05.1972, S. 1 und 4; DERS., Deutschland von Frankreich aus gesehen, in: Zeitwende 44/3 (1973), S. 169–177.

[77] Siehe Joseph ROVAN, Brandt m'a convaincu pa, in: Le Point, 03.09.1973, S. 26–28; vgl. hierzu BA, B 145, Bd. 9074, Schreiben der deutschen Botschaft Paris an das Auswärtige Amt bezüglich eines Gesprächs zwischen Joseph Rovan und Bundeskanzler Brandt vom 3. September 1973; Vermerk des Presse- und Informationsamtes der Bundesregierung für Bundeskanzler Brandt vom 7. September 1973; BA, B 136, Bd. 41610, Dunkle Absichten unterstellt. Analyse der deutsch-französischen Mißverständnisse, in: Münchner Merkur, 03.09.1972.

durchaus gerecht. Allein die Wirkungen ihres Tuns sind schwer nachzuweisen. Hielte man die Zahl der im Rahmen der bilateralen Verständigungsarbeit erreichten Deutschen und Franzosen der Masse derer entgegen, die hierdurch entweder gar nicht berührt oder aber durch die Vielzahl tendenziöser Pressebeiträge beeinflusst wurden, so wäre wohl zumindest in Zweifel zu ziehen, ob die wohlmeinenden Bemühungen ihr Ziel tatsächlich erreichen konnten.

3.1.2 »Que faire de l'Allemagne?« – Spekulationen über die Aktualität der deutschen Frage

In den Jahren nach Abschluss und Ratifizierung der Ostverträge[78] wurde auch für misstrauische Beobachter ersichtlich, dass die Bundesregierung nicht die Absicht verfolgte, sich unter Missachtung der alliierten Vorbehaltsrechte mit der sowjetischen Führung über die deutsche Wiedervereinigung zu verständigen[79]. Folglich flauten die deutsch-französischen Diskussionen um die möglichen Gefahren der Ostpolitik langsam ab. Ab Mitte der 1970er Jahre verschwanden sie, zunehmend überlagert von den drängenden aktuellen Problemen im Zusammenhang mit der Wirtschafts- und Energiekrise und den Fragen der Finanz- und Währungspolitik[80], nahezu gänzlich aus der medialen Berichterstattung. Die durch das Vertrauensverhältnis zwischen Helmut Schmidt und Valéry Giscard d'Estaing versinnbildlichte neue Zweisamkeit des bilateralen Verhältnisses tat ihr Übriges, um die kontroversen

---

[78] Vgl. 187. Sitzung des Deutschen Bundestages am 17. Mai 1972, in: Verhandlungen des Deutschen Bundestages, 6. Wahlperiode, Stenographische Berichte, Bd. 80, Bonn 1972, S. 10929–10954; weiterführend hierzu Jan KUSBER, Ostverträge 1970/72. Überwindung oder Zementierung der Teilung Europas?, in: Andreas RÖDDER, Wolfgang ELZ (Hg.), Deutschland in der Welt. Weichenstellungen in der Geschichte der Bundesrepublik, Göttingen 2010, S. 47–66; Werner LINK, Der lange Weg zum »geregelten Nebeneinander«. Die Deutschlandpolitik der Bundesrepublik Mitte der sechziger bis Mitte der siebziger Jahre, in: Christoph KLESSMANN, Hans MISSELWITZ, Günter WICHERT (Hg.), Deutsche Vergangenheiten – eine gemeinsame Herausforderung. Der schwierige Umgang mit der doppelten Nachkriegsgeschichte, Berlin 1999, S. 97–114.

[79] Vgl. hierzu AMAE Paris-La Courneuve, Europe, RFA 1971–1976, Bd. 3006, Schreiben des französischen Botschafters in Bonn, Jean Sauvagnargues, an Außenminister Michel Jobert bezüglich der Außenpolitik der Bundesregierung vom 15. November 1973.

[80] Vgl. Serge BERSTEIN, Jean-Claude CASANOVA, Jean-François SIRINELLI (Hg.), Les années Giscard. La politique économique 1974–1981, Paris 2009; Dimitri GRYGOWSKI, La RFA et la France face aux turbulences du système monétaire international. L'Union économique et monétaire (UEM) comme exutoire, instrument de dissuasion et de négociation de 1957 à 1978, in: ECK, MARTENS, SCHIRMANN (Hg.), L'économie, l'argent et les hommes, S. 339–355; Jens HOHENSEE, Der erste Ölpreisschock 1973/74. Die politischen und gesellschaftlichen Auswirkungen der arabischen Erdölpolitik auf die Bundesrepublik Deutschland und Westeuropa, Stuttgart 1996.

Debatten zeitweilig zum Verstummen zu bringen[81]. Hintergründig jedoch blieb der östliche Nachbar in den Augen vieler französischer Kommentatoren aufgrund der ungelösten deutschen Frage ein Unsicherheitsfaktor, der schnell wieder zur Bedrohung werden konnte[82]. Nicht viel mehr als ein vager Anfangsverdacht reichte denn auch aus, um in Frankreich die Furcht vor einem wiedervereinigten Deutschland erneut aufbrechen zu lassen.

Einen Anlass hierzu lieferte im November 1978 die Berufung des stellvertretenden sowjetischen Außenministers Wladimir Semjonow zum neuen Botschafter der UdSSR in Bonn[83]. Die Entsendung Semjonows in die Bundeshauptstadt sorgte zunächst in der westdeutschen Presse für einige Aufregung. Hier galt der Diplomat seit den ersten Nachkriegsjahren als erklärter Befürworter einer Traditionslinie sowjetischer Westpolitik, die guten Beziehungen zu Deutschland den Vorrang gegenüber Teilungsstrategie und ideologischer Dominanz einräumte[84]. Vermutungen über eine etwaige Bewegung in der Deutschlandpolitik erhielten hierdurch neue Nahrung[85]. Angesichts dessen ließen beunruhigte Reaktionen aus Frankreich nicht auf sich warten. Bereits im August 1978 war in »Le Monde« über die Möglichkeit der deutschen Einheit spekuliert worden[86]. Mit der Installierung Semjonows in Bonn schienen derartige theoretische Überlegungen plötzlich bedrohlich nahe gerückt. In seinem Leitartikel vom 22. November 1978 fragte der Chefredakteur der Zeitung, André Fontaine: »Que faire de l'Allemagne pour qu'elle ne pèse pas d'un poids trop lourd sur les destins de l'Europe et du monde[87]?« Bislang habe die deutsche Teilung, so der Journalist, die Stärke des Nachbarn eingehegt, doch sei dies bei Weitem keine Versicherung für die Ewigkeit, zumal die Deutschen beider Staaten sich derselben Nation zugehörig fühlten. Vor allem deshalb müsse damit gerechnet werden, dass sie sich auf Dauer nicht mit dem augenblicklichen Zustand zufrieden gäben und auf lange Sicht mit den Moskauer Führern über die Frage der Wiedervereinigung verhandelten.

---

[81] Vgl. Then There Were Two: Valéry and Helmut, in: Time, 07.10.1974, S. 6–12; Rudolf HERLT, Pas de deux in Paris. Entscheidung für die europäische Solidarität, in: Die Zeit, 07.06.1974, S. 1.

[82] Bezeichnend für diese Einschätzung Michel DEBRÉ, France – Allemagne, in: Le Monde, 06./07.08.1975, S. 1 und 3; DERS., L'Allemagne redevient-elle un danger?, in: Le Monde, 23.07.1976, S. 1f.

[83] Vgl. AAPD 1978, Bd. II, Dok. 325; Wladimir S. SEMJONOW, Von Stalin bis Gorbatschow. Ein halbes Jahrhundert in diplomatischer Mission 1939–1991, Berlin 1995.

[84] Vgl. Heinz HÖHNE, Wladimir S. Semjonow, der Deutschlandspezialist Moskaus, in: Der europäische Osten 2/7–8 (1955), S. 44f.

[85] Vgl. Carl-Christian KAISER, Neuer Sowjetbotschafter: Liebesgrüße aus Moskau?, in: Die Zeit, 27.10.1978, S. 8; Interessante Zeiten. Plant die Sowjet-Union eine neue Deutschland-Offensive?, in: Der Spiegel, 23.10.1978, S. 34; MEIMETH, Frankreichs Entspannungspolitik der 70er Jahre, S. 84f.

[86] Vgl. François-Henri BARBÉ, L'unité allemande: pour quand?, in: Le Monde, 16.08.1978, S. 1 und 3.

[87] André FONTAINE, Que faire de l'Allemagne?, in: Le Monde, 22.11.1978, S. 1.

Wer könne schließlich sagen, ob die Sowjetunion mit der Berufung Semjonows nicht eine spektakuläre Offensive plane, um die Bundesrepublik aus den westlichen Allianzstrukturen herauszulösen. Angesichts eines solchen Risikos seien in Westeuropa Überlegungen anzustellen, was man mit Deutschland tun könne, bevor sich eventuell die Frage stelle, was man gegen Deutschland tun müsse und mit welchen Mitteln[88]. Sekundiert wurde Fontaine in seiner Einschätzung durch den ehemaligen gaullistischen Premierminister Michel Debré, welcher der Bundesregierung in einem tags darauf ebenfalls in »Le Monde« erschienenen Artikel unterstellte, sie arbeite im Rahmen ihrer Sicherheits- und Verteidigungspolitik aktiv an dem einen Ziel: »faciliter par un renforcement de puissance un mouvement favorable à une réunification de l'Allemagne«[89].

Erstaunt über das plötzliche Wiederaufleben der Debatte um die deutsche Einheit und die Mutmaßungen im Nachbarland veröffentlichte »Die Zeit« Anfang Dezember 1978 aus der Feder Theo Sommers eine Gegenrede, in welcher der Verfasser klarstellte, dass die Spekulationen über ein deutsch-russisches Zusammengehen vollständig an den Realitäten vorbeigingen: »Wir schreiben nicht mehr 1922«[90]. Es bestehe weder eine ernstzunehmende sowjetische Offerte, von der irgendeine Verführungskraft ausgine, noch fänden sich in Bonn Partner für eine »Wiederauflage von Rapallo«[91]. Eine Lösung der deutschen Frage, so bekräftigte Sommer, sei überhaupt nur noch in einem europäischen Rahmen vorstellbar. Derartigen Versicherungen zum Trotz zweifelten Teile der französischen Presse allerdings weiterhin an der Aufrichtigkeit der Bonner Führungsriege und machten insbesondere das linke Spektrum der Sozialdemokraten als Kristallisationspunkt neutralistischer Tendenzen aus. Dieser Eindruck verstärkte sich noch, als der SPD-Fraktionsvorsitzende Herbert Wehner sich Ende Januar 1979 öffentlich für eine Konföderation zwischen den beiden deutschen Staaten aussprach[92]. Um die hierdurch in Frankreich verursachten Wogen zu glätten, machte Bundeskanzler Schmidt in einem Interview mit der Zeitung »France-Soir« wenige Wochen später deutlich, dass er eine Wiedervereinigung des deutschen Volkes noch im 20. Jahrhundert für schlichtweg unrealistisch halte[93].

---

[88] Siehe ibid., S. 1 und 6f.

[89] Michel DEBRÉ, Le fond de l'affaire, in: Le Monde, 23.11.1978, S. 1f.

[90] Theo SOMMER, Deutschland – Traum oder Alptraum? Die nationale Einheit: Visionen und Illusionen einer unerwarteten Debatte, in: Die Zeit, 08.12.1978, S. 1.

[91] Ibid.

[92] Vgl. Deutschlandpolitik: Herbert Wehner legt nach, in: Der Spiegel, 12.03.1979, S. 28–30; vgl. zu den Reaktionen auf Wehners Äußerungen in Frankreich Jean WETZ, La politique de défense suscite des divergences au sein de la coalition socialiste-libérale, in: Le Monde, 21.02.1979, S. 6; DERS., Bonn s'inquiète du développement du potentiel militaire des pays du pacte de Varsovie, in: Le Monde, 22.02.1979, S. 6.

[93] Vgl. Schmidt: »l'Allemagne n'a ni la volonté ni le désir de dominer la France«. Une interview exclusive du chancelier allemand par Benoît RAYSKI, in: France-Soir, 16.02.1979, S. 2.

Jedoch vermochte auch diese Beschwichtigung von höchster Stelle es kaum, die in der französischen Presse nun wieder in verstärktem Maße zum Ausdruck kommende Besorgnis über den außenpolitischen Weg des Nachbarn aus der Welt zu schaffen[94]. Nicht zuletzt die Verschlechterung der deutschamerikanischen Beziehungen, die sich seit Sommer 1977 abzeichnete[95], hielt die Befürchtung wach, die Bundesrepublik könne sich von ihren westlichen Bündnispartnern distanzieren, der Sowjetunion gleichzeitig konzessionsbereiter gegenüberstehen und das Wagnis einer durch Neutralität erkauften Wiedervereinigung eingehen[96]. Als schließlich im Frühjahr 1979 in der Pariser Presse kolportiert wurde, dass die Bundesregierung ohne Konsultation ihrer Verbündeten in Verhandlungen mit der sowjetischen Führung getreten sei und Bundeskanzler Schmidt Breschnew zugesagt habe, keine weitere Stationierung von Mittelstreckenraketen auf westdeutschem Boden zuzulassen, hielt »Le Monde« fest: »Le ›spectre de Rapallo‹ est à nouveau présent«[97].

Auf Seiten der westdeutschen Presse blickte man indessen weiterhin mit Unverständnis auf die neu entfachte Debatte und fragte, aus welchem Grunde die seit langem für erledigt gehaltene deutsche Frage so plötzlich auf die Tagesordnung hatte zurückkehren können. »Der Spiegel« kam im März 1979 zu dem Schluss, die sensiblen Nachbarn hätten wohl früher als die Deutschen selbst erkannt, dass der scheinbar so verfestigte status quo in Mitteleuropa sich aufgrund der zugunsten Westdeutschlands veränderten Machtverhältnisse zu verschieben beginne[98]. Ganz offen, so stellte das Blatt fest, erinnerten seit Jahresfrist Politiker und Kommentatoren in Paris wieder an das Trauma des Paktes von 1922: »Für die Franzosen symbolisiert ›Rapallo‹ die Sorge, Deutschland werde, angelehnt an den Osten und womöglich wiedervereinigt, die Herrschaft über Westeuropa an sich reißen«[99]. Diese

---

94 Vgl. hierzu »Wir sind ein junges, entschlossenes Land«. Der französische Staatspräsident Valéry Giscard d'Estaing über Frankreich und das Europa-Jahr 1979, in: Der Spiegel, 01.01.1979, S. 51f.
95 Vgl. Klaus WIEGREFE, Das Zerwürfnis: Helmut Schmidt, Jimmy Carter und die Krise der deutsch-amerikanischen Beziehungen, Berlin 2005; Matthias SCHULZ, Vom »Atlantiker« zum »Europäer«? Helmut Schmidt, deutsche Interessen und die europäische Einigung, in: Mareike KÖNIG, Matthias SCHULZ (Hg.), Die Bundesrepublik Deutschland und die europäische Einigung 1949–2000. Politische Akteure, gesellschaftliche Kräfte und internationale Erfahrungen, Stuttgart 2004, S. 185–220; Herbert DITTGEN, Deutschamerikanische Sicherheitsbeziehungen in der Ära Helmut Schmidt. Vorgeschichte und Folgen des NATO-Doppelbeschlusses, München 1991, S. 161–176, bes. S. 173; Helmut SCHMIDT, Menschen und Mächte, Berlin 1987, S. 222–235.
96 Vgl. Michel COLOMES, Léo MICHEL, Guadeloupe: »la bande des quatre« de l'Occident, in: Le Point, 08.01.1979, S. 38f.; Alexandre SANGUINETTI, Risquer l'Europe franco-allemande, in: Le Monde, 10.10.1979, S. 10.
97 Jean WETZ, Le chancelier Schmidt entre Washington et Paris, in: Le Monde, 24.03.1979, S. 8.
98 Siehe »Die deutsche Frage ist wieder da«. In Ost und West steht die Zukunft von Bundesrepublik und DDR neu auf der Tagesordnung, in: Der Spiegel, 12.03.1979, S. 31–45.
99 Ibid., S. 38.

traumatische Angst der Nachbarn vor gemeinsam agierenden Deutschen in Ost und West ziehe sich sowohl durch die französische Presselandschaft als auch durch das gesamte Parteienspektrum. Als Kronzeuge einer solchen Auffassung konnte den westdeutschen Journalisten zum einen der ehemalige Außenminister Michel Jobert gelten, der bereits zu Beginn des Jahres vor einer machtstrotzenden und in gefährlicher Weise zwischen den Bündnissystemen lavierenden Bundesrepublik gewarnt hatte[100]. Zum anderen füllte der Vorsitzende der Sozialistischen Partei, François Mitterrand, diese Rolle aus; in einem Zeitungsinterview hatte er, Anfang Juni 1979 nach der deutschen Wiedervereinigung gefragt, selbige als »ni souhaitable, ni possible« bezeichnet[101]. Wiederum, dieser Eindruck mochte sich in Westdeutschland angesichts der beständig geäußerten Befürchtungen festsetzen, herrschte in Frankreich offenes Misstrauen gegenüber den außenpolitischen Intentionen der Bundesrepublik, die nach den ostpolitischen Initiativen der Regierung Willy Brandts erneut in Verdacht geriet, allzu sehr nach Moskau zu schielen[102]. Auch für französische Berichterstatter, die, wie Raymond Aron, an die Aufrichtigkeit der politisch Verantwortlichen in Bonn glaubten und sie von dem Vorwurf, den Versuchungen des Ostens zu erliegen, freisprachen, blieb eine Unsicherheit bestehen. So formulierte Aron in einem Artikel für »L'Express«: »quelles concessions offrirait le Kremlin pour inciter la RFA à une demi-neutralité, qui, à terme, entraînerait le retrait des troupes américaines?«[103]

Auf Seiten der offiziellen bundesdeutschen Stellen riefen die Reaktionen der französischen Presseorgane auf die vermeintliche Neuverhandlung der deutschen Frage indessen einige Beunruhigung hervor. Die »zahllosen Pressespekulationen über die künftige Orientierung der deutschen Aussenpolitik«, die, wie die deutsche Botschaft in Paris dem Auswärtigen Amt im Mai 1979 mitteilte, »selbst wohlmeinende und aufgeschlossene Kreise nicht ganz unberührt gelassen haben«[104], zeigten genauso wie die Auslassungen einer erheblichen Anzahl französischer Politiker, dass in Frankreich gegenwärtig Argumentationen bemüht würden, welche der deutsch-französischen Zusammenarbeit kaum förderlich sein könnten. Dieser Eindruck der westdeutschen Diplomaten hatte sich seit dem Wiedereinsetzen der Diskussionen

---

[100] Siehe Michel JOBERT, De l'Allemagne, in: Politique étrangère 44/1 (1979), S. 7–19.

[101] André FONTAINE, Jean-Marie COLOMBANI, L'enjeu du 10 juin. Socialistes et sociaux-démocrates représentent le plus puissant courant d'opinion de la Communauté nous déclare M. François Mitterrand, in: Le Monde, 01.06.1979, S. 1 und 3, Zitat S. 3.

[102] Vgl. François SCHLOSSER, Bonn louche vers l'Est, in: Le Nouvel Observateur, 22.10.1979, S. 62.

[103] Raymond ARON, RFA: La tentation de l'Est, in: L'Express, 21.04.1979, abgedruckt in: DERS., De Giscard à Mitterrand 1977–1983, Paris 2005, S. 251–253, Zitat S. 252f.; vgl. auch DERS., L'unité allemande, in: L'Express, 27.10.1979, abgedruckt in: DERS., De Giscard à Mitterrand, S. 292–295.

[104] Siehe PA-AA, Auslandsvertretungen, Botschaft Paris, Bd. 13523, Schreiben der deutschen Botschaft Paris an das Auswärtige Amt betreffend die jüngsten Äußerungen zum deutsch-französischen Verhältnis vom 23. Mai 1979, S. 3.

um die deutsche Frage zusehends verstärkt. Es seien die alten Unterschiede
in der geopolitischen Situation beider Länder, die erneut ins Bewusstsein der
französischen Öffentlichkeit rückten, hatte Botschafter Axel Herbst bereits
Anfang Dezember 1978 nach Bonn gemeldet[105]. Dem festgefügten Territorium Frankreichs stehe ein Deutschland gegenüber, das mit der Frage belastet
sei, welches seine Grenzen im Osten nun eigentlich sein sollten, wodurch das
Problem der Wiedervereinigung immer wieder akut werde. Zwar gehe die
amtliche Politik überwiegend von der Westverankerung der Bundesrepublik
aus, dennoch tauchten auch dort immer wieder »klischeehafte Bedenken auf,
die kaum auszurotten sind«[106]. Die eigentliche Sorge aber, so die Auffassung
Herbsts, ranke sich in Frankreich derzeit um »das wieder einmal missverstandene Stichwort ›Rapallo‹«, das erneut zum Leben erweckt worden sei. Die
französische Presse beschäftigten mit wachsender Beunruhigung die Fragen:

> Welche Absichten verfolgt Bonn in der ausgehenden Ära Breschnew gegenüber den gesprä
> chiger werdenden Sowjets? Ist nicht Deutschland für die Verlockungen des Ostens immer
> empfänglich gewesen? [...] Komme es nicht am Ende zu einer allmählich ›finnlandisier
> ten‹ Bundesrepublik Deutschland oder gar zu einem neutralisierten Gesamtdeutschland,
> das 79 Mio. Deutsche umfasst und Frankreich ohne schützendes Vorfeld ließe[107]?

Dem Botschafter zufolge verrieten all diese Fragen wieder einmal, wie wenig man in Frankreich wirklich vom jeweiligen Denken der Deutschen wisse.
Die französischen Kommentare, welche in der außenpolitischen Richtung der
Bundesrepublik die »Gefahr eines Ausbrechens Deutschlands aus der westlichen Gemeinschaft«[108] erkennen wollten, schienen die frühere Einschätzung
Herbsts zu bestätigen, dass angesichts der »außerordentlichen Verschiedenheit der beiden Völker, ihrer Kultur und ihrer Geschichte und wegen ihrer
traditionellen Rivalität«[109] Missverständnisse zwischen ihnen immer möglich
blieben und die unterschiedlichen Mentalitäten sich auch im politischen Bereich auswirkten.

Die hieraus für die Regierungspolitik zu ziehenden Konsequenzen konn-

---

[105] Siehe PA-AA, Zwischenarchiv, Nr. 113562, Schreiben des deutschen Botschafters in Paris, Axel Herbst, an das Auswärtige Amt bezüglich des französischen Deutschlandbildes
vom 4. Dezember 1978, S. 1.

[106] Ibid.

[107] Ibid., S. 2; vgl. zu diesem Abschnitt auch die Memoiren des ehemaligen französischen
Botschafters François SEYDOUX, Botschafter in Deutschland. Meine zweite Mission
1965–1970, Frankfurt a.M. 1978, die Herbst als symptomatisch für die in Frankreich
vertretene Auffassung galten, Deutschland sei schon in der Vergangenheit immer wieder
geneigt gewesen, seinen östlichen Versuchungen nachzugeben und bleibe daher auch in
der Gegenwart ein Unsicherheitsfaktor für seine Nachbarn.

[108] PA-AA, Auslandsvertretungen, Botschaft Paris, Bd. 13523, Schreiben der deutschen
Botschaft Paris an das Auswärtige Amt betreffend die französischen Äußerungen über
Deutschland im Zuge des Europawahlkampfes vom 1. Juni 1979, S. 1.

[109] Siehe PA-AA, Auslandsvertretungen, Botschaft Paris, Bd. 13523, Schreiben des
deutschen Botschafters in Paris, Axel Herbst, an das Auswärtige Amt betreffend
»Deutschland und Frankreich« vom 24. Januar 1978, Zitat S. 2.

ten, wie ein Botschaftsbericht formulierte, mithin nur sein, »die Basis unserer Gemeinsamkeiten noch mehr zu verbreitern, und zwar auch dann, wenn Interessendifferenzen oder Mentalitätsunterschiede den Weg zu einer gemeinsamen Haltung erschweren«[110]. Beruhigend blieb in westdeutscher Perspektive, dass zumindest der französische Staatspräsident und seine Regierung der Bundesrepublik in positiver Weise gegenüberstanden und bestrebt waren, die französischen Debatten um Wiedervereinigung und Neutralität unter Kontrolle zu halten. Wenn auch damit zu rechnen sei, wie Botschafter Herbst urteilte, dass mindestens zu Lebzeiten der gegenwärtigen Generation das Deutschlandbild immer wieder mit negativen Assoziationen verbunden werde, »so können wir doch darauf vertrauen, dass die positiven Akzente von der breiten Bevölkerung vermehrt gesehen und in zunehmendem Maße akzeptiert werden«[111]. Die weitere Entwicklung der Einstellung der Franzosen zum neuen Deutschland werde zukünftig allerdings entscheidend dadurch bestimmt, in welchem Umfang es den Deutschen gelinge, das bereits bestehende Vertrauen zu pflegen und auszubauen.

Schenkt man den zeitgleich erstellten Berichten der französischen Diplomaten Glauben, so waren angesichts der in Frankreich neu entflammten Ängste vor einem wiedervereinigten Deutschland solcherlei vertrauensbildende Maßnahmen dringlich angezeigt. Bereits Ende November 1978 hatte auch die politische Abteilung des Quai d'Orsay konstatiert, dass die deutsche Frage auf die Titelseiten der französischen Zeitungen zurückgekehrt sei, verbunden mit der vielerorts zu lesenden Vermutung, sie werde sich in einer mehr oder weniger nahen Zukunft auch tatsächlich stellen[112]. Zahlreiche französische Journalisten, so hielten die Diplomaten fest, spekulierten über die Existenz eines deutsch-sowjetischen Plans, der ein wiedervereinigtes und zunächst neutrales Deutschland zum Ziel habe, das sich früher oder später unter das Banner des moskowitischen Kommunismus stelle.

Dieses von Misstrauen geprägte Klima in der Presse führte die Verantwortlichen im Pariser Außenministerium zu dem Urteil: »Ainsi trente ans après la fin de la guerre, quinze ans après la signature du traité de l'Élysée, les réactions de la presse indiquent-elles pour une part de l'opinion, l'ère du soupçon à l'encontre de la République fédérale n'est toujours pas dépassée«[113]. Wenn auch für einen großen Teil der Franzosen Westdeutschland der beste Verbündete sei, so bleibe doch, wie weiter erläutert wurde, sein Platz in Europa weiterhin zu definieren. In der französischen Presselandschaft werde

---

[110] PA-AA, Auslandsvertretungen, Botschaft Paris, Bd. 13523, Aufzeichnung der deutschen Botschaft Paris betreffend »Deutschland und Frankreich – Herbst 1978«, S. 5.

[111] PA-AA, Zwischenarchiv, Nr. 113562, Schreiben des deutschen Botschafters in Paris, Axel Herbst, an das Auswärtige Amt vom 4. Dezember 1978, S. 2f.

[112] AMAE Paris-La Courneuve, Europe, RFA 1976–1980, Bd. 3999, Vermerk betreffend »La presse française et la RFA« vom 25. November 1978, S. 1–4.

[113] Ibid., S. 4.

deshalb, zumal vor dem Hintergrund des wachsenden internationalen Gewichts der Bundesrepublik, regelmäßig die Frage aufgeworfen, ob die Ostpolitik der Bonner Regierung nicht auf lange Sicht darauf ausgerichtet sei, über die Entwicklung von Handelsbeziehungen und menschlichen Kontakten hinaus die beiden deutschen Staaten wieder zu vereinen[114]. Unter der Oberfläche vorhandene Ängste könnten hierdurch immer wieder mobilisiert, deutschfranzösische Konflikte geschürt werden.

Nicht zuletzt diese Einsicht bestärkte die Regierungen in Bonn und Paris in ihrer oftmals gemeinsam bekundeten Absicht, im Sinne eines besseren wechselseitigen Verständnisses auf die Menschen in beiden Ländern einzuwirken. Ziel war es, das in Frankreich durch die Presseberichterstattung genährte Misstrauen gegenüber den wieder bedrohlich erscheinenden »incertitudes allemandes«[115] abzubauen. In dieser Hinsicht galt beiden Seiten vor allem die gezielte Einladung von Journalisten aus dem jeweiligen Nachbarland als wesentliches Instrument der Verständigungsarbeit. Dem zugrunde lag die Erkenntnis, dass diejenigen, die es vermochten, Einfluss auf die Meinungsbildung von Franzosen und Deutschen auszuüben, in ihrer Einstellung zum Nachbarland günstiger gestimmt werden müssten. »Störungen der ›öffentlichen‹ Beziehungen«[116] seien, wie die Diplomaten der deutschen Botschaft formulierten, schließlich immer möglich. Daher müsse man sich versichern, dass im Falle deutsch-französischer Spannungen im Bereich der Medien Persönlichkeiten vorhanden seien, welche durch ihre Berichte, Reportagen und Kommentare für Ausgleich sorgen konnten.

Ausgehend hiervon war die bundesdeutsche Vertretung in Paris in Zusammenarbeit mit den Generalkonsulaten darum bemüht, das Interesse französischer Journalisten an Deutschland, vor allem der in ihrem Deutschlandbild noch nicht gefestigten Nachwuchsredakteure, zu wecken und zu vertiefen. Durch Botschaft und Bundespresseamt organisierte Informationsreisen nach Westdeutschland würden sich, so hoffte man, »auf die Deutschlandberichterstattung der entsprechenden Medien und damit längerfristig auch auf das Deutschlandbild in der veröffentlichten Meinung

---

[114] Siehe ibid. sowie AMAE Paris-La Courneuve, Europe, RFA 1976–1980, Bd. 3999, Vermerk bezüglich der deutsch-französischen Beziehungen in den Jahren 1977 und 1978 vom 1. Dezember 1978, S. 3.

[115] Vgl. hierzu Friedrich W. HUSEMANN, Wolf SIEGERT, Helmut Schmidt et les incertitudes allemandes, in: Documents 37/1 (1982), S. 38–58; Klaus Otto NASS, Incertitudes allemandes, in: Dokumente 26/5–6 (1970), S. 287–294; zurückzuführen ist dieses Schlagwort auf Pierre VIÉNOT, Incertitudes allemandes. La crise de la civilisation bourgeoise en Allemagne, Paris 1931; der Titel der deutschen Übersetzung lautet: Ungewisses Deutschland. Zur Krise seiner bürgerlichen Kultur, hg. v. Hans Manfred BOCK, Bonn 1999.

[116] PA-AA, Zwischenarchiv, Nr. 117461, Schreiben der deutschen Botschaft Paris an das Auswärtige Amt vom 10. Juli 1978, Anlage: Stellungnahme zu den Ausführungen Prof. Noacks über die deutsche Kulturpolitik in Frankreich, S. 1.

Frankreichs positiv auswirken«[117]. Indes habe dieses Instrument auch seine Grenzen, da sich, so die Prognose der Botschaft, ideologisch festgelegte Vertreter kritisch zur Bundesrepublik eingestellter Meinungsmedien hierdurch kaum beeinflussen ließen. Eine verzerrte Deutschlandberichterstattung komme schließlich häufig nicht aufgrund mangelnder Information, sondern als bewusster Versuch einer tendenziösen Meinungsbeeinflussung zustande[118]. Dennoch dürfe nichts unversucht gelassen werden, um die unbefriedigende Situation zum Besseren zu wandeln.

Zu einer ähnlichen Überzeugung gelangten auch die französischen Verantwortlichen. Ein Bericht der Interministeriellen Kommission für die deutsch-französische Zusammenarbeit vom Januar 1979 stellte etwa fest: »Il n'y a que rarement des réactions instinctives communes de l'opinion face aux événements et aux problèmes actuels. Les préjugés latents remontent vite à la surface. L'information insiste surtout sur l'inattendu qui est souvent le pire«[119]. Sowohl die direkte Einladung von Journalisten als auch die Verbesserung ihrer Ausbildung und ihrer Informationsmöglichkeiten könnten hier Abhilfe schaffen. Neben diesen Initiativen zur positiven Einwirkung auf die medialen Meinungsmacher förderten beide Regierungen im Rahmen ihrer kulturellen Verständigungsarbeit weiterhin den Erwerb sprachlicher und landeskundlicher Kompetenzen. Die »weit verbreitete Unkenntnis über das Nachbarland«[120] sollte auf diese Weise verringert, »Klischees, die den Blick für die politische, wirtschaftliche, soziale oder kulturelle Realität verstellen«, durch »wirklichkeitsnähere Bilder« ersetzt werden[121]. Vor allem die Kenntnis der Partnersprache stellte, wie immer wieder betont wurde, eine unerlässliche Notwendigkeit für das Verstehen des jeweiligen Nachbarn dar, »pour la compréhension réciproque«[122]. In den Kursen der Instituts français und des Goethe-Instituts, den Austausch- und Seminarprogrammen des DAAD und des DFJW sowie im Sprachunterricht der allgemeinbildenden

---

[117] BA, B 145, Bd. 13413, Schreiben der deutschen Botschaft Paris an das Presse- und Informationsamt der Bundesregierung vom 1. September 1978, S. 1; vgl. auch ibid., Schreiben der deutschen Botschaft Paris an das Auswärtige Amt vom 4. September 1978, S. 1f.

[118] Siehe PA-AA, Zwischenarchiv, Nr. 117461, Schreiben der deutschen Botschaft Paris an das Auswärtige Amt vom 10. Juli 1978, Anlage: Stellungnahme zu den Punkten 6 und 7 der »Gedanken zur Kulturpolitik in Frankreich« von Prof. Noack, S. 2f., Zitat S. 3.

[119] AMAE Paris-La Courneuve, Europe, RFA 1976–1980, Bd. 3999, Bericht der Interministeriellen Kommission für die deutsch-französische Zusammenarbeit bezüglich der öffentlichen Meinungen in Frankreich und der Bundesrepublik vom 29. Januar 1979, S. 2.

[120] PA-AA, Auslandsvertretungen, Botschaft Paris, Bd. 13523, Vermerk der deutschen Botschaft Paris betreffend die Möglichkeiten zur Verbesserung der deutsch-französischen Zusammenarbeit vom 24. November 1978, S. 1.

[121] PA-AA, Auslandsvertretungen, Botschaft Paris, Bd. 13523, Schreiben des deutschen Botschafters in Paris, Axel Herbst, an das Auswärtige Amt vom 4. Januar 1979, S. 2.

[122] AMAE Nantes, Bonn Ambassade, Bd. 322, Schreiben des französischen Botschafters in Bonn, Olivier Wormser, an Außenminister Jean Sauvagnargues vom 21. Juni 1976, S. 2.

Schulen sollten daher die entscheidenden Grundlagen geschaffen werden, damit Deutsche und Franzosen sich nicht vorschnell die Polemiken und einseitig negativ gefärbten Meinungen der Presseberichterstattung zu eigen machen und hierdurch zu einer kritischen Masse in den deutsch-französischen Beziehungen werden konnten[123]. Eine möglichst enge Verflechtung gerade auf den Gebieten der Bildung und Kultur galt den Regierenden als wesentliche Voraussetzung »für ein friedliches und für alle Seiten gedeihliches Zusammenleben«[124].

In der Herstellung solch verständigungsfördernder kultureller Verbindungen sahen sich die staatlichen Akteure durch die verschiedenen privaten Kräfte, welche sich für die deutsch-französische Annäherung engagierten, verlässlich unterstützt. Nicht zuletzt die im Rahmen der deutsch-französischen Städtepartnerschaften initiierten Begegnungen und Austauschprozesse verfolgten die Regierungen mit äußerstem Wohlwollen, erblickten sie doch in den Verschwisterungen auf kommunaler Ebene, wie die westdeutschen Diplomaten im Dezember 1978 urteilten, eine tragende Säule der bilateralen Beziehungen[125]. »La plupart des jumelages«, so auch die Einschätzung auf französischer Seite, »constituent des réalités bien vivantes qui, au niveau des populations, contribuent d'une manière heureuse à supprimer les préjugés et les complexes dangereux que l'ignorance des réalités humaines ne manque jamais de susciter«[126]. Eine wesentliche Vermittlungs- und Koordinierungsfunktion bei der Anbahnung und Fortentwicklung der partnerschaftlichen Kontakte zwischen westdeutschen und französischen Städten und Gemein-

---

[123] Vgl. exemplarisch AMAE Nantes, Bonn Service culturel, Bd. 29, Rapport d'activités du Service culturel, année 1977/1978; AMAE Paris-La Courneuve, Europe, RFA 1976–1980, Bd. 3971, Vermerk bezüglich der Spezialisierung der Kulturinstitute in der Bundesrepublik vom 21. Juni 1979; BA, B 189, Bd. 26334, Schreiben des Bundesministeriums für Jugend, Familie und Gesundheit an den Koordinator für die deutsch-französische Zusammenarbeit vom 29. Januar 1979; AMAE Paris-La Courneuve, Europe, RFA 1976–1980, Bd. 4007, Vermerk bezüglich der deutsch-französischen Zusammenarbeit vom 16. November 1978, S. 6f.; AN Fontainebleau, ministère de l'Éducation nationale, Bd. 900672/38, Protokolle der Sitzungen der Interministeriellen Kommission für die deutsch-französische Zusammenarbeit vom 26. Januar 1978 und 22. Mai 1979; Das Deutsch-Französische Jugendwerk. DFJW-Dokumentation, hg. v. DFJW, Bad Honnef 1979; Jahresbericht 1979, hg. v. DAAD, Bonn 1980, S. 162–175; Znined-Brand, Deutsche und französische auswärtige Kulturpolitik, S. 121–218.
[124] PA-AA, Zwischenarchiv, Nr. 106864, Gesamtplan für die auswärtige Kulturpolitik 1977–1980 vom 15. Juni 1976, S. 3.
[125] Siehe PA-AA, Auslandsvertretungen, Botschaft Paris, Bd. 13523, Vermerk der deutschen Botschaft Paris bezüglich einer möglichen Verbesserung der deutsch-französischen Beziehungen vom 18. Dezember 1978, S. 1.
[126] AMAE Paris-La Courneuve, Europe, RFA 1971–1976, Bd. 3033, Schreiben des französischen Generalkonsuls in München, G. de la Villesbrunne, an Außenminister Jean Sauvagnargues betreffend die Städtepartnerschaften zwischen bayrischen und französischen Kommunen vom 14. August 1975, S. 6.

den kam weiterhin der IBU zu[127], die auch am Ende der 1970er Jahre für diesbezügliche Fragen Hauptansprechpartner amtlicher Stellen in beiden Ländern war[128]. Ihre Stellung beabsichtigte die Organisation zu nutzen, um, wie es in einem Memorandum aus dem Jahr 1978 hieß, »die schöpferische Kraft der Gemeinden [...] für die Verständigung zwischen Frankreich und Deutschland zu mobilisieren und einzusetzen, um unabhängig von den wechselnden Situationen der hohen Politik eine kontinuierliche Annäherung beider Länder zu gewährleisten«[129]. Studienreisen von Bürgermeistern und Verwaltungsbeamten in das jeweilige Nachbarland, mehrtägige Seminare mit deutschen und französischen Jugendlichen zu aktuellen gesellschaftspolitischen Themen und die Veranstaltung öffentlicher Jahreskongresse sollten einen Beitrag dazu leisten, die im Zuge der Diskussionen um die deutsche Frage zu Tage getretenen »alten Schranken des Mißtrauens zwischen den Völkern« zu überwinden[130]. Vor allem wollte die IBU erreichen, dass die Bevölkerungen über die Vorgänge im Partnerland nicht allein »durch die oft tendenziöse Berichterstattung der Presse und anderer öffentlicher Medien«[131] unterrichtet würden, sondern durch persönliche Begegnungen objektivere Eindrücke erhalten konnten.

Analog zur Bürgermeister-Union im Bereich der Städtepartnerschaften versuchte der ADFG die ihm angehörenden Gesellschaften im Sinne einer intensiveren Förderung der Verständigung zu aktivieren. In einem Rundschreiben vom Dezember 1978 machten die beiden Präsidenten des Arbeitskreises ihren Mitgliedern gegenüber deutlich, dass die Ursache der öffentlichen Verstimmungen, welche die Debatten um die Wiedervereinigung hervorgerufen hatten, insbesondere im mangelnden Informationsfluss zwischen beiden Ländern zu suchen sei. Die Gesellschaften sollten sich daher aufgefordert sehen, den Problemen des Nachbarn mehr Aufmerksamkeit

---

[127] Vgl. PA-AA, Zwischenarchiv, Nr. 178766, Vermerk für Bundesaußenminister Hans-Dietrich Genscher vom 15. März 1978.

[128] Vgl. hierzu beispielhaft StASt, Bestand 1020, Bd. 62, Schreiben des DFJW an die IBU vom 5. Juli 1976; ibid., Bd. 69, Schreiben der deutschen Botschaft Paris an die IBU vom 7. Juli 1975 und der Mairie de Villers-sur-Mer an die IBU vom 25. April 1974; ibid., Bd. 71, Schreiben des Abgeordneten der französischen Nationalversammlung, René Radius, an die IBU vom 19. Dezember 1975; ibid., Bd. 81, Schreiben des deutschen Generalkonsulats Marseille an die IBU vom 20. Oktober 1978; ibid., Bd. 482, Schreiben des Präfekten der Region Rhône-Alpes an die IBU vom 28. Februar 1979.

[129] StASt, Bestand 1020, Bd. 436, Die Internationale Bürgermeister-Union und ihre Tätigkeiten, 1978, S. 1.

[130] Vgl. Dreißig Jahre deutsch-französische Verständigung, S. 192–224, Zitat S. 224; StASt, Bestand 1020, Bd. 67, Studienreise französischer Bürgermeister nach Südwestdeutschland, 27. Mai–2. Juni 1979; ibid., Bd. 17, Protokoll der Sitzung des Verwaltungsausschusses der IBU am 18. April 1977 in Kornwestheim, S. 6; DFI-Archiv, Ordner IBU bis 1993, Programm des 41. deutsch-französischen Jugendleiter-Seminars vom 16.–22.9.1979 in Saint-Jean-de-Monts.

[131] Dreißig Jahre deutsch-französische Verständigung, S. 218.

denn je entgegenzubringen und sie im eigenen Land zu erklären[132]. Ihre Verständigungsarbeit müsse darin bestehen, »unseren Mitbürgern und unseren Freunden« objektive Informationen zu vermitteln[133]. Dabei genüge es nicht, die Herrlichkeiten der Schlösser an der Loire zu besingen, um deutsch-französische Auseinandersetzungen zu verhindern. Vielmehr sei den Deutschen aufzuzeigen, wie sich die politische, wirtschaftliche, soziale und gesellschaftliche Situation in Frankreich gestalte und umgekehrt. Nur auf Grundlage solch fundierter Kenntnisse sei es den Bevölkerungen möglich, die Kommentare der Presse in ihren Zusammenhang einzuordnen. Die Tätigkeit der Gesellschaften müsse daher »neben dem kulturellen Bereich, der notwendig und erforderlich ist«, künftig mehr auf den politischen Bereich ausgedehnt werden[134]. Die in diesem Zusammenhang anvisierte »beträchtliche Aktivierung der Verständigungsarbeit«[135] zielte im Einzelnen darauf ab, die öffentliche Präsenz des Arbeitskreises zu erhöhen[136], seine Verbindungen zu den Institutionen der Regierungsebene zu vertiefen und auf Konfliktsituationen mit raschen Gegendarstellungen in der Presse zu reagieren. Schließlich sollten die Führungspersönlichkeiten der Mitgliedsgesellschaften durch regelmäßige Seminare geschult werden, damit diese sich an ihrem jeweiligen Standort mit mehr Sachkompetenz in tagesaktuellen Debatten zu Wort melden konnten[137].

Um eine objektivere Befassung mit den Entwicklungen im Nachbarland ging es auch dem DFI. In Reaktion auf die seit Ende 1978 aufgetauchten medialen Verstimmungen führte es in Kooperation mit dem Institut français des relations internationales ein Kolloquium zum Thema »Entwicklung der französischen und deutschen Außenpolitik seit 1974« durch. Im Rahmen dessen kamen in Paris Ministerialbeamte des Auswärtigen Amts und des Quai d'Orsay, Wissenschaftler, darunter auch Alfred Grosser und Joseph Rovan, sowie Journalisten maßgeblicher Presseorgane aus beiden Ländern

---

[132] Siehe VDFG-Archiv, Ordner Vorstandssitzungen 1974–1976, Rundschreiben der Präsidenten des ADFG, Pierre Martin und Alfred Borgmann, an die Mitgliedsgesellschaften vom 21. Dezember 1978, S. 1.

[133] Siehe VDFG-Archiv, Mitteilungsblatt für die Deutsch-Französischen Gesellschaften 44 (1979), S. 23.

[134] Siehe ibid.

[135] PA-AA, Zwischenarchiv, Nr. 178766, Schreiben des deutschen ADFG-Präsidenten Alfred Borgmann an Bundesaußenminister Hans-Dietrich Genscher vom 4. März 1978, S. 1.

[136] So war der ADFG im September 1978 anlässlich des deutsch-französischen Gipfeltreffens etwa bei einem gemeinsam von Bundeskanzler und Staatspräsident gegebenen Abendessen vertreten, vgl. VDFG-Archiv, Ordner Arbeitskreis Korrespondenz 1977–1979, Jahresbericht des Arbeitskreises Deutsch-Französischer Gesellschaften für das Jahr 1978, S. 4f.

[137] Vgl. StAMa, Nl. 96, Bd. 12, Kurzprotokoll der Mitgliederversammlung des ADFG am 26. September 1978, S. 1f. und Kurzprotokoll der gemeinsamen Sitzung von Gesamtvorstand und Kuratorium am 24. August 1978, S. 1.

zusammen[138], um über die Ost-West-Beziehungen, die Frage der Wiedervereinigung und das Verhältnis zwischen Frankreich und Westdeutschland zu diskutieren. Da in der Öffentlichkeit immer wieder Krisen entstünden, die kaum aufgearbeitet würden, war es aus Sicht des Instituts erforderlich, die außenpolitische Orientierung der Nachbarländer in Form eines solchen deutsch-französischen Dialogs zu analysieren. Dieser sollte sich nach der Pariser Tagung im besten Falle zwischen den Teilnehmern fortsetzen und helfen, neuerlichen Verstimmungen vorzubeugen[139].

Demselben Ziel sah sich das BILD verpflichtet. Angesichts der sich in Frankreich manifestierenden Beunruhigung über die engeren Beziehungen der Bundesrepublik zur Sowjetunion wollte die Vereinigung mittels seiner Publikationen öffentliche Aufklärungsarbeit leisten. Wie Joseph Rovan in seiner Eigenschaft als Vize-Präsident des BILD auf einer Mitgliederversammlung im Januar 1979 formulierte, sollte hierbei den Aufgaben »information sur l'Allemagne« und »lutte contre les fausses informations et préjugés«[140] oberste Priorität zukommen[141]. Den Franzosen müsse vor allem ermöglicht werden, die Presseberichterstattung sachlich nachvollziehen und tendenziöse Kommentare als solche erkennen zu können. Rolle der »Documents« war daher: »permettre aux Français de contrôler l'information plus ou moins orientée que leurs journaux leur dispensent, en rétablissant les faits dans leur contexte, en fournissant une information complémentaire sans laquelle l'événement reste parfois incompréhensible«[142].

Neben den verschiedenen Assoziationen griffen auch die Mittlerpersönlichkeiten in die deutsch-französischen Diskussionen um die Frage der Wiedervereinigung ein. Alfred Grosser erklärte in Pressebeiträgen wiederholt, dass der in Frankreich bekundete Verdacht, die Bundesrepublik schere aus dem westlichen Lager aus, um in exklusiven Verhandlungen mit der Moskauer Führung Bewegung in die deutsche Frage zu bringen, jeglicher Grundlage entbehre. Auch im Rahmen ihrer ostpolitischen Initiativen habe die Bonner Regierung jederzeit erkennen lassen, dass sie die Rechte und Verantwortlichkeiten der Alliierten weiterhin wahre, zumal durch diese der

[138] Darunter Raymond Aron, André Fontaine (Le Monde), Paul-M. de la Gorce (Le Figaro), Robert Held (FAZ) und Klaus-Peter Schmid (Die Zeit).
[139] Vgl. DFI-Archiv, Ordner Kolloquium Außenpolitik Paris 1979, Skizze betreffend das Kolloquium »Entwicklung der französischen und deutschen Außenpolitik seit 1974« am 9. Juni 1979 in Paris.
[140] BILD-Archiv, Compte rendu des travaux de l'assemblée générale du BILD, 20 janvier 1979, annexe 5: Intervention de M. Joseph Rovan.
[141] Vgl. BILD-Archiv, Tätigkeitsbericht der Gesellschaft für übernationale Zusammenarbeit und des Bureau international de liaison et de documentation für das Jahr 1979.
[142] BILD-Archiv, Compte rendu des travaux de l'assemblée générale du BILD, 20 janvier 1979, annexe 4: Revue »Documents«; vgl. hierzu beispielhaft den Artikel von Alfred FRISCH, L'Allemagne fédérale: partenaire à part entière du directoire occidental, in: Documents 34/1 (1979), S. 131–137.

Fortbestand einer einheitlichen deutschen Nation gewährleistet werde[143].
Von dem Publizisten Patrick Wajsman nach dem französischen »Schreckge-
spenst Rapallo« befragt, antwortete Grosser: »Si l'on veut dire que l'Allemagne
risque de se jeter dans les bras des Russes, alors, franchement, je ne puis faire
mienne cette hypothèse«[144]. Im Grunde könne Westdeutschland seinen
französischen Kritikern gar nicht gerecht werden, vollkommen unabhängig
davon, welche Richtung es einschlage: »Depuis trente ans, chaque fois qu'un
gouvernement allemand a pratiqué une certaine ouverture vers l'Est, des
voix se sont élevées en France pour crier à la désertion; et chaque fois que
Bonn a durci son attitude envers Moscou et ses alliés, les mêmes voix se sont
stupidement empressées de stigmatiser le ›bellicisme allemand‹!«[145]

Allein der in der Bundesrepublik tief verwurzelte Antikommunismus führe
doch, wie Grosser erklärte, Spekulationen über ein deutsches Abdriften nach
Osten ad absurdum. Sein Weggefährte Joseph Rovan gab den Franzosen angesichts ihres Misstrauens gegenüber einem möglichen deutschen Einheitsstre-
ben, auch für den Fall, dass dieses nicht vollkommen von der Hand gewiesen
werden könne, lediglich den knappen Rat, in den Deutschen endlich normale
Nachbarn zu sehen. In einem Beitrag, der in »Le Nouvel Observateur« abgedruckt wurde, schrieb er: »Ce dont nous avons le plus besoin, c'est d'apprendre
enfin que les Allemands sont un peuple comme les autres«[146].

Die in Frankreich seit Ende 1978 erneut zu Tage getretenen Ängste vor einem wiedervereinigten Deutschland ließen auf Seiten der Regierungen die Erkenntnis reifen: »L'histoire de nos deux peuples est trop riche d'affrontements
pour que nos relations soient entièrement sorties de l'ère du soupçon«[147].
Als wesentlicher Urheber der fortbestehenden gegenseitigen Verdächtigungen galt den verantwortlichen Stellen in Bonn und Paris die oft tendenziöse
Presseberichterstattung, die, ähnlich wie bereits im Zuge der Debatten um
die Ostpolitik, als möglicher Ursprung künftiger Konflikte betrachtet wurde.
Die politisch Handelnden versuchten daher, Medien und Journalisten zu einer
objektiven Kommentierung der Entwicklungen im Nachbarland zu bewegen
und breiteren Bevölkerungsschichten Sprach- und Sachkenntnisse zu vermitteln, die unempfänglich für medial transportierte Vorurteile machen sollten.
Unterstützung erfuhren sie hierbei durch die deutsch-französischen Mittler,

---

[143] Vgl. hierzu beispielsweise Alfred GROSSER, Semblable et différente, in: L'Express,
24.03.1979, S. 34.
[144] Patrick WAJSMAN, La RFA, la France et les super-grands. Entretien avec Alfred Grosser,
in: Politique internationale 9 (1979/80), S. 7–18, hier S. 7f.
[145] Ibid., S. 8.
[146] Joseph ROVAN, Les Allemands, un peuple comme les autres, in: Le Nouvel Observateur,
07.04.1980, S. 28; vgl. dazu auch IMEC, Fonds Joseph Rovan, Schreiben Joseph Rovans
an Jean Daniel, Direktor von Le Nouvel Observateur, vom 18. März 1980.
[147] AMAE Paris-La Courneuve, Europe, RFA 1976–1980, Bd. 3999, Vermerk bezüglich der
deutsch-französischen Beziehungen in den Jahren 1977 und 1978 vom 1. Dezember
1978, S. 1.

die ihr intellektuelles Gewicht in die Waagschale der Verständigung warfen, sowie durch die verschiedenen privaten Vereinigungen, welche die Menschen beiderseits des Rheins durch ihre Dialog-, Presse- und Austauscharbeit aufklären, informieren und somit einer unvoreingenommenen Beurteilung des Nachbarlandes den Weg bereiten wollten.

An gutem Willen und leidenschaftlichen Einsatz fehlte es nicht bei den Streitern für Ausgleich und Freundschaft, doch war es ihnen, nimmt man die Gesamtheit der Auseinandersetzungen in den Blick, bis auf wenige Ausnahmen kaum möglich, zeitnah auf die öffentlichen Verstimmungen zu reagieren und unmittelbar in Debatten einzugreifen. Viele der beabsichtigten Initiativen blieben in der Planungsphase stecken, wohlmeinende Appelle verhallten ungehört, da ihnen das Publikum fehlte[148]. Die Verständigungsbemühungen, die weite Bevölkerungskreise erreichen sollten, scheinen vielfach fernab öffentlichen Interesses stattgefunden zu haben. Vor diesem Hintergrund konnten sie schwerlich dazu beitragen, Konfliktpotenzial aus den Diskussionen um die deutsche Frage am Ende der 1970er Jahre zu bannen.

3.1.3 Ein »Strom des Unverständnisses«: Dispute um die Friedensbewegung

Seit Herbst 1979 klangen die Debatten um die Frage der Wiedervereinigung sukzessive ab. Zur Beruhigung trug unzweifelhaft auch das nach außen demonstrierte deutsch-französische Einvernehmen angesichts der sowjetischen Militärintervention in Afghanistan bei[149]. Dieses kam insbesondere in einer gemeinsamen Erklärung Staatspräsident Giscard d'Estaings und Bundeskanzler Schmidts vom Februar 1980 zum Ausdruck, in welcher beide das Vorgehen der UdSSR als Gefahr für Stabilität und Frieden in den internationalen Bezie-

---

[148] So musste die IBU bereits seit 1973 mehrfach Seminare für deutsche und französische Jugendliche aufgrund mangelnder Beteiligung absagen. Der ADFG konnte, insoweit sich dies anhand der Quellen nachvollziehen lässt, weder sein Vorhaben verwirklichen, Gegendarstellungen in der Presse zu lancieren noch den Plan umsetzen, regelmäßige Seminare zur Schulung der Führungspersönlichkeiten der Mitgliedsgesellschaften einzurichten. Die Verantwortlichen des BILD klagten seit 1975 über die geringe Leserschaft der »Documents«, deren Bekanntheitsgrad in Frankreich als höchst unbefriedigend beurteilt wurde, siehe hierzu StASt, Bestand 1020, Bd. 325, Protokoll der Sitzung des Verwaltungsausschusses der IBU am 15. Oktober 1973 in Mâcon; VDFG-Archiv, Ordner Arbeitskreis Korrespondenz 1977–1979, Aufzeichnung zu den Tätigkeiten des Arbeitskreises, 1979; BILD-Archiv, Aufzeichnung des Chefredakteurs der »Documents«, Jean-Paul Picaper, betreffend »Documents im Jahre 1975«; Protokoll der erweiterten Präsidiumssitzung des BILD und der GÜZ am 8. November 1978.

[149] Vgl. Nicole GNESOTTO, Der sicherheitspolitische Dialog 1954 bis 1986, in: Karl KAISER, Pierre LELLOUCHE (Hg.), Deutsch-französische Sicherheitspolitik. Auf dem Wege zur Gemeinsamkeit?, Bonn 1986, S. 5–26, bes. S. 17; David N. GIBBS, Die Hintergründe der sowjetischen Invasion in Afghanistan 1979, in: Bernd GREINER, Christian Th. MÜLLER, Dierk WALTER (Hg.), Heiße Kriege im Kalten Krieg, Hamburg 2006, S. 291–314.

hungen verurteilten[150]. Nicht ohne Genugtuung wurde in der französischen Presse notiert, dass hierdurch die neutralistischen Tendenzen in der Bundesrepublik eingedämmt worden, die vom »rechten Weg« abgekommenen Nachbarn wieder an die Seite ihrer westlichen Alliierten und vor allem Frankreichs zurückgekehrt seien[151].

Die Beruhigung über den Partner jenseits des Rheins währte indes nicht lange. Die sich als Reaktion auf den NATO-Doppelbeschluss und die daraus resultierende Bestückung Westeuropas mit neuen amerikanischen Raketensystemen in der Bundesrepublik formierende Friedensbewegung sowie die dort erbittert geführten innenpolitischen Kontroversen um die Nachrüstung ließen die französischen Zeitungen erneut fragen, ob Deutschland gen Neutralismus treibe[152]. Bereits im Vorfeld eines Besuchs Helmut Schmidts in Moskau Ende Juni 1980 war in der Pariser Presse darüber gemutmaßt worden, ob der westdeutsche Regierungschef in Anbetracht der stärker werdenden Opposition im eigenen Lande und in der eigenen Partei vom Doppelbeschluss der nordatlantischen Allianz abrücken werde[153]. Zwar galt der Bundeskanzler selbst einer Mehrheit der französischen Beobachter in diesem Sinne als unverdächtig, doch wurde befürchtet, dass er dem Druck des linken SPD-Flügels nicht auf Dauer würde standhalten können[154]. In einem Beitrag für »L'Express« hielt Raymond Aron diesbezüglich fest: »La gauche du SPD, un tiers environ du groupe socialiste au Bundestag, incline vers la neutralité, avec la perspective vague d'une réunification allemande dans le cadre d'une Europe

---

[150] Siehe die gemeinsame Erklärung Staatspräsident Giscard d'Estaings und Bundeskanzler Schmidts vom 5. Februar 1980, in: KIMMEL, JARDIN (Hg.), Die deutsch-französischen Beziehungen, S. 225f.

[151] Vgl. Jérôme DUMOULIN, Le président, le chancelier et l'ours, in: L'Express, 16.02.1980, S. 54–56.

[152] Vgl. hierzu Stephan LAYRITZ, Der NATO-Doppelbeschluss. Westliche Sicherheitspolitik im Spannungsfeld von Innen-, Bündnis- und Außenpolitik, Frankfurt a.M. u. a. 1992; Michael ROIK, Der NATO-Doppelbeschluss und die Veränderung des antiautoritären Konsenses in der Bundesrepublik Deutschland, in: Karl Dietrich BRACHER (Hg.), Politik, Geschichte, Kultur. Wissenschaft in Verantwortung für die »res publica«. Festschrift für Manfred Funke zum 70. Geburtstag, Bonn 2009, S. 65–76; Rüdiger SCHMITT, Die Friedensbewegung in der Bundesrepublik Deutschland. Ursachen und Bedingungen der Mobilisierung einer neuen sozialen Bewegung, Opladen 1990; Andreas BURO, Friedensbewegung, in: ROTH, RUCHT (Hg.), Die sozialen Bewegungen in Deutschland seit 1945, S. 267–291; Wolfram WETTE, Von der Anti-Atombewegung zur Friedensbewegung (1958–1984), in: Michael SALEWSKI (Hg.), Das nukleare Jahrhundert. Eine Zwischenbilanz, Stuttgart 1998, S. 174–187; SCHMITZ, Zwischen Mythos und Aufklärung, S. 250–257; MEIMETH, Frankreichs Entspannungspolitik der 70er Jahre, S. 85–91; MIARD-DELACROIX, Im Zeichen der europäischen Einigung, S. 89–91.

[153] Siehe M. Schmidt et les euromissiles, in: Le Monde, 19.06.1980, S. 1; Incertitudes, in: Le Monde, 03.07.1980, S. 1.

[154] Vgl. zu den Auseinandersetzungen innerhalb der Sozialdemokratie Anton NOTZ, Die SPD und der NATO-Doppelbeschluss. Abkehr von einer Sicherheitspolitik der Vernunft, Baden-Baden 1990.

orientale socialiste, amie de l'Union soviétique, mais non desservie à elle. Le chancelier ne souscrit pas aux thèses de sa gauche, mais il en tient compte«[155].

Anfang 1981 schließlich bildeten – in Anbetracht des weiteren Anwachsens der Protestbewegung in der Bundesrepublik – Spekulationen über eventuelle Einschnitte im westdeutschen Verteidigungshaushalt den endgültigen Auslöser für das Wiedererwachen konkreter französischer Ängste vor den Entwicklungen im östlichen Nachbarland[156]. War nicht die Bonner Regierung, massiv beeinflusst durch die pazifistischen Strömungen, im Begriff, dem westlichen Verteidigungsverbund eine offene Wunde zuzufügen und die militärische Kooperation auch mit Frankreich aufzukündigen, um anschließend ihr Heil in der Neutralität zu suchen? So fragten die französischen Kommentatoren. Fern ihres früheren Status' als sicherer Garant des Nordatlantikpaktes sei die Bundesrepublik, wie »Le Monde« schrieb, mittlerweile von einer »fragilité dangereuse« erfasst worden, die sich zu einer ernstlichen Gefahr für Europas Sicherheit entwickeln könne[157]. Vor allem deswegen gerieten die Deutschen immer wieder in neutralistische Versuchungen, weil hierdurch die Hoffnung auf eine schrittweise Wiedervereinigung gestärkt werde. Diese könne für ein Volk, das unter der Teilung mehr gelitten habe, als es zugebe, nicht ohne Anziehungskraft sein[158].

Vor dem Hintergrund der nun wieder manifest gewordenen Befürchtungen vor einer »dérive allemande«[159] erschien die Friedenskundgebung im Bonner Hofgarten im Oktober 1981[160] französischen Beobachtern als bedrohliches Vorzeichen eines sich im Nachbarland Bahn brechenden

---

[155] Raymond ARON, L'alternative de Schmidt, in: L'Express, 29.11.1980, abgedruckt in: DERS., De Giscard à Mitterrand, S. 452–454, Zitat S. 454; vgl. auch Claire TRÉAN, Le chancelier Schmidt est confronté à une grave crise au sein de son parti, in: Le Monde, 08./09.02.1981, S. 2.

[156] Vgl. Rüstung: Sinkendes Schiff, in: Der Spiegel, 02.03.1981, S. 22–24; Wolfgang HOFFMANN, Rüstungshaushalt: Gestrichen, gestreckt und gekippt, in: Die Zeit, 13.03.1981, S. 8.

[157] Jean WETZ, Bonn compromet par ses réductions budgétaires la coopération militaire avec Paris et Londres, in: Le Monde, 10.03.1981, S. 1.

[158] Siehe Bernard BRIGOULEIX, La tentation du neutralisme en RFA, in: Le Monde, 09.09.1981, S. 1 und 6.

[159] Vgl. Jacques BARIÉTY, Les Français craignent-ils une dérive allemande?, in: France-Allemagne. Perceptions et stratégies nationales, hg. v. der Fondation pour les études de défense nationale, Paris 1988, S. 5–16; Ingo KOLBOOM, Im Westen nichts Neues? Frankreichs Sicherheitspolitik, das deutsch-französische Verhältnis und die deutsche Frage, in: Karl KAISER, Pierre LELLOUCHE (Hg.), Deutsch-französische Sicherheitspolitik. Auf dem Wege zur Gemeinsamkeit?, Bonn 1986, S. 68–89.

[160] Mehrere hunderttausend Menschen kamen hier am 10. Oktober 1981 zusammen, um gegen die im NATO-Doppelbeschluss vorgesehene Aufstockung des Raketenarsenals auf westdeutschem Boden zu demonstrieren. Die Kundgebung war die bis dahin größte Massendemonstration in der Geschichte der Bundesrepublik, vgl. hierzu Michael PLOETZ, Hans-Peter MÜLLER, Ferngelenkte Friedensbewegung? DDR und UdSSR im Kampf gegen den NATO-Doppelbeschluss, Münster 2004, S. 146 und S. 229.

»Nationalneutralismus«[161]. Mit der Macht einer Flutwelle hätten sich, wie »Le Monde« formulierte, pazifistische Tendenzen auf allen Ebenen der bundesdeutschen Gesellschaft ausgebreitet[162]. Diese sei, wie es in der Wochenzeitschrift »Le Point« Ende November 1981 hieß, geradezu von einem kollektiven Taumel erfasst worden, der die weiteren Entwicklungen jenseits des Rheins für Außenstehende völlig unkalkulierbar werden lasse[163]. Die Unberechenbarkeit der östlichen Nachbarn, die sich nicht nur mit aller Gewalt gegen die notwendige atomare Nachrüstung stemmten, sondern weiterhin mit dem Gedanken der Wiedervereinigung spielten, stelle angesichts einer aggressiver agierenden sowjetischen Außenpolitik eine reale Gefahr für Frankreichs vitale Sicherheitsinteressen im Rahmen des Ost-West-Gegensatzes dar. So klang dies in einer Reihe von Pressekommentaren an. Nicht zuletzt die in den Augen vieler französischer Berichterstatter zu abwartende, zu neutrale Haltung der Journalisten und der politischen Führungsriege in der Bundesrepublik im Zusammenhang mit der Verhängung des Kriegsrechts in Polen im Dezember 1981 schien schließlich die Einschätzung zu bestätigen, dass Deutschland der westlichen Welt mehr und mehr den Rücken kehrte[164]. Nicht die Elbe, sondern den Rhein sehe mancher Franzose bereits als Grenze zwischen Ost und West, wie der westdeutsche Journalist Klaus-Peter Schmid formulierte. Das derzeitige Unbehagen der Nachbarn spiegele Ängste, die das künftige deutsch-französische Verhältnis unweigerlich belasten würden[165].

Den bundesdeutschen Presseorganen war, so wird in diesem Kommentar deutlich, die neuerliche Beunruhigung in Frankreich nicht verborgen geblieben. Ganz im Gegenteil: Aufgrund der anhaltenden Diskussionen um

---

[161] Vgl. Karl-Heinz Janssen, Deutsche aus der Front?, in: Die Zeit, 13.11.1981, S. 3f.; hierzu ausführlich Alexander Gallus, Für ein vereintes Deutschland zwischen Ost und West: Neutralistischer Protest in der Bundesrepublik Deutschland, in: Dominik Geppert, Udo Wengst (Hg.), Neutralität – Chance oder Chimäre? Konzepte des Dritten Weges für Deutschland und die Welt 1945–1990, München 2005, S. 59–78; Alexander Gallus, Die Neutralisten. Verfechter eines vereinten Deutschland zwischen Ost und West 1945–1990, Düsseldorf 2001; Dong-Ki Lee, Option oder Illusion? Die Idee einer nationalen Konföderation im geteilten Deutschland 1949–1990, Berlin 2010.

[162] Siehe Claire Tréan, Le pacifisme en Europe I. – Allemagne fédérale: la vague de fond, in: Le Monde, 20.10.1981, S. 7; Dies., Entre le neutralisme et la peur. Les limites du pacifisme allemand, in: Le Monde, 06.02.1982, S. 1 und 3.

[163] Vgl. Le vertige allemand, in: Le Point, 23.11.1981, S. 74–79; weiterführend hierzu André Glucksmann, La force du vertige, Paris 1983 und Brigitte Sauzay, Le vertige allemand, Paris 1985.

[164] Siehe »Bonn hält ohne Scham Fiktionen aufrecht«. Französische Pressestimmen zur Polen-Haltung der Deutschen, in: Der Spiegel, 04.01.1982, S. 63; vgl. hierzu Mark Kramer, Die Sowjetunion, der Warschauer Pakt und blockinterne Krisen während der Breznev-Ära, in: Torsten Diedrich, Winfried Heinemann, Christan F. Ostermann (Hg.), Der Warschauer Pakt von der Gründung bis zum Zusammenbruch 1955 bis 1991, Berlin 2009, S. 273–336.

[165] Siehe Klaus-Peter Schmid, Im Zerrspiegel der Franzosen. An der Seine wächst das Mißtrauen: Reagieren die Deutschen richtig auf Polen?, in: Die Zeit, 08.01.1982, S. 5.

Friedensbewegung und Neutralismus rechneten manche Beobachter gar mit einer Abkühlung des persönlichen Kontakts zwischen Bundeskanzler und französischem Staatspräsidenten[166]. Vor allem das völlige Unverständnis für die Ereignisse in der Bundesrepublik habe, wie »Die Zeit« schrieb, in Frankreich einmal mehr Misstrauen und Zweifel gegenüber den deutschen Partnern geweckt. Zuvor hätten die Franzosen sich in einem langwierigen Prozess mit der zwar nicht immer angenehmen, aber berechenbaren Vorstellung arrangiert, Westdeutschland sei der amerikanischen Führungsmacht in blinder Loyalität verpflichtet und damit fest im atlantischen Bündnis verankert. Mit der Existenz eines abwehrbereiten Pufferstaates zwischen dem eigenen Territorium und den Staaten des Warschauer Paktes sei in diesem Szenario zumindest ein wesentliches französisches Grundbedürfnis gedeckt gewesen. Der westdeutsche Pazifismus, der in Frankreich nahezu automatisch mit neutralistischem Streben gleichgesetzt würde, bringe nun hingegen das gesamte französische Sicherheitskonzept ins Wanken. Darüber hinaus schüre er die Ängste davor, dass die Sowjetunion einer neutralen Bundesrepublik eines Tages doch die Wiedervereinigung anbieten könnte. Ein wie auch immer konzipiertes Großdeutschland, so kommentierte die Zeitung, wünsche sich in Frankreich schließlich niemand zum Nachbarn, auch wenn dies selten offen ausgesprochen werde[167]. Ähnlich urteilte auch »Der Spiegel«. Die Franzosen ängstige nach allen historischen Erfahrungen mit den »Boches« nicht nur der nie überwundene Alptraum von einem mächtigen, wiedervereinigten Deutschland. »Sie haben auch aus geographischen Gründen ein ausgeprägtes Eigeninteresse, daß die Bundesrepublik [...] Vorfeld eines möglichen nuklearen Schlagabtausches in Europa bleibt«[168].

Waren die französischen Sicherheitsinteressen für eine Mehrheit der bundesdeutschen Beobachter zumindest noch nachvollziehbar, so grenzte aus ihrer Sicht die in zahlreichen französischen Zeitungen vertretene Auffas-

---

[166] Vgl. August von KAGENECK, Paris macht sich Sorgen über »deutschen Neutralismus«, in: Die Welt, 07.01.1981, S. 1; Bernt CONRAD, Persönlicher Kontakt zwischen Schmidt und Giscard abgekühlt, in: Die Welt, 09.01.1981, S. 1; Rudolph CHIMELLI, In Paris spricht man nicht mehr von Détente. Vor dem Treffen Giscards mit Schmidt eine leichte Abkühlung im deutsch-französischen Verhältnis, in: SZ, 05.02.1981, S. 4.

[167] Siehe zu diesem Abschnitt Klaus-Peter SCHMID, Was ist bloß mit den Deutschen los? Pazifisten oder Nationalisten – ein großes Rätsel für Frankreich, in: Die Zeit, 11.12.1981, S. 5.

[168] »Unser Haus, unser Kiez, unser Bauch«. Gibt es einen neuen deutschen Nationalismus?, in: Der Spiegel, 01.02.1982, S. 36 und S. 38; vgl. auch: Paris denkt nach, in: Der Spiegel, 05.10.1981, S. 14f.; vgl. weiterführend zu diesem Abschnitt Pierre HASSNER, Was geht in Deutschland vor? Wiederbelebung der deutschen Frage durch Friedensbewegung und alternative Gruppe, in: Europa-Archiv 37/17 (1982), S. 517–526; Harald BAUER, Frankreichs Sicherheitspolitik und das geteilte Deutschland 1980–1985: Zwischen Kontrolle, Kooperation und Abhängigkeiten, Berlin 1987; Eckhard JESSE, DDR und deutsche Frage, in: DERS., Demokratie in Deutschland. Diagnosen und Analysen, hg. v. Uwe BACKES und Alexander GALLUS, Köln u. a. 2008, S. 99–165.

sung, die Friedensbewegung verkörpere einen typisch deutschen Hang zum Extremen und sei als Wegbereiterin eines neuen deutschen Nationalismus zu interpretieren, an den Rand des Absurden: »Dieser Spuk wird zwar nur von einigen Journalisten angezettelt. Doch er ist ernst zu nehmen, weil er auf nicht auszurottenden Klischees beruht. Diese Klischees haben ein langes Leben, weil die französische Haltung zum deutschen Nachbarn nach wie vor widersprüchlich ist«[169].

Angesichts der nunmehr in Fülle zwischen beiden Ländern kursierenden medialen Zerrbilder sahen sich die Regierenden in Bonn und Paris mehrfach zum Einschreiten genötigt. So sollte etwa eine gemeinsame Erklärung Helmut Schmidts und Valéry Giscard d'Estaings vom Februar 1981, in welcher beide die Treue Frankreichs und der Bundesrepublik zu den Verpflichtungen des atlantischen Bündnisses sowie ihre Entschlossenheit zur Aufrechterhaltung der Verteidigungsanstrengungen bekräftigten, zweifellos beruhigend auf die in Frankreich aufgekommenen Befürchtungen einwirken[170]. Auch eine Ansprache des Bundeskanzlers im Rahmen des Gipfeltreffens vom Februar 1982 in Paris, in welcher Schmidt den versammelten französischen Journalisten die Bonner Reaktion auf die Ausrufung des Kriegszustandes in Polen erläuterte, war dazu angetan, den Nachbarn zu verdeutlichen, dass ihre Sorgen unbegründet seien. Der westdeutsche Regierungschef, der, wie er angab, irritiert über manches gewesen sei, was er in der Pariser Presse über die deutsche Politik gelesen habe, zeigte sich hier zufrieden darüber, dass in Frankreich inzwischen gesehen werde, »daß wir weder in die Fußstapfen Hitlers oder Stalins treten wollten noch daß wir zu denjenigen gehören, die Herrn Breschnew die Füße küssen«[171].

Dennoch waren die medialen Dispute aus Sicht der Regierungsstellen Grund genug, um sich in Wachsamkeit zu üben. Den Diplomaten des Quai d'Orsay galten etwa die neu entflammten Debatten um die deutsche Wiedervereinigung und den Dialog zwischen Bonn und Moskau als beunruhigendes Anzeichen einer weiterhin nicht gefestigten Freundschaft zwischen beiden Ländern: »l'amitié entre la France et la RFA n'est pas définitivement acquise comme on le croirait trop facilement. Certes, les sondages indiquent que la RFA est considérée comme le pays le plus ami du nôtre mais

---

[169] Klaus-Peter Schmid, Was ist bloß mit den Deutschen los? Pazifisten oder Nationalisten – ein großes Rätsel für Frankreich, in: Die Zeit, 11.12.1981, S. 5; vgl. des Weiteren Mathias Greffrath, Albert Sellner, Lothar Baier, Pazifisten sind keine Nationalisten, in: Die Zeit, 13.11.1981, S. 37f.

[170] Vgl. die gemeinsame Erklärung Bundeskanzler Schmidts und Staatspräsident Giscard d'Estaings anlässlich der deutsch-französischen Konsultationen am 5. und 6. Februar 1981 in Paris, in: Bulletin des Presse- und Informationsamtes der Bundesregierung 12 (1981), S. 101f.

[171] Ansprache von Bundeskanzler Schmidt am 25. Februar 1982, in: Kimmel, Jardin (Hg.), Die deutsch-französischen Beziehungen, S. 242.

l'incompréhension d'une large partie de l'opinion à l'égard du pays voisin ne s'est guère atténuée«[172].

Die westdeutsche wie auch die französische Presse zeichne vom jeweiligen Nachbarland noch immer stereotype Bilder, welche die Bemühungen um Verständigung konterkarierten. Die in der Bundesrepublik an die Oberfläche tretenden anti-militaristischen Tendenzen, so das Urteil im Pariser Außenministerium, ließen in der französischen Öffentlichkeit den Verdacht wieder wach werden, Westdeutschland gleite nach Osten ab[173]. Ähnlich beunruhigt zeigten sich auch die politisch Verantwortlichen in Bonn. So stellte ein Bericht der Interministeriellen Kommission der Bundesregierung vom März 1982 fest, dass die seitens der Pariser Presse in ihrer Bedeutung überzeichnete deutsche Friedensbewegung alte Befürchtungen vor einem außerhalb der NATO und zwischen den Blöcken agierenden Deutschland geweckt habe, das Frankreich seines strategischen Glacis beraube[174]. Es sei daher, wie die deutsche Botschaft befand, »bei den Medien, besonders bei den tonangebenden privaten Zeitungen«, noch viel Raum für aufklärende Öffentlichkeitsarbeit gegeben[175].

Die verständigungspolitischen Anstrengungen beider Regierungen konzentrierten sich in Konsequenz dessen vor allem auf den Bereich des Informationswesens. Aussicht auf Erfolg hätten, wie man hier der Ansicht war, insbesondere Initiativen, die sich direkt auf die öffentliche Meinungsbildung auswirkten. Sie würden das gegenseitige Verständnis der Bevölkerungen auf lange Sicht vertiefen und damit Konflikte bereits im Ansatz entschärfen: »Pour correspondre à une réalité, c'est-à-dire pour résister aux crises éventuelles, la compréhension entre deux peuples doit à la fois être profonde et s'étendre aux couches les plus vastes des populations«[176], wie der Kulturrat der französischen Botschaft im Januar 1981 betonte. Dem Rechnung tragend, wurde in bilateralen Gesprächen etwa die Möglichkeit erörtert, ein regelmäßiges Austauschprogramm für Journalisten einzurichten, die im Rahmen

---

[172] AMAE Nantes, Bonn Ambassade, Bd. 326, Vermerk betreffend »La République fédérale d'Allemagne au milieu de l'année 1980« vom 2. Juli 1980, S. 12; vgl. auch AMAE Paris-La Courneuve, Europe, RFA 1976-1980, Bd. 3999, Schreiben des französischen Außenministeriums an die französische Botschaft Bonn vom 27. Februar 1980, Anlage: Vertraulicher Bericht über die deutsch-französische Zusammenarbeit vom 25. Februar 1980, S. 13f.

[173] Vgl. AMAE Nantes, Bonn Ambassade, Bd. 327, Vermerk betreffend »La République fédérale d'Allemagne au début de l'année 1981« vom 28. Januar 1981.

[174] Siehe DFI-Archiv, Ordner Büro des Koordinators 1975–1988, 24. Bericht der Interministeriellen Kommission für die deutsch-französische Zusammenarbeit vom März 1982, S. 5f., Zitat S. 5.

[175] AMAE Paris-La Courneuve, Europe, RFA 1976–1980, Bd. 4007, Schreiben der deutschen Botschaft Paris an das Büro des Koordinators für die deutsch-französische Zusammenarbeit im Auswärtigen Amt vom 24. Juni 1980, S. 2.

[176] AMAE Nantes, Bonn Ambassade, Bd. 366, Vermerk des Kulturrats der französischen Botschaft Bonn vom 5. Januar 1981, S. 1.

dessen zwei oder drei Monate im jeweiligen Nachbarland zubringen konnten, um das dortige Leben besser kennenzulernen und persönliche Beziehungen zu knüpfen[177]. Beide Seiten zogen ebenso eine verstärkte Zusammenarbeit zwischen den öffentlich-rechtlichen Fernsehanstalten in Betracht, aus welcher deutsch-französische Koproduktionen hervorgehen sollten, die Gelegenheit geben würden, einem größeren Publikum aktuelle politische Fragen aus einer gleichermaßen westdeutschen wie französischen Perspektive zu präsentieren[178]. Daneben fassten die politisch Verantwortlichen ins Auge, die als unbefriedigend geltende Bilanz des Sprachunterrichts an allgemeinbildenden Schulen in beiden Ländern aufzubessern[179]. Anfang 1980 waren der französische Bildungsminister Christian Beullac und sein westdeutscher Ansprechpartner Bernhard Vogel einhellig zu dem Schluss gekommen: »Für die deutsch-französischen Beziehungen ist nichts wichtiger, als daß mehr Franzosen besser Deutsch lernen und mehr Deutsche besser Französisch. Wir müssen also in beiden Ländern die Stellung der Partnersprache stärken«[180]. Um dies zu erreichen, verständigten sich beide Seiten darauf, Schülern und Eltern zusätzliche Anreize zu geben, die Sprache des Nachbarn als erste oder zweite Fremdsprache zu wählen. Die Mobilität von Schülern und Lehrern zwischen beiden Ländern sollte durch eine verstärkte Förderung entsprechender Austauschangebote erhöht und die bereits existierenden bilingualen Sektionen an westdeutschen Gymnasien und französischen *lycées* weiter ausgebaut werden[181]. Wesentliche Träger der kulturellen Verständigungspolitik im außerschulischen Bereich blieben darüber hinaus die Kulturinstitute, welche beide Regierungen im jeweiligen Nachbarland unterhielten. Ihre Aufgabe war auch jetzt klar umrissen: »l'approfondissement des connaissances qu'ont

177 Aus den Akten ist zu schließen, dass die Bemühungen zur Einladung von Journalisten im Jahr 1978 (siehe hierzu Kap. 3.1.2) ohne messbaren Erfolg blieben.
178 Vgl. AMAE Nantes, Bonn Ambassade, Bd. 366, Schreiben der französischen Botschaft Bonn an das französische Außenministerium vom 16. September und 10. Dezember 1980.
179 Vgl. hierzu AN Paris, 5 AG 3, Bd. 939, Aufzeichnung bezüglich des Staatsbesuchs Valéry Giscard d'Estaings in der Bundesrepublik und der deutsch-französischen Konsultationen am 10. und 11. Juli 1980, S. 1, wo es heißt: »Il apparaît indispensable que soit exprimée clairement, à l'occasion du sommet, la volonté politique des deux pays de promouvoir la langue du partenaire«.
180 BA, B 304, Bd. 2877, Bericht des Bevollmächtigten der Bundesrepublik Deutschland für kulturelle Angelegenheiten im Rahmen des Vertrages über die deutsch-französische Zusammenarbeit, Bernhard Vogel, anlässlich der 197. Kultusministerkonferenz am 21. und 22. März 1980 in Bonn, S. 4.
181 Vgl. AN Fontainebleau, ministère de l'Éducation nationale, Bd. 900672/38, Vermerk über die deutsch-französische Zusammenarbeit im Bildungsbereich vom 18. Juni 1980; AMAE Paris-La Courneuve, Europe, RFA 1976–1980, Bd. 4007, Protokoll der Sitzung der Interministeriellen Kommission für die deutsch-französische Zusammenarbeit vom 18. Juni 1980; AMAE Nantes, Bonn Ambassade, Bd. 366, Vermerk für den französischen Botschafter betreffend »Possibilités de développer les relations culturelles franco-allemandes« vom 25. August 1980.

les deux peuples de leurs voisins, de leur langue et de leur civilisation«[182].
Denn nur eine bessere Kenntnis des anderen, so die immer wiederkehrende
Argumentation, würde die Annäherung zwischen Deutschen und Franzosen
zu einem unumkehrbaren Prozess machen.

In der Verfolgung dieses Ziels sahen auch die verschiedenen Verständigungsorganisationen ihre hauptsächliche Bestimmung. Mit wachsender
Unruhe waren etwa beim ADFG die erneuten öffentlich hervorgetretenen
Spannungen beobachtet worden. In einem Rundschreiben an die Mitglieder
vom Dezember 1981 ist zu lesen: »Une certaine tendance de politique intérieure s'est développée dans nos deux pays, qui pourrait contribuer à créer
entre les Français et les Allemands, une nouvelle méfiance et de nouvelles
incompréhensions«[183]. Die Gesellschaften in beiden Ländern seien in Anbetracht dieser schwierigen Zeit dazu aufgefordert, durch ihre Tätigkeit den
Willen der Bevölkerungen zu einer wirklichen Kooperation zu stärken[184].
Den einzelnen Vereinigungen komme somit die verantwortungsvolle ge-
sellschaftspolitische Aufgabe »als Stabilisierungsfaktoren im Rahmen der
offiziellen deutsch-französischen Beziehungen« zu[185]. In dieser Funktion sei
es ihre Pflicht, durch unermüdliche Informationsarbeit auf die Öffentlichkeit
einzuwirken und vor allem mehr Menschen, nicht zuletzt die immer weniger interessierten Jugendlichen, für den deutsch-französischen Gedanken
zu gewinnen[186]. Seitens der amtlichen Stellen wurden die Aktivitäten der
Gesellschaften als durchaus wichtige Ergänzung der politischen Initiativen
angesehen. So bewertete der französische Botschafter in Bonn, Henri Froment-Meurice, ihre Rolle als »non négligeable dans l'élimination des clichés
et des préjugés que l'on rencontre encore dans notre pays«[187].

Ähnlich wie der ADFG sah sich auch das seit Ende der 1970er Jahre wesentlich durch seinen Vize-Präsidenten Joseph Rovan geprägte BILD einmal

---

[182] AMAE Nantes, Bonn Ambassade, Bd. 367, Vermerk des Kulturrats der französischen
Botschaft in Bonn bezüglich der deutsch-französischen Zusammenarbeit im kulturellen
Bereich vom 22. Mai 1981, S. 1.

[183] VDFG-Archiv, Ordner Vorstandssitzungen 1979–1982, Rundschreiben der Präsidenten
des ADFG, Pierre Martin und Siegfried Troch, an die Mitgliedsgesellschaften vom Dezember 1981.

[184] Siehe ibid.

[185] VDFG-Archiv, Ordner Vorstandssitzungen 1979–1982, Grundsatzrede des deutschen
Präsidenten des ADFG, Siegfried Troch, im Rahmen der 25. Jahrestagung des Arbeitskreises am 28. September 1980 in Donaueschingen, S. 1f.

[186] Vgl. VDFG-Archiv, Ordner Vorstandssitzungen 1979–1982, Ergebnisprotokoll über die
Sitzung des geschäftsführenden Vorstands des ADFG am 26. November 1982 in Wiesbaden, S. 3; Bericht des deutschen Präsidenten betreffend die 26. Jahrestagung des ADFG
in Contrexéville, August 1981; Aufzeichnung des deutschen Präsidenten bezüglich der
27. Jahrestagung der VDFG in Mainz vom 10. August 1982.

[187] AMAE Nantes, Bonn Ambassade, Bd. 314, Schreiben des französischen Botschafters in
Bonn, Henri Froment-Meurice, an das französische Außenministerium vom 10. September 1982, S. 3.

mehr zu verstärktem Handeln angehalten, um den krisenhaften Entwicklungen zwischen Frankreich und der Bundesrepublik entgegenzusteuern. Auch wenn das große Wort der deutsch-französischen Freundschaft oftmals bemüht werde, so hieß es im Tätigkeitsbericht des BILD für das Jahr 1980, stießen doch immer noch Äußerungen in der Presse auf das Misstrauen des Partners. Aufgrund unterschiedlicher Sprache und Mentalität, unterschiedlichen Denkens und divergierender geschichtlicher wie politischer Hintergründe würden bestimmtes Handeln und bestimmte Ereignisse im Nachbarland nicht verstanden. Diese Missverständnisse und Spannungen zu überwinden, sei weiterhin eine vordringliche Aufgabe. Die Vereinigung wolle gegenseitiges Vertrauen schaffen durch das Zusammenführen der Menschen aus allen sozialen Schichten, aus zahlreichen Berufs- und Interessengruppen und vor allem der Jugend. Diese praktische Arbeit werde intensiv durch die Informationsarbeit unterstützt, besonders durch die Zeitschriften »Dokumente« und »Documents«. »Sie sollen das Wissen um die Probleme des anderen Partners ergänzen und so auch für mehr Verständnis wirken«[188].

Neben Jugendbegegnungen, Studienreisen, sprach- und landeskundlichen Seminaren[189] organisierte das BILD auf Initiative Rovans zudem ab 1979 unter dem Titel »Rencontre avec une personnalité dirigeante allemande« regelmäßige Gesprächsrunden. Diese brachten westdeutsche Politiker, Industrielle oder Publizisten mit französischen Medienvertretern und weiteren Personen des öffentlichen Lebens in Paris zusammen und sollten in einen offenen Austausch auch über deutsch-französische Probleme einmünden. Dank seiner vielfältigen Verbindungen nach Westdeutschland konnte Rovan Bundespräsident Karl Carstens, die Bundesminister Hans Matthöfer und Hans-Jürgen Wischnewski sowie den Regierenden Bürgermeister von Berlin, Dietrich Stobbe, als Redner gewinnen. Dem offiziellen Teil einer solchen Veranstaltung folgte zumeist ein Empfang in der deutschen Botschaft, in dessen Rahmen ein engerer Kreis der Gäste die Möglichkeit hatte, begonnene Diskussionen zu vertiefen. Gerade in den informellen Kontakten, deren Entstehung und Pflege hierdurch gefördert werden sollte, sah Rovan essentielle Bedingungsfaktoren der deutsch-französischen Annäherung[190].

---

[188] BILD-Archiv, Tätigkeitsbericht 1980 der Gesellschaft für übernationale Zusammenarbeit und des Bureau international de liaison et de documentation, April 1981, S. 1f., Zitat S. 2.

[189] Vgl. BILD-Archiv, Tätigkeitsbericht der GÜZ und des BILD für das Jahr 1981, Juli 1982, S. 8–21.

[190] Vgl. zu diesem Abschnitt IMEC, Fonds Joseph Rovan, Schreiben des geschäftsführenden Vize-Präsidenten des BILD, Joseph Rovan, an Bundeswirtschaftsminister Otto Graf Lambsdorff vom 16. Februar 1979, an Bundesfinanzminister Hans Matthöfer vom 4. Dezember 1979, an Hans Friedrichs, Vorstandssprecher der Dresdner Bank, vom 28. Februar 1979 und an den Herausgeber des Nachrichtenmagazins »Der Spiegel«, Rudolf Augstein, vom 8. Oktober 1979; Vermerk zur Ansprache von Bundespräsident a.D. Walter Scheel beim BILD am 4. Dezember 1981.

Auch das DFI in Ludwigsburg erblickte wie das BILD und der ADFG seine Aufgabe darin, den scheinbar ins Stocken geratenen Verständigungsprozess von unten her zu stützen. So hielt Institutsleiter Robert Picht in einer Aufzeichnung vom November 1980 fest, dass die bereits von den Gründungsvätern des DFI ausgegebene Zielsetzung, das Gemeinsame zwischen Franzosen und Deutschen »langsam herausschälen« zu wollen, als dringlicher denn je angesehen werden könne. Vor allem die weiterhin oft unterschiedlichen Interessen beider Länder gelte es wissenschaftlich und politisch aufzuarbeiten. Präzise Kenntnisse des Partnerlandes seien ebenso erforderlich wie die Fähigkeit zur Verständigung auch über schwierige fachliche und politische Probleme. Hierzu reichten jedoch, wie Picht urteilte, in Anbetracht der aktuellen schwierigen Situation weder kurzfristige Begegnungen noch die im Élysée-Vertrag institutionalisierten Kontakte zwischen den Regierungen aus. Vielmehr könne die mühsame Arbeit gegenseitigen Informierens und Erklärens erst dann gelingen, wenn neben den bestehenden Verbindungen »auf neutraler Ebene ein vertiefter Dialog zwischen Wissenschaft, hoher Verwaltung, Politik, Wirtschaft, Verbänden und Massenmedien« geführt werde[191]. Diesen Dialog auch in Phasen des Konflikts beständig aufrecht und lebendig zu halten, betrachtete man im DFI als eine prioritäre Aufgabe. Die weiterhin veranstalteten deutsch-französischen Kolloquien und Expertengespräche[192] sollten hierzu ebenso dienen wie die Durchführung binationaler Forschungsprojekte, die daraus hervorgehende Publikation von Informationsschriften über Frankreich[193] sowie die Organisation landeskundlicher Seminare, etwa für Studierende an französischen *grandes écoles* und Universitäten[194]. Aus offizieller französischer Sicht kam dem Ludwigsburger Institut damit eine wichtige Funktion für die Überbrückung von öffentlich zu Tage tretenden Gegensätzen zwischen beiden Ländern zu. Botschafter Brunet urteilte im Oktober 1980:

Certaines institutions se donnent ouvertement et prioritairement pour but de favoriser le rapprochement entre les deux opinions publiques. Exemplaire est ainsi l'action menée, dans le domaine de la recherche et de l'établissement de contacts, par l'Institut franco-allemand

---

[191] DFI-Archiv, Ordner Tätigkeitsberichte 1978–1989, Aufzeichnung »Das Deutsch-Französische Institut Ludwigsburg« vom 7. November 1980, S. 1f., hier die Zitate; vgl. hierzu auch ibid., Bericht über die mittelfristige Planung des DFI vom 13. März 1981.

[192] Das im Dezember 1980 seitens des DFI organisierte 8. Deutsch-Französische Kolloquium befasste sich etwa mit dem Thema »Das Partnerland in Kultur, Wissenschaft und Medien«, vgl. DFI-Archiv, Ordner Deutsch-Französisches Kolloquium 1980, Bericht über die Ergebnisse des Kolloquiums vom 8. Dezember 1980.

[193] Vgl. beispielsweise Deutschland-Frankreich: Bausteine zum Systemvergleich, 2 Bde., hg. v. d. Robert-Bosch-Stiftung, Gerlingen 1980–1981; Robert PICHT (Hg.), Deutschland, Frankreich, Europa. Bilanz einer schwierigen Partnerschaft, München 1978; René LASSERRE (Hg.), La France contemporaine. Guide bibliographique et thématique, Tübingen ²1980.

[194] Siehe DFI-Archiv, Ordner Tätigkeitsberichte 1978–1989, Sachlicher Bericht zum Verwendungsnachweis 1981, S. 2.

de Ludwigsburg [...] qui par ses publications, par les colloques et rencontres qu'il organise, travaille en profondeur sur l'analyse des structures et des problèmes français[195].

Neben den Verständigungsorganisationen wurden auch die deutsch-französischen Mittlerfiguren nicht müde, in den Debatten um die westdeutsche Friedensbewegung ihre Stimme zu erheben. In »Le Monde« versuchte Alfred Grosser bei den Franzosen Verständnis für die Entwicklungen in der Bundesrepublik zu wecken, indem er betonte, dass die Deutschen vor allem deswegen für die Friedensidee demonstrierten, weil sie einst dazu gebracht worden seien, den Krieg zu bejubeln. Anders als in Frankreich, wo die *force de frappe* als Versicherung der nationalen Unabhängigkeit gelte und somit positiv gesehen werde, dominiere zudem in Westdeutschland, dem potenziellen Hauptkriegsschauplatz im Falle eines nuklearen Konflikts, hauptsächlich die negative Symbolwirkung der Atomwaffen. Zwar seien durch die Friedensbewegung, wie Grosser einräumte, destabilisierende Tendenzen entstanden, doch zu behaupten, diese hätten die über dreißig Jahre während Stabilität in der Bundesrepublik bereits abgelöst, sei verfrüht[196]. Den Deutschen wollte Grosser andererseits zu verstehen geben, dass das Misstrauen der französischen Nachbarn gegenüber den Ereignissen jenseits des Rheins nicht gar so groß sei, wie teilweise in den Medien dargestellt. Es fiele in Frankreich zwar manchem schwer, den plötzlichen Gesinnungswandel der jüngst noch als übertrieben pro-amerikanisch wahrgenommenen Bundesrepublik nachzuvollziehen, doch seien diejenigen, die antideutsche Traditionen fortsetzten und die Bedrohung eines nationalistisch eingefärbten Neutralismus in Deutschland beschwörten, Repräsentanten einer Minderheit[197].

Joseph Rovan schätzte die möglichen Bedrohungen durch die Friedensbewegung und die in ihrem Gefolge mobilisierten Kräfte weitaus kritischer ein als Grosser und war daher bestrebt, in beiden Ländern hiervor zu warnen. Seinen französischen Lesern gegenüber, denen Rovan, wie er schrieb, helfen wolle, die in Deutschland vor sich gehenden Wandlungsprozesse besser verstehen und die hieraus eventuell resultierenden Konsequenzen schärfer

---

[195] AMAE Paris-La Courneuve, Europe, RFA 1976–1980, Bd. 3999, Schreiben des französischen Botschafters in Bonn, Jean-Pierre Brunet, an Jean Laloy, Präsident der Interministeriellen Kommission für die deutsch-französische Zusammenarbeit, vom 10. Oktober 1980, S. 3.

[196] Vgl. »Diese Krise ist die schwerste«. Alfred Grosser über Tendenzen zur Destabilisierung der Bundesrepublik, in: Der Spiegel, 19.10.1981, S. 32–35, hier Abdruck des Artikels aus Le Monde in deutscher Übersetzung.

[197] Siehe »Frankreichs Trauma: die Niederlage von 1940«. Der französische Politologe Alfred Grosser über die Beziehungen zwischen Franzosen und Deutschen, in: Der Spiegel, 28.11.1983, S. 154–165; vgl. auch Alfred GROSSER, Das Recht auf ein offenes Wort. Ein Gespräch mit Bernard Brigouleix und Rupert Neudeck, in: Dokumente 39 (1983), Sonderheft, S. 107–117, hier S. 114–116; DERS., Was heißt Verständigung?, in: Robert PICHT (Hg.), Das Bündnis im Bündnis: deutsch-französische Beziehungen im internationalen Spannungsfeld, Berlin 1982, S. 233–239.

sehen zu können[198], machte er deutlich: »Aujourd'hui, confus, contradictoire, pareil à un fleuve aux cent bras et aux mille méandres le ›mouvement de paix‹ débouche sur une neutralisation«[199]. Die Massenproteste in der Bundesrepublik zielten auf die Erschütterung der Fundamente Bonner Außen- und Sicherheitspolitik seit 1949 und spielten letztlich der Sowjetunion in die Hände, die es darauf abgesehen habe, Westdeutschland von den USA und seinen europäischen Verbündeten zu entfernen. Angesichts der Entwicklungen im Partnerland sei es, so Rovan, nicht verwunderlich, dass die Franzosen in Unruhe versetzt worden seien. Doch dürfe diese Beunruhigung nicht in eine »vieille méfiance antigermanique«[200] münden, welche die deutsch-französische Zusammenarbeit unweigerlich gefährde. Gerade aufgrund der Schwere der Lage seien Deutsche und Franzosen dazu aufgerufen, fester zusammenzustehen denn je, um der um sich greifenden Destabilisierung die Stirn zu bieten. Insbesondere von den politisch Verantwortlichen in beiden Ländern forderte Rovan ein, »ihre Völker zu mobilisieren, um diese Bedrohungen zu bekämpfen«[201]. Nur auf diesem Wege des gemeinsamen Handelns sei die so notwendige Festigung der Beziehungen zwischen beiden Ländern und Bevölkerungen, eine tatsächliche »deutsch-französische Union«, zu erreichen[202].

Wie schon im Zuge der Debatten um die ostpolitischen Initiativen der Bundesregierung Willy Brandts und der Diskussionen über die deutsche Frage 1978 und 1979 war auch in den deutsch-französischen Auseinandersetzungen um Friedensbewegung und Neutralismus zu Beginn der 1980er Jahre eine Reihe der Kräfte aktiv, die sich dem Ziel verschrieben hatten, für Ausgleich und Freundschaft zwischen beiden Ländern und Bevölkerungen einzutreten. Wiederum sei nach den Auswirkungen ihrer Verständigungsarbeit gefragt: War es ihnen möglich, das in Frankreich medial geschürte Misstrauen gegenüber den »deutschen Ungewissheiten« einzudämmen, das auf westdeutscher Seite öffentlich zum Ausdruck kommende Gefühl, nicht verstanden und vor allem auch nach dreißig Jahren verlässlicher Zusammenarbeit noch immer argwöhnisch belauert zu werden, zu besänftigen? Gewiss: Die staatlichen Kulturinstitute füllten in beiden Ländern weiterhin eine wichtige Funktion aus, vermittelten Sprachkenntnisse, weckten Interesse für das Nachbarland. Die deutsch-französischen Gesellschaften warben lokal und

---

[198] Siehe Joseph Rovan, L'Allemagne du changement, Paris 1983, S. 9.

[199] Ders., Deux anniversaires, in: Espoir 42 (1982), S. 62–66, hier S. 64.

[200] Ders., L'Allemagne du changement, S. 9.

[201] Ders., Keine selbstzufriedenen Gedenkfeiern! Ein Wort zur Krisengefahr für Institutionen und Werte, in: Dokumente 39 (1983), Sonderheft, S. 5–10, hier S. 9.

[202] Siehe Ders., Dreißig Argumente für eine deutsch-französische Union, in: Ders., Werner Weidenfeld (Hg.), Europäische Zeitzeichen. Elemente eines deutsch-französischen Dialogs, Bonn 1982, S. 13–21; vgl. zu diesem Abschnitt auch Joseph Rovan, Wiedervereinigung Deutschlands – weder aktuell noch utopisch?, in: Deutschland-Archiv 14/9 (1981), S. 1000–1006; Ders., Vom Nächsten schlecht zu denken, liegt näher als das Gegenteil, in: Dokumente 38/1 (1982), S. 4f.

regional um Verständnis für den anderen, das BILD und das DFI brachten führende Persönlichkeiten zu offenen Gesprächen zusammen und betrieben mit ihren Publikationen Informationsarbeit. Und auch geistige Mittler wie Alfred Grosser oder Joseph Rovan taten ihren Teil, um zu erklären, zu beschwichtigen und zu ermutigen. Doch stand diesen steten Bemühungen ein Ende der 1970er Jahre bereits deutlich sichtbares und weiter zunehmendes Desinteresse an deutsch-französischen Aktivitäten seitens der Bevölkerungen gegenüber. Anzeichen hierfür waren etwa die sinkenden Schülerzahlen im Deutsch- und Französischunterricht, der schleichende Mitgliederschwund bei den verschiedenen privaten Vereinigungen und auch die Feststellung, dass Jugendliche auf beiden Seiten kaum noch für ein Engagement im Dienste der Aussöhnung zu begeistern waren. Wie konnte angesichts der Tatsache, dass der hierfür potenziell empfängliche Adressatenkreis sich zusehends reduzierte, die Verständigungsarbeit auf breitere Bevölkerungskreise einwirken und dazu beitragen, Spannungen zu beenden? Dass Alfred Grosser in einem Interview Ende 1983 bekannte, er habe nur selten gegen einen »so starken Strom des Unverständnisses anzuschwimmen«[203] gehabt wie in den Kontroversen um die Friedensbewegung, erscheint in dieser Hinsicht geradezu symptomatisch. Es erhärtet sich der Eindruck, dass die Protagonisten der deutsch-französischen Annäherung es trotz all ihrer Anstrengungen nicht vermochten, entscheidend auf die aus den französischen Ängsten vor einem neutralen und möglicherweise wiedervereinigten Deutschland gespeisten und öffentlich ausgetragenen Konflikte in der Zeitspanne zwischen beginnender Ostpolitik und Friedensbewegung einzuwirken.

3.2 »Unheimliche Nachbarn«: Frankreich und die starke Bundesrepublik

Dank eines rasanten Wachstums in den 1950er und 1960er Jahren gehörte die Bundesrepublik nur wenige Jahrzehnte nach der bedingungslosen Kapitulation von 1945 zu den wirtschaftsstärksten westlichen Industriestaaten[204]. In Westdeutschland produzierte Waren konnten schon bald wieder auf dem Weltmarkt konkurrieren, wurden, wie etwa der VW Käfer, gar zu veritablen Exportschlagern[205]. Auch die D-Mark etablierte sich neben dem US-Dollar

---

[203] »Frankreichs Trauma: die Niederlage von 1940«. Der französische Politologe Alfred Grosser über die Beziehungen zwischen Franzosen und Deutschen, in: Der Spiegel, 28.11.1983, S. 165.

[204] Vgl. Werner ABELSHAUSER, Deutsche Wirtschaftsgeschichte von 1945 bis zur Gegenwart, München ²2011.

[205] Siehe Gerhard VOLZ, Die Organisationen der Weltwirtschaft, München 2000, S. 62; vgl. auch Christopher KOPPER, Handel und Verkehr im 20. Jahrhundert, München 2002, S. 58.

als eine weltweit nachgefragte und äußerst stabile Währung[206]. Inmitten der Weltwirtschaftskrise, der Zeit nach dem Boom[207], galt Westdeutschland weiterhin als Hort des Wohlstands.

Darüber hinaus gewann die Bundesrepublik seit Initiierung der sozialliberalen Ostpolitik erheblich an außenpolitischem Format. Hatte Willy Brandt den gewachsenen ökonomischen und politischen Einfluss der Bundesrepublik noch durch ein moderates internationales Auftreten und das offen formulierte Bekenntnis zur deutschen Schuld an den Verbrechen des Zweiten Weltkriegs abgemildert und damit auch für die europäischen Nachbarländer erträglicher gemacht[208], so schien nach dem Amtsantritt Helmut Schmidts im Mai 1974 ein veränderter Tonfall in der Bonner Politik zu herrschen. Im Bewusstsein der Rolle, die das von ihm geführte Land inzwischen einnahm und auch eingedenk des Beitrags, den die Bundesrepublik etwa zur Finanzierung der Europäischen Gemeinschaft leistete, formulierte Schmidt gegenüber seinen Partnern nüchtern deutsche Interessen. Westdeutschland sollte nicht nur als gleichberechtigtes Mitglied der westlichen Staatenwelt handeln, sondern eigene Positionen auch in Dissens zu anderen vertreten dürfen[209].

Das forsche Auftreten des Bonner Regierungschefs rief bei den westeuropäischen Nachbarn stellenweise Missfallen hervor, hatten diese sich doch an einen bundesdeutschen Staat gewöhnt, der eigene Ansprüche nur mit Zurückhaltung anmeldete. Schmidts Habitus, der in klarem Gegensatz zu den Verhaltensmustern seines Amtsvorgängers zu stehen schien, wurde bald mit einem vermeintlich typisch deutschen Hang zum zackig Militärischen in Verbindung gebracht[210]. Sei es im Streit um den europäischen Agrarmarkt, angesichts der erdrückend wirkenden Wirtschaftskraft der Bundesrepublik oder anlässlich der ersten Direktwahl zum Europa-Parlament – viele ausländische Beobachter, so auch in Frankreich, gelangten zu der Auffassung, die wiedererstarkten Deutschen schickten sich unter Führung des ehemaligen Wehrmachtsoffiziers Schmidt an, Europa wieder unter ihre Kuratel zu stellen.

---

[206] Vgl. Harold JAMES, Die D-Mark, in: Étienne FRANÇOIS, Hagen SCHULZE (Hg.), Deutsche Erinnerungsorte. Eine Auswahl, München 2005, S. 369–384.

[207] Vgl. hierzu Anselm DOERING MANTEUFFEL, Lutz RAPHAEL, Nach dem Boom. Perspektiven auf die Zeitgeschichte seit 1970, Göttingen ²2010.

[208] Als Sinnbild für Brandts internationales Agieren kann der berühmt gewordene Kniefall des Bundeskanzlers vor dem Denkmal des Warschauer Ghetto-Aufstandes im Dezember 1970 gewertet werden, vgl. hierzu Christoph SCHNEIDER, Der Warschauer Kniefall. Ritual, Ereignis und Erzählung, Konstanz 2006; Klaus Dieter HEIN-MOOREN, Spontan oder geplant? Bemerkungen zu Willy Brandts Kniefall in Warschau, in: Geschichte in Wissenschaft und Unterricht 55 (2004), S. 744–753.

[209] Vgl. HACKE, 60 Jahre Außenpolitik der Bundesrepublik Deutschland, S. 497f.; Helga HAFTENDORN, Deutsche Außenpolitik zwischen Selbstbeschränkung und Selbstbehauptung 1945–2000, Stuttgart 2011, S. 439.

[210] Vgl. Martin RUPPS, Helmut Schmidt. Politikverständnis und geistige Grundlagen, Bonn 1997, S. 34f.

In den Konflikten, die hieraus erwuchsen, kam den Akteuren, die sich der deutsch-französischen Freundschaft verpflichtet sahen, die in mancher Hinsicht Ernüchterung hervorrufende Aufgabe zu, Brücken des Verständnisses zwischen beiden Ländern zu schlagen. Diesen Prozess nachzuvollziehen, setzten sich die folgenden Abschnitte zum Ziel.

3.2.1 Das »Diktat« Helmut Schmidts und der Streit um den europäischen Agrarmarkt

Hatten französische Befürchtungen, Westdeutschland könne aufgrund seiner ökonomischen Stärke danach trachten, Europa wirtschaftlich und politisch zu dominieren, bis 1974 weitgehend im Schatten der Kontroversen um die Bonner Ostpolitik gestanden[211], so traten sie nach dem Rücktritt Willy Brandts und befördert durch den Kontext der Weltwirtschaftskrise stärker in den Vordergrund. Das internationale Auftreten des neuen Bundeskanzlers Helmut Schmidt galt vielen französischen Beobachtern im Vergleich mit seinem Vorgänger bald als zu selbstbewusst, bisweilen arrogant und rechthaberisch. Sein außenpolitisches Agieren ließ in Paris den Eindruck eines seiner Schuldgefühle mehr und mehr entledigten Nachbarlandes entstehen, das mit seinen internationalen Partnern fortan mindestens auf Augenhöhe verhandeln wollte. Würde Westdeutschland, frei der Fesseln seiner Vergangenheit, wirtschaftlich und nun auch politisch wiedererstarkt, über kurz oder lang nicht zwangsläufig danach streben, den europäischen Nachbarn seinen Willen aufzuzwingen? Frankreich, so die Ängste, die auch durch das betont enge Einvernehmen zwischen Schmidt und Giscard d'Estaing kaum zu besänftigen waren, würde in diesem Falle endgültig auf den Platz eines deutschen Juniorpartners verwiesen.

Dabei war die Wahl Schmidts zum Bundeskanzler im Mai 1974 seitens der französischen Presse zunächst mehrheitlich begrüßt worden. Im Gegensatz zu dem zuletzt verbraucht wirkenden Visionär Brandt schien dessen tat- und willenskräftiger Nachfolger, wie »Le Monde« urteilte, der rechte Mann zu sein, um das angesichts der drohenden Rezession erforderliche Krisenmanagement zu leisten, wovon Frankreich doch nur profitieren konnte[212]. In das insgesamt

---

[211] Vgl. beispielsweise »Die germanische Seele ist geblieben«. Französische Zeitungen über die Wirtschaftskraft der Bundesrepublik, in: Der Spiegel, 08.12.1969, S. 145; Une parenthèse, in: Le Monde, 12.05.1971, S. 1; Paul-Jean FRANCESCHINI, Bonn et la manière forte, in: Le Monde, 21.08.1971, S. 2; Michael JUNGBLUT, Deutschland, Deutschland über alles?, in: Die Zeit, 09.01.1970, S. 22.

[212] Siehe À la recherche de l'efficacité, in: Le Monde, 16.05.1974, S. 1; vgl. auch Le rude langage d'un homme du Nord, in: Le Monde, 08.05.1974, S. 3; Michel TATU, »Sommet« franco-allemand: Vers un renforcement de la concertation, in: Le Monde, 01.06.1974, S. 1 und S. 4; André FONTAINE, Un entretien avec le chancelier Helmut Schmidt, in: Le Monde, 11.06.1974, S. 1 und S. 12.

positive Echo auf den Amtsantritt Schmidts mischten sich jedoch auch kritische Stimmen. Diese verwiesen insbesondere auf dessen soldatische Laufbahn während der NS-Zeit und hoben hervor, wie etwa »Le Nouvel Observateur«, dass das Deutschland des Wehrmachtsoffiziers Schmidt wohl kaum mehr dasselbe wie das des Exilanten Brandt sein könne. Vielmehr halte mit dem neuen Regierungschef unweigerlich ein autoritäres Moment in die Bonner Politik Einzug: »Schmidt est un socialiste ›impérial‹ et, dans le fond, très peu socialiste. Cela non plus, il ne le cache pas. Les Allemands veulent être gouvernés? Eh bien, ils le seront. Schmidt aime la loi et l'ordre. Il déteste les contradicteurs«[213]. In Bonn habe man es, wie die Zeitschrift andeutete, künftig mit für französische Belange wenig verständnisvollen Gesprächspartnern zu tun.

Diese Einschätzung schien sich nur einige Monate später durch das Verhalten der Bundesregierung in der schon früher oftmals kontrovers diskutierten Frage der Finanzierung des europäischen Agrarmarktes zu bestätigen[214]. Der Brüsseler Ministerrat hatte zunächst unter Zustimmung des westdeutschen Landwirtschaftsministers Josef Ertl für die Jahre 1975 und 1976 eine Anhebung der gemeinsamen Agrarpreise um fünf Prozent beschlossen. Für die Bundesrepublik bedeutete dies jedoch gleichzeitig Kürzungen der so genannten Grenzausgleichsbeträge, welche die Folgen der Währungsschwankungen für das Einkommen der Landwirte kompensieren sollten. So hätte Westdeutschland bei größerer Nettoeinzahlung weitaus weniger von der Preisanhebung profitieren können als etwa Frankreich, einer der hauptsächlichen Nutznießer. In Erkenntnis dessen verweigerte Helmut Schmidt Ende September 1974 dem Beschluss nachträglich seine Zustimmung[215]. Das Veto des deutschen Bundeskanzlers gegen eine Entwicklung, welche die Bundesrepublik in seinen Augen immer mehr in die Rolle eines »Zahlmeisters der Gemeinschaft«[216] drängte, entfachte in der französischen Presse einen Sturm der Entrüstung. Allenthalben sprossen nun Vermutungen über ein rauer werdendes Klima in den Beziehungen zwischen beiden Ländern[217].

---

[213] Gérard SANDOZ, François SCHLOSSER, Schmidt à la barre. À Bonn, des interlocuteurs peu compréhensifs pour la France, in: Le Nouvel Observateur, 21.05.1974, S. 39.

[214] Vgl. hierzu ausführlich Kiran Klaus PATEL, Europäisierung wider Willen. Die Bundesrepublik Deutschland in der Agrarintegration der EWG 1955–1973, München 2009.

[215] Vgl. Nicole LEUCHTWEIS, Deutsche Europapolitik zwischen Aufbruchstimmung und Weltwirtschaftskrise: Willy Brandt und Helmut Schmidt, in: Gisela MÜLLER-BRANDECK-BOCQUET u. a. (Hg.), Deutsche Europapolitik von Adenauer bis Merkel, Wiesbaden ²2010, S. 67–117, hier S. 106f.; Winfried von URFF, Agrarpolitik und Währungsentwicklung, in: Hermann PRIEBE (Hg.), Die agrarwirtschaftliche Integration Europas, Baden-Baden 1979, S. 41–67; ZIEBURA, Die deutsch-französischen Beziehungen seit 1945, S. 253f.

[216] Siehe Klaus Otto NASS, Der »Zahlmeister« als Schrittmacher? Die Bundesrepublik Deutschland in der Europäischen Gemeinschaft, in: Europa-Archiv 31/10 (1976), S. 325–336.

[217] Vgl. Alfred GROSSER, Frankreich und seine Außenpolitik 1944 bis heute, München, Wien 1986, S. 346–348; SCHMITZ, Zwischen Mythos und Aufklärung, S. 202–207; »Wer

Hatte Westdeutschland in der Perspektive vieler Kommentatoren bereits zuvor seine ökonomische Vormachstellung in Europa trotz Wirtschaftskrise ausbauen und seine Nachbarländer, insbesondere Frankreich, weit überflügeln können[218], so schickte es sich nun offenbar an, die erlangte Stellung zu nutzen, um den europäischen Partnern seine Politik der neu gewonnenen Stärke brutal aufzuzwingen. Gar das Schlagwort des »deutschen Diktats« ging nun um[219].

Mit preußischer Härte wolle Schmidt das wirtschaftliche Europa in deutschem Rhythmus marschieren lassen, schrieb etwa das Wochenmagazin »Le Point«. Die Tageszeitungen »Le Figaro« und »L'Humanité« sahen durch das außenpolitische Agieren des Bundeskanzlers bereits eine Rückkehr zu dem Deutschland Bismarcks und Hitlers drohen und bemühten abschreckende historische Vergleiche mit Emser Depesche und Münchener Abkommen[220]. In einem zwei Tage nach der Intervention des westdeutschen Regierungschefs in »Le Monde« veröffentlichten Kommentar fragte der Autor: »La brutalité avec laquelle le chancelier allemand cherche à ›mettre au pas‹ ses partenaires européens, annonce-t-elle que la ›nouvelle Allemagne‹ retrouve par une pente naturelle certains caractères de la ›mauvaise Allemagne‹ de naguère? M. Schmidt se veut-il un nouveau ›chancelier de fer‹«[221]?

Wenn die deutschen Nachbarn es auch nicht mit einem neuen eisernen Kanzler zu tun bekämen, so räumte der Kommentator anschließend ein, zeuge Schmidts Vorgehen doch von einer Tendenz zu autoritärem Verhalten und von einem neuen politischen Klima in der Bundesrepublik. Letztlich, dies das Fazit des Beitrags, werde vor allem deutlich, dass für Deutschland die Zeit einer demütig akzeptierten Schuld, die Zeit der Kniefälle von Warschau, endgültig vorbei sei. »Un peuple qui s'est toujours senti ›mal aimé‹ [...] et las d'avoir mauvaise conscience se trouve flatté par le coup de poing sur la table de Bruxelles«[222]. Ähnlich äußerte auch »Le Nouvel Observateur«, dass der Bonner Regierungschef sich nunmehr ohne Komplexe und im vollen Bewusstsein der nationalen Interessen seines Landes der neuen deutschen Machtfülle bediene. Die Krise um die Finanzierung des Gemeinsamen Agrarmarktes müsse daher den Nachbarländern der Bundesrepublik in Westeuropa eine Tatsache eindrücklich vor Augen führen: »Trente ans après la plus grande catastrophe de son histoire, l'Allemagne met non seulement en question les structures de

---

reich ist, muß zahlen«. Bundeskanzler Schmidts Politik der Stärke – letzte Chance für Europa?, in: Der Spiegel, 30.09.1974, S. 29–39.

[218] Vgl. Le réalisme allemand, in: Le Monde, 03.09.1974, S. 1.

[219] Vgl. Philippe MOREAU, Image de l'Allemagne. La presse française et le »véto« allemand à la hausse des prix agricoles, Lille 1975, S. 26.

[220] Siehe zu den Reaktionen in »Le Point«, »Le Figaro« und »L'Humanité« Henri MÉNUDIER, La politique d'Helmut Schmidt vue par la presse française, in: Études. Revue de culture contemporaine 341/12 (1974), S. 703–725, hier S. 716f.

[221] Une nouvelle Allemagne, in: Le Monde, 27.09.1974, S. 1.

[222] Ibid.

›l'Europe verte‹ mais formule clairement sa candidature au leadership en Europe occidentale«[223].

In der westdeutschen Presselandschaft wurden die harschen französischen Reaktionen mit Unverständnis und zum Teil unverhohlener Verärgerung aufgenommen[224]. Schließlich sei der deutsche Bundeskanzler, so eine hier vielfach vertretene Auffassung, mit seiner Entscheidung gegen eine Erhöhung der Agrarpreise für eine solide europäische Haushaltspolitik eingetreten, die allen EWG-Partnern gut anstünde. Diese blickten jedoch neiderfüllt auf den ökonomischen Klassenprimus Westdeutschland, dessen Geld zwar gerne genommen, dem aber aufgrund der historischen Schuld keine eigene interessengeleitete Außenpolitik zugestanden werde. Fast ein Vierteljahrhundert lang hätten die Europäer, wie »Der Spiegel« formulierte, deutsche Regierungen erlebt, die sich nationale Interessen ebenso schamhaft versagten wie den Versuch, die ökonomische Macht ihres Landes politisch aufzuwiegen. Nun schrecke die Bundesrepublik ihre Nachbarn plötzlich mit Selbstbewusstsein und unverhüllten Machtpositionen, die deutlich machten, dass die Ära der handzahmen Deutschen zu Ende gehe. Fassungslos sei in Frankreich registriert worden, dass die Vergangenheit der Bundesregierung nicht länger im Wege stehe: »Und sogleich werden, wie nicht anders zu erwarten, die alten Ressentiments wach«[225].

In dieselbe Richtung wies ein Artikel Theo Sommers, den »Die Zeit« Anfang Oktober 1974 veröffentlichte. Dieser stellte zunächst klar, dass die Bundesregierung ihre Zustimmung in Brüssel nicht kategorisch verweigert, sondern sie vielmehr an eine Reihe durchaus vernünftiger Voraussetzungen geknüpft habe. Den französischen Blättern sei daraufhin nichts Besseres eingefallen, als »die ›rüden Eselstritte‹ aus Bonn zu beklagen, das ›Diktat‹ eines neuen ›Eisernen Kanzlers‹, das ›Mit-der-Faust-auf-den-Tisch-Schlagen‹ eines ›autoritären Spielmachers‹. Von Emser Depesche war gar die Rede, als rüste sich der preußische Generalstab zur Mobilisierung«[226]. Daher drängten sich die Fragen auf, ob fast dreißig Nachkriegsjahre und sechzehn Jahre Partnerschaft in der Europäischen Gemeinschaft nicht ausgereicht hätten, um die Nachbarn davon zu überzeugen, dass Westdeutschland nicht mehr

---

[223] Gérard SANDOZ, »Le ›boche‹ ne paiera plus«. Comment et pourquoi le chancelier Schmidt a provoqué le »coup de tonnerre« du 25 septembre, in: Le Nouvel Observateur, 30.09.1974, S. 71–73, Zitat S. 73.

[224] Siehe hierzu Raymond POIDEVIN, Die Vernunftehe 1945–1975, in: DERS., Jacques BARIÉTY, Frankreich und Deutschland. Die Geschichte ihrer Beziehungen 1815–1975, München 1982, S. 423–464, hier S. 443f.; vgl. auch BAUMS, Die deutsch-französischen Beziehungen von 1969–1982, S. 311; F. Roy WILLIS, Deutschland, Frankreich und Europa, in: Wolfram F. HANRIEDER, Hans RÜHLE (Hg.), Im Spannungsfeld der Weltpolitik. 30 Jahre deutsche Außenpolitik (1949–1979), Stuttgart 1981, S. 159–181.

[225] »Wer reich ist, muß zahlen«. Bundeskanzler Schmidts Politik der Stärke – letzte Chance für Europa?, in: Der Spiegel, 30.09.1974, S. 29.

[226] Theo SOMMER, Das Diktat der Vernunft. Schmidts Faustschlag hat den Nebel über Europa gelichtet, in: Die Zeit, 04.10.1974, S. 1.

das »Dritte Reich« Adolf Hitlers sei, ob zudem für die Bundesrepublik andere Maßstäbe angelegt würden als für die übrigen Partner und ob schließlich die Deutschen wider bessere Einsicht sachgerechte Forderungen fallen lassen sollten, bloß weil andere hierdurch dazu gebracht werden könnten, »in der Reminiszenzenkiste unserer Vergangenheit zu wühlen«[227]. Konfrontiert mit diesen Fragestellungen, so klingt in Sommers Artikel an, müssten die europäischen Nachbarländer der Bundesrepublik, auch Frankreich, endlich begreifen, dass der Bonner Außenpolitik weder Gegnerschaft zu Brüssel, noch »teutonische Lust zur Vorherrschaft« Pate stehe[228].

In den sich ausgehend von der Frage der Agrarpreise entwickelnden medialen Gefechten um ein vermeintliches Hegemonialstreben Westdeutschlands wurde seitens der amtlichen bundesdeutschen Stellen seit Herbst 1974 eine nicht unerhebliche Gefahr für das freundschaftliche Verhältnis zwischen Frankreich und der Bundesrepublik gesehen. In ihrem politischen Halbjahresbericht vom Januar 1975 gelangte die deutsche Botschaft in Paris zu der Einschätzung, dass sich Giscards Frankreich dem Nachbarn gegenwärtig unterlegen fühle und konstant bemüht sei, den westdeutschen Vorsprung aufzuholen. Die stabilitätspolitischen Erfolge, das Selbstbewusstsein und »ein in Frankreich oft unterstellter europäischer Führungsanspruch der neuen Bundesregierung«[229] reichten vor diesem Hintergrund aus, um die französische Öffentlichkeit tiefgehend zu beunruhigen. So seien durch den Streit um die Agrarpreiserhöhung, wie der Bericht konstatierte, »viele der überkommenen antideutschen Klischees«[230] wieder aufgedeckt worden. Botschafter Sigismund von Braun hielt es, wie er an das Auswärtige Amt schrieb, für wichtig zu wissen, dass derartige Befürchtungen in Frankreich trotz aller festzustellenden positiven Entwicklungen unterschwellig weiter vorhanden seien und plötzlich durchbrechen könnten, wenn Bonn und Paris aneinandergerieten[231]. Die Kontroverse um die Preisanhebung hätte, wie von Braun urteilte, nicht nur zu einer Reserviertheit in der Zusammenarbeit der beiden Regierungen bei Agrarfragen geführt[232] – zumal die Unwilligkeit der Bundesrepublik, Zahlmeister zu sein, Frankreich am Geldbeutel treffe –,

---

[227] Ibid.
[228] Ibid.
[229] PA-AA, Zwischenarchiv, Nr. 109188, Politischer Halbjahresbericht der deutschen Botschaft Paris vom 14. Januar 1975, S. 5.
[230] Ibid.
[231] Siehe PA-AA, Auslandsvertretungen, Botschaft Paris, Bd. 13524, Schreiben des deutschen Botschafters in Paris, Sigismund von Braun, an das Auswärtige Amt betreffend »Deutsch-französische Beziehungen nach anderthalb Jahren Präsidentschaft Giscard d'Estaing« vom 27. Oktober 1975, S. 5.
[232] Siehe PA-AA, Zwischenarchiv, Nr. 109189, Schreiben des deutschen Botschafters in Paris, Sigismund von Braun, an das Auswärtige Amt vom 30. Oktober 1975, S. 2f.

sondern stellten auch auf lange Sicht eine »ernste potentielle Belastung des deutsch-frz. Verhältnisses« dar[233].

Für die französische Vertretung in Bonn, deren Hauptaugenmerk den Reaktionen der westdeutschen Zeitungen galt, kam in den Debatten um den Agrarmarkt vor allem ein seit dem Amtsantritt Helmut Schmidts in der Presselandschaft der Bundesrepublik beständig lauter werdender Ruf nach außenpolitischer Gleichberechtigung zum Ausdruck: »les porte-parole de l'opinion revendiquent le droit d'être enfin traités sur le même pied que les autres peuples, celui de pouvoir adopter les mêmes attitudes que les voisins pour défendre les intérêts nationaux de l'Allemagne«[234]. Darüber hinaus werde in der Berichterstattung des Nachbarlandes immer häufiger mit dem Gedanken gespielt, dass Westdeutschland aufgrund seines ökonomischen Gewichts und seiner »rôle de ›payeur‹« eine führende Stellung in Europa einnehmen müsse[235]. Vor diesem Hintergrund werde die gemeinsame europäische Agrarpolitik, wie es in einem späteren Botschaftsbericht heißt, in der Bundesrepublik vornehmlich betrachtet als eine »absurdité ruineuse imposée par la France à ses partenaires, pour son seul profit«[236]. Dieses Bild, an dessen Verbreitung die westdeutschen Presseorgane aus Sicht der französischen Diplomaten wesentlichen Anteil hatten, konnte den Beziehungen zwischen beiden Ländern nur abträglich sein.

In Anbetracht der in Frankreich um sich greifenden Befürchtungen vor deutschen hegemonialen Ambitionen sowie der sich gleichzeitig in Westdeutschland verbreitenden Auffassung, die schlecht wirtschaftenden französischen Nachbarn alimentieren zu müssen, dafür aber keine dem angemessenen politischen Einflussmöglichkeiten gewährt zu bekommen, stand die Informations- und Kulturarbeit der Regierungen vor schwierigen Aufgaben: »Das Bild vom Partnerland bleibt in beiden Staaten noch verbesserungsbedürftig«, wie die Koordinatoren für die deutsch-französische Zusammenarbeit, Carlo Schmid und Pierre-Olivier Lapie, mit Blick auf die öffentlich zum Tragen gekommenen Auseinandersetzungen konstatierten[237]. Allerdings finde, so betonte das Bundespresseamt im Oktober 1974, die Ab-

---

[233] PA-AA, Zwischenarchiv, Nr. 109189, Aufzeichnung des deutschen Botschafters in Paris, Sigismund von Braun, für das Auswärtige Amt vom 4. November 1975, S. 4 und S. 12.

[234] AMAE Paris-La Courneuve, Europe, RFA 1971–1976, Bd. 2998, Schreiben der französischen Botschaft Bonn an das französische Außenministerium betreffend »La France vue à travers la presse allemande« vom 30. Oktober 1974, S. 5.

[235] Siehe ibid.; vgl. hierzu auch, AMAE Paris-La Courneuve, Europe, RFA 1971–1976, Bd. 3007, Vermerk betreffend »Position allemande avant la rencontre entre M. Giscard d'Estaing et M. Schmidt« vom 27. Mai 1974, S. 2f.

[236] AMAE Nantes, Bonn Ambassade, Bd. 318, Bericht des französischen Botschafters in Bonn, Jean-Pierre Brunet, über das Frankreichbild in der Bundesrepublik vom 26. September 1980, S. 11.

[237] PA-AA, Zwischenarchiv, Nr. 111200, Auszug aus der Ergebnisniederschrift der Koordinatorengespräche im Rahmen der deutsch-französischen Gipfelkonsultationen am 25./26. Juli 1975 in Bonn, S. 10.

sicht, die gegenseitige Darstellung in den Massenmedien von Ressentiments und historischen Reminiszenzen zu befreien, ihre Begrenzung in der demokratischen Meinungsfreiheit der Publizistik. Paris und Bonn sollten dennoch gemeinsam versuchen, alle vorhandenen Möglichkeiten auszuschöpfen, die zu einer Versachlichung der Berichterstattung beitragen könnten[238]. Diesbezügliche Beratungen fanden vor allem im Rahmen regelmäßiger Gespräche zwischen den Regierungssprechern statt. Hier wurden Medienbeiträge thematisiert, welche das Nachbarland in ein ungünstiges Licht rückten, Überlegungen angestellt, in welcher Form etwa auf bestimmte Presseorgane mäßigend eingewirkt und mit welchen Maßnahmen ein »impact psychologique«[239] bei den Bevölkerungen erzielt werden konnte. Es sei schließlich verfehlt, wie die deutsche Botschaft im März 1975 urteilte, zu viel von der bloßen Berufung auf die deutsch-französische Freundschaft zu erwarten. Im Sinne der Völkerverständigung und der Stabilität der Beziehungen zwischen beiden Ländern sollte die kulturelle Verständigungsarbeit vielmehr aktiv versuchen, die Menschen zu erreichen. Insbesondere durch die Vermittlung der Sprache und der *civilisation* des Partnerlandes könne man Unkenntnisse abbauen, Reibungsrisiken in einer enger werdenden Nachbarschaft mindern und den Rückfall in nationale Selbstbezogenheit verhindern. Nur durch eine solche »erzieherische Kleinarbeit« sei politischer Nutzen für Generationen zu erzielen[240].

Die bewährten Instrumente dieser Bemühungen waren aus westdeutscher Sicht vor allem die Stipendien- und Lektorenprogramme des DAAD, mit denen »die Erzieher von heute und die Multiplikatoren von morgen« erreicht würden, sowie die Sprachkurse und landeskundlichen Seminare der Goethe-Institute[241]. In französischer Perspektive fielen hierunter insbesondere die Initiativen zur Förderung des schulischen wie außerschulischen Französischunterrichts in der Bundesrepublik, die Informationsarbeit der Instituts français und die deutsch-französischen Begegnungen im Rahmen von Schüler- und Studentenaustausch[242]. Beide Seiten kooperierten darüber hinaus bei der Einrichtung bilingualer Sektionen an westdeutschen und französischen Schulen und dem Aufbau weiterer deutsch-französischer Gymnasien, die jeweils als Foren grenzüberschreitenden Austauschs, so

---

[238] Siehe BA, B 145, Bd. 11421, Schreiben des Presse- und Informationsamtes der Bundesregierung an den Koordinator für die deutsch-französische Zusammenarbeit, Carlo Schmid, vom 3. Oktober 1974.

[239] AMAE Paris-La Courneuve, Europe, RFA 1971–1976, Bd. 3025, Vermerk bezüglich der deutsch-französischen Zusammenarbeit im Bereich des Informationswesens vom 9. Oktober 1974, S. 2.

[240] Siehe PA-AA, Zwischenarchiv, Nr. 107749, Kulturpolitischer Jahresbericht 1974 der deutschen Botschaft Paris vom 19. März 1975, S. 4–8, Zitate S. 8.

[241] Siehe ibid., S. 9f.

[242] Siehe AMAE Nantes, Bonn Service culturel, Bd. 28, Rapport d'activités des services culturels, année 1973/74.

hoffte man, dazu beitragen würden, ein auf zwischenmenschlichen Beziehungen basierendes Fundament der Annäherung zu schaffen[243]. Letztlich sollten die verschiedenen Mittel der Auswärtigen Kulturpolitik dafür sorgen, dies zumindest die Vorgabe der Bonner Verantwortlichen, die bilateralen Beziehungen »gegen politisch bedingte Störungen abzusichern und ihnen über Krisen hinwegzuhelfen«, sie zudem »auf der Ebene menschlichen Verständnisses, menschlicher Interessenverflechtungen und positiv getönter Emotionen zu verankern«[244].

Helfer bei der Realisierung dieser ambitionierten Zielsetzungen konnten die staatlichen Stellen einmal mehr in den Reihen der Verständigungsorganisationen finden. Insbesondere ein Mitte Oktober 1974 durch das DFI veranstaltetes Kolloquium diente in dieser Hinsicht als Plattform einer offenen Diskussion über die jüngsten Verstimmungen des deutsch-französischen Verhältnisses. Unter dem Thema »Frankreich, Deutschland und die europäische Krise« kamen in Ludwigsburg über vierzig Politiker, Ministerialbeamte, Wissenschaftler und Journalisten aus beiden Ländern zusammen, darunter Vertreter der Außenministerien und Botschaften, verschiedener politischer Parteien, der französischen Rundfunk- und Fernsehanstalt ORTF und die Bonner beziehungsweise Pariser Korrespondenten von »Le Monde«, »Le Point« und »Die Zeit«[245]. Neben dem Aufzeigen von Möglichkeiten und Grenzen der bilateralen Regierungskooperation, welche Alfred Grosser in seinem Impulsvortrag als »völlig unzureichend, um die gemeinsamen Probleme zu lösen«[246], bezeichnete, ging es hierbei vor allem darum, nach den »Ursachen gegenseitigen Mißtrauens in der öffentlichen Meinung beider

---

[243] Vgl. AN Fontainebleau, ministère de l'Éducation nationale, Bd. 800486/1, Protokoll der Zusammenkunft des französischen Bildungsministers René Haby mit dem Bevollmächtigten der Bundesrepublik Deutschland für kulturelle Angelegenheiten im Rahmen des Vertrages über die deutsch-französische Zusammenarbeit, Hans Filbinger, am 7./8. Oktober 1974 in Paris, S. 4f.; PA-AA, Zwischenarchiv, Nr. 104053, Schreiben des Auswärtigen Amts an den Koordinator für die deutsch-französische Zusammenarbeit vom 20. Februar 1974, Anlage: Sechzehnter Bericht der Interministeriellen Kommission der Bundesregierung für die deutsch-französische Zusammenarbeit, S. 46–48.

[244] PA-AA, Zwischenarchiv, Nr. 104636, Ministervorlage der Kulturabteilung des Auswärtigen Amts bezüglich der Reform der Auswärtigen Kulturpolitik vom 22. November 1974, S. 4.

[245] Siehe DFI-Archiv, Ordner Tätigkeitsberichte 1968–1977, Sachlicher Bericht zum Verwendungsnachweis für 1974, S. 3f.; DFI-Archiv, Ordner Deutsch-Französisches Kolloquium 1974, Teilnehmerliste des Kolloquiums »Frankreich, Deutschland und die europäische Krise« vom 10.–13. Oktober 1974; vgl. auch BA, B 122, Bd. 12628, Vermerk bezüglich des Kolloquiums zum 25jährigen Bestehen des DFI Ludwigsburg vom 11. Oktober 1974.

[246] DFI-Archiv, Ordner Deutsch-Französisches Kolloquium 1974, Referat Alfred Grossers zum Thema »Möglichkeiten und Grenzen des deutsch-französischen Bilateralismus«, S. 3.

Länder«[247] zu suchen. Der Romanist Roland Höhne bescheinigte der westdeutschen Presse im Zusammenhang mit dem Streit um die Agrarpreise
etwa »Egozentrismus« und »Selbstgefälligkeit«[248]. Alte Interpretationsmuster
bestimmten die Frankreichberichterstattung weiterhin. Die Bundesrepublik
werde den Nachbarn in überheblicher Weise als Vorbild hingestellt, dem
nachzueifern sei, wollten die Franzosen gleichen wirtschaftlichen Erfolg
haben[249]. Ähnlich ernüchternd fiel das Urteil aus, das der Politikwissenschaftler Henri Ménudier über die französischen Medien fällte. Sowohl die
Kommentare, die Ängste vor einem machtlüsternen Deutschland schürten,
das Europa seinen Willen aufzwingen wolle, als auch die Emotionen, welche
das angebliche Diktat Helmut Schmidts geweckt hätten, zeugten, wie Ménudier ausführte, von medialen Überreaktionen, die die realen Verhältnisse
des Nachbarlandes völlig aus den Augen verloren hätten: »L'image d'une
›Allemagne repue, puissante, obsédée de Realpolitik‹, [...] ›libérée de ses
complexes‹ et servie par un nouveau ›chancelier de fer‹ prend des contours
de plus en plus nets«[250].

Dass die im Rahmen der Tagung durchgeführte Konfliktanalyse zu äußerst
kontroversen Gesprächen unter den Anwesenden, und vor allem zwischen
deutschen und französischen Teilnehmern führte, belegen die im Auswärtigen Amt und im Quai d'Orsay angefertigten Diplomatenberichte wie auch
die Reaktionen der Presse. »Wie bei einem Versöhnungstermin vor dem
Scheidungsrichter«[251] sei es in Ludwigsburg zugegangen, titelte etwa die
»Frankfurter Allgemeine Zeitung«. Die aus französischer Sicht »unzulässigen
deutschen Pressionen« in der Agrarfrage und der in Frankreich so wahrgenommene Hang der Deutschen, das in ökonomischen Schwierigkeiten
befindliche Nachbarland in arroganter Weise zu belehren, seien, wie ein
Bericht des Auswärtigen Amts festhielt, ohne falsche Rücksichtnahme zur
Sprache gekommen. Ebenso intensiv habe man über die vermeintliche »Rena-
tionalisierung der öffentlichen Meinung und der Politik« in Westdeutschland,
über den Vorwurf der deutschen Seite, den industriellen Rückstand Frankreichs finanzieren zu müssen und das sich in der Bundesrepublik ausbreitende
Gefühl, dass die Deutschen »jahrelang Frankreichs Launen ertragen hätten«,
debattiert[252]. Ein in dieser Weise offen geführter deutsch-französischer

[247] PA-AA, Zwischenarchiv, Nr. 109189, Schreiben des Leiters des DFI, Robert Picht, an das
Presse- und Informationsamt der Bundesregierung vom 28. Februar 1974, S. 1.

[248] DFI-Archiv, Ordner Deutsch-Französisches Kolloquium 1974, Referat Roland Höhnes
zum Thema »Die deutsch-französischen Beziehungen in der deutschen Presse«, S. 2.

[249] Siehe ibid., S. 3

[250] PA-AA, Zwischenarchiv, Nr. 109189, Referat Henri Ménudiers zum Thema
»L'Allemagne d'Helmut Schmidt vue par la presse française«, S. 3.

[251] Heinz STADLMANN, »Wie bei einem Versöhnungstermin vor dem Scheidungsrichter«,
in: FAZ, 16.10.1974, S. 12; vgl. auch Daniel VERNET, L'Institut franco-allemand de Ludwigsburg a fêté son 25ᵉ anniversaire, in: Le Monde, 19.10.1974, S. 2.

[252] Siehe zu diesem Abschnitt PA-AA, Zwischenarchiv, Nr. 109189, Vermerk betreffend die

Schlagabtausch sollte, so das erklärte Ziel des DFI, sich auf lange Sicht positiv sowohl auf die mediale Präsentation des Nachbarlandes als auch den politischen Umgang mit der anderen Seite und damit indirekt auf die Einstellung der Bevölkerungen zueinander auswirken. Ob aus der in Ludwigsburg geweckten Unruhe tatsächlich heilsame Kräfte würden hervorgehen können, so resümierte die »Stuttgarter Zeitung«, werde allerdings davon abhängen, wie diese sich über den kleinen Zirkel der Teilnehmer hinaus in Regierungen, Parlamente und Öffentlichkeit in beiden Ländern fortzusetzen vermöge[253]. Zumindest im Auswärtigen Amt wurde konstatiert, dass die Gespräche deutlich gemacht hätten, »wie stark emotionell [!] das Verhältnis zwischen beiden Ländern bestimmt ist« und sich hieraus der Schluss ziehen ließe, dass die Beziehungen »in der öffentlichen Darstellung nicht ohne den Einsatz positiver Emotionen gepflegt werden können«[254]. Ob die aus den Diskussionen resultierende Anregung, »die Vertretung unserer Interessen gegenüber Frankreich etwas anders zu artikulieren«[255], Eingang in weitere politische Überlegungen fand, ist jedoch nicht zweifelsfrei festzustellen.

Das Ziel, in Anbetracht der zwischen beiden Ländern aufgetretenen Spannungen den Gedanken der Verständigung in Politik, Medien und Bevölkerungen zu festigen, wurde zu gleicher Zeit auch von Paris aus verfolgt. Das BILD wollte, wie sein Präsidium festgehalten hatte, im Angesicht der Krise nicht nur als ruhender Pol objektiver Informationsvermittlung fungieren, sondern gleichermaßen als Austauschstelle geistige Eliten zusammenbringen[256]. Hiervon ausgehend führte die Organisation zwischen 1974 und 1976 regelmäßig Fortbildungsseminare für Journalisten durch, die mit den politischen, wirtschaftlichen und gesellschaftlichen Verhältnissen des Partnerlandes vertraut gemacht und somit zu Multiplikatoren positiver Deutschland- und Frankreichbilder in den Medien werden sollten[257]. Darüber hinaus machte es sich die seitens der Vereinigung herausgegebene

---

»Deutsch-Französische Tagung in Ludwigsburg zum Thema Frankreich/Deutschland und die europäische Krise« vom 15. Oktober 1974, S. 2–4, hier alle angeführten Zitate; vgl. auch AMAE Paris-La Courneuve, Europe, RFA 1971–1976, Bd. 3032, Schreiben des französischen Generalkonsuls in Stuttgart an den französischen Botschafter in Bonn vom 25. Oktober 1974.

253 Siehe Heinz Mörsberger, Michel und Marianne vor dem Scheidungsrichter. Bilanz eines Kolloquiums zum 25jährigen Bestehen des Deutsch-Französischen Instituts, in: StZ, 14.10.1974, S. 2.

254 PA-AA, Zwischenarchiv, Nr. 109189, Vermerk betreffend die »Deutsch-Französische Tagung in Ludwigsburg zum Thema Frankreich/Deutschland und die europäische Krise« vom 15. Oktober 1974, S. 5f.

255 Ibid., S. 6.

256 Siehe BILD-Archiv, Protokoll der Präsidiumssitzung der GÜZ und des BILD am 8. und 9. Juni 1974 in Paris, S. 4.

257 Siehe BILD-Archiv, Übersicht über die Tätigkeit der Gesellschaft für übernationale Zusammenarbeit und des BILD im Jahre 1974, S. 4; Tätigkeitsbericht 1974–1976 der GÜZ und des BILD, S. 27.

Zeitschrift »Documents« zur Aufgabe, auf medial verursachte Fehlwahrnehmungen und Vorurteile hinzuweisen und die französischen Leser über
die außenpolitischen Orientierungen und die ökonomische Entwicklung
Westdeutschlands aufzuklären[258], denn: »Die Beziehungen zwischen unseren beiden Ländern können erst dann fruchtbar sein, wenn ein möglichst
exaktes Wissen über die deutschen Gegebenheiten vorhanden ist«[259]. Auch
der ADFG, dessen Vorstand in den öffentlich ausgetragenen Auseinandersetzungen des Jahres 1974 eine Infragestellung der deutsch-französischen
Freundschaft erkannte, sah sich zum Handeln herausgefordert. Vor allem
die fast einhundert Mitgliedsvereinigungen in Frankreich und der Bundesrepublik verschafften dem Zusammenschluss die Möglichkeit, mit allen
gesellschaftlichen Gruppen zu kommunizieren und auf weite Bevölkerungskreise auszustrahlen, wie der Präsident des ADFG formulierte. Dieser Weg
müsse indes noch mehr genutzt werden als zuvor, die Tätigkeit auf regionaler
Ebene stärker vorangetrieben und seitens der einzelnen Gesellschaften eine
kontinuierliche Presse- und Informationsarbeit geleistet werden[260]. Schenkt
man dem Urteil der offiziellen bundesdeutschen Stellen Glauben, war diese
Strategie durchaus erfolgreich. Der Koordinator der Bundesregierung für die
deutsch-französische Zusammenarbeit gelangte etwa zu der Einschätzung,
dass die »Gesellschaften in beiden Ländern eine sehr wesentliche Funktion
als Unterbau unserer deutsch-französischen Politik der Verständigung und
Zusammenarbeit haben«[261].

Flankiert wurden die Anstrengungen der kulturpolitischen Akteure und
privaten Vereinigungen für eine Stabilisierung des deutsch-französischen
Verhältnisses zudem durch die publizistischen Interventionen der geistigen
Mittler. Pierre Bertaux hatte bereits seit 1973 in Frankreich darauf hingewiesen, dass die deutschen Nachbarn auf dem Wege seien, die Traumata der
Vergangenheit hinter sich zu lassen, sich von der alliierten Vormundschaft
sukzessive zu emanzipieren, die Nachkriegszeit somit zu überwinden: »Les
représentants du gouvernement français trouveront devant eux des partenaires désormais sans complexes et n'ayant plus envers la France les motifs de

---

[258] Vgl. beispielhaft Robert Picht, La perception de l'information par l'opinion publique,
in: Documents 29/1 (1974), S. 75–82; Robert Haerdter, Le vingt-cinquième anniversaire de la RFA, in: Documents 29/3 (1974), S. 6–10; Alfred Frisch, Puissance et fragilité,
in: Documents 29/4 (1974), S. 6–16; Dossier: L'Allemagne et l'Europe, in: Documents
30/1 (1975), S. 39–88.

[259] BILD-Archiv, Tätigkeitsbericht 1974–1976 der GÜZ und des BILD, S. 12.

[260] Siehe VDFG-Archiv, Ordner Vorstandssitzungen 1974–1976, Kurzprotokoll der
Mitgliederversammlung des ADFG im September 1974 in Kassel; Protokoll der
Vorstandssitzung des ADFG am 30. November 1974 in Mainz; Kurzprotokoll der Ge-
samtvorstandssitzung am 4. September 1975 in Amiens.

[261] PA-AA, Zwischenarchiv, Nr. 109189, Aufzeichnung des Koordinators für die deutsch-
französische Zusammenarbeit, Carlo Schmid, bezüglich des Arbeitskreises Deutsch-
Französischer Gesellschaften vom 12. September 1975, S. 2.

complaisance qu'ils pouvaient encore avoir eus naguère«[262]. In Konsequenz dieses gleichsam natürlichen Entwicklungsprozesses verschaffe die Bundesrepublik ihrem ökonomischen Gewicht auf europäischer Ebene und auch Frankreich gegenüber in stärkerem Maße Geltung als zuvor. Die Verfolgung ökonomischer Interessen sei jedoch ihr gutes Recht. Daraus den Schluss zu ziehen, die Deutschen strebten nach einer Vormachtstellung in Westeuropa, so klingt es bei Bertaux an, zeuge von einer Verkennung der Realität.

Joseph Rovan zog aus den seit 1974 zu Tage getretenen Konflikten den Schluss, dass die Zusammenarbeit zwischen Frankreich und Westdeutschland auf öffentlicher und staatlicher Ebene aufgrund von »psychologisch-soziologisch bestimmten Kommunikationsschwierigkeiten«[263] weiterhin gehemmt bleibe. Die Schuld daran war seiner Auffassung nach zu gleichen Teilen auf westdeutscher wie auf französischer Seite zu suchen. In Frankreich werde die ökonomische Stärke der Bundesrepublik regelmäßig überschätzt, was in der Öffentlichkeit allzu oft empfindliche Reaktionen und Ängste vor einem deutsch dominierten Europa auslöse, zumal in Anbetracht eines selbstbewusst auftretenden Bundeskanzlers[264]. Umgekehrt sei in Westdeutschland »ein Wiederanwachsen der Strömung festzustellen, die in Frankreich ein unordentliches Gemeinwesen sieht, das seine eigenen Probleme nicht lösen kann und diese Unfähigkeit mit politisch/diplomatischen Prätentionen verbindet, die in keinem Verhältnis zu den wirklichen Kräften und Möglichkeiten Frankreichs stehen«[265]. Dabei seien durch die neue französische Regierung und den Staatspräsidenten viele wirtschaftliche und soziale Problemlagen erkannt und angegangen worden und auch die Europa-Politik Frankreichs zeichne sich durch ein neues Klima aus, durch inhaltlich und formell gemäßigte Positionen und eine konziliante Haltung gerade auch in der Frage der Agrarpreise[266]. Den Deutschen empfahl Rovan mithin ein weniger selbstgefälliges Auftreten sowie eine ernsthafte und unvoreingenommene Auseinandersetzung mit der Situation des Nachbarlandes, den Franzosen mehr Vertrauen in die deutschen Partner und insgesamt mehr Gelassenheit beim Blick nach Osten.

In ähnlicher Weise wie Rovan galt schließlich auch Alfred Grosser die Krise um die Agrarpreiserhöhung als deutliches Anzeichen dafür, wie leicht einerseits bei einem nicht unerheblichen Teil der französischen Bevölkerung

---

[262] Pierre BERTAUX, Les élections du 19 novembre et les rapports franco-allemands, in: Allemagne d'aujourd'hui 36 (1973), S. 57–62, hier S. 59.

[263] Joseph ROVAN, Dreißig Jahre Gesellschaft für übernationale Zusammenarbeit, in: Dokumente 32/4 (1976), S. 263–268, hier S. 264.

[264] Vgl. DERS., Histoire de la social-démocratie allemande, S. 456–463, bes. S. 462.

[265] DERS., Dreißig Jahre Gesellschaft für übernationale Zusammenarbeit, S. 265.

[266] Siehe DERS., Frankreichs Außenpolitik nach dem 19. Mai, in: Dokumente 30/3 (1974), S. 195–199; DERS., Frankreichs neues Regime, in: Frankfurter Hefte 29/9 (1974), S. 625–634.

das Bild des »ewigen Deutschland«[267] mobilisiert werden konnte, wenn ein Unterlegenheitsgefühl gegenüber dem östlichen Nachbarn vorhanden sei. Andererseits habe sie gezeigt, wie viel »unerfreuliche Überheblichkeit« die deutsche Wirtschaftsmacht in der Bundesrepublik hervorrufe, wenn dort über Frankreich geurteilt werde[268]. Ein nahezu vollkommenes Missverstehen des anderen sei es daher, welches das Verhältnis zwischen Deutschen und Franzosen noch immer präge. Ende Dezember 1974 äußerte Grosser in einem Beitrag in »Le Monde« gar besorgt, dass die Entwicklung so sehr auseinander gehe, dass sich die Gefahr einer »Mauer des Unverständnisses« zwischen beiden Ländern abzeichne und selbst die Regierungsbeziehungen hierdurch negativ beeinflusst werden könnten[269]. Nicht ohne einen Anflug von Resignation klagte er: »Si seulement chacun consentait à vouloir comprendre les raisons et les aspects positifs de l'orientation du pays voisin! Ce simple effort le conduirait à mettre en perspective sa propre attitude et à en découvrir les limitations et les partis pris«[270]. Hatten denn all die deutsch-französischen Vermittlungsversuche der vorangegangenen Jahre keinerlei Früchte getragen?

Wenn der Klageruf Grossers auch auf die Enttäuschung des Moments zurückgeführt werden kann, war er dennoch bezeichnend für die Rückschläge, welche diejenigen, die sich während der 1970er Jahre für die Verständigung zwischen Frankreich und der Bundesrepublik engagierten, in ihrer Arbeit immer wieder hinnehmen mussten. Der politische Wille, die Beziehungen zwischen beiden Ländern durch die Intensivierung von sprach- und landeskundlichen Kenntnissen, durch das Einwirken auf die Medien oder den Austausch von Journalisten zu fördern, war zweifellos stark ausgeprägt. Beharrlich brachten die privaten Vereinigungen Deutsche und Franzosen zusammen oder lancierten Informations- und Aufklärungskampagnen. Unermüdlich erhoben weithin anerkannte Persönlichkeiten ihre Stimme

---

[267] Siehe zu diesem Schlagwort Charles MAURRAS, Devant l'Allemagne éternelle. Gaulois, Germains, Latins. Chronique d'une résistance, Paris 1937; vgl. weiterführend Michel GRUNEWALD, De Luther à Hitler. Maurras et l'»Allemagne éternelle«, in: Olivier DARD, Michel GRUNEWALD (Hg.), Charles Maurras et l'étranger. L'étranger et Charles Maurras, Bern 2009, S. 339–358; Michel GRUNEWALD, Face à l'»Allemagne éternelle«. Maurras et l'Allemagne de la naissance de l'Action française à la Première Guerre mondiale, in: Dagmar BUSSIEK, Simona GÖBEL (Hg.), Kultur, Politik und Öffentlichkeit. Festschrift für Jens Flemming, Kassel 2009, S. 244–265; STRICKMANN, L'Allemagne nouvelle; Frano ILIĆ, Frankreich und Deutschland. Das Deutschlandbild im französischen Parlament 1919–1933, Münster 2004.

[268] Siehe Alfred GROSSER, Germany: a European and World Power, in: David S. LANDES (Hg.), Western Europe: the Trials of Partnership, Lexington 1977, S. 173–207, hier S. 174f.; Alfred GROSSER, Die kulturelle Identität der Bundesrepublik Deutschland. Probleme und Perspektiven, in: DERS. u. a., Wirtschaft, Gesellschaft, Geschichte, Stuttgart 1974, S. 202–221, hier S. 220.

[269] DERS., L'incompréhension franco-allemande, in: Le Monde, 11.12.1974, S. 1, Abdruck des Artikels in deutscher Fassung in DERS., Gegen den Strom. Aufklärung als Friedenspolitik, München 1975, S. 77–79.

[270] DERS., L'incompréhension franco-allemande, in: Le Monde, 11.12.1974, S. 5.

zugunsten der Freundschaft. Dennoch: Einige polemische Zeitungsartikel genügten offenbar – dieser Eindruck mochte sich bei den verschiedenen Protagonisten der Annäherung einschleichen –, um die Geister deutsch-französischer Feindseligkeiten unversehens zu neuem Leben zu erwecken. Die Debatte, welche auf das Veto Helmut Schmidts gegen eine Anhebung der Agrarpreise folgte, und die hierdurch an die Oberfläche quellenden Bilder alter Gegnerschaft hatten weder verhindert noch in ihrer Aggressivität wesentlich entschärft werden können. Sicher, so kann man einräumen, wird ein groß angelegter und von einflussreichen Persönlichkeiten gestalteter deutsch-französischer Dialog, wie im Rahmen des Kolloquiums im Ludwigsburger Institut durchgeführt, nicht völlig ohne Wirkung geblieben sein. Doch Effekte in entgegengesetzter Richtung erzielte das polemische Heraufbeschwören von »Emser Depesche« und »eisernem Kanzler« auf der einen und das selbstgefällig vorgetragene Diktum vom »deutschen Zahlmeister« auf der anderen Seite allemal. Ein exaktes Bemessen ist in beiden Fällen kaum möglich; die Polemiken, nicht der Dialog, erreichten allerdings ein breiteres Publikum.

3.2.2 »Wettlauf mit einem Riesen«: die deutsche Wirtschaftskraft weckt Befürchtungen

Waren die Wogen, welche die Auseinandersetzungen um den europäischen Agrarmarkt im Herbst 1974 verursacht hatten, auch nach einiger Zeit geglättet, die Ängste, dass Westdeutschland seine ökonomische Kraft auf lange Sicht als Instrument einer neuen Machtpolitik einsetzen könnte, schwelten in Frankreich unter der Oberfläche fort. Vor allem schien der bundesdeutsche Wirtschaftsvorsprung aus französischer Sicht weiter anzuwachsen, das eigene Land hingegen immer mehr ins Hintertreffen zu geraten und trotz äußerster Anstrengungen über die Position eines »éternel second de l'Allemagne«[271] nicht hinauszukommen. Der beständige Vergleich mit einem vielfach übermäßig effizient und leistungsstark wahrgenommenen »deutschen Modell«, das in der Perspektive vieler französischer Beobachter das Nachbarland zu einem Hort von Wohlstand und Wachstum inmitten des von Rezession geplagten Westeuropa gemacht hatte, wirkte hierbei schon fast bedrohlich[272]. Wie konnte Staatspräsident Giscard d'Estaing, »cousin pauvre«[273]

---

[271] La France, éternel second de l'Allemagne, in: Le Monde, 22./23.12.1974, S. 4.

[272] Vgl. Bernard KEIZER, Le modèle économique allemand. Mythes et réalités, Paris 1979; J. BOZZI, Suivre le »modèle allemand«?, in: Perspectives, Nr. 1531, 20.07.1978, Teil II, S. 17–26; Georges DELANGE, La spécificité du »modèle« allemand. Trois études sur la RFA, Paris 1980; hierzu weiterführend Jean-Charles ASSELAIN, La conduite de la politique économique, in: BERSTEIN, CASANOVA, SIRINELLI (Hg.), Les années Giscard. La politique économique, S. 9–52.

[273] François SCHLOSSER, Allemagne: un trop beau parti, in: Le Nouvel Observateur, 03.02.1975, S. 25.

des deutschen Bundeskanzlers, Bonn vor diesem Hintergrund noch in einer gleichberechtigten Partnerschaft mit Paris halten? Was konnte Frankreich, so die oftmals in der französischen Presse hervortretende Frage, dem übermächtigen Nachbarn noch entgegensetzen, sollte dieser beginnen, offene machtpolitische Ansprüche zu formulieren[274]?

Den westdeutschen Zeitungen galten hingegen derartige französische Sorgen mehrheitlich als Zeugnis eines völligen Unverständnisses des Nachbarn und seines ökonomischen Potenzials. Wenn die Franzosen ihren großen Bruder nicht mehr verstünden, so schrieb »Die Zeit« im März 1975, nähmen sie Zuflucht zu alten Klischees, den »typisch deutschen« Tugenden. Schnell sei in Frankreich vom dynamischen deutschen Volk die Rede, von der Mobilisierung aller Kräfte für ein gemeinsames Ziel, von emsigem Fleiß und eiserner Disziplin, gar die »germanische Seele« werde bemüht, um die Wirtschaftskraft der »unheimlichen Nachbarn« zu erklären. Ein lähmendes Gefühl der Unterlegenheit gehe derzeit in Paris gegenüber der Bundesrepublik um, die den Franzosen immer noch suspekt sei: »das Vertrauen in den deutschen Partner steht nach wie vor auf schwachen Füßen«[275].

Angesichts einer solch spannungsgeladenen Konstellation zwischen beiden Ländern genügte im Sommer 1975 eine Polemik des französischen Generals François Binoche über die deutschen Nachbarn, um erneut Irritationen im deutsch-französischen Verhältnis hervorzurufen[276]. In der gaullistischen Zeitschrift »L'Appel«[277] hatte Binoche, von 1964 bis 1967 Militärgouverneur des französischen Sektors von Berlin, die These vertreten, Deutschland habe sich seit den Zeiten Bismarcks nicht geändert und habe die europäische Nachkriegsordnung von 1945 nie akzeptiert. Gleichsam getrieben von den zwanghaft wiederkehrenden nationalistischen Aufwallungen seiner Vergangenheit, strebe es nicht nur nach einer Revision der Grenzen, sondern nach Vorherrschaft in Europa[278]:

Chaque jour qui passe nous confirme: d'une part, le désir de l'Allemagne d'annuler progressivement, mais totalement, les conséquences politiques de sa défaite et de repartir vers de

---

[274] Vgl. Pierre DROUIN, Le deuxième »miracle« allemand, in: Le Monde, 22.01.1975, S. 1 und 34.

[275] Klaus-Peter SCHMID, Unheimliche Nachbarn. Warum die deutsche Wirtschaftsmacht jenseits des Rheins so gefürchtet wird, in: Die Zeit, 14.03.1975, S. 38.

[276] Vgl. hierzu MEIMETH, Frankreichs Entspannungspolitik der 70er Jahre, S. 79f.

[277] Siehe François BINOCHE, Le rôle véritable de notre armée, in: L'Appel 18 (Juli/August 1975), S. 9–17.

[278] Siehe DERS., Un retour en arrière, in: Le Monde, 26.07.1975, S. 2, hier findet sich eine knappe Zusammenfassung der Thesen Binoches; vgl. auch Roland HÖHNE, Der Fall Binoche: antideutscher Nationalismus in Frankreich?, in: Frankfurter Hefte 31/2 (1976), S. 2f.; weiterführend hierzu Wolf D. GRUNER, Deutschland mitten in Europa. Aspekte und Perspektiven der deutschen Frage in Geschichte und Gegenwart, Hamburg 1992, S. 401 und Gabriele WEBER, Die europapolitische Rolle der Bundesrepublik Deutschland aus Sicht ihrer EG-Partner: deutscher Sonderweg oder europäische Musterrolle?, Bonn 1984, S. 55–100.

nouveaux rêves de grandeur plus en rapport avec ses mérites; d'autre part, la volonté quasi absolue, en France, de dissimuler le danger évident que nous fait courir cette Allemagne toujours si semblable à elle-même à travers le temps[279].

Verstärkte öffentliche Aufmerksamkeit erhielt der »non-konformistische General«, wie »Le Monde« Binoche betitelte[280], vor allem dadurch, dass er aufgrund seiner Äußerungen Anfang August 1975 in den Ruhestand versetzt wurde. Er habe es, so die Begründung des französischen Verteidigungsministeriums, an der seiner Position angemessenen Zurückhaltung fehlen lassen und das von Adenauer und de Gaulle begründete Werk der deutsch-französischen Aussöhnung kompromittiert[281]. Dieser einmalige Vorgang ließ Binoche in den Fokus der westdeutschen Presse rücken. In einem Interview, das »Der Spiegel« Ende September 1975 veröffentlichte, bekräftigte der nunmehr demobilisierte General, dass Frankreich auch in der Gegenwart noch vor den Deutschen auf der Hut sein müsse. Denn wenn Deutschland erst einmal wiedervereinigt sei und seine alte Machtstellung zurückerlangt habe, dann würde es zwangsläufig danach trachten, seine Macht auch anzuwenden. Selbst einen erneuten deutschen Angriffskrieg gegen Frankreich wollte Binoche nicht ausschließen. »Es gibt viele Franzosen, die so denken wie ich: Diese Deutschen sind gefährlich mit ihrer Macht und ihrer Kraft«[282]. Die Ansicht Binoches sei, wie daraufhin »Die Zeit« urteilte, zwar keinesfalls mit der in Frankreich vorherrschenden Meinung gleichzusetzen, doch dürfe man solche Stimmen nicht ignorieren, zumal sie es immer wieder schafften, ein im Ganzen positives Deutschlandbild plötzlich ins Wanken zu bringen. Möglich sei dies vor allem deswegen, weil trotz aller offiziell bekundeter Freundschaft angesichts der engen Bindung Bonns an Washington und des wirtschaftlichen Übergewichts der Bundesrepublik auch bei den Durchschnitts-Franzosen ein Rest von Skepsis über den deutschen Partner weiterhin vorhanden bleibe[283].

Dass diese Skepsis nicht viel Nahrung brauchte, um in offenes Misstrauen umzuschlagen, zeigte sich nur wenige Monate später, als Helmut Schmidt nach den Streitigkeiten um den Agrarmarkt im Frühjahr 1976 einmal mehr in Verdacht geriet, seine Nachbarn auf den Weg eines »deutschen Europas« zwingen zu wollen. Bereits zuvor war die »diplomatie musclée«[284] der Bundesregierung seitens der französischen Presse mit Argusaugen verfolgt

---

[279] Le général Binoche nous écrit, in: Le Nouvel Observateur, 13.10.1975, S. 5.

[280] Vgl. Un non-conformiste, in: Le Monde, 08.08.1975, S. 5.

[281] Vgl. Un général au trou, in: Le Nouvel Observateur, 11.08.1975, S. 27; Le général François Binoche est mis d'office à la retraite, in: Le Monde, 08.08.1975, S. 5.

[282] Siehe »Diese Deutschen sind gefährlich«. Der französische General François Binoche über die Bundesrepublik und Frankreich, in: Der Spiegel, 22.09.1975, S. 89–94, Zitat S. 90.

[283] Siehe Klaus-Peter SCHMID, Vor Deutschen auf der Hut. Propheten von gestern rühren an heimliche Ängste, in: Die Zeit, 14.11.1975, S. 7.

[284] Gérard SANDOZ, La diplomatie musclée de Helmut Schmidt, in: Le Nouvel Observateur, 28.07.1975, S. 30.

worden. Für »Le Nouvel Observateur« stand etwa fest, dass Westdeutschland unter der Kanzlerschaft Schmidts endgültig aufgehört hatte, der »politische Zwerg« von einst zu sein. Der Komplexe ihrer Vergangenheit vollständig entledigt, bediene sich die Bundesrepublik nunmehr ihrer ökonomischen Stärke, um Europa und die Welt zur Ordnung aufzurufen und zu solidem Wirtschaften anzuhalten[285]. Das Ungleichgewicht in den deutsch-französischen Finanz- und Wirtschaftsbeziehungen wachse indes unaufhaltsam weiter: »Dans le tandem franco-allemand, dont l'harmonie et l'efficacité sont tant vantés par l'Élysée, ce sera de plus en plus l'Allemagne qui détiendra les commandes«[286]. Frankreich sehe sich, wie in den bundesdeutschen Medien konstatiert wurde, im permanenten Wettlauf mit einem vor Gesundheit strotzenden ökonomischen »Riesen«, gegen den es nichts zu bestellen habe[287]. Ein westdeutscher Regierungschef, der vor dem Hintergrund dieses auf französischer Seite zunehmenden Gefühls der Unterlegenheit dazu neigte, dem Nachbarland Ratschläge zu erteilen und gelegentlich offene Kritik an ihm übte, konnte dort kaum auf Sympathie treffen.

Als Schmidt sich im beginnenden Bundestagswahlkampf 1976 seitens der christdemokratischen Opposition mit dem Vorwurf konfrontiert sah, die SPD fördere mit ihrer politischen Zielsetzung die Entstehung einer sozialistisch-kommunistischen Volksfront in Westeuropa[288], holte er zu einem verbalen Gegenschlag aus. Dieser galt allem Anschein nach dem Gegner im eigenen Lande. Die französischen Nachbarn fühlten sich hiervon jedoch nicht minder getroffen. In einem Interview mit dem Bayerischen Rundfunk verkündete der Bundeskanzler, dass vor allem dort kommunistische Parteien von Gewicht existierten, »wo mit Gewalt und Kraft auf Jahrzehnte hinaus die alten Verhältnisse festgeschrieben worden sind: in Portugal, in Spanien, in Italien, in einem gewissen Maße in Frankreich, das durch den Gaullismus geprägt war«[289]. In

---

[285] Siehe ibid.

[286] Jacques MORNAND, L'échappée du mark, in: Le Nouvel Observateur, 16.02.1976, S. 35.

[287] Siehe Klaus-Peter SCHMID, Der Wettlauf mit dem »Riesen«, in: Die Zeit, 16.04.1976, S. 25f.

[288] Vgl. zum Bundestagswahlkampf von 1976 Werner KALTEFLEITER, Vorspiel zum Wechsel. Eine Analyse der Bundestagswahl 1976, Bonn 1977; Christiane WILD, Der Bundestagswahlkampf 1976, Mannheim 1980; Hans KREMENDAHL, Die Freiheit-Sozialismus-Diskussion im Bundestagswahlkampf 1976 und das Verhältnis von Konsens und Konflikt im Parteiensystem der Bundesrepublik Deutschland, in: Gerhard GÖHLER (Hg.), Politische Theorie: Begründungszusammenhänge in der Politikwissenschaft, Stuttgart 1978, S. 109–135; Michael KOSS, Scheitern als Chance. Helmut Kohl und die Bundestagswahl 1976, in: Daniela FORKMANN, Saskia RICHTER (Hg.), Gescheiterte Kanzlerkandidaten. Von Kurt Schumacher bis Edmund Stoiber, Wiesbaden 2007, S. 174–201.

[289] Zitiert nach Heinz-Jürgen AXT, Das »Europa der Bürger« – Ideologie und Wirklichkeit. Zum Tindemans-Bericht über die »Europäische Union« und zur gegenwärtigen Lage der EG, in: Blätter für deutsche und internationale Politik 21/8 (1976), S. 849–866, hier S. 865.

Paris wurde die Tatsache, dass Schmidt das gaullistische Frankreich in einem Atemzug mit den Diktaturen Portugals und Spaniens genannt hatte, mit einiger Entrüstung zur Kenntnis genommen[290]. Premierminister Jacques Chirac, selbst Gaullist, nahm die öffentliche Empörung als willkommene Gelegenheit, um mit einer markigen Gegenrede Front nicht nur gegen den deutschen Bundeskanzler, sondern auch gegen dessen Vertrauten Giscard d'Estaing zu machen:

> Les déclarations [...] ont suscité chez les autorités françaises de l'étonnement – j'emploie ce mot pour des raisons diplomatiques. [...] Il ne faut pas oublier que c'est à l'initiative du général de Gaulle que furent engagées, en 1963, les conversations qui aboutirent à l'accord franco-allemand auquel l'Allemagne doit d'être sortie de l'isolement où elle était plongée. Cela montrait l'estime, l'amitié, la considération que le grand chancelier allemand de l'époque témoignait au chef de la France libre. Il n'appartient donc pas à M. Schmidt de faire des déclarations aussi irréfléchies[291].

In der hierdurch um ein Vielfaches verstärkten Aufregung wurde Helmut Schmidt seinem in der französischen Presselandschaft inzwischen verbreiteten Ruf als »le Feldwebel«[292] einmal mehr gerecht. Kraft seiner Stellung als Regierungschef der stärksten Industrienation Westeuropas, so eine von vielen französischen Kommentatoren vertretene Auffassung, lese der deutsche »Lehrmeister« Schmidt den disziplinlosen und ökonomisch zurückgefallenen Nachbarländern in arroganter Weise die Leviten. In »Le Nouvel Observateur« hieß es Anfang Mai 1976: »Beaucoup sont tentés d'opposer à cette Allemagne soucieuse d'autorité, et où règne l'ordre social et économique, une

---

[290] Auch auf Regierungsebene lösten die Äußerungen Schmidts kurzzeitig Verstimmungen aus, die insbesondere in einer französischen Demarche beim Auswärtigen Amt Ende April 1976 zum Ausdruck kamen. In diesem Rahmen wies Botschafter Wormser die Kritik des Bundeskanzlers zurück und betonte, dass diese dem Geist, der die deutsch-französischen Beziehungen ansonsten charakterisiere, in keiner Weise entspreche: »je me suis exprimé avec modération, mais avec netteté. J'ai dit: qu'à Paris on avait été étonné en prenant connaissance d'une critique peu compatible avec l'esprit qui caractérise les relations franco-allemandes [...] que l'énumération Salazar – Franco – de Gaulle était de nature de choquer profondément les Français; que l'expression Gewalt und Kraft, qu'elle qu'en soit la bonne traduction, pouvait être mal interprétée, que le Général était venu régulièrement au pouvoir, qu'il s'y était maintenu avec l'appui librement accordé des électeurs et qu'il s'était retiré lorsque cet appui lui avait manqué«, AN Paris, 5 AG 3, Bd. 935, Schreiben des französischen Botschafters in Bonn, Olivier Wormser, an das französische Außenministerium vom 21. April 1976; vgl. auch AMAE Paris-La Courneuve, Europe, RFA 1971–1976, Bd. 2999, Schreiben der französischen Botschaft Bonn an das französische Außenministerium vom 17. April 1976; Schreiben des französischen Außenministeriums an die französische Botschaft Bonn vom 20. April 1976.

[291] Stellungnahme Jacques Chiracs, zitiert nach Maurice DELARUE, Les déclarations »irréfléchies« de M. Schmidt sur le gaullisme »étonnent« M. Chirac, in: Le Monde, 07.05.1976, S. 1 und S. 6.

[292] Jean DUTOURD, Le Feldwebel Helmut, in: France-Soir, 12.05.1975, S. 3; vgl. hierzu Marion Gräfin DÖNHOFF u. a. (Hg.), Hart am Wind. Helmut Schmidts politische Laufbahn, Hamburg 1978, S. 180f. und 231f.; Eugen KOGON, Der »häßliche Deutsche«, in: Frankfurter Hefte 31/11 (1976), S. 11–14, hier S. 14.

Europe sans discipline, menacée par le désordre, qu'incarneraient des fronts populaires«[293]. In Frankreich fragten sich viele, so formulierte der Autor des Artikels, ob es für einen deutschen Regierungschef angemessen sei, sich in Europa als Hüter einer Ordnung zu präsentieren, welche auf der Modellhaftigkeit der Bundesrepublik beruhe. Der Bundeskanzler habe mit seinem Verhalten, wie »Le Monde« anklingen ließ, einen wesentlichen Teil dazu beigetragen, dass die deutsch-französischen Beziehungen eine merkliche Abkühlung erfahren hätten[294]. Auch für »France-Soir« war der Vorfall deutliches Anzeichen dafür, dass der Grad gegenseitiger Wertschätzung zwischen Bonn und Paris nicht mehr ausreiche, um Irritationen zu verhindern. Beide Seiten verstünden einander einfach nicht mehr: »Effectivement, Français et Allemands ne parlent plus le même langage«[295].

Letztere Einschätzung wurde seitens der westdeutschen Presse weitgehend geteilt[296]. Das deutsch-französische Verhältnis werde gegenwärtig von Misstrauen und Unverständnis beherrscht, wie »Die Zeit« Mitte Mai 1976 schrieb. Die Ursachen für die verfahrene Situation sah das Blatt jedoch weniger in den Äußerungen des Bundeskanzlers, als vielmehr in einem nach wie vor nicht normalisierten Deutschlandbild in Frankreich, gepaart mit einem französischen »Minderwertigkeitskomplex« gegenüber der Bundesrepublik. Vor allem die Stabilität der deutschen Wirtschaft werde den Franzosen unheimlich. Durch die erdrückend empfundene Konkurrenz mit den Deutschen fühlten sie sich zunehmend bedroht und ängstigten sich vor einem Ausverkauf ihres Landes an den mächtigen Nachbarn, der das europäische Geschehen schon bald diktieren könnte. »Die französische Überempfindlichkeit verträgt vor allem keine Belehrung. Wenn Kritik von außen kommt, schließen sich sogar politische Gegner zur Abwehrfront zusammen. Gerade die Deutschen, so heißt es dann, haben es nicht nötig, uns Lektionen zu erteilen«[297]. Das Echo auf die Äußerungen Helmut Schmidts sei daher nicht verwunderlich. Es zeige vielmehr erneut, wo die Grenzen der Freundschaft lägen.

In ähnlicher Argumentation gelangte auch die »Süddeutsche Zeitung« zu dem Schluss, dass es den Deutschen eben nicht gedankt werde, dass sie innerhalb Europas zum Modell geworden seien. »Für weniger erfolgreiche Völker,

---

[293] Gérard SANDOZ, Le gendarme de l'Europe, in: Le Nouvel Observateur, 03.05.1976, S. 50.
[294] Siehe Maurice DELARUE, Les déclarations »irréfléchies« de M. Schmidt sur le gaullisme »étonnent« M. Chirac, in: Le Monde, 07.05.1976, S. 1 und S. 6.
[295] AMAE, Paris-La Courneuve, Europe, RFA 1971–1976, Bd. 2980, Benoît RAYSKI, Dérapage des relations franco-allemandes, in: France-Soir, 29.04.1976.
[296] Vgl. zum Beispiel den Artikel Angst vor den häßlichen Deutschen, in: Der Spiegel, 26.04.1976, S. 25–27.
[297] Klaus-Peter SCHMID, Weh dem, der kritisiert. Warum die Franzosen so empfindlich auf Kanzlers Schelte reagieren, in: Die Zeit, 14.05.1976, S. 4; ähnlich argumentierend auch August von KAGENECK, Den Franzosen steckt deutsche Kritik im Hals, in: Die Welt, 22.11.1976, S. 1.

zumal für vergleichbar große und hoch entwickelte wie die Briten, Franzosen und Italiener«, so die dortige Einschätzung, sei es schwer erträglich, ausgerechnet die Deutschen als Musterknaben neben sich zu haben, noch dazu, wenn sie arrogant wirkende Lehren erteilten[298]. Für die »Frankfurter Allgemeine Zeitung« schließlich offenbarte der Wirbel um das Interview des Bundeskanzlers, dass die Annahme, Giscard und Schmidt könnten im »kurzgeschlossenen Verfahren« deutsch-französische Missverständnisse von oben her aus der Welt schaffen, nur in begrenztem Maße zutreffe. Realpolitischer Pragmatismus allein genüge nicht für die Verständigung zwischen beiden Ländern; emotionale Brücken, wie sie durch private Bemühungen entstünden, würden ebenso gebraucht. Zwar sei die deutsch-französische Aussöhnung, wie der Artikel resümierte, ein säkularer Vorgang, der kaum binnen weniger Wochen umgekehrt werden könne, doch bleibe die Aufgabe an sich noch für lange Zeit bestehen[299].

Auch aus Sicht der bundesdeutschen Regierungsstellen verdichteten sich in den seit Sommer 1975 zwischen Frankreich und Westdeutschland geführten Kontroversen um die polemischen Einlassungen General Binoches zur »deutschen Gefahr« und die Äußerungen Helmut Schmidts über das gaullistische Frankreich Tendenzen, die auf eine Abkühlung des deutschfranzösischen Verhältnisses hindeuteten. Zu Beginn seiner Amtszeit hätte sich Staatspräsident Giscard d'Estaing, wie im Auswärtigen Amt festgehalten wurde, noch über die Reserven in der französischen Öffentlichkeit hinwegsetzen können. In Anbetracht der immer kräftiger ins Kraut schießenden französischen Furchtgefühle vor der deutschen wirtschaftlichen Überlegenheit sei er jedoch mittlerweile dazu gezwungen, auf diese Rücksicht zu nehmen. Hierdurch orientierte sich die Politik des Nachbarlandes stärker dahin, den gewachsenen deutschen Einfluss auszubalancieren[300]. »Im bilateralen deutsch-französischen Verhältnis«, so das Urteil der Bonner Diplomaten im Mai 1976, »scheint die Tendenz zunehmender Qualität der Beziehungen, die sich seit dem Amtsantritt Giscard d'Estaings vor zwei Jahren gezeigt hatte, zum Stillstand gekommen zu sein«[301]. Als Tiefpunkt dieser Entwicklung galten die französischen Reaktionen auf die Äußerungen des Bundeskanzlers und die öffentliche Fehde zwischen Schmidt und Chirac[302]. Nach Ansicht der deutschen Botschaft in Paris warf das Verhalten des französischen Premierministers ein Schlaglicht auf »die französischen Empfindlichkeiten gegenüber dem oft als übermächtig empfundenen Nachbarn

---

[298] Siehe Hans HEIGERT, Der häßliche Deutsche, in: SZ, 29./30.05.1976, S. 4.

[299] Siehe Robert HELD, Deutsch-französische Mißverständnisse?, in: FAZ, 22.05.1976, S. 1.

[300] Siehe hierzu PA-AA, Zwischenarchiv, Nr. 113544, Vermerk betreffend »Deutsch-französische Beziehungen in der Giscardschen Außenpolitik« vom 8. November 1976.

[301] PA-AA, Zwischenarchiv, Nr. 113544, Vermerk für Bundesaußenminister Hans-Dietrich Genscher betreffend »Frankreich und die deutsch-französischen Beziehungen im Frühjahr 1976« vom 12. Mai 1976, S. 3.

[302] Siehe ibid.

Deutschland«[303]. Den Franzosen sei, wie der politische Halbjahresbericht der Vertretung vom Juli 1976 festhielt, die deutsche Bereitschaft, in Europa und der Welt eine der Wirtschaftskraft entsprechende politische Verantwortung zu tragen, zunehmend bewusst geworden[304]. Botschafter Sigismund von Braun schließlich hielt den Denkansatz für »erwägenswert«, dass deutsche Stärke, gleichgültig auf welchem Gebiet, für Frankreich problematisch sei: »Alles was nach deutschem Führungsanspruch aussieht, ist inakzeptabel und muß aus französischer Sicht zumindestens durch französische Vorrangstellung auf anderen Gebieten sichtbar ausgeglichen werden«[305]. Diese französische Haltung könne, so die Auffassung von Brauns, als nahezu feste Größe in die deutsch-französischen Beziehungen eingesetzt werden. Französische Reaktionen auf ein deutsches Vorbild, sei es im Wirtschaftlichen, Sozialen oder Politischen, würden umso heftiger ausfallen, je weniger man in Frankreich das deutsche Vorbild erreichen könne oder wolle. Die wieder anwachsende französische Sorge vor einer wirtschaftlichen Übermacht des deutschen Partners und der auch seitens der Pariser Regierung bekundete Wille, in Europa von niemandem dominiert zu werden, habe letztlich dazu geführt, so berichtete die deutsche Botschaft Anfang 1977, dass befreundete europäische Gesprächspartner in französischen Amtsstuben zu hören bekommen hätten, »die Flitterwochen französisch-deutschen Einvernehmens der Ära Giscard/ Schmidt seien vorbei«[306].

Auch die französischen Regierungsstellen sahen in den Auseinandersetzungen der Jahre 1975 und 1976 untrügliche Zeichen einer fortbestehenden Krisenanfälligkeit des deutsch-französischen Verhältnisses. Die westdeutschen Reaktionen auf die Thesen General Binoches unterstrichen, wie im Quai d'Orsay geurteilt wurde, das Wort, welches Staatssekretär Paul Frank anlässlich der Friedenspreisverleihung an Alfred Grosser über die Beziehungen zwischen beiden Ländern gesprochen habe: »Nous n'en sommes qu'au début d'une entente [...] une infinité de choses nous séparent encore«[307]. Ebenso zeugten die Debatten um die Äußerungen Helmut Schmidts, so die Einschätzung des französischen Botschafters Olivier Wormser, von einer immer noch vorhandenen Instabilität deutsch-französischen Miteinanders:

---

[303] PA-AA, Zwischenarchiv, Nr. 113544, Politischer Halbjahresbericht der deutschen Botschaft Paris vom 19. Juli 1976, S. 8.

[304] Siehe ibid., S. 8f.

[305] PA-AA, Zwischenarchiv, Nr. 113544, Schreiben des deutschen Botschafters in Paris, Sigismund von Braun, an das Auswärtige Amt vom 10. Mai 1976, S. 2.

[306] PA-AA, Zwischenarchiv, Nr. 113544, Politischer Halbjahresbericht der deutschen Botschaft Paris vom 19. Januar 1977, S. 7.

[307] AMAE Paris-La Courneuve, Europe, RFA 1971–1976, Bd. 2948, Vermerk betreffend »La RFA au début de 1976« vom 5. Februar 1976, S. 11; vgl. hierzu auch ibid., Bd. 2999, Schreiben der französischen Botschaft Bonn an das französische Außenministerium vom 17. Juli 1975.

Les controverses franco-allemandes qui se sont élevées à la suite des déclarations du chancelier Schmidt montrent, me semble-t-il, combien sont encore fragiles les relations franco-allemandes. [...] Il suffit de pas grand-chose pour que se réveillent les vieux démons. [...] Il ne reste donc, en ce moment, pour étayer véritablement le rapprochement franco-allemand que la raison. Nous sommes voisins. Et nous ne devons pas retomber dans la désastreuse ornière[308].

Angefacht wurden die Konflikte nach Auffassung der offiziellen französischen Stellen in beiden Fällen durch eine hüben wie drüben tendenziöse und streckenweise feindselige Medienberichterstattung. Auf deutscher Seite regierten ein Gefühl des Hochmuts und ein »triomphalisme sans vergogne«[309] der Journalisten gegenüber Frankreich: »les moyens d'information allemands font volontiers apparaître la République fédérale comme une sorte de modèle pour l'Europe et s'érigent en donneurs de leçons«[310]. Die westdeutschen Zeitungen gefielen sich nach Erachten der Pariser Diplomaten vor allem darin, Frankreich angesichts des ökonomischen Erfolgs der Bundesrepublik einen Minderwertigkeitskomplex zuzuschreiben. Dieser sei zwar nicht vollständig von der Hand zu weisen, werde aber durch das Verhalten der Presse, welche die französischen Wirtschaftsschwierigkeiten mit Genugtuung und Schadenfreude ausschlachte, wesentlich verstärkt: »Sans doute faudra-t-il encore du temps pour que la France et l'Allemagne soient réconciliées dans leurs profondeurs comme la France et l'Angleterre ont pu l'être par la guerre de 1914–1918«[311], lautete angesichts dessen eine Einschätzung des Quai d'Orsay vom Juni 1976.

In den französischen Medien bestimmte demgegenüber, wie in Paris konstatiert wurde, häufig ein historisch bedingter antideutscher Reflex weite Teile der Berichterstattung, welcher durch die wachsende internationale Rolle sowie die Wirtschaftsstärke der Bundesrepublik ausgelöst werde. Westdeutschland habe, so notierte Gabriel Robin, außenpolitischer Berater Staatspräsident Giscards, auf politischer und wirtschaftlicher Ebene in Europa inzwischen den Platz eingenommen, der seinem spezifischen Gewicht entspreche. Habe sich die Bundesrepublik in der Vergangenheit für lange Zeit in diplomatischer Zurückhaltung geübt, zögere sie heute nicht mehr, mit lauter und fester Stimme und manches Mal mit brutaler Offenheit zu sprechen, wenn ihre Interessen im Spiel seien. Der hierdurch in Frankreich geweckten Befürchtungen vor deutschen Dominanzabsichten sei sich die westdeutsche

---

[308] AMAE Paris-La Courneuve, Europe, RFA 1971–1976, Bd. 2999, Schreiben des französischen Botschafters in Bonn, Olivier Wormser, an das französische Außenministerium vom 31. Mai 1976, S. 1 und S. 3.

[309] AMAE Nantes, Bonn Ambassade, Bd. 322, Vermerk betreffend »La République fédérale d'Allemagne et sa politique extérieure au milieu de 1976« vom 29. Juni 1976, S. 4.

[310] AN Paris, 5 AG 3, Bd. 935, Vermerk des außenpolitischen Beraters des französischen Staatspräsidenten, Gabriel Robin, vom 2. Juli 1976, S. 7.

[311] AMAE Nantes, Bonn Ambassade, Bd. 322, Vermerk betreffend »La République fédérale d'Allemagne et sa politique extérieure au milieu de 1976« vom 29. Juni 1976, S. 10.

Regierung unter Bundeskanzler Schmidt jedoch wohl bewusst und wirke durch die beständige Beteuerung, dass sie solcherlei Intentionen zu keinem Zeitpunkt hege, darauf hin, die Unruhe im Nachbarland zu besänftigen[312]. Aus den jüngsten Verstimmungen ließen sich, wie Robin betonte, zwei Feststellungen ableiten: »la première est la révélation d'une sensibilité très vive des opinions publiques des deux pays, l'une par rapport à l'autre; la seconde est la volonté des deux gouvernements d'empêcher que ces réactions instinctives n'affectent sérieusement les relations des deux pays«[313]. Eine Konsolidierung der »zerbrechlichen« deutsch-französischen Beziehungen – dies das Fazit, das man im Quai d'Orsay zog – erfordere angesichts der hervorgetretenen Zerwürfnisse und des wenig partnerschaftlichen Konkurrenzdenkens allerdings einen langen Atem[314]. »Si l'on veut éviter que la compétition ne dégénère en rivalité, la seule issue est l'amitié des deux peuples et des deux États à l'image de celle qui unit leurs plus hauts dirigeants«[315].

Die Auffassung, dass die freundschaftlichen Bande, die zwischen Bundeskanzler und Staatspräsident bestünden, auch auf die Bevölkerungen auszuweiten seien, wollte man eine gefährliche Zuspitzung der augenblicklichen negativen Tendenzen des bilateralen Verhältnisses verhindern, deckte sich weitgehend mit der auf deutscher Seite vertretenen Ansicht. In seinem Jahresbericht 1975 hatte etwa der Koordinator der Bundesregierung für die deutsch-französische Zusammenarbeit mit Blick auf die in Frankreich durch General Binoche geschürten Ressentiments sowie die »Sorgen der französischen Industrie vor dem Dominieren der deutschen« eindringlich darauf hingewiesen, dass die westdeutsche Kultur-, Öffentlichkeits- und Informationsarbeit im Nachbarland mit Geduld und Nachdruck weiter gefördert werden müsse. Nur auf diese Weise könnten die »strukturell und mentalitätsbedingten ›Differenzen‹« zwischen den Bevölkerungen abgebaut werden, die »heute noch Fortschritte in politischen und wirtschaftlichen Bereichen hemmen«[316]. Ein »geistiger Dialog« zwischen beiden Ländern, Kontakte zwischen Politikern, Wissenschaftlern, Publizisten, seien vonnöten, wie in einem Vermerk des Auswärtigen Amts vom April 1976 festgehalten wurde, um die Defizite des wechselseitigen Unverständnisses zu überwinden. Träger eines

---

[312] Siehe AN Paris, 5 AG 3, Bd. 935, Vermerk des außenpolitischen Beraters des französischen Staatspräsidenten, Gabriel Robin, vom 9. Februar 1976, S. 3; vgl. hierzu auch AMAE Paris-La Courneuve, Europe, RFA 1971–1976, Bd. 3009, »Note de synthèse« bezüglich des deutsch-französischen Gipfeltreffens im Juli 1975, S. 9f.

[313] AN Paris, 5 AG 3, Bd. 935, Vermerk des außenpolitischen Beraters des französischen Staatspräsidenten, Gabriel Robin, vom 2. Juli 1976, S. 7.

[314] Siehe AMAE Nantes, Bonn Ambassade, Bd. 322, Vermerk betreffend »La République fédérale d'Allemagne et sa politique extérieure au milieu de 1976« vom 29. Juni 1976, S. 10.

[315] AMAE Paris-La Courneuve, Europe, RFA 1971–1976, Bd. 2948, Vermerk betreffend »La RFA au début de 1976« vom 5. Februar 1976, S. 12.

[316] BA, B 189, Bd. 18641, Aufzeichnung »Die deutsch-französische Zusammenarbeit im Jahre 1975 – Bewertung des Koordinators« vom 18. März 1976, Zitate S. 2 und S. 4.

solchen Dialogs seien unter anderem Institutionen wie das DFI, die deutsch-französischen Gesellschaften oder Begegnungszeitschriften wie »Dokumente«[317]. Sie trügen dazu bei, die Basis des deutsch-französischen Verhältnisses bei den »führenden politischen und gesellschaftlichen Kräften unserer Länder«[318] zu festigen. Daneben sei es Aufgabe der offiziellen Auswärtigen Kulturpolitik, »durch umfassende Information, Landeskunde, Sprachwerbung und gezielte Austauschprogramme«[319] Interesse an Deutschland zu wecken und zu vertiefen, und zwar nicht nur, um die Gefahr eines oberflächlichen Nebeneinanders zu bannen, sondern auch, so betonte die deutsche Botschaft, um das auf politischem und wirtschaftlichem Gebiet Erreichte abzusichern[320]. »Die Kenntnis der Sprache und des Landes des Partners« müsse, wie Koordinator Carlo Schmid bekräftigte, als »eine unabdingbare, grundlegende Voraussetzung für das bessere Verständnis beider Völker und die deutsch-französische Zusammenarbeit insgesamt«[321] betrachtet werden. Umso notwendiger sei daher die in Frankreich mit großer Intensität betriebene »sprach-pädagogische Verbindungsarbeit« der Goethe-Institute und der ins Nachbarland entsandten DAAD-Lektoren und Sprachassistenten. Darüber hinaus komme dem Deutschunterricht an französischen Schulen eine eminente Bedeutung für die langfristige Verankerung der Freundschaft auf Ebene der Bevölkerungen zu. In dieser Hinsicht könne es als Erfolg der Bemühungen der letzten Jahre gewertet werden, dass 1975 mehr als eine Million junger Franzosen die deutsche Sprache erlernt hätten. Ein intensives Werben für das Deutsche sei in Frankreich jedoch weiterhin erforderlich, um diese Tendenz zu bestärken. Desgleichen sollte, wie ein Botschaftsbericht empfahl, die westdeutsche Kulturarbeit etwa durch Fortbildungsprogramme für französische Deutschlehrer oder direktes Intervenieren bei den Pariser Stellen darauf hinwirken, dass die vielfach unbefriedigende Qualität des Deutschunterrichts verbessert werde[322].

Die Situation des Sprachunterrichts im Nachbarland hatten zu gleicher Zeit auch die Verantwortlichen auf französischer Seite fest im Blick. Ihnen galt das Erlernen der Partnersprache, so wurde immer wieder bekräftigt, in ebensolchem Maße als Voraussetzung für die Verständigung in konflikt-

---

[317] Siehe PA-AA, Zwischenarchiv, Nr. 113563, Vermerk betreffend »Deutsch-französische Konferenzen« vom 2. April 1976, S. 1f.

[318] PA-AA, Zwischenarchiv, Nr. 113563, Schreiben des deutschen Botschafters in Paris, Sigismund von Braun, an Bundesaußenminister Genscher vom 25. Februar 1976, S. 2.

[319] PA-AA, Zwischenarchiv, Nr. 117461, Themenliste für den Staatsbesuch des Bundespräsidenten in Frankreich vom 21.–25. April 1975, Anlage: Kulturbeziehungen, S. 1.

[320] Siehe PA-AA, Zwischenarchiv, Nr. 107749, Kulturpolitischer Jahresbericht 1975 der deutschen Botschaft Paris vom 28. Januar 1976, S. 3 und 12.

[321] BA, B 189, Bd. 26334, Schreiben des Koordinators für die deutsch-französische Zusammenarbeit, Carlo Schmid, an die Bundesministerin für Jugend, Familie und Gesundheit, Katharina Focke, vom 25. April 1976, S. 10.

[322] Vgl. PA-AA, Zwischenarchiv, Nr. 107749, Kulturpolitischer Jahresbericht 1975 der deutschen Botschaft Paris vom 28. Januar 1976, S. 12–17.

reichen Phasen, als Voraussetzung für ein »resserrement des liens franco-allemands«[323]. Neben dem Angebot von Sprachkursen und Seminarveranstaltungen[324] waren die offiziellen französischen Stellen daher bestrebt, bei Bundesregierung und Ländern eine Ausweitung des Französischunterrichts an westdeutschen Schulen zu erreichen[325]. Mit Erfolg: Veranlasst durch die wiederholten französischen Interventionen kamen Mitte 1975 auf Einladung des Bevollmächtigten für kulturelle deutsch-französische Angelegenheiten, Klaus Schütz, Vertreter der Kultusministerkonferenz, der Westdeutschen Rektorenkonferenz und der öffentlich-rechtlichen Rundfunk- und Fernsehanstalten in West-Berlin zusammen, um Maßnahmen zur Förderung des Französischen in der Bundesrepublik zu erörtern[326]. Ergebnis der Zusammenkunft war eine »9-Punkte-Empfehlung«. Diese sah unter anderem vor, Französisch an allen westdeutschen Gymnasien und Realschulen anzubieten, die Mindestanzahl von Schülern für die Eröffnung von Französisch-Klassen zu senken, Landeskunde stärker in das universitäre Französischstudium zu integrieren und Hörfunk und Fernsehen dazu anzuhalten, das Interesse der Deutschen am Erlernen der französischen Sprache intensiver zu fördern[327]. In einem Schreiben vom August 1975 bat Bundeskanzler Schmidt den Präsidenten der Kultusministerkonferenz, alles ihm Mögliche zu tun, damit die Empfehlungen umgesetzt werden könnten. Es bedürfe keiner Begründung, wie Schmidt formulierte, dass »die sprachliche Verständigung mit unserem Nachbarn eine wesentliche Voraussetzung für das Verständnis beider Staaten und ihrer Menschen [...] ist. Dies zu fördern, ist mir als Bundeskanzler, aber auch persönlich ein Anliegen«[328].

---

[323] AN Fontainebleau, ministère de l'Éducation nationale, Bd. 900672/36, Vermerk betreffend »Situation du français en République fédérale d'Allemagne« vom 1. Juni 1976, S. 5.

[324] Siehe AMAE Nantes, Bonn Service culturel, Bd. 28, Rapport d'activités des services culturels, année 1975/1976; ibid., Bd. 29, Rapport d'activités des services culturels, année 1976/1977, 21. März 1977.

[325] Siehe AMAE Nantes, Bonn Service culturel, Bd. 49, Vermerk betreffend »Position de la langue française dans l'enseignement officiel en République fédérale d'Allemagne« vom 7. Juli 1975; Schreiben der französischen Botschaft Bonn an Außenminister de Guiringaud vom 13. Oktober 1976; AMAE Nantes, Bonn Ambassade, Bd. 368, Vermerk betreffend »Situation de la langue française dans l'enseignement allemand« vom 15. Januar 1975; ibid., Bd. 340, »Fiche opérationnelle« der Sous-direction d'Europe centrale vom 23. November 1976.

[326] Vgl. BA, B 304, Bd. 2562, Ergebnisprotokoll der Besprechung am 19. Juni 1975 in Berlin auf Einladung des Bevollmächtigten bezüglich des Erlernens der französischen Sprache.

[327] Siehe BA, B 304, Bd. 6174, Empfehlung zur Förderung der französischen Sprache im Rahmen des Vertrages über die deutsch-französische Zusammenarbeit, Anlage II zur Niederschrift über die 172. Plenarsitzung der KMK am 11./12. September 1975 in Berlin; vgl. hierzu BA, B 145, Bd. 11423, Schreiben des Koordinators für die deutsch-französische Zusammenarbeit, Carlo Schmid, an Bundeskanzler Schmidt vom 26. Juni 1975.

[328] BA, B 304, Bd. 6174, Schreiben Bundeskanzler Schmidts an den Präsidenten der Kultusministerkonferenz, Joist Grolle, vom 25. August 1975.

Sprache und Landeskunde, kultureller Austausch und persönliche Begegnungen mit dem Nachbarland galten den Bonner wie den Pariser Verantwortlichen einmal mehr als geeignete Instrumente, um die Verbindungen zwischen Franzosen und Deutschen zu stärken und um ein positives Gegengewicht zu den im deutsch-französischen Verhältnis immer wieder auftretenden Krisenerscheinungen zu schaffen. Selbige Ziele motivierten auch die privaten Verständigungsorganisationen, welche ihre Hauptaufgabe weiterhin darin erblickten, die Politik der Regierungen von unten her zu stützen. Denn, wie Joseph Rovan in seiner Funktion als Vize-Präsident des BILD anlässlich des dreißigjährigen Bestehens der Vereinigung im August 1976 betonte, hätten die jüngsten Auseinandersetzungen verdeutlicht, dass die zwischengesellschaftliche Annäherungsarbeit des BILD und der GÜZ notwendiger sei denn je:»Malgré tous les efforts [...] la grande majorité des Français et des Allemands ne se connaissent pas. Dans la mesure où cette connaissance réciproque existe, elle n'est que superficielle. Les incompréhensions, les suspicions, les désenchantements réciproques continuent à planer«[329].

In Frankreich gehe, so Rovan, die Angst vor einer deutschen ökonomischen und politischen Übermacht um, in der Bundesrepublik betrachte man das Nachbarland vielfach im Innern als unorganisiert, nach außen als großtuerisch. Den aus diesen Vorurteilen resultierenden Spannungen müsse das BILD weiterhin energisch entgegentreten:»La nécessité de surmonter les tensions, les irritations, les conflits d'intérêt et les problèmes de langue tels qu'ils se multiplient dans les contacts intensifs quotidiens est plus urgent que jamais«[330]. Um dies zu erreichen, führte die Vereinigung in den Jahren 1975 und 1976 junge Deutsche und Franzosen im Rahmen von Austauschprogrammen zusammen, veranstaltete deutsch-französische Dolmetscherseminare, organisierte Studienreisen für deutsche Journalisten und Verwaltungsbeamte nach Frankreich und intervenierte vor allem mittels der »Documents« immer wieder in den öffentlichen Debatten[331]. In einem Mitte 1976 erschienenen Beitrag machte etwa der Journalist Alfred Frisch, Bezug nehmend auf die Debatte um die Äußerungen Helmut Schmidts vom April, darauf aufmerksam, wie essentiell es für die deutsch-französischen Beziehungen sei, die Ursachen derartiger Auseinandersetzungen zu ergründen und den mangelhaften Informationsfluss zwischen beiden Ländern zu verbessern. Um gemeinsam voran zu schreiten, müsse man sich, wie Frisch schrieb, schließlich verstehen. Um sich zu verstehen, sei jedoch die Kenntnis des anderen eine unerlässliche Voraus-

---

[329] BILD-Archiv, Rede des Vize-Präsidenten des Bureau international de liaison et de documentation, Joseph Rovan, anlässlich der Feier zum dreißigjährigen Bestehen des BILD und der GÜZ am 20./21. August 1976 in Stuttgart, S. 1; vgl. hierzu auch »Deutschfranzösische Dienste für Europa«. Dreißig Jahre »Gesellschaft für übernationale Zusammenarbeit«, in: FAZ, 23.08.1976, S. 3.

[330] Ibid., S. 6.

[331] Siehe BILD-Archiv, Note sur la situation, 1975, S. 1; Aufzeichnung »Activités 1976«, S. 1f.; Tätigkeitsbericht 1974–1976 der GÜZ und des BILD.

setzung. »Les opinions fausses, les schémas préétablis, les préjugés tenaces et l'insuffisance des informations doivent donc être pris au sérieux, avec la ferme intention d'empêcher que ces fissures dans la construction franco-allemande s'élargissent«[332].

Der ADFG wollte derweil vor allem durch seinen im September 1976 in Braunschweig abgehaltenen Jahreskongress die Bevölkerungen beiderseits des Rheins zur Verständigung aufrufen. Angesichts der Belastungen, denen das deutsch-französische Verhältnis ausgesetzt sei, bestehe, wie der Präsident der Organisation in seiner Eröffnungsansprache formulierte, die vorrangige Aufgabe darin, das Verständnis zwischen Deutschen und Franzosen zu vertiefen und eine dauerhafte Freundschaft zu gewährleisten: »Wir werden unbeirrbar unsere Ziele einer für beide Nationen erspriesslichen Zusammenarbeit verfolgen. Ich meine, gerade wir sind [...] dazu berufen, auch wenn der Himmel einmal verhangen ist, die uns so hochwertige Partnerschaft so überzeugend wie möglich darzustellen«[333]. In dieser Hinsicht erhofften sich die Organisatoren von der Braunschweiger Tagung eine Signalwirkung, welche durch die Mithilfe verantwortlicher Politiker entscheidend verstärkt werden sollte. In einer Grußbotschaft teilte Bundespräsident Scheel den Teilnehmern des Kongresses mit: »Ihrer aktiven Mitarbeit verdanken wir, daß das Werk der deutsch-französischen Verständigung in unserem Volk Wurzeln geschlagen hat«[334]. Die politische Zusammenarbeit der Regierungen hätte, wie Scheel urteilte, nicht ihre Wirkung entfalten können ohne das Bemühen der Gesellschaften, ein »Band der Freundschaft« zwischen den Menschen in Frankreich und Deutschland zu knüpfen. Ebenso dankte Bundesaußenminister Genscher in seiner Rede den Teilnehmern des Kongresses für ihr stetes Engagement. Die Politik könne schließlich für die deutsch-französischen Beziehungen lediglich die Konstruktionen liefern, das Fundament jedoch, auf dem das Verhältnis der beiden Völker beruhe, seien die Menschen. Indem sie diese zusammenführten, handelten die deutsch-französischen Gesellschaften, wie Genscher ausführte, zum Wohle beider Länder[335]. Eine in dieser Form zum Ausdruck kommende Unterstützung der privaten Verständigungsarbeit seitens der Regierenden zielte, wie im Auswärtigen Amt vermerkt wurde, zuvorderst darauf ab, »der wertvollen und aus politischen Gründen wichtigen Arbeit der

---

332 Alfred FRISCH, Les relations franco-allemandes, une amitié solide et fragile à la fois, in: Documents 31/4–5 (1976), S. 5–17, hier S. 16.

333 VDFG-Archiv, Ansprache von ADFG-Präsident Helmut Paetzold anlässlich der Eröffnung des Jahreskongresses der deutsch-französischen Gesellschaften am 2. September 1976, in: Mitteilungsblatt für die Deutsch-Französischen Gesellschaften 41 (1977), S. 17–19, Zitat S. 19.

334 PA-AA, Zwischenarchiv, Nr. 113563, Grußbotschaft Bundespräsident Scheels für die 21. Jahrestagung des ADFG in Braunschweig vom 13. August 1976.

335 VDFG-Archiv, Rede Bundesaußenminister Hans-Dietrich Genschers in Braunschweig am 5. September 1976, in: Mitteilungsblatt für die Deutsch-Französischen Gesellschaften 41 (1977), S. 121.

deutsch-französischen Gesellschaften im ganzen Lande Impulse zu geben«[336].
Beflügelt durch die lobenden offiziellen Worte würden die zahlreichen Vereinigungen ihre Tätigkeit intensivieren und dazu beitragen, durch kulturellen
Austausch und menschliche Begegnungen die politisch gewünschte Freundschaft auf gesellschaftlicher Ebene zu verankern.

Aus ähnlichen Überlegungen heraus unterstützten die staatlichen Stellen
auch die Aktivitäten der IBU im Bereich der Städtepartnerschaften, galten
doch auch die *jumelages*, so eine Einschätzung des Bundesinnenministeriums
vom August 1975, als »bedeutende Grundlage für die deutsch-französische
Zusammenarbeit auf Regierungsebene«[337]. Den Mitte der 1970er Jahre zwischen beiden Ländern aufgetretenen Spannungen wollte die IBU, wie ihr
Präsident formulierte, ein »dauerhaftes Netz menschlicher Kontakte«[338] entgegensetzen. Vorurteile bestünden trotz des bereits zurückgelegten Weges der
Versöhnung weiterhin fort, insbesondere wirtschaftliche Konflikte könnten
jederzeit aufbrechen[339]. Vor diesem Hintergrund müsse die Freundschaft
zwischen Deutschen und Franzosen, so forderte es eine Resolution der Mitgliederversammlung der IBU vom Oktober 1975, täglich neu gefördert und
gefestigt werden.[340] Hierzu sollten die seitens der Vereinigung veranstalteten
Jugendaustauschprogramme und landeskundlichen Seminare ebenso dienen
wie die jährlichen Bürgermeister-Kongresse und vor allem die Vermittlung
von kommunalen Partnerschaften[341]. Letztere hätten, wie die »Frankfurter
Allgemeine Zeitung« in Reaktion auf ein durch das DFI und die IBU im
Herbst 1975 organisiertes Kolloquium bekräftigte, auch dreißig Jahre nach
Kriegsende nicht an Bedeutung eingebüßt, im Gegenteil: Die kommunale
Ebene mit ihrer Nähe zum Bürger sei auch gegenwärtig noch besonders
geeignet, nationale Grenzen aufzulockern und zur Völkerverständigung beizutragen. Vorurteile ließen sich schließlich kaum durch die oberflächlichen
Kontakte des internationalen Tourismus aus der Welt schaffen[342]. Zu einem

---

[336] PA-AA, Zwischenarchiv, Nr. 113563, Vermerk bezüglich des Arbeitskreises Deutsch-
Französischer Gesellschaften vom 24. März 1976, S. 1f.

[337] StASt, Bestand 1020, Bd. 71, Schreiben des Bundesministeriums des Innern an das Bundespräsidialamt vom 1. August 1975, S. 2.

[338] Ansprache des Präsidenten der IBU, Urs Widmer, im Rahmen des Internationalen Bürgermeister-Kongresses im Oktober 1975 in West-Berlin, in: Dreißig Jahre deutsch-französische Verständigung, S. 167.

[339] Siehe StASt, Bestand 1020, Bd. 35, Bericht über das Kolloquium der IBU und des DFI
zum Thema »Möglichkeiten und Grenzen deutsch-französischer Städtepartnerschaften« am 19./20. September 1975 in Ludwigsburg, S. 2.

[340] Siehe Dreißig Jahre deutsch-französische Verständigung, S. 172.

[341] Vgl. zu den Aktivitäten der IBU exemplarisch StASt, Bestand 1020, Bd. 321, Protokoll
der Sitzung des Verwaltungsausschusses der IBU am 29. März 1976 in Zürich; ibid.,
Bd. 433, Protokoll der Mitgliederversammlung der deutschen Sektion am 9. November
1976 in Mâcon.

[342] Siehe Nikolaus Benckiser, Die glückliche Ehe der Mundelsheimer, in: FAZ, 25.09.1975,
S. 7; vgl. hierzu auch DFI-Archiv, Ordner Kolloquium Städtepartnerschaften 1975, Pro-

ähnlichen Schluss kam auch der deutsche Botschafter in Paris, Sigismund von Braun, dessen Ansicht zufolge »zahlreiche dieser Partnerschaftsunternehmen zu den besten und erfolgreichsten Zeugnissen der deutsch-französischen Freundschaft«[343] gehörten. Sie gäben nicht nur Anlass zu gegenseitigen Besuchen der Stadtverwaltungen, sondern führten auch zu einem regen und freundschaftlichen Austausch zwischen Vereinen, Schulen, Berufsgruppen und Familien der Partnerstädte[344]. Von einem solch engen Geflecht, innerhalb dessen die IBU die Rolle eines deutsch-französischen Maklers einnahm, konnten die Beziehungen zwischen beiden Ländern doch nur profitieren.

Unterstützt wurden die Bemühungen der Verständigungsorganisationen weiterhin nicht nur von Seiten der amtlichen Politik, sondern auch durch die deutsch-französischen Mittler, welche, wie Joseph Rovan beim BILD, zum Teil selbst als Funktionsträger in privaten Vereinigungen wirkten. Wie könne es möglich sein, so die Frage, die Rovan seit 1976 zunehmend umtrieb, dass man in beiden Ländern oft und leichtfertig das »große Interesse der deutsch-französischen Übereinstimmung durch kleine alltägliche Dinge«[345] aufs Spiel setze, um Vorteile und Genugtuung zu erlangen, die am nächsten Tag vergessen seien? »Gewiß sind sie vergessen von den Interessierten, aber nicht von der Masse der Leser, Zuhörer und Zuschauer, bei denen man wieder einmal die Erinnerungen an alte Mißverständnisse, alte Ressentiments und an alte Greuel wachruft«[346]. Schwierigkeiten entstünden im deutsch-französischen Verhältnis immer wieder aufs Neue. Gleichzeitig seien aber, wie Rovan konstatierte, die »aus der jüngsten Vergangenheit entstandenen Impulse zur Verständigung und zum Neubeginn«[347] aufgrund des zeitlichen Abstands zum Weltkrieg und aufgrund des Generationenwandels um vieles schwächer geworden. Geistige Vermittlungsarbeit zwischen Deutschen und Franzosen war daher seiner Ansicht nach geradezu unabdingbar. Seine vornehmliche Aufgabe sah Rovan darin, den Franzosen zu verdeutlichen, dass der in den Zeitungen heraufbeschworene Verdacht, die Bundesrepublik Schmidts rüste sich, Europa unter deutsche Vorherrschaft zu zwingen und eine von seinen Partnern unabhängige und an deutsche Interessen gebundene Weltpolitik ins Werk zu setzen, in keiner Weise den Realitäten entspreche: »Schmidt ne cesse de rappeler à l'opinion allemande que la République fédérale n'est pas de taille à jouer un rôle indépendant dans la politique mondiale«[348]. Mit Bestimmtheit

---

gramm und Themenplanung für das Kolloquium »Möglichkeiten und Grenzen deutsch-französischer Städtepartnerschaften« im September 1975 in Ludwigsburg.

[343] PA-AA, Auslandsvertretungen, Botschaft Paris, Bd. 13533, Schreiben des deutschen Botschafters in Paris, Sigismund von Braun, an das Auswärtige Amt vom 6. Mai 1975, S. 1.

[344] Siehe ibid.

[345] ROVAN, Hauptziel – dauerhafte Verständigung, S. 14.

[346] Ibid.

[347] ROVAN, Deutsch-französische Zusammenarbeit, S. 275.

[348] DERS., Histoire de la social-démocratie allemande, S. 462f.

weise der westdeutsche Regierungschef die Rolle der »Weltmacht wider Willen«[349] für die Bundesrepublik zurück. Illusionslos und pragmatisch beurteile er vielmehr die internationale Situation seines Landes, welche gleichermaßen durch ökonomische Stärke und politische Unsicherheit gekennzeichnet sei. Man mache sich in Frankreich, so Rovan in der Zeitschrift »Études«, noch immer ein falsches Bild des deutschen Bundeskanzlers, der vielfach als autoritär, taktlos und herrschsüchtig gesehen werde. »Il est temps d'y faire connaître un Schmidt subtil, modéré, interrogatif et désireux de rendre plus solide la solidarité franco-allemande«[350].

Für Alfred Grosser zeigten die Entwicklungen der Jahre 1975 und 1976 zweierlei: Einerseits könne festgestellt werden, dass die offiziellen Beziehungen zwischen Frankreich und Westdeutschland weitgehend »entkrampft« seien, auf französischer Seite Interesse für den deutschen Nachbarn in den unterschiedlichsten Bereichen bestehe und zunehmende Interdependenzen die Nachbarländer immer enger miteinander verknüpften. Andererseits weise eine Reihe von Anzeichen darauf hin, dass zwischen den Bevölkerungen eine Phase neuen Misstrauens begonnen habe: »tout un ensemble d'indices montrent que les soupçons et les procès d'intention sont de retour. Alors que la volonté de connaître semblait avoir remplacé le goût pour le cliché, [...] on ressent aujourd'hui comme une sorte de renouveau de l'›antigermanisme‹«[351]. Diese Tendenz erkläre sich zum einen aus einer diffusen Feindseligkeit, welche die Angst vor der deutschen Wirtschaftskraft in Frankreich auslöse, zum anderen durch die Furcht vor einem künftigen Europa, in dem Frankreich in die politische Abhängigkeit von »Allemagne éternelle« gerate[352]. Bevor die Franzosen das Nachbarland jedoch vorschnell verdächtigten und verurteilten, sollten sie zunächst versuchen, es in seinen wesentlichen Zügen kennenzulernen. Dies würde ihnen, wie Grosser in »Le Monde« ausführte, vor Augen führen, dass das ökonomische Übergewicht der Bundesrepublik gar nicht derart erdrückend sei, wie in Frankreich weithin angenommen. Vielmehr seien beide Länder gegenwärtig mit denselben sozialen und wirtschaftlichen Problemen konfrontiert. Die politisch Verantwortlichen in Westdeutschland

---

[349] Siehe zu diesem Schlagwort das Titelthema »Deutschland. Weltmacht wider Willen«, in: Der Spiegel, 06.01.1975, S. 22–34, hier Abdruck eines Interviews mit Bundeskanzler Schmidt, auf das Rovan Bezug nimmt; vgl. hierzu des Weiteren Alfred GROSSER, Les politiques extérieures européennes dans la crise, Paris 1976, S. 136; Christian HACKE, Weltmacht wider Willen. Die Außenpolitik der Bundesrepublik Deutschland, Stuttgart 1988.

[350] Joseph ROVAN, Le chancelier Helmut Schmidt, in: Études. Revue de culture contemporaine 350/5 (1979), S. 599–606, hier S. 606, deutsche Fassung »Le chancelier« Helmut Schmidt, in: Frankfurter Hefte 35/5 (1980), S. 21–26.

[351] Alfred GROSSER, Préface, in: Henri MÉNUDIER, L'Allemagne selon Willy Brandt. Entretiens et enquêtes 1969–1976, Paris 1976, S. 7–12, hier S. 7f.

[352] Siehe ibid., S. 8f.; vgl. hierzu auch Alfred GROSSER, Was ist deutsche Außenpolitik?, Konstanz 1975, S. 26f.

visierten zudem mitnichten eine europäische Hegemonialstellung an[353]. Es bestehe, so Grosser in einem Vortrag in Straßburg im Jahr 1977, eine Vielzahl deutsch-französischer Konvergenzen. Allerdings bedürfe es weiterhin beträchlicher pädagogischer Anstrengungen, um diese den Bevölkerungen zu vermitteln[354].

Nach den Debatten um die Agrarpreisanhebung von 1974, dies mochten die öffentlichen Auseinandersetzungen der beiden darauffolgenden Jahre den verschiedenen Protagonisten der Annäherung deutlich gemacht haben, war das französische Misstrauen gegenüber einer vermeintlich hegemonialen Träumen nachhängenden Bundesrepublik ebenso geblieben wie die deutsche Überheblichkeit gegenüber einem scheinbar schlecht organisierten und nationalistischen Frankreich. Ja, es ließ sich angesichts der Heftigkeit der Dispute um die Thesen Binoches und die Äußerungen Helmut Schmidts vom Frühjahr 1976 sogar der Eindruck gewinnen, die wechselseitig vorhandene Verständigungsbereitschaft sei weiter gesunken. Diesen ernüchternden Befund hatten allem Anschein nach weder die Verständigungspolitik der Regierungen noch die konstanten Bemühungen der privaten Kräfte und Mittlerfiguren zum Positiven wandeln können. Ob Ausbau des Französischunterrichts in der Bundesrepublik, Intensivierung von Informations- und Aufklärungsarbeit, Verstärkung persönlicher Kontakte im Rahmen von Städtepartnerschaften oder Mobilisierung der Bevölkerungen zugunsten der Partnerschaft mit dem Nachbarland – an wohlmeinenden und bisweilen kämpferisch vorgetragenen Absichtserklärungen aus den Reihen der Verständigungsakteure, gegen die deutsch-französischen Spannungen vorzugehen, fehlte es nicht, auch nicht an konkreten Vorschlägen, die Willensbekundungen zu realisieren.

Der tatsächlichen Umsetzung der Verständigungsinitiativen waren indes enge Grenzen gesetzt, nicht zuletzt monetäre. Die mit dem Ölpreisschock von 1973 einsetzende Wirtschaftskrise hatte für die Kulturhaushalte des Auswärtigen Amts und des Quai d'Orsay tiefe Einschnitte bedeutet, was sich nicht nur in einer Einschränkung des kulturpolitischen Handelns der Regierungen selbst, sondern auch in einer Reduzierung der Förderung privaten Engagements auswirkte. Ökonomische Zwänge diktierten nun allenthalben eine Kultur des finanziellen Maßhaltens. Die IBU hatte etwa seit 1974 zunehmende Austritte ihrer Mitglieder und damit das schrittweise Wegbrechen ihrer Existenzgrundlage zu beklagen[355], der ADFG fürchtete Anfang 1976, seine Aktivitäten aufgrund fehlender Finanzmittel vollständig einstellen zu müssen[356], über dem BILD schwebte bereits seit Jahresbeginn 1975 das

---

[353] Siehe DERS., La comparaison allemande, in: Le Monde, 07.04.1976, S. 1 und S. 6.

[354] DERS., Convergences et divergences franco-allemandes, in: Jürgen OLBERT (Hg.), Le colloque de Strasbourg 1977. Die erste Begegnung deutscher Französischlehrer und französischer Deutschlehrer, Frankfurt a.M. u. a. 1979, S. 26–36.

[355] Vgl. beispielhaft StASt, Bestand 1020, Bd. 321, Protokoll der Sitzung des Verwaltungsausschusses der IBU in Zürich am 29. März 1976, S. 1.

[356] Vgl. PA-AA, Zwischenarchiv, Nr. 113563, Schreiben des deutschen Botschafters in Paris,

Damoklesschwert des Konkursverfahrens[357]. In allen drei Fällen konnte das Schlimmste zwar zunächst verhindert werden, doch veranschaulichen diese Beispiele, wie sehr sich die Grundkoordinaten des organisierten Verständigungsengagements im Vergleich zu den 1950er und 1960er Jahren inzwischen verschoben hatten: Der finanzielle Spielraum war zunehmend schmaler geworden, die Austausch- und Kulturarbeit bescheidener. Angesichts dessen konnte eine Verständigungsarbeit, die Wirkungen auf weite Kreise der Bevölkerungen entfalten und damit Konflikte verhindern sollte, ihren Ansprüchen kaum mehr gerecht werden.

3.2.3 Wird Europa deutsch? Diskussionen um die erste Direktwahl zum Europäischen Parlament

Einen neuerlichen Anlass zu kontroversen Diskussionen über die Stellung der Bundesrepublik in Westeuropa und vermutete deutsche Hegemonialabsichten bildete die erste Direktwahl zum Europäischen Parlament im Jahr 1979. Bereits seit Herbst 1978 war im Zuge des beginnenden Wahlkampfes in der französischen Presse eine intensive Debatte um die Kompetenzen der künftigen Volksvertretung Europas geführt worden, welche insbesondere durch die Einlassungen der Gaullisten auf der Rechten und der Kommunisten auf der Linken eine polemische Färbung erhielt. Eine Ausweitung der Vollmachten des Europa-Parlaments, so die weitgehend übereinstimmende Meinung der beiden konträren politischen Lager, bedeute für Frankreich vor allem eine Einschränkung seiner staatlichen Souveränität und einen schrittweisen Verlust seiner nationalen Unabhängigkeit. Dies führe schließlich zu dem unvermeidlichen Fall unter die Vorherrschaft Westdeutschlands, das vor allen anderen von einem Machtzuwachs des europäischen Hohen Hauses profitiere und seine bereits vorhandene Dominanz gegenüber seinen Partnern weiter ausbauen würde[358].

Sigismund von Braun, an den Koordinator für die deutsch-französische Zusammenarbeit, Carlo Schmid, vom 25. Februar 1976.

[357] Vgl. BILD-Archiv, Protokoll der Präsidiumssitzung des BILD und der GÜZ am 8. März 1975, S. 7f.

[358] Vgl. zu den deutsch-französischen Diskussionen im Vorfeld der Europa-Wahlen Henri MÉNUDIER, Deutschfeindlichkeit im französischen Wahlkampf zum Europäischen Parlament, in: DERS., Das Deutschlandbild der Franzosen in den 70er Jahren. Gesammelte Aufsätze 1973–1980, Bonn 1981, S. 218–234; DERS., Die Deutschlandbilder der Franzosen, in: Dieter TIEMANN (Hg.), Die deutsche Frage im 19. und 20. Jahrhundert als west- und osteuropäisches Problem. Fachliche und didaktische Aspekte, Wiesbaden 1994, S. 123–163, hier S. 142–145; Henri MÉNUDIER, Die Deutschlandbilder der Franzosen 1974–1985, in: Hans SÜSSMUTH (Hg.), Deutschlandbilder in Dänemark und England, in Frankreich und den Niederlanden, Baden-Baden 1996, S. 303–336, hier S. 319–321; Gerhard KIERSCH, Die Außenpolitik Frankreichs, in: Wichard WOYKE (Hg.), Netzwerk Weltpolitik. Großmächte, Mittelmächte und Regionen und ihre Außenpo-

Als Bundeskanzler Helmut Schmidt vor diesem Hintergrund Mitte November 1978 im Gespräch mit westdeutschen Journalisten erwähnte, ein direkt gewähltes Parlament werde sich seiner Ansicht nach nicht mit den bisherigen Rechten zufrieden geben, erntete er scharfe Reaktionen in der französischen Presse[359]. Der Verdacht, dass mit den Direktwahlen eine Kompetenzerweiterung des Europa-Parlaments einhergehe, welche der Bundesrepublik zugute komme, schien sich zu bestätigen. Schmidt habe bewiesen, wie die gaullistische Zeitung »La Lettre de la nation« verkündete, dass Bonn nun doch nach europäischer Hegemonie strebe[360]. Durch die Verbindung zwischen dem wachsenden politischen Gewicht Westdeutschlands auf der einen und seiner Dominanz auf ökonomischem Gebiet auf der anderen Seite, welche mittels der Einrichtung des Europäischen Währungssystems zusätzlich gestärkt werde, sah »Le Monde diplomatique« Europa bereits zum »deutschen Modell« verurteilt. Frankreich, so die pessimistische Vision, könne dagegen in der künftigen Finanz- und Wirtschaftspolitik des Kontinents neben dem mächtigen Nachbarn kaum mehr eine einflussreiche Rolle spielen und würde schließlich in den deutschen Wirtschaftsraum eingegliedert[361]. Die Furcht davor, dass das schwache Frankreich auf lange Sicht zu einem »Vasallen« des politisch und wirtschaftlich übermächtigen Deutschland degradiert werden könnte, wurde in der französischen Presse nun merklich lauter vorgetragen[362]. Wer hätte denn zu Beginn des westeuropäischen Einigungsprozesses auch ahnen können, so die mit einem Anklang von Resignation und Verbitterung oftmals formulierte Frage, dass die so sorgsam in supranationale Strukturen eingebettete Bundesrepublik eines Tages wieder zu einer solchen Machtfülle gelangen würde, dass die Gefahr deutscher Vorherrschaft zu neuem Leben erwachte? In dieser Hinsicht ist bezeichnend, was in »Le Monde« dazu formuliert wurde:

litik nach dem Zweiten Weltkrieg, Opladen 1989, S. 193–215, hier S. 204f.; Gerhard KIERSCH, Nationalismus, nationale Ideen und Interessen als Bestimmungsfaktoren der französischen Europapolitik, in: Politische Grundströmungen im europäischen Integrationsprozeß. Jahreskolloquium 1981, hg. v. Arbeitskreis Europäische Integration, Baden-Baden 1982, S. 153–176, hier S. 172f.; Renata FRITSCH-BOURNAZEL, Deutsche und Franzosen. Schicksalsgemeinschaft in Europa, in: Deutschland. Porträt einer Nation, Bd. 10: Deutschland, Europa und die Welt, Gütersloh 1986, S. 144–155, hier S. 151; Roland HÖHNE, Europawahlkampf in Frankreich, in: Die Neue Gesellschaft 26/4 (1979), S. 294–298; Henrik UTERWEDDE, Europa-Wahl und nationale Politik. Die Wahlen zum Europäischen Parlament im Juni 1979, Bad Honnef 1979; MEIMETH, Frankreichs Entspannungspolitik der 70er Jahre, S. 76f.

[359] Vgl. Markus STANAT, Die französische Nationalversammlung und die Europäische Union. Zwischen parlamentarischer Tradition und europäischer Integration, Wiesbaden 2006, S. 148.

[360] Siehe Saison des Nebels, in: Der Spiegel, 27.11.1978, S. 164.

[361] Siehe Daniel BIRON, Alexandre FAIRE, Le mark souverain, in: Le Monde diplomatique, November 1978, S. 1 und S. 16.

[362] Vgl. André BOYER, La France ne rattrapera pas la RFA, in: Le Monde, 23.11.1978, S. 2; Benoît RAYSKI, Faut-il avoir peur de l'Allemagne?, in: France-Soir, 16.02.1979, S. 1f.

Pour un Robert Schuman ou pour un Jean Monnet, par exemple, il ne faisait pas de doute que l'intégration européenne constituait le meilleur rempart possible contre un retour de flamme de l'esprit de domination germanique. Ce qu'ils n'avaient pas prévu, c'est que le moment viendrait où l'on redouterait de voir l'Allemagne fédérale, ›contenue‹ dans l'organisation européenne, acquérir une telle puissance qu'elle risquerait de la dominer[363].

Zwar versuchte Staatspräsident Giscard d'Estaing im Rahmen einer Pressekonferenz Ende November 1978 die Situation zu beruhigen, indem er klarstellte, dass weder er selbst noch seine Regierung noch die Franzosen in ihrer Gesamtheit den deutschen Partnern misstrauten oder Ängste vor westdeutscher Dominanz hegten, doch der Schaden war bereits angerichtet[364]. Die künftigen Vollmachten des Europäischen Parlaments und das drohende wirtschaftlich-monetäre Übergewicht der Bundesrepublik in der geplanten Währungsunion sorge in Frankreich für innenpolitischen Zündstoff, der sich auch auf das deutsch-französische Verhältnis auswirken könne, urteilte etwa die »Frankfurter Allgemeine Zeitung«[365]. »Die Abneigung gegen die Deutschen«, so die Auffassung des Autors, »scheint mit der Härte ihrer Mark, mit dem Gewicht ihrer Wirtschaft in der Welt zuzunehmen«[366]. Ähnlich auch die Einschätzung, welche »Der Spiegel« den deutschen Lesern darbrachte: Die anti-europäischen Argumente des französischen Wahlkampfes seien vorwiegend von der Angst vor der Übermacht der Deutschen getragen. Die in der Bundesrepublik bei höherem Bruttosozialprodukt geringere Arbeitslosigkeit und Inflation, aber auch das von Bonn projektierte europäische Währungssystem gebe den Franzosen ein Gefühl der Unterlegenheit, gar der Abhängigkeit gegenüber dem Nachbarn. In Frankreich gehe die Angst um, das Vaterland werde »einem germanischen Europa ausgeliefert«[367], wie das Nachrichtenmagazin den früheren gaullistischen Premierminister Michel Debré zitierte.

Im fortschreitenden französischen Wahlkampf der ersten Jahreshälfte 1979 war es neben den Zeitungen, die dem Gaullismus nahestanden, vor allem das Presseorgan der Kommunistischen Partei, »L'Humanité«, das gezielt versuchte, antideutsche Dispositionen in der französischen Bevölkerung zu mobilisieren, um Attacken gegen Staatspräsident und Regierung zu führen[368]. Frankreichs nationale Eigenständigkeit wolle das Blatt wahren und wende

[363] André FONTAINE, Que faire de l'Allemagne?, in: Le Monde, 22.11.1978, S. 7.

[364] Vgl. Pressekonferenz des französischen Staatspräsidenten Valéry Giscard d'Estaing am 21. November 1978, in: Jürgen SCHWARZ (Hg.), Der Aufbau Europas. Pläne und Dokumente 1945–1980, Bonn 1980, S. 601–606, bes. S. 603.

[365] Siehe Giscard gegen Mutmaßungen über deutsche Dominanz-Absichten, in: FAZ, 23.11.1978, S. 1.

[366] Karl JETTER, Die Franzosen fürchten die Herrschaft der Mark. Kann sich Paris im neuen Europäischen Währungssystem behaupten?, in: FAZ, 24.11.1978, S. 6.

[367] Saison des Nebels, in: Der Spiegel, 27.11.1978, S. 164.

[368] Vgl. hierzu Henri MÉNUDIER, L'antigermanisme et la campagne française pour l'élection du Parlement européen, in: Études internationales 11/1 (1980), S. 97–131.

sich daher gegen ein deutsches Europa, gegen das Europa Helmut Schmidts, gegen die Abdankung Frankreichs vor einem übermächtigen Nachbarn: »Même si le monde n'est plus celui de 1930 et si l'Allemagne est effectivement bien différente de cette époque, n'est-ce pas dans la tradition de Munich et de Vichy que s'inscrit la politique giscardienne de collaboration avec les *Konzern* d'outre-Rhin, les plus puissants d'Europe occidentale?«[369]

Jenseits derartig offen formulierter Polemiken waren allerdings auch gemäßigte Zeitungen wie »Le Monde« nicht immer davon frei, das ewige Leitmotiv deutscher Stärke in einer Weise zu bemühen, welche Westdeutschland als Gefahr für Frankreich erscheinen ließ. So veröffentlichte das Blatt unter dem Titel »Vingt ans de réussite allemande«[370] Anfang 1979 eine Artikelserie, die zu dem Ergebnis kam, Frankreich werde die deutsche Wirtschaftsstärke auch in fernerer Zukunft und mit größten Anstrengungen nicht erreichen. Das »deutsche Modell« sei dem französischen eben weit überlegen. Anderslautende Hoffnungen qualifizierten die Autoren als bloße Illusion[371]. Darüber hinaus bot die Zeitung dem von Jean-Paul Sartre, dem Physiker Jean-Pierre Vigier, dem ehemaligen Brigadegeneral Jacques Pâris de la Bollardière und weiteren Ikonen der politischen Linken gegründeten Comité d'action contre l'hégémonie germano-américaine en Europe[372] eine Meinungsplattform, welche diesem dazu diente, in eindeutiger Zielrichtung vor einem »pangermanischen« Ausgreifen der Bundesrepublik nach Europa zu warnen: »Tous les pays sont en déficit croissant [...] vis-à-vis de la RFA. [...] Dirigée par une social-démocratie qui a repris à son compte les rêves d'hégémonie de la bourgeoisie pangermaniste, la RFA dominera, en fait, la vie économique et politique de l'Europe«[373].

Die anhaltenden medialen Attacken gegen die Bundesrepublik und die Tatsache, dass Staatspräsident Giscard d'Estaing sich im Februar 1979 erneut genötigt gesehen hatte, selbst in die Debatte einzugreifen und die Parolen seiner politischen Gegner aufs Schärfste zu verurteilen[374], stimmte die Kommentatoren auf Seiten der westdeutschen Presse zunehmend nachdenklich. Zwar

---

[369] Yves MOREAU, Giscard plaide pour l'Europe d'Helmut Schmidt. Et n'a pas un seul mot pour l'indépendance nationale, in: L'Humanité, 16.02.1979, zitiert nach MÉNUDIER, L'antigermanisme, S. 102.

[370] Vgl. Vingt ans de réussite allemande. Une enquête du Monde, Paris 1979.

[371] Siehe Gilbert MATHIEU, Vingt ans de réussite allemande I. – Un écart qui va croissant entre la RFA et la France, in: Le Monde, 13.03.1979, S. 1 und S. 40; eine Ausnahme stellte in dieser Hinsicht allerdings der Artikel Alfred Grossers vom 17. März 1979 dar.

[372] Vgl. hierzu Bernard BRUNETEAU, La mémoire de l'anti-européisme, des années 1950 à 2005, in: Les Cahiers Irice 2/4 (2009), S. 147–156; Michael KREILE, Die Bundesrepublik Deutschland – eine »Économie dominante« in Westeuropa?, in: Udo BERMBACH (Hg.), Politische Wissenschaft und politische Praxis, Opladen 1978, S. 236–256.

[373] Sortir de l'Europe pour sortir de la crise, in: Le Monde, 20./21.05.1979, S. 6; vgl. hierzu auch Claude BOURDET, Comme en 1940, in: Le Monde, 12./13.06.1977, S. 5.

[374] Siehe Pressekonferenz des französischen Staatspräsidenten Valéry Giscard d'Estaing am 15. Februar 1979 (Auszüge zu europa- und außenpolitischen Fragen), in: Europa-Archiv

lasse vorerst nichts darauf schließen, dass sich unter den Franzosen tatsächlich eine neue Welle deutschfeindlicher Gefühle ausbreite, wie die »Süddeutsche Zeitung« schrieb, zumal der wahre Adressat eines Großteils der polemischen Äußerungen der französische Staatspräsident und nicht die Bundesrepublik sei, die hier lediglich als Mittel zum Zweck diene. Dennoch stimme es bedenklich, dass Wahlen zum Europäischen Parlament und die sich verschärfende Arbeitslosigkeit in der Industriearbeiterschaft ausreichten, um Kommunisten und Gaullisten von der deutschen Gefahr reden zu lassen. Gefährlich würde es aber erst, wenn alle Franzosen solche Reden tatsächlich ernst nähmen[375].

Neben den westdeutschen Medien hatte auch die deutsche Botschaft in Paris die Diskussionen im Vorfeld der europäischen Wahlen aufmerksam beobachtet und mit Beunruhigung festgestellt, dass die von Gaullisten und Kommunisten initiierte Kampagne gegen ein deutsch dominiertes Europa in der französischen Presse »alte unterschwellige Sorgen vor Deutschlands künftiger Entwicklung«[376] zum Vorschein gebracht habe. Die beständigen Behauptungen, »Deutschland wolle auf wirtschaftlichem Wege die Herrschaft über Europa und damit über Frankreich ausüben und strebe dessen politische Unterwerfung an«[377], seien zwar, so die Ansicht der Diplomaten, nicht repräsentativ für die Meinung einer Mehrheit der französischen Bevölkerung. Dennoch müsse man sie ernst nehmen, da sie im Falle größerer Krisen politisch ins Gewicht fallen und negative Auswirkungen auf das deutsch-französische Verhältnis entfalten könnten. Erfreulich war aus westdeutscher Perspektive, dass Staatspräsident und Regierung in Frankreich der »Furcht vor einem deutschen Hegemoniestreben im künftigen Europa«[378] entschieden entgegentraten und von den Medien wie den betreffenden politischen Parteien mit Nachdruck mehr Objektivität in der Berichterstattung über Deutschland einforderten[379]. Dass jedoch »die Repräsentanten von einem guten Drittel der französischen Wählerschaft zu Argumenten Zuflucht nehmen, die die deutsch-französische Kooperation nicht fördern können«[380], wirkte auf die Beobachter in der deutschen Vertretung trotz aller positiven Signale von offizieller Stelle beunruhigend.

34/7 (1979), Dokumente, S. 177–186, hier S. 179; vgl. hierzu auch August von KAGEN-ECK, Giscard warnt vor antideutschen Parolen, in: Die Welt, 17.02.1979, S. 7.

[375] Siehe Giscard warnt die Franzosen, in: SZ, 17./18.02.1979, S. 4.

[376] PA-AA, Zwischenarchiv, Nr. 113562, Schreiben des deutschen Botschafters in Paris, Axel Herbst, an das Auswärtige Amt vom 4. Dezember 1978, S. 1.

[377] Siehe PA-AA, Auslandsvertretungen, Botschaft Paris, Bd. 13523, Schreiben der deutschen Botschaft Paris an das Auswärtige Amt vom 14. Februar 1979, S. 2.

[378] BA, B 189, Bd. 26334, 21. Bericht der Interministeriellen Kommission der Bundesregierung für die deutsch-französische Zusammenarbeit, April 1979, S. 38f.

[379] Siehe PA-AA, Auslandsvertretungen, Botschaft Paris, Bd. 13523, Schreiben des deutschen Botschafters in Paris, Axel Herbst, an das Auswärtige Amt vom 16. Februar 1979 und Schreiben der deutschen Botschaft Paris an das Auswärtige Amt vom 23. Mai 1979.

[380] PA-AA, Auslandsvertretungen, Botschaft Paris, Bd. 13523, Schreiben der deutschen Botschaft Paris an das Auswärtige Amt vom 1. Juni 1979, S. 4.

Ähnlich sorgenvoll klangen auch die Einschätzungen auf französischer Seite. In der Presse seien, so wurde im Quai d'Orsay bereits Ende November 1978 konstatiert, in jüngster Zeit erneut Befürchtungen laut geworden, Frankreich könne auf lange Sicht in wirtschaftliche und politische Abhängigkeit des mächtigen Nachbarn im Osten geraten: »Pour l'ensemble de la presse en effet, le déséquilibre qui se creuse entre les deux pays [...] risque fort de déboucher sur une vassalisation de la France. Le spectre de l'Europe allemande hante de nouveau une partie des consciences«[381]. Die Ängste vor der deutschen Stärke erklärten nach Ansicht der Pariser Diplomaten auch die Heftigkeit, mit der die Kontroversen um die Europa-Wahl und die Kompetenzen des künftigen Europäischen Parlaments geführt wurden. Die Intensität sei durch die Wahlkampagnen der Kommunistischen Partei und der Gaullisten, welche die Furcht vor einem übermächtigen Deutschland bewusst geschürt hätten, anschließend weiter gesteigert worden, so dass der Wahlkampf streckenweise einen antideutschen Tonfall erhalten habe. »Les élections européennes ont favorisé en France«, so urteilte Botschafter Brunet Mitte 1979, »sinon la résurgence d'un sentiment anti-allemand, tout au moins la réapparition d'une crainte devant les menaces d'une hégémonie allemande sur l'Europe«[382].

Neben den polemischen Einlassungen französischer Politiker und der französischen Presse war jedoch nach Auffassung der Bonner Botschaft auch die Berichterstattung der westdeutschen Medien mitverantwortlich dafür, dass die deutsch-französischen Auseinandersetzungen eine unerfreuliche Dynamik entwickeln konnten. Insbesondere die vorurteilsbehaftete und teilweise äußerst herablassende Kommentierung der ökonomischen Situation Frankreichs habe bei den Franzosen Verärgerung hervorgerufen und den Konflikt genährt. In den deutschen Zeitungen seien die alten Klischees über Frankreich und die Franzosen wieder aufgetaucht: »›Manque d'organisation‹, ›dynamisme commercial insuffisant‹, les Français sont ›futiles‹, pas assez ›accrocheurs‹, ils ›manquent de réalisme‹ et, en définitive, sont peu doués pour l'industrie et le commerce«[383].

Misstrauen, Ängsten und verzerrten Wahrnehmungen, welche die Debatten um die Wahlen zum Europäischen Parlament in den deutsch-französischen Beziehungen freigesetzt hatten, versuchten die politisch Verantwortlichen beider Länder durch eine verstärkte Öffentlichkeitsarbeit zu begegnen. Diese zielte vor allem darauf ab, mittels massenmedialer Kommunikationsforen einen direkteren Kontakt zwischen Regierenden und

---

[381] AMAE Paris-La Courneuve, Europe, RFA 1976–1980, Bd. 3999, Vermerk betreffend »La presse française et la RFA« vom 25. November 1978, S. 2.

[382] AMAE Nantes, Bonn Ambassade, Bd. 318, Schreiben des französischen Botschafters in Bonn, Jean-Pierre Brunet, an das französische Außenministerium vom 19. Juli 1979, S. 4.

[383] AMAE Nantes, Bonn Ambassade, Bd. 324, Schreiben der französischen Botschaft Bonn an das französische Außenministerium vom 24. September 1979, S. 3f.

Bevölkerungen herzustellen. Im Februar 1979 etwa kam Bundeskanzler Schmidt eigens nach Paris, um sich im Rahmen einer Livesendung den Fragen französischer Bürger zu stellen, was auch dazu dienen sollte, das Bild vom deutschen »Feldwebel« gerade zu rücken und den Argwohn gegenüber einer hegemonialen Gelüsten anheim gefallenen Bundesrepublik zu entkräften[384]. Zumindest aus Sicht der französischen Botschaft ging von dem Gespräch eine positive Signalwirkung für das Miteinander von Deutschen und Franzosen aus: »Que le chancelier n'ait pas hésité [...] à se rendre personellement à Paris pour dialoguer avec des téléspectateurs français dans le cadre d'une émission de la deuxième chaîne allemande, prouve [...] que Paris et Bonn deviennent peu à peu plus que des voisins ou des partenaires«[385].

Anfang Oktober 1979 tat Staatspräsident Giscard d'Estaing es dem westdeutschen Regierungschef nach, indem er in der ebenfalls live im deutschen Fernsehen ausgestrahlten Sendung »Bürger fragen, Politiker antworten« während einer guten Stunde zu den Fragen acht junger Deutscher Stellung nahm. Schenkt man dem überaus wohlwollenden westdeutschen Presseecho Glauben, so halfen vor allem die Offenheit und die Souveränität, mit welcher das französische Staatsoberhaupt das Gespräch bestritt, die Sympathie des deutschen Publikums zu gewinnen. Die Diskussion habe ein für allemal den Beweis erbracht, dass die Rede von der deutsch-französischen »Erbfeindschaft« ins Reich der Legenden gehöre und vielmehr von einer »Erbfreundschaft« zu sprechen sei. Sendungen dieser Art, so das Fazit der Kommentatoren, trügen erheblich zu einer Annäherung beider Länder bei[386]. Derselben Ansicht war auch Bundeskanzler Schmidt, der Giscard in einem persönlichen Schreiben zwei Tage nach der Sendung mitteilte:

Ihre Fernsehunterhaltung mit überwiegend jungen deutschen Bürgern hat bei uns eine gute Resonanz gefunden. Ich selber habe mir die Sendung in meinem Arbeitszimmer angesehen und fand im Gespräch mit etlichen Bonner Journalisten meinen Eindruck bestätigt, dass Ihre offenen, gradlinigen Antworten ein eindringlicher Beweis für den authentisch freundschaftlichen Umgang zwischen Deutschen und Franzosen waren. [...] Mir scheint, dass die

---

[384] Vgl. Le chancelier interrogé par des citoyens français, in: Pariser Kurier, 15.–28.02.1979, S. 7–10; Henri MÉNUDIER, L'Allemagne à la télévision française en 1978 et 1979, in: Revue administrative de l'Est de la France 18 (1980), S. 49–74; Gut Deutsch, in: Der Spiegel, 17.09.1979, S. 16; Josef MÜLLER-MAREIN, Schade!, in: Die Zeit, 09.03.1979, S. 84; Von Europa hören und sehen, in: EG-Magazin 1 (1979), S. 31.

[385] AMAE Nantes, Bonn Ambassade, Bd. 318, Schreiben des französischen Botschafters in Bonn, Jean-Pierre Brunet, an das französische Außenministerium vom 10. Februar 1979, S. 5.

[386] Siehe AMAE Nantes, Bonn Ambassade, Bd. 324, Schreiben der französischen Botschaft Bonn an das französische Außenministerium betreffend »Réactions de la presse allemande à l'émission du ZDF avec le président de la République« vom 4. Oktober 1979; vgl. hierzu auch Eberhard NITSCHKE, Napoleon in der Bonner Beethovenhalle. Bürger nicken – ein Politiker glänzt, in: Die Welt, 04.10.1979, S. 3.

politisch-psychologische Wirkung der ganzen Sendung auf unsere deutschen Bürger sehr günstig geworden ist[387].

Neben solch punktuellen Initiativen zur deutsch-französischen Annäherung, die vor allem das öffentliche Gewicht von Bundeskanzler und Staatspräsident nutzten, um positive Effekte auf die Wahrnehmung des jeweiligen Nachbarn zu erzielen, waren beide Regierungen auch weiterhin bestrebt, langfristig angelegte Verständigungsmaßnahmen und kontinuierlichen Austausch zu fördern. Die DAAD-Zweigstelle in Paris etwa führte am Ende der 1970er Jahre regelmäßig Informationsreisen für westdeutsche Hochschulrektoren nach Frankreich und für französische Germanisten in die Bundesrepublik durch. Im Rahmen derer besuchten die Professoren Bildungs- und Wissenschaftseinrichtungen, trafen mit Politikern zusammen und nahmen an sprach- und landeskundlichen Seminaren teil. 1979 standen dort insbesondere die Europa-Wahl und die hierdurch in beiden Ländern ausgelösten öffentlichen Diskussionen auf dem Programm. Das Prinzip, welches derartigen Veranstaltungen zugrunde lag, war es, ausgewählte Multiplikatoren auf beiden Seiten des Rheins für konfliktbehaftete Thematiken der deutsch-französischen Beziehungen zu sensibilisieren und ihnen Anstöße zu geben, in ihrem jeweiligen Umfeld auf die Etablierung eines ausgewogenen Deutschland- beziehungsweise Frankreichbildes hinzuwirken[388].

Auf die Beeinflussung weiter Bevölkerungskreise zielten auch die zahlreichen Austauschaktivitäten des DFJW ab. Das Jugendwerk, »institution vivace qui continue à jouer un rôle irremplaçable«[389], wie im französischen Außenministerium Ende November 1978 geurteilt wurde, leiste mit seiner Arbeit einen entscheidenden Beitrag dazu, die Jugendlichen beider Länder in dauerhaften freundschaftlichen Kontakt zu bringen, der auch durch die immer wieder auftauchenden medialen Polemiken nicht erschüttert werden könne. Immerhin rund 200 000 jungen Deutschen und Franzosen ermöglichten es die verschiedenen Austauschangebote Jahr für Jahr, das Nachbarland nicht nur aus der eingeschränkten Perspektive des Touristen zu erleben. Und auch die

---

[387] AN Paris, 5 AG 3, Bd. 938, Schreiben Bundeskanzler Schmidts an Staatspräsident Giscard d'Estaing vom 4. Oktober 1979.

[388] Vgl. hierzu DAAD-Archiv, B 212, Bd. 91758/1, Programm für die Informationsreise französischer Institutsdirektoren der Germanistik in die Bundesrepublik Deutschland vom 27. Mai bis 3. Juni 1979; Vermerk der Leiterin der DAAD-Zweigstelle Paris, Alexandra Hauck, vom 29. März 1979 sowie Schreiben Haucks an das Büro des Bevollmächtigten für kulturelle Angelegenheiten im Rahmen des Vertrages über die deutsch-französische Zusammenarbeit vom 10. April 1979; DAAD-Archiv, B 212, Bd. 91517/2, Programm des Hochschul-Informationsseminars in Frankreich vom 4.–17. März 1979; Vermerk des Leiters der DAAD-Zweigstelle Paris, Theo Buck, betreffend »Hochschul-Informationsseminar in Frankreich« vom 10. September 1979; Jahresbericht 1979, hg. v. DAAD, Bonn 1980, S. 162–175.

[389] AMAE Paris-La Courneuve, Europe, RFA 1976–1980, Bd. 4007, Vermerk bezüglich der deutsch-französischen Zusammenarbeit vom 16. November 1978, S. 7.

am Ende der 1970er Jahre durch das DFJW verstärkt geförderten Schulpartnerschaften brachten eine wachsende Anzahl an Jugendlichen beider Länder zusammen. 1978 konnten auf diese Weise 30 000 Schüler das Leben in französischen oder deutschen Familien kennenlernen[390]. Ähnlich der Einschätzung auf französischer Seite war man auch im zuständigen Bonner Ministerium der Ansicht, dass derartige Begegnungen in erheblichem Umfang zum Abbau von Vorurteilen und zur Toleranz gegenüber den Nachbarn beitrügen[391].

Regierungsamtliche Öffentlichkeitsarbeit und die staatlich protegierten Austausch- und Begegnungsprogramme wurden schließlich ergänzt durch die Verständigungsaktivitäten der verschiedenen privaten Organisationen, die sich angesichts der im Kontext der Europa-Wahlen aufgetretenen Spannungen angehalten sahen, die deutsch-französische Freundschaft vor zerstörerischen Tendenzen zu bewahren. In einem Rundschreiben vom Dezember 1978 rief etwa der ADFG seine Mitglieder dazu auf, die Bevölkerungen in beiden Ländern objektiv über Bedeutung und Folgen der ersten Direktwahl zum Europäischen Parlament zu unterrichten[392]. Den westdeutschen Vereinigungen müsse hierbei vor allem die Aufgabe zukommen, in Frankreich um Vertrauen für die Bundesrepublik zu werben. Für die französischen Gesellschaften sei es oberstes Ziel, der »bewußt hochgespielten These von der ›drohenden Gefahr einer deutschen Vorherrschaft in Europa‹« energisch entgegenzutreten[393].

Über Möglichkeiten, diese Ziele zu realisieren, debattierte der Vorstand des ADFG anlässlich einer Sitzung in Dijon im Frühjahr 1979. Was könne konkret getan werden, so lautete hier die zentrale Frage, wenn die französische Presse weiterhin tendenziöse Artikel über das Nachbarland veröffentliche? Gemäß den Vorschlägen aus den Reihen der Verantwortlichen des Arbeitskreises sollten die Gesellschaften in Frankreich hierauf rasch durch Leserbriefe und Gegendarstellungen in den Lokalzeitungen reagieren, Journalisten dafür gewinnen, positiv über Deutschland zu berichten und Vortragsveranstaltungen mit ausgewiesenen Experten organisieren, welche den Franzosen unvoreingenommen die Orientierungen der bundesdeutschen Politik erläutern könnten. Vor allem der nächste Jahreskongress der deutsch-französischen Gesellschaften müsse dazu genutzt werden, die in dieser Hinsicht bislang

---

[390] Vgl. AMAE Paris-La Courneuve, Europe, RFA 1976–1980, Bd. 3999, Vermerk bezüglich der deutsch-französischen Zusammenarbeit vom 25. Februar 1980, S. 12f.

[391] Vgl. BA, B 189, Bd. 26336, Vermerk betreffend das VN-Jugendprogramm vom 14. April 1980.

[392] Siehe VDFG-Archiv, Ordner Vorstandssitzungen 1974–1976, Rundschreiben der Präsidenten des ADFG, Pierre Martin und Alfred Borgmann, an die Mitgliedsgesellschaften des ADFG vom 21. Dezember 1978, S. 1f.

[393] VDFG-Archiv, Ordner Arbeitskreis Korrespondenz 1977–1979, Schreiben des Vorstandsmitglieds Siegfried Troch an den Präsidenten des ADFG, Alfred Borgmann, vom 6. Februar 1979, Zitat S. 1.

wenig aktiven Vereinigungen zu verstärktem Handeln anzuregen[394]. Denn für den ADFG, so die Einschätzung der beiden Präsidenten, sei es nur dann möglich, seinen Zielsetzungen gerecht zu werden, wenn er einerseits seine Mitglieder zu Verständigungsinitiativen motiviere und andererseits die Öffentlichkeit in beiden Ländern von der unbedingten Notwendigkeit enger deutsch-französischer Beziehungen überzeuge[395].

In dieselbe Richtung wies das Engagement der IBU, die bereits seit dem Direktwahlakt des Rates der Europäischen Gemeinschaften im Jahr 1976[396] bei ihren Mitgliedern – Städten, Kommunen und Bürgermeistern – dafür warb, die Öffentlichkeit beider Länder über die tatsächlichen Folgen der Europa-Wahl aufzuklären. Insbesondere denjenigen, die in Frankreich alte Ängste vor deutscher Dominanz heraufbeschworen, wollte die IBU durch gezielte Informationsarbeit Paroli bieten[397]. Daneben versuchte die Vereinigung zum einen durch die Veranstaltung von Studienseminaren für junge Deutsche und Franzosen, in welchen auch die politischen Auswirkungen des europäischen Wahlganges für Frankreich und die Bundesrepublik zur Sprache kamen, einen Beitrag für ein besseres Verständnis des Nachbarn zu leisten[398]. Zum anderen organisierte sie Informationsaufenthalte für westdeutsche und französische Bürgermeister im jeweils anderen Land, die den Repräsentanten der Städte eine vorurteilsfreie Perspektive vermitteln sollten, welche sie, so zumindest die Hoffnung, anschließend auch an die Bürger ihrer Heimatgemeinde weitergeben würden[399].

Die Verantwortlichen des BILD schließlich brachten die im deutsch-französischen Verhältnis aufgekommenen Missstimmungen anlässlich einer Mitgliederversammlung im Januar 1979 zur Sprache. Das Protokoll der Zusammenkunft hielt fest: »L'assemblée s'inquiète en particulier de la campagne

[394] VDFG-Archiv, Ordner Vorstandssitzungen 1979–1982, Kurzprotokoll der Gesamtvorstandssitzung des ADFG am 1. April 1979 in Dijon, S. 4f.

[395] VDFG-Archiv, Ordner Vorstandssitzungen 1979–1982, Rundschreiben der Präsidenten des ADFG an die Mitgliedsgesellschaften vom 17. Dezember 1979.

[396] Vgl. Klaus POIER, Die Wahl des Europäischen Parlaments – auf dem Weg zu einem einheitlichen Wahlverfahren, in: Erhard BUSEK, Waldemar HUMMER (Hg.), Etappen auf dem Weg zu einer europäischen Verfassung, Wien u. a. 2004, S. 341–358, hier S. 347f.; Christine HOLESCHOVSKY, Art. »Direktwahl zum Europäischen Parlament«, in: Wolfgang W. MICKEL, Jan M. BERGMANN (Hg.), Handlexikon der Europäischen Union, Baden-Baden ³2005, S. 156f.

[397] Vgl. StASt, Bestand 1020, Bd. 321, Resolution der Internationalen Bürgermeister-Union vom 29. März 1976; ibid., Bd. 332, Protokoll über die Sitzung des Verwaltungsausschusses der IBU in Basel am 16. Oktober 1978.

[398] Vgl. DFI-Archiv, Ordner IBU bis 1993, Programm des deutsch-französischen Jugendleiter-Seminars vom 16.–22. September 1979 in Saint-Jean-de-Monts; StASt, Bestand 1020, Bd. 332, Protokolle über die Sitzungen des Verwaltungsausschusses der IBU am 23. April 1979 in Berlin und am 5. November 1979 in Nantes.

[399] Vgl. StASt, Bestand 1020, Bd. 67, Programm der Studienreise französischer Bürgermeister nach Südwestdeutschland vom 27. Mai bis 2. Juni 1979.

anti-allemande qui va se développer autour des élections européennes«[400]. Die sich hier manifestierende Beunruhigung führte zur Einberufung einer *réunion spéciale*, die dem Ziel gewidmet war, sich über konkrete Gegenmaßnahmen zu verständigen, welche das BILD nunmehr einleiten könnte[401]. Neben einer ausführlichen Thematisierung der europäischen Wahl in den beiden Publikationsorganen der Vereinigung[402] gehörte hierzu vor allem die Veranstaltung von Informationsreisen für Jugendliche zur Beobachtung des westdeutschen und französischen Wahlkampfes und die Mitwirkung an der Vorbereitung des Fernsehgesprächs zwischen Bundeskanzler Schmidt und französischen Bürgern im Februar 1979[403]. Die verschiedenen Aktivitäten verfolgten, wie in einer Aufzeichnung der Organisation zu lesen ist, hauptsächlich den Zweck, durch die Vermittlung von Kenntnissen über das jeweilige Nachbarland und die dortigen aktuellen Entwicklungen »Verständnis und Sympathie zu wecken« und zugleich deutlich zu machen, »daß die Angelegenheiten in der europäischen Dimension« Deutsche und Franzosen gleichermaßen beträfen. Sie dürften nicht dahin führen, neue Gräben der Feindseligkeit zwischen ihnen entstehen zu lassen[404].

Begleitet wurden die vielfältigen Aktivitäten der Verständigungsorganisationen einmal mehr durch die Stimmen von Mittlerpersönlichkeiten wie Alfred Grosser und Joseph Rovan, die wiederholt in die deutsch-französischen Debatten um die Direktwahl zum Europäischen Parlament eingriffen. Grosser etwa ließ es sich vor dem Hintergrund der in Frankreich immer wieder anklingenden Furcht, unter die ökonomische und politische Vormundschaft einer übermächtigen Bundesrepublik geraten zu können, angelegen sein, das Potenzial der vermeintlich so erdrückenden westdeutschen Wirtschaftskraft in realistischerer Weise darzustellen, als dies die Mehrheit der französischen Medien tat. Gewiss, so räumte er in Beiträgen für »Le Monde« und »L'Express« ein, sei das Wirtschaftswachstum in Westdeutschland größer als in Frankreich, die D-Mark eine stabilere Währung als der Franc. Doch habe auch die Bundesrepublik ganz erheblich unter den Folgen der Weltwirtschaftskrise zu leiden, seien wachsende Jugendarbeitslosigkeit, eine steigende Anzahl von Unternehmensinsolvenzen und höhere Sozi-

---

[400] BILD-Archiv, Compte rendu des travaux de l'assemblée générale du BILD, 20. Januar 1979, S. 1.
[401] Siehe ibid.
[402] Vgl. Dossier: L'élection du parlement européen au suffrage universel, in: Documents 34/1 (1979), S. 14–100, darin bes. Hélène RIFFAULT, Français et Allemands se comprennent-ils et veulent-ils la même chose?, in: Documents 34/1 (1979), S. 29–42; Daniel COLARD, Die Europa-Wahl und ihre Folgen für Frankreich, in: Dokumente 35/3 (1979), S. 203–211; Dossier: Frankreich vor der Europa-Wahl, in: Dokumente 35/1 (1979), S. 7–36.
[403] Vgl. BILD-Archiv, Tätigkeitsbericht 1979 der GÜZ und des BILD, S. 2–6 und S. 13–15.
[404] BILD-Archiv, Aufzeichnung zur Arbeitsplanung des BILD für das Jahr 1979, S. 2.

alausgaben auch dort ein Problem[405]. Die augenblickliche Situation der Nachbarländer gleiche sich daher weitaus mehr, als die Presseberichterstattung es erkennen lasse: »L'ennui, c'est que l'information quotidienne préfère le sensationnel, le surprenant et privilégie donc les différences«[406]. Statt in übermäßiger Frequenz die zweifellos bestehenden Unterschiede zu betonen, sollten nach Ansicht Grossers vielmehr die Interdependenzen und Ähnlichkeiten zwischen Frankreich und Westdeutschland öffentlich stärker hervorgehoben werden. Dann würde für jedermann ersichtlich, dass sich Deutsche und Franzosen insgesamt auf einem guten gemeinsamen Weg befänden[407].

Joseph Rovan zufolge konnten die auch in seinen Augen vollkommen unbegründeten französischen Ängste vor einer deutschen Vormachtstellung und das hierdurch latent vorhandene Konfliktpotenzial nur dann überwunden werden, wenn zwischen beiden Ländern und getragen von Regierungen wie Bevölkerungen ein neues Bewusstsein für die Notwendigkeit einvernehmlichen Miteinanders entstünden:

Les craintes que soulève parfois en France, sans raison véritable, la trop grande puissance économique et commerciale de la République fédérale [...] pourront être évoquées et vaincus par un nouveau progrès décisif et public vers davantage de réflexions, de discussions et de décisions communes, dans des réunions où nous nous interpellerions mutuellement au grand jour[408].

Als mögliche Schritte zur Erreichung dieser Ziele schlug Rovan unter anderem die Einführung regelmäßiger gemeinsamer Sitzungen der beiden Parlamente und Kabinette vor, den wechselseitigen Zugang zum öffentlichen Dienst und die Einrichtung weiterer binationaler Institutionen, wie etwa eines deutsch-französischen Amtes für Informationsangelegenheiten. Diese Maßnahmen seien schließlich – so die Vorstellung, die Rovan bereits in einem 1978 erschienenen Aufsatz entfaltet hatte –, durch eine »entreprise ambitieuse et difficile, qui frappe l'imagination et mobilise les engagements«[409] zu krönen, die Schaffung einer gemeinsamen Staatsangehörigkeit, mit welcher

---

[405] Siehe Alfred GROSSER, Semblable et différente, in: L'Express, 24.03.1979, S. 34–36; DERS., Vingt ans de réussite allemande V. – Certitudes et incertitudes politiques, in: Le Monde, 17.03.1979, S. 37; vgl. hierzu auch DERS., L'Allemagne de notre temps 1945–1978, Paris 1978, S. 691f.

[406] DERS., Conclusion: sur la route commune, in: L'Express, 24.03.1979, S. 73.

[407] Siehe ibid.

[408] Joseph ROVAN, Au service de l'Europe: l'union franco-allemande, in: Documents 33 (1978), Sonderheft, S. 192–200, hier S. 199; vgl. auch die deutsche Fassung Was bringt die Zukunft?, in: Dokumente 34 (1978), Sonderheft, S. 147–155.

[409] DERS., Au service de l'Europe, S. 198.

die so dringlich gebotene deutsch-französische »Fusion« im Dienste Europas Wirklichkeit werden könne[410].

So visionär ein derartiger Vorschlag auch sein mochte, so wenig schienen Deutsche und Franzosen am Ende der 1970er Jahre darauf vorbereitet und gewillt, eine deutsch-französische Nationalität zu akzeptieren. Nicht zuletzt die konfrontativen Debatten im Vorfeld der Wahlen zum Europäischen Parlament zeigen, wie rasch Argwohn, Vorurteile und überkommene Freund-Feind-Schemata im deutsch-französischen Verhältnis immer noch mobilisiert werden konnten. Diese Auseinandersetzungen im Zaum zu halten, hatten sich die verschiedenen Protagonisten der Annäherung nach Kräften bemüht, doch nehmen sich die sichtbaren Erfolge ihrer Anstrengungen insgesamt bescheiden aus. Die Fernsehauftritte von Staatspräsident und Bundeskanzler zu Beginn des Jahres 1979 mögen zu einer positiven öffentlichen Wahrnehmung des jeweiligen Nachbarlandes beigetragen haben. Dies lässt zumindest das wohlwollende Presseecho vermuten. Ob Gleiches für die seitens des DAAD und des DFJW durchgeführten Austauschprogramme angenommen werden darf, ist nicht letztgültig zu beantworten, da die Auswirkungen auf die Betroffenen im Einzelnen kaum zu bemessen sind. Die Appelle der privaten Verständigungsorganisationen riefen zumeist ebenso wenig Resonanz hervor wie ihr Angebot an landeskundlichen Seminaren und Informationsreisen. Zum Teil mussten geplante Veranstaltungen aufgrund mangelnden Interesses sogar abgesagt werden[411]. Das vermittelnde Einschreiten Grossers und Rovans schließlich erfolgte zwar vielfach in auflagenstarken Publikationsorganen wie »Le Monde« oder »L'Express«[412], doch ist es fraglich, ob ihre Stimmen es angesichts des lauten polemischen Getöses schafften, zu breiteren Bevölkerungsschichten durchzudringen. Die Diskussionen um die Direktwahl des Europa-Parlaments 1978 und 1979 führten letztlich zu ähnlich heftigen öffentlichen Zerwürfnissen in den deutsch-französischen Beziehungen wie Helmut Schmidts Äußerungen zum Gaullismus 1976, die Thesen General Binoches über Deutschland 1975 und der Streit um die Agrarpreiserhöhung im Jahr 1974. Die vermeintliche ökonomische Übermacht im Verbund mit der außenpolitischen Emanzipation der Bundesrepublik bildete bereits Mitte der 1970er Jahre den Hintergrund für die französischen Befürchtungen vor einem »deutschen Europa«. Sie tat es auch noch am Ende des Jahrzehnts. Daran hatten die zahlreichen deutsch-französischen Verständigungsinitiativen, die auf den Weg gebracht worden waren,

---

[410] Siehe ibid., S. 200; vgl. hierzu auch DERS., Dreißig Argumente für eine deutsch-französische Union, S. 15–21; weiterführend DERS., Zwei Völker – eine Zukunft. Deutsche und Franzosen an der Schwelle des 21. Jahrhunderts, München u. a. 1986.

[411] Vgl. BILD-Archiv, Tabellarische Übersicht »Activités réalisées en 1978–1979«; VDFG-Archiv, Schreiben des Deutschen Generalsekretärs Hermann Paul an den Präsidenten des ADFG, Alfred Borgmann, vom 10. Februar 1979.

[412] Zur Auflagenhöhe von »Le Monde« und »L'Express« in der zweiten Hälfte der 1970er Jahre siehe Kap. 1., Anm. 91.

um Misstrauen, Ängste und stereotype Wahrnehmungsmuster zwischen beiden Ländern aus der Welt zu schaffen, kaum etwas ändern können.

3.3 Die Schatten der Kriegserfahrungen

Trotz vieler positiver Entwicklungen der ersten Nachkriegsjahrzehnte blieb in der Erlebnisgeneration die Erinnerung an die nationalsozialistische Gewaltherrschaft auch während der 1970er Jahre weiterhin präsent. Konnte sich die Geschichte wiederholen? Waren die Deutschen frei von den Einflüssen der NS-Ideologie? Ein Vierteljahrhundert nach dem Ende des Krieges hatten diese Fragen für einen Großteil der Menschen im geteilten Europa keineswegs an Aktualität eingebüßt[413]. Nicht zuletzt die Aktivitäten von Opfer- oder Veteranenverbänden und die alljährlich zelebrierten Gedenkfeiern zum Kriegsende hielten das Thema in der Öffentlichkeit wach[414]. Die politischen Verhältnisse in der Bundesrepublik wurden derweil von ihren Nachbarn aufmerksam beobachtet, um bei den ersten Anzeichen eines Rückfalls der Deutschen in braunes Gedankengut Alarm schlagen zu können[415]. Nicht nur die Auseinandersetzung mit der NS-Vergangenheit gelangte so in den Fokus des internationalen Interesses, auch rückwärtsgewandte Tendenzen in der bundesdeutschen Gesellschaft galt es aufzuspüren, bevor diese eine Gefahr für das friedliche Zusammenleben in Europa darstellen konnten.

Eine Frage, welche die Gemüter noch immer erhitzte, war die Strafverfolgung von NS-Kriegsverbrechern und insbesondere die in diesem Zusammenhang ans Licht tretenden Mängel und Versäumnisse[416]. Dass viele

---

[413] Vgl. Jost DÜLFFER, Europa im Ost-West-Konflikt 1945–1990, München 2004, S. 7–18; Arnd BAUERKÄMPER, Das umstrittene Gedächtnis. Die Erinnerung an Nationalsozialismus, Faschismus und Krieg in Europa seit 1945, Paderborn u. a. 2012.

[414] Vgl. Rudolf von THADDEN, Steffen KAUDELKA (Hg.), Erinnerung und Geschichte 60 Jahre nach dem 8. Mai 1945, Göttingen 2006; Brigitte SAUZAY (Hg.), Vom Vergessen vom Gedenken. Erinnerungen und Erwartungen in Europa zum 8. Mai 1945, Göttingen 1995.

[415] So schon im Zusammenhang mit den im gesamten Bundesgebiet auftauchenden Hakenkreuzschmierereien im Jahr 1958 oder vor dem Hintergrund des Einzuges der NPD in mehrere westdeutsche Landesparlamente in den 1960er Jahren, vgl. hierzu Peter REICHEL, Vergangenheitsbewältigung in Deutschland. Die Auseinandersetzung mit der NS-Diktatur in Politik und Justiz, München ²2007, S. 125–157; Rainer ERB, Michael KOHLSTRUCK, Rechtsextremismus in Deutschland nach 1945, in: Wolfgang BENZ (Hg.), Handbuch des Antisemitismus. Judenfeindschaft in Geschichte und Gegenwart, Bd. 3: Begriffe, Theorien, Ideologien, Berlin, New York 2010, S. 282–285.

[416] Vgl. hierzu Torben FISCHER, Matthias N. LORENZ (Hg.), Lexikon der »Vergangenheitsbewältigung« in Deutschland. Debatten- und Diskursgeschichte des Nationalsozialismus nach 1945, Bielefeld 2007, S. 92–106 und S. 199–210; Michael GREVE, Der justitielle und rechtspolitische Umgang mit den NS-Gewaltverbrechen in den sechziger Jahren, Frankfurt a.M. 2001; Norbert FREI, Vergangenheitspolitik. Die Anfänge der Bundesrepublik

der Täter für ihre unmenschlichen Vergehen nicht belangt worden waren und in der Bundesrepublik vollkommen unbehelligt ein bürgerliches Leben führten, dass gar Forderungen nach Erteilung einer Generalamnestie laut geworden waren und das Wort vom »Schlussstrich« die Runde machte[417], all dies konnte bei ausländischen Beobachtern, zumal bei den Opfern, kaum auf Verständnis treffen. Symptomatisch war in dieser Hinsicht der Protest, der 1974 in Frankreich gegen die Verurteilung der Journalistin Beate Klarsfeld aufkam, die mit ihrem Ehemann versucht hatte, einen straflos gebliebenen ehemaligen SS-Offizier zu entführen und der französischen Justiz zu übergeben[418]. In ähnlicher Weise sorgten die Aktivitäten von Verbänden ehemaliger SS-Angehöriger und vor allem die Tatsache, dass diese in der Bundesrepublik legal existieren konnten, seit Mitte der 1970er Jahre auf französischer Seite für verstärkte Unmutsbekundungen[419]. Diese reichten so weit, dass Joachim Fests Film »Hitler – Eine Karriere« sowie die Entscheidung der Bundesregierung, den aus italienischer Haft entkommenen Kriegsverbrecher Herbert Kappler nicht auszuliefern, im Sommer 1977 als Belege für ein in Westdeutschland zunehmend praktiziertes Verharmlosen und Beschweigen der NS-Zeit dienten[420]. Dass der von verschiedenen Printmedien in beiden Ländern beschriebene Vertrauensverlust in den deutsch-französischen Beziehungen nicht real werde und die auch nach Jahrzehnten fortbestehenden Schatten der Kriegserfahrungen vertrieben würden, machten sich die beiderseits des Rheins agierenden Akteure der Verständigung zur Aufgabe. Die Konflikte, die aus den Belastungen der Vergangenheit resultierten, und die ihnen entgegengesetzten Versöhnungsstrategien stehen somit im Mittelpunkt der folgenden Kapitel.

und die NS-Vergangenheit, München [2]1997; Rüdiger FLEITER, Die Ludwigsburger Zentrale Stelle – eine Strafverfolgungsbehörde als Legitimationsinstrument, in: Kritische Justiz 35/2 (2002), S. 253–272.

[417] Vgl. Ulrich HERBERT, NS-Eliten in der Bundesrepublik, in: Wilfried LOTH, Bernd A. RUSINEK (Hg.), Verwandlungspolitik. NS-Eliten in der westdeutschen Nachkriegsgesellschaft, Frankfurt a.M., New York 1998, S. 93–115; Jörg FRIEDRICH, Die kalte Amnestie. NS-Täter in der Bundesrepublik, Berlin 2007; Maria WIRTH, Christian Broda. Eine politische Biographie, Göttingen 2011, S. 456–458.

[418] Vgl. Carsten DAMS, Michael STOLLE, Die Gestapo. Herrschaft und Terror im Dritten Reich, München [3]2012, S. 188.

[419] Vgl. zu den in der Bundesrepublik existierenden Vereinigungen ehemaliger SS-Angehöriger Karsten WILKE, Die »Hilfsgemeinschaft auf Gegenseitigkeit« (HIAG) 1950–1990. Veteranen der Waffen-SS in der Bundesrepublik, Paderborn u. a. 2011.

[420] Vgl. Werner BERGMANN, Antisemitismus in öffentlichen Konflikten. Kollektives Lernen in der politischen Kultur der Bundesrepublik 1949–1989, Frankfurt a.M., New York 1997, S. 314f.; Wichard WOYKE, Frankreichs Außenpolitik von de Gaulle bis Mitterrand, Opladen 1987, S. 102.

3.3.1 »L'Allemagne de Kurt Lischka et celle de Willy Brandt«: der Klarsfeld-Prozess

Am 9. Juli 1974 wurde die Deutsch-Französin Beate Klarsfeld[421] durch das Kölner Landgericht zu einer Freiheitsstrafe von zwei Monaten ohne Bewährung verurteilt. Die in Paris lebende Journalistin hatte sich in dem sieben Verhandlungstage andauernden Strafprozess dafür zu verantworten, im März 1971 gemeinsam mit ihrem Ehemann, dem französischen Anwalt Serge Klarsfeld, versucht zu haben, den ehemaligen SS-Obersturmbannführer Kurt Lischka zu entführen[422]. Plan der Klarsfelds war es in der Tat gewesen, Lischka[423], der zwischen 1940 und 1943 als stellvertretender Kommandeur der Sicherheitspolizei und des Sicherheitsdienstes im besetzten Paris maßgeblich an der Deportation der französischen Juden beteiligt war, aus der Bundesrepublik nach Frankreich zu verbringen und ihn in die Hände der dortigen Justiz zu übergeben. Ein französisches Militärgericht hatte Lischka im Herbst 1950 für seine Taten während des Zweiten Weltkriegs bereits zu lebenslänglicher Zwangsarbeit verurteilt, der Richterspruch war jedoch in Abwesenheit erfolgt, da die französischen Behörden des Angeklagten nicht hatten habhaft werden können. In der Bundesrepublik war im Rahmen der Entnazifizierung zwar gegen Lischka ermittelt worden, ein seitens der Staatsanwaltschaft Bielefeld angestrengtes Spruchkammerverfahren wurde jedoch im November 1950 eingestellt und später nicht wieder aufgenommen[424]. Lischka hatte seitdem unbehelligt in Köln gelebt, wo er als Prokurist eines Getreidegroßhändlers tätig war. Der Entführungsversuch in Köln diente, wie schon eine Reihe anderer öffentlicher Aktionen Beate und Serge Klarsfelds gegen strafrechtlich nicht belangte NS-Täter in den Jahren zuvor[425], dazu, die

---

[421] Biografische Angaben zu Beate Klarsfeld finden sich in Claudia Fröhlich, Rückkehr zur Demokratie – Wandel der politischen Kultur in der Bundesrepublik, in: Peter Reichel, Harald Schmid, Peter Steinbach (Hg.), Der Nationalsozialismus – die zweite Geschichte: Überwindung, Deutung, Erinnerung, München 2009, S. 105–126, hier S. 117f.

[422] Vgl. hierzu Bernhard Brunner, Der Frankreich-Komplex. Die nationalsozialistischen Verbrechen in Frankreich und die Justiz der Bundesrepublik Deutschland, Göttingen 2004, S. 287–291.

[423] Zur Biografie und zu den Funktionen Kurt Lischkas während der NS-Zeit vgl. Robert S. Wistrich, Who's Who in Nazi Germany, London 2002, S. 157f.; Klaus Drobisch, Die Judenreferate des Geheimen Staatspolizeiamtes und des Sicherheitsdienstes der SS 1933 bis 1939, in: Jahrbuch für Antisemitismusforschung 2 (1993), S. 230–254, hier S. 234 und 249.

[424] Vgl. hierzu Claudia Moisel, Frankreich und die deutschen Kriegsverbrecher. Politik und Praxis der Strafverfolgung nach dem Zweiten Weltkrieg, Göttingen 2004, S. 109–112; Bernhard Brunner, Lebenswege der deutschen Sipo-Chefs in Frankreich nach 1945, in: Ulrich Herbert (Hg.), Wandlungsprozesse in Westdeutschland. Belastung, Integration, Liberalisierung 1945–1980, Göttingen ²2003, S. 214–242.

[425] Vgl. den Eintrag zu Beate Klarsfeld in Fischer, Lorenz (Hg.), Lexikon der »Vergangenheitsbewältigung« in Deutschland, S. 186f. sowie Beate Klarsfeld, Die Geschichte des

Medien auf die Straflosigkeit des ehemaligen SS-Offiziers aufmerksam zu machen. Vor allem sollte das öffentliche Interesse auf ein zwischen Frankreich und der Bundesrepublik in der Schwebe befindliches Abkommen gelenkt werden, welches der bis dahin nicht möglichen Strafverfolgung von in Frankreich nach 1945 in absentia verurteilten deutschen Kriegsverbrechern eine juristische Verfahrensgrundlage verschafft hätte[426].

Wie war es zu der Rechtssituation gekommen, gegen die das Ehepaar Klarsfeld protestierte? Durch den so genannten Überleitungsvertrag von 1955[427] waren diejenigen Strafverfahren gegen NS-Täter, welche die alliierten Behörden endgültig abgeschlossen hatten, der bundesdeutschen Gerichtsbarkeit entzogen worden. Die entsprechende Vertragsklausel, deren eigentlicher Zweck es war, nachträgliche Strafmilderungen durch deutsche Gerichte zu verhindern, galt jedoch auch für Strafprozesse, die aus Mangel an Beweisen eingestellt worden waren und, wie der Bundesgerichtshof entschieden hatte, im Falle von Verurteilungen in Abwesenheit. Da das Grundgesetz der Bundesrepublik zudem die Auslieferung von Deutschen an das Ausland verbot, konnten sich in Frankreich verurteilte NS-Täter wie Kurt Lischka in Westdeutschland in Sicherheit wiegen. Weder waren die in absentia gefällten Urteile vollstreckbar, noch konnten die Betreffenden von der westdeutschen Justiz belangt oder an das Nachbarland ausgeliefert werden[428]. Das im Februar 1971 zwischen Frankreich und der Bundesrepublik geschlossene »Zusatzabkommen zum Überleitungsvertrag«[429] sollte daher den westdeutschen Strafverfolgungsbehörden eine rechtliche Handhabe liefern, um Ermittlungsverfahren gegen den entsprechenden Personenkreis eröffnen zu können. Damit das Abkommen in Kraft treten konnte, musste es jedoch zunächst durch den Bundestag ratifiziert werden, wo die nachträgliche Strafverfolgung von NS-Kriegsverbrechern vor allem in den Reihen der

---

PG 2633930 Kiesinger. Dokumentation, Darmstadt 1969; DIES., Partout où ils seront, Paris 1972.

[426] Vgl. Kerstin FREUDIGER, Die juristische Aufarbeitung von NS-Verbrechen, Tübingen 2002, S. 24f.; BRUNNER, Der Frankreich-Komplex, S. 262–279.

[427] Siehe den Vertrag zur Regelung aus Krieg und Besatzung entstandener Fragen, in: Bundesgesetzblatt 1955, Teil II, S. 405–468.

[428] Vgl. Joachim PERELS, Das juristische Erbe des »Dritten Reiches«. Beschädigungen der demokratischen Rechtsordnung, Frankfurt a.M., New York 1999, S. 209f.; Annette WEINKE, »Alliierter Angriff auf die nationale Souveränität«? Die Strafverfolgung von NS-Verbrechen in der Bundesrepublik, der DDR und Österreich, in: Norbert FREI (Hg.), Transnationale Vergangenheitspolitik. Der Umgang mit den deutschen Kriegsverbrechern in Europa nach dem Zweiten Weltkrieg, Göttingen 2006, S. 37–93, hier S. 56; Fritz BAUER, Im Namen des Volkes: Die strafrechtliche Bewältigung der Vergangenheit, in: DERS., Die Humanität der Rechtsordnung. Ausgewählte Schriften, hg. v. Joachim PERELS und Irmtrud WOJAK, Frankfurt a.M., New York 1998, S. 77–90, hier S. 84.

[429] Siehe das Abkommen zwischen der Regierung der Bundesrepublik Deutschland und der Regierung der Französischen Republik über die deutsche Gerichtsbarkeit für die Verfolgung bestimmter Verbrechen vom 2. Februar 1971, in: Bundesgesetzblatt 1975, Teil II, S. 432f.

liberalen und konservativen Abgeordneten zahlreiche Gegner hatte[430]. Insbesondere der FDP-Politiker Ernst Achenbach[431], der als Leiter der politischen Abteilung der deutschen Botschaft in Paris zwischen 1940 und 1943 selbst für die Deportation der französischen Juden mitverantwortlich gewesen war[432], weigerte sich in seiner Funktion als Berichterstatter des Auswärtigen Ausschusses, das deutsch-französischen Abkommen auf die Tagesordnung zu setzen. Dessen Ratifizierung verzögerte sich hierdurch noch bis 1975[433]. Der Kölner Prozess gegen Beate Klarsfeld führte dazu, dass diese Situation in das Bewusstsein weiter gesellschaftlicher Kreise gelangte.

In Frankreich rief nicht nur die Verurteilung Klarsfelds an sich Empörung hervor, sondern vor allem die Tatsache, dass Kurt Lischka vor Gericht als Zeuge auftrat. Der Täter, derjenige, der mitverantwortlich für das Leid Tausender gewesen war, fand sich nicht auf der Anklagebank wieder, sondern trug mit seiner Aussage dazu bei, diejenige ins Gefängnis zu bringen, die seine Verbrechen hatte aufdecken wollen. Hier wurde doch, so schien es vielen französischen Beobachtern, das Recht der Opfer mit Füßen getreten: »Il s'appelle Kurt Lischka, Obersturmbannführer SS, collaborateur direct d'Eichmann, chargé de la ›police de sécurité‹ nazie en France occupée, il est responsable de milliers de morts. [...] Cet homme-là est libre. Et Beate Klarsfeld est aujourd'hui au banc des accusés«[434].

Um ihrer Entrüstung über die Haftstrafe für Beate Klarsfeld Ausdruck zu verleihen, organisierten verschiedene französische Opferverbände in den Tagen nach der Urteilsverkündung öffentliche Protestkundgebungen, so vor den Generalkonsulaten der Bundesrepublik in Lyon und Marseille. Vor der deutschen Botschaft in Paris kamen gar eintausend Menschen zusammen und skandierten »Justice allemande, justice fasciste«[435]. Die Vereinigung

---

[430] Vgl. hierzu MOISEL, Frankreich und die deutschen Kriegsverbrecher, S. 211–228 sowie weiterführend REICHEL, Vergangenheitsbewältigung in Deutschland, S. 182–198; Marc von MIQUEL, Ahnden oder amnestieren? Westdeutsche Justiz und Vergangenheitspolitik in den sechziger Jahren, Göttingen 2004.

[431] Vgl. Ernst KLEE, Das Personenlexikon zum Dritten Reich. Wer war was vor und nach 1945, Frankfurt a.M. 2003, S. 10; Biographisches Handbuch des deutschen Auswärtigen Dienstes 1871–1945, Bd. 1, hg. v. Historischen Dienst des Auswärtigen Amtes, Paderborn u. a. 2000, S. 3f.

[432] Vgl. hierzu Eckart CONZE u. a., Das Amt und die Vergangenheit. Deutsche Diplomaten im Dritten Reich und in der Bundesrepublik, München 2010, S. 19.

[433] Vgl. Bernhard BRUNNER, Deutsche NS-Täter vor französischen Gerichten, in: Heimo HALBRAINER, Claudia KURETSIDIS-HAIDER (Hg.), Kriegsverbrechen, NS-Gewaltverbrechen und die europäische Strafjustiz von Nürnberg bis Den Haag, Graz 2007, S. 148–157.

[434] Les nazis d'aujourd'hui, in: Le Nouvel Observateur, 08.07.1974, S. 31f.; vgl. auch Daniel VERNET, Après de nouveaux incidents le président du tribunal de Cologne interrompt l'audition de témoins français au procès de Mme Klarsfeld, in: Le Monde, 05.07.1974, S. 3.

[435] Vgl. BA, B 122, Bd. 16408, Schreiben des deutschen Generalkonsulats Marseille an das Auswärtige Amt vom 15. Juli 1974; Devant l'ambassade de la RFA: pour Beate Klarsfeld,

L'Amicale des déportés d'Auschwitz bezeichnete in einer Presseerklärung das Kölner Verdikt als »insulte envers toutes les victimes du nazisme«, für die Ligue internationale contre le racisme et l'antisémitisme kam es einer »revanche de l'Allemagne nazie« gleich[436]. Ein weiterer Verband ehemaliger Verfolgter forderte von Bundespräsident Scheel: »Les membres [...] estiment le jugement rendu contraire à l'honneur de votre pays et demandent purement et simplement l'annulation de celui-ci, incompréhensible pour nous victimes du terreur nazi de 1940 à 1945«[437]. In einem Telegramm der Association française Buchenwald Dora an Staatspräsident Giscard d'Estaing ist schließlich zu lesen: »Demandons instamment votre intervention pour faire casser scandaleuse condamnation Beate Klarsfeld STOP Tribunal Cologne montre racines profondes nazisme dans la justice ouest-allemande«[438]. Auch dreißig Jahre nach Kriegsende war das westdeutsche Rechtswesen, dieser Eindruck entstand bei den französischen Opfern der nationalsozialistischen Verfolgungen, noch immer durchsetzt mit »furchtbaren Juristen«[439], die Täter schützten und über die Qualen der Opfer schwiegen.

Die Empörung der Opferverbände aufgreifend, zeigte sich die Mehrheit der französischen Pressekommentatoren nicht minder schockiert über das Urteil der Kölner Richter. Die Bestrafung Beate Klarsfelds sei, wie »Le Figaro« schrieb, eine Ohrfeige für all diejenigen, die unter der nationalsozialistischen Besatzungs- und Repressionspolitik gelitten hätten: »L'Allemagne actuelle ne veut pas avoir d'antécédents, ce qui lui permet de se croire une démocratie modèle tout en protégeant ceux des siens qui commirent des crimes contre l'humanité. Si c'est là l'humanisme allemand, la condamnation de Beate Klarsfeld est juste et logique«[440].

Der Leiter des Außenpolitik-Ressorts von »Le Monde«, Maurice Delarue, urteilte: »il est franchement choquant que des juges allemands, non contents d'ignorer les agissements d'un bourreau, prétendent emprisonner celle qui

---

in: Le Figaro, 11.07.1974, S. 1; Plusieurs associations organisent une manifestation de protestation devant l'ambassade d'Allemagne à Paris, in: Le Monde, 11.07.1974, S. 2; Après la condamnation de Mme Klarsfeld, in: Le Monde, 12.07.1974, S. 2; Robert Solé, Des fleurs pour la condamné, in: Le Monde, 12.07.1974, S. 2, hier das Zitat.

[436] Beide Erklärungen sind zitiert nach: Plusieurs associations organisent une manifestation de protestation devant l'ambassade d'Allemagne à Paris, in: Le Monde, 11.07.1974, S. 2.

[437] BA, B 122, Bd. 16408, Schreiben der Fédération nationale des déportés, internés, résistants et patriotes, association départementale du Haut-Rhin, an Bundespräsident Walter Scheel vom 26. Juli 1974.

[438] AMAE Paris-La Courneuve, Europe, RFA 1971–1976, Bd. 3034, Telegramm der Association française Buchenwald Dora an Staatspräsident Valéry Giscard d'Estaing vom 10. Juli 1974.

[439] Siehe Ingo Müller, Furchtbare Juristen. Die unbewältigte Vergangenheit unserer Justiz, München 1987.

[440] Pierre Emmanuel, Une gifle, in: Le Figaro, 10.07.1974, S. 1.

les dénonce«[441]. Die bundesdeutschen Richter sollten der Tatsache gewahr werden, dass durch ihr Urteil die deutsch-französische Aussöhnung Schaden nehmen könne, da es den französischen Nachbarn das Bild eines Deutschland vermittele, in dem Männer wie Lischka und ihr unmenschliches Handeln während des Zweiten Weltkriegs nicht nur straflos blieben, sondern sogar gesellschaftliche Akzeptanz erführen. Es sei aber, wie Delarue seinen Artikel beschloss, nicht das Deutschland Kurt Lischkas, mit dem die Franzosen eng zusammenarbeiten und die europäische Einigung gestalten wollten, sondern das Deutschland Willy Brandts und Beate Klarsfelds[442]. In einem noch stärker anklagenden Tonfall hieß es in der kommunistischen Zeitung »L'Humanité«: »Des centaines de criminels nazis mènent une existence confortable en Allemagne de l'Ouest. Le général Lammerding, bourreau d'Oradour, est mort dans son lit. D'autres, comme Barbie, ont eu tout loisir de se ménager un exil doré«[443]. Angesichts dieser unhaltbaren Lage seien auch die Versicherungen Helmut Schmidts, das deutsch-französische Zusatzabkommen so schnell als möglich zur Ratifizierung zu bringen, nicht hinreichend. Die französisch-westdeutschen Beziehungen würden vielmehr erst dann wieder durch einen zufriedenstellenden Charakter gekennzeichnet sein, wenn auf beiden Seiten ein fester Wille zur Demokratie und zu einer friedlichen Kooperation bestünde[444].

Die Auffassung, Beate Klarsfeld habe mit ihren öffentlichen Aktionen zu Recht auf nicht hinnehmbare Versäumnisse bei der Strafverfolgung von NS-Tätern und die skandalöse Verschleppung der Ratifizierung des deutsch-französischen Zusatzabkommens hingewiesen, wurde von der westdeutschen Presse weitgehend geteilt[445]. Ihrem »hochtrabenden Sühnerigorismus«[446] und ihren als anmaßend empfundenen Bekundungen, die »Ehre Deutschlands« retten und als personifiziertes schlechtes Gewissen den Deutschen ihre aus der NS-Zeit herrührenden Obliegenheiten vor Augen führen zu wollen[447], standen viele Kommentatoren allerdings ablehnend gegenüber.

---

[441] Maurice DELARUE, L'Allemagne de Kurt Lischka et celle de Willy Brandt, in: Le Monde, 11.07.1974, S. 2.

[442] Siehe ibid.

[443] Yves MOREAU, Les »juges« de Cologne, in: L'Humanité, 10.07.1974, S. 2.

[444] Siehe ibid.

[445] Vgl. exemplarisch Günter BÖDDEKER, Die Rechtslage, gegen die Beate Klarsfeld anrannte, in: Die Welt, 10.07.1974, S. 5; Der Welt Lohn, in: Der Spiegel, 22.07.1974, S. 29f.; Dettmar CRAMER, Nach dem Urteil gegen Beate Klarsfeld hat es der Bundestag sehr eilig, in: FAZ, 17.07.1974, S. 4; Dietrich STROTHMANN, Die Schatten des Ernst Achenbach, in: Die Zeit, 19.07.1974, S. 4.

[446] DERS., Ein bißchen heilige Johanna. Beate Klarsfelds moralische Kreuzzüge, in: Die Zeit, 12.07.1974, S. 6.

[447] Vgl. hierzu »Die Ohrfeige war ein symbolischer Akt«. Spiegel-Interview mit Beate Klarsfeld, in: Der Spiegel, 18.11.1968, S. 34; Willi WINKLER, Die Geschichte der RAF, Berlin 2007, S. 132; Gerd KOENEN, Das rote Jahrzehnt. Unsere kleine deutsche Kulturrevolution 1967–1977, Köln ²2001, S. 119f.

Nicht ohne sarkastischen Unterton berichtete etwa »Der Spiegel« am 15. Juli 1974, Beate Klarsfeld habe den Gipfel ihrer Laufbahn als »Vertreterin eines ›besseren Deutschlands‹, [...] als ›Fackel des Widerstands‹ und als die Frau erreicht, die ›dem deutschen Volk seine Verpflichtungen zeigt‹«[448]. Die Welt, so hieß es in dem Artikel, halle wider von den Greueln, die Frau Klarsfeld offenbart habe und von dem Greuel, der Frau Klarsfeld ob ihrer Offenbarung widerfahren sei.

Indes ließen sich in den bundesdeutschen Zeitungen auch Stimmen vernehmen, die in eindeutiger Weise das Vorgehen Beate Klarsfelds nicht nur im Hinblick auf den Stil, sondern auch der Sache nach als ungerechtfertigt kritisierten. So erschien Anfang August 1974 in der »Frankfurter Allgemeinen Zeitung« ein Artikel von Bundesrichter Günther Willms, der die mangelhafte Strafverfolgung von in Frankreich verurteilten NS-Tätern der französischen Rechtsprechung anlastete und Beate Klarsfeld und ihren »Gesinnungsfreunden« empfahl, ihren Protest nicht in Köln oder Bonn, sondern doch in Paris kund zu tun. »Die Bundesrepublik«, wie Willms formulierte, »die sich wie kein anderer der drei deutschen Staaten um Wiedergutmachung und Sühne nationalsozialistischer Schandtaten bemüht hat, bleibt eben doch der beste Prügelknabe, und ihre Justiz zumal«[449]. Einlassungen dieser Art, welche aus Sicht der ohnehin alarmierten französischen Presse und Opferverbände allein dem Zweck dienen konnten, die offenen Fragen einer immer noch unbewältigten Vergangenheit zu verschleiern und die deutsche Gerichtsbarkeit von Schuld rein zu waschen, noch dazu aus der Feder eines Richters, konnten in Frankreich kaum auf Verständnis treffen.

Neben der Kritik, die an der Person Beate Klarsfelds und ihren öffentlichen Demonstrationen Anstoß nahm, wurde Unmut in den westdeutschen Zeitungen auch darüber laut, dass die französische Botschaft und Staatspräsident Giscard d'Estaing persönlich in der Sache Klarsfeld interveniert hatten, um auf ein maßvolles Urteil hinzuwirken[450]. Schließlich gehe es, wie die Journalisten argumentierten, um ein deutsches Gerichtsverfahren. Einmischungen von außen seien schon aufgrund des Unabhängigkeitsgrundsatzes, der für die Richter gelte, unzulässig.[451] Die »Frankfurter Allgemeine Zeitung« fragte

---

[448] Gerhard Mauz, »Ach, ach, der Achenbach...«, in: Der Spiegel, 15.07.1974, S. 31; vgl. auch Ders., Verfolgen – für ein besseres Deutschland?, in: Der Spiegel, 01.07.1974, S. 48f.

[449] Günther Willms, Späte Aufregung in Paris. Strafverfolgung von Kriegsverbrechern hätte sich auch ohne Vertrag mit Bonn erreichen lassen, in: FAZ, 02.08.1974, S. 10.

[450] Vgl. hierzu PA-AA, Zwischenarchiv, Nr. 109198, Eilbrief des Bereitschaftsdienstes des Auswärtigen Amts an den Bundesminister der Justiz betreffend »Verfahren gegen Frau Klarsfeld« vom 29. Juni 1974; AMAE Paris-La Courneuve, Europe, RFA 1971–1976, Bd. 3034, Schreiben des französischen Außenministers Jean Sauvagnargues an die französische Botschaft Bonn vom 28. Juni 1974; Moisel, Frankreich und die deutschen Kriegsverbrecher, S. 226.

[451] Siehe AMAE Paris-La Courneuve, Europe, RFA 1971–1976, Bd. 3034, Schreiben der französischen Botschaft Bonn an das französische Außenministerium betreffend »Procès de madame Klarsfeld« vom 2. Juli 1974.

denn auch: »Der Bundeskanzler hat dem französischen Präsidenten zugesichert, das Abkommen solle nun rasch in Kraft gesetzt werden. Hat er ihm auch gesagt, daß unser Staat Versuche, in seine Justiz einzugreifen, befremdlich finde – von wem sie auch kommen[452]?«

Nicht zuletzt das Einschreiten von höchster französischer Stelle verdeutlicht, dass der Prozess gegen Beate Klarsfeld und die damit verbundene Frage der strafrechtlichen Verfolgung von bis dahin nicht belangten deutschen Kriegsverbrechern auch in der Wahrnehmung der politisch Verantwortlichen Gefährdungspotenzial für das deutsch-französische Verhältnis in sich barg. Bereits seit der Unterzeichnung des deutsch-französischen Zusatzabkommens im Februar 1971 hatte die seitens des Quai d'Orsay instruierte französische Botschaft ihre westdeutschen Gesprächspartner im Auswärtigen Amt wiederholt und nachdrücklich darauf hingewiesen, wie sensibel eine Mehrheit der Franzosen auf die Verzögerungen bei der Ratifizierung reagiere. Insbesondere die beständigen Appelle der zahlreichen Verfolgtenorganisationen schüfen eine Atmosphäre, in der ein Wiederaufbrechen deutschfeindlicher Stimmungen in der französischen Bevölkerung jederzeit möglich sei[453]. Einem Schreiben des französischen Außenministeriums an die Bonner Botschaft vom Januar 1972 ist die ernüchtert klingende Feststellung zu entnehmen, dass der Ratifizierungsprozess des deutsch-französischen Abkommens vom 2. Februar 1971 in der Bundesrepublik binnen eines Jahres in keiner Weise vorangekommen sei. Die Gefahr, die hieraus erwachse, sei indes evident: »Faute du règlement dont les deux gouvernements sont convenus, on peut toujours craindre un réveil de polémiques qui risquerait de porter préjudice à l'atmosphère dans laquelle se développent les relations franco-allemandes«[454].

Das Strafverfahren gegen Beate Klarsfeld schien die befürchteten Polemiken tatsächlich auszulösen. Kurz nach Eröffnung der Gerichtsverhandlung in Köln teilte Außenminister Jean Sauvagnargues der Botschaft mit, der Prozess habe in Frankreich und vor allem im Milieu der ehemaligen Deportierten und bei den Familien von Vermissten »une grande émotion« hervorgerufen. Die Vorsitzenden zahlreicher Opfervereinigungen seien an Staatspräsident Giscard d'Estaing herangetreten, um ihre Empörung zu bekunden und um eine

---

[452] Johann Georg REISSMÜLLER, Zweimal Achenbach, in: FAZ, 13.07.1974, S. 1.

[453] Vgl. AMAE Paris-La Courneuve, Europe, RFA 1971–1976, Bd. 3120, Schreiben des französischen Justizministers René Pleven an Außenminister Maurice Schumann vom 29. Juni 1971; »Note pour la direction d'Europe« vom 9. Juli 1971; Vermerk betreffend »Démarche d'associations d'anciens déportés« vom 22. Januar 1973; Vermerk betreffend »Ratification de l'accord franco-allemand du 2 février 1971 sur la poursuite des criminels de guerre« vom 6. Juni 1973; AMAE Nantes, Bonn Ambassade, Bd. 27, Schreiben des französischen Botschafters in Bonn, Jean Sauvagnargues, betreffend »Criminels de guerre allemands condamnés par contumace« an das französische Außenministerium vom 17. März 1973.

[454] AMAE Nantes, Bonn Ambassade, Bd. 27, Schreiben des französischen Außenministeriums an die französische Botschaft Bonn betreffend »Criminels de guerre allemands condamnés par contumace« vom 19. Januar 1972, S. 1f.

französische Intervention zugunsten der Angeklagten zu fordern. Diese Entwicklung müsse den westdeutschen Stellen im Rahmen einer Demarche zur Kenntnis gebracht und ihnen ferner verdeutlicht werden, welch negative Folgen aus einer strengen Verurteilung Beate Klarsfelds erwachsen könnten[455]. Darüber hinaus sei es angezeigt, dass Staatspräsident Giscard d'Estaing, wie die französische Botschaft anregte, die »Affäre Klarsfeld«, welche das Klima der bilateralen Beziehungen belaste, im Rahmen der Gipfelkonsultationen am 8. und 9. Juli 1974 in Bonn mit Bundeskanzler Schmidt erörtere und dort den französischen Wunsch nach einer raschen Ratifizierung des Zusatzabkommens zum Ausdruck bringe[456]. Den Hinweis der Botschaft aufgreifend, empfahl der außenpolitische Berater des französischen Staatspräsidenten, Gabriel Robin, seinem obersten Dienstherren drei Tage vor Beginn der Gipfelgespräche:

> Or, s'il est vrai que le gouvernement de M. Brandt a bien soumis sans retard cet accord à la ratification du parlement fédéral, celui-ci refuse en fait, sous divers prétextes, à l'examiner et à se prononcer à son sujet. Cette attitude du Bundestag est due à la mauvaise volonté publiquement affichée de quelques membres de la Commission des affaires juridiques de cette assemblée et plus précisément d'un député libéral, M. Achenbach, dont le passé est assez chargé. Le moment paraît donc venu pour rappeler au gouvernement fédéral qu'il est dangereux, pour le climat des bonnes relations franco-allemandes, de laisser ainsi un député bloquer une procédure parlementaire sur une affaire à laquelle l'opinion française est très sensible[457].

Der Gefahren, die aus den öffentlichen Auseinandersetzungen um Klarsfeld-Prozess und Zusatzabkommen für die deutsch-französischen Beziehungen entstehen konnten, war man sich auf Seiten der westdeutschen Regierungsstellen derweil wohl bewusst. Die Kölner Verhandlung habe in Frankreich, wie das Bonner Presse- und Informationsamt vermerkte, »viele alte Wunden wieder aufgerissen«. Man könne im Nachbarland einfach nicht verstehen, »daß eine Frau verurteilt wird, die, wie man hier meint, für eine gerechte und berechtigte Sache kämpft, während andererseits ein Mann wie Lischka in Freiheit ist, den man hier in Frankreich immerhin für den Tod von über

---

[455] Siehe AMAE Paris-La Courneuve, Europe, RFA 1971–1976, Bd. 3034, Schreiben des französischen Außenministers Jean Sauvagnargues an die französische Botschaft Bonn betreffend »Affaire Klarsfeld« vom 28. Juni 1974; Schreiben der französischen Botschaft Bonn, Morizet, an das französische Außenministerium vom 29. Juni 1974; BA, B 122, Bd. 16408, Schreiben des Auswärtigen Amts an den Bundesminister der Justiz vom 29. Juni 1974.

[456] Siehe AMAE Paris-La Courneuve, Europe, RFA 1971–1976, Bd. 3007, Schreiben der französischen Botschaft Bonn, Morizet, an das französische Außenministerium vom 1. Juli 1974, S. 2f.

[457] AN Paris, 5 AG 3, Bd. 933, Vermerk des außenpolitischen Beraters des französischen Staatspräsidenten, Gabriel Robin, betreffend »Affaire Klarsfeld et ratification de l'accord de février 1971« vom 5. Juli 1974.

100 000 Juden verantwortlich macht«[458]. In Anbetracht der emotionalen Aufwallungen im Partnerland sei, so die Ansicht der politischen Abteilung des Auswärtigen Amts, die Zustimmung des Bundestags zum Abkommen vom 2. Februar 1971 »für das deutsch-französische Verhältnis von erheblicher politischer Bedeutung«[459]. Nicht zuletzt, weil in den französischen Parteien starke Tendenzen existierten, die Erinnerung an die Leiden der deutschen Besatzungszeit und den Mythos der Résistance wachzuhalten und in der Presse eine große Empfindlichkeit in Fragen der deutschen Okkupation vorherrsche, sehe sich die Pariser Regierung aus innenpolitischen Gründen gezwungen, eine zügige Ratifizierung mit allem Nachdruck zu verlangen. Eine Ablehnung des Abkommens würde jedoch, wie die westdeutschen Diplomaten warnten, zu einem psychologischen Schock führen und die deutsch-französischen Beziehungen einer schweren politischen Belastung aussetzen. »Die ohnehin bestehenden französischen Befürchtungen vor einem deutschen wirtschaftlichen und politischen Übergewicht [...] würden sich erheblich verstärken. Das Thema nationalsozialistischen Unrechts würde in der französischen Presse nicht mehr zur Ruhe kommen«[460].

Das Auswärtige Amt trat daher für eine beschleunigte Ratifizierung ein. Diese werde dazu beitragen, einen Schlussstrich unter einen leidvollen Abschnitt deutsch-französischer Vergangenheit zu ziehen[461]. In diesem Sinne handelte Bundeskanzler Schmidt, als er im Rahmen des deutsch-französischen Gipfeltreffens vom Juli 1974 dem französischen Staatspräsidenten zusagte, sich persönlich dafür einzusetzen, dass das Zusatzabkommen dem Parlament so bald als möglich zur Ratifizierung vorgelegt werde[462]. Zu einer weiteren Beruhigung der im Anschluss an das Urteil gegen Beate Klarsfeld in Frankreich laut gewordenen Proteste führte zudem der Rücktritt Ernst Achenbachs von seinem Amt als Berichterstatter des Auswärtigen Ausschusses nur wenige Wochen später[463]. Erst die Ratifizierung des Abkommens durch den

---

[458] PA-AA, Zwischenarchiv, Nr. 109198, Vermerk des Presse- und Informationsamtes der Bundesregierung bezüglich des Klarsfeld-Prozesses vom 9. Juli 1974.

[459] PA-AA, Zwischenarchiv, Nr. 109198, Vermerk betreffend »Deutsch-französisches Abkommen vom 2. Februar 1971 über die deutsche Gerichtsbarkeit für die Verfolgung bestimmter Verbrechen« vom 12. November 1974, S. 1.

[460] Ibid.

[461] Siehe ibid., S. 1f.

[462] Vgl. BA, B 145, Bd. 11420, Protokoll der Pressekonferenz anlässlich der deutsch-französischen Gipfelkonsultationen am 9. Juli 1974, S. 13.

[463] Vgl. hierzu BRUNNER, Der Frankreich-Komplex, S. 279; Kritik an Achenbach: Rücktritt verlangt, in: Die Zeit, 19.07.1974, S. 12; L'affaire Klarsfeld (suites), in: Le Nouvel Observateur, 22.07.1974, S. 31; Stenographisches Protokoll der 32. Sitzung des Auswärtigen Ausschusses des Deutschen Bundestages am 18. September 1974, in: Winfried BECKER u. a. (Hg.), Quellen zur Geschichte des Parlamentarismus und der politischen Parteien. Vierte Reihe: Deutschland seit 1945, Bd. 13/VII: Der Auswärtige Ausschuss des Deutschen Bundestages. Sitzungsprotokolle 1972–1976. Erster Halbband Januar 1973 bis November 1974, Düsseldorf 2010, S. 790.

Bundestag Ende Januar 1975 konnte jedoch, wie »Le Monde« formulierte, endgültig den dunklen Schatten vertreiben, der sich über die deutsch-französischen Beziehungen gelegt hatte[464]. Mit Dankesworten schrieb denn auch Staatspräsident Giscard d'Estaing an den Bundeskanzler: »Cette décision a été accueillie avec une grande satisfaction en France et je suis convaincu qu'elle aura contribué à raffermir l'esprit d'amitié et de confiance qui inspire les relations entre nos deux peuples«[465].

Zur Festigung des hier beschworenen freundschaftlichen Geistes sollten auch verschiedene öffentlichkeitswirksame Gesten beitragen, welche zum Ziel hatten, den Bevölkerungen in beiden Ländern vor Augen zu führen, dass die konfliktreiche Vergangenheit zwischen Deutschen und Franzosen überwunden und vor allem Frankreich mit seinen einstigen Peinigern ausgesöhnt sei. Hierzu zählte die erstmalige Einladung eines deutschen Botschafters zu den französischen Feierlichkeiten am 11. November 1974 anlässlich der Beendigung des Ersten Weltkriegs[466] sowie die Ankündigung des französischen Staatspräsidenten vom Mai 1975, den Jahrestag des Kriegsendes 1945 und die deutsche Kapitulation künftig nicht mehr offiziell feiern zu wollen[467]. Seinerseits war es nun an Helmut Schmidt, seinem Gegenüber zu danken:

> Ihr Schreiben vom 8. Mai 1975 hat meine Mitbürger und mich selber tief bewegt. [...] Auch dreißig Jahre nach dem Ende des Weltkriegs erinnern wir uns noch mit Schmerz der Leiden, die er über die Welt gebracht hat. In Ehrfurcht gedenken wir aller Opfer des Krieges, darunter der Franzosen und Französinnen, die von seinen Schrecken hart getroffen wurden und deren Kreis bis in Ihre eigene Familie reicht. Umso stärker hat uns Ihre Entscheidung berührt, daß die französische Regierung in Zukunft den Jahrestag des Kriegsendes nicht mehr in offizieller Form feiern wird. Wir begreifen diesen Beschluss nicht als Ausdruck der Absicht zu vergessen, wir betrachten ihn als Äußerung des französischen Vertrauens in die einigende Kraft der europäischen Idee und des durch sie bewirkten immer engeren Zusammenschlusses unserer Völker[468].

---

[464] Siehe Une ombre dissipée entre Paris et Bonn, in: Le Monde, 01.02.1975, S. 1; vgl. hierzu AMAE Paris-La Courneuve, Europe, RFA 1971–1976, Bd. 3120, Schreiben des französischen Botschafters in Bonn, Olivier Wormser, an das französische Außenministerium vom 31. Januar 1975.

[465] AMAE Nantes, Bonn Ambassade, Bd. 27, Schreiben des französischen Staatspräsidenten Valéry Giscard d'Estaing an Bundeskanzler Helmut Schmidt vom 24. März 1975.

[466] Vgl. PA-AA, Zwischenarchiv, Nr. 109198, Schreiben des deutschen Botschafters in Paris, Sigismund von Braun, an das Auswärtige Amt vom 11. und 13. November 1974.

[467] Vgl. AMAE Paris-La Courneuve, Europe, RFA 1971–1976, Bd. 2952, AFP-Meldungen »La presse ouest-allemande et la suppression de l'anniversaire du 8 mai 1945« vom 10. Mai 1975 und »Bonn se félicite de la décision de Paris de ne plus célébrer l'anniversaire du 8 mai« vom 9. Mai 1975; Feier des 8. Mai in Frankreich zum letzten Male, in: FAZ, 09.05.1975, S. 2; Vera Caroline SIMON, Gefeierte Nation. Erinnerungskultur und Nationalfeiertag in Deutschland und Frankreich seit 1990, Frankfurt a.M., New York 2010, S. 334.

[468] AN Paris, 5 AG 3, Bd. 934, Schreiben Bundeskanzler Helmut Schmidts an den französischen Staatspräsidenten Valéry Giscard d'Estaing vom 2. Juni 1975.

Jenseits der staatsmännischen Freundschaftssymbolik, welche bei französischen Veteranenverbänden und ehemaligen Widerstandskämpfern allerdings auf starke Ablehnung stieß und ihren Zweck somit kaum erfüllen konnte[469], zielte vor allem die kulturpolitische Verständigungsarbeit beider Regierungen darauf ab, zur Bewältigung der nachwirkenden Kriegserfahrungen beizutragen. Da die Tragweite der Diskussionen vom Sommer 1974, wie die westdeutschen Stellen urteilten, die Gefahr heraufbeschworen habe, »alles das infrage zu stellen, was so mühsam in so vielen Jahren an innerem Frieden und äusserem Vertrauen aufgebaut worden ist«[470], sei, um diese »böse Vergangenheit« endgültig aus den Beziehungen zwischen beiden Ländern zu bannen, vor allem eine Festigung der kulturellen Bande zwischen Franzosen und Deutschen vonnöten[471]. Dies umso mehr, als die politische Zusammenarbeit, welche ausnehmend gut sei, in eklatantem »Kontrast zu der in den Völkern weitverbreiteten Unkenntnis der Mentalität des Nachbarlandes«[472] stehe. Hier, auf der Ebene der Bevölkerungen, sei daher der größte Handlungsbedarf zur Förderung der Verständigung vorhanden. Denn das aus der wechselseitigen Ignoranz resultierende Misstrauen könne dazu führen, dass das im deutsch-französischen Verhältnis Erreichte immer wieder in Frage gestellt werde[473].

Die Vermittlung von Informationen über das Partnerland, wissenschaftliche Forschung und die konsequente Entwicklung der gesellschaftlichen Beziehungen galten den amtlichen Stellen vor diesem Hintergrund als probate Mittel, um die Spuren, die die Vergangenheit hinterlassen hatte, zu tilgen. Die Regierungen in Paris und Bonn konnten hierfür durch ihre Kulturarbeit im Nachbarland, ihre Kooperation im Erziehungs- und Bildungswesen oder die Finanzierung des DFJW Rahmenbedingungen festlegen und Impulse setzen. Die Aufgabe, diesen staatlicherseits errichteten Überbau durch menschliche Begegnungen mit Leben zu erfüllen, kam jedoch ihrer Auffassung nach in besonderem Maße den regierungsunmittelbaren Kräften in den deutsch-französischen Beziehungen zu: Austauschorganisationen, Forschungseinrichtungen oder deutsch-französischen Gesellschaften[474]. Sie

---

[469] Vgl. Robert FRANK, Der Élysée-Vertrag: Ein deutsch-französischer Erinnerungsort?, in: DEFRANCE, PFEIL (Hg.), Der Élysée-Vertrag, S. 237–247, hier S. 242; Helga BORIES-SAWALA, Un passé qui ne passe pas. Täter, Opfer und Erinnerungskonflikte in Frankreich, in: Wolfgang Stephan KISSEL, Ulrike LIEBERT (Hg.), Perspektiven einer europäischen Erinnerungsgemeinschaft. Nationale Narrative und transnationale Dynamiken seit 1989, Berlin 2010, S. 105–126, hier S. 119.

[470] BA, B 122, Bd. 16408, Entwurf für eine Presseerklärung des Bundespräsidenten, Juli 1974.

[471] Siehe ibid.

[472] PA-AA, Zwischenarchiv, Nr. 104059, Vermerk betreffend »Projektbezogene Förderung deutsch-französischer Beziehungen« vom 20. März 1974, S. 5.

[473] Ibid.

[474] Vgl. ibid.; PA-AA, Zwischenarchiv, Nr. 106926, Vermerk betreffend »Reorganisation der Mittlerorganisationen« vom 3. April 1974; PA-AA, Zwischenarchiv, Nr. 104053, Bericht

sollten in erster Linie die Verbindungen schaffen, mit Hilfe derer es gelingen würde, die Schatten des Zweiten Weltkriegs zu vertreiben.

In der Tat sahen die privaten Vereinigungen es als eine ihrer wesentlichen Aufgaben an, auch nach dreißig Jahren im deutsch-französischen Verhältnis den immer wieder erkennbar werdenden Nachwehen von Krieg und Besatzungszeit entgegenzutreten, wie im Verlauf des Klarsfeld-Prozesses geschehen. Mit ihren Verständigungsbemühungen wollten sie darauf hinwirken, dass hieraus keine schwerwiegenden Störungen der bilateralen Beziehungen entstehen konnten. Das BILD machte den Prozess gegen Beate Klarsfeld in den »Documents« zum Thema, wo der Chefredakteur der Zeitschrift, Antoine Wiss-Verdier, den französischen Lesern die Hintergründe des deutsch-französischen Zusatzabkommens erläuterte. Die Verantwortung für die mangelhafte Entnazifizierung und somit dafür, dass ein Mann wie Kurt Lischka nicht zur Rechenschaft gezogen worden war, sei, wie Wiss-Verdier ausführte, nicht allein auf Seiten der Bundesrepublik, sondern in ebensolchem Maße bei den Alliierten zu suchen. Ein großer Teil der Westdeutschen, und vor allem die Jugendlichen, sähen die Verzögerung bei der Ratifizierung und die Rolle Achenbachs zudem in gleicher Weise kritisch wie die französische Öffentlichkeit. Französische Vermutungen, die Deutschen seien zu großen Teilen noch immer nationalsozialistischem Gedankengut verhaftet, entsprächen daher in keiner Weise der Realität[475].

Beim DFI in Ludwigsburg kam der »Fall Klarsfeld« im Rahmen des Deutsch-Französischen Kolloquiums vom Oktober 1974 zur Sprache. In mehreren Beiträgen wurde hier darauf hingewiesen, dass die Vergangenheit noch immer einen maßgeblichen Einflussfaktor für die deutsch-französischen Beziehungen darstelle, der auch in der Analyse tagespolitischer Vorgänge nicht vernachlässigt werden dürfe. Ganz im Gegenteil: Deutschfranzösische Konflikte entstünden vielfach »par la brusque réapparition du passé [...] comme l'a rappelé la dernière affaire Klarsfeld avec tout son contexte émotionnel«[476]. In dieselbe Richtung weisend hatte ein Grußwort Bundesprä-

---

über die Zusammenkunft des Bevollmächtigten, Ministerpräsident Filbinger, mit dem französischen Bildungsminister René Haby und dem französischen Staatssekretär für das Hochschulwesen, Pierre Soisson, am 7. und 8. Oktober 1974; AMAE Paris-La Courneuve, Europe, RFA 1971–1976, Bd. 3025, »Note à l'attention de M. l'Ambassadeur: Réalisations franco-allemandes dans le domaine culturel« vom 30. September 1974; AN Fontainebleau, ministère de l'Éducation nationale, Bd. 900672/38, Vermerk betreffend »Coopération franco-allemande en matière d'enseignement« vom 11. Juni 1974.

[475] Siehe Antoine WISS-VERDIER, Beate Klarsfeld ou la chasse aux nazis, in: Documents 29/5 (1974), S. 6–13.

[476] PA-AA, Zwischenarchiv, Nr. 109189, Referat Henri Ménudiers anlässlich des Deutsch-Französischen Kolloquiums »Frankreich, Deutschland und die europäische Krise« vom 10.–13. Oktober 1974 in Ludwigsburg zum Thema »L'Allemagne d'Helmut Schmidt vue par la presse française«, S. 1; vgl. hierzu auch DFI-Archiv, Ordner Deutsch-Französisches Kolloquium 1974, Referat Roland Höhnes zum Thema »Die deutsch-französischen Beziehungen in der deutschen Presse«, S. 1.

sident Gustav Heinemanns an das DFI formuliert: »Manches bleibt angesichts der Schatten der Vergangenheit und unterschiedlicher Denkkategorien im Verhältnis beider Völker allerdings noch zu tun«[477]. Nach drei verlustreichen Kriegen habe sich das deutsch-französische Verhältnis zwar nunmehr gebessert, dennoch werde immer wieder deutlich, dass »in den Völkern verwurzelte Ressentiments« ein längeres Leben hätten, als politische Verstimmungen oder wirtschaftliche Hindernisse. Die auf ein »besseres deutsch-französisches Verstehen gerichtete Arbeit« des Ludwigsburger Instituts trage erfreulicherweise zu einem »Abbau solcher nationalen Vorurteile und damit auch zur europäischen Verständigung bei, deren Kernstück die Freundschaft zwischen Deutschland und Frankreich bildet«[478]. Diesen Zielen sah sich das DFI in der Tat verpflichtet, dessen Verantwortliche, wie immer wieder betont wurde, dafür sorgen wollten, Kommunikationsstrukturen zwischen Frankreich und der Bundesrepublik in unterschiedlichen gesellschaftlichen Bereichen herzustellen. Diese würden im besten Falle verhindern, dass die Nachwirkungen der Vergangenheit, verstärkt durch mangelnden bilateralen Austausch, Fehlinformationen oder tendenziöse Medienberichte, zu einer ernsten Gefährdung der deutsch-französischen Beziehungen führen konnten[479].

Leuchttürme in diesen unterhalb der Regierungsebene angesiedelten Kommunikationsstrukturen zwischen beiden Ländern stellten Mittlerpersönlichkeiten wie Alfred Grosser dar, der nach der Verurteilung Beate Klarsfelds in einem Kommentar in »Le Monde« in eindeutiger Weise Stellung bezog. Die Blockierung des deutsch-französischen Abkommens durch den Bundestag war in seinen Augen ebenso skandalös wie die verhältnismäßig harte Haftstrafe, welche das Kölner Landgericht gegen Klarsfeld verhängt hatte. Der Richter habe, wie Grosser in sarkastischem Ton schrieb, alles getan, um zu beweisen, dass die abfällige Meinung, die vielerorts über die deutsche Justiz und ihren Umgang mit der nationalsozialistischen Vergangenheit herrsche, vollkommen zu Recht bestehe. Dennoch dürfe das Urteil, so unverständlich und ungerecht es auch sein möge, in Frankreich nicht dazu führen, alle Deutschen unter Generalverdacht zu stellen. Allzu gern ergriffen heute diejenigen, die schon 1945 die Nachbarn auf immer hätten verdammen wollen, jede sich bietende Gelegenheit »pour assimiler la République fédérale à l'Allemagne éternelle de leurs ressentiments«[480]. Indessen falle es leicht, sich darüber zu empören, dass die Schuldigen ein ruhiges Leben führten, wenn

---

[477] PA-AA, Zwischenarchiv, Nr. 109189, Grußwort Bundespräsident Gustav Heinemanns anlässlich des fünfundzwanzigjährigen Bestehens des Deutsch-Französischen Instituts Ludwigsburg vom 25. April 1974.

[478] Ibid.

[479] Siehe DFI-Archiv, Ordner Tätigkeitsberichte 1968–1977, Sachlicher Bericht zum Verwendungsnachweis 1974; Aufzeichnung »Tätigkeiten des Deutsch-Französischen Instituts in den Jahren 1974–1977«.

[480] Alfred GROSSER, De Beate Klarsfeld à Soljenitsyne, in: Le Monde, 13.07.1974, S. 3.

man selbst Franzose sei und die Schuldigen Deutsche: »Nous, nous amnistions. Et si une Beate Klarsfeld algérienne venait nous interpeller sur le sort de tel homme politique, de tel ancien ministre, de tel chef militaire? Avec quelle facilité on évoque les victimes françaises et pas celles des autres pays!«[481] Der Vergleich mit dem Algerienkrieg diente Alfred Grosser als Mittel, um das seinem Empfinden nach auf französischer Seite verloren gegangene Augenmaß bei der Beurteilung des Nachbarlandes anzumahnen und vor vorschnellen und generalisierenden Verurteilungen zu warnen. In einem Essay, den »Der Spiegel« Ende 1974 unter dem Titel »Die neuen Deutschen« veröffentlichte, führte Grosser seine Position weiter aus. Zwar seien zweifelsohne in Teilen der deutschen Bevölkerung noch immer Einstellungen vorhanden, »die den Sieg Hitlers ermöglicht haben«, doch habe sich die bundesdeutsche Gesellschaft nach 1945 grundlegend gewandelt. Mit »neu« meine die Welt immer noch allzu oft die Frage, ob die Deutschen dem Nazismus abgeschworen hätten, ob sie gegen eine neue Fieberwelle gefeit seien. »Die Erneuerung ist tiefgreifend, muß die ermutigende Antwort heißen. Wie tief? Beate Klarsfeld in allen Ehren, aber die Deutschen von heute, das sind nicht die paar Lischkas, die noch ruhig umherlaufen«[482]. Sie alle zusammengenommen wögen, wie Grosser bekräftigte, nicht viel, wenn man auf die andere Seite der Waagschale das jüngste Wahlergebnis zum Bundestag lege, welches zeigte, dass die Parteien, die sich auf die freiheitlich-demokratische Grundordnung beriefen, nahezu einhundert Prozent der Wählerstimmen erhalten hätten[483]. Ähnlich hatte zuvor bereits Pierre Bertaux argumentiert. Auch ihm galt das Abstimmungsverhalten der bundesdeutschen Bürger bei den zurückliegenden Parlamentswahlen als eindeutiger Ausweis für den demokratischen Geist, der in der Bundesrepublik der 1970er Jahre vorherrschte. »La RFA«, so das Urteil Bertaux', »vient de faire la preuve de sa maturité politique et de son esprit démocratique; elle n'a, sur ce point, de leçons de civisme à recevoir de personne«[484]. Das Demokratiebewusstsein der Deutschen – dies die versichernde Botschaft an seine Landsleute – sei in einer Weise ausgeprägt, dass rechtsextremistische Parteien oder Strömungen auch in Zukunft nicht mehr als eine marginale Rolle in der politischen Landschaft Westdeutschlands spielen würden.

Der Gerichtsprozess gegen Beate Klarsfeld und die stark verzögerte Ratifizierung des Zusatzabkommens hatten bei Opferverbänden und Presse in Frankreich Unverständnis, Empörung und Wut über das »Deutschland Kurt Lischkas« hervorgerufen. Nachweisliche NS-Täter konnten dort dem Anschein nach als unbescholtene Bürger gelten, Richter ein Recht sprechen, das sie als Gefangene einer unbewältigten Vergangenheit auswies. Selbst die

---

[481] Ibid.
[482] DERS., Die neuen Deutschen, in: Der Spiegel, 23.12.1974, S. 90.
[483] Siehe ibid.
[484] BERTAUX, Les élections du 19 novembre, S. 58.

gewählten Vertreter des Volkes schienen Teil eines gesellschaftlichen Konsenses zu sein, nicht gesühntes Unrecht zu beschweigen und zu vergessen. Demgegenüber stand die öffentlichkeitswirksam in Szene gesetzte Entente zwischen Staatspräsident Giscard d'Estaing und Bundeskanzler Schmidt, die, nicht selten garniert mit symbolischen Versöhnungsgesten, über alle Zweifel an der deutsch-französischen Freundschaft erhaben schien. Demgegenüber standen auch die staatlicherseits angestoßenen Begegnungen zwischen jungen Deutschen und Franzosen im Rahmen der Austauschprogramme des DFJW oder der zahlreichen Schulpartnerschaften, die sich aus privater Initiative speisende Informations- und Kontaktarbeit des BILD oder des DFI und die geistige Vermittlungstätigkeit Alfred Grossers. Die Debatten um den »Fall Klarsfeld« nahmen nach der Ratifizierung des so viel diskutierten deutsch-französischen Abkommens Anfang 1975 ein Ende. Dass sich jedoch Grossers Entwurf der »neuen Deutschen« gegen die Negativfolie des »Deutschlands der Lischkas« trotz aller verständigungsfördernden Bemühungen zunächst nicht durchsetzen konnte, macht die Tatsache deutlich, dass bis zum Ende der 1970er Jahre immer neue Konflikte hervortraten, in denen Krieg und Besatzungszeit nachwirkten und alte Feindbilder die Oberhand über die Freundschaftssymbolik der Gegenwart gewannen.

3.3.2 SS-Kameradschaftsverbände: Hindernisse für ein freundschaftliches deutsch-französisches Verhältnis

Im Juli 1976 sorgte der Tod des ehemaligen Oberst der Waffen-SS, Joachim Peiper[485], in Frankreich wie in Westdeutschland für erhebliches Aufsehen. Peiper, der kurzzeitig Adjutant Heinrich Himmlers gewesen war und während des Zweiten Weltkriegs verschiedene Kampfverbände der SS-Panzerdivision »Leibstandarte Adolf Hitler« befehligt hatte[486], war aufgrund seiner Beteiligung an der Erschießung von Kriegsgefangenen im Dezember 1944 bei Malmedy[487] in den Dachauer Prozessen durch ein amerikanisches Militärgericht zum Tode verurteilt worden[488]. Nachdem er bereits sieben Jahre

---

[485] Zur Biografie Peipers vgl. KLEE, Das Personenlexikon zum Dritten Reich, S. 453.

[486] Vgl. hierzu ausführlich Bernd WEGNER, Hitlers Politische Soldaten: Die Waffen-SS 1933–1945. Leitbild, Struktur und Funktion einer nationalsozialistischen Elite, Paderborn u. a. ⁹2010; René ROHRKAMP, »Weltanschaulich gefestigte Kämpfer«. Die Soldaten der Waffen-SS 1933–1945. Organisation – Personal – Sozialstrukturen, Paderborn u. a. 2010, hier zur »Leibstandarte Adolf Hitler« bes. S. 234.

[487] Vgl. Volker RIESS, Malmédy – Verbrechen, Justiz und Nachkriegspolitik, in: Wolfgang WETTE, Gerd R. UEBERSCHÄR (Hg.), Kriegsverbrechen im 20. Jahrhundert, Darmstadt 2001, S. 247–258; Klaus-Dietmar HENKE, Die amerikanische Besetzung Deutschlands, München ²1996, S. 312–342; Peter M. QUADFLIEG, René ROHRKAMP (Hg.), Das »Massaker von Malmedy«. Täter, Opfer, Forschungsperspektiven: Ein Werkbuch, Aachen 2010.

[488] Vgl. Robert SIGEL, Die Dachauer Prozesse, in: Norbert GÖTTLER (Hg.), Nach der »Stunde Null«. Stadt und Landkreis Dachau 1945 bis 1949, München 2008, S. 178–193, hier

in Haft gewesen war, wurde das Urteil 1951 in eine lebenslange Freiheitsstrafe umgewandelt. Wiederum sechs Jahre später wurde Peiper jedoch aus
der Haft entlassen, lebte zunächst in der Bundesrepublik und siedelte im Jahr
1969 mit seiner Familie nach Frankreich über, wo er sich in dem westlich der
Vogesen gelegenen Dorf Traves im Departement Haute-Saône niederließ[489].
Obwohl unter seinem richtigen Namen lebend, blieb Peipers Vergangenheit
in Frankreich für lange Jahre unentdeckt. Erst im Sommer 1976, nun allerdings in großer Aufmachung, berichtete die französische Presse, insbesondere
»L'Humanité«, über Peipers Karriere während der NS-Zeit[490] und forderte vehement seine Ausweisung aus Frankreich und eine nachträgliche Bestrafung
des ehemaligen SS-Offiziers für bis dahin ungesühnte Kriegsvergehen in Italien im Jahr 1943[491].

Drei Wochen nach Beginn der Medienberichte verübten unbekannte
Täter einen Brandanschlag auf das Haus Peipers, bei dem dieser ums Leben
kam. In einem Bekennerschreiben, das wenig später mehreren französischen
Zeitungen zuging, übernahm eine Organisation des Namens Les vengeurs
die Verantwortung für das Attentat und kündigte gleichzeitig die Ermordung
weiterer strafloser deutscher Kriegsverbrecher an[492]. Die westdeutsche Presse reagierte auf die Umstände der Gewalttat gegen Peiper mit Befremden.
Dieser, so die weitgehend einhellige Meinung, habe schließlich im Gefängnis
für seine Verbrechen während des Krieges gebüßt. Nun sei er, der doch
nur seinen Lebensabend in Ruhe hatte beschließen wollen, einer infamen
Hetzkampagne der französischen Kommunisten zum Opfer gefallen. »Die
Welt« schrieb etwa: »Er überlebte als Panzeroffizier den Zweiten Weltkrieg,
er überlebte sogar die Verurteilung zum Tode durch ein amerikanisches
Kriegsgericht, aber er überlebte nicht mehr die ›Humanität‹ der französischen Kommunistenzeitung ›Humanité‹«. Kaum jemand zweifele daran, wie

---

S. 187f.; Ludwig EIBER, Robert SIGEL (Hg.), Dachauer Prozesse. NS-Verbrechen vor
amerikanischen Militärgerichten in Dachau 1945–48. Verfahren, Ergebnisse, Nachwirkungen, Göttingen 2007.

[489] Vgl. BRUNNER, Der Frankreich-Komplex, S. 325.

[490] Vgl. PA-AA, Zwischenarchiv, Nr. 113544, Schreiben des deutschen Generalkonsulats
Lyon an das Auswärtige Amt betreffend »Vermutliche Ermordung des ehemaligen
Oberst der Waffen-SS Joachim Peiper« vom 19. Juli 1976; Früherer SS-Oberst vermutlich ermordet. Brandanschlag in Frankreich auf das Haus von Joachim Peiper, in: FAZ,
15.07.1976, S. 6; Untergrundorganisation droht mit Tötung deutscher Kriegsverbrecher,
in: FAZ, 16.07.1976, S. 5 und 7.

[491] Vgl. hierzu Gerhard SCHREIBER, Deutsche Kriegsverbrechen in Italien. Täter, Opfer,
Strafverfolgung, München 1996, S. 127–135; Juliane WETZEL, Italien, in: Wolfgang
BENZ, Barbara DISTEL (Hg.), Der Ort des Terrors. Geschichte der nationalsozialistischen
Konzentrationslager, Bd. 9: Arbeitserziehungslager, Ghettos, Jugendschutzlager, Polizei-
haftlager, Sonderlager, Zigeunerlager, Zwangsarbeiterlager, München 2009, S. 292–312,
hier S. 307.

[492] Vgl. AMAE Paris-La Courneuve, Europe, RFA 1976–1980, Bd. 4000, Schreiben des französischen Außenministeriums an die französische Botschaft Bonn betreffend »Affaire
Peiper« vom 16. Juli 1976.

die Zeitung befand, dass diejenigen, die Peiper ermordet hätten, »den stark kommunistisch bestimmten Kreisen der französischen Résistance entstammten«[493]. Der ehemalige SS-Oberst habe in Frankreich versucht, so berichtete »Die Zeit«, seine Vergangenheit hinter sich zu lassen. Er habe die französische Küche und Lebensart seit 1940 schätzen gelernt, habe die Menschen des Nachbarlandes geliebt und sei denn auch gut mit ihnen ausgekommen. »Er sah keinen Grund sich zu verstecken, [...] schließlich hatte er zwölf Jahre gebüßt. Aber aus dem erhofften ruhigen Lebensabend wurde nichts. In diesem Sommer ließen die Kommunisten ihre Kettenhunde los«[494]. Noch deutlicher zeichnete »Der Spiegel« das Bild eines Mannes, der sich auch im Krieg Anstand und Menschlichkeit bewahrt hatte: »Einer von der alten Garde« sei Peiper eben gewesen, »ein schneidiger Typ wie sein Oberbefehlshaber Sepp Dietrich[495], mit dem zusammen sein Name immer in Kameradenmund war. Einer der ›Indianergedanken‹ in den Panzerschlachten hatte, und so, als ›hochdekorierten Mann‹ obendrein, akzeptierten ihn auch die Bürger von Traves«[496]. Nicht so sehr der Mord als solcher rief auf westdeutscher Seite Entrüstung hervor, als vielmehr das Empfinden, Peiper sei Opfer von Kräften geworden, welche den Deutschen ihre Vergangenheit, mochten sie hierfür auch noch so sehr Buße getan haben, mit dem erhobenen Zeigefinger eines immer währenden moralischen Triumphes vorhielten[497].

Weitere Kreise zog die »Affäre Peiper«, als die rechtsextreme DVU im September 1976 in Köln und im November in Mannheim »Ehrenkundgebungen« für den Toten veranstaltete[498], über welche die französischen

---

[493] Günther DESCHNER, Ein Mord als Mittel zu einer Diffamierungs-Kampagne, in: Die Welt, 16.07.1976, S. 6.

[494] Karl-Heinz JANSSEN, Der Tod holte ihn ein. Warum ein Oberst der Waffen-SS seine Vergangenheit nicht abschütteln konnte, in: Die Zeit, 23.07.1976, S. 5.

[495] Generaloberst der Waffen-SS Josef »Sepp« Dietrich (1892–1966) war Befehlshaber der »Leibstandarte Adolf Hitler« und wurde nach dem Krieg als Mitverantwortlicher für das »Massaker von Malmedy« zu lebenslänglicher Haft verurteilt, vgl. Christopher CLARK, Josef »Sepp« Dietrich – Landsknecht im Dienste Hitlers, in: Ronald SMELSER, Enrico SYRING (Hg.), Die SS: Elite unter dem Totenkopf. 30 Lebensläufe, Paderborn u. a. 2000, S. 119–133; William T. ALLBRITTON, Samuel W. MITCHAM Jr., SS-Oberstgruppenführer und Generaloberst der Waffen-SS Joseph (Sepp) Dietrich, in: Gerd R. UEBERSCHÄR (Hg.), Hitlers militärische Elite, Bd. 2: Vom Kriegsbeginn bis zum Weltkriegsende, Darmstadt 1998, S. 37–44.

[496] Pech für ihn, in: Der Spiegel, 19.07.1976, S. 56f., Zitate S. 57.

[497] Vgl. hierzu Daniel VERNET, Un journal allemand dénonce l'action des forces qui ne veulent pas oublier le passé, in: Le Monde, 16.07.1976, S. 22; AMAE Paris-La Courneuve, Europe, RFA 1976–1980, Bd. 4000, Schreiben des französischen Botschaft Bonn an das französische Außenministerium betreffend »Presse allemande du 16 juillet 1976« vom 16. Juli 1976.

[498] Vgl. AMAE Paris-La Courneuve, Europe, RFA 1976–1980, Bd. 4000, Schreiben des französischen Botschafters in Bonn, Olivier Wormser, an das französische Außenministerium betreffend »Manifestation à la mémoire de Peiper« vom 13. September 1976; Schreiben der französischen Botschaft Bonn, Paul Henry, an das französische

Medien breit berichteten[499], sowie durch wiederholt öffentlich vorgetragene Solidaritätsbekundungen von Vereinigungen ehemaliger SS-Angehöriger. Die Existenz derartiger Verbände rückte im Zusammenhang mit dem Tod Peipers stärker ans Licht und führte auf Seiten der französischen Presse zu dem Verdacht, in der Bundesrepublik seien die Fahnenträger der nationalsozialistischen Ideologie wieder auf dem Vormarsch. Bereits im Mai 1976 hatte »Le Monde« konstatiert: »De fait, depuis quelques mois, des petits groupes ou des individus isolés se réclamant de l'idéologie nazie se manifestent ouvertement en République fédérale«[500]. Die öffentlichen Ehrbezeugungen für Peiper von Zusammenschlüssen ehemaliger Soldaten der SS verstärkten in Frankreich das Gefühl, die Geisteshaltung der ewig Gestrigen werde in Westdeutschland wieder zunehmend geduldet. Für mehrere französische Verfolgtenorganisationen waren die eingetretenen Entwicklungen jedenfalls Grund genug, um Anfang Oktober 1976 vor der deutschen Botschaft in Paris gegen die vermeintliche Zunahme rechtsradikaler Veranstaltungen in der Bundesrepublik zu demonstrieren und vor allem ein ihrer Auffassung nach lange überfälliges Verbot der SS-Kameradschaften zu reklamieren[501].

Diese Forderung war indes nicht neu. Schon seit Beginn der 1970er Jahre hatte insbesondere das Bestehen der Vereinigung der Freunde der SS-Division »Das Reich«, die im Oktober 1971 auf Betreiben des ehemaligen SS-Hauptsturmführers Hermann Buch im bayerischen Rosenheim gegründet worden war[502], in Frankreich immer wieder Proteste hervorgerufen. Die 2. SS-Panzerdivision »Das Reich« unter dem Kommando von Generalmajor Heinz Lammerding zeichnete 1944 für die Kriegsverbrechen in den französischen Orten Tulle und Oradour-sur-Glane verantwortlich, deren Namen sich gleichsam als Symbole nationalsozialistischer Gräueltaten in das kollektive Gedächtnis Frankreichs eingebrannt hatten. In Tulle, Hauptstadt des Depar-

---

Außenministerium betreffend »Manifestation d'extrême-droite« vom 8. November 1976; Vermerk betreffend »Activités des mouvements d'anciens nazis en RFA« vom 8. November 1976; PA-AA, Zwischenarchiv, Nr. 111202, Vermerk betreffend »Gedenkveranstaltungen der Deutschen Volksunion (DVU) für den ehemaligen SS-Offizier Peiper«, nicht datiert; PA-AA, Zwischenarchiv, Nr. 113544, Vermerk betreffend »Gedenkveranstaltung der rechtsextremen Deutschen Volksunion für den ehemaligen SS-Oberst Peiper« vom 10. September 1976.

[499] Vgl. exemplarisch Les nazis de Cologne ont pleuré Peiper sous la protection de la police, in: France-Soir, 14.09.1976, S. 1.

[500] Daniel VERNET, »Jamais depuis 1945 le nazisme n'a été aussi glorifié qu'aujourd'hui« constate le ministre de l'intérieur, in: Le Monde, 06.05.1976, S. 3.

[501] Siehe PA-AA, Auslandsvertretungen, Botschaft Paris, Bd. 13523, Schreiben des deutschen Botschafters in Paris, Axel Herbst, an das Auswärtige Amt betreffend »Demonstration von französischen Verfolgten- und Résistanceorganisationen vor der Botschaft am 6.10.76« vom 7. Oktober 1976.

[502] Siehe hierzu AMAE Paris-La Courneuve, Europe, RFA 1971–1976, Bd. 2952, Bericht des französischen Generalkonsuls in München, Charles de Bartillat, betreffend »Première réunion des anciens de la division SS ›Das Reich‹« vom 22. Oktober 1971.

tements Corrèze, wurden im Juni 1944 als Repressalie für Partisanenangriffe auf deutsche Soldaten 99 willkürlich herausgegriffene männliche Einwohner in den Straßen der Stadt erhängt. Das nordwestlich von Limoges gelegene Oradour zerstörten SS-Soldaten der Panzerdivision Lammerdings vollständig. Nahezu alle Bewohner des Dorfes, 400 Erwachsene und 242 Kinder, wurden auf grausame Weise ermordet[503]. Eine Vereinigung, deren Name hiermit verbunden war, musste in Frankreich unweigerlich Erinnerungen an Besatzungszeit und deutsche Kriegsverbrechen wecken und die Tatsache, dass sie in der Bundesrepublik legal existierte, Unverständnis und Empörung hervorrufen.

Zahlreich waren denn auch die Proteste, welche französische Opferverbände öffentlich oder in Schreiben an Bonner und Pariser Regierungsstellen kundtaten. In der Erklärung einer nahe Bordeaux beheimateten Organisation vom Januar 1972 hieß es etwa:

> Il est de notoriété publique que DAS REICH s'est rendu coupable de nombreux actes de terrorisme et de représailles à l'égard des populations civiles dans tous les pays occupés par l'Allemagne [...]. Aucun Français ne peut oublier les atroces massacres de femmes, d'enfants et d'hommes notamment à Oradour-sur-Glane, à Tulle et à la ferme de Richmond[504].

Einhellig war daher die Forderung der Verfolgtenorganisationen, die genannte SS-Kameradschaft sowie sämtliche in der Bundesrepublik existierenden Vereinigungen ähnlichen Typs zu verbieten. Ein mit »Contre le réveil du nazisme en Allemagne« überschriebener Aufruf eines Veteranen- und Kriegsopferverbandes aus Grenoble formulierte: »Le Comité [...] demande au gouvernement français d'intervenir auprès du gouvernement de la République fédérale, afin de faire procéder à la dissolution de cette organisation et à l'interdiction de toutes les associations d'anciens SS ou nazis«[505]. Denn schließlich stellten das Vorhandensein derartiger Vereinigungen und ihre öffentlichen Auftritte nicht nur eine grobe Beleidigung für die Opfer des Nationalsozialismus dar, sondern ebenso ein schwerwiegendes Hindernis für freundschaftliche Beziehungen zwischen Deutschen und Franzosen: »Il nous

---

[503] Vgl. zu den Massakern von Tulle und Oradour-sur-Glane Ahlrich MEYER, Die deutsche Besatzung in Frankreich 1940–1944. Widerstandsbekämpfung und Judenverfolgung, Darmstadt 2000, S. 149–170; DERS., Oradour 1944, in: Gerd R. UEBERSCHÄR (Hg.), Orte des Grauens – Verbrechen im Zweiten Weltkrieg, Darmstadt 2003, S. 176–185; Peter LIEB, Konventioneller Krieg oder Weltanschauungskrieg? Kriegführung und Partisanenbekämpfung in Frankreich 1943/44, München 2007, S. 360–376; Jean-Jacques FOUCHÉ, Oradour, Paris 2001; DERS., Oradour. La politique et la justice, Paris 2004; DERS., Tulle, nouveaux regards sur les pendaisons et les événements de juin 1944, Paris 2008.

[504] AMAE Paris-La Courneuve, Europe, RFA 1971–1976, Bd. 2952, Erklärung des Comité d'entente des associations des anciens combattants et victimes de la guerre de Mérignac vom 15. Januar 1972.

[505] AMAE Paris-La Courneuve, Europe, RFA 1971–1976, Bd. 2952, Aufruf »Contre le réveil du nazisme en Allemagne« des Comité départemental de liaison des associations d'anciens combattants et de victimes de guerre, Grenoble, Oktober 1971.

paraît que de tels faits [...] constituent de graves obstacles tant à la nécessaire amitié entre les peuples français et allemand qu'à la détente en Europe. Seule la rupture totale et résolue avec le passé hitlérien peut ouvrir les perspectives nouvelles que nous souhaitons«[506]. Die Existenz der SS-Kameradschaften bildete somit einen potenziellen Störfaktor des deutsch-französischen Verhältnisses, der, wie sich im Falle der Ermordung Joachim Peipers zeigte, rasch virulent werden konnte.

In Anbetracht der Solidaritätsbekundungen verschiedener Verbände ehemaliger SS-Angehöriger nach dem Anschlag auf Peiper sowie der Aktivitäten der rechtsextremen DVU, die zeitweilig gar die Absicht bekundete, eine Stele für Peiper am Rande des Areals des früheren Konzentrationslagers Dachau errichten zu wollen[507], sah »Le Figaro« im September 1976 bereits die »nostalgiques d'Hitler« aus ihrem bisherigen Schattendasein hervortreten[508]. Diverse französische Opferverbände warnten seit der »Affäre Peiper« verstärkt vor einer Wiederbelebung nationalsozialistischer Strömungen in der Bundesrepublik und sensibilisierten damit eine breitere Öffentlichkeit in Frankreich für das Thema. Das Comité international de Sachsenhausen beobachtete etwa, wie dessen Präsident im Oktober 1976 an Bundestagspräsidentin Annemarie Renger schrieb, »avec une profonde inquiétude les activités croissantes des anciennes formations SS [...] en République fédérale d'Allemagne«[509]. Die Fédération nationale des déportés et internés, résistants et patriotes fragte in einer Protestnote an den deutschen Botschafter in Paris: »Nous avons toujours su distinguer entre les Allemands et les nazis, nous avons toujours contribué à la réconciliation de nos deux peuples. Serions-nous des idéalistes?«[510] In der Bundesrepublik, diese Vorstellung fand hier immer mehr Verbreitung, konnten deutsche Kriegsverbrecher einen unangemessen breiten Raum im öffentlichen Leben einnehmen. Ungestraft waren sie für ihre Vergehen zwischen

---

[506] AMAE Paris-La Courneuve, Europe, RFA 1971–1976, Bd. 2952, Schreiben des Mouvement contre le racisme, l'antisémitisme et pour la paix an den französischen Außenminister Maurice Schumann vom 21. Oktober 1971; vgl. auch ibid., Schreiben der Amicale des anciens détenues patriotes de la centrale d'Éysses an den französischen Premierminister Jacques Chaban-Delmas vom 15. Februar 1972 sowie zahlreiche Protestschreiben und Resolutionen weiterer französischer Opferverbände.

[507] Vgl. hierzu PA-AA, Zwischenarchiv, Nr. 113544, Vermerk betreffend »Denkmal für Joachim Peiper in Dachau« vom 9. September 1976; AMAE Paris-La Courneuve, Europe, RFA 1976–1980, Bd. 4000, Vermerk für den Secrétaire d'État aux anciens combattants betreffend »Projet de manifestation à la mémoire de Peiper«, nicht datiert.

[508] Siehe Baudouin BOLLAERT, RFA: les nostalgiques d'Hitler sortent de l'ombre, in: Le Figaro, 09.09.1976, S. 3.

[509] PA-AA, Auslandsvertretungen, Botschaft Paris, Bd. 13523, Schreiben des Comité international de Sachsenhausen an Bundestagspräsidentin Annemarie Renger vom 6. Oktober 1976.

[510] PA-AA, Auslandsvertretungen, Botschaft Paris, Bd. 13523, Schreiben der Fédération nationale des déportés et internés, résistants et patriotes an den deutschen Botschafter in Paris vom 9. September 1976.

1939 und 1945 geblieben, ungestraft konnten sie sich dreißig Jahre später der Pflege ihrer »militärischen Traditionen« widmen. Wie sollten Franzosen, so die Frage, die in den seit Sommer 1976 geführten Diskussionen immer wieder mitschwang, einem Land Sympathie entgegenbringen können, das dies duldete?

Die öffentliche Erregung, welche die legale Existenz von Organisationen ehemaliger SS-Soldaten und insbesondere der Vereinigung der Freunde der SS-Division »Das Reich« in Frankreich ausgelöst hatte, nahmen die Regierungsstellen derweil mit wachsender Sorge zur Kenntnis. Verstärkt durch das im Milieu der Opfer- und Veteranenverbände um sich greifende Gefühl, in Westdeutschland mehrten sich wieder nationalsozialistische Umtriebe, konnte sich, so die Befürchtung, das deutsch-französische Verhältnis leicht eintrüben. Bereits im Rahmen von Konsultationen der politischen Direktoren des Auswärtigen Amts und des Quai d'Orsay im Juni 1975 hatte die französische Seite ihre westdeutschen Gesprächspartner eindringlich darauf hingewiesen, dass Teile der französischen Öffentlichkeit und der Nationalversammlung insbesondere das Bestehen der SS-Truppenkameradschaft »Das Reich« für unvereinbar mit der Absicht Frankreichs hielten, ein enges Verhältnis zur Bundesrepublik zu entwickeln. Die französische Regierung könne ihre Politik der Aussöhnung mit Westdeutschland nur dann glaubwürdig im eigenen Lande vertreten, wenn diese Organisation von der Bundesregierung und der westdeutschen Öffentlichkeit nicht mehr toleriert werde[511]. Da, wie daraufhin die Diplomaten des Auswärtigen Amts festhielten, zu befürchten sei, »daß die guten deutsch-französischen Beziehungen durch das Verhalten der genannten Vereinigung Schaden nehmen könnten«[512], wurde über das Bundesministerium des Innern eine Überprüfung der Organisation angestrengt. Aus dortiger Sicht förderte diese jedoch keine stichhaltigen Gründe zu Tage, um ein Verbot zu erwirken. Seit ihrer Gründung 1971 habe die Vereinigung keine erkennbare Tätigkeit entfaltet, »die den Strafgesetzen zuwidergelaufen wäre oder sich gegen den Gedanken der verfassungsmäßigen Ordnung und der Völkerverständigung gerichtet hätte«[513]. Die Mitglieder beschäftigten sich ausschließlich mit der Klärung der Schicksale von Vermissten und sozialen Aufgaben, Anhaltspunkte dafür, dass es sich um eine Nachfolgeorganisation der Waffen-SS handele, gebe es nicht. Die Bundesregierung habe, wie ein Schreiben des Auswärtigen Amts an die deutsche Botschaft in Paris formulierte, im Übrigen Verständnis für die Demarche

---

[511] Siehe PA-AA, Zwischenarchiv, Nr. 109188, Vermerk betreffend »Vereinigung der Freunde der SS-Division ›Das Reich‹« vom 4. Juli 1975.

[512] PA-AA, Zwischenarchiv, Nr. 109188, Schreiben des Auswärtigen Amts an das Bundesministerium des Innern betreffend »Vereinigung der Freunde der SS-Division ›Das Reich‹« vom 7. Juli 1975.

[513] PA-AA, Auslandsvertretungen, Botschaft Paris, Bd. 13523, Schreiben des Auswärtigen Amts betreffend »Truppenkameradschaft der 2. SS-Panzer-Division ›Das Reich‹« vom 28. Oktober 1975.

der französischen Regierung und die Emotionen, welche die Existenz der Vereinigung in Frankreich hervorrufe, aus rechtlicher Sicht seien ihr jedoch die Hände gebunden[514].

Auf Seiten der amtlichen französischen Stellen wurde diese Haltung als höchst unbefriedigend empfunden, hielten doch die Proteste der Verfolgten-organisationen weiter an und war die Pariser Regierung nicht zuletzt auch aus den Reihen des Parlaments immer wieder mit Anfragen konfrontiert, die das Thema in steter Regelmäßigkeit auf die innenpolitische Agenda zurück-brachten[515]. Das Unverständnis für die Duldung der SS-Kameradschaften durch die westdeutschen Behörden werde, wie der Quai d'Orsay gegenüber der deutschen Botschaft im Februar 1976 erklärte, von vielen Franzosen und partiell auch durch das französische Außenministerium selbst geteilt[516]. Die negativen Auswirkungen, welche gerade die Existenz der Vereinigung der ehemaligen Angehörigen der SS-Division »Das Reich« auf die französische Öffentlichkeit habe, seien schließlich nicht zu unterschätzen[517]. »Pour peu que les milieux hostiles à l'entente franco-allemande qui existent dans notre pays le veuillent, le thème de la création en Allemagne, aujourd'hui, d'une amicale des anciens d'une division d'aussi sinistre mémoire pourrait être aisément exploité«[518]. Zwar stand für die Verantwortlichen im französischen Außenministerium fest, dass es sehr viel schlechten Willen brauche, um aus den vorgefallenen Ereignissen den Schluss zu ziehen, in der Bundesrepublik komme es zu einem Wiedererwachen des Nationalsozialismus[519]. Jedoch bestünden in Frankreich gesellschaftliche Strömungen, welche diese Ansicht verbreiteten und nicht ohne Einfluss seien. Diese müsse man ernst nehmen und ihnen im Sinne einer Festigung der deutsch-französischen Freundschaft mäßigend entgegentreten. »Autrement, les adversaires de l'entente franco-allemande auraient beau jeu«[520].

---

[514] Siehe ibid.

[515] Vgl. AMAE Paris-La Courneuve, Europe, RFA 1971–1976, Bd. 3120, Vermerk betreffend »Question écrite posée le 7 juin 1975 par M. Pranchère, député, au Premier ministre« vom 23. Juni 1975.

[516] Siehe PA-AA, Auslandsvertretungen, Botschaft Paris, Bd. 13523, Schreiben des deut-schen Botschafters in Paris, Sigismund von Braun, an das Auswärtige Amt vom 26. Februar 1976.

[517] Siehe AMAE Paris-La Courneuve, Europe, RFA 1971–1976, Bd. 3120, Vermerk betref-fend »Association des anciens de la division ›Das Reich‹« vom 4. März 1976.

[518] AMAE Paris-La Courneuve, Europe, RFA 1971–1976, Bd. 3010, Vermerk betreffend »Protestations en France contre la constitution en RFA d'une association des anciens de la division SS ›Das Reich‹« vom 5. Februar 1976.

[519] Siehe AMAE Paris-La Courneuve, Europe, RFA 1976–1980, Bd. 4000, Vermerk betref-fend »Activités des mouvements d'anciens nazis en RFA« vom 8. November 1976.

[520] AMAE Paris-La Courneuve, Europe, RFA 1976–1980, Bd. 4000, Schreiben des franzö-sischen Außenministeriums, Andreani, an die französische Botschaft Bonn betreffend »Manifestation à la mémoire de Peiper« vom 9. September 1976.

Die Bonner Diplomaten stimmten hierin mit ihren französischen Gesprächspartnern voll und ganz überein. Man sei sich bewusst, wie eine Aufzeichnung des Auswärtigen Amts bezüglich des Deutschlandbildes in Frankreich konstatierte, »daß die Schatten der Vergangenheit noch lange über unseren beiden Ländern liegen werden und daß es immer wieder einmal zu einem Aufflammen von ›Negativ-Stimmungen‹ kommen kann«[521]. In solchen Fällen seien all diejenigen politischen Kräfte, die an der Aussöhnung zwischen Deutschland und Frankreich festhielten, dazu aufgerufen, öffentlich ihre Solidarität zu bekunden und für die Verständigung einzustehen: »Wir sollten schließlich gemeinsam überlegen, wie wir die noch unzureichenden gegenseitigen Kenntnisse verbessern und die vielfachen Vorurteile der Deutschen über die Franzosen und der Franzosen über die Deutschen weiter abbauen können«[522]. Allerdings herrschte eine weitgehend illusionslose Klarheit darüber, dass ein solches Ziel nur durch äußerst langfristige und kontinuierliche Anstrengungen erreicht werden konnte. »La réconciliation est une œuvre continue et fragile; il faudra encore du temps pour que le cœur rejoigne la raison«[523], wie im französischen Außenministerium im November 1976 bemerkt wurde. Gleichwohl sollte nichts unversucht gelassen werden.

Nach Ansicht des Quai d'Orsay zeigte die Aufregung um die »manifestations néo-nazies«[524], welche zu einer wirklichen Gefahr überhaupt nur durch die sensationsheischende mediale Aufbereitung werden könnten, vor allem, wie übermäßig und irrational die Reaktionen in beiden Ländern noch immer ausfielen, wenn die deutsch-französische Vergangenheit im Spiel sei. Die Regierungen hätten daher vor allem darauf bedacht zu sein, die Öffentlichkeit diesseits und jenseits des Rheins für ihre Ziele zu gewinnen und sie von der unbedingten Notwendigkeit privilegierter deutsch-französischer Beziehungen zu überzeugen. Hierzu sollte, wie die französische Botschaft in Bonn vorschlug, die zwischenzeitlich aufgegebene Praxis der systematischen Einladung von Journalisten wieder aufgenommen werden. So könne die Presse einen offeneren Blick auf das Nachbarland erhalten, verständnisvoller hierüber berichten und somit in günstiger Weise Einfluss auch auf die Einstellung der Bevölkerungen ausüben[525].

Des Weiteren sei es geboten, so auch schon die vermehrt gestellte Forderung der westdeutschen Stellen, auf die Programmgestaltung des

---

[521] PA-AA, Auslandsvertretungen, Botschaft Paris, Bd. 13523, Aufzeichnung bezüglich des Deutschlandbildes in Frankreich vom 12. Oktober 1977, S. 1.

[522] Ibid., S. 2.

[523] AMAE Nantes, Bonn Ambassade, Bd. 340, Vermerk betreffend »Visite du Ministre à Bonn le 26 novembre« vom 15. November 1976, S. 3.

[524] AMAE Nantes, Bonn Ambassade, Bd. 322, Aufzeichnung »La République fédérale d'Allemagne et sa politique extérieure au début de 1977« vom 27. Januar 1977, S. 12.

[525] Vgl. hierzu AMAE Paris-La Courneuve, Europe, RFA 1976–1980, Bd. 3962, Schreiben des französischen Botschafters in Bonn, Olivier Wormser, an die Direction des services d'information et de presse im französischen Außenministerium vom 8. Oktober 1976.

französischen Fernsehens einzuwirken. Denn hier würden den Franzosen bald allabendlich Filme gezeigt, die das Bild des deutschen Besatzers nach wie vor pflegten und hierdurch die französischen Erinnerungen an den Zweiten Weltkrieg in unguter Weise wachhielten: »La télévision française [...] continue à donner à nos compatriotes [...] une image de l'Allemagne qui n'est pas de nature de créer un climat de compréhension pour les difficultés qui peuvent surgir entre Paris et Bonn«[526]. Daher gelte es, die an der Kriegsvergangenheit orientierten Filme durch Dokumentationen zu ersetzen, die stärker das aktuelle Deutschland in den Fokus nähmen. Vor allem im Rahmen von deutsch-französischen Fernsehkoproduktionen, deren Anzahl deutlich gesteigert werden müsse, könne dies erreicht werden[527].

Für wesentlich, um die Voraussetzungen künftiger Verständigungsbereitschaft zwischen beiden Ländern zu schaffen, erachteten die Regierungen schließlich den Austausch von Jugendlichen. Gerade die jungen Generationen, die in ihrer Haltung zum jeweiligen Nachbarland nicht durch Kriegserfahrungen vorgeprägt waren, sollten dagegen gewappnet werden, sich die aus den blutigen Auseinandersetzungen zwischen Deutschen und Franzosen herrührenden Negativerzählungen zu eigen zu machen. Auf diese Weise würden die Bilder des anderen, welche sich aus Krieg und Besatzungszeit speisten, schrittweise den positiven Eindrücken der deutsch-französischen Versöhnungsgeschichte der Nachkriegszeit Platz machen. Begegnungen im Rahmen von Schulpartnerschaften und die Programme des DFJW trügen dazu bei, persönliche Kontakte zu knüpfen, mit dem Nachbarland vertraut zu werden und eine unvoreingenommene Perspektive auf seine Menschen, seine Kultur und seine Geschichte zu entwickeln. Daher stellten sie nach einhelliger Auffassung der offiziellen Stellen unerlässliche Investitionen in die deutsch-französische Zukunft dar:

> Tant dans les échanges de classes que dans les échanges de jeunes en formation professionnelle, l'action que mène l'OFAJ auprès de la jeunesse afin de lui permettre de parvenir à une meilleure connaissance du mode de vie, de pensée, et des aspirations des hommes du pays du partenaire dans le but d'une plus grande solidarité, est donc particulièrement efficace et précieuse[528].

---

[526] AMAE Paris-La Courneuve, Europe, RFA 1971–1976, Bd. 2999, »Note pour le directeur d'Europe« bezüglich der deutsch-französischen Beziehungen vom 5. Juni 1976, S. 1; vgl. hierzu auch AMAE Paris-La Courneuve, Europe, RFA 1976–1980, Bd. 3999, »Note pour le cabinet du ministre«, 27. August 1976.

[527] Siehe AN Fontainebleau, ministère de l'Éducation nationale, Bd. 900672/38, Protokoll der Sitzung der Interministeriellen Kommission für die deutsch-französische Zusammenarbeit am 29. Januar 1976, S. 22; BA, B 145, Bd. 11422, Vermerk des Presse- und Informationsamtes der Bundesregierung bezüglich des Vertrages über die deutsch-französische Zusammenarbeit vom 3. Januar 1977, S. 1f.

[528] AN Fontainebleau, ministère de l'Éducation nationale, Bd. 840700/27, Vermerk zur Sitzung der deutsch-französischen Expertenkommission für das allgemeinbildende Schulwesen am 9. und 10. Dezember 1976 in Freiburg, Anlage: »Échanges franco-allemands d'élèves« vom 3. Dezember 1976, S. 2; vgl. auch AMAE Nantes, Bonn Ambassade,

Ausgehend von den somit immer enger werdenden Beziehungen zwischen deutschen und französischen Jugendlichen entstünden, so eine Einschätzung des französischen Außenministeriums vom Januar 1977, die Grundlagen einer nachhaltigen Annäherung der Völker: »Sur ces bases nouvelles se construit un rapprochement réel des peuples qui correspond à l'imbrication des économies et à l'entente des gouvernements«[529].

Dafür zu sorgen, dass die Nachwirkungen der Vergangenheit nicht zu Belastungen der gegenwärtigen und künftigen Beziehungen zwischen Frankreich und Westdeutschland führen konnten, machten sich neben den Regierungen zu gleicher Zeit auch die privaten Verständigungsorganisationen zur Aufgabe. So organisierte etwa das DFI in Kooperation mit der deutschen Botschaft in Paris im Februar 1977 eine Reise für die Delegation eines der größten französischen Kriegsopferverbände, die Union nationale des déportés, internés et victimes de guerre, nach Ludwigsburg. Die Teilnehmer besuchten dort die Zentrale Stelle zur Aufklärung nationalsozialistischer Verbrechen[530] und konnten sich in einem Gespräch mit dem Leiter der Einrichtung, Adalbert Rückerl[531], aus erster Hand über die Strafverfolgung nationalsozialistischer Verbrechen in der Bundesrepublik informieren. Den französischen Gästen sollte hierdurch vor Augen geführt werden, dass ihren westdeutschen Nachbarn ernsthaft daran lag, die Vergangenheit aufzuarbeiten, bislang nicht zur Rechenschaft gezogene NS-Täter zu bestrafen und dass der in den Kreisen der französischen Verfolgtenorganisationen aufgekommene Eindruck, nationalsozialistisch inspirierte Vereinigungen würden in der Bundesrepublik wieder salonfähig, unzutreffend sei[532]. Mit der Durchführung der Reise knüpfte das DFI an frühere Besuche französischer Kriegsopferverbände an. Zuletzt hatte im Mai 1971 mit der Amicale des anciens prisonniers de guerre des stalags ein Zusammenschluss ehemaliger Kriegsgefangener Ludwigsburg besucht, deren Aufenthalt den Beteiligten in guter Erinnerung geblieben war. So hatte ein Vertreter der Vereinigung in einer Dankesrede an die deutschen Gastgeber die Worte gefunden: »Gewiss, vor 30 Jahren war Krieg [...]. Wir haben gelitten, aber auch das deutsche Volk

---

Bd. 340, Vermerk betreffend »Visite du ministre à Bonn le 26 novembre« vom 15. November 1976, S. 4; BA, B 189, Bd. 26334, Schreiben des Bundesministeriums für Jugend, Familie und Gesundheit, Reinhard Wilke, an den Koordinator für die deutsch-französische Zusammenarbeit vom 11. Januar 1977.

[529] AMAE Nantes, Bonn Ambassade, Bd. 322, Aufzeichnung »La République fédérale d'Allemagne et sa politique extérieure au début de 1977« vom 27. Januar 1977, S. 13.

[530] Vgl. hierzu Annette WEINKE, Eine Gesellschaft ermittelt gegen sich selbst. Die Geschichte der Zentralen Stelle Ludwigsburg 1958–2008, Darmstadt [2]2009.

[531] Vgl. Adalbert RÜCKERL, Die Strafverfolgung von NS-Verbrechen 1945–1978. Eine Dokumentation, Heidelberg u. a. 1979; DERS., NS-Verbrechen vor Gericht. Versuch einer Vergangenheitsbewältigung, Heidelberg 1982.

[532] Siehe DFI-Archiv, Ordner Programme 1973–1987, Besuch einer Delegation der Union nationale des déportés, internés et victimes de guerre bei der Zentralen Stelle der Landesjustizverwaltungen in Ludwigsburg vom 23.–25. Februar 1977.

hat gelitten und der Gedanke ist tröstlich, dass jene Jahre des Unglücks [...] es uns heute gestatten, uns besser zu verstehen, uns gegenseitig zu achten und einander näher zu kommen«[533]. Die menschlichen Verbindungen, welche durch derartige Besuche entstehen mussten, und die positiven Eindrücke, die die Franzosen aus dem Nachbarland mit in die Heimat nehmen würden, sollten, so die Intention der Verantwortlichen des DFI, letztlich einen Beitrag dazu leisten, dass die nachwirkenden Erfahrungen des Zweiten Weltkriegs das deutsch-französische Verhältnis nicht mehr beeinträchtigen konnten.

Selbiges Ziel gab auch dem ADFG eine Richtschnur für das Handeln zugunsten der Verständigung zwischen Deutschen und Franzosen vor. Noch immer, so klagte die Gründerin und Ehrenpräsidentin des Arbeitskreises, Elsie Kühn-Leitz, im Jahr 1977, komme es in den deutsch-französischen Beziehungen zu Rückschlägen und Krisen, die durch »verfälschte und einseitige Darstellungen in Presse, Radio und Fernsehen heraufbeschworen« würden. In Frankreich würden immer wieder »Filme der Hitlerzeit, der Konzentrationslager, des zweiten Weltkrieges im Fernsehen gezeigt und verdüstern das Bild des heutigen Deutschland. Es wird immer wieder behauptet, daß der Rechtsextremismus in Deutschland wieder zunimmt und noch viele schlimme Dinge mehr«[534]. Gerade angesichts dieser Belastungen des bilateralen Verhältnisses dürfe sich der ADFG, wie Kühn-Leitz ausführte, nicht von dem eingeschlagenen Weg abbringen lassen: »Wir glauben unerschütterlich an die wachsende Verständigung und Freundschaft zwischen unseren beiden Ländern. Wir bitten alle diejenigen, die eine Verantwortung in den Massenmedien haben, jede falsche Darstellung, sei es in Deutschland oder Frankreich, zu bekämpfen«[535]. Neben solch öffentlichen Appellen betrachtete der ADFG es als seine vorrangige Aufgabe, die Menschen beiderseits des Rheins miteinander in Kontakt zu bringen. Hierdurch wollte er helfen, die fortbestehenden Ressentiments, die leicht wieder in Erscheinung treten könnten, zu überwinden und insbesondere der französischen Bevölkerung aufzuzeigen, dass die Bundesrepublik keine Brutstätte neu auflebender nationalsozialistischer Strömungen sei, die Deutschen in ihrer großen Mehrheit Gruppierungen wie den Vereinigungen ehemaliger SS-Angehöriger ablehnend gegenüber stünden[536]. Nicht zuletzt

---

[533] DFI-Archiv, Ordner Besuch französischer Kriegsgefangener 1971, Übersetzung der Ansprache von Richard Gueutal aus Valentigney am 29. Mai 1971 im Rathaus Stuttgart, S. 2; vgl. auch ibid., Pressemitteilung des DFI »Ehemalige Kriegsgefangene kommen wieder« vom 16. April 1971; Nach 26 Jahren: Französische Kriegsgefangene kommen als Gäste, in: Ludwigsburger Kreiszeitung, 26.05.1971, S. 3.

[534] VDFG-Archiv, Ansprache der Ehrenpräsidentin des ADFG, Elsie Kühn-Leitz, im Rahmen der 22. Jahrestagung der deutsch-französischen Gesellschaften in Montpellier am 11. September 1977, in: Mitteilungsblatt für die Deutsch-Französischen Gesellschaften 43 (1978), S. 116.

[535] Ibid., S. 116f.

[536] Vgl. VDFG-Archiv, Ordner Arbeitskreis Korrespondenz 1977–1979, Schreiben des Präsidenten des ADFG, Helmut Paetzold, an Bundeskanzler Helmut Schmidt vom 26. März 1977.

sollten die politischen Verständigungsinitiativen auf diese Weise unterstützt werden. Der ADFG sei, wie sein Präsident Helmut Paetzold im März 1977 formulierte, »dazu berufen, von der unteren Ebene her die Kooperations- und Freundschaftspolitik der Regierungen beider Nationen mit Leben zu erfüllen, damit in diesem hochbedeutsamen Bereich zwischen Regierung und verständigungswilligen Staatsbürgern kein Vakuum klafft«[537].

In den Reihen des BILD wurde konstatiert, dass die »Affäre Peiper« und ihre Begleiterscheinungen einmal mehr verdeutlicht hätten, wie krisenanfällig die deutsch-französischen Beziehungen noch immer seien, wenn es um Fragen des Zweiten Weltkriegs gehe. Dieser Tatsache dürfe man sich, wie der Präsident der Organisation, François Bourel, erklärte, keinesfalls verschließen, sondern müsse vielmehr stets wachsam bleiben und die eigene Informationsarbeit, sobald ähnliche Vorkommnisse am Horizont auftauchten, dementsprechend intensivieren. Vor allem den Franzosen wolle man es durch eine objektive Darstellung der Entwicklungen in Westdeutschland ermöglichen, sich jenseits der vielfach tendenziösen Pressekommentierung eine mehr an Fakten als an Polemiken orientierte Meinung zu bilden[538]. Eine besondere Bedeutung kam in diesem Zusammenhang den Jugendangeboten der Vereinigung zu, galten doch die Jugendlichen beider Länder als potenzielle Träger eines künftigen deutsch-französischen Dialogs. Damit dieser Dialog jedoch tatsächlich würde stattfinden können, der »l'esprit de réconciliation«[539] in den kommenden Generationen Widerhall fände, müsse die Saat der Verständigung immer wieder aufs Neue ausgebracht werden. Geschehen sollte dies in erster Linie im Rahmen von binationalen Seminaren zu gesellschaftspolitischen Themen, Jugendreisen mit Teilnehmern aus beiden Ländern und Austauschprogrammen für Schüler, die dazu angetan waren, negative Auswirkungen der deutsch-französischen Vergangenheit auf die gegenwärtigen und zukünftigen Beziehungen zu verhindern[540].

Instanzen, welche ein solches Vorhaben unterstützten, fanden die privaten Assoziationen bei den Mittlerpersönlichkeiten des deutsch-französischen Kontextes. Insbesondere Joseph Rovan wandte sich wiederholt und mit allem Nachdruck gegen den sich in Frankreich verbreitenden Verdacht, die Entwicklungen in Westdeutschland deuteten auf ein Wiedererstarken des Nationalsozialismus hin. In seinem Werk »L'Allemagne n'est pas ce que vous croyez« führte er hierzu aus:

Le Démon a fait alliance avec l'Allemagne pendant un court instant, irréversible et inou-

---

[537] Ibid.

[538] Vgl. BILD-Archiv, Intervention du président François Bourel dans la cadre du rapport moral 1976–1977.

[539] BILD-Archiv, Aufzeichnung »Le Bureau international de liaison et de documentation: présentation, structures, rapport d'activités«, 1977, S. 8.

[540] Vgl. BILD-Archiv, Tätigkeitsbericht des Service des centres de jeunes des BILD und der GÜZ für die Jahre 1977 und 1978.

bliable. Il n'est au pouvoir à personne d'affirmer que son règne est terminé à jamais, qu'il ne s'emparera plus d'aucun autre peuple, ni même qu'il ne reviendra pas un jour planter sa griffe dans le corps allemand. Mais il est possible d'affirmer que le nazisme ne règne pas actuellement sur l'Allemagne de l'Ouest, et qu'il n'a aucune chance prévisible d'y rétablir son règne[541].

Westdeutschland sei, wie Rovan formulierte, aus französischer Sicht dazu verdammt, für alle Zeit das Kainsmal seiner Vergangenheit zu tragen. Weder gestehe man ihm das Recht des Vergessens zu, noch gelte beim Urteilen über das Nachbarland die Unschuldsvermutung. Vielmehr sei die französische Öffentlichkeit versucht, diese ins Gegenteil zu verkehren. Grundsätzlich unter Anklage stehend, müsse die Bundesrepublik selbst permanent ihre Unschuld beweisen. Hierzu, dessen war Rovan gewiss, reichten jedoch einige wenige Fakten. Durch den Nationalsozialismus inspirierten Parteien, Organisationen oder Publikationen komme schließlich in Westdeutschland kaum eine nennenswerte Bedeutung zu: »Sans avoir jamais atteint dans le passé 5 % des voix sur le plan national, les partis qu'on peut appeler néonazis n'ont pas obtenu 0,5 % à l'élection de 1976. [...] Les organisations néonazies ou d'extrême-droite sont peu nombreuses [...]. Leurs manifestations publiques sont rarissimes«[542]. Wenn sich vor dem Hintergrund dieser positiven Gesamtentwicklung hier oder dort ehemalige Angehörige der SS träfen, sei dies, so die Auffassung Rovans, kein Grund für eine tiefer reichende Beunruhigung. Die Mehrheit der französischen Zeitungen stelle derartige Vorkommnisse lediglich überproportioniert bedeutsam und angsteinflößend dar. Gerade jedoch diese übermäßige Aufmerksamkeit der Medien sei ein untrügliches Anzeichen dafür, wie gering die Gefahr des Wiedererstehens nationalsozialistischer Tendenzen in der Bundesrepublik tatsächlich einzuschätzen sei[543].

Auch Alfred Grosser hielt die französischen Anschuldigungen für ebenso realitätsfern wie ungerecht. Wie bereits in den Jahren zuvor, betonte er vor allem, dass man in Frankreich bei der Beurteilung des Umgangs mit der NS-Zeit in der Bundesrepublik und der deutschen Kriegsverbrechen nicht die eigene Vergangenheit, und hier vor allem die Dekolonisierungskriege, aus dem Blick verlieren dürfe. Wenn man vollkommen ausblende, dass in Frankreich für Kriegsvergehen in Indochina und Algerien großzügig Amnestien gewährt worden seien und ansonsten über dieses Kapitel geschwiegen werde, falle es leicht, Westdeutschland der unzureichenden Aufarbeitung seiner Vergangenheit anzuklagen und sich über die Aktivitäten einiger weniger Alt-Nazis und deren mangelhafte Sanktionierung zu ereifern: »nous passons notre temps à dire aux Allemands: ›Attention à vos manuels scolaires, à vos discours politiques: parlez d'Hitler! N'esquivez rien!‹ [...], alors que nous, nous

---

[541] Joseph ROVAN, L'Allemagne n'est pas ce que vous croyez, Paris 1978, S. 17f.
[542] Ibid., S. 18f.
[543] Siehe ibid., S. 19f.

allons bien au-delà de la grâce, nous allons à l'amnistie«[544]. Die Franzosen, so der Appell Grossers, sollten sich dazu aufgefordert fühlen, nicht nur die dunklen Seiten der eigenen jüngsten Geschichte zu beleuchten, sondern auch die Anstrengungen anzuerkennen, die in dieser Hinsicht in der Bundesrepublik unternommen worden seien. Somit könne die Voraussetzung geschaffen werden, die unzutreffende französische Rede von der Renaissance des Nationalsozialismus in Westdeutschland wirkungsvoll zu entkräften.

Nach dem Prozess gegen Beate Klarsfeld zeigten die Todesumstände Joachim Peipers sowie die hierdurch angefachte Kontroverse um die legale Existenz von Verbänden ehemaliger SS-Soldaten in der Bundesrepublik erneut auf, dass die Nachwirkungen des Zweiten Weltkriegs in den deutsch-französischen Beziehungen der 1970er Jahre nicht nur hintergründig präsent waren. Bei Vorhandensein eines entsprechenden Auslösers konnten sie vielmehr zu in hohem Maße emotionalisierten Konflikten führen, welche auch den verantwortlichen Regierungsstellen einmal mehr bewusst machten, dass die Aussöhnung zwischen Frankreich und Westdeutschland ein »fortwährendes und zerbrechliches Werk« war, wie die Diplomaten des Quai d'Orsay bemerkt hatten. Allein die Zeit schien das geeignete Mittel, um die Wunden, welche die Erfahrungen von Besatzung und Verfolgung in Frankreich gerissen hatten, zu heilen. Diesen natürlichen Prozess versuchte man staatlicherseits allerdings zu beschleunigen, etwa durch Einladungen von Journalisten in das jeweilige Nachbarland, um eine objektivere Presseberichterstattung zu erreichen oder durch Bemühungen, die Darstellung Deutschlands im französischen Fernsehen zu aktualisieren. Darüber hinaus sollten insbesondere die im Rahmen des DFJW durchgeführten Jugendbegegnungen dazu beitragen, dass die alten deutsch-französischen Feindbilder in der nächsten Generation keinen Nährboden mehr finden konnten. Im Zusammenwirken mit den Initiativen der privaten Organisationen, wie etwa den seitens des DFI organisierten Besuchen französischer Kriegsopferverbände oder der Informations- und Austauscharbeit des ADFG und des BILD sowie den öffentlichen Interventionen Joseph Rovans und Alfred Grossers würden die Regierungsbemühungen um die deutsch-französische Verständigung, dies die Hoffnung der beteiligten Protagonisten, schließlich helfen, die mentalen Folgen der Kriegsvergangenheit zu bewältigen. Dass dieses gemeinsame Engagement jedoch Erfolge nicht binnen Wochen oder Monaten, sondern allenfalls im Verlaufe von Jahren oder gar Jahrzehnten zeitigen würde, war für die Mehrheit der hier wirkenden Kräfte wohl ersichtlich. Konflikte, die sich

---

[544] Alfred GROSSER, La passion de comprendre. Noël Copin interroge Alfred Grosser, Paris 1977, S. 113; vgl. hierzu auch DERS., Introduction: l'interrogation sur le devenir allemand, in: DERS. (Hg.), Dix leçons sur le nazisme, Paris 1976, S. 11–30; DERS., Was sollen Romanisten lehren?, in: Gisela BAUMGRATZ, Robert PICHT (Hg.), Perspektiven der Frankreichkunde, Bd. 2: Arbeitsansätze für Forschung und Unterricht, Tübingen 1978, S. 1–13, hier S. 9f.

aus den Erfahrungen des Zweiten Weltkriegs speisten, würden solange möglich bleiben, wie die Erinnerungen an das erfahrene Leid Identitäten prägen und Meinungen beeinflussen konnten. Die Verständigungsarbeit stieß hierin an eine Grenze, die zumindest auf mittlere Sicht kaum zu überwinden war.

3.3.3 »Hitler-Nostalgie« und Kappler-Flucht: die Last der Vergangenheit bleibt

Vor dem Hintergrund der anhaltenden Debatten um die mangelhafte Strafverfolgung von NS-Kriegsverbrechern und der nicht abreißenden Berichte über die Aktivitäten von ehemaligen SS-Angehörigen und Neo-Nazis in der Bundesrepublik sorgte im Juli 1977 der Kinostart von Joachim Fests Dokumentarfilm »Hitler – Eine Karriere«[545] erneut für Konfliktstoff in den deutsch-französischen Beziehungen. Der sensibilisierten französischen Presselandschaft gab der Film einmal mehr Anlass zu der Vermutung, die deutschen Nachbarn könnten im Zuge einer durch den gewachsenen zeitlichen Abstand begünstigten Verklärung der NS-Zeit wieder Gefallen an »ihrem Führer« finden[546]. Insbesondere die wenig distanzierte Darstellung des deutschen Diktators in dem weitgehend auf Originalaufnahmen der Deutschen Wochenschau[547] zurückgreifenden Streifen rief in Frankreich scharfe Kritik hervor. Die nationalsozialistischen Verbrechen würden dort bagatellisiert, wie »Le Nouvel Observateur« drei Wochen nach der Premiere des Films schrieb, und ein in unerträglichem Maße beschönigendes Bild eines »Hitler en rose« gezeichnet:

[C]ette nouvelle image du chancelier nazi fera le tour du monde. Image apaisée, dédramatisée. Pour les jeunes, ceux de la génération ›Hitler, connais pas!‹, ce sera celle d'un chef à la présence fascinante, un surhomme qui, en douze ans, a su abolir le chômage, construire des autoroutes, s'opposer avec force à la ›honte‹ du traité de Versailles, rendre à un peuple désespéré la conscience d'une force nouvelle[548].

»Le Monde« beurteilte das filmische Werk wenig später als »déformation particulièrement nocive, parce qu'insidieuse, de la vérité«[549]. Der Zuschauer erfahre kaum etwas über die antisemitischen Exzesse im Deutschen Reich

---

[545] Der Film orientierte sich inhaltlich im Wesentlichen an Fests Biografie über Hitler, die vier Jahre zuvor erschienen war, vgl. Joachim Fest, Hitler. Eine Biographie, Frankfurt a.M. 1973.

[546] Vgl. hierzu Henri Ménudier, Une revue de la presse française. »De quelle Allemagne parlez-vous?«, in: Documents 32/4 (1977), S. 14–42, hier S. 16f.

[547] Vgl. Ulrike Bartels, Zwischen Anspruch und Wirklichkeit: Die Wochenschau als Propagandainstrument im Dritten Reich, in: Bernd Heidenreich, Sönke Neitzel (Hg.), Medien im Nationalsozialismus, Paderborn u. a. 2010, S. 161–202.

[548] Gérard Sandoz, Hitler en rose, in: Le Nouvel Observateur, 18.07.1977, S. 33.

[549] Manuel Lucbert, Le IIIᵉ Reich sans étoile jaune. »Hitler, une carrière«, in: Le Monde, 23.08.1977, S. 4.

oder die Vorgänge in den Vernichtungslagern während des Krieges, werde dafür den ideologiegetränkten Reden Hitlers und der nationalsozialistischen Bildpropaganda nahezu kommentarlos gegenübergestellt. Für den Autor des Artikels stand fest: »C'est Hitler, sans l'hitlérisme. C'est le IIIe Reich sans étoiles jaunes«[550]. In »L'Express« gelangte der Historiker Max Gallo gar zu der Einschätzung, man habe es bei Fests Film mit einer Mystifizierung der Person Hitlers und seines Handelns und daher mit einem handfesten Geschichtsskandal zu tun: »Jamais, peut-être, un film de documents n'a à ce point obscurci les réalités essentielles d'une Histoire proche et complexe mais bien connue«[551]. Vielfach erschien »Hitler – Eine Karriere« in der französischen Presseberichterstattung wenn nicht als Beweis, so doch als Indiz dafür, dass die Deutschen insgesamt von einer wahrhaftigen »Hitler-Nostalgie« befallen seien, welche die gefährliche Tendenz in sich barg, die nationalsozialistischen Verbrechen zu verharmlosen oder zu beschweigen. Dass der Film auch in Westdeutschland höchst umstritten war und nicht wenige Kritiker Fest vorwarfen, selbst der dämonischen Faszination seines Betrachtungsgegenstandes erlegen zu sein, wurde hier zumeist übersehen[552].

Die Diskussionen um den Film Fests erzeugten demnach eine in hohem Maße spannungsgeladene Atmosphäre zwischen beiden Ländern, in welcher sich nur wenig später der »Fall Kappler« zu einer neuerlichen Belastungsprobe des deutsch-französischen Verhältnisses auswachsen konnte. Wie kam es hierzu? Im Sommer 1977 flüchtete der seit 1948 in italienischer Haft befindliche deutsche Kriegsverbrecher Herbert Kappler[553] in die Bundesrepublik. Während des Zweiten Weltkriegs war Kappler als Chef der Sicherheitspolizei und des Sicherheitsdienstes in Rom verantwortlich für die Deportation der dort lebenden Juden gewesen. Im März 1944 hatte er zudem als Vergeltung für einen Bombenanschlag auf deutsche Soldaten die Ermordung von 335 Italienern in den Fosse Ardeatine befohlen. Nach Kriegsende wurde Kappler durch ein italienisches Militärgericht für seine Vergehen zu einer lebenslänglichen Freiheitsstrafe verurteilt[554]. Im August 1977 gelang dem ehemaligen SS-Offizier,

---

[550] Ibid.

[551] Max GALLO, C'était il y a mille ans, in: L'Express, 22.08.1977, S. 38.

[552] Vgl. etwa die Kritik des Regisseurs Wim WENDERS, That's entertainment: Hitler. Eine Polemik gegen Joachim C. Fests Film »Hitler – eine Karriere«, in: Die Zeit, 05.08.1977, S. 34; hierzu weiterführend Frank BÖSCH, Das »Dritte Reich« ferngesehen. Geschichtsvermittlung in der historischen Dokumentation, in: Geschichte in Wissenschaft und Unterricht 50/4 (1999), S. 204–220; Martina THIELE, Publizistische Kontroversen über den Holocaust im Film, Berlin ²2007, S. 82f.; Brad PRAGER, The Haunted Screen (Again): The Historical Unconscious of Contemporary German Thrillers, in: Laurel COHEN-PFISTER, Dagmar WIENROEDER-SKINNER (Hg.), Victims and Perpetrators: 1933–1945. (Re)Presenting the Past in Post-Unification Culture, Berlin 2006, S. 296–315, hier S. 297.

[553] Zur Biografie Kapplers vgl. KLEE, Das Personenlexikon zum Dritten Reich, S. 299.

[554] Vgl. zur Rolle Kapplers bei der Deportation der römischen Juden Richard BREITMAN, Dannecker und Kappler in Rom. Neue Quellen zur Oktober-Deportation 1943, in: Jürgen MATTHÄUS, Klaus-Michael MALLMANN (Hg.), Deutsche, Juden, Völkermord. Der

der aufgrund einer Krebserkrankung in ein römisches Militärhospital verlegt worden war, die Flucht nach Westdeutschland. Als die Bundesregierung daraufhin das Gesuch der italienischen Regierung, Kappler an Italien auszuliefern, unter Berufung auf das im Grundgesetz verankerte Auslieferungsverbot deutscher Staatsbürger ablehnte[555], löste dies nicht nur in dem hiervon unmittelbar betroffenen Italien einen Sturm der Entrüstung aus, sondern ebenso in Frankreich. Begünstigt durch die Nachwirkungen der Debatten um »Hitler – Eine Karriere« wurde dort in ähnlicher Form der Verdacht laut, die westdeutsche Regierung und Gesellschaft solidarisierten sich mit Kappler und machten sich damit in nicht hinnehmbarer Weise zu Komplizen von Alt- und Neo-Nazis[556].

Die Deutschen, wie es in einem Kommentar in »Le Monde« hieß, versteckten sich hinter ihrer Verfassung, um die Ablehnung des italienischen Auslieferungsantrags zu rechtfertigen. Geradezu schockierend sei es, dass in der Bundesrepublik die Gräueltaten derer, die zwischen 1933 und 1945 die Gewährsmänner einer menschenverachtenden Ideologie und eines brutalen Repressionsapparates gewesen seien, offenbar als weniger verurteilungswürdig gälten als die Gewaltakte der RAF. Gegen deren Mitglieder, diese »enfants perdus des révoltes étudiantes de 1967–1968«, gehe der westdeutsche Staat schließlich auch mit unnachgiebiger Härte vor. Mehr und mehr dränge sich daher die Frage auf: »L'Allemagne de nos jours est-elle celle que les Alliés souhaitaient après l'effondrement du Reich hitlérien[557]?« »Le Nouvel Observateur« zeigte sich vor allem empört über das Gefühl des Triumphes, welches die westdeutsche Presse angesichts der gelungenen Flucht Kapplers ergriffen habe: »En Allemagne, au contraire, la jubilation est aussi générale qu'indécente. Pour la presse d'outre-Rhin, Kappler n'est qu'un ›prétendu criminel de guerre‹, et, en plus, ›les Italiens n'ont qu'à s'occuper des crimes

---

Holocaust als Geschichte und Gegenwart, Darmstadt 2006, S. 191–203; zum Massaker in den Fosse Ardeatine vgl. Steffen PRAUSER, Mord in Rom? Der Anschlag in der Via Rasella und die deutsche Vergeltung in den Fosse Ardeatine im März 1944, in: Vierteljahrshefte für Zeitgeschichte 50/2 (2002), S. 269–301 sowie Joachim STARON, Fosse Ardeatine und Marzabotto: Deutsche Kriegsverbrechen und Resistenza. Geschichte und nationale Mythenbildung in Deutschland und Italien (1944–1999), Paderborn u. a. 2002.

[555] Vgl. Aufzeichnung des Ministerialdirektors Ruhfus, Bundeskanzleramt, vom 6. September 1977, in: AAPD 1977, Bd. II, Dok. 236, hier bes. die Anmerkungen S. 1169f.

[556] Vgl. hierzu Petra TERHOEVEN, Deutscher Herbst in Italien. Die italienische Linke und die »Todesnacht von Stammheim«, in: DIES. (Hg.), Italien, Blicke. Neue Perspektiven der italienischen Geschichte des 19. und 20. Jahrhunderts, Göttingen 2010, S. 185–208, hier S. 197; Hans WOLLER, Vom Mythos der schleichenden Entfremdung, in: Gian Enrico RUSCONI, Thomas SCHLEMMER, Hans WOLLER (Hg.), Schleichende Entfremdung? Deutschland und Italien nach dem Fall der Mauer, München 2008, S. 17–24, hier S. 21; SCHMITZ, Zwischen Mythos und Aufklärung, S. 223–225.

[557] Le »scandale« Kappler, in: Le Monde, 18.08.1977, S. 1.

fascistes dans leur propre pays‹«[558]. Zwar versuchten einige Intellektuelle, wie etwa Heinrich Böll, sich dem kollektiven Schuldunbewusstsein ihrer Landsleute entgegenzustellen, doch gingen ihre Worte der Vernunft, wie es in dem Artikel hieß, im Strom der Gegenmeinungen völlig unter:

> [N]e sont-ils pas désormais des ›émigrés de l'intérieur‹, totalement coupés de cette majorité pas du tout silencieuse qui prétend ignorer la gravité des crimes contre l'humanité commis par des milliers de Kappler dans d'innombrables ›grottes Ardéatines‹, Marzabotto, Oradour, Lidice, partout où sont passés, pendant la Seconde Guerre mondiale, les troupes de la Wehrmacht et les SS[559]?

Offensichtlich, so das Urteil des Autors, bestehe in Westdeutschland Solidarität allein mit den ehemaligen Tätern, nicht jedoch mit deren Opfern. Eine Mehrheit der Deutschen, so schließlich auch eine Einschätzung in der Tageszeitung »Le Quotidien de Paris«, mache sich in skandalöser Weise zum Gehilfen eines nachweislichen NS-Täters, indem sie die Kriegsverbrechen Kapplers rundheraus in Abrede stelle. Diese Entwicklung sei in hohem Maße beunruhigend, denn sie zeige: »tout est encore possible dans l'Allemagne de 1977, tout peut recommencer«[560]. Bedrohlich nahe gerückt war in den Augen der französischen Presseberichterstatter demnach im Sommer 1977 die Gefahr, in Westdeutschland könnten gesellschaftliche Strömungen wieder an Einfluss gewinnen, die eine »certaine nostalgie du nazisme«[561] pflegten. Wenn auch allem Anschein zum Trotz, wie der französische Journalist Gérard Sandoz formulierte, in der Bundesrepublik kein neuer Hitler an den Toren zur Macht stehe, so sei es doch offensichtlich, dass das Land Gefahr laufe, von einem »autoritarisme archi-conservateur« erfasst zu werden. Dies sei weder eine erfreuliche Perspektive für die Deutschen selbst noch für ihre Nachbarn[562].

Die Welle der Kritik, welcher die Bundesrepublik seit Juli 1977 ausgesetzt war, nahm die westdeutsche Presse indessen keineswegs unwidersprochen hin. Der »hässliche Deutsche« sei in den Debatten um »Hitler-Nostalgie« und Kappler-Flucht wiedererstanden, wie die »Frankfurter Allgemeine Zeitung« beklagte, »der Nazi, der Kommißstiefel-und-Pickelhauben-Deutsche, der

---

[558] K. S. KAROL, Tempête pour un nazi perdu, in: Le Nouvel Observateur, 22.08.1977, S. 37.

[559] Ibid.

[560] Zitiert nach Dans la presse parisienne, in: Le Monde, 18.08.1977, S. 4; vgl. hierzu auch Charles MOREAU, Chronique des faits internationaux: Allemagne (RFA) et Italie, in: Revue générale de droit international public 82 (1978), S. 622–625, hier S. 625.

[561] Vgl. K. S. KAROL, Réponse à des amis allemands, in: Le Nouvel Observateur, 26.09.1977, S. 56f., hier das angeführte Zitat; Manuel LUCBERT, La RFA malade de ses extrémistes II. – Fils de Wotan et guérilleros urbains, in: Le Monde, 08.09.1977, S. 2; MÉNUDIER, Die Deutschlandbilder der Franzosen, S. 138f.; MIARD-DELACROIX, Partenaires de choix?, S. 123; Susanne von BASSEWITZ, Stereotypen und Massenmedien. Zum Deutschlandbild in französischen Tageszeitungen, Wiesbaden 1990, S. 53f.; Bernard TROUILLET, Das deutsch-französische Verhältnis im Spiegel von Kultur und Sprache, Weinheim, Basel 1981, S. 1–7.

[562] Siehe Gérard SANDOZ, Les derniers carrés de l'hitlérisme, in: Le Nouvel Observateur, 29.08.1977, S. 36.

subalterne, obrigkeitsgläubige Untertan«[563]. Die alten Vorbehalte, die seit Generationen weitergewälzt würden, kämen hier erneut zum Vorschein. Als unstet würden die Deutschen wahrgenommen, die Bundesrepublik als Staat ohne demokratische Traditionen. Noch immer wüssten die Nachbarn nicht, woran sie mit den Deutschen seien. Der positive Wandel, welcher die deutsche Entwicklung seit 1945 gekennzeichnet habe, werde hingegen kaum anerkannt. Niemand würdige in angemessener Weise, dass die Deutschen sich bis zur Unerkennbarkeit weit von ihrer Vergangenheit entfernt hätten. »Der große Vorgang der letzten Jahrzehnte ist, so entdecken wir plötzlich, gar nicht ins Bewußtsein der anderen gedrungen: jener Umbau der deutschen Innenwelt, der gewährleistet, daß Bonn in der Tat nicht Weimar ist«[564].

Wenige Wochen später prangerte dasselbe Blatt vor allem die Rolle der französischen Presse an, welche maßgeblich zu der negativen Wahrnehmung Deutschlands in Frankreich beitrage. Eine Mehrheit der großen Presseorgane schüre den Verdacht, »in der Bundesrepublik wuchere wieder der Nazismus. Eine Hitlerwelle gehe durchs Land«[565]. Gar die Rede von einem »neofaschistischen Regime«, das sich in Bonn etabliert habe, gehe in Paris um. Zum Teil sei, wie der Autor der Ansicht war, die deutschfeindliche Berichterstattung auf eine fundamentale Schwäche des französischen Journalismus zurückzuführen, für den Behauptungen und Doktrinen mehr zählten als Tatsachen. Wesentlicher schien ihm jedoch, dass die Deutschen mit ihrem Aufstieg zur ersten Wirtschaftsmacht des Kontinents, zur stärksten Militärmacht und zum ersten politischen Gesprächspartner der Sowjetunion und der Vereinigten Staaten, »die Eitelkeit der Grande Nation schwer verletzt« hätten[566]. Die Deutschen könnten sich eben benehmen wie sie wollten, sie benähmen sich immer falsch: »Setzen sie sich mit ihrer Vergangenheit so wenig auseinander wie die Franzosen mit dem Pétain-Regime und der Kollaboration, so verdrängen sie Schuld und Verantwortung. Tun sie es aber, so werden sie der Rehabilitierung des Naziregimes bezichtigt«[567]. Halte dieser »neue Antigermanismus« in Frankreich weiter an, so stehe zumindest die Frage im Raum, ob die beiden Partnerländer sich gar »auf dem Wege zur deutsch-französischen Feindschaft« befänden.

War der Beitrag der »Frankfurter Allgemeinen Zeitung« zwar in seiner drastischen Zuspitzung nicht repräsentativ für die in der westdeutschen Presse vorherrschende Mehrheitsmeinung, hinsichtlich seiner Zielrichtung war er es allemal. Die »Frankfurter Rundschau« monierte etwa, dass Paris, vollkommen eingenommen von den medial produzierten negativen Deutsch-

---

[563] Hermann RUDOLPH, Währt die Pickelhaube ewig?, in: FAZ, 13.09.1977, S. 1.
[564] Ibid.
[565] Karl JETTER, Auf dem Wege zur deutsch-französischen Feindschaft? Der neue Antigermanismus in Frankreich. Beobachtungen und Vermutungen über seine Ursachen, in: FAZ, 24.09.1977, S. 59.
[566] Siehe ibid.
[567] Ibid.

landbildern, »nur noch braun« sehe[568]. »Die Welt« warf den Franzosen vor, sie badeten in der Genugtuung, sich wieder einmal in ihren Ansichten über den bösen Nachbarn bestätigt zu sehen[569]. »Der Spiegel« konstatierte, das französische Deutschlandbild vereine und vereinfache in unheilvoller Weise Geschichte und Gegenwart, helfe mithin, innenpolitische Kontroversen zu übertünchen und mache selbst Kollaborateure im Nachhinein zu Patrioten[570]. Und Marion Gräfin Dönhoff verwies in »Die Zeit« die These von der »Renazifizierung in der Bundesrepublik« nachdrücklich in den Bereich des Absurden. Nationalsozialistische Ideologie habe in Westdeutschland keinen Platz mehr. Mit dem Wohlstand hätten vielmehr Selbstgefühl, Toleranz und pragmatisches Denken bei den Deutschen Einzug gehalten. Der Faszination Hitlers unterlägen sie jedenfalls nicht mehr[571]. Jenseits dieser mit Vehemenz und zum Teil Verärgerung vorgetragenen Plädoyers zugunsten des neuen Deutschland stimmte die Kommentatoren die Erkenntnis betroffen, dass bei den französischen Nachbarn ein leiser Verdacht oder eine bloße Vermutung ausreichten, um die Zeit des Nationalsozialismus in polemischer Weise aufzurühren. Die Franzosen, so zumindest die Wahrnehmung, hielten den Deutschen mit einem nicht zu verkennenden moralischen Unterton unablässig vor, dass sie weiterhin unter wachsamer Beobachtung stünden. Die Gefahr, »daß sich durch die Wiederbelebung der deutschen Vergangenheit eine kritische und in Ablehnung umkippende Distanz zur Bundesrepublik verfestigt«[572], schien vielen Beobachtern in besorgniserregender Weise real geworden zu sein.

Auch die Bonner Regierungsstellen maßen dieser Gefahr ob der anhaltenden öffentlichen Auseinandersetzungen eine nicht unerhebliche Bedeutung bei. So hieß es in einer Aufzeichnung des Auswärtigen Amts vom Herbst 1977: »Die antideutsche Stimmungsmache in Teilen der französischen Presse hat uns in letzter Zeit Sorgen gemacht, weil wir negative Auswirkungen auf die Beziehungen zwischen unseren beiden Ländern befürchten«[573]. Die Berichte über die angebliche Hitler-Nostalgie in der Bundesrepublik sowie über den Fall Kappler hätten dazu beigetragen, dass der französische Leser den Eindruck gewinnen konnte, Westdeutschland »gleite wieder in einen autoritären Unrechtsstaat, in den Neonazismus ab«[574]. Jede sachliche Kritik befreundeter

---

568 Lutz KRUSCHE, Paris sieht nur noch braun, in: FR, 09.09.1977, S. 4.
569 Siehe August von KAGENECK, Frankreich: Widerspruch gegen linke Klischee-Produzenten, in: Die Welt, 16.09.1977, S. 5.
570 Siehe Helmut SORGE, Kappler is here, in: Der Spiegel, 29.08.1977, S. 54f.
571 Siehe Marion Gräfin DÖNHOFF, Was bedeutet die Hitlerwelle? Ein Phänomen, gegen das wir uns nicht wehren können, in: Die Zeit, 02.09.1977, S. 1.
572 Kurt BECKER, Ist Deutschland ein Alptraum? Der Fall Kappler: Eine unerwartete Lektion für die Bundesrepublik, in: Die Zeit, 26.08.1977, S. 1.
573 PA-AA, Auslandsvertretungen, Botschaft Paris, Bd. 13523, Gesprächsvorschlag betreffend »Deutschlandbild in Frankreich« vom 12. Oktober 1977, S. 1.
574 PA-AA, Auslandsvertretungen, Botschaft Paris, Bd. 13523, Vermerk betreffend »Deutschlandbild in Frankreich – Sachstand« vom 12. Oktober 1977, S. 1.

Länder an den Verhältnissen in der Bundesrepublik nehme man zwar ernst, doch wolle man sich, wie die Bonner Diplomaten formulierten, die deutsche Demokratie nicht zerreden lassen.

Die Motive für das Wiederaufleben deutschfeindlicher Tendenzen seien indes unterschiedlicher Natur. Die »geschichtliche Erfahrung mit den Deutschen, insbesondere mit dem nazistischen Deutschland« sowie »Rivalität und Neid angesichts der wirtschaftlichen und politischen Stabilität in der Bundesrepublik«[575] spielten in diesem Zusammenhang eine wesentliche Rolle. Daneben falle die Deutschland-Berichterstattung des französischen Fernsehens nachteilig ins Gewicht, da dort antideutsche Vorurteile bewusst oder unbewusst aufrecht erhalten würden: »Negative psychologische Folgen für das gegenseitige Verständnis beider Völker, aber auch das politische Verhältnis beider Länder dürften – wenn sich diese Tendenz in der Berichterstattung fortsetzt – nicht ausbleiben«[576]. Die Franzosen sollten daher, wie das Auswärtige Amt bereits im Sommer 1977 angemerkt hatte, darauf hingewiesen werden, dass die an der Vergangenheit orientierte Berichterstattung über Deutschland mit einer engen und freundschaftlichen Zusammenarbeit nicht vereinbar sei[577]. Aus Sicht der deutschen Botschaft in Paris deuteten die deutsch-französischen Spannungen, die sich seit der Flucht Kapplers entwickelt hatten, darauf hin, »wie sehr die Vergangenheit auch heute noch das Bewußtsein der französischen Öffentlichkeit bestimmt und welch große Lücken in der Kenntnis voneinander noch klaffen«[578].

Auf französischer Seite zeigten sich die Verantwortlichen angesichts der jüngst aufgetretenen Ereignisse in ähnlicher Weise beunruhigt. Im Pariser Außenministerium gelangte man gar zu der Auffassung, dass die Erschütterungen, zu welchen es im Gefolge der Flucht Kapplers gekommen war, die schwerste »crise sentimentale« des deutsch-französischen Verhältnisses seit langer Zeit ausgelöst hätten: »Elle a montré combien la réconciliation restait fragile, surtout de notre côté comme il était naturel«[579]. Die Deutschen seien insbesondere von der Mühelosigkeit getroffen gewesen, mit welcher man sie unter Anklage gestellt habe, zumal im Freundesland Frankreich. Die Attacken der französischen Presse führten sie, wie die Diplomaten des Quai d'Orsay berichteten, vornehmlich auf die Missgunst der Franzosen gegenüber dem

---

[575] Ibid., S. 1f.
[576] PA-AA, Zwischenarchiv, Nr. 111203, Vermerk bezüglich der Gesprächsthemen des Bundespräsidenten im Rahmen der deutsch-französischen Gipfelkonsultationen in Bonn vom 13. Juni 1977, Anlage: Sachstand zum Deutschlandbild im französischen Fernsehen, S. 1.
[577] Siehe ibid., S. 2.
[578] PA-AA, Zwischenarchiv, Nr. 113561, Politischer Halbjahresbericht der deutschen Botschaft Paris vom 16. Januar 1978, S. 6f.
[579] AMAE Paris-La Courneuve, Europe, RFA 1976–1980, Bd. 4011, Vermerk betreffend »La République fédérale d'Allemagne au début de 1978« vom 31. Januar 1978, S. 5.

Wohlstand und den wirtschaftlichen Erfolgen der Bundesrepublik zurück und empfänden diese in ihrem Inhalt und ihrer Schärfe als zutiefst ungerecht: »les accusations portant sur la ›renaissance du nazisme‹ sont ressenties comme des attaques injustes et destinées ›à salir l'Allemagne‹«[580].

Das aus dieser Verbitterung hervorgehende Gefühl, durch die Nachbarn unberechtigterweise in eine Art »moralische Quarantäne« genommen zu werden, so warnte der französische Botschafter Jean-Pierre Brunet, berge indes nicht zu unterschätzende Gefahren: »Cela risque de provoquer un repliement sur soi-même, une renaissance de tendances nationalistes que les campagnes de dénigrement de l'étranger sont susceptibles de renforcer«[581]. Gerade die von offener Feindseligkeit zeugenden Berichte einiger französischer Kommentatoren hätten die Deutschen in hohem Maße gekränkt, mehr noch als die Anschuldigungen der italienischen Presse. Bundeskanzler Schmidt selbst habe sich, wie Brunet nach Paris schrieb, äußerst irritiert über die Haltung der französischen Informationsmedien gegenüber der Bundesrepublik gezeigt. Insbesondere von einer Sendung des Fernsehsenders »TF 1«, die den Zuschauern Schmidt als »Hitler von 1977« präsentiert habe, sei er zutiefst schockiert gewesen[582]. Nach Auffassung des französischen Außenministeriums zeigten derart heftige Reaktionen auf die angebliche »Hitler-Nostalgie« und die »Affäre Kappler« in Frankreich, welches Gewicht der Vergangenheit in den deutsch-französischen Beziehungen noch immer zukam und dass in der französischen Öffentlichkeit eine Strömung überdauert hatte, für die Deutschland der »Erbfeind« geblieben sei: »Plus important est le poids psychologique du passé. Sans prétendre approfondir l'analyse morale des rapports franco-allemands il faut tenir compte de la survivance d'un courant d'opinion pour lequel l'Allemagne reste l'ennemi héréditaire«[583].

Diese bestürzende Erkenntnis war es nicht zuletzt, welche die französische Regierung mehrfach dazu veranlasste, in den öffentlichen Diskussionen zu intervenieren und damit zu versuchen, die Verdächtigungen, denen das Partnerland in Frankreich ausgesetzt war, zu entkräften. So erklärte Außenminister Louis de Guiringaud in einem Interview mit »Le Monde« Mitte September 1977: »Il serait extrêmement regrettable de mettre en danger

---

[580] AMAE Nantes, Bonn Ambassade, Bd. 318, Vermerk betreffend »L'opinion allemande et la France«, September 1977, S. 5; siehe auch AN Paris, 5 AG 3, Bd. 937, Vermerk des außenpolitischen Beraters Staatspräsident Giscard d'Estaings, Gabriel Robin, vom 2. Februar 1978, S. 7f.

[581] AMAE Nantes, Bonn Ambassade, Bd. 318, Schreiben des französischen Botschafters in Bonn, Jean-Pierre Brunet, an das französische Außenministerium betreffend »L'Allemagne et les médias français« vom 10. September 1977, S. 2.

[582] AMAE Paris-La Courneuve, Europe, RFA 1976–1980, Bd. 4000, Bericht des französischen Botschafters in Bonn, Jean-Pierre Brunet, über ein Gespräch mit Bundeskanzler Schmidt vom 11. November 1977, S. 2.

[583] AMAE Paris-La Courneuve, Europe, RFA 1976–1980, Bd. 3999, Vermerk betreffend »Les relations franco-allemandes« vom 14. Oktober 1977, S. 3f.

l'acquis extraordinaire que représente la réconciliation franco-allemande. Les incidents actuels sont parfois grossis, et les conclusions que certains en tirent sur l'évolution politique de l'Allemagne ne me paraissent pas justifiées«[584]. Rechtsextreme Parteien seien schließlich bei Wahlen in der Bundesrepublik nie über ein Prozent der Stimmen hinaus gekommen. Von einem Wiedererwachen nationalsozialistisch inspirierter Tendenzen zu sprechen, sei daher in keiner Weise angemessen. Im Nachbarland gebe es, wie Guiringaud bekräftigte, keine Entwicklungen, die in Frankreich zu Beunruhigung führen müssten.

Diese Worte zur deutsch-französischen Aussöhnung kamen, wie Bundesaußenminister Genscher seinem Amtskollegen wenige Tage nach dem Interview mitteilte, »zur richtigen Zeit«: »Sie werden von uns als Hilfe des befreundeten Frankreichs gewertet und hoch geschätzt«[585]. Derweil war die Bundesregierung ebenso bestrebt, zu versichern, dass die im Zuge der Kappler-Flucht aufgekommenen Vorwürfe haltlos seien, dass in der Frage der Auslieferung die durch das Grundgesetz vorgegebenen rechtsstaatlichen Prinzipien nicht verletzt werden könnten und dass insbesondere Vermutungen über eine Komplizenschaft zwischen bundesdeutschen Behörden und Alt-Nazis oder neo-nazistischen Gruppierungen jedweder Grundlage entbehrten[586]. Dass die nationalsozialistische Vergangenheit Deutschlands immer wieder Anlass zu Vorurteilen und Verdachtsmomenten gebe, so erklärte Bundespräsident Walter Scheel, sei zwar verständlich, doch hätten die Deutschen die notwendigen Lehren aus ihrer Geschichte gezogen. Darüber dürften die Nachbarn keine Zweifel hegen[587].

Diese in offiziellen Stellungnahmen zum Ausdruck kommenden Bemühungen um Ausgleich und Verständigung konnten in den Augen der Regierenden allerdings nur dann Früchte tragen, wenn sie von den Menschen beiderseits des Rheins Unterstützung erfuhren. Dies wiederum sei, wie der französische Botschafter Jean-Pierre Brunet im November 1977 formulierte, nur möglich, wenn man den Partner und Nachbarn auch dem Wortsinn nach gut verstehe. »Auf eine kurze Formel gebracht: um sich besser zu verstehen,

---

[584] Zitiert nach Jacques AMALRIC, Jacques DECORNOY, Les vues du PCF et de Moscou sur la défense coïncident objectivement nous déclare le ministre français des affaires étrangères, in: Le Monde, 15.09.1977, S. 3.

[585] AMAE Nantes, Bonn Ambassade, Bd. 342, Telegramm Bundesaußenminister Hans-Dietrich Genschers an den französischen Außenminister Louis de Guiringaud vom 21. September 1977.

[586] Vgl. hierzu die Erklärung des Regierungssprechers Armin Grünewald vom 23. August 1977, in: Bulletin des Presse- und Informationsamtes der Bundesregierung 80 (1977), S. 764 sowie die Erklärung Bundeskanzler Helmut Schmidts vor dem Bundestag am 15. September 1977, in: Bulletin des Presse- und Informationsamtes der Bundesregierung 86 (1977), S. 807.

[587] Vgl. die Ansprache Walter Scheels zur Eröffnung des XXIII. Weltkongresses des Internationalen Gemeindeverbandes am 19. September 1977 in Hamburg, in: DERS., Reden und Interviews, Bd. 4: 1. Juli 1977–30. Juni 1978, Bonn 1978, S. 24f.

müssen sich Deutsche und Franzosen noch besser kennenlernen. Das setzt voraus, daß sie mit der Sprache und Kultur des anderen besser vertraut gemacht werden«[588].

Ein Hauptanliegen der Regierungen beider Länder, dies kam insbesondere in den regelmäßigen Gesprächen zwischen dem französischen Bildungs-minister und dem Bevollmächtigten der Bundesrepublik zum Ausdruck, war es daher, das Erlernen der Sprache des Nachbarn weiterhin intensiv zu fördern. Dies sollte nicht nur im Rahmen des allgemeinbildenden Schul-unterrichts geschehen, sondern ebenso mittels der Sprachkurse des DFJW und der jeweiligen Kulturinstitute sowie mithilfe des Austauschs von Stu-dierenden[589]. Darüber hinaus galten die deutsch-französischen Gymnasien den amtlichen Stellen in Bonn und Paris als wertvolle Pflanzstätten des Freundschaftsgedankens. In den drei bis 1977 gegründeten binationalen Bildungseinrichtungen in Saarbrücken, Freiburg und Versailles besuchten immerhin tagtäglich mehrere hundert Kinder gemeinsam einen zweispra-chigen Schulunterricht. Hier sollten die Voraussetzungen dafür geschaffen werden, dass künftige Verwaltungsbeamte, Journalisten, Unternehmer oder Politiker beider Länder Verständnis für die Probleme und Belange des Nach-barlandes aufbringen und damit auf lange Sicht einen Beitrag zur Festigung der deutsch-französischen Beziehungen leisten würden[590]. Wenn es gelän-ge, so die Einschätzung des französischen Botschafters, all diese Kontakte zwischen Deutschen und Franzosen beständig zu mehren, »wird es einmal möglich sein, die Vorurteile endgültig abzubauen, Fehlurteile zu vermeiden und das falsche Bild, das die Medien sehr oft vom Nachbarland zeichnen, zu korrigieren«[591]. Zumindest auf die politisch-administrative Kooperation habe die verzerrte Deutschlandberichterstattung der französischen Medien keine negativen Auswirkungen entfaltet, wie der westdeutsche Koordinator für die bilaterale Zusammenarbeit mit Frankreich, Carlo Schmid, in seinem Jahresbericht für 1977 konstatierte. Dies allein müsse bereits als Erfolg der Verständigungsbestrebungen gewertet werden[592].

Jenseits der Regierungsebene waren indessen die verschiedenen privaten

---

[588] PA-AA, Zwischenarchiv, Nr. 113555, Vortrag des französischen Botschafters Jean-Pierre Brunet vor dem Deutsch-Französischen Kreis in Düsseldorf am 17. November 1977.

[589] Vgl. hierzu BA, B 304, Bd. 2562, Ergebnisprotokoll der Gespräche zwischen dem Be-vollmächtigten und dem französischen Bildungsminister im Rahmen der deutsch-französischen Gipfelkonsultationen am 16./17. Juni 1977; AN Fontainebleau, ministère de l'Éducation nationale, Bd. 900672/38, Protokoll der Sitzung der Interministeriel-len Kommission für die deutsch-französische Zusammenarbeit vom 26. Januar 1978, S. 12–15.

[590] Vgl. AN Fontainebleau, ministère de l'Éducation nationale, Bd. 900672/38, »Note sur les lycées franco-allemands«, 24. Januar 1977.

[591] PA-AA, Zwischenarchiv, Nr. 113555, Vortrag des französischen Botschafters Jean-Pierre Brunet vor dem Deutsch-Französischen Kreis in Düsseldorf am 17. November 1977.

[592] Vgl. BA, B 189, Bd. 26334, 20. Bericht der Interministeriellen Kommission der Bundes-regierung für die deutsch-französische Zusammenarbeit, März 1978, S. 15f.

deutsch-französischen Organisationen darum bemüht zu verhindern, dass die öffentlichen Auseinandersetzungen des Sommers 1977 die Einstellung der Bevölkerungen zum jeweiligen Nachbarland in unheilvoller Weise beeinflussen konnten. Ausgehend von der Flucht Kapplers in die Bundesrepublik seien, wie die Verantwortlichen des BILD festhielten, die deutsch-französischen Beziehungen in besonderem Maße belastet gewesen. Vor allem die französischen Reaktionen hätten dazu beigetragen, einen Konflikt zwischen beiden Ländern heraufzubeschwören[593]. Wenn man in Frankreich von der Bundesrepublik spreche, werde, wie ein Tätigkeitsbericht der Vereinigung ausführte, gewöhnlich ihre politische und soziale Stabilität gelobt und die beispielhafte Übereinstimmung der Sozialpartner zitiert. In Krisenzeiten jedoch schlage diese Anerkennung nicht selten in harsche Kritik um. Misstrauen, Neid und Aggressionen beherrschten dann die Sicht auf den Nachbarn und führten bei vielen Franzosen zu dem Verdacht: »Die Deutschen werden sich niemals ändern – überall gibt es noch Nazis; wenn man sie gewähren ließe, dominierten sie in Europa; sie sind für uns eine nicht-loyale Konkurrenz«[594]. Diese Haltung in der französischen Bevölkerung nicht die Oberhand gewinnen zu lassen, war eines der wesentlichen Ziele der Informations- und Öffentlichkeitsarbeit des BILD seit Herbst 1977. Unter Bezugnahme auf die jüngsten Kontroversen hieß es in einem redaktionellen Vorwort der »Documents«:

Il n'y a pas d'événement qui ne permette, à ceux qui le veulent, d'entretenir le malentendu franco-allemand, voire de le gonfler, de l'exacerber, à la faveur des maladresses et des erreurs commises. Il ne s'agit nullement pour nous de nier que ces maladresses et que ces erreurs existent. Il faut qu'elles soient prises en compte, non pour prendre l'histoire à témoin, mais pour que la communauté franco-allemande [...] se construise sur la vérité[595].

Um demgemäß für mehr Sachlichkeit und Objektivität in den deutsch-französischen Beziehungen zu sorgen, brachte die Zeitschrift in derselben Ausgabe einen Beitrag des französischen Koordinators für die Zusammenarbeit zwischen Frankreich und Westdeutschland, Jean Laloy. Dieser verurteilte die tendenziöse Berichterstattung der französischen Presse ausdrücklich und rief seine Landsleute dazu auf, sich die medial verbreiteten Vorurteile nicht zu eigen zu machen: »Interrogez à l'automne de 1977 un Français sur la République fédérale, il vous répondra: renaissance du nazisme! C'est du moins ce qu'on pourrait croire en lisant les journaux, en regardant la télévision«[596]. Wenn diese Zerrbilder sich erst fest in der französischen Gedankenwelt verankerten, würde dies, so Laloy, einen herben Rückschlag

---

[593] Vgl. BILD-Archiv, Aufzeichnung zum Jahresbericht 1977 des Bureau international de liaison et de documentation, S. 2.

[594] BILD-Archiv, Tätigkeitsbericht 1979 der Gesellschaft für übernationale Zusammenarbeit und des Bureau international de liaison et de documentation, S. 5.

[595] Avant-propos, in: Documents 32/4 (1977), S. 3f.

[596] Jean LALOY, Les relations franco-allemandes. Mythes ou réalités, in: Documents 32/4 (1977), S. 43–51, hier S. 43.

für das deutsch-französische Verhältnis bedeuten. Statt die falsche und gefährliche Vorstellung einer der nationalsozialistischen Ideologie Tür und Tor
öffnenden Bundesrepublik zu befördern, sollten die Medien es sich daher
zur Aufgabe machen, die Franzosen von der »post-totalitären Weisheit« in
Kenntnis zu setzen, welche Nachkriegsdeutschland in weiten Zügen charakterisiere. Nur durch objektive Informationen könne das Bewusstsein für
die deutsch-französischen Gemeinsamkeiten und damit die Einsicht in die
Notwendigkeit einer engen Gemeinschaft von Deutschen und Franzosen
entscheidend gestärkt werden[597].

Einen ähnlichen Appell sandte der deutsche Botschafter in Paris, Axel
Herbst, im September 1977 im Rahmen einer Grußbotschaft an die in Montpellier versammelten Mitglieder des ADFG: »En lisant toute la publicité [...]
au sujet du spectre d'une récrudescence du néonazisme, un lecteur non-
averti pourrait être porté à croire, que l'Allemagne serait en train de devenir un État policier répressif et nostalgique du nazisme«[598]. Eine intensive
Informationsarbeit sei daher vonnöten, um die auf französischer Seite noch
immer bestehenden Klischeevorstellungen über Deutschland aus der Welt
zu schaffen: »C'est là dans le domaine de l'information et dans celui de
l'approfondissement de la connaissance que je vois une grande tâche pour les
associations franco-allemandes, bref, il nous faut ›l'Aufklärung‹ dans tout le
sens du mot et d'une manière continue«[599].

Für die anlässlich des Jahreskongresses der deutsch-französischen Gesellschaften zusammengekommenen Delegierten bedeuteten die Worte des
Botschafters Lob und Ansporn gleichermaßen. Lob für ihren bisherigen
Einsatz im Dienste der Annäherung, Ansporn für ihr künftiges Engagement,
zumal in Zeiten, in denen »das Verhältnis zwischen unseren beiden Völkern
sich zu trüben scheint«[600], wie der Präsident des ADFG im Oktober 1977
feststellte. Zwar gehe diese Trübung im Wesentlichen von den französischen
Medien aus und es sei nicht bewiesen, dass sie die Stimmung der französischen Bevölkerung in ihrer Gesamtheit widerspiegele, doch müsse allein
die Tatsache, dass eine derartige Situation auftreten konnte, nachdenklich
stimmen: »Vielleicht hat unsere Arbeit doch noch nicht die Effizienz erreicht,
die wir wünschen oder die wir glauben schon erreicht zu haben«[601]. Die
einzelnen Mitgliedsgesellschaften, insbesondere die französischen, sollten
sich vor dem Hintergrund der eingetretenen Verstimmungen in jedem Falle dazu ermutigt sehen, in ihrem jeweiligen Umfeld, wie von Botschafter

---

597 Siehe ibid.
598 VDFG-Archiv, Rede von Botschaftsrat Wolfgang Bente im Rahmen der 22. Jahrestagung
der deutsch-französischen Gesellschaften in Montpellier im September 1977, in: Mitteilungsblatt für die Deutsch-Französischen Gesellschaften 43 (1978), S. 136.
599 Ibid.
600 VDFG-Archiv, Ordner Arbeitskreis Korrespondenz 1977–1979, Überlegungen von
ADFG-Präsident Alfred Borgmann zur Kuratoriumssitzung am 28. Oktober 1977.
601 Ibid.

Herbst angeregt, Aufklärungsarbeit zu leisten und mithelfen, Schaden von der Freundschaft zwischen Frankreich und Westdeutschland abzuwenden. Auch die Mitglieder der IBU sahen schließlich in den deutsch-französischen Disharmonien des Sommers 1977 einen Anlass zu verstärktem Handeln. In einer Sitzung des Verwaltungsausschusses im Oktober des Jahres wies der Vizepräsident der Vereinigung angesichts der verschiedenen »antideutschen Demonstrationen« und »tendenziösen Reportagen« der französischen Medien, »die geeignet waren, die neue Generation zu beeinflussen«, ausdrücklich auf die Notwendigkeit »der Neuerung der Bande zwischen unseren beiden Völkern« hin[602]. Man wolle, so die Beschlussfassung der Anwesenden, die Tätigkeit der IBU intensivieren, um »den derzeitigen Anfeindungen, denen Deutsche auch in Frankreich in den Massenmedien ausgesetzt sind, entgegenzuwirken«[603]. Vor allem der Kongress der Bürgermeister-Union im April des Folgejahres sollte dazu dienen, die Vertreter von westdeutschen und französischen Städten und Gemeinden darauf einzuschwören, die im Zuge der Kommunalpartnerschaften stattfindenden Austauschaktivitäten weiter voranzutreiben. Schließlich war nach Auffassung der Verantwortlichen der IBU gerade durch die zahlreichen Begegnungen zwischen Deutschen und Franzosen aus partnerschaftlich verbundenen Städten eine Breitenwirkung zu erzielen, welche die Verständigung auf Ebene der Bevölkerungen überhaupt erst möglich machte. In dieser Auffassung wurden sie nicht zuletzt auch von Seiten der staatlichen Stellen bestärkt: »Les jumelages complètent et donnent un sens concret et humain aux relations officielles entre États, certes nécessaires, mais non suffisantes«[604], wie der französische Generalkonsul in München, Gérard de la Villesbrunne, Botschafter Wormser auf Anfrage mitteilte. Die Städtepartnerschaften würden, so hoffte man, menschliche Bindungen herstellen, die Amtszeiten von Regierungen überdauern und Erschütterungen der politischen oder öffentlichen Beziehungen unbeschadet überstehen können.

---

[602] StASt, Bestand 1020, Bd. 13, Protokoll der Sitzung des Verwaltungsausschusses der IBU am 24. Oktober 1977 in Fontainebleau, S. 4.

[603] Ibid., S. 3.

[604] AMAE Paris-La Courneuve, Europe, RFA 1976–1980, Bd. 4010, Schreiben des französischen Generalkonsuls in München, Gérard de la Villesbrunne, an den französischen Botschafter in Bonn, Olivier Wormser, vom 2. März 1977; vgl. auch AMAE Nantes, Bonn Ambassade, Bd. 369, Schreiben des französischen Generalkonsuls in Saarbrücken, Étienne Coïdan, an den französischen Botschafter in Bonn, Olivier Wormser, vom 28. Januar 1977, wo es heißt: »la politique du jumelage [...] a appuyé utilement les efforts des deux gouvernements en faveur de la réconciliation et de la coopération entre les deux pays et à contribué à l'instauration d'une meilleure connaissance réciproque et d'une plus grande compréhension, voire de véritables liens d'amitié, entre villes et familles sarroises et françaises«.

Bindungen dieser Art waren es auch, die deutsch-französische Mittler-persönlichkeiten durch ihr Wirken zu schaffen oder zu festigen suchten. Joseph Rovan etwa erinnerte angesichts der französischen Proteste gegen die Entscheidung der Bundesregierung, den aus Italien geflohenen Kappler nicht auszuliefern, seine Landsleute eindringlich daran, dass kein »zivili-siertes Land« der Welt seine Staatsangehörigen ausliefere[605]. Kappler habe zudem bereits über dreißig Jahre seiner Strafe verbüßt. Und schließlich seien durch Staatspräsident de Gaulle selbst schon Anfang der 1960er Jahre mit Helmut Knochen und Carl Oberg die letzten in französischem Gewahrsam befindlichen deutschen Kriegsverbrecher begnadigt worden[606], welche sich schwererer Vergehen schuldig gemacht hätten als Kappler: »Mais comment résister au plaisir d'accuser de complicité avec un criminel de guerre nazi le chancelier social-démocrate d'un pays dont le système économique capitaliste bénéficie [...] de ce soutien populaire qu'aucun régime ›socialiste‹ n'a jamais osé solliciter par la voie d'élections libres?«[607] Statt die Deutschen permanent zu verdächtigen, stünde es den Franzosen, wie Rovan urteilte, besser an, mit den Nachbarn Wege zu suchen, die gemeinsame Vergangenheit zu bewältigen und die Erinnerung hieran wachzuhalten. Die zwischen beiden Ländern ein-getretene »Vertrauens- und Verständniskrise« mache einmal mehr deutlich, wie grundlegend notwendig es auch jetzt noch sei, die 1945 begonnene poli-tische wie gesellschaftliche Versöhnungsarbeit mit allen verfügbaren Mitteln fortzusetzen[608].

Für Alfred Grosser zeugten die öffentlichen Auseinandersetzungen des Sommers 1977 vor allem davon, wie sehr das Denken der Franzosen über Deutschland noch immer durch die Zeit des Nationalsozialismus bestimmt war, wie sehr die französischen Reaktionen auf verdächtige Entwicklungen im Nachbarland noch immer Angst und Ablehnung widerspiegelten. Dies habe die Aufregung um Joachim Fests Film »Hitler – Eine Karriere« ebenso erkennen lassen wie diejenige um die Flucht Herbert Kapplers. Jegliches Indiz, das Anlass zu der Vermutung nationalsozialistischer Umtriebe in der Bundesrepublik gebe, sei es in seiner Bedeutung auch noch so gering, werde durch die französische Presse begierig aufgenommen und vor den französi-schen Lesern ausgebreitet, die somit ihre alten Vorurteile über die Deutschen auf bequeme Weise bestätigt finden könnten. Auch das französische Fernse-

[605] Siehe Rovan, L'Allemagne n'est pas ce que vous croyez, S. 20.
[606] Vgl. hierzu Moisel, Frankreich und die deutschen Kriegsverbrecher, S. 7; Ulrich Lap-penküper, Der »Schlächter von Paris«: Carl-Albrecht Oberg als höherer SS- und Polizeiführer in Frankreich 1942–1944, in: Stefan Martens, Maurice Vaïsse (Hg.), Frankreich und Deutschland im Krieg (November 1942–Herbst 1944). Okkupation, Kollaboration, Résistance, Bonn 2000, S. 129–143; Paul Sanders, Anatomie d'une im-plantation SS: Helmut Knochen et la police nazie en France 1940–1944, in: Revue d'histoire de la Shoa 165 (1999), S. 111–145.
[607] Siehe Rovan, L'Allemagne n'est pas ce que vous croyez, S. 20.
[608] Siehe Ders., Deutsch-französische Zusammenarbeit, S. 278f.

hen, welches ein nahezu ausschließlich an der Zeit des Zweiten Weltkriegs orientiertes Deutschlandbild zeige, habe dazu beigetragen, eine öffentliche Stimmung zu erzeugen, in der es möglich geworden sei, die Bonner Regierung der Komplizenschaft mit Alt- und Neo-Nazis zu bezichtigen[609]. Als absurd wie skandalös gleichermaßen empfand Grosser es insbesondere, dass seriöse französische Wochenzeitungen wie »Le Point« ihren Lesern das rechtsextreme Wochenblatt »Deutsche National-Zeitung«[610] als repräsentatives Organ der westdeutschen Öffentlichkeit präsentierten. Angesichts des Fortbestehens dieser französischen Trugbilder des »ewigen Deutschlands« sei, wie Grosser in einem Artikel für »Le Monde« ernüchtert konstatierte, für jemanden wie ihn, der seit Jahrzehnten hiergegen ankämpfe, ein Gefühl der Entmutigung nicht zu verhehlen:

[Q]uand on essaie, depuis une trentaine d'années, de lutter contre les phantasmes, de faire connaître et de faire réfléchir, on ne peut s'empêcher d'éprouver un sentiment de découragement. En octobre 1953, au lendemain d'une victoire électorale d'Adenauer, j'avais écrit dans ce journal un article intitulé ›Que vouliez-vous qu'ils fissent?‹[611]. J'y cherchais à montrer que les commentaires français parlant d'inquiétudes, s'interrogeant sur l'Allemagne par rapport à son passé et à son avenir, auraient été les mêmes quels qu'eussent été les résultats. Vingt-quatre ans plus tard, l'article pourrait, hélas, être repris sans trop de modifications. Les phantasmes français seraient-ils indestructibles[612]?

Grossers Feststellung, die französische Haltung zu den deutschen Nachbarn und zu ihrem Umgang mit der nationalsozialistischen Vergangenheit habe sich binnen eines Zeitraums von mehr als zwei Jahrzehnten nicht wesentlich zum Besseren verändert, musste bei ihm und bei all denjenigen, die ihr Wirken nach 1945 in den Dienst der Verständigung gestellt hatten, in der Tat ein Gefühl der Resignation auslösen. Die Debatten um den Film Joachim Fests sowie den »Fall Kappler« ließen die Streiter für die deutsch-französische Freundschaft, welche der aggressiven Zuspitzung der öffentlichen Konfrontationen weitgehend hilflos hatten zusehen müssen, erneut gewahr werden, wie leicht die Brücken der Annäherung, um deren Erhalt und Ausbau sie Jahr um Jahr in bisweilen beschwerlicher Kleinarbeit bemüht waren, Risse erhalten oder gar zum Einsturz gebracht werden konnten.

In Frankreich, so schien es, predigten die Meinungsmacher unverdrossen die Botschaft von den »ewigen Deutschen«, von ihrem unheilbaren Hang

---

[609] Vgl. Alfred GROSSER, Federal Republic of Germany: from democratic showcase to party domination, in: Anthony SMITH (Hg.), Television and Political Life. Studies in Six European Countries, New York 1979, S. 114–141, hier S. 115f.; Alfred GROSSER, Cessons de craindre et de condamner, in: Le Point, 17.10.1977, S. 89–91.

[610] Die »Deutsche National-Zeitung« war ein Nachfolgeorgan der 1951 durch den ehemaligen SS-Offizier Joachim Ruoff gegründeten »Deutschen Soldaten-Zeitung«, vgl. Uwe BACKES, Eckhard JESSE, Politischer Extremismus in der Bundesrepublik Deutschland, Berlin 1993, S. 87.

[611] Vgl. Alfred GROSSER, Que vouliez-vous qu'ils fissent?, in: Le Monde, 01.10.1953, S. 5.

[612] DERS., Les phantasmes français, in: Le Monde, 09.09.1977, S. 2; vgl. auch DERS., Le criminel, le châtiment et la mémoire, in: Ouest-France, 24.08.1977, S. 1.

zu obrigkeitsstaatlichen Gesellschaftsmodellen und von der Gefahr einer Wiederkehr des Nationalsozialismus. Währenddessen schrieben die westdeutschen Zeitungen die medialen Angriffe von jenseits des Rheins vor allem dem Neid der Franzosen auf die wirtschaftlich erfolgreiche und international angesehene Bundesrepublik zu. Misstrauen hier, Indignation dort – die Nachwirkungen des Zweiten Weltkriegs belasteten das deutsch-französische Verhältnis auch noch am Ende der 1970er Jahre.

Auf Ebene der Regierungen mochte die »Bonne Entente«[613] zwischen Frankreich und Westdeutschland mittlerweile Realität sein. Weite Teile der Presselandschaft waren jedoch von diesem deutsch-französischen Gemeinsinn nicht erfasst worden. Aus Sicht der Protagonisten der Annäherung stand zu befürchten, dass sich hieraus negative Folgen auch für die Beziehungen zwischen den Bevölkerungen ergeben konnten. Es blieb ihnen letztlich die Hoffnung, dass sich ihr Engagement auf die Generation der Nachgeborenen in günstigerer Weise auswirken würde, auf diejenigen, die im Rahmen von Jugendaustausch-Programmen oder Sprachausbildung das Nachbarland kennengelernt hatten, mit ihm positive Erfahrungen verbanden und daher gegen die medialen Zerrbilder der deutsch-französischen Konfliktgeschichte gefeit waren.

3.4 Die westdeutsche Demokratie im Widerstreit

War die Bundesrepublik drei Jahrzehnte nach dem Ende des Zweiten Weltkriegs ein gefestigter demokratischer Rechtsstaat? Hatten obrigkeitsstaatliches Denken und Autoritätshörigkeit einer liberalen Gesellschaftsform Platz gemacht? Verbunden mit der Frage, ob Reste nationalsozialistischen Gedankenguts in den Köpfen der Deutschen fortlebten, blieb für viele Menschen in den europäischen Nachbarländern vor allem die Sorge um die Entwicklung der westdeutschen Demokratie[614].

Zwar hatte die Zeitspanne seit 1945 eine Vielzahl von Belegen hervorgebracht, die auf eine dauerhafte Verankerung rechtsstaatlicher Prinzipien und demokratischer Willensbildungsprozesse in der Bundesrepublik hindeu-

---

[613] Siehe Helmut Schmidt, Menschen und Mächte, Bd. 2: Die Deutschen und ihre Nachbarn, Berlin 1990, S. 153.

[614] Vgl. Elke Bruck, Deutschland von außen, in: Werner Weidenfeld, Karl-Rudolf Korte (Hg.), Handbuch zur deutschen Einheit 1949–1989–1999, Frankfurt a.M., New York 1999, S. 202–215; Paul Nolte, Was ist Demokratie? Geschichte und Gegenwart, München 2012, S. 332–348.

teten[615], darauf, dass Bonn eben nicht Weimar war[616]. Doch letzte Zweifel an der Stabilität der politischen Kultur Westdeutschlands waren weiterhin vorhanden. Bestätigt fanden diese sich insbesondere dann, wenn Gesetzesinitiativen oder Regierungshandeln auf eine Einschränkung bürgerlicher Freiheiten beziehungsweise die Stärkung staatlicher Kontrollmechanismen abzuheben schienen. Rasch erwachte in derartigen Momenten die Befürchtung zu neuem Leben, auf deutschem Boden könnten sich wieder autoritäre Herrschaftspraktiken und justizielle Willkür ausbreiten. In den 1960er Jahren war dies etwa im Zusammenhang mit der Spiegel-Affäre und der Verabschiedung der Notstandsgesetze der Fall gewesen[617]. Mitte der 1970er Jahre gab vor allem der so genannte »Radikalenerlass«, der linksextremistischen Tendenzen im öffentlichen Dienst entgegenwirken sollte, Anlass zur Kritik an den inneren Verhältnissen der Bundesrepublik[618]. Die systematische Überprüfung der Verfassungstreue der westdeutschen Beamten kam auch aus Sicht eines Großteils der französischen Beobachter einer unlauteren Rechtspraxis gleich. Der Ausschluss von Bediensteten aufgrund ihrer politischen Einstellung rief die ungute Erinnerung an »Berufsverbote« wach, die es in der jüngeren deutschen Geschichte bereits gegeben hatte, und führte zu scharfen Verurteilungen der gesellschaftspolitischen Situation Westdeutschlands von Seiten der französischen Meinungsführer.

Zu noch stärkeren Verwerfungen in den deutsch-französischen Beziehungen kam es im Zuge der Ereignisse des »Deutschen Herbstes« 1977[619]. Während in Frankreich die Maßnahmen der bundesdeutschen Terrorismusbekämpfung vielfach als Fingerzeige für die schrittweise Etablierung eines westdeutschen Polizeistaates interpretiert und den Mitgliedern der RAF zum Teil offene Sympathien entgegengebracht wurden, ließen die Kommentatoren in der Bundesrepublik ihrem Ärger und ihrer Enttäuschung über die fehlende

---

[615] Vgl. Manfred G. Schmidt, Das politische System der Bundesrepublik Deutschland, München 2005, S. 10–15; Wolfrum, Die geglückte Demokratie, S. 43–186; Konrad H. Jarausch, Arnd Bauerkämper, Marcus M. Payk (Hg.), Demokratiewunder. Transatlantische Mittler und die kulturelle Öffnung Westdeutschlands 1945–1970, Göttingen 2005.

[616] So bereits der Titel des berühmt gewordenen Werkes des Schweizer Publizisten Fritz René Allemann, Bonn ist nicht Weimar, Köln 1956.

[617] Vgl. hierzu Jürgen Seifert (Hg.), Die Spiegel-Affäre, 2 Bde., Olten 1966; Boris Spernol, Notstand der Demokratie. Der Protest gegen die Notstandsgesetze und die Frage der NS-Vergangenheit, Essen 2008; Michael Schneider, Demokratie in Gefahr? Der Konflikt um die Notstandsgesetze: Sozialdemokratie, Gewerkschaften und intellektueller Protest (1958–1968), Bonn 1986.

[618] Vgl. Sven Reichardt, Große und Sozialliberale Koalition (1966–1974), in: Roth, Rucht (Hg.), Die sozialen Bewegungen in Deutschland seit 1945, S. 71–91; Marion Detjen, Stephan Detjen, Maximilian Steinbeis, Die Deutschen und das Grundgesetz. Geschichte und Grenzen unserer Verfassung, München 2009, S. 166–170.

[619] Vgl. Wolfgang Benz, Der Aufbruch in die Moderne. Das 20. Jahrhundert, Stuttgart ¹⁰2010, S. 127f.

Solidarität der französischen Partner freien Lauf. Die hieraus entstehenden Auseinandersetzungen führten, wie die folgenden Kapitel aufzeigen, zu einer Krise des deutsch-französischen Verhältnisses, die in der Wahrnehmung zahlreicher Kräfte der Verständigung eine ernsthafte Gefahr für all das bis dahin zwischen Frankreich und Westdeutschland Erreichte darstellte. Umso mehr musste ihnen daran gelegen sein, ihrer Vermittlungsarbeit Nachdruck zu verleihen.

3.4.1 »Chasse aux sorcières«: die Auseinandersetzungen um die »Berufsverbote«

Seit Mitte der 1970er Jahre ließ der »Radikalenerlass« in Frankreich Befürchtungen aufkommen, die Bundesrepublik könne den Weg des freiheitlichen Rechtsstaates verlassen und in überwunden geglaubte antidemokratische und autoritäre Muster zurückfallen[620]. Die »Grundsätze zur Frage der verfassungsfeindlichen Kräfte im öffentlichen Dienst«, im Sprachgebrauch »Radikalenerlass« oder »Extremistenbeschluss«, waren am 28. Januar 1972 von Bundeskanzler Brandt und den westdeutschen Ministerpräsidenten gemeinsam beschlossen worden. In ihrer Zielrichtung lassen sie sich den seit Anfang der 1970er Jahre forcierten Maßnahmen einer staatlichen »Gefahrenabwehr von links« zuordnen. Diese speisten sich zum einen aus der Angst, Linksextremisten könnten die Institutionen des Staates und insbesondere die Bildungseinrichtungen unterwandern. Zum anderen waren sie der Furcht der westdeutschen Sozialdemokratie geschuldet, im Vergleich mit der konservativen Opposition als zu nachgiebig gegenüber der kommunistischen

---

[620] Vgl. zur Wahrnehmung des Radikalenerlasses in Frankreich Dominik RIGOLL, »Herr Mitterrand versteht das nicht«. »Rechtsstaat« und »deutscher Sonderweg« in den deutsch-französischen Auseinandersetzungen um den Radikalenbeschluss 1975/76, in: Detlef Georgia SCHULZE, Sabine BERGHAHN, Frieder Otto WOLF, (Hg.), Rechtsstaat statt Revolution, Verrechtlichung statt Demokratie? Transdisziplinäre Analysen zum deutschen und spanischen Weg in die Moderne, Bd. 2: Die juristischen Konsequenzen, Münster 2010, S. 812–822; Dominik RIGOLL, »Was täten Sie, wenn quer durch Paris eine Mauer wäre?«. Der Radikalenbeschluss von 1972 und der Streit um die westdeutschen Berufsverbote. Deutsch-deutsch-französische Verflechtungen, in: Heiner TIMMERMANN (Hg.), Historische Erinnerung im Wandel. Neuere Forschungen zur deutschen Zeitgeschichte unter besonderer Berücksichtigung der DDR-Forschung, Berlin 2007, S. 603–623; Hélène MIARD-DELACROIX, Libertés et droit dans le débat sur la législation contre l'extrémisme dans l'Allemagne fédérale des années 1970, in: Emmanuel BÉHAGUE, Denis GOELDEL (Hg.), Une germanistique sans rivages. Mélanges en l'honneur de Frédéric Hartweg, Straßburg 2008, S. 388–397; Hélène MIARD-DELACROIX, Willy Brandt, Helmut Schmidt und François Mitterrand. Vom Komitee gegen »Berufsverbote« 1976 bis zum Streit um die Mittelstreckenraketen 1983, in: MÖLLER, VAÏSSE (Hg.), Willy Brandt und Frankreich, S. 231–246; PFEIL, Die »anderen« deutsch-französischen Beziehungen, S. 480–494.

Bedrohung zu erscheinen[621]. Schließlich kam auch der im Zuge der RAF-Attentate entfachten Terrorismusdebatte, die in den Zeitungen nicht selten mit der Diskussion um die »Radikalenbekämpfung« verbunden wurde, hier eine ausschlaggebende Funktion zu[622]. Der Beschluss von 1972 sah im Einzelnen vor, dass im Beamtenverhältnis in der Bundesrepublik nur tätig sein konnte, wer die Gewähr bot, »daß er jederzeit für die freiheitlich-demokratische Grundordnung im Sinne des Grundgesetzes eintritt«[623]. Wenn ein Bewerber für den öffentlichen Dienst, wie es dort weiter hieß, jedoch verfassungsfeindliche Aktivitäten entwickele oder einer Organisation angehöre, die verfassungsfeindliche Ziele verfolge, begründe dies Zweifel daran, ob er die genannte Gewähr tatsächlich würde leisten können, und rechtfertige in der Regel eine Ablehnung seines Einstellungsantrags.

Die Überprüfung der Verfassungstreue erfolgte in der Praxis mittels einer Regelanfrage beim Verfassungsschutz, der allerdings nicht nach verfassungswidrigem Tun, sondern nach einer im Sinne des Beschlusses verdächtigen Gesinnung der betreffenden Personen forschte. Aufgrund des nicht eindeutigen Wortlauts des Beschlusstextes geriet die Frage, wer als »Verfassungsfeind« einzustufen war und wer nicht, schnell zur Auslegungssache und wurde dementsprechend von den Bundesländern in uneinheitlicher Weise gehandhabt. Nicht nur Bewerber, die Mitglied der 1968 legal gegründeten Deutschen Kommunistischen Partei waren, kamen hierbei in den Verdacht der Verfassungsfeindlichkeit. Es konnte schon ausreichen, in einer Organisation aktiv zu sein, in der auch Kommunisten mitarbeiteten, um entweder nicht zum öffentlichen Dienst zugelassen oder sogar hiervon ausgeschlossen zu werden. Seit 1972 wurden auf diese Weise über drei Millionen Bewerber oder bereits Bedienstete einer Überprüfung ihrer Treue zum Grundgesetz unterzogen. In mehreren Tausend Fällen wurde der Eintritt beziehungsweise der Verbleib der Betreffenden im öffentlichen Dienst untersagt. Mehrere Hundert Beschäftigte

---

[621] Vgl. hierzu und zum folgenden Abschnitt Gerard BRAUNTHAL, Politische Loyalität und Öffentlicher Dienst. Der »Radikalenerlaß« von 1972 und die Folgen, Marburg 1992; Ralf ZOLL, Der »Radikalenerlass«, in: Peter IMBUSCH, Ralf ZOLL (Hg.), Friedens- und Konfliktforschung. Eine Einführung, Wiesbaden [5]2010, S. 485–509; Gert-Joachim GLAESSNER, Politik in Deutschland, Wiesbaden [2]2006, S. 131; Frank L. SCHÄFER, Wehrhafte Demokratie. Ein Vergleich zwischen Weimar und Bundesrepublik, in: Hartmut BRENNEISEN, Dirk STAACK, Susanne KISCHEWSKI (Hg.), 60 Jahre Grundgesetz, Berlin 2010, S. 197–214, hier S. 209; Wolfgang FRINDTE, Inszenierter Antisemitismus. Eine Streitschrift, Wiesbaden 2006, S. 110f., dort Anm. 33; Thomas KLEIN, SEW – Die Westberliner Einheitssozialisten. Eine »ostdeutsche« Partei als Stachel im Fleische der »Frontstadt«?, Berlin 2009, S. 50–54.

[622] Vgl. Andreas MUSOLFF, Die Terrorismus-Diskussion in Deutschland vom Ende der sechziger bis Anfang der neunziger Jahre, in: Georg STÖTZEL, Martin WENGELER, Kontroverse Begriffe. Geschichte des öffentlichen Sprachgebrauchs in der Bundesrepublik Deutschland, Berlin, New York 1995, S. 405–445, hier S. 416f.

[623] Wortlaut zitiert nach Gerhard STRAUSS, Ulrike HASS, Gisela HARRAS, Brisante Wörter von Agitation bis Zeitgeist, Berlin, New York 1989, S. 317.

wurden als »Verfassungsfeinde« entlassen[624]. Aus rechtlicher Sicht stellte dies zwar kein Berufsverbot dar, doch hatte der Beschluss für bestimmte Bewerber, so zum Beispiel für Lehrer, die faktische Wirkung eines Verbots, ihren Beruf auszuüben. Da zahlreichen Zeitgenossen derartige Methoden in bedrohlicher Nähe zum nationalsozialistischen »Gesetz zur Wiederherstellung des Berufsbeamtentums«[625] vom April 1933 zu stehen schienen, blieben öffentliche Proteste gegen die Verfahrenspraxis der Bundesregierung in Westdeutschland nicht aus[626]. In einem Urteil vom Mai 1975 erklärte das Bundesverfassungsgericht die umstrittene Handhabung unter Betonung der »politischen Treuepflicht« des Beamten für rechtens[627] und weitete zudem die Einzelfallüberprüfung schrittweise auch auf Beschäftigte des mittleren Dienstes und technische Berufe aus. Hierdurch gelangte die Problematik des nunmehr als »Radikalenerlass« bekannten Beschlusses auch in den Fokus der internationalen Presse. Dort wurde Befremden darüber zum Ausdruck gebracht, dass die Bundesrepublik, so der immer wieder zu vernehmende Vorwurf, ihre Bürger ausspioniere und deren Rechte und Freiheiten einschränke[628]. Nicht zuletzt in Frankreich rief die innere Entwicklung des Nachbarlandes scharfe Kritik hervor[629].

Bereits im Februar 1975 hatte der Deutschland-Korrespondent von »Le Monde«, Daniel Vernet, ohne in besonderem Maße auf die Proteste gegen den »Radikalenerlass« in der Bundesrepublik einzugehen, seinen französischen Lesern von einem fundamentalen Rechtsruck der westdeutschen Öffentlichkeit berichtet, welcher sich auch in der Politik der sozialliberalen Bonner

---

[624] Siehe zu den angeführten Größenordnungen Kai ARTINGER, »Radikalenerlaß«, in: DERS. (Hg.), Die Grundrechte im Spiegel des Plakats 1919 bis 1999, Berlin 2000, S. 144f., hier S. 144; die Zahlenangaben schwanken allerdings in der Forschung, vgl. KLEIN, SEW – Die Westberliner Einheitssozialisten, S. 51.

[625] Vgl. zum Wortlaut des Gesetzes Götz ALY u. a. (Hg.), Die Verfolgung und Ermordung der europäischen Juden durch das nationalsozialistische Deutschland 1933–1945, Bd. 1: Deutsches Reich 1933–1937, bearb. v. Wolf GRUNER, München 2008, S. 130–134; hierzu weiterführend Angelika KÖNIGSEDER, Art. »Gesetz zur Wiederherstellung des Berufsbeamtentums«, in: Wolfgang BENZ, Hermann GRAML, Hermann WEISS (Hg.), Enzyklopädie des Nationalsozialismus, München ⁵2007, S. 536f.

[626] Vgl. Wolf-Dieter NARR, Bürger- und menschenrechtliches Engagement in der Bundesrepublik, in: ROTH, RUCHT (Hg.), Die sozialen Bewegungen in Deutschland seit 1945, S. 347–362, hier S. 352–354.

[627] Vgl. Tade Matthias SPRANGER, BVerfGE 39, 334ff. – Extremisten. Zur Einstellung von politisch Radikalen in den Öffentlichen Dienst, in: Jörg MENZEL (Hg.), Verfassungsrechtsprechung. Hundert Entscheidungen des Bundesverfassungsgerichts in Retrospektive, Tübingen 2000, S. 254–259.

[628] Vgl. Dominik RIGOLL, Die Demokratie der anderen. Der Radikalenerlass von 1972 und die Debatte um die Berufsverbote. International vergleichende und transfergeschichtliche Aspekte, in: Jörg CALLIESS (Hg.), Die Geschichte des Erfolgsmodells BRD im internationalen Vergleich, Loccum 2006, S. 173–177.

[629] Vgl. hierzu SCHMITZ, Zwischen Mythos und Aufklärung, S. 217–220.

Regierung auf beunruhigende Weise widerspiegele[630]. Wenige Monate später stand angesichts der sich stetig potenzierenden Nachrichten über die seitens des westdeutschen Staates verhängten »Berufsverbote« nicht nur für die kommunistische Zeitung »L'Humanité« fest, dass die Meinungsfreiheit in der Bundesrepublik massiv in Gefahr sei. Über eintausend Beamte seien, so wollte das Blatt in Erfahrung gebracht haben, aufgrund ihrer politischen Einstellung bereits aus dem öffentlichen Dienst entlassen worden. »Des centaines de milliers d'enquêtes policières« würden derzeit im Nachbarland gegen Kommunisten angestrengt[631]. Politische Repression und justizielle Willkür hielten in Westdeutschland Einzug, wie man lesen konnte[632]. Dabei sei, wie Daniel Vernet im Dezember 1975 schrieb, kaum nachvollziehbar, in welcher Form etwa ein kommunistischer Lokführer oder technischer Angestellter die demokratische Verfasstheit der Bundesrepublik bedrohe. Vielmehr brächten die inquisitorischen Methoden, mit denen der Staat gegen seine Bürger vorgehe, die liberale Ordnung der westdeutschen Gesellschaft in Gefahr. Eine besorgniserregende »nouvelle ›chasse aux sorcières‹« habe im Nachbarland begonnen[633]. Mehr und mehr entstehe dort, dies auch das Urteil in »Le Nouvel Observateur«, ein beängstigendes Klima allgemeiner Verdächtigung: »ce qui fait peur, c'est l'atmosphère qui s'est installée en Allemagne autour de ces affaires. Dans les universités, les ministères et les bureaux de poste, dans les écoles, les administrations régionales et municipales, la suspicion règne«[634]. Nachdenklich stimme insbesondere, dass von den staatlichen Überprüfungsmaßahmen, die doch den politischen Extremismus an sich in die Schranken weisen sollten, lediglich Linke betroffen seien, jedoch beispielsweise Mitglieder der NPD hiervon gänzlich verschont blieben. Es stelle sich die Frage, ob man nicht schlicht und einfach der Rückkehr alter deutscher Traditionen in die gegenwärtige politische Szenerie der Bundesrepublik beiwohne, nämlich »l'ordre, l'autorité, l'État«, welche es gegen reale oder auch nur vermutete Feinde zu verteidigen gelte[635]. Bestürzend sei allerdings, wie der französische Historiker Jacques Droz[636] in einem Kommentar in »Le Monde« vom Mai 1976 konstatierte, dass gerade die Sozialdemokraten eine derartige Politik

---

[630] Siehe Daniel VERNET, Le glissement à droite s'accentue dans l'opinion, in: Le Monde, 19.02.1975, S. 3.

[631] Bonn: la liberté d'opinion en péril, in: L'Humanité, 20.10.1975, S. 1 und 3.

[632] Vgl. François SCHLOSSER, Les sorcières de Helmut Schmidt, in: Le Nouvel Observateur, 15.09.1975, S. 39.

[633] Daniel VERNET, Nouvelle »chasse aux sorcières«. Les mesures d'interdiction d'accès à la fonction publique se multiplient à l'encontre des »extrémistes«, in: Le Monde, 05.12.1975, S. 6; vgl. auch DERS., Il y a radicaux et radicaux..., in: Le Monde, 21./22.12.1975, S. 2.

[634] Gérard SANDOZ, Les broyeurs de »rouges«. Comment un innocent décret de 1972 est devenu une machine contre tous ceux qui se réclament de la gauche, in: Le Nouvel Observateur, 08.03.1976, S. 38.

[635] Siehe ibid., S. 39.

[636] Vgl. Horst MÖLLER, Jacques Droz (1909–1998), in: Francia 28/3 (2001), S. 195–198; Jac-

der »Verfolgungen« autorisierten, zumal sie doch selbst in ihrer Geschichte, so etwa 1878 und 1933, wiederholt zum Opfer repressiver Maßnahmen geworden seien. Was also treibe sie um? Sei es, wie Droz fragte, ihr Machthunger, der sie dazu verleite, sich die Gunst der Nostalgiker eines »starken Staates« zu sichern? Sei es das mangelnde demokratische Bewusstsein ihrer Führungspersönlichkeiten, die ihre politische Sozialisation in der Zeit des Nationalsozialismus erfahren hätten? Oder, und dies wöge noch schwerer, sehe die westdeutsche Sozialdemokratie heute ihre Feinde nicht mehr bei den Anhängern Hitlers, sondern bei denen, die gegen das nationalsozialistische Regime gekämpft hatten? Wie die Antworten hierauf auch ausfielen: Kein Franzose, der sich der Stellung der Bundesrepublik in Europa bewusst sei, könne den beunruhigenden Entwicklungen jenseits des Rheins gleichgültig gegenüberstehen[637].

Diese Maxime machten sich nicht zuletzt auch die französischen Sozialisten zu eigen, die auf ihrem Parteitag in Dijon Mitte Mai 1976 die »Berufsverbote« in der Bundesrepublik scharf attackierten. Zwei Wochen später gründete ihr Vorsitzender François Mitterrand, der erklärt hatte, der »Hexenjagd im öffentlichen Dienst« in Westdeutschland entgegenwirken zu wollen, gemeinsam mit weiteren führenden Persönlichkeiten der Sozialistischen Partei wie Jean-Pierre Chevènement, Michel Rocard und Lionel Jospin gar ein Comité pour la défense des droits civiques et professionnels en République fédérale[638]. Er wolle, so bekundete Mitterrand wenige Tage nach der Schaffung des Komitees, sich den Menschen anschließen, die sich, ganz gleich wo dies auch sei, durch die Einschränkung ihrer Freiheiten bedroht fühlten. Keineswegs richte sich sein Handeln gegen das deutsche Volk, sondern sei vielmehr als ein symbolischer Akt für die Wahrung der Menschen- und Bürgerrechte in der Bundesrepublik zu verstehen[639]. Die Reaktionen von deutscher Seite folgten prompt. Nicht nur Bundeskanzler Schmidt und Außenminister Genscher wiesen Mitterrands Initiative als nicht akzeptablen Angriff auf die Bundesrepublik zurück[640], auch in der bundes-

---

ques BARIÉTY, Nekrolog Jacques Droz 1909–1998, in: Historische Zeitschrift 267 (1998), S. 827–829.

[637] Siehe Jacques DROZ, Questions aux socialistes allemands, in: Le Monde, 14.05.1976, S. 3.

[638] Vgl. MIARD-DELACROIX, Willy Brandt, Helmut Schmidt und François Mitterrand, S. 236f.; DIES., Im Zeichen der europäischen Einigung, S. 185; PFEIL, Die »anderen« deutsch-französischen Beziehungen, S. 493.

[639] Vgl. AMAE Paris-La Courneuve, Europe, RFA 1971–1976, Bd. 2949, AFP-Meldung »Après la création d'un comité français ›pour la défense des droits civils et professionnels en RFA‹« vom 3. Juni 1976.

[640] Siehe hierzu AMAE Paris-La Courneuve, Europe, RFA 1971–1976, Bd. 2949, Schreiben des französischen Botschafters in Bonn, Olivier Wormser, an das französische Außenministerium betreffend »Réactions de l'étranger à la législation concernant les ›extrémistes‹« vom 28. Mai 1976; Verschärfte Diskussion um Radikale im öffentlichen Dienst. Aktivitäten Mitterrands zurückgewiesen, in: FAZ, 31.05.1976, S. 3; So will Helmut Schmidt die Wahlen gewinnen. Stern-Gespräch mit dem Bundeskanzler, in: Stern,

deutschen Presse wurde nun vielfach ein rauer Tonfall angeschlagen. Unter dem Titel »Wie Mitterrand deutsche Politik macht« verurteilte etwa »Die Welt« die Gründung des Komitees als unangebrachte und ungerechtfertigte Einmischung des sozialistischen Parteivorsitzenden in die inneren Belange der Bundesrepublik. »Die Aktion Mitterrands«, so die Auffassung des Blattes, »ist der einstweilige Höhepunkt einer seit Wochen andauernden Kampagne gegen die angeblichen Verletzungen der politischen Meinungsfreiheit in der ›Muster-Demokratie‹ Bundesrepublik«[641]. Die »Süddeutsche Zeitung« stellte Ende Mai 1976 mit zynischem Unterton fest, dass »der häßliche Deutsche« wieder einmal bei den Nachbarn umhergeistere:

Die Bundesrepublik befindet sich offenbar in einer dramatischen Situation, vergleichbar nur noch mit dem Anfang der Hitlerzeit. [...] Studenten werden verhaftet, nur weil sie unerwünschte Fragen stellen. Massenhaft werden Menschen an der Ausübung ihres Berufes gehindert. Die Zugehörigkeit zu einer Gewerkschaft ist gefährlich. Spitzel verbreiten allenthalben Angst. Die Hexenjagd ist in vollem Gang und sogar Gasgeruch bereits wahrnehmbar[642].

So primitiv und irrational die im Zusammenhang mit dem »Radikalenerlass« aufgekommenen Reaktionen in Frankreich und anderen europäischen Ländern seien, man müsse sie, wie der Autor befand, in der Bundesrepublik zur Kenntnis nehmen und einkalkulieren. Rasch das Büßergewand anziehen und beflissen auf die selbsternannten Zensoren schauen brauchten die Deutschen seiner Ansicht nach jedoch nicht. Wenn Mitterrand es künftig nur und ausschließlich mit den Kommunisten halten wolle, so werde man ihm sagen müssen, dass er seine Legitimation verloren habe, über bürgerliche Freiheiten in Deutschland zu räsonieren. »Diesseits des Rheins hat man jedenfalls recht eindeutige Erfahrungen mit Kommunisten sammeln können – im anderen Teil der Nation. Wir wünschen keinem Franzosen diese Erfahrung«[643].

»Die Zeit« warf Mitterrand in einem Anfang Juni 1976 erschienenen Beitrag vor allem vor, es versäumt zu haben, sich über die Auswirkungen des »Radikalenerlasses« gründlich zu informieren. In der Sozialistischen Partei gebe es, wie der Verfasser urteilte, hierüber lediglich vage Vorstellungen, die nahezu ausschließlich auf den »übertrieben einseitigen Darstellungen der französischen Presse beruhen«[644]. Einige Wochen zuvor hatte sich bereits

---

16.06.1976, S. 24, hier äußerte Schmidt: »Ich halte das von Herrn Mitterrand initiierte Komitee für eine böse Sache, weil es von Voraussetzungen ausgeht, die nicht stimmen. Dabei hätte Mitterrand die Tatsachen zum Extremistenproblem leicht nachprüfen können. Er war sogar bei Willy Brandt. Seine Angriffe auf die Bundesrepublik sollen offensichtlich innenpolitischen Zielen in Frankreich dienen. Das ist kein Verhalten, es unter Sozialdemokraten in der internationalen Zusammenarbeit üblich ist«.

[641] August von KAGENECK, Wie Mitterrand deutsche Politik macht, in: Die Welt, 29./30.05.1976, S. 3.

[642] Hans HEIGERT, Der häßliche Deutsche, in: SZ, 29./30.05.1976, S. 4.

[643] Ibid.

[644] Klaus-Peter SCHMID, Keine überzeugende Kritik, in: Die Zeit, 04.06.1976, S. 8; vgl. auch

die »Frankfurter Allgemeine Zeitung« kritisch mit der Deutschland-Berichterstattung der französischen Medien auseinandergesetzt. Dort glaube man
in letzter Zeit vermehrt, »ein Abgleiten der Bundesrepublik in Praktiken
der Unterdrückung von individuellen Freiheiten registrieren zu können«[645].
Nicht zuletzt die Phrase vom »Berufsverbot« diene immer wieder dazu,
auf »angebliche Erbsünden« des Nachbarn hinzuweisen: »Der Deutsche ist
diszipliniert bis zum Exzeß; Ordnung geht ihm vor Freiheit; die Rücksichts-
losigkeit der Behörden zeigt den gering entwickelten Humanismus«[646]. Zwar
seien aus den französischen Pressekommentaren bisweilen auch positivere
Zwischentöne herauszuhören, doch stelle sich die Frage, ob nicht das stete
Schüren alter Ressentiments im Verbund mit den neueren Ängsten vor der
wirtschaftlichen Übermacht des Nachbarn auf lange Sicht negative Folgen für
die Einstellung der Franzosen zu Deutschland zeige.

Diese Frage trieb zu gleicher Zeit auch die bundesdeutschen Stellen um,
welche die öffentlichen Reaktionen, die in Frankreich im Zusammenhang mit
dem »Radikalenerlass« zu verzeichnen waren, aufmerksam beobachteten. Die
deutsche Botschaft in Paris informierte seit Ende 1975 das Auswärtige Amt in
steter Regelmäßigkeit über die Kritik der französischen Presse an den Verhältnissen in der Bundesrepublik. In vielfach sensationeller Aufmachung werde
hier, wie die westdeutschen Diplomaten notierten, über die vermeintlich »ka-
tastrophalen Auswirkungen« der Politik der Bonner Regierung auf die liberale
Gesellschaftsordnung der Bundesrepublik berichtet. Das politische Klima im
Nachbarland, so sei den Zeitungen zu entnehmen, habe sich stark verschlech-
tert. Der Rechtsstaat werde durch zunehmend autoritär agierende Politiker in
ein enges Korsett gezwängt. Die Beschränkungen der Grundrechte, die gegenwärtig in Westdeutschland vollzogen würden, seien in ihrer Rigidität einzig-
artig in Westeuropa. Die Demokratie in der Bundesrepublik, einen solchen
Eindruck könne diese Art der Pressekommentierung in Frankreich hervorrufen, sei in akuter Gefahr[647].

Daneben trugen auch öffentliche Protestkundgebungen einer Vielzahl klei-
nerer und zumeist der Kommunistischen Partei nahe stehender französischer
Verbände und gesellschaftlicher Gruppierungen aus Sicht der Botschaft dazu
bei, in Frankreich eine Stimmung zu erzeugen, welche der Haltung der französischen Bevölkerung zu Deutschland nur abträglich sein konnte. Mehrfach

---

Theo SOMMER, Die Deutschen im Zerrspiegel. Radikalenerlaß als Stein des Anstoßes,
in: Die Zeit, 04.06.1976, S. 1.

[645] Herbert KAUFMANN, Frankreich sieht auf Deutschland, in: FAZ, 24.04.1976, S. 1; vgl.
auch die Meldung Mitterrand will Bürgerrechte in der Bundesrepublik verteidigen, in:
FAZ, 28.05.1976, S. 5.

[646] DERS., Frankreich sieht auf Deutschland, in: FAZ, 24.04.1976, S. 1.

[647] Vgl. BA, B 145, Bd. 9299, Schreiben der deutschen Botschaft Paris an das Auswärtige
Amt vom 12. März 1976; BA, B 145, Bd. 9288, Schreiben der deutschen Botschaft Paris
an das Auswärtige Amt betreffend »Deutschlandbild in der französischen Presse« vom
12. April 1976.

wurden den diplomatischen Vertretungen der Bundesrepublik in Frankreich Unterschriftenlisten übergeben, die sich gegen die »Berufsverbote« richteten. So empfing etwa das deutsche Generalkonsulat in Marseille im Juli 1977 Repräsentanten des maßgeblich durch den ehemaligen Widerstandskämpfer und Rechtsanwalt Pierre Kaldor bestimmten Comité français pour la liberté d'expression et contre les interdictions professionnelles en République fédérale d'Allemagne. Der diesbezügliche Bericht des Generalkonsulats für das Auswärtige Amt hielt fest:»Gesprächsweise wurde immer wieder darauf hingewiesen, daß der Extremistenerlaß und das damit zusammenhängende sog. Berufsverbot Ausdruck eines wiederaufkommenden Rechtsextremismus à la Hitler in der Bundesrepublik Deutschland seien«[648]. Solcherlei Kritik, welche, wie man in Bonn der Auffassung war, dazu führen könne, dass das Bild Westdeutschlands bei den Nachbarn negativ beeinträchtigt werde, gehe »in der Regel von irrtümlichen Voraussetzungen aus, in die zuweilen alte Vorurteile und Ressentiments einfließen«[649]. Vor diesem Hintergrund müsse es insbesondere Aufgabe der bundesdeutschen Auslandsvertretungen sein, so wurde in den regierungsamtlichen »Hinweisen zur aktuellen Diskussion der ›Berufsverbote‹« festgehalten, »unter Klarstellung der Fakten und unter Betonung der besonderen geschichtlichen Erfahrungen sowie der geografischen Lage der Bundesrepublik auf eine sachbezogene Argumentation«[650] hinzuwirken. Dies könne helfen, den zu befürchtenden Schaden für das deutsch-französische Verhältnis zu verhindern.

Auch auf französischer Seite hielt man die im Zuge der Diskussionen um den »Radikalenerlass« aufgetretenen Spannungen zwischen beiden Ländern für bedenklich. Vor allem die Initiative François Mitterrands erwies sich in den Augen der Verantwortlichen als in hohem Maße kontraproduktiv für die freundschaftlichen Beziehungen zwischen Deutschen und Franzosen. In diesem Sinne schrieb Botschafter Olivier Wormser nach Paris: »Dans ce pays qui n'a jamais connu davantage de libertés qu'aujourd'hui et qui chaque jour est informé de l'absence des libertés en RDA et des coups de feu le long du Mur, la prise de position de M. Mitterrand a produit le plus mauvais effet«[651]. Sowohl die westdeutsche Presse als auch maßgebliche Politiker hätten auf Mitterrands

---

[648] BA, B 145, Bd. 9299, Schreiben des deutschen Generalkonsulats Marseille an das Auswärtige Amt betreffend »Französische Stellungnahme zum sog. Extremistenerlass« vom 8. Juli 1977; vgl. hierzu auch PA-AA, Auslandsvertretungen, Botschaft Paris, Bd. 13523, Schreiben des Comité français pour la liberté d'expression et contre les interdictions professionnelles en République fédérale d'Allemagne, Pierre Kaldor, an die deutsche Botschaft Paris, 1978.

[649] BA, B 145, Bd. 9303, Aufzeichnung betreffend »Die Beschäftigung von Extremisten im öffentlichen Dienst – Hinweise zur aktuellen Diskussion der ›Berufsverbote‹« vom 23. Juni 1976, S. 2.

[650] Ibid.

[651] AMAE Nantes, Bonn Ambassade, Bd. 318, Schreiben des französischen Botschafters in Bonn, Olivier Wormser, an das französische Außenministerium vom 31. Mai 1976, S. 1.

Bestrebungen mit äußerstem Befremden reagiert. Gar von einer sich in Frankreich erneut Bahn brechenden Deutschfeindlichkeit sei die Rede gewesen[652].
Man müsse daher, wie der Botschafter empfahl, der westdeutschen Öffentlichkeit so rasch wie möglich verdeutlichen, dass die Aktion Mitterrands aus
den Reihen der Opposition komme, die französische Regierung hierfür jedoch nicht verantwortlich gemacht werden könne.

Neben der öffentlichen Kampagne der Sozialistischen Partei galten den offiziellen französischen Stellen insbesondere die zum Teil stark ins Polemische
abgleitenden Medienberichte über die vermeintliche Rückkehr des deutschen
Obrigkeitsstaates als Ursache für die atmosphärischen Störungen zwischen
Frankreich und Westdeutschland. Einmal mehr hätten sich die deutschen
Nachbarn hierdurch unberechtigten Verdächtigungen ausgesetzt gesehen,
wie einem Bericht des im Dienste des französischen Premierministers stehenden Secrétariat général de la défense nationale (SGDN) vom Juli 1976 zu
entnehmen ist: »Conscients de défendre l'ordre démocratique et libéral, nos
voisins rejettent avec vigueur les accusations qui leur sont adressées d'attenter
aux libertés. Ils les interprètent en même temps comme un phénomène anti-
allemand toujours vivace qui les déroute et les irrite«[653]. Die Reaktionen der
bundesdeutschen Zeitungen seien von ausnehmender Schärfe gekennzeichnet gewesen. Die große Mehrheit der Kommentatoren habe das Wort von
den »hässlichen Deutschen« zitiert und sich nach Kräften bemüht, aufzuzeigen, dass ihnen diese Bezeichnung seitens des Auslands völlig zu Unrecht
attribuiert werde. Zu diesem Reflex der Selbstverteidigung habe sich, so die
Einschätzung des SGDN, darüber hinaus »un certain masochisme tradi-
tionell« der Deutschen gesellt, die sich mitleidig beklagten, unverstanden,
ungeliebt und viel beneidet zu sein. Der tief verwurzelten Angst der Nachbarn
vor einer Wiederkehr des deutschen Autoritarismus oder gar nationalsozialistischer Strömungen entspreche das Gefühl der Deutschen, Gefangene des
sie umgebenden Argwohns zu sein[654]. Die französischen Proteste gegen den
»Radikalenerlass« hätten nach Ansicht der Diplomaten des Quai d'Orsay nur
zu deutlich werden lassen, wie sehr die Franzosen in ihrer Beurteilung des
Nachbarlandes noch immer von der Vergangenheit beeinflusst seien:

C'est en fait encore le poids du passé qui se fait sentir dans l'appréciation des Français sur
des aspects de la politique intérieure allemande tels que l'extrémisme de gauche [...] et les
réactions du gouvernement comme l'obligation de loyalisme des fonctionnaires, caricaturée

---

[652] Vgl. AMAE Paris-La Courneuve, Europe, RFA 1971–1976, Bd. 2949, Schreiben des
französischen Botschafters in Bonn, Olivier Wormser, an das französische Außenministerium vom 28. Mai 1976.

[653] AMAE Paris-La Courneuve, Europe, RFA 1976–1980, Bd. 3955, Premier ministre,
SGDN, Division du renseignement, Bulletin particulier de renseignement: »République
fédérale d'Allemagne – Le poids du passé sur une récente polémique«, 9. Juli 1976, S. 1.

[654] Siehe ibid., S. 2–4; vgl. des Weiteren AMAE Nantes, Bonn Ambassade, Bd. 318, Vermerk
betreffend »L'opinion allemande et la France«, September 1977, S. 5.

sous le nom d'›interdictions professionnelles‹. Les réactions de certains milieux de l'opinion française seraient moins vives si ce n'était pas l'Allemagne qui était en cause[655].

Einzig das Voranschreiten der Zeit könne auf lange Sicht dafür sorgen, dass sich die Last der Vergangenheit in den Beziehungen zwischen Franzosen und Deutschen verringere und öffentliche Auseinandersetzungen wie diejenigen um die »Berufsverbote« unmöglich würden[656].

In Anbetracht des »grellen und verzerrten Bildes«[657], welches nicht nur in Frankreich von der Bundesrepublik gezeichnet wurde, und vor allem der harschen Kritik an der vermeintlich zunehmenden Beschneidung von Rechten und Freiheiten der westdeutschen Bürger, sahen es die Bonner Verantwortlichen als unabdingbar an, ihre Bemühungen um eine Außendarstellung der Bundesrepublik als gefestigte Demokratie zu verstärken. Die auswärtige Kulturpolitik galt der westdeutschen Regierung in dieser Hinsicht einmal mehr als das geeignete Instrument[658]. In ihrer im September 1977 veröffentlichten Stellungnahme zum Bericht der Enquête-Kommission des Bundestages über die auswärtige Kulturpolitik hieß es, dem Ausland solle ein wirklichkeitsnahes und auch selbstkritisches Bild der Bundesrepublik vermittelt und dadurch für mehr Verständnis für den westdeutschen Staat geworben werden. »Der in letzter Zeit verschiedentlich feststellbaren Verzerrung des Deutschlandbildes muß durch eine ausgewogene Darstellung der tatsächlichen Verhältnisse entgegengewirkt werden«[659].

Die Instrumente, die hierzu eingesetzt werden sollten, boten indes kaum Neues. Zunächst setzte die Bonner Regierung auf eine intensivierte Förderung der deutschen Sprache. Noch mehr als zuvor müsse der Sprachunterricht dazu genutzt werden, zeitgemäße Informationen über die Bundesrepublik zu vermitteln und Klischeevorstellungen abzubauen. Mit besonderem Nachdruck sei künftig das Konzept der in das Bildungswesen des Gastlandes integrierten »bikulturellen Begegnungsschule« zu fördern. Daneben gelte die staatliche Aufmerksamkeit zum einen dem Bereich von Hochschulen und Wissenschaft, da hier Zielgruppen zusammengeführt würden, die in

---

[655] AMAE Paris-La Courneuve, Europe, RFA 1976–1980, Bd. 3999, Vermerk betreffend »Les relations franco-allemandes« vom 14. Oktober 1977, S. 4.

[656] Siehe AMAE Paris-La Courneuve, Europe, RFA 1976–1980, Bd. 3955, Premier ministre, SGDN, Division du renseignement, Bulletin particulier de renseignement: »République fédérale d'Allemagne – Le poids du passé sur une récente polémique«, 9. Juli 1976, S. 4.

[657] PA-AA, Auslandsvertretungen, Botschaft Paris, Bd. 13523, Aufzeichnung bezüglich des Deutschlandbildes in Frankreich vom 12. Oktober 1977, S. 1.

[658] Vgl. AMAE Nantes, Bonn Service culturel, Bd. 83, Schreiben des Kulturrats der französischen Botschaft Bonn, Maurice Descotes, an die Kulturabteilung des französischen Außenministeriums betreffend »Action culturelle de la République fédérale d'Allemagne à l'étranger« vom 17. Oktober 1977, S. 1.

[659] Stellungnahme der Bundesregierung zum Bericht der Enquête-Kommission des Deutschen Bundestages zur Auswärtigen Kulturpolitik, in: Bulletin des Presse- und Informationsamtes der Bundesregierung 91 (1977), S. 841.

entscheidenden Bereichen des Kulturlebens tätig seien und daher als Multiplikatoren für partnerschaftliche Beziehungen wirkten. Zum anderen müsse die Bundesregierung die Massenmedien stärker als bislang geschehen in den Blick nehmen, da gerade ihnen eine entscheidende Bedeutung zur »Objektivierung« des Deutschlandbildes zukomme. Jenseits der staatlichen Ebene sei der von gesellschaftlichen Organisationen durchgeführte Jugend- und Sportaustausch vermehrt zu unterstützen, da auf diese Weise jungen Menschen Kenntnisse und Verständnis anderer Völker in einer Lebensphase vermittelt würden, in welcher sie hierfür besonders aufnahmefähig und unvoreingenommen seien. Darüber hinaus wolle die Regierungspolitik »jede vernünftige, dem Ziel der Verständigung und des partnerschaftlichen Austauschs dienende nicht-staatliche Initiative« ermutigen[660].

Die Aufgabe, die so formulierten Zielsetzungen zu realisieren, sollte insbesondere den beiden großen Mittlerorganisationen Goethe-Institut und DAAD zukommen. Vielfach mit Unterstützung der deutschen Botschaft in Paris organisierten sie die verständigungspolitische Feldarbeit, die als notwendig erachtet wurde, um die Folgen der Debatten um den »Radikalenerlass« abzumildern. Die von ihnen durchgeführten Austauschprogramme, Sprachkurse und kulturellen Veranstaltungen sollten helfen, den immer noch leicht mobilisierbaren Erinnerungen an das »hässliche Deutschland« Bilder entgegenzusetzen, welche die französische Wahrnehmung des Nachbarlandes zumindest in einer langfristigen Perspektive zum Positiveren wandeln würden. Im April 1976 veranstaltete etwa die Pariser DAAD-Zweigstelle gemeinsam mit dem Heinrich-Heine-Haus in der Cité universitaire eine öffentliche Diskussionsrunde zum Thema »Radikalenerlass«. Im Rahmen derer kamen deutsche und französische Gegner und Befürworter zusammen, darunter auch Alfred Grosser und der Deutschland-Korrespondent von »Le Monde«, Daniel Vernet, um über die möglichen Auswirkungen der westdeutschen Überprüfungspraxis auf das politische Klima und die demokratische Verfasstheit der Bundesrepublik zu streiten. Ein Botschaftsbericht hielt fest, die Reaktion des Publikums sei durchaus geteilt gewesen. Eine globale Verurteilung der deutschen Maßnahmen, wie sie auf kommunistischer und linksextremer Seite üblich sei, habe man jedenfalls nicht feststellen können. »Den meisten Teilnehmern dürfte doch klar geworden sein, daß die Dinge nicht so einfach liegen, wie die linke Anti-Berufsverbotskampagne sie darstellt«[661].

Die Initiativen des staatlichen Bereichs konnten allerdings, auch wenn sie

---

[660] Siehe zu diesem Abschnitt ibid., S. 841f., hier die angeführten Zitate; vgl. auch SATTLER, Nationalkultur oder europäische Werte?, S. 67–74.

[661] PA-AA, Zwischenarchiv, Nr. 109074, Schreiben der deutschen Botschaft Paris an das Auswärtige Amt betreffend »Öffentliche Diskussion über das Thema ›Radikalenerlaß‹ im Heinrich-Heine-Haus der Cité internationale universitaire in Paris« vom 1. Juni 1976, S. 3.

in das halb-offizielle Gewand der kulturpolitischen Mittlerorganisationen gekleidet waren, leicht in Gefahr geraten, als Propagandamaßnahmen der Bonner Regierung abgetan zu werden. Aus Sicht der westdeutschen Verantwortlichen war es daher umso wünschenswerter – dies kam auch in der Stellungnahme der Bundesregierung zur Auswärtigen Kulturpolitik zum Ausdruck –, dass die staatlichen Verständigungsbemühungen Unterstützung seitens privat organisierter Kräfte erfuhren. Der ADFG etwa beschäftigte sich seit 1976 in Vorstandssitzungen und anlässlich seiner Jahrestagungen mehrfach mit der französischen Kritik an der inneren Entwicklung der Bundesrepublik und mit den möglichen negativen Auswirkungen auf das deutsch-französische Verhältnis. Der in der französischen Presse immer wieder geäußerte Verdacht, in Westdeutschland würden die Freiheiten der Bürger beschnitten und demokratische Grundprinzipien außer Kraft gesetzt, zeigte nach Auffassung der Verantwortlichen einmal mehr, wie hoch die Barrieren wechselseitigen Unverständnisses zwischen beiden Ländern immer noch waren[662]. Den deutsch-französischen Gesellschaften komme daher die Aufgabe zu, den Franzosen Deutschland und die Deutschen noch intensiver zu erklären und Brücken über die bestehenden mentalitätsbedingten Unterschiede zu schlagen. Die Einstellung zu den Menschen des Nachbarlandes müsse auf beiden Seiten von »einer echten Toleranz beherrscht sein«[663]. Stärker als bislang sollten sich die Mitgliedsgesellschaften daher aufgefordert sehen, neben der Durchführung reiner Kulturveranstaltungen politische Informationsarbeit zu betreiben. Zudem müsse man sich vermehrt darum bemühen, dass die Sprache des Partners im jeweils anderen Land mehr Verbreitung finde. Denn nur durch eine »bessere Kenntnis der Lebens- und Wesensart des Nachbarn«[664] könnten, wie im Arbeitskreis geurteilt wurde, die deutsch-französischen Beziehungen auf eine feste Grundlage gestellt werden. »Nur echtes Engagement, sorgfältige und hingebungsvolle Kleinarbeit [...] bringt uns auf dem Weg zu einer Verständigung und zu einem Verstehen zwischen unseren beiden Völkern weiter«[665].

Auch beim BILD wurden die öffentlichen Debatten um den »Radikalenerlass« mit einiger Besorgnis beobachtet. Vize-Präsident Joseph Rovan stellte

---

[662] Vgl. VDFG-Archiv, Ordner Vorstandssitzungen 1974–1976, Bericht über die Klausurtagung des Vorstands des ADFG in Pont-à-Mousson im November 1976; VDFG-Archiv, Ansprache der Ehrenpräsidentin des ADFG, Elsie Kühn-Leitz, im Rahmen der 22. Jahrestagung der deutsch-französischen Gesellschaften in Montpellier am 11. September 1977, in: Mitteilungsblatt für die Deutsch-Französischen Gesellschaften 43 (1978), S. 116f.

[663] VDFG-Archiv, Ansprache des deutschen Präsidenten des ADFG, Alfred Borgmann, anlässlich der Jahrestagung der deutsch-französischen Gesellschaften im August 1978, in: Mitteilungsblatt für die Deutsch-Französischen Gesellschaften 44 (1979), S. 23.

[664] VDFG-Archiv, Ordner Kongreß Braunschweig 1976, Pressenotiz »Deutsch-französische Partnerschaft in der Bewährung« vom 31. August 1976.

[665] VDFG-Archiv, Ordner Vorstandssitzungen 1974–1976, Rundschreiben des deutschen Präsidenten des ADFG, Alfred Borgmann, vom Juli 1978, S. 2.

im August 1976 fest: »La polémique récente soulevée par les mesures prises en République fédérale pour faire face aux agissements d'éléments extrémistes joue un rôle particulièrement négatif et trouble les esprits«[666]. Während man in weiten Teilen der französischen Öffentlichkeit, wie Rovan ausführte, die nahezu vollständige Abwesenheit von Freiheiten und Grundrechten in der DDR kaum zur Kenntnis nehme, verbreite sich in Frankreich derzeit mehr und mehr die Meinung, die Bundesrepublik sei auf dem besten Wege, ein Polizeistaat zu werden und sich dem Deutschland der Jahre 1933 bis 1945 anzunähern. Diese Ansicht werde bedauerlicherweise durch gezielte Pressekampagnen geschürt und sei umso verhängnisvoller für das deutsch-französische Verhältnis, als sie mit den gegenwärtig wiedererstarkenden französischen Ängsten vor einer ökonomischen und politischen Dominanz Westdeutschlands zusammentreffe. Gerade derartige Rückschläge, derartige Enttäuschungen, seien jedoch dazu angetan, dem BILD als Impulse für eine Intensivierung seiner Verständigungsbemühungen zu dienen:

[N]ous devons agir au sein de nos deux sociétés comme de vrais militants, avec un très grand engagement personnel. Notre devoir est de convaincre et de prouver comme les encyclopédistes du XVIIIe siècle, d'agir au sein des réalités politiques, auprès des centres de décision comme de la grande masse des citoyens, d'être des éducateurs, des multplicateurs, des diffuseurs[667].

Vor allem auf dem Gebiet der Austausch- und Begegnungsarbeit müsse die Organisation bestrebt sein, mehr junge Menschen dafür zu gewinnen, in persönlichen Kontakt mit dem jeweiligen Nachbarland zu treten. Schließlich entstünden auf diese Weise die Bindungen, von denen die deutsch-französischen Beziehungen künftig zehrten und die sie für Krisenerscheinungen unanfälliger machten. Darüber hinaus sei zu überlegen, wie es gelingen könnte, der Informationstätigkeit des BILD eine größere öffentliche Aufmerksamkeit zu sichern[668]. Denn nur wenn die wohlmeinenden Appelle im Lärm der massenmedialen Wortgefechte Gehör fänden, diese Einsicht schien sich bei den Verantwortlichen der Vereinigung durchzusetzen, würden sich Dispute wie derjenige um den »Radikalenerlass« in einem verständigungsfördernden Sinne beeinflussen lassen.

Das Ludwigsburger DFI schließlich thematisierte die im Zuge der französischen Kritik an den »Berufsverboten« aufgetretenen Spannungen im deutsch-französischen Verhältnis anlässlich seiner Jahresversammlung im April 1976. Hier sollte Gastredner Alfred Grosser einem westdeutschen Publikum die in Frankreich bestehenden Befürchtungen erläutern und damit einen Beitrag zur Versachlichung der streckenweise hoch polemisch geführ-

---

[666] BILD-Archiv, Rede des Vize-Präsidenten des Bureau international de liaison et de documentation, Joseph Rovan, anlässlich der Feier zum dreißigjährigen Bestehen des BILD und der GÜZ am 20./21. August 1976 in Stuttgart, S. 2.

[667] Ibid., S. 6.

[668] Vgl. ibid., S. 6f.

ten Diskussionen leisten. In seinem mit dem Titel »Toleranz und Intoleranz in Deutschland und Frankreich«[669] überschriebenen Vortrag legte Grosser dar, dass einer Mehrheit der Franzosen und auch ihm selbst, einem erklärten und langjährigen Freund Deutschlands, vollkommen unverständlich sei, aus welchem Grunde die Bundesrepublik, der Staat mit der stabilsten politischen Struktur in Europa, sich so sehr vor einer verschwindend geringen Anzahl an Kommunisten fürchte, dass eine intolerante Maßnahme wie der »Radikalenerlass« möglich werden könne. Dies habe die Bundesrepublik in keiner Weise nötig. Gewiss, so räumte Grosser ein, sei die besondere Wachsamkeit, welche kommunistischen Gruppierungen in Westdeutschland zuteil werde, mit der Existenz der DDR und auch mit dem Verhalten der KPD in der Weimarer Zeit zu erklären. Doch müsse man darauf Acht geben, dass das Pendel politischer Intoleranz nicht zu weit ausschlage, die Ablehnung von Bewerbern für den öffentlichen Dienst sich nicht auf Willkür gründe. Dies sei die Gefahr, die in Frankreich augenblicklich gesehen werde. Dass seinen Landsleuten jedoch der »Radikalenerlass« vielfach als Symptom einer fortschreitenden Negativentwicklung Westdeutschlands gelte und zu Zweifeln an der Demokratiefestigkeit des bundesdeutschen Staatswesens insgesamt führe, hielt Grosser andererseits für ein Zeichen mangelnden Verständnisses und mangelnden Vertrauens der Franzosen gegenüber ihren östlichen Nachbarn. Hierauf weise er in Frankreich allerdings regelmäßig hin. Auch die Kritik am »Radikalenerlass« müsse dem Geist der Toleranz entsprechen. Nur so könne man zu einer Entkrampfung des angespannten deutsch-französischen Verhältnisses kommen[670].

Ähnlich wie im Rahmen seines Ludwigsburger Vortrags hatte Alfred Grosser bereits seit Anfang der 1970er Jahre vielfach in die Debatten um den »Radikalenerlass« eingegriffen. In Frankreich ging es ihm vornehmlich darum, mehr Verständnis für die besondere Lage Westdeutschlands als Frontstaat des Kalten Krieges zu wecken und zu verhindern, dass sich der Eindruck verfestigte, die Bundesrepublik würde zunehmend von antidemokratischen Tendenzen beherrscht. Mit seinen Reden in der Bundesrepublik

---

[669] Vorträge desselben oder ähnlichen Titels hielt Alfred Grosser im Verlaufe des Jahres 1976 mehrfach in Westdeutschland, so etwa bereits Ende Januar 1976 auf Einladung der Deutsch-Französischen Gesellschaft Bremen, vgl. AMAE Nantes, Bonn Ambassade, Bd. 368, Schreiben des französischen Konsuls in Bremen, Louis Hirn, an den französischen Botschafter in Bonn, Olivier Wormser, betreffend »Conférence de M. Alfred Grosser« vom 3. Februar 1976; der Norddeutsche Rundfunk strahlte darüber hinaus im Februar 1976 die Aufzeichnung einer Podiumsdiskussion mit Grosser zu dem Thema aus, vgl. Diese Woche im Fernsehen, in: Der Spiegel, 09.02.1976, S. 159.

[670] Vgl. zu diesem Abschnitt Fridtjof THEEGARTEN, »Sie ist der Untergang der Demokratie«. Professor Grosser warnt vor Intoleranz in der Politik, in: Stuttgarter Nachrichten, 12.04.1976, S. 8; Grosser erneuert seine Kritik am Radikalenerlaß, in: StZ, 12.04.1976, S. 2; »Toleranz und Intoleranz in Deutschland und Frankreich«. Ein kritischer Beitrag zur Jahresversammlung des Deutsch-Französischen Instituts, in: Ludwigsburger Kreiszeitung, 13.04.1976, S. 3.

versuchte er vor allem, den westdeutschen Zuhörern die Hintergründe der
französischen Kritik zu erläutern und machte auch selbst immer wieder
auf die schädlichen Auswirkungen der Überprüfungspraxis aufmerksam. In
einem 1974 veröffentlichten Beitrag zur kulturellen Identität der Bundesrepublik bekräftigte Grosser: »Die ganze Diskussion um die Maßnahmen zur
Radikalen-Bekämpfung erfüllt den Beobachter von außen – sei er Franzose,
Belgier oder Engländer – mit Unbehagen«[671]. Man stelle mit Sorge fest, so
Grosser in seiner viel beachteten Rede anlässlich der Friedenspreisverleihung
im Oktober 1975[672], dass in Westdeutschland der Begriff der Sicherheit
zunehmend mehr gelte als derjenige der Freiheit, die staatliche Regelsetzung
mehr als politisch autonomes Denken und Handeln. Man müsse sich fragen,
ob nicht manche Bürger der Bundesrepublik dem Staat mehr huldigten als
dem Recht und ob sie die freiheitlich-demokratische Grundordnung nicht
nur als eine Abwandlung der staatlichen Ordnung schlechthin auffassten,
die ihren Vätern oder ihnen selbst im Kaiserreich oder im totalen Staat
den täglichen biederen Frieden gesichert habe. »Vielleicht bin ich zu sehr
Franzose oder denke ich zu sehr an 1933, aber es scheint mir doch, als ob in
der Bundesrepublik immer mehr von der Verteidigung der Grundordnung
durch den Staat die Rede sei und immer weniger von der Verteidigung der
Grundfreiheiten gegen den Staat«[673]. Vor allem der im Beschluss von 1972
verankerte Gedanke einer zukunftsbezogenen Verurteilung von Bewerbern
für den öffentlichen Dienst erschien Grosser als geradezu absonderlich.
Junge Leute würden vorsorglich vom Staatsdienst ausgeschlossen, weil sie
ihre Weltanschauung nicht mehr ändern und möglicherweise ihre Pflichten
gegenüber dem Rechtsstaat verletzen könnten. Andererseits habe es sich die
Bundesrepublik aber leisten können, Männern wichtige staatliche Positionen
anzuvertrauen, die während der NS-Zeit als Verteidiger des Rechtsstaats
völlig versagt hätten. Wer die Nürnberger Judengesetze als normales Recht
trocken ausgelegt habe, hätte im neuen Rechtsstaat immerhin Staatssekretär
werden dürfen, wer die Gestapo polizeirechtlich gerechtfertigt habe, Rektor
und Kultusminister. »Die Kriterien, die nun verbieten sollen, Zollbeamter
oder Dorfschullehrer zu werden, scheinen mir wahrlich strenger zu sein«[674].
Immer wieder wies Grosser auch in den folgenden Jahren mit ähnlicher
Argumentation auf die genannten Missstände hin und riet den Deutschen,
die französische Kritik nicht generalisierend als kommunistisch gesteuerte
Kampagnen abzutun. Vielmehr seien sie gehalten, sich ernsthaft mit ihr
auseinanderzusetzen und all denen, die in Frankreich in aufrichtiger Weise

---

[671] GROSSER, Die kulturelle Identität der Bundesrepublik Deutschland, S. 206.
[672] Vgl. Hans SCHUELER, Vom Staate, den wir wollen. Radikalen-Erlaß und innerer Friede:
Die Praxis unterspült die Theorie, in: Die Zeit, 17.10.1975, S. 1.
[673] GROSSER, Ansprachen anlässlich der Verleihung des Friedenspreises, S. 47.
[674] Ibid., S. 50.

an den Entwicklungen im Nachbarland Anteil nähmen, mehr Verständnis entgegenzubringen[675].

In Grossers Einmischungen auf französischer Seite trat hingegen seine eigene Kritik an der Anwendung des »Radikalenerlasses« weitgehend hinter sein Bestreben zurück, das in der Presseberichterstattung stark ins Negative verzerrte Deutschlandbild zu korrigieren. Wenn man den westdeutschen Staat kritisiere, wozu allemal eine Berechtigung bestünde, dürfe dies, wie Grosser Anfang Juni 1976 in »Le Monde« betonte, nicht mit einer sich auf Vorurteilen gründenden Feindseligkeit geschehen. Für die Franzosen müsse vielmehr der Grundsatz eines ehrlichen Mitfühlens mit den Nachbarn gelten. Es sei in Frankreich mehr Verständnis für die innerdeutsche Situation angebracht. Viele Westdeutsche sähen ihr Gemeinwesen, wie Grosser erläuterte, durch die Nachbarschaft zur DDR und zum sowjetischen Machtbereich permanent bedroht. Hieraus ließen sich auch die heftigen Reaktionen auf die Initiative François Mitterrands erklären. Die französischen Sozialisten seien schließlich selbst nie gewaltsam durch die Kommunistische Partei absorbiert worden, so wie die SPD nach 1945 in der sowjetischen Besatzungszone. Ebenso sei ihr Vorsitzender nie Bürgermeister einer Stadt gewesen, in der die Freiheit von mehr als zwei Millionen Menschen lediglich durch die Präsenz der alliierten Soldaten gewährleistet werde. Wenn man es sich daher in Frankreich zur Aufgabe mache, das Recht des westdeutschen Grundschullehrers zu verteidigen, Kommunist zu sein, so dürfe hierbei nicht verschwiegen werden, dass im anderen deutschen Staat ein von der offiziellen Meinung abweichender Lehrer in keinerlei Hinsicht Duldung erfahre, sondern dass dort der Lehrende grundsätzlich zur ideologischen Indoktrinierung seiner Schüler verpflichtet sei. Die Demokratie der Bundesrepublik habe, wie Grosser betonte, der französischen in verschiedenen Bereichen sogar einiges voraus: »À bien des égards, le respect du pluralisme, l'acceptation de la critique, la tolérance, sont autrement plus solides en République fédérale qu'en France. La télévision, l'armée, l'entreprise – l'énumération pourrait être allongée, les exemples multipliées«[676].

In ähnlicher Weise wie Grosser beurteilte auch Joseph Rovan die seitens der bundesdeutschen Behörden angestrengten Überprüfungsmethoden als der extremistischen Bedrohung völlig unangemessen und zudem in ihren möglichen Auswirkungen auf die demokratische Kultur der Bundesrepublik als nicht ungefährlich:

---

[675] Vgl. DERS., 30 Jahre Grundgesetz. Beobachtungen von außen, in: Politische Vierteljahresschrift 20/2 (1979), S. 190–197; DERS., Die äußere und die innere Sicherheit, in: Walter SCHEEL (Hg.), Nach dreißig Jahren. Die Bundesrepublik Deutschland – Vergangenheit, Gegenwart, Zukunft, Stuttgart 1979, S. 47–57; Alfred GROSSER, Der Bürger – seine Verwaltung und sein Staat in Frankreich und in der Bundesrepublik Deutschland – eine vergleichende Betrachtung, Düsseldorf 1980.

[676] DERS., La démocratie des autres, in: Le Monde, 01.06.1976, S. 8; vgl. hierzu auch DERS., La passion de comprendre, S. 118f. und S. 143–154; DERS., L'Allemagne de notre temps 1945–1978, S. 635–646.

Elles [les enquêtes] peuvent ainsi aboutir à créer un climat de suspicion et de délation, où l'on objectera que, cinq ans plus tôt, on vous a vu à une manifestation extrémiste. Traitant de telle manière des gens jeunes, un tel système risque de supprimer le droit à l'erreur, et de développer, dans un peuple traditionnellement porté à la discipline sociale, une mentalité de conformisme tout à fait contraire à l'esprit démocratique. [...] En ce qui concerne l'accord de 1972 et ses effets, la République fédérale aurait intérêt à les soumettre à un nouvel examen[677].

Auch wenn Kritik an dieser durchaus bedenklichen inneren Entwicklung der Bundesrepublik demnach auch ihre Berechtigung habe, so sei der in Frankreich oftmals bekundete Verdacht, im Nachbarland steige der traditionelle deutsche Autoritarismus wieder empor, vollkommen fern der Realität. Seit nunmehr dreißig Jahren verfüge die Bundesrepublik, wie Rovan bekräftigte, über eine funktionierende Demokratie, die sich durch ein stabiles politisches System, Meinungsvielfalt, eine demokratisch kontrollierte Armee, unabhängige Gerichte und ein starkes Parlament auszeichne. Gewiss sei der westdeutsche Staat nicht frei von Fehlern und Unzulänglichkeiten, doch wolle Rovan denjenigen, die in Frankreich der Bundesrepublik derzeit in ungerechter und maßloser Weise den Prozess machten, vor Augen führen, dass die Bonner Demokratie der französischen in vielerlei Hinsicht in nichts nachstehe. Im Gegenteil: Auf manchem Gebiet sei sie ihr sogar überlegen[678]. Seinen Landsleuten gegenüber ließ Rovan es daher an klaren Worten nicht fehlen: »la République fédérale dirigée par Helmut Schmidt reste, à mes yeux aussi, un pôle de fidélité à la démocratie et aux libertés«[679].

Einmal mehr, dies wird anhand der öffentlichen Auseinandersetzungen um den »Radikalenerlass« deutlich, sahen sich die Kräfte der Verständigung einem Konflikt gegenüber, welcher in der raschen Mobilisierung alter Feindbilder, in den kaskadenartigen Folgen von Verdachtsmomenten und Verteidigungsreflexen, die Grenzen freundschaftlichen deutsch-französischen Einvernehmens in den 1970er Jahren offenbarten. Auf die seitens der französischen Presse ins Feld geführten Vermutungen, die Bundesrepublik gehe nach der schrittweisen Einschränkung der Freiheitsrechte ihrer Bürger sehenden Auges einem autoritären Regime entgegen, antworteten die westdeutschen Medienorgane mit zynischen Kommentaren. Kaum verhehlten sie die Verärgerung darüber, dass die Nachbarn den Deutschen auch nach mehr als drei Jahrzehnten nicht zugestehen wollten, sich zu verlässlichen Demokraten gewandelt zu haben.

Angesichts der anhaltenden medialen Verwerfungen zwischen beiden Ländern beabsichtigte die Bundesregierung im Rahmen ihrer Auswärtigen Kulturpolitik um mehr Verständnis für den westdeutschen Staat zu werben und das so festgestellte Bild des »hässlichen Deutschen« durch positivere und nicht von der Vergangenheit dominierte Eindrücke zu ersetzen. Hierzu

---

[677] ROVAN, L'Allemagne n'est pas ce que vous croyez, S. 94.
[678] Vgl. ibid., S. 61–69.
[679] DERS., Histoire de la social-démocratie allemande, S. 473.

dienten ihr ausschließlich altbekannte Rezepte: Das Erlernen der deutschen Sprache sollte in Frankreich gefördert, zeitgemäße Informationen über Deutschland vermittelt, Hochschul- und Wissenschaftsbeziehungen intensiviert werden. Ähnliche Zielsetzungen waren auch auf Seiten der nichtstaatlichen Kräfte zu konstatieren: Gerade in schwierigen Zeiten sehe man sich aufgefordert, die eigene Verständigungsarbeit zu verstärken, politische Aufklärung zu betreiben, bilaterale Austauschprozesse zu forcieren. Bei aller Verurteilung der polemischen Färbung der Diskussionen um den »Radikalenerlass« und bei allem Anmahnen der möglichen negativen Folgen für das deutsch-französische Verhältnis wurden konkrete Initiativen jedoch, zumindest insofern dies festzustellen ist, nicht ergriffen. Die Pläne der kulturpolitischen Akteure wie auch der privaten Organisationen blieben vielmehr bloße Willensbekundungen. In den medialen Gefechten waren allenfalls die Stimmen Joseph Rovans und Alfred Grossers zu vernehmen, die sich vor allem durch das wechselseitige Darlegen der unterschiedlichen Problemlagen, Positionen und Perspektiven bemühten, grenzüberschreitende Vermittlungsarbeit zwischen beiden Ländern zu leisten. Ob dies allein am Ende ausreichte, um ein wirkungsvolles Gegenmodell zum Schlagwort der westdeutschen »Hexenjagden« und »Berufsverbote« zu etablieren, ist zumindest fraglich. Dass im Zusammenhang mit den Ereignissen des »Deutschen Herbstes« nur wenig später das Bild der brutalen, repressiv-polizeistaatlich agierenden Bundesrepublik erneut und um ein Vielfaches verstärkt in Frankreich hervortreten konnte, zeigt jedenfalls, dass alte Ängste, Misstrauen und Klischeevorstellungen fortlebten und ein Faktor blieben, der die Beziehungen zwischen Deutschen und Franzosen weiterhin belastete.

3.4.2 Polemiken im »Deutschen Herbst« – die Bundesrepublik, ein Polizeistaat?

In der Tat galt Teilen der französischen Presselandschaft neben dem »Radikalenerlass« insbesondere das Vorgehen der westdeutschen Behörden gegen die RAF als Indiz für die schrittweise Wiedererrichtung eines autoritären Polizeistaats im Nachbarland. Zielscheibe der französischen Kritik, die vor allem linksintellektueller Provenienz war, bildeten zum einen die zwischen 1974 und 1978 in der Bundesrepublik verabschiedeten so genannten »Anti-Terror-Gesetze«[680], zum anderen die vermeintlich unmenschlichen Haftbedingun-

---

[680] Hierunter fielen zum einen das so genannte »Ergänzungsgesetz« vom 20. Dezember 1974, welches den Ausschluss des Strafverteidigers aus dem laufenden Verfahren regelte, wenn dieser im Tatverdacht stand, selbst an Straftaten seines Mandanten beteiligt zu sein oder die Begehung neuer Delikte zu fördern, zum anderen das Gesetz vom 18. August 1976, das die »Bildung terroristischer Vereinigungen« mit Strafe bedrohte, sowie das »Kontaktsperregesetz« vom 30. September 1977, welches Verbindungen der inhaftierten RAF-Mitglieder zu anderen Gefangenen und zur Außenwelt unterbrechen sollte,

gen der gefangen genommenen RAF-Mitglieder. Bereits im Dezember 1974 hatte der Besuch des französischen Philosophen Jean-Paul Sartre bei dem in der Justizvollzugsanstalt Stuttgart-Stammheim einsitzenden Andreas Baader für einige Aufregung gesorgt[681]. Vor seiner Reise in die Bundesrepublik hatte Sartre in einem Interview erklärt, die Öffentlichkeit »über die schreckliche Situation dieser Leute in der Isolierhaft« informieren zu wollen[682]. In einer im Anschluss an sein Gespräch mit Baader veranstalteten Pressekonferenz rief er zur Gründung eines Komitees zur Verteidigung der RAF-Häftlinge auf und bezeichnete die Haftumstände der in Stammheim Inhaftierten als Folter[683]. Zwar distanzierte sich der Philosoph gleichzeitig von den gewaltsamen Methoden der RAF, doch reichte sein Auftritt aus, um nicht nur in der konservativ geprägten westdeutschen Presse Empörung hervorzurufen[684]. Indem etwa der baden-württembergische Ministerpräsident Hans Filbinger Sartre der Taktlosigkeit gegenüber den Opfern der RAF und gegenüber den Deutschen insgesamt bezichtigte, gab er nach Einschätzung des französischen Generalkonsulats in Stuttgart die Stimmung breiter Schichten der Bevölkerung wieder[685]. Die Kritik des französischen Philosophen sei, wie auch »Der Spiegel« urteilte, »fern von aller Wirklichkeit«[686]. Sartre, so der allenthalben zu vernehmende Vorwurf, lasse sich in unwürdiger Weise zum willfährigen Instrument von Terroristen machen.

Erneut, und nun in weitaus größerem Ausmaße, erlangte der Themen-

vgl. Hans-Dieter SCHWIND, Kriminologie. Eine praxisorientierte Einführung mit Beispielen, Heidelberg u. a. [20]2010, S. 661f.; Mark A. ZÖLLER, Terrorismusstrafrecht. Ein Handbuch, Heidelberg u. a. 2009, S. 42–44 sowie ausführlich Philipp H. SCHULTE, Terrorismus und Anti-Terrorismusgesetzgebung. Eine rechtssoziologische Analyse, Münster 2008; Stephan SCHEIPER, Innere Sicherheit. Politische Anti-Terror-Konzepte in der Bundesrepublik Deutschland während der 1970er Jahre, Paderborn u. a. 2010.

[681] Der Besuch ging auf eine Initiative Ulrike Meinhofs zurück, die Sartre in einem Schreiben vom Oktober 1974 hierum gebeten hatte, siehe hierzu Nicole COLIN, Mensch oder Schwein? Andreas Baader, Ulrike Meinhof und Gudrun Ensslin auf Besuch in Hamburg und Paris, in: DIES. u. a. (Hg.), Der »Deutsche Herbst« und die RAF in Politik, Medien und Kunst. Nationale und internationale Perspektiven, Bielefeld 2008, S. 67–82, hier S. 70f.; vgl. allgemein zu Sartres Besuch in Stammheim Jürg ALTWEGG, Die Republik des Geistes. Frankreichs Intellektuelle zwischen Revolution und Reaktion, München, Zürich 1986, S. 126–131; MIARD-DELACROIX, Im Zeichen der europäischen Einigung, S. 174–176; BA, B 362, Bd. 3387, Antrag Jean-Paul Sartres bezüglich des Besuchs bei Andreas Baader in der Justizvollzugsanstalt Stuttgart-Stammheim vom 3. November 1974.

[682] »Schreckliche Situation«. Interview mit Sartre über seinen Besuch bei Baader, in: Der Spiegel, 02.12.1974, S. 166.

[683] Vgl. Sartre spricht von Folter. Besuch des französischen Philosophen bei Andreas Baader, in: Die Zeit, 13.12.1974, S. 8.

[684] Vgl. Günter ZEHM, Sartre geht zu Baader, in: Die Welt, 04.12.1974, S. 1; Rolf R. BIGLER, Sartre inszenierte sein schlechtestes Stück, in: Die Welt, 06.12.1974, S. 3.

[685] Vgl. AMAE Paris-La Courneuve, Europe, RFA 1971–1976, Bd. 2948, Schreiben des französischen Generalkonsulats Stuttgart an den französischen Botschafter in Bonn betreffend »Visite de M. Jean-Paul Sartre à Andreas Baader« vom 6. Dezember 1974.

[686] Baader-Meinhof: An der Brüstung, in: Der Spiegel, 09.12.1974, S. 27.

komplex des Terrorismus seit Sommer 1977 Bedeutung für die deutsch-französischen Beziehungen. Grund hierfür war die Flucht des Strafverteidigers von Andreas Baader im Stammheimer Prozess, Klaus Croissant, nach Frankreich. Gegen Croissant bestand bereits seit 1975 wegen des Tatbestandes der Komplizenschaft mit der RAF ein Haftbefehl, welcher jedoch gegen Zahlung einer Kaution und die Auflage, die Bundesrepublik nicht zu verlassen, zunächst ausgesetzt worden war. Anfang Juli 1977 passierte der Anwalt unerkannt die französische Grenze und beantragte nur wenig später in Paris politisches Asyl, um sich dem in Schwebe befindlichen Strafvollzug durch die bundesdeutschen Behörden zu entziehen[687]. Im Rahmen einer nach seiner Flucht rasch einberufenen Pressekonferenz im Hause des Anwalts Jean-Jacques de Félice erklärte Croissant, er wolle als in Westdeutschland politisch Verfolgter von nun an sein Schicksal in die Hände des französischen Volkes legen und von Frankreich aus die seiner Ansicht nach in der Bundesrepublik verlorene Sache der Menschenrechte verteidigen[688]. Der Zuspruch, den Croissant hierbei seitens verschiedener im linken politischen Spektrum zu verortender Organisationen wie der Ligue des droits de l'homme oder der Anwaltsvereinigung Syndicat des avocats de France erfuhr[689], wurde auf westdeutscher Seite als Anzeichen einer unmoralischen Solidarisierung Frankreichs mit einem RAF-Sympathisanten und möglicherweise sogar Mittäter bei terroristischen Gewaltakten in der Bundesrepublik gedeutet. In einem in dieser Hinsicht bezeichnenden Kommentar, den »Die Zeit« Ende Juli 1977 veröffentlichte, hieß es, Klaus Croissant habe keine schlechten Aussichten, mit seinem Gesuch um Gewährung politischen Asyls in Frankreich durchzudringen. »Jedenfalls reitet er auf einer Welle alter Ressentiments und neuer Vorurteile. Sie läßt viele Franzosen – und nicht nur die Kommunisten unter ihnen – in der Bundesrepublik einen Polizeistaat sehen, der politisch mißliebige Bürger allein wegen ihrer Überzeugung verfolgt«[690]. Nicht zuletzt vor dem Hintergrund der Anschlagserie des Jahres 1977[691], welche die west-

[687] Vgl. Hanno BALZ, Von Terroristen, Sympathisanten und dem starken Staat. Die öffentliche Debatte über die RAF in den 70er Jahren, Frankfurt a.M., New York 2008, S. 130–135 und S. 310; Sarah COLVIN, Ulrike Meinhof and West German Terrorism: Language, Violence and Identity, Rochester NY 2009, S. 163; MIARD-DELACROIX, Im Zeichen der europäischen Einigung, S. 176f.

[688] Vgl. BM-Anwälte: Schon wieder umdrehen, in: Der Spiegel, 18.07.1977, S. 74 und S. 79; Croissant: »Sache der Menschenrechte« von Paris aus verteidigen. Der Rechtsanwalt beantragt in Frankreich politisches Asyl, in: FAZ, 13.07.1977, S. 1.

[689] Vgl. L'affaire Croissant, hg. v. Mouvement d'action judiciaire, Paris 1977; Georges MAMY, Le glas du droit d'asile. Un entretien sur l'affaire Croissant avec Henri Noguères, historien, avocat et président de la Ligue des droits de l'homme, in: Le Nouvel Observateur, 21.11.1977, S. 46f.; Gérard BOSSUAT, La France, terre d'asile: l'avenir brouillé d'un grand destin, in: Antoine FLEURY, Carole FINK, Lubor JÍLEK (Hg.), Les droits de l'homme en Europe depuis 1945. Human Rights in Europe since 1945, Bern u. a. 2003, S. 107–134.

[690] H. SCH., Pariser Asyl?, in: Die Zeit, 15.07.1977, S. 1.

[691] Im Zuge derer ermordeten Mitglieder der »zweiten Generation« der RAF General-

deutsche Bevölkerung gleichermaßen erschüttert wie verunsichert hinterließ, galt die Vorstellung, dass Croissant »in Paris der rote Teppich ausgerollt wurde«[692], als Affront, der dem freundschaftlichen deutsch-französischen Verhältnis Schaden zufügte. In Frankreich mobilisierte hingegen zu gleicher Zeit das Bekanntwerden des Auslieferungsantrags, den die Bundesregierung inzwischen bei den französischen Stellen eingereicht hatte[693], weitere Kreise der Öffentlichkeit zu Sympathiebekundungen mit dem, wie es vielen Beobachtern schien, zu Unrecht durch einen zunehmend repressiv agierenden westdeutschen Staat verfolgten Anwalt[694].

Seit Juli 1977 entstand somit zwischen Frankreich und Westdeutschland eine Atmosphäre nahezu vollkommenen wechselseitigen Unverständnisses. Angesichts dessen konnte der Artikel, den der französische Schriftsteller Jean Genet Anfang September 1977 unter dem Titel »Violence et brutalité« in »Le Monde« veröffentlichte, zum Auslöser für öffentliche Auseinandersetzungen werden, welche das deutsch-französische Verhältnis über mehrere Wochen hinweg einer schweren Prüfung aussetzten[695]. Genet, der ganz offen Sympathie für die Ziele und das Handeln der RAF bekundete, bezog hierin Stellung gegen die seiner Ansicht nach unmenschliche Brutalität des »Systems Bundesrepublik«, welche die Freiheit der Menschen zerschlage und zwangsläufig in Maßnahmen der Gegengewalt münde. Je größer die Brutalität der Staatsmacht, so Genet, desto notwendiger die Gewalt der Gegenkräfte: »Nous devons à Andreas Baader, à Ulrike Meinhof, à Holger Meins, à la RAF en général, de nous avoir fait comprendre, non seulement par des mots, mais par leurs actions, hors de prison et dans les prisons, que la violence seule peut achever la brutalité des hommes«[696]. Bis zur Folter und zum Tod, wie der

---

bundesanwalt Siegfried Buback und den Vorstandssprecher der Dresdner Bank, Jürgen Ponto, vgl. zu den Attentaten der RAF im Jahr 1977 die Darstellungen von Butz PETERS, Tödlicher Irrtum. Die Geschichte der RAF, Frankfurt a.M. [3]2007 und Michael SONTHEIMER, »Natürlich kann geschossen werden«. Eine kurze Geschichte der Roten Armee Fraktion, München 2010; vgl. darüber hinaus die einschlägigen Sammelbände von Wolfgang KRAUSHAAR (Hg.), Die RAF und der linke Terrorismus, 2 Bde., Hamburg 2006 sowie Klaus WEINHAUER, Jörg REQUATE, Heinz-Gerhard HAUPT (Hg.), Terrorismus in der Bundesrepublik. Medien, Staat und Subkulturen in den 1970er Jahren, Frankfurt a.M., New York 2006.

[692] MIARD-DELACROIX, Willy Brandt, Helmut Schmidt und François Mitterrand, S. 238.

[693] Vgl. hierzu das Gespräch zwischen Bundeskanzler Schmidt und Staatspräsident Giscard d'Estaing in Straßburg am 19. Juli 1977, in: AAPD 1977, Bd. 2, Dok. 198, hier bes. Anm. 31.

[694] Vgl. L'affaire Klaus Croissant, in: Le Nouvel Observateur, 08.08.1977, S. 30; MÉNUDIER, Une revue de la presse française, S. 31–33; Günter GRASS, Alfred GROSSER, Fritz J. RADDATZ, Gespräch über eine schwierige Nachbarschaft, in: Freimut DUVE, Heinrich BÖLL, Klaus STAECK (Hg.), Briefe zur Verteidigung der Republik, Reinbek b. Hamburg 1977, S. 160–169; PA-AA, Zwischenarchiv, Nr. 113555, Aufzeichnung »Auflistung gegenwärtiger deutsch-französischer Irritationen« vom 16. August 1977, S. 1.

[695] Vgl. hierzu MIARD-DELACROIX, Im Zeichen der europäischen Einigung, S. 172f.

[696] Jean GENET, Violence et brutalité, in: Le Monde, 02.09.1977, S. 1.

Schriftsteller formulierte, verstünden sich die Mitglieder der RAF als »Inseln der Freiheit« in diesem »westlichen Archipel Gulag« Bundesrepublik. Das Nachbarland, das die Todesstrafe zwar abgeschafft habe, treibe diejenigen, die sich gegen seine Unmenschlichkeit auflehnten, dennoch in den Tod, durch Hungerstreik, durch Isolationshaft. Schrecken erregend und monströs erscheine das Deutschland, das sich hier offenbare[697]. Genets Stilisierung der RAF-Mitglieder zu Freiheitskämpfern und die Pauschalverurteilung der Bundesrepublik als Staat der Unterdrückung löste in der westdeutschen Presse umso heftigere Reaktionen aus, als nur drei Tage nach Veröffentlichung dieses Kommentars der Vorsitzende des Bundes der Deutschen Industrie und des Bundes der Arbeitgeberverbände, Hanns Martin Schleyer, in Köln durch die RAF entführt und seine vier Begleiter ermordet wurden[698].

Vor allem im Lichte dieser neuerlichen Bluttat erschien einer Mehrheit der westdeutschen Zeitungen Genets Beitrag, zu dem sich eine Reihe weiterer Artikel ähnlicher Zielrichtung gesellten, als zynisch und empörend. »Der Spiegel« druckte Mitte September 1977 Auszüge des »Le Monde«-Artikels in deutscher Übersetzung ab, brachte eine in deftigen Worten abgefasste Gegenrede und gab hiermit den Startschuss zum medialen Gegenangriff[699]. Mehr und mehr galt jedoch im Verlaufe der sich nun entspinnenden Kampagne die Meinung Genets als beredter Ausdruck eines in Frankreich auf breiter Front vorrückenden Antigermanismus und »Le Monde« als dessen Speerspitze[700]. Der Tatsache, dass in der französischen Presse, in »Le Monde« zumal, auch Gegenpositionen zu Genet vertreten wurden[701], schenkten die bundesdeutschen Journalisten dabei nur wenig Beachtung. Schadenfreude und Chauvinismus seien in Frankreich die dominanten Reaktionen auf den Terrorismus in der Bundesrepublik, wie denn auch die »Frankfurter Allgemeine Zeitung« konstatierte. Geradezu genüsslich ergingen sich die Nachbarn über das augenblickliche Schicksal Westdeutschlands. Die »zahllosen antideutschen Ergüsse« der französischen Presse zeugten insbesondere von der Genugtuung darüber, dass die Bundesrepublik endlich die Quittung für ihre polizeistaatlichen Praktiken bekäme. Der Hohn über die »tüchtigen

---

[697] Siehe ibid., S. 1f.

[698] Vgl. hierzu ausführlich Lutz HACHMEISTER, Schleyer. Eine deutsche Geschichte, München 2004.

[699] Vgl. Schrecken erregendes Deutschland, in: Der Spiegel, 12.09.1977, S. 136 sowie Dieter WILD, Ihr Lieben von »Le Monde«, in: Der Spiegel, 12.09.1977, S. 138.

[700] Vgl. hierzu Bernard BRIGOULEIX, La presse allemande accuse d'»antigermanisme« plusieurs journaux français dont »Le Monde«, in: Le Monde, 14.09.1977, S. 6; Klaus-Peter SCHMID, Geht es um Bonn, ist »Le Monde« gallisch und gallig, in: Die Zeit, 16.12.1977, S. 3.

[701] Vgl. beispielsweise Pierre de BOISDEFFRE, Comment faire face à la violence. Réponse à Jean Genet, in: Le Monde, 17.09.1977, S. 1 und S. 8.

Deutschen mit ihrer harten Mark«, spiele, wie es in dem Artikel hieß, eine »wichtige Rolle im Seelenhaushalt der Franzosen«[702].

Wenige Wochen später veröffentlichte dasselbe Blatt unter dem Titel »Das ist der Beginn einer heimtückischen Kampagne« eine über zwei Seiten reichende Zusammenstellung ausgewählter Kommentare französischer Zeitungen zu den jüngsten Ereignissen in der Bundesrepublik. Die einleitenden Worte lauteten: »Selten ist die Bundesrepublik von einem großen Teil der französischen Presse mit so viel Feindseligkeit und Mangel an Verständnis bedacht worden wie in diesen Tagen der Herausforderung durch den Terrorismus«[703]. In der zunehmenden Intoleranz, zu der die vom Terrorismus aufgeschreckte Bevölkerung und ihre Regierung angeblich neigten, sähen auch wohlmeinende Betrachter die Hinwendung zu einem autoritären, wenn nicht gar nazistischen Staatswesen. Die einhellige Ablehnung der RAF durch die Deutschen werde, so der Autor, in Frankreich nicht etwa als selbstverständlicher demokratischer Konsens, sondern vielmehr als »post- oder profaschistische Haltung« gedeutet. Die französischen Parteinahmen zugunsten der Terroristen gingen gar soweit, dass das Verhältnis von Täter und Opfer ins Gegenteil verkehrt werde. Vor diesem Hintergrund zu vermitteln, dass die Bundesrepublik auch angesichts der terroristischen Bedrohung ein Rechtsstaat bleibe, sei wahrlich keine leichte Aufgabe[704]. Ähnlich sah dies auch der Politologe Lothar Rühl, der Ende September 1977 den Lesern der »Zeit« erläuterte, »warum die Bundesrepublik vielen Franzosen ein Ärgernis ist«. Die Pariser Intelligentsia habe sich, wie Rühl befand, nie mit dem Erfolgsbeispiel, das ihnen die Nachbarn gaben, abfinden können. So stelle sie nun die Baader-Meinhof-Leute gegen das westdeutsche Modell. Die Deutschen seien in Frankreich von jeher als »dumm und diszipliniert« karikiert worden. Für die Franzosen sei es daher unerträglich, ihnen höhere Leistungen bei ebensoviel Freiheit und Menschlichkeit wie in Frankreich zuzubilligen. Wenn sie mehr leisteten, dann nur, weil sie sich noch immer unterdrücken ließen und in einem gut organisierten Kasernenbetrieb zur Arbeit marschierten. Es sei deshalb kein Zufall, dass in der französischen Presse, in »Le Monde« zumal, die deutsche Wirklichkeit weithin nur in ihren negativen Ausprägungen hervorgehoben werde[705].

Angeheizt hatte die Debatten zu diesem Zeitpunkt neben dem Artikel Jean Genets vor allem ein Interview des flüchtigen und mittlerweile auch in

---

[702] Andreas Razumovsky, Schadenfreude und Chauvinismus in Frankreich angesichts des Terrors in der Bundesrepublik. Seltsame Reaktionen nach der Schleyer-Entführung, in: FAZ, 12.09.1977, S. 3.

[703] Thankmar von Münchhausen, »Das ist der Beginn einer heimtückischen Kampagne«. Kommentare französischer Zeitungen zu den jüngsten Ereignissen in Deutschland, in: FAZ, 02.11.1977, S. 9.

[704] Siehe ibid.

[705] Siehe Lothar Rühl, Ein Popanz für die Linke. Warum die Bundesrepublik vielen Franzosen ein Ärgernis ist, in: Die Zeit, 23.09.1977, S. 11.

Frankreich per Haftbefehl gesuchten Klaus Croissant am 7. September 1977 in den Abendnachrichten des staatlichen Fernsehsenders »Antenne 2«. Vier Minuten lang erklärte der Anwalt den französischen Zuschauern dort, dass angesichts eines auf dem Weg des Faschismus befindlichen westdeutschen Staates den »Kräften des Widerstandes«, namentlich der RAF, einzig der bewaffnete Kampf bleibe und die Entführung Schleyers eine legitime Methode sei, sich gegen das in der Bundesrepublik herrschende repressive »System« aufzulehnen[706]. In den westdeutschen Medien nährte der Auftritt Croissants den Verdacht einer unterschwelligen Komplizenschaft der französischen Behörden und Öffentlichkeit mit dem Gesuchten.

Vor dem Hintergrund einer in Frankreich tief verwurzelten Antipathie gegen die deutschen Begriffe von Recht und Ordnung sowie eingedenk der Parallelen, welche die französische Linke seit geraumer Zeit zwischen der bundesdeutschen Terrorismusabwehr und dem nationalsozialistischen Repressionsapparat ziehe, falle es Croissant leicht, wie die »Süddeutsche Zeitung« schrieb, »das bei Millionen Franzosen immer wache Mißtrauen gegen die Bundesrepublik neu zu schüren«[707]. Nicht zuletzt aus diesem Grunde habe die westdeutsche Bevölkerung das gute Recht, danach zu fragen, weshalb der seit zwei Monaten untergetauchte Anwalt von der französischen Polizei noch nicht gefasst worden sei. Und auch die Verwunderung darüber sei berechtigt, »daß die Leitung eines französischen Fernsehsenders es für vertretbar hält, dem einstigen Verteidiger der Terroristen die Bildschirme Frankreichs zur besten Sendezeit zu öffnen«[708]. Ähnlich lautete auch die Kritik in »Der Spiegel«. Croissant und seinen Parolen sei, wie hier geurteilt wurde, durch das Interview eine übermäßige öffentliche Aufmerksamkeit zuteil geworden: »In der Stunde der Not sah sich die Bundesrepublik allein im Kampf gegen die Anarchie, wähnte sich verhöhnt durch Croissants TV-Akt, mißverstanden von ausländischen Publizisten, die zwischen Faschismus und Anarchie inmitten Europas ein germanisches Monster auferstehen sahen«[709].

Auf Seiten der französischen Presse war demnach im Herbst 1977 erneut die Rede von einer Wiedererrichtung des deutschen Polizeistaates. Das Vorgehen gegen die RAF erinnerte zahlreiche Kommentatoren an die Verfolgungen des Nationalsozialismus. Aus den bundesdeutschen Zeitungen sprach hingegen einmal mehr das Gefühl, von den sich allzu rasch deutschfeindlichen Strömungen hingebenden französischen Nachbarn in ungerechter Weise an den Pranger gestellt und in schweren Zeiten im Stich gelassen zu werden. Un-

---

[706] Vgl. Croissant zeigt Verständnis für Terroristen. Fernsehinterview mit dem nach Frankreich geflüchteten Strafverteidiger, in: Die Welt, 09.09.1977, S. 2; MIARD-DELACROIX, Partenaires de choix?, S. 124f.; AMAE Paris-La Courneuve, Europe, RFA 1976–1980, Bd. 3961, AFP-Meldung »Le gouvernement ouest-allemand ›irrité‹ par la diffusion d'une interview de Me Klaus Croissant« vom 9. September 1977.

[707] Klaus ARNSPERGER, Frankreichs anderes Ordnungsdenken, in: SZ, 13.09.1977, S. 4.

[708] Ibid.

[709] Paris: »Wir jagen Croissant«, in: Der Spiegel, 19.09.1977, S. 127.

heilvolle Schatten hatten die jüngsten Auseinandersetzungen auf den Rhein geworfen, wie »Le Monde« im November 1977 schrieb, welche nun drohten, die deutsch-französischen Beziehungen dauerhaft zu verfinstern[710].

Diese Gefahr war auch von den Regierungsstellen beider Länder erkannt worden. Bereits nach der Flucht Croissants im Juli 1977 hatte der deutsche Botschafter in Paris, Axel Herbst, dem Auswärtigen Amt gegenüber auf die Risiken hingewiesen, welche aus dem Fall Croissant für das deutsch-französische Verhältnis erwachsen könnten[711]. Im Zusammenhang mit der Pressepolemik, die der Artikel Jean Genets ausgelöst hatte, schien sich seine Prognose in beunruhigender Weise zu bestätigen. Ein Botschaftsbericht von Mitte September 1977 versuchte, die in Frankreich aufgekommene Kritik an der Bundesrepublik sowie insbesondere die zum Teil festzustellenden Sympathien der französischen Kommentatoren für die RAF zu erklären: Herrührend aus der französischen Revolution und bekräftigt durch die Erfahrungen der Résistance zwischen 1940 und 1944, finde individuelle Auflehnung gegen die Obrigkeit, auch unter Gewaltanwendung, in Frankreich eher ein positives Echo als in Deutschland, wo Ordnungs- und Gemeinsinn im Vordergrund stünden. Angesichts dieser grundlegenden Gegebenheiten habe es »der deutsche Terrorist« in Frankreich leichter als in anderen Ländern, auf Sympathie zu stoßen. Da sich zudem die Aktivisten der RAF von Beginn an als Linke präsentiert hätten, sei es ihnen, auch vor dem Hintergrund der Berichterstattung über die vermeintlich unmenschlichen Haftbedingungen in der Bundesrepublik, möglich gewesen, Verständnis vor allem in den linksintellektuellen Kreisen Frankreichs zu wecken. Diese dominierten weite Teile des kulturellen Lebens, des Schul- und Hochschulwesens sowie der Presse- und Fernsehlandschaft im Nachbarland. Was nun die Wirkungen des Terrorismus-Phänomens anbelangte, so seien hier in erster Linie die Besonderheiten des deutsch-französischen Verhältnisses zu berücksichtigen:

Ein Attentat wie das gegen Schleyer und seine Bewacher löst bei vielen Franzosen unausweichlich – oft wohl unterbewußt – bestimmte Assoziationen aus, wie Blutvergießen, äußerste Brutalität, Perfektion, Unmenschlichkeit, SS, Hitler, Wehrmacht, Deutsche, Krieg, Widerstand. Es geht davon eine Schockwirkung aus, die im ersten Augenblick weniger antiterroristisch als antideutsch sein mag. Ein solcher, aus Deutschland kommender Schock wirkt, wenn er – wie in diesem Fall – stark genug ist, weiter wie ein Katalysator. Wunden der Kriegs- und Nachkriegszeit beginnen wieder zu schmerzen[712].

Zu hoffen sei, wie der Bericht formulierte, dass dieser Schockzustand der Franzosen alsbald der Besinnung weiche und hiervon ausgehend eine bessere Stimmungslage zwischen beiden Völkern eintrete. Voraussetzung dafür

710 Vgl. André Fontaine, Ombres sur le Rhin, in: Le Monde, 09.11.1977, S. 1 und S. 4.
711 Vgl. Botschafter Herbst, Paris, an das Auswärtige Amt, 26. Juli 1977, in: AAPD 1977, Bd. II, Dok. 205.
712 PA-AA, Auslandsvertretungen, Botschaft Paris, Bd. 13523, Schreiben der deutschen Botschaft Paris an das Auswärtige Amt betreffend »Frankreich und die Terroristen in der Bundesrepublik Deutschland« vom 14. September 1977, S. 4.

sei allerdings, dass es gelinge, »bei der großen Mehrheit der französischen Bevölkerung – und nur bei dieser, denn bei manchen Franzosen wird uns dies nie gelingen! – alle denkbaren Assoziationen zwischen unserer Reaktion auf terroristische Verbrechen und einer Gewaltherrschaft wie wir sie früher hatten, zu vermeiden«[713].

In der französischen Vertretung in Bonn war man zu gleicher Zeit ebenso bestrebt, die möglichen Ursachen und Folgen der öffentlichen Kontroversen zwischen beiden Ländern näher zu bestimmen. Die seitens der französischen Presse erhobenen Vorwürfe gegen die Bundesrepublik würden, wie Botschafter Jean-Pierre Brunet am 10. September 1977 nach Paris schrieb, dort gegenwärtig umso stärker wahrgenommen, als die westdeutsche Öffentlichkeit infolge der jüngsten Gewaltakte der RAF desorientiert und zutiefst verunsichert sei. Dass verschiedene französische Kommentatoren Nachsicht gegenüber den Terroristen zeigten, sogar Sympathie für sie erkennen ließen und im selben Atemzuge die Bundesrepublik als Polizeistaat denunzierten, führe in Westdeutschland zu heftigen Gegenreaktionen. Insbesondere die Tatsache, dass »Le Monde« es Jean Genet an prominenter Stelle ermöglicht habe, gegen das »unmenschliche Deutschland« zu Felde zu ziehen, sowie das Interview Klaus Croissants im französischen Fernsehen hätten die Deutschen schockiert[714]. Der instinktive und hoch emotionale Verteidigungsreflex, welcher das Verhalten eines Großteils der westdeutschen Presseorgane kennzeichne, verzerre allerdings deren Berichterstattung ganz erheblich: »La presse allemande [...] consacre de longues colonnes à commenter ce qu'en disent les journalistes d'autres pays, au premier rang desquels le nôtre. Elle monte en épingle des interviews ou des articles qui sont passés à peu près inaperçus chez nous«[715]. In der westdeutschen Öffentlichkeit, vielleicht sogar im Regierungslager, greife, so die Auffassung von Brunet, mehr und mehr das Gefühl um sich, dass der Partner Frankreich in der schweren Krise, welche die Bundesrepublik zu bestehen habe, nicht an der Seite der Deutschen stehe. Wiederum offenbarten die zu Tage getretenen deutsch-französischen Spannungen, so das Urteil der Diplomaten des französischen Außenministeriums, wie zerbrechlich die Freundschaft beider Länder noch immer sei: »c'est une

---

[713] Ibid., S. 5f.

[714] Siehe AMAE Nantes, Bonn Ambassade, Bd. 318, Schreiben des französischen Botschafters in Bonn, Jean-Pierre Brunet, an das französische Außenministerium betreffend »L'Allemagne et les médias français« vom 10. September 1977.

[715] AMAE Paris-La Courneuve, Europe, RFA 1976–1980, Bd. 3960, Schreiben des französischen Botschafters in Bonn, Jean-Pierre Brunet, an das französische Außenministerium vom 19. September 1977; siehe hierzu auch AMAE Nantes, Bonn Ambassade, Bd. 318, Schreiben des französischen Botschafters in Bonn, Jean-Pierre Brunet, an das französische Außenministerium betreffend »Relations franco-allemandes« vom 21. Oktober 1977.

amitié récente, volontaire et fragile encore qu'il faut cultiver chaque jour par la pratique«[716].

Zu einer in diesem Sinne verstandenen Pflege der freundschaftlichen Bande sollten vor allem die wiederholten öffentlichen Solidaritätsbekundungen beitragen, welche die Pariser Regierung seit Zuspitzung des Konflikts über den Rhein sandte. So gab der Élysée-Palast am 13. September 1977 in einem Pressekommuniqué bekannt, dass Staatspräsident Giscard d'Estaing Bundeskanzler Schmidt angesichts der terroristischen Angriffe in Westdeutschland in einem Telefongespräch persönlich der Unterstützung des französischen Volkes und der Kooperationsbereitschaft der französischen Regierung und Behörden versichert habe. Beide erklärten hierin übereinstimmend, den Schaden, welche die seitens der Medien beider Länder ausgetragene Fehde in den deutsch-französischen Beziehungen anrichten könne, verhindern zu wollen[717]. Gut eine Woche später reiste der ehemalige französische Staatsminister Michel Poniatowski als Sonderbotschafter Giscards zu einem Gespräch mit Helmut Schmidt nach Bonn, um auf diesem Wege nicht nur der Bundesregierung, sondern auch der westdeutschen Bevölkerung die uneingeschränkte Solidarität Frankreichs im Kampf gegen den Terrorismus zu demonstrieren[718]. Vor der bundesdeutschen Presse erklärte Poniatowski:

[L]'immense majorité des Français partage l'émotion et comprend la répulsion du peuple allemand devant les événements récents. Les autorités françaises ont dès les premiers instants assuré le gouvernement allemand de leur entière solidarité et de leur complète coopération [...]. Le gouvernement français met tout en œuvre pour appuyer l'action des autorités allemandes[719].

Am 26. September schließlich bekräftigte Innenminister Christian Bonnet in einem Interview mit dem »Spiegel«, dass es sich bei denjenigen, die in Frankreich derzeit die Bundesrepublik einen Polizeistaat schimpften, um eine Minderheit handele, welche mit ihrem Tun die freundschaftliche Verbun-

---

[716] AMAE Paris-La Courneuve, Europe, RFA 1976–1980, Bd. 3999, Vermerk betreffend »Les relations franco-allemandes« vom 14. Oktober 1977, S. 5.

[717] Vgl. M. Giscard d'Estaing s'entretient par téléphone avec le chancelier Schmidt, in: Le Monde, 15.09.1977, S. 6; Telefongespräch des Bundeskanzlers Schmidt mit Staatspräsident Giscard d'Estaing, 13. September 1977, in: AAPD 1977, Bd. II, Dok. 242; PA-AA, Auslandsvertretungen, Botschaft Paris, Bd. 13523, Schreiben der deutschen Botschaft Paris an das Auswärtige Amt betreffend »Deutsch-französische Beziehungen: Äußerungen der französischen Regierung zur jüngsten Pressepolemik« vom 16. September 1977.

[718] Vgl. Dokumentation zu den Ereignissen und Entscheidungen im Zusammenhang mit der Entführung von Hanns Martin Schleyer und der Lufthansa-Maschine »Landshut«, hg. v. Presse- und Informationsamt der Bundesregierung, Bonn [2]1977, S. 59f.

[719] AMAE Paris-La Courneuve, Europe, RFA 1976–1980, Bd. 3999, »Chronologie des déclarations relatives aux relations franco-allemandes durant l'été 1977«, nicht datiert, S. 2f.; in ähnlicher Weise hatte sich kurz zuvor bereits der französische Botschafter in der westdeutschen Presse zu Wort gemeldet, vgl. AMAE Paris-La Courneuve, Europe, RFA 1976–1980, Bd. 3961, AFP-Meldung »Déclarations de l'Ambassadeur de France à Bonn« vom 20. September 1977.

denheit der Franzosen mit den Deutschen in keiner Weise beeinträchtigen könne. Ein bedeutender Teil der französischen Polizeikräfte fahnde, anders als in den westdeutschen Medien berichtet, intensiv nach Klaus Croissant. Zudem gewähre die Pariser Regierung der Bundesrepublik jede erdenkliche Hilfe bei der strafrechtlichen Verfolgung der RAF-Mitglieder[720]. Im Gegenzug erhielt Bundeskanzler Schmidt Anfang Oktober 1977 seitens der nun um Ausgleich bemühten französischen Fernsehgesellschaft »Antenne 2«, welche für ihr Interview mit Klaus Croissant schwere Kritik hatte hinnehmen müssen, die Möglichkeit, sich im Rahmen der Sendung »Cartes sur table« zu der französischen Kritik am Vorgehen der bundesdeutschen Behörden gegen die RAF zu äußern[721]. Hier wurde Schmidt Gelegenheit gegeben, wie man in der westdeutschen Presse urteilte, »sich eine Stunde lang als bescheidener, nachdenklicher, mitunter gar humorvoller Mensch vorzuführen, der tabakschneuzend, überhaupt nicht wie ›le Feldwebel‹ wirkte, als der er vielen Franzosen vorgesetzt worden war«[722].

Diese Form der Öffentlichkeitsarbeit auf höchster offizieller Ebene wurde von Bestrebungen der Regierenden begleitet, der tendenziösen Berichterstattung von Teilen der französischen Medien auch im Rahmen der kulturellen Verständigungspolitik mäßigend entgegenzutreten. Insbesondere die Bonner Verantwortlichen setzten es sich zum Ziel, hierdurch die befürchteten negativen Folgen für die Wahrnehmung der Bundesrepublik in Frankreich und die deutsch-französischen Beziehungen insgesamt abzuwenden. In dieser Hinsicht kam einer Ansprache Bundespräsident Walter Scheels, die dieser im Beisein des französischen Staatspräsidenten anlässlich der 500-Jahr-Feier der Universität Mainz im Sommer 1977 gehalten hatte, ein durchaus handlungsleitender Charakter zu[723]. Es wäre, wie Scheel dort ausführte, für Europa verhängnisvoll, wenn Deutsche und Franzosen wieder begännen, sich argwöhnisch zu belauern. Beide Länder sollten sich vielmehr einander zuwenden, aufeinander hören und eingehen. Um wirksam werden zu können, müsse diese Einigung jedoch seitens der Bevölkerungen bejaht und getragen werden. Wenn zwei Menschen sich zu einer dauernden Bindung entschlössen, so sei es unabdingbar, dass sie einander verstünden und schätzten. Bei Völkern sei dies nicht anders. »Deutschland und Frankreich

---

[720] Vgl. »Wir wußten wirklich nicht, wo er war«. Der französische Innenminister Christian Bonnet über die Fahndung nach BM-Anwalt Croissant, in: Der Spiegel, 26.09.1977, S. 139–145.

[721] Vgl. Henri MÉNUDIER, L'Allemagne à la télévision française en 1977, in: Documents 34 (1979), Sonderheft, S. 142–155.

[722] Unmenschliches Deutschland?, in: Der Spiegel, 21.11.1977, S. 134.

[723] Bereits im Vorfeld der Zeremonie hatte Bundeskanzler Schmidt an Staatspräsident Giscard d'Estaing geschrieben, dass die Feierlichkeiten in Mainz eine besondere Gelegenheit bieten könnten, »die Verbundenheit unserer Länder, insbesondere auf kulturellem Gebiet, darzutun«, AN Paris, 5 AG 3, Bd. 936, Schreiben Bundeskanzler Helmut Schmidts an Staatspräsident Giscard d'Estaing vom 7. März 1977.

brauchen Verständnis und Sympathie für einander. Deutsche und Franzosen müssen einander weit besser kennen und würdigen, als es bisher, trotz aller Anstrengungen, der Fall ist«[724]. Dabei, so die Worte des Bundespräsidenten, werde sich der einzelne kaum aus eigener Anschauung ein ausreichendes Bild von der Nachbarnation machen können. Er bedürfe hierbei der Vermittlung etwa von Journalisten, Wissenschaftlern oder Politikern, deren Aufgabe es sei, die »emotionellen Klischees« in den Vorstellungen der Nachbarn durch wirklichkeitsnahe Eindrücke zu ersetzen. Eines dieser überkommenen Klischees sah Scheel in der Kritik an der westdeutschen Demokratie. Die Bundesrepublik sei schließlich der freieste Staat in der deutschen Geschichte. Die Gewährleistung der Menschen- und Bürgerrechte in Westdeutschland stehe der keines anderen europäischen Staates nach. »Wer dieses Land als einen repressiven Polizeistaat verleumdet, kennt es nicht, oder er will es nicht kennen«[725].

Bei der Abtragung des in solcherlei Anschuldigungen erkennbaren Argwohns maßen die Offiziellen nicht nur den von Scheel genannten Mittlerpersönlichkeiten aus Medien, Wissenschaft und Politik eine entscheidende Funktion zu. Punktuelle Verständigungsimpulse sollten daneben auch von kulturellen Großveranstaltungen ausgehen, im Rahmen derer breite Bevölkerungsschichten des Nachbarlandes in ihrer Wahrnehmung der Bundesrepublik, so hoffte man zumindest auf deutscher Seite, positiv gestimmt würden. Dies konnten Theateraufführungen bekannter westdeutscher Ensembles sein, ein Auftritt der Berliner Philharmoniker in Paris und insbesondere Ausstellungen. Unter den Medien der Auswärtigen Kulturpolitik, so die auf Seiten der Bonner Verantwortlichen diesbezüglich vertretene Auffassung, bleibe das der Ausstellung besonders geeignet, um »die Breite und den Reichtum der [...] kulturellen Aktivitäten darzustellen. Alle unsere Erfahrungen zeigen immer wieder, daß visuelle Ansprache auch dort zum Verstehen führen kann, wo andere Medien – aus welchen Gründen auch immer – nicht zum Zuge kommen«[726]. In diesem Sinne galten Ausstellungen nicht nur als hilfreiches Instrument, um das Deutschlandbild des Auslands in günstiger Weise zu beeinflussen und einen dauerhaften kulturellen Dialog mit den Nachbarn zu etablieren, sondern ebenso als Ausdruck einer Auswärtigen Kulturpolitik, die sich als Mittel der Vertrauensbildung verstand.

---

[724] Ansprache Bundespräsident Walter Scheels anlässlich der 500-Jahr-Feier der Universität Mainz am 17. Juni 1977, in: Bulletin des Presse- und Informationsamtes der Bundesregierung 65 (1977), S. 610.

[725] Ibid.

[726] Rede des Staatssekretärs im Auswärtigen Amt, Hans Werner Lautenschlager, im Rahmen des internationalen Symposiums »Ausstellungen – Mittel der Politik« am 12. September 1980 in Berlin, in: Bulletin des Presse- und Informationsamtes der Bundesregierung 103 (1980), S. 875; vgl. hierzu auch Klaus BLEKER, Andreas GROTE (Hg.), Austellungen, Mittel der Politik? Internationales Symposium 10.9.–12.9.1980 in Berlin, Berlin 1981.

Gerade in Frankreich erschienen nach den deutsch-französischen Auseinandersetzungen der Herbstmonate 1977 solch vertrauensbildende Maßnahmen notwendiger denn je. Die im Juli 1978 unter großer medialer Aufmerksamkeit im Pariser Centre Pompidou eröffnete Ausstellung »Paris-Berlin 1900–1933. Rapports et contrastes France-Allemagne« kam daher aus Sicht derer, die die Entwicklung des deutsch-französischen Verhältnisses mit Sorge verfolgt hatten, zur rechten Zeit. Kuratiert durch die Kunsthistoriker Werner Spies und Jean-Hubert Martin und maßgeblich seitens der deutschen Botschaft und des Goethe-Instituts gefördert, präsentierte die Exposition den Besuchern ein weites Panorama der Entwicklung Deutschlands im ersten Drittel des 20. Jahrhunderts. Dieses reichte von der expressionistischen Malerei des »Blauen Reiter« und der Bauhaus-Architektur über den Film, die Literatur und das Theater der 1920er Jahre bis hin zu den politischen Umwälzungen zwischen Kaiserreich und der nationalsozialistischen Machtübernahme von 1933[727]. Französische Stereotype von uniformierten, arbeitsamen Deutschen wollten die Ausstellungsmacher ins Wanken bringen, Voreingenommenheit, die den Blick auf das östliche Nachbarland verstelle, ausräumen, Zusammenhänge erklären. Mit diesen Zielen verbanden sie die Hoffnung, dass sich, wie Werner Spies im Vorwort zu der 1979 erschienenen deutschen Ausgabe des Ausstellungskatalogs formulierte, »dank einer ungeschminkten Darstellung der historischen und ästhetischen Realitäten in Deutschland bis zur Heraufkunft des Nationalsozialismus das Faszinationsgefälle zwischen beiden Ländern verringern möge«[728].

Schenkt man den zahlreichen positiven Kommentaren aus Presse und Politik Glauben, schoss der Kurator mit seiner retrospektiven Einschätzung, es habe noch keine Begegnung der Franzosen mit Deutschland gegeben, »die eine derart tiefgreifende Auseinandersetzung zustande gebracht hätte«[729], nicht gar so sehr über das Ziel hinaus, wie vielleicht zu vermuten wäre. So berichtete Ende August 1978 die deutsche Botschaft an das Auswärtige Amt: »Die 1977 zu verzeichnende Welle der Kritik an den deutschen Nachbarn ist abgeflaut. Erfreulich sind Anzeichen eines gewachsenen Interesses an Deutschland, für das etwa die täglich 3000 Besucher der am 13. Juli eröffneten Ausstellung Paris-Berlin zeugen«[730]. Nahezu überschwänglich hieß es in den Zeitungen, ein »Rauchvorhang von Mißverständnissen« zwischen beiden Ländern lich-

[727] Vgl. den Ausstellungskatalog Paris-Berlin 1900–1933. Rapports et contrastes France-Allemagne. Art, architecture, graphisme, littérature, objets industriels, cinéma, théâtre, musique. Centre national d'art et de culture Georges-Pompidou, 12 juillet–6 novembre 1978, Paris 1978.

[728] Werner SPIES, Zur deutschen Ausgabe, in: Paris-Berlin 1900–1933. Übereinstimmungen und Gegensätze Frankreich-Deutschland. Kunst, Architektur, Graphik, Literatur, Industriedesign, Film, Theater, Musik, München 1979, S. 3.

[729] Ibid.

[730] PA-AA, Zwischenarchiv, Nr. 113561, Politischer Halbjahresbericht der deutschen Botschaft Paris vom 24. August 1978, S. 9.

te sich[731]. Nie zuvor sei in Frankreich der »teutonische Nachbar und einstige Erbfeind« so differenziert zur Kenntnis genommen worden[732]. Der Erfolg von »Paris-Berlin« ändere das Deutschlandbild der Franzosen: »Es war in der Tat, als ›entdeckten‹ die Franzosen ihre Nachbarn erst jetzt so recht, trotz eines seit 25 Jahren bestehenden Freundschaftspaktes, trotz Jugendaustausches und jährlicher Gipfeltreffen«[733]. Zumindest aus der Sicht der westdeutschen Presse trugen demnach die bislang ungekannten Eindrücke, welche der Gang durch die Ausstellung den rund 400 000 überwiegend französischen Besuchern vermittelte[734], dazu bei, mehr Verständnis für die Deutschen in Frankreich zu wecken und die deutsch-französische Krise des Herbstes 1977 vergessen zu machen. Der Gedanke, dass es mehr brauchen könnte, als eine viermonatige, wenngleich höchst bewegende Präsentation von »Bildern aus dem Drama der deutschen Seele«[735], um die Freundschaft zwischen Deutschen und Franzosen endgültig dingfest zu machen, wurde von manch einem Beobachter zwar vorsichtig formuliert. Doch gingen derartige Einwände im Enthusiasmus des Augenblicks, welcher die Reaktionen auf die gelungene Exposition beiderseits des Rheins kennzeichnete, nahezu vollständig unter. »Die Zeit« schrieb etwa:

Ein Besucher der Ausstellung ›Paris-Berlin‹ fragte, wo eigentlich das Lachen sei in der deutschen Kunst. Man überlegte und stellte fest, daß das Lachen noch nie ein deutsches Thema war. [...] Zwischen Munchs ›Schrei‹, Ouvertüre zum deutschen Expressionismus, und Beckmanns ›Abfahrt‹ war kaum Raum für Freude. Die ›Zerschleuderung der Welt‹ – ist das eine deutsche Eigenart? Auf dem Weg zum Flughafen liest man an einer Mauer in Sprühdosenschrift ›Schmidt assassin – solidarité avec Klaus Croissant‹. Auch wenn man weiß, daß das die Wandmalerei einer Generation ist und nicht einer Nation, so begreift man doch auch, daß Deutschland immer noch und immer wieder der ethnologisch ferne Nachbar ist, als der er sich in dieser ebenso eindrucksvollen wie ehrlichen Ausstellung zeigt[736].

---

[731] Vgl. Andreas RAZUMOVSKY, Ein Rauchvorhang von Mißverständnissen lichtet sich. Die Ausstellung »Paris-Berlin« findet in Frankreich breite Anerkennung, in: FAZ, 02.09.1978, S. 19.

[732] Vgl. Jürgen LEINEMANN, Nur zum Schluß die vertraute Symbolik, in: Der Spiegel, 06.11.1978, S. 24f.

[733] August von KAGENECK, Der Erfolg von »Paris-Berlin« ändert das Deutschlandbild der Franzosen, in: Die Welt, 06.10.1978, S. 5.

[734] Vgl. Ausstellung des Jahres, in: Die Zeit, 17.11.1978, S. 50, wo es heißt, dass die Ausstellung Paris-Berlin mit 406 000 Besuchern sowohl im Hinblick auf die Publikumswirkung als auch die Resonanz der Presse die erfolgreichste Ausstellung genannt werden könne, die in Europa 1978 zu sehen gewesen sei.

[735] Günther RÜHLE, Bilder aus dem Drama der deutschen Seele. Paris-Berlin: Eine bedeutende Ausstellung für zwei Völker im Centre Pompidou in Paris, in: FAZ, 20.07.1978, S. 17.

[736] Petra KIPPHOFF, Die Zerschleuderung der Welt. Deutsch-französische Beziehungen und französisch-deutsche Nichtbeziehungen, in: Die Zeit, 21.07.1978, S. 34.

War es das Ziel der staatlich protegierten Ausstellung »Paris-Berlin«, durch visuelle Effekte, einen publikumswirksamen Rahmen inmitten der französischen Hauptstadt und die hiermit einhergehende große öffentliche Aufmerksamkeit einen Beitrag zur Annäherung von Franzosen und Deutschen zu leisten, so fand die Verständigungsarbeit der verschiedenen privaten Kräfte des deutsch-französischen Milieus vergleichsweise im Verborgenen statt. Gleichwohl hatten auch sie es sich auf die Fahnen geschrieben, darauf hinzuwirken, negative Folgen der Krise des Herbstes 1977 für die Beziehungen zwischen Frankreich und Westdeutschland zu verhindern. Das Leitungsgremium der IBU diskutierte etwa im Rahmen einer Zusammenkunft in Fontainebleau im Oktober 1977 die angesichts der aufgetretenen öffentlichen Spannungen einzuleitenden Schritte. Den in jeder Hinsicht destruktiven Debatten um den Terrorismus sei, wie dort betont wurde, eine verstärkte deutsch-französische Zusammenarbeit entgegenzusetzen, vor allem »wenn man die Wiedergeburt eines schlechten Geistes vermeiden« wolle[737]. In einer durch die Delegierten gefassten Resolution hieß es, die wachsenden nationalen Spannungen, die sich als Folge der Terrorwelle zwischen Frankreich und Deutschland abzeichneten, seien in hohem Maße beunruhigend. Die seit Jahren bestehenden freundschaftlichen Beziehungen schienen erneut gefährdet. »Die IBU ruft deshalb alle Gemeinden, Städte und Landkreise in Frankreich und Deutschland auf, sich vermehrt für enge vertrauensvolle persönliche Kontakte, für eine herzliche Freundschaft zwischen den beiden Kulturen einzusetzen«[738]. Diese Botschaft sollten die Mitglieder der Bürgermeister-Union in ihre Heimatorte mitnehmen, ihr dort Gehör verschaffen und vor allem im Rahmen der bestehenden kommunalen Partnerschaften dafür sorgen, dass das in den französischen Medien zuletzt beschworene Bild eines an die NS-Zeit erinnernden deutschen Polizeistaats sich in der Bevölkerung nicht dauerhaft festsetzte.

Stellungnahmen, die eine ähnliche Besorgnis dokumentieren wie die Resolution der IBU, lassen sich auch auf Seiten des BILD und des ADFG finden. Die Ereignisse des Herbstes 1977, welche einer schweren Erschütterung des deutsch-französischen Gefüges gleichgekommen seien, so die Ansicht der Verantwortlichen des ADFG, hätten gezeigt, dass die alten Ressentiments der Franzosen gegenüber den deutschen Partnern teilweise »nur hauchdünn überdeckt« seien und leicht wieder an die Oberfläche treten könnten. Die leidvolle Vergangenheit sei keineswegs bewältigt und auch deren »bewusstes

---

[737] StASt, Bestand 1020, Bd. 13, Protokoll der Sitzung des Verwaltungsausschusses der IBU am 24. Oktober 1977 in Fontainebleau, S. 4.
[738] DFI-Archiv, Ordner IBU bis 1993, Resolution des Verwaltungsausschusses der IBU zur aktuellen Situation im deutsch-französischen Verhältnis vom 31. Oktober 1977.

Hochspielen« nicht auszuschließen[739]. Einer in dieselbe Richtung weisenden Aufzeichnung des BILD ist zu entnehmen:

La République fédérale d'Allemagne a été secouée par de graves événements à la fin de 1977: l'enlèvement et l'assassinat de Hanns Martin Schleyer et le suicide collectif des prisonniers de Stammheim. Les lecteurs de journaux français, prompts à s'émouvoir et à s'interroger sur les fondements de la démocratie allemande, étaient mal informés ou informés tendancieusement sur ce qui se passait outre-Rhin[740].

So einhellig beide Vereinigungen in den Kontroversen um Terrorismus-Bekämpfung, Haftbedingungen der RAF-Aktivisten und die Flucht Croissants dem deutsch-französischen Verhältnis abträgliche Tendenzen erblickten, so einstimmig gelangten sie hiervon ausgehend zu dem Schluss, dass der festgestellten Misere entgegenzusteuern sei. Der Arbeitskreis wollte, wie man Bundesaußenminister Genscher in einem Schreiben mitteilte, insbesondere mithilfe seiner 1978 anstehenden Jahrestagung in Bonn die auf Frankreich gerichteten Verständigungsanstrengungen der Bundesregierung unterstützen. Es sollte der Beweis erbracht werden, »daß die private staatsbürgerliche Initiative unablässig bemüht ist, die gutnachbarlichen Beziehungen zwischen der Bundesrepublik Deutschland und der Französischen Republik von der unteren Ebene her zu fördern und auszubauen«[741]. Von der Bonner Tagung erwarteten sich die Organisatoren in erster Linie Impulse für die Arbeit der Mitgliedsgesellschaften, welche durch ihr kontinuierliches Wirken den Geist der Freundschaft auch in künftigen schwierigen Phasen lebendig halten würden[742].

Die Mitglieder des BILD sahen die vorrangige Aufgabe vor allem darin, den Franzosen eine Gegenperspektive zu der vielfach polemisierenden Berichterstattung der Tagespresse zu bieten. In den »Documents« ließ man daher »unverdächtige« Persönlichkeiten des westdeutschen öffentlichen Lebens wie Willy Brandt, Günter Grass und Heinrich Böll zu Wort kommen. Diese sollten den französischen Lesern die Hintergründe des »Deutschen Herbstes« erläutern und den Verdacht entkräften, die Bundesrepublik verlasse im Kampf

---

[739] Vgl. VDFG-Archiv, Ansprache des deutschen Präsidenten des ADFG, Alfred Borgmann, anlässlich der Jahrestagung der deutsch-französischen Gesellschaften im August 1978, in: Mitteilungsblatt für die Deutsch-Französischen Gesellschaften 44 (1979), S. 19; VDFG-Archiv, Ordner Arbeitskreis Korrespondenz 1977–1979, Schreiben des Präsidenten des ADFG, Helmut Paetzold, an Bundeskanzler Helmut Schmidt vom 26. März 1977, S. 2; VDFG-Archiv, Ordner Pressestimmen 1978–1983, Rundschreiben an die Mitglieder des ADFG vom 15. Januar 1979.

[740] BILD-Archiv, Aufzeichnung »Documents 1978«, nicht datiert, S. 1.

[741] PA-AA, Zwischenarchiv, Nr. 113563, Schreiben des Präsidenten des ADFG, Helmut Paetzold, an Bundesaußenminister Hans-Dietrich Genscher vom 24. Januar 1978, S. 1.

[742] Vgl. hierzu PA-AA, Zwischenarchiv, Nr. 113563, Vermerk betreffend »23. Jahreskongress des Arbeitskreises der Deutsch-Französischen Gesellschaften in Bonn vom 23.–27.8.78« vom 24. Januar 1978 und Vermerk betreffend »Jahrestagung des Arbeitskreises Deutsch-Französischer Gesellschaften« vom 1. Februar 1978.

gegen die RAF den Boden der Rechtsstaatlichkeit[743]. Aufklärungsarbeit dieser Art, so die in den Reihen des BILD vorherrschende Meinung, werde helfen, das deformierte Deutschlandbild der Franzosen zu wandeln und die notwendigen Voraussetzungen für ein tiefer reichendes Verständnis zwischen den Bevölkerungen beider Länder schaffen[744].

Für das DFI in Ludwigsburg galt es in Reaktion auf die öffentlichen Konfrontationen des Herbstes 1977 vor allem die Rolle der Medien beiderseits des Rheins auf den Prüfstand zu stellen und auszuleuchten, in welcher Weise die als unzureichend empfundene Informationsvermittlung zwischen Frankreich und der Bundesrepublik verbessert werden könnte. Hierzu organisierte das Institut in Zusammenarbeit mit der Katholischen Akademie Hamburg, der Robert-Bosch-Stiftung und der Pariser Fondation nationale des sciences politiques Ende 1978 unter der wissenschaftlichen Leitung von Robert Picht und Henri Ménudier ein mehrtägiges Kolloquium. Die Teilnehmer sollten in einen offenen Austausch über die Frage gebracht werden, wie eine verantwortungsvolle Berichterstattung über das jeweilige Nachbarland auszusehen habe. Eine große Anzahl sowohl westdeutscher als auch französischer Korrespondenten und Redakteure aus Presse, Rundfunk und Fernsehen[745] diskutierte hier über die Genese und das Vorhandensein nationaler Stereotype, die sachgerechte Präsentation von Informationen, kulturelle Unterschiede und ihre Auswirkungen, die Mittlerfunktion von Journalisten und die deutschfranzösische Kooperation im Medienbereich. Der Tagungsbericht hielt fest: »Auseinandersetzungen, wie sie im Herbst 1977 vor allem zwischen einzelnen Presseorganen, aber auch in der Öffentlichkeit, über das Bild des ›hässlichen Deutschen‹ geführt wurden, sollten nach Hamburg in dieser Form nicht mehr möglich sein«[746]. Dies nicht nur deshalb, weil sich die Berichterstattung ihrer Verantwortung bewusster geworden sei, sondern auch, weil beide Seiten verstanden hätten, dass »europäische Innenpolitik« auch die kritische Auseinandersetzung mit inneren Vorgängen im Nachbarland einschließen müsse.

---

[743] Vgl. Willy BRANDT, La »seconde démocratie allemande« face à l'épreuve, in: Documents 33/1 (1978), S. 43–52; Günter GRASS, S'auto-détruire ou construire le socialisme, in: Documents 33/1 (1978), S. 53–64; Heinrich BÖLL, Le passé terroriste de notre histoire, in: Documents 33/1 (1978), S. 65–71.

[744] Vgl. BILD-Archiv, Aufzeichnung »Documents 1978«, nicht datiert, S. 1; Tätigkeitsbericht 1977/78 der GÜZ und des BILD vom 3. Oktober 1979; Compte rendu des travaux de l'assemblée générale du BILD, 20 janvier 1979, annexe 4: Revue »Documents«.

[745] Anwesend waren unter anderem Klaus Arnsperger (SZ), Otto R. Beger (ZDF), Bernard Brigouleix (Le Monde), Pierre Durand (L'Humanité), Heiko Engelkes (ARD), Karl Jetter (FAZ), Lutz Krusche (FR), Michel Meyer (Radio France), Jean-Paul Picaper (Le Figaro), vgl. DFI-Archiv, Ordner Kolloquium Hamburg 1978, Teilnehmerliste des Kolloquiums »Information und deutsch-französische Beziehungen« vom 23.–25. November 1978 in Hamburg.

[746] DFI-Archiv, Ordner Kolloquium Hamburg 1978, Bericht Robert Pichts zu Ergebnissen und Perspektiven des Kolloquiums »Information und deutsch-französische Beziehungen« vom 23.–25. November 1978 in Hamburg vom 9. Mai 1979, S. 1.

Das Aufbrechen von Spannungen zwischen Frankreich und Westdeutschland sei, wie es weiter hieß, allerdings auch in Zukunft immer möglich. Die mediale Berichterstattung dürfe diese weder verschleiern noch allerdings sie forcieren wie im Verlaufe der Krise von 1977. Sie habe vielmehr die Aufgabe, Konfliktsituationen über die Irritationen des Tages hinaus auf ihre Ursachen hin zu analysieren und den Menschen beider Länder verständlich zu machen. Die Frage, ob die im Rahmen des Hamburger Kolloquiums versammelten Journalisten in ihrer künftigen Arbeit etwaige Vorurteile tatsächlich ausblendeten, mehr Wert auf sachliche Informationen als auf eine der Auflagenhöhe zuträglichere Freund-Feind-Geschichte legten und die Notwendigkeit einer engen deutsch-französischen Zusammenarbeit als Leitidee akzeptierten, muss zwar unbeantwortet bleiben. Doch die Veranstalter der Tagung konnten es allemal als Erfolg verbuchen, nach den verbalen Gefechten des Jahres 1977 ein derart breites Feld an Medienrepräsentanten beider Seiten miteinander ins Gespräch gebracht zu haben.

In der Rolle von Vermittlern zwischen den verhärteten Fronten der veröffentlichten Meinung in Frankreich und der Bundesrepublik sahen sich auch Alfred Grosser und Joseph Rovan. Sie wurden nicht müde, beruhigend, mahnend oder klagend in die deutsch-französischen Debatten einzugreifen, welche sich an der Frage des bundesdeutschen Vorgehens gegen die RAF entzündet hatten. Rovans Buch »L'Allemagne n'est pas ce que vous croyez«, erschienen 1978, ist als eine direkte Replik auf die ungerechten Anfeindungen zu verstehen, denen die Bundesrepublik in der zweiten Jahreshälfte 1977 seiner Auffassung nach ausgesetzt war[747]. In der Einleitung konstatierte der Autor:

Bien que l'Allemagne soit depuis plus de vingt ans notre alliée politique et militaire, les Français dans leur grande majorité l'ignorent ou l'imaginent autre qu'elle n'est. [L']Allemagne voisine déconcerte, irrite et inquiète beaucoup de Français, à tel point qu'une large partie de l'opinion a présentement l'impression qu'en République fédérale d'Allemagne ce sont les démocrates qui menacent la démocratie et que les terroristes extrémistes la défendent[748].

Allzu leicht ließen sich die Franzosen, wie Rovan urteilte, vor dem Hintergrund ihrer noch immer vorhandenen althergebrachten Ängste und klischeehaften Vorstellungen dazu verleiten, Deutschland und die Deutschen nicht so zu sehen, wie sie seien, sondern so, wie die Kampagnen linker Meinungsmacher es ihnen vorgäben. Hiergegen wolle er mit seinem Buch ankämpfen: »J'écris ce petit livre pour lutter contre l'ignorance, l'aveuglement plus ou moins volontaire et la propagande mensongère dont l'Allemagne est aujourd'hui l'objet«[749]. Mehr als einmal bekräftigte Rovan auf den folgenden

---

[747] Vgl. hierzu Henri MÉNUDIER, L'Allemagne à laquelle il croit, in: HARTWEG (Hg.), À Joseph Rovan, S. 95–101.
[748] ROVAN, L'Allemagne n'est pas ce que vous croyez, S. 7.
[749] Ibid., S. 9.

rund einhundert Seiten, dass der in den französischen Zeitungen kolportierte Vorwurf, die in Stammheim inhaftierten RAF-Mitglieder würden einer »Isolationsfolter« ausgesetzt, vollkommen haltlos sei. Darüber hinaus griffen die bundesdeutschen Behörden trotz der Schwere der terroristischen Bedrohung zu moderaten Gegenmaßnahmen. Der in Frankreich umhergehende Verdacht, die westdeutsche Demokratie bewege sich in Richtung eines autoritären Regimes, könne daher nicht nur als absurd, sondern nahezu als beleidigend bezeichnet werden: »Ce qui s'est passé sur ce point en France [...] dans un grand nombre d'organes de la presse, n'est pas loin de ressembler à une véritable agression contre la démocratie allemande, dont on s'efforce trop souvent d'accroître les difficultés au lieu de lui manifester compréhension et solidarité«[750]. Die demokratische Entwicklung der Bundesrepublik während der vergangenen Jahrzehnte habe, wie Rovan schrieb, Respekt verdient. Dessen sollten seine Landsleute sich bewusst werden.

Um seinen Positionen öffentliche Aufmerksamkeit zu sichern, brachte Rovan sein Buch im Verlaufe des Jahres 1978 dem französischen Publikum im Rahmen zahlreicher Vorträge nahe[751], so etwa im Dezember 1978 im Goethe-Institut in Lyon. Einem diesbezüglichen Bericht des dortigen Generalkonsulats für das Auswärtige Amt ist zu entnehmen, dass aus dem Diskussionsabend mit Rovan unter dem Gesichtspunkt der bundesdeutschen politischen Öffentlichkeitsarbeit eine äußerst positive Darstellung der politischen Verhältnisse in der Bundesrepublik resultiert habe. »Davon ausgehend, daß der Durchschnittsfranzose über die deutschen Realitäten schlecht unterrichtet ist, betonte Rovan die Stabilität der Demokratie seit der Gründung der Bundesrepublik«[752]. Für Rovan leitete sich aus den öffentlichen Konfrontationen des Jahres 1977 einmal mehr die Verpflichtung ab, Deutsche und Franzosen auf die unbedingte Notwendigkeit einer engen Partnerschaft hinzuweisen. In Anbetracht der Tatsache, dass Elemente der Krise zwischen beiden Ländern weiter schwelten, sah er sich gehalten, »immer wieder warnend oder vorschlagend daran zu erinnern, daß für die europäischen Völker eine Existenz in Freiheit und Unabhängigkeit nur gemeinsam in einem um die deutsch-französische Säule organisierten Europa zu behaupten ist«[753].

---

[750] Ibid., S. 99.
[751] Vgl. hierzu IMEC, Fonds Joseph Rovan, Schreiben des Goethe-Instituts Marseille an Joseph Rovan vom 12. Juli 1978; Schreiben des Publizisten Jean Toulat an Joseph Rovan vom 31. Oktober 1978; Schreiben des Deutsch-Französischen Kreises Düsseldorf an Joseph Rovan vom 9. November 1978; Schreiben des Germanisten Philippe Lasserre an Joseph Rovan vom 6. April 1979; AMAE Nantes, Bonn Ambassade, Bd. 368, Vermerk der Direction générale des relations culturelles, scientifiques et techniques betreffend »Les études d'allemand en France« vom 4. Juli 1978, S. 8f.
[752] PA-AA, Zwischenarchiv, Nr. 117461, Schreiben des deutschen Generalkonsulats Lyon, Harder, an das Auswärtige Amt betreffend »Vortrag von Professor Rovan, Universität Paris-Vincennes, in Lyon« vom 5. Dezember 1978, S. 1.
[753] Joseph ROVAN, Die deutsch-französische Diskussion, in: Dokumente 34/3 (1978), S. 187–189, hier S. 189.

Ähnlich dem Ansinnen seines Mitstreiters Rovan war auch Alfred Grosser daran gelegen, um mehr Verständnis für das bei allzu vielen Franzosen in Verruf geratene Nachbarland zu werben. Bereits nach der Verstärkung der bundesdeutschen Anti-Terror-Maßnahmen im Gefolge der tödlichen Anschläge der RAF auf Siegfried Buback und Jürgen Ponto im Frühjahr und Sommer 1977 hatte Grosser in »Le Monde« eindringlich davor gewarnt, die Bundesrepublik als Polizeistaat zu diffamieren. Vielmehr seien die Franzosen zur Solidarität mit den Deutschen angehalten, die sich angesichts der schweren Zeit, die sie durchlebten, von ihren Partnern nicht allein gelassen wähnen dürften. Es sei, wie Grosser ausführte, in hohem Maße bedauernswert, wenn die französische Haltung zu Deutschland weiterhin auf verzerrten Visionen der westdeutschen Realität, auf Mythen und falschen Vorstellungen beruhe[754]. Das sich im September 1977 ausgehend von dem Artikel Jean Genets in den französischen Medien entfaltende Bild des brutalen deutschen Staates musste Grosser einerseits schmerzlich ins Bewusstsein rufen, dass sein Appell kaum Wirkung erzielt hatte, ihn andererseits jedoch in der Ansicht bestärken, dass seine Mittlertätigkeit unverzichtbarer war denn je. In wiederholten öffentlichen Stellungnahmen kritisierte er daher in den folgenden Wochen mit allem Nachdruck die Deutschland-Berichterstattung von weiten Teilen der französischen Presse als einseitig, klischeehaft und aggressiv[755].

Deutliche Worte fand er insbesondere in einem Interview mit »Le Nouvel Observateur« Ende Oktober 1977. Schenke der Leser, wie Grosser hier anführte, gegenwärtig den französischen Zeitungen Glauben, so müsse bei ihm zwangsläufig der Eindruck entstehen, Westdeutschland sei von Alt-Nazis und linksextremen Terroristen bevölkert. Derartige Zuspitzungen seien ebenso ungerecht wie falsch: »la société d'aujourd'hui est la plus démocratique que l'Allemagne ait jamais connue, et elle l'est au moins autant, si ce n'est plus, que la France d'aujourd'hui. Alors, il serait peut-être temps de voir ce pays comme il est, non comme on l'imagine«[756]. Die Franzosen, so Grosser, neigten dazu, das Nachbarland vorzuverurteilen, ohne sich jedoch die Mühe zu machen, ihre Meinung auf mehr als eine oberflächliche und sich zumeist ausschließlich an Negativbeispielen orientierende Wahrnehmung zu stützen. Da werde Artikel um Artikel über die »Hexenjagden« in der Bundesrepublik veröffentlicht. Der Leser erhalte aber im Gegenzug keinerlei Informationen darüber, dass die Meinungsfreiheit und -vielfalt dort ausgeprägter sei als in Frankreich. Da werde über jeden einzelnen Prozentpunkt, den neo-nazistische Parteien bei Wahlen erhielten, ausführlich berichtet und die Gefahr eines

---

[754] Vgl. Alfred GROSSER, Les malaises allemands, in: Le Monde, 07.08.1977, S. 1 und S. 3.

[755] Vgl. hierzu DERS., Les phantasmes français, in: Le Monde, 09.09.1977, S. 1f.; DERS., Cessons de craindre et de condamner, in: Le Point, 17.10.1977, S. 89–91; DERS., Contre le terrorisme, in: Le Monde, 18.10.1977, S. 1 und S. 5.

[756] Josette ALIA, Alfred Grosser: »La société allemande est plus démocratique que la française«, in: Le Nouvel Observateur, 31.10.1977, S. 42f.

Wiedererwachens nationalsozialistischer Strömungen beschworen. Dass jedoch ein Großteil der Bundesbürger 1969 mit Willy Brandt einen Exilanten, Sozialisten und Widerständler an die Spitze der Regierung gewählt hätte, sei kaum der Rede wert.

»Les Français«, so Grossers ernüchternde Feststellung, »en arrivent toujours aux stéréotypes quand il s'agit de l'Allemagne«[757]. Dies führe in der Konsequenz dazu, dass man in Frankreich die Mär von den unmenschlichen Haftbedingungen in Stammheim genauso glaube wie an die Rechtschaffenheit Klaus Croissants. Vor diesem Hintergrund geriet die deutsch-französische Verständigungsarbeit im Jahr 1977, wie Grosser in einem Vortrag in Straßburg bekundete, zu einer höchst mühseligen, gar entmutigenden Angelegenheit: »je dois dire que pour quelqu'un comme moi, qui, depuis maintenant un peu plus de 30 ans, s'occupe de problèmes franco-allemands il y a eu peu de périodes aussi profondément décourageantes que la période actuelle«[758].

Nicht nur Alfred Grosser erkannte derweil in den Auseinandersetzungen, welche ausgehend von der Flucht Croissants im Juli 1977 nach Frankreich die Gemüter diesseits und jenseits des Rheins über mehrere Monate hinweg erhitzt hatten, eine Krise, die tiefer zu reichen schien, als frühere deutsch-französische Konflikte. Die geradezu bestürzende Verständnislosigkeit für die Belange des Nachbarlandes, die in den Debatten zu Tage getreten war, der anklagende und streckenweise sogar feindselige Tonfall, welcher die Berichte zahlreicher Presseorgane gekennzeichnet hatte und nicht zuletzt das vielfach festzustellende bewusste Inkaufnehmen eines dauerhaften öffentlichen Zerwürfnisses zwischen beiden Ländern ließen zahlreiche Verfechter der deutsch-französischen Freundschaft aufschrecken. Sah man in Frankreich bereits ein unmenschliches Deutschland dräuen, das selbst vor Folter nicht zurückschreckte, einen »westlichen Archipel Gulag«, sprach aus den westdeutschen Entgegnungen das Gefühl, von schadenfrohen Nachbarn, die doch Freunde hatten sein sollen, in der Stunde der Not nicht nur allein gelassen, sondern gar angefeindet zu werden. Mit welchen Mitteln konnten diese Gegensätze, so mochte sich mancher fragen, der für die Aussöhnung eingetreten war, noch überbrückt werden? Waren dies nicht erste Anzeichen dafür, dass die Bereitschaft zur Verständigung hüben wie drüben zusehends geringer wurde und sich die nach dem Zweiten Weltkrieg in so hoffnungsvoller Zweisamkeit verbundenen Partner zunehmend auseinanderentwickelten?

Gewiss: Auf der Habenseite standen diesen Vorahnungen die fortwährenden Bemühungen der Regierungen um Ausgleich entgegen, effektvolle auswärtige Repräsentationen wie die Ausstellung »Paris-Berlin«, Initiativen und Appelle aus dem Milieu der privaten Organisationen und die Vernunft einfordernden Stimmen von Mittlerpersönlichkeiten wie Grosser und Rovan. Doch vermochten es die in solcherlei Gestalt geschaffenen menschlichen

---

[757] Ibid., S. 43.
[758] GROSSER, Convergences et divergences franco-allemandes, S. 26.

Bindungen allem Anschein nach nicht, die Entfaltung der zentrifugalen Kräfte, welche die deutsch-französischen Beziehungen nicht nur 1977, sondern während des gesamten Jahrzehnts immer wieder ernstlichen Zerreißproben aussetzten, zu verhindern. Wie oft schon hatten die Protagonisten der Annäherung in den vorangegangenen Jahren nach jüngst aufgetretenen Spannungen den Vorsatz bekundet, künftige Vertrauenskrisen schon in der Entstehungsphase unterbinden zu wollen. Wie oft waren sie trotz erheblicher Anstrengungen, die sie anschließend unternommen hatten, nur wenig später in enttäuschender Weise eines Besseren belehrt worden. Ostpolitik und deutsche Frage, Agrarpreiserhöhung und Europa-Wahl, Klarsfeld-Prozess und »Hitler-Nostalgie«, »Radikalenerlass« und Terrorismus – der Blick auf die Schlagworte, in denen sich die deutsch-französischen Auseinandersetzungen der 1970er Jahre widerspiegelten, brachte den verschiedenen Akteuren der Verständigung gegen Ende der Dekade ins Bewusstsein, dass es ihnen kaum gelungen war, die Konflikte, die beiderseits des Rheins weite Kreise der Presselandschaft bewegt hatten, wirkungsvoll einzudämmen. Eine solche Bilanz musste beinahe zwangsläufig nicht nur eine genaue Analyse der möglichen Ursachen, sondern noch viel mehr neuerliche Initiativen der Verständigung herausfordern.

4. Ende einer Völkerfreundschaft? Franzosen und Deutsche seit den späten 1970er Jahren

Seit den ausgehenden 1970er Jahren zeichnete sich das Ende der Phase internationaler Entspannung ab, welche das politische Weltgeschehen während der vorangegangenen Dekade bestimmt hatte[1]. Sichtbarer Ausdruck der Détente waren etwa die Bemühungen um das Voranschreiten des KSZE-Prozesses und die zwischen den führenden Atommächten angestrengten Abrüstungsverhandlungen gewesen[2]. Der sowjetische Einmarsch in Afghanistan 1979 und der Machtwechsel in Washington von 1981, insbesondere die kompromisslose Haltung des neuen US-amerikanischen Präsidenten Ronald Reagan gegenüber der Sowjetunion, läuteten jedoch eine neuerliche Verschärfung des Ost-West-Konfliktes ein[3]. Im Zuge des hiermit verbundenen Bedeutungszuwachses für Fragen der klassischen Sicherheits- und Verteidigungspolitik nahm die verhältnismäßig hohe Aufmerksamkeit, die kulturpolitischen Themen während der 1970er Jahre entgegengebracht worden war, schrittweise ab[4]. Verstärkt durch die Auswirkungen der Weltwirtschaftskrise, schlug sich diese Entwicklung nicht zuletzt in einer Absenkung der Kulturbudgets nieder und führte zu einer Einschränkung der Handlungsmöglichkeiten kulturpolitischer Akteure im staatlichen wie nicht-staatlichen Bereich[5]. Dies galt für Frankreich wie auch für Westdeutschland.

---

[1] Vgl. Bernd STÖVER, Der Kalte Krieg. Geschichte eines radikalen Zeitalters 1947–1991, München 2011, S. 410–436.

[2] Vgl. Helmut ALTRICHTER, Hermann WENTKER (Hg.), Der KSZE-Prozess. Vom Kalten Krieg zu einem neuen Europa 1975 bis 1990, München 2011; Josef HOLIK, Die Rüstungskontrolle. Rückblick auf eine kurze Ära, Berlin 2008; Edgar WOLFRUM, Cord ARENDES, Globale Geschichte des 20. Jahrhunderts, Stuttgart 2007, S. 204–206.

[3] Vgl. John Lewis GADDIS, Der Kalte Krieg. Eine neue Geschichte, München 2008, S. 243–294.

[4] Vgl. insbesondere zur außenpolitischen Schwerpunktsetzung in der Sicherheits- und Verteidigungspolitik Andreas RÖDDER, Die Bundesrepublik Deutschland 1969–1990, München 2004, S. 59–64; Eckart CONZE, Die Suche nach Sicherheit. Eine Geschichte der Bundesrepublik Deutschland von 1949 bis in die Gegenwart, München 2009, S. 463–545.

[5] So wurde bereits der Kulturhaushalt des Auswärtigen Amts für das Jahr 1976 von 284 auf 274 Millionen D-Mark gekürzt, für das Jahr 1977 war eine weitere Absenkung des Budgets auf 256 Millionen D-Mark vorgesehen, hierzu vermerkte die Kulturabteilung: »Soll AKP nicht nur Begleitung und gelegentliche Verschönerung der Aussenpolitik mit kulturellen Mitteln, sondern politisch wirksamer Teil der Aussenpolitik sein, dann sind mehr Finanzmittel erforderlich. Die gegenwärtige Entwicklung des Kulturhaushalts des AA läuft jedoch in entgegengesetzter Richtung«, PA-AA, Zwischenarchiv, Nr. 104636, Vermerk betreffend »Unterrichtung der Leitung des Hauses über einige grundsätzlichere, die Fortführung auswärtiger Kulturpolitik in der 8. Legislaturperiode betreffende Fragen« vom 18. Oktober 1976, Anlage 4: Kulturhaushalt, S. 1.

Die deutsch-französischen Beziehungen der 1970er Jahre hatten einerseits die Erfolge der durch Valéry Giscard d'Estaing und Helmut Schmidt geprägten Regierungszusammenarbeit verbucht. Hierzu gehörte etwa das Voranbringen der Airbus-Unternehmung[6] oder die Einführung der European Currency Unit (ECU)[7]. Andererseits waren öffentliche Konflikte zwischen beiden Ländern ausgetragen worden, welche in den Augen der zeitgenössischen Beobachter die Grenzen der deutsch-französischen Freundschaft ein ums andere Mal in besorgniserregender Weise aufgezeigt hatten. Hierdurch ausgelöst, so zeigen die folgenden Abschnitte, setzte bei den Protagonisten der Verständigung ein Prozess der kritischen Selbstreflexion ein. An dessen Ende stand die Erkenntnis, dass die bisherigen Anstrengungen nicht die erhoffte Wirkung erbracht hatten und somit neue Initiativen für die Annäherung vonnöten waren. Die Realisierung solch neuer Pläne stieß sich jedoch an den oben skizzierten ungünstigen Rahmenbedingungen zu Beginn der 1980er Jahre. Die Konjunktur, von der kulturelle Verständigungspolitiken während der 1970er Jahre stark profitiert hatten, flaute angesichts der internationalen Entwicklungen ab. Staatliche Fördermittel für die Austauscharbeit flossen nur noch spärlich. Eine erfolgreiche Wiederbelebung des deutsch-französischen Projektes war unter derartigen Voraussetzungen nur schwer möglich.

4.1 »Fremde Freunde«: ernüchternde Bilanz der Verständigungsarbeit

Die äußerste Schärfe, mit welcher die öffentlichen Auseinandersetzungen zwischen Frankreich und Westdeutschland im Herbst 1977 geführt worden waren, hatten selbst pessimistische Beobachter des deutsch-französischen Verhältnisses nach über dreißig Jahren der Aussöhnungsarbeit nicht mehr für möglich gehalten[8]. Zahlreichen Presseorganen gab die Krise Anlass, um am Ende des Jahrzehnts grundsätzliche Überlegungen über den Zustand der deutsch-französischen Beziehungen anzustellen. Nicht zuletzt stand die Frage

---

[6] Vgl. zum Airbus-Projekt David BURIGANA, Toujours troisième? La République fédérale et la survivance technologique de l'»espace aérien européen« du bilatéralisme à Airbus. Entre rêve intégrationniste et pratique intergouvernementale (1959–1978), in: Jürgen ELVERT, Sylvain SCHIRMANN (Hg.), Zeiten im Wandel: Deutschland im Europa des 20. Jahrhunderts. Kontinuität, Entwicklungen und Brüche, Brüssel 2008, S. 177–196; Wolfgang KRIEGER, Airbus: un exemple de coopération européenne, in: Corine DEFRANCE, Ulrich PFEIL (Hg.), La construction d'un espace scientifique commun? La France, la RFA et l'Europe après le »choc du Spoutnik«, Brüssel u. a. 2012, S. 293–301.

[7] Vgl. zur Einführung des ECU Mark GILBERT, European Integration. A Concise History, Plymouth 2012, S. 109–111; Andrew MORAVCSIK, The Choice for Europe. Social Purpose and State Power from Messina to Maastricht, Cornell 1998, S. 296–302.

[8] Vgl. zu dem in der Überschrift zitierten Schlagwort Robert PICHT u. a. (Hg.), Fremde Freunde. Deutsche und Franzosen vor dem 21. Jahrhundert, München ²2002.

im Raum, ob die Zeitgenossen einem verhängnisvollen Richtungswechsel des nach dem Zweiten Weltkrieg eingeschlagenen Pfades der Freundschaft zwischen beiden Ländern beigewohnt hätten:

> Dennoch blieb [...] das beklemmende Gefühl, daß sich etwas Grundlegendes geändert haben könnte in den Beziehungen zwischen Deutschen und Franzosen, daß sie zurückgeworfen sein könnten auf Zeiten, in denen Anklagen gegeneinander und Angst voreinander die Beziehungen bestimmten. Wären sonst längst überwunden geglaubte Vorurteile und Klischees so jählings wieder auferstanden[9]?

Den tatsächlichen Gehalt solcherlei Befürchtungen versuchte man vor allem mittels Meinungsumfragen genauer zu bestimmen. So präsentierte »Der Spiegel« seinen Lesern Ende November 1977 das Resultat einer in seinem Auftrag durch das französische Meinungsforschungsinstitut Brulé Ville et associés in Frankreich durchgeführten Erhebung. Demnach bekannten sich 82 Prozent der befragten Franzosen zu einer »vorbehaltlosen Freundschaft« mit Westdeutschland und maßen den Deutschen mehrheitlich sympathische Eigenschaften zu[10]. Auch die Ergebnisse einer Umfrage, die das Institut Louis Harris-France im Februar 1979 für die Wochenzeitschrift »L'Express« in Frankreich durchführte, schienen die These einer unguten Wandlung des deutsch-französischen Verhältnisses nicht zu bestätigen. Die hier festgestellten Sympathiewerte für die Bundesrepublik, die vielfach vertretene Auffassung, Deutsche und Franzosen einten dieselben Probleme sowie die von einer Mehrheit der Befragten geäußerte Einschätzung, pejorative Begriffe für die Deutschen wie »Boches« oder »Teutons« seien in Frankreich auf dem Rückzug, ließen die Redakteure des Blattes gar zu dem Urteil gelangen, das Ende des französischen »Antigermanismus« sei endgültig gekommen[11]. Den positiven Fingerzeigen der Demoskopie zum Trotz waren jedoch immer wieder auch diejenigen Stimmen zu vernehmen, die deutlich auf Unzulänglichkeiten und Versäumnisse des Verständigungsprozesses zwischen Franzosen und Deutschen am Ende der 1970er Jahre hinwiesen. Die »Frankfurter Allgemeine Zeitung« urteilte etwa Ende 1978, alle Stürme seien noch nicht ausgestanden, auch die der kollektiven Emotionen nicht, gegen die nur verankerte Überzeugungen hülfen. »Wer lange genug beide Seiten kennt, dem bleibt die Furcht vor den Folgen ungenügender Informationen, der wird besorgt, wenn er da Lücken und irrige Vorstellungen bemerkt«[12]. Auch der Blick auf die Jugend beider Länder stimme, wie der Autor des Artikels konstatierte, nicht eindeutig zuversichtlich. Die junge Generation sei schon um einiges entfernt von der Zeit, »da man die Entdeckung des Nachbarn

---

[9] Unmenschliches Deutschland?, in: Der Spiegel, 21.11.1977, S. 134.
[10] Vgl. 82 von 100: »Freundschaft ohne Vorbehalt«, in: Der Spiegel, 21.11.1977, S. 143–151.
[11] Vgl. Albert du ROY, Sondage: la fin de l'antigermanisme en France, in: L'Express, 24.03.1979, S. 36f.
[12] Robert HELD, Jahre der Anpassung – Über die Grenzlinien von Nationen hinweg. Fünfzehn Jahre nach dem deutsch-französischen Vertrag, in: FAZ, 16.12.1978, S. 37.

noch als etwas Besonderes empfand, das Gemütsbewegungen hervorrief, vom Gedanken der Versöhnung schon zwei, drei Jahre nach dem Krieg ganz zu schweigen«[13].

Die hier zum Ausdruck kommende Skepsis wurde seitens der Regierungsstellen in Paris und Bonn weitgehend geteilt. Angesichts der in der zweiten Hälfte der 1970er Jahre aufgetretenen Konflikte beschlich die Verantwortlichen mehr und mehr das Gefühl, die Qualität der politischen Zusammenarbeit und des Verhältnisses zwischen Bundeskanzler und Staatspräsident habe sich von der Entwicklung der deutsch-französischen Beziehungen auf Ebene der Bevölkerungen nahezu vollständig entkoppelt. Während die viel gerühmte Freundschaft beider Länder, wie es schien, zwischen den Regierenden Realität geworden war, blieb das Miteinander von Deutschen und Franzosen insgesamt von den immer noch wirksamen Nachwehen alten Erbfeinddenkens bestimmt. Nicht zuletzt durch die später im Zuge der Diskussionen um die deutsche Frage und die Friedensbewegung in der Bundesrepublik aufbrechenden Spannungen konnte sich dieser Eindruck erneut bestätigt finden. Bereits im Frühjahr 1978 hatte es in einem Bericht der deutschen Botschaft geheißen: »Dichte und Intensität der amtlichen Beziehungen ist international ohne Beispiel. Der Vertrag von 1963 hat sich nicht nur als Zeichen der Aussöhnung, sondern als heilsamer Zwang zur Zusammenarbeit und Abstimmung erwiesen. Er hat sich im Alltag bewährt«[14]. Dahingegen sei zwar »auch nach der dunklen Zeit des 3. deutsch-französischen Krieges« der kulturelle Austausch erstaunlich rasch wieder in Gang gekommen, doch seien sich die Menschen beider Länder vielfach fremd geblieben[15]. Noch immer herrsche zwischen den Bevölkerungen in weiten Bereichen Unkenntnis vor, welche, wie Botschafter Axel Herbst nach Bonn schrieb, regelmäßig zu Argwohn gegenüber dem jeweiligen Nachbarn führe[16]. Diese missliche Situation hatten aus Sicht der westdeutschen Diplomaten weder die zahlreichen politischen Verständigungsbemühungen der vorangegangenen Jahre noch die individuellen Kontakte und grenzüberschreitenden Verbindungen gesellschaftlicher Gruppen wesentlich verbessern können. Dementsprechend fiel das Ergebnis einer Studie des Planungsstabs des Auswärtigen Amts zu den deutsch-französischen Beziehungen aus. Trotz aller Begegnungen der letzten Jahrzehnte werde das Bild des Gegenüber, wie

---

[13] Ibid.

[14] PA-AA, Auslandsvertretungen, Botschaft Paris, Bd. 13523, Vermerk der deutschen Botschaft Paris, Wolfgang Zierer, betreffend die deutsch-französischen Beziehungen vom 23. Mai 1978.

[15] Siehe ibid.

[16] PA-AA, Auslandsvertretungen, Botschaft Paris, Bd. 13523, Schreiben des deutschen Botschafters in Paris, Axel Herbst, an das Auswärtige Amt betreffend »Anregungen zum Ausbau der deutsch-französischen Beziehungen« vom 4. Januar 1979, S. 1; vgl. auch ibid., Vermerk der deutschen Botschaft Paris, Bente, betreffend »Möglichkeiten zur Intensivierung der deutsch-französischen Zusammenarbeit« vom 24. November 1978.

dort formuliert wurde, mindestens so sehr von historischen Erfahrungen und vertrauten Stereotypen bestimmt wie von der Erfahrung der Wirklichkeit. »Jedenfalls wäre es wohl noch zuviel verlangt, von Frankreich uns gegenüber die in allen Tagesereignissen letztlich gelassen bleibende Freundschaft zu erwarten, wie sie z. B. den USA entgegengebracht wird«[17]. Deutsche und Franzosen blieben einander, so klingt in den Analysen der bundesdeutschen Stellen an, aufgrund der Belastungen der Vergangenheit, unterschiedlicher Mentalitäten und eines eklatanten Mangels an wechselseitigen Kenntnissen auch am Ende der 1970er Jahre in einer schwierigen Partnerschaft verbunden. Innerhalb derer konnten fortbestehende Empfindlichkeiten weiterhin Vertrauenskrisen und ernsthafte Konflikte hervorrufen.

Noch deutlicher spiegelt sich in den amtlichen Berichten der französischen Seite die Wahrnehmung einer besorgniserregenden Diskrepanz zwischen einvernehmlichen und produktiven Regierungsbeziehungen einerseits und einem von gleichgültiger Distanz und teilweise gar feindseligen Stimmungen geprägtem deutsch-französischen Verhältnis im Bereich der Bevölkerungen andererseits wider. Die im Rahmen des Élysée-Vertrags etablierten Mechanismen regelmäßiger Konsultationen funktionierten, wie im Quai d'Orsay geurteilt wurde, reibungslos. Seit 1974 bestehe zudem ein beständiger informeller Kontakt zwischen Bundeskanzler Schmidt und Staatspräsident Giscard d'Estaing. Im beiderseitigen Regierungshandeln komme insgesamt eine enge Entente zum Ausdruck, die sich auch in der Abstimmung über alle wesentlichen internationalen Fragen niederschlage. Dahingegen sei die 1963 ins Visier genommene Freundschaft zwischen Franzosen und Deutschen noch immer nicht gefestigt. Zwar zeigten die Meinungsumfragen, dass die französische Bevölkerung die Bundesrepublik als den Nachbarn ansehe, der Frankreich am nächsten stehe. Auch seien die Partnerschaften, die französische mit westdeutschen Städten verbänden, zahlreicher als mit jedem anderen Land. Doch habe die »malaise« des Herbstes 1977 nur allzu deutlich werden lassen, wie unerwartet rasch alte Antagonismen und die unterschwellig vorhandenen Ängste der Franzosen vor Deutschland zu neuem Leben hätten erweckt werden können[18]. Den weiterhin tief verankerten Ressentiments in Frankreich entsprach einer Aufzeichnung der französischen Botschaft zufolge allerdings die Aufrechterhaltung von ebenso beklagenswerten Aversionen der Deutschen gegenüber den Franzosen:

---

[17] PA-AA, Auslandsvertretungen, Botschaft Paris, Bd. 13523, Schreiben des Planungsstabs des Auswärtigen Amts, von Arnim, an die deutsche Botschaft Paris vom 13. Februar 1978, Anlage: »Die gegenwärtige Situation in Frankreich, ihr Hintergrund und mögliche Auswirkungen auf die deutsch-französischen Beziehungen«, S. 10.

[18] Vgl. AMAE Paris-La Courneuve, Europe, RFA 1976–1980, Bd. 3999, Vermerk betreffend »Les relations franco-allemandes en 1978« vom 16. November 1978, S. 1 f.; AMAE Nantes, Bonn Ambassade, Bd. 326, Vermerk betreffend »La République fédérale d'Allemagne au milieu de l'année 1980« vom 2. Juli 1980, S. 12.

Il n'est guère de Français ayant vécu quelque temps en Allemagne qui n'ait fait une expérience du genre de celle-ci; un Allemand, que l'on connaissait sensé, modéré, et même plutôt francophile, laisse, après boire [sic], éclater un profond mépris et même une haine de la France. Il serait vain de se leurrer: en dehors de cercles assez étroits, mieux informés des réalités françaises, les Allemands, dans leur grande majorité, n'ont pas une bonne opinion de la France: ›il y a peu d'autoroutes‹, ›les voitures ne sont jamais lavées‹, ›la police est brutale‹, les produits ne sont jamais finis‹, ›les délais ne sont jamais respectés‹, ›les structures économiques et sociales sont arriérées‹[19].

Hätten Einstellungen solcher Art, wie der Bericht angab, während der »Glanzzeit« der deutsch-französischen Aussöhnung in den 1960er Jahren noch überdeckt werden können, so kämen sie nun, ein gutes Jahrzehnt später, offenbar erneut zum Vorschein. Die Gefühle, welche man Frankreich in der Bundesrepublik gegenwärtig entgegenbringe, ließen sich insgesamt als ein Gemisch aus Misstrauen, Verachtung und einem ausgeprägtem Überlegenheitsempfinden beschreiben. Am stärksten ausgeprägt sei dies in der Generation der 25- bis 45-Jährigen, welche die moralische Last der deutschen Vergangenheit nicht mehr im selben Maße spürten wie die Vorgeborenen, jedoch einen Großteil der traditionellen antifranzösischen Vorurteile geerbt hätten. Am wenigsten durch solch negative Emotionen beeinflusst seien hingegen die unter 25-jährigen Deutschen, die sich mehr und mehr einer grenzüberschreitenden Gemeinschaft zugehörig fühlten und eine normalisierte Haltung zu ihren französischen Nachbarn entwickelten. Hier liege, so das Fazit des Diplomaten-Berichts, eine große, wenn nicht gar die einzige Chance für das künftige deutsch-französische Verhältnis[20].

Diese Ausführungen waren, so ist zumindest zu vermuten, unter dem unmittelbaren Eindruck der anhaltenden Konfrontationen des Jahres 1977 entstanden. Die Härte des hier gefällten Urteils darf daher in ihrer Bedeutung nicht überschätzt werden. Doch auch im Zeitraum zwischen 1978 und 1981 finden sich in den Akten des Quai d'Orsay und der französischen Botschaft in Bonn immer wieder ähnliche Einschätzungen. Sie deuten darauf hin, dass bei aller Freundschaft zwischen den Regierenden der Fortgang des Verständigungsprozesses auf der Ebene der Bevölkerungen als höchst unzureichend angesehen wurde. Man müsse sich, wie Botschafter Brunet im Juli 1979 nach Paris schrieb, der auch jetzt noch bestehenden Instabilität der deutsch-französischen Annäherung stets bewusst sein. Nicht selten reiche der geringste Anlass aus, um die Traumata einer konfliktreichen Vergangenheit mit all den sich aus ihnen ableitenden Bildern gewaltsamer Opposition zwischen Frankreich und Deutschland in der Öffentlichkeit wiedererstehen zu lassen. Zählebige nationale Stereotype bestimmten noch immer die Sicht auf das Nachbarland und stünden einer dauerhaft wirksamen Verständigung entgegen: »Le Français ›paresseux, léger et hableur‹ (Schopenhauer) et

---

[19] AMAE Nantes, Bonn Ambassade, Bd. 318, Note pour les Consuls »L'opinion allemande et la France«, September 1977, S. 4.

[20] Siehe ibid., S. 4f.

l'Allemand ›glorieux, colère [sic] et ivrogne‹ de Montaigne sont des clichés qui ont la vie dure«[21]. Auch in einer nur wenige Monate später entstandenen Aufzeichnung des französischen Außenministeriums hieß es, die Zeiten der Missverständnisse und Verdächtigungen zwischen Franzosen und Deutschen hätten bislang nicht überwunden werden können. Vor allem das Bild, welches die Presse beiderseits des Rheins vom jeweiligen Nachbarland zeichne, sei trotz der vielfachen Bemühungen um Besserung in keiner Weise zufriedenstellend. Von »exemplarischen Beziehungen«, wie sie gemäß amtlicher Auffassung zwischen den Regierungen in Bonn und Paris bestanden, konnte demnach mit Blick auf die Bevölkerungen kaum die Rede sein[22].

Die hier bereits erkennbare Skepsis bei der Beurteilung des jenseits der Regierungskontakte existierenden deutsch-französischen Verhältnisses setzte sich seit Ende 1979 weiter fort. Zu Beginn des Folgejahres stellte etwa ein Bericht des Quai d'Orsay fest, dass ungeachtet allen Einvernehmens und aller Fortschritte in den offiziellen bilateralen Beziehungen das tiefe Unverständnis eines großen Teils der Öffentlichkeit gegenüber dem jeweiligen Nachbarn unverändert bleibe. Gewiss seien in der Vergangenheit vielfältige gesellschaftliche Verbindungen zwischen beiden Ländern geschaffen worden. Zudem unterstrichen symbolträchtige Akte wie die im Frühjahr 1980 anstehenden Feierlichkeiten anlässlich des zwanzigjährigen Bestehens des Deutsch-Französischen Gartens in Saarbrücken[23] regelmäßig die Bedeutung der in den Nachkriegsjahren geknüpften freundschaftlichen Bande. Doch zeigten die heftigen Abwehrreaktionen, welche Deutschland zum Teil noch immer in Frankreich hervorrufe, wie schwer die Folgen des Zweiten Weltkriegs weiterhin auf den Beziehungen lasteten und wie dünn der Boden sei, auf welchem der Prozess der Annäherung zwischen den Bevölkerungen

---

[21] AMAE Nantes, Bonn Ambassade, Bd. 318, Schreiben des französischen Botschafters in Bonn, Jean-Pierre Brunet, an das französische Außenministerium vom 19. Juli 1979, S. 4.

[22] Siehe hierzu AN Fontainebleau, ministère de l'Éducation nationale, Bd. 900672/38, Bericht der Sous-direction d'Europe centrale des französischen Außenministeriums betreffend »La RFA à l'automne 1979« vom 18. September 1979, S. 8; vgl. auch die ähnlich lautenden Einschätzungen in AMAE Paris-La Courneuve, Europe, RFA 1976–1980, Bd. 4011, Aufzeichnung betreffend »La RFA à l'automne 1979« vom 12. November 1979; AMAE Paris-La Courneuve, Europe, RFA 1976–1980, Bd. 3960, Aufzeichnung betreffend »La RFA au printemps 1979« vom 4. Juli 1979 und »La RFA au début de l'automne 1978« vom 7. September 1978.

[23] Der Deutsch-Französische Garten war im April 1960 durch Bundeskanzler Konrad Adenauer und den französischen Premierminister Michel Debré als Symbol der Freundschaft zwischen Frankreich und der Bundesrepublik eröffnet worden und befand sich zu Teilen auf dem Gelände der im Rahmen des deutsch-französischen Krieges von 1870/71 ausgetragenen Schlacht bei Spichern, vgl. Stadt und Garten am Ufer der Saar. Amtlicher Ausstellungskatalog der Deutsch-Französischen Gartenschau in Saarbrücken 1960, hg. v. der Stadtverwaltung Saarbrücken, Saarbrücken 1960; Bernd LOCH, Der Deutsch-Französische Garten in Saarbrücken. Geschichte und Führer, Saarbrücken 2000.

ruhe[24]. In diesem Sinne teilte auch der französische Botschafter den Verantwortlichen in Paris im Sommer 1980 mit, dass die deutsch-französischen Beziehungen zwischen den Regierungen hinsichtlich ihrer Qualität und Stabilität ein sehr hohes Niveau erreicht hätten. Kaum etwas könne sie ernsthaft gefährden. »En revanche, au niveau des populations beaucoup d'ignorance et d'incompréhension subsistent«[25]. Nach Ansicht des Botschafters hatten Deutsche und Franzosen in den vorangegangenen Jahren gar begonnen, sich derart auseinander zu entwickeln, dass die Gefahr einer schrittweisen Auflösung der so wichtigen kulturellen Verbindungen drohte.

Dans le domaine culturel, au sens large du terme, nos deux pays sont encore loin l'un de l'autre. Certes, les échanges sont nombreux [...]. Mais c'est plutôt la tendance qui me paraît préoccupante car en trois ans, je n'ai guère observé un essor dans ce domaine, bien au contraire. Les deux pays en viendraient-ils à se désintéresser progressivement l'un de l'autre[26]?

Die Entfaltung dieser unheilvollen Tendenzen war, wie die Diplomaten des Quai d'Orsay konstatierten, weder durch die Verständigungsbemühungen der Regierungen noch durch die unablässigen Bemühungen der verschiedenen privaten Organisationen verhindert worden: »Les nombreuses associations franco-allemandes [...] et les organismes de recherche [...] effectuent certes un travail précieux mais leur action ne touche encore qu'un public restreint«[27].

Seit der zweiten Hälfte des Jahres 1980 mehrten sich, so ist anhand der offiziellen Dokumentation zu erkennen, die Stimmen, die zum Teil mit Vehemenz vor einem gefährlichen Auseinanderklaffen der deutsch-französischen Beziehungen warnten: Hier das in vertrauensvoller Partnerschaft verbundene »Tandem« Schmidt-Giscard und die trotz oft unterschiedlicher Interessen funktionierende politische Zusammenarbeit, dort die sich mit tief verwurzelten Antipathien, national gefärbten Ressentiments und einer zunehmenden Distanz gegenüberstehenden Bevölkerungen. Die Mehrheit von Deutschen und Franzosen hatte, so schien es vielen Beobachtern, die zwischen den Regierenden ins Werk gesetzte und vielfach mit überschwänglichem Pathos und feierlichen Gesten öffentlich zelebrierte deutsch-französische Freundschaft weder nachempfinden noch nachvollziehen können. Die wechselseitige Kenntnis und das gegenseitige Verständnis der Bevölkerungen sei, wie es fortwährend hieß, im Vergleich zu den politischen Beziehungen und auch zum wirtschaftlichen Austausch zwischen Frankreich und Westdeutschland

---

[24] Vgl. AMAE Paris-La Courneuve, Europe, RFA 1976–1980, Bd. 3999, Vermerk bezüglich der deutsch-französischen Zusammenarbeit vom 25. Februar 1980, S. 14.

[25] AMAE Nantes, Bonn Ambassade, Bd. 318, Schreiben des französischen Botschafters in Bonn, Jean-Pierre Brunet, an das französische Außenministerium vom 13. September 1980, S. 2.

[26] AMAE Paris-La Courneuve, Europe, RFA 1976–1980, Bd. 3960, Schreiben des französischen Botschafters in Bonn, Jean-Pierre Brunet, an das französische Außenministerium betreffend »Trois ans en RFA (suite)« vom 27. August 1980, S. 4.

[27] AMAE Nantes, Bonn Ambassade, Bd. 326, Aufzeichnung zur Vorbereitung der Gipfelkonsultationen in Bonn am 10. und 11. Juli 1980, S. 4.

»très en retard«[28]. Doch wie würde man die solide bilaterale Kooperation auch in Zukunft aufrecht erhalten können – dies die Frage, welche die Verantwortlichen zu Beginn der 1980er Jahre vermehrt umtrieb –, wenn immer weitere Kreise in beiden Ländern der Einsicht in die Notwendigkeit eines engen deutsch-französischen Verhältnisses verschlossen blieben und sich ein großer Teil der Franzosen und Deutschen bei der Beurteilung der Nachbarn weiterhin von überkommenen nationalen Zerrbildern leiten ließ? In einem in diesem Zusammenhang aufschlussreichen Schreiben vom September 1980 teilte der französische Botschafter dem Pariser Außenministerium mit:

En tout cas, l'image que l'on présente volontiers de l'un des pays chez l'autre devrait être progressivement corrigée [...]. Trop souvent encore la France passe aux yeux des Allemands pour un pays à prédominance agricole, techniquement en retard, cultivant, avec une légèreté que d'ailleurs l'on envie, un art du bien vivre inadapté aux réalités modernes. À l'inverse, pour bien des Français, l'Allemand apparaît souvent encore revêtu d'un uniforme, prêt à la conquête, épris de discipline jusqu'à l'absurde. Montrer que ces images appartiennent largement au passé, à supposer qu'elles aient jamais correspondu à la vérité, reste souhaitable, 35 ans après la fin de la guerre[29].

Der noch immer stark vorurteilsbehafteten Wahrnehmung des anderen, dem verbreiteten Unverständnis für die Belange des jeweiligen Partnerlandes und dem mangelhaften Wissen über die Nachbarn musste effektiv entgegengewirkt werden, wollte man nicht riskieren, dass die deutsch-französische Freundschaft sich auf lange Sicht ins Gegenteil verkehrte. So lautete die Erkenntnis, welche nicht nur auf Seiten der französischen, sondern auch der westdeutschen amtlichen Stellen seit Ende der 1970er Jahre heranreifte. Die politische Zusammenarbeit oder die ökonomischen Beziehungen allein konnten schließlich in den Augen der Offiziellen keine ausreichende Gewähr für die Dauerhaftigkeit der seit den Nachkriegsjahren zwischen beiden Ländern geschaffenen Bindungen bieten. In einem Bericht des Quai d'Orsay vom Januar 1981 heißt es dementsprechend: »La coopération toujours plus approfondie, qui s'est développée entre les deux pays dans tous les domaines et a considérablement renforcé l'interpénétration économique, n'est certes pas une garantie suffisante de la pérennité des liens tissés depuis vingt ans«[30].

Folgt man den amtlichen Dokumenten, aus denen angesichts der zuneh-

---

[28] Vgl. AMAE Nantes, Bonn Ambassade, Bd. 318, »Image de la France en République fédérale d'Allemagne«, Bericht des französischen Botschafters in Bonn, Jean-Pierre Brunet, für Außenminister Jean François-Poncet vom 26. September 1980, S. 2; AMAE Nantes, Bonn Ambassade, Bd. 366, Aufzeichnung für den französischen Botschafter betreffend »Possibilités de développer les relations culturelles franco-allemandes« vom 25. August 1980, S. 1.

[29] AMAE Paris-La Courneuve, Europe, RFA 1976–1980, Bd. 3999, Schreiben des französischen Botschafters in Bonn, Jean-Pierre Brunet, an das französische Außenministerium betreffend »Compréhension réciproque des peuples français et allemand« vom 16. September 1980, S. 3.

[30] AMAE Nantes, Bonn Ambassade, Bd. 327, Aufzeichnung betreffend »La République fédérale d'Allemagne au début de l'année 1981« vom 28. Januar 1981, S. 13.

mend häufiger zu Tage getretenen deutsch-französischen Spannungen eine deutlich wahrnehmbare Beunruhigung sprach, befanden sich die Beziehungen zwischen Franzosen und Deutschen zu Beginn der 1980er Jahre an einem Scheidepunkt. Seit dem Abschluss des Élysée-Vertrags, der die Aussöhnung zwischen den Bevölkerungen hatte besiegeln und den Prozess der Annäherung unumkehrbar machen sollen, waren nunmehr fast zwanzig Jahre verstrichen. Aus Sicht vieler, die in Bonn und Paris politische Verantwortung trugen, hatte die eben zu Ende gegangene Dekade den Beweis erbracht, dass der 1963 von Adenauer und de Gaulle gewiesene Weg der Völkerverständigung nicht gar so klar vorgezeichnet war wie man geglaubt hatte. Vor allem schienen die seitens der Regierungen zahlreich in Gang gebrachten kulturellen Initiativen der Annäherung, die doch ganz explizit die Menschen beider Länder miteinander hatten verbinden sollen, in ihrem Nutzen stark begrenzt geblieben zu sein. Und auch die staatlicherseits unterstützten Bemühungen der privaten Organisationen hatten in der Perspektive der offiziellen Stellen nicht die erhofften positiven Wirkungen auf den Verständigungsprozess entfaltet. Verdienstvoll, aber ergebnislos – so wurden die Anstrengungen der Vereinigungen im Dienste der Freundschaft in ministeriumsinternen Analysen nun vielfach bewertet. Wie aber bilanzierten die verschiedenen unterhalb der Regierungsebene agierenden Kräfte selbst ihr Tun und die Lage des deutsch-französischen Verhältnisses seit den ausgehenden 1970er Jahren?

Zunächst einmal lässt sich feststellen, dass auch in ihren Reihen die öffentlichen Auseinandersetzungen des Herbstes 1977 als Anzeichen einer unheilkündenden atmosphärischen Veränderung der Beziehungen zwischen Frankreich und der Bundesrepublik wahrgenommen wurden. Die »deutsch-französische Welt« habe sich hierdurch, wie etwa die Verantwortlichen des BILD der Ansicht waren, nachhaltig erschüttert gefunden. Von Freundschaft zwischen den beiden Völkern sei in den vergangenen Jahren oftmals gesprochen worden, jedoch schwele tief gehendes Misstrauen, wie ersichtlich geworden sei, unter der Oberfläche fort und verhindere, dass Franzosen und Deutsche das schwierige Erbe früherer Feindseligkeiten endgültig hinter sich lassen könnten[31]. Zwar sei die bilaterale Zusammenarbeit auf Regierungsebene als stabiler und verlässlicher Faktor zu betrachten, doch führten die in steter Regelmäßigkeit öffentlich aufbrechenden Spannungen dazu, das seit der Nachkriegszeit Erreichte immer wieder in Frage zu stellen. Die Vereinigung müsse daher weiterhin darum bemüht bleiben, »das gegenseitige Verstehen in allen Schichten der beiden Nationen zu fördern«[32]. Diese Aufgabe habe zu Beginn der 1980er Jahre nichts von ihrer Dringlichkeit eingebüßt.

In ähnlicher Weise sah man auch beim ADFG seit Ende der 1970er Jahre

---

[31] Vgl. BILD-Archiv, Aufzeichnung »Le BILD à la fin des années 1970«, Februar 1980; Tätigkeitsbericht 1980 der Gesellschaft für übernationale Zusammenarbeit und des Bureau international de liaison et de documentation, April 1981.

[32] BILD-Archiv, Tätigkeitsbericht der GÜZ und des BILD für das Jahr 1981, Juli 1982, S. 1.

die Gefahr einer »neuen Zeit des Misstrauens und des Unverständnisses«[33] zwischen Deutschen und Franzosen heraufziehen. Auf die hiermit verbundenen Herausforderungen für die Verständigungsarbeit schwor das Präsidium die Mitgliedsgesellschaften Ende 1980 mit den Worten ein:

C'est une raison de plus pour les associations franco-allemandes et leurs membres de coopérer en confiance et en pleine solidarité pour renforcer par notre action en cette période difficile la volonté de nos concitoyens pour une véritable coopération. Chaque membre de nos associations doit se sentir responsable de l'évolution des relations entre nos deux pays et nos deux peuples[34].

Die Mitglieder der IBU schließlich zeigten sich, wie im Rahmen ihres Kongresses in Salzburg im April 1978 anklang, vor allem besorgt darüber, dass die Bereitschaft zur Verständigung, welche in der unmittelbaren Nachkriegszeit bei großen Teilen der Bevölkerungen vorhanden gewesen sei, gegenwärtig mehr und mehr abnehme und auch die Jugendlichen in beiden Ländern kaum noch Wert darauf legten, grenzüberschreitende Freundschaften zu pflegen. Der Gedanke eines besonderen deutsch-französischen Verhältnisses, so klingt dies in den Stellungnahmen der Organisation an, war einer Mehrheit von Franzosen und Deutschen in der Zeit zwischen Élysée-Vertrag und ausgehenden 1970er Jahren verloren gegangen. Aus dieser ernüchternden Erkenntnis speiste sich die Angst, dass künftige Konflikte zwischen beiden Ländern zunehmend schwieriger zu verhindern sein würden. »Wir sind dazu aufgerufen«, wie der Präsident der Bürgermeister-Union, Lukas Burckhardt, angesichts der wenig hoffnungsfrohen Aussichten für das deutsch-französische Miteinander im Jahr 1981 formulierte, »diesen Gefahren zu begegnen und die Freundschaft und Zusammenarbeit auf der Ebene der Städte und Gemeinden unablässig zu fördern«[35].

Vergleichbare Appelle waren seit Ende der 1970er Jahre auch aus Ludwigsburg zu hören. Vor allem der Leiter des DFI, Robert Picht, ließ es sich angelegen sein, beständig auf die zwischen Frankreich und Westdeutschland offen liegenden Missstände hinzuweisen. Fünfzehn Jahre nach der feierlichen Unterzeichnung des deutsch-französischen Vertrags und »der regelmäßigen Betonung ›privilegierter‹ oder ›exemplarischer‹ Beziehungen« sei das Verhältnis beider Länder, wie Picht in der Einleitung zu einem von ihm 1978 herausgegebenen Sammelband schrieb, »weiterhin durch periodisch

---

[33] VDFG-Archiv, Schreiben des deutschen Präsidenten des ADFG, Alfred Borgmann, an den Präsidenten der französischen Sektion, Pierre Martin, vom 28. August 1979.

[34] VDFG-Archiv, Ordner Vorstandssitzungen 1979–1982, Rundbrief des Präsidiums des ADFG an die Mitglieder, Dezember 1980.

[35] Lukas BURCKHARDT, Vorwort, in: Dreißig Jahre deutsch-französische Verständigung, S. 5; vgl. auch Dreißig Jahre IBU. XVII. Internationaler Bürgermeister-Kongreß 23.–26. April 1978 in Salzburg: Reden und Referate, hg. v. der IBU, Kornwestheim 1978; StASt, Bestand 1020, Bd. 332, Protokoll der Sitzung des Verwaltungsausschusses der IBU am 16. Oktober 1978 in Basel.

aufbrechende Krisen gekennzeichnet«[36]. Noch immer seien Deutsche und Franzosen unzureichend über das jeweilige Partnerland informiert, was dazu führe, dass trotz einer »oberflächlichen Freundlichkeit« Vorurteile und Fremdheit zwischen den benachbarten Nationen fortbestünden[37]. Regelmäßige menschliche Kontakte seien daher auch nach bald vierzig Jahren der Verständigungsarbeit weiter vonnöten, kultureller Austausch unentbehrlich, um die geistigen Grundlagen künftiger Kooperation und Freundschaft zu sichern. Doch trügen zu Beginn der 1980er Jahre, wie Picht der Ansicht war, viele Ausdrucksformen der deutsch-französischen Versöhnungsbewegung der Nachkriegszeit bereits nostalgische Züge. Städtepartnerschaften und deutsch-französische Gesellschaften liefen Gefahr, einer bloßen Ritualisierung anheim zu fallen, welche die Verständigung bedrohen und insbesondere bei der jungen Generation beiderseits des Rheins Überdruss an einer nicht mehr glaubwürdigen Form deutsch-französischer Begegnungen hervorrufen könne[38].

Allenthalben verbreitete sich im Milieu der privaten Kräfte die Auffassung, der Prozess der deutsch-französischen Annäherung auf Ebene der Bevölkerungen sei seit den späten 1970er Jahren mehr und mehr ins Stocken geraten oder gar in einer verhängnisvollen Umkehr begriffen. Aufgrund dessen wurde mancher der hier tätigen Protagonisten von Zweifeln erfasst, ob die bereits seit den ersten Nachkriegsjahren erprobten Formen zivilgesellschaftlicher Verständigungsarbeit nach Ablauf von mittlerweile mehr als drei Jahrzehnten noch angemessen sein und die erhofften Wirkungen tatsächlich zeitigen konnten. Nicht zuletzt die kritische Einschätzung Pichts macht dies deutlich. Für die Akteure selbst unübersehbar, hatten die nach dem Zweiten Weltkrieg in privater Initiative geschaffenen Infrastrukturen der deutsch-französischen Annäherung, die während der 1960er Jahre ihr »goldenes Zeitalter«[39] erlebt hatten, im Verlaufe der sich hieran anschließenden Dekade Patina angesetzt. Nicht nur die Gründergeneration war vielfach gealtert, ohne es geschafft zu haben, kommenden Altersjahrgängen den Geist der deutsch-französischen Freundschaft einzuhauchen. Auch die kulturellen Mittel der Annäherungsbemühungen waren trotz der bereits zu Beginn der 1970er Jahre vielfach bekundeten Reformabsichten[40] zumeist dieselben geblieben und aufgrund

---

[36] Robert Picht, Einführung, in: Ders. (Hg.), Deutschland, Frankreich, Europa, S. 11–16, hier S. 11; vgl. hierzu auch Klaus-Peter Schmid, Die Grenzen erreicht? Eine Völkerfreundschaft in ihrer vorhersehbaren Midlife-Crisis, in: Die Zeit, 01.12.1978, Literaturbeilage, S. 14.

[37] Vgl. DFI-Archiv, Ordner Tätigkeitsberichte 1978–1989, Sachlicher Bericht zum Verwendungsnachweis 1980 vom 9. Juli 1981, S. 1; Robert Picht, Einführung, in: Ders. (Hg.), Das Bündnis im Bündnis, S. 8–11.

[38] Siehe hierzu Ders., Die Fremdheit des Partners: genügen die kulturellen Beziehungen?, in: Ders. (Hg.), Das Bündnis im Bündnis, S. 193–219.

[39] Defrance, Sozio-kulturelle Beziehungen, S. 22.

[40] Siehe hierzu Kap. 2.2.

ihrer Antiquiertheit für eine immer geringere Anzahl von Franzosen und Deutschen ein attraktives Angebot, um einander kennenzulernen. Nahezu zwangsläufig musste diese Situation zu schwerwiegenden Problemen in der alltäglichen Arbeit der verschiedenen deutsch-französischen Organisationen führen, gleichzeitig aber auch einen neuerlichen Prozess des Prüfens und der Selbstreflexion in Gang setzen.

Das Engagement des BILD etwa hatte sich seit Gründung der Vereinigung im Jahr 1945 im Wesentlichen auf den Austausch von Jugendlichen, die Durchführung von Studienreisen in das jeweilige Nachbarland und das Publizieren der »Documents« konzentriert. Abgesehen von kleineren Korrekturen waren diese Aktivitäten bis Ende der 1970er Jahre unverändert als Tätigkeitsschwerpunkte erhalten worden. Die Teilnehmerzahlen hatten sich derweil jedoch kontinuierlich reduziert. Kritisch war daher bereits 1976 seitens der Verantwortlichen angemahnt worden: »Der Eindruck muß verschwinden, daß die Gesellschaft nur Gelder verwaltet und seit Jahren dieselben Aktionen im deutsch-französischen Bereich durchführt«[41]. Noch deutlicher trat die Feststellung, dass die eingesetzten Verständigungsinstrumente sich überlebt hatten, in den Aufzeichnungen des ADFG zu Tage. Im Jahresbericht 1979/80 formulierten die beiden Vorsitzenden der Vereinigung mit klaren Worten:

Rückschauend kann man nur feststellen, daß die Tätigkeit unserer Mitgliedsgesellschaften und die Tätigkeit des Arbeitskreises einer echten Überprüfung unterzogen werden müssen. Daß wir uns fragen müssen, ob unsere Tätigkeit der Situation, wie sie sich jetzt im deutsch-französischen Verhältnis darstellt, angepaßt ist oder ob wir nicht an alten Verfahrensmustern kleben, die uns, um ehrlich zu sein, in der Verständigungsarbeit nicht weiter bringen. Sind wir nicht in manchen Bereichen unserer Arbeit von der Realität deutsch-französischer Verständigung bereits überholt[42]?

In den kaum noch zeitgemäßen Arbeitsmethoden erblickten die privaten Organisationen die Hauptursache dafür, dass nicht nur das öffentliche Interesse an ihrem Wirken, sondern auch die Bereitschaft des Einzelnen, sich im Rahmen der angebotenen Austausch- und Begegnungsprogramme für die deutsch-französische Annäherung zu engagieren, während der 1970er Jahre spürbar nachgelassen hatten. Fehlende Aufmerksamkeit musste jedoch unweigerlich einen Rückgang ihrer Einflussmöglichkeiten und damit auch ihrer Bedeutung insgesamt nach sich ziehen. Dessen eingedenk diskutierte etwa der Verwaltungsausschuss der IBU bereits seit Ende 1977 intensiv darüber, mit welchen Mitteln der Vereinigung mehr Publizität verschafft und neue Mitglieder gewonnen werden konnten. Gewarnt wurde hier insbesondere davor, die Tätigkeit der IBU in den Bereich eines bloßen »Notabeltouris-

---

[41] BILD-Archiv, »Stichworte zu dem Selbstverständnis der Gesellschaft und zu ihrer heutigen Wirkungsmöglichkeit im Rahmen der deutsch-französischen Zusammenarbeit«, Aktennotiz des Generalsekretärs Josef Winkelheide vom 24. Mai 1976, S. 2.
[42] VDFG-Archiv, Ordner Vorstandssitzungen 1979–1982, Jahresbericht 1979/80 des Arbeitskreises Deutsch-Französischer Gesellschaften, August 1980, S. 4.

mus« zwischen verschwisterten Gemeinden abgleiten zu lassen. Vielmehr sei die Einführung neuer Aktivitäten angezeigt, die auch über die Schaffung von Städtepartnerschaften hinausgehen und der Organisation in Zukunft wieder eine größere Breitenwirkung sichern sollten[43].

Ebenso beunruhigt über die schwindende öffentliche Resonanz zeigte sich das Präsidium des BILD. Die Vereinigung müsse, so wurde dort im Juli 1978 einhellig bekundet, in der Öffentlichkeit wieder den Widerhall finden, welcher ihr noch in den 1960er Jahren beschieden gewesen sei. Das Image des BILD sei daher grundsätzlich zu überarbeiten und seine Arbeit, seine Vitalität und sein Selbstverständnis nach außen wirksamer darzustellen. Nur auf diese Weise werde man den Nachweis der eigenen Daseinsberechtigung erbringen und damit auch Unterstützung von offizieller Seite erfahren können[44]. Mit ähnlichen Sorgen trugen sich schließlich auch die Verantwortlichen des ADFG. Der Bekanntheitsgrad des Arbeitskreises sowohl in der Öffentlichkeit als auch bei den Regierungsstellen sei, wie seit Ende der 1970er Jahre mehrfach konstatiert wurde, in hohem Maße unbefriedigend: »Wir treten auf der Stelle«[45]. Anstrengungen zur Stärkung der öffentlichen Präsenz der Vereinigung erschienen daher unerlässlich. Das Protokoll einer Vorstandssitzung vom Januar 1981 hielt dementsprechend fest: »Es wird darauf hingewiesen, daß es dringend notwendig ist, das Erscheinungsbild des ADFG neu zu gestalten, wobei es wesentlich erscheint, die Aufgaben des ADFG klar zu formulieren und in verstärktem Ausmaß in Presse und Funk vorzustellen«[46].

Die Erreichung des seitens der privaten Kräfte der Annäherung vielfach bekundeten Ziels, dem schrittweisen Verlust an öffentlicher Anerkennung entgegensteuern zu wollen, erschien umso drängender, als die zurückgehende Publizität für die Organisationen nicht zuletzt mit existenzgefährdenden finanziellen Einbußen verbunden war. Zum einen musste eine Vereinigung, deren Aktivitäten nur wenig Aufmerksamkeit erfuhren und deren politischer Nutzen für den deutsch-französischen Verständigungsprozess aus Sicht der staatlichen Stellen nicht ausreichend bemessen werden konnte, unweigerlich in legitimatorische Schwierigkeiten bei der Beantragung der seit Mitte der 1970er Jahre ohnehin spärlicher fließenden Fördergelder aus den öffentlichen

---

[43] Vgl. StASt, Bestand 1020, Bd. 332, Protokoll der Sitzung des Verwaltungsausschusses der IBU am 24. Oktober 1977 in Fontainebleau.

[44] Vgl. BILD-Archiv, Protokoll der Präsidiumssitzung der Gesellschaft für übernationale Zusammenarbeit und des Bureau international de liaison et de documentation am 1. Juli 1978 in Köln; »Stichworte zu dem Selbstverständnis der Gesellschaft und zu ihrer heutigen Wirkungsmöglichkeit im Rahmen der deutsch-französischen Zusammenarbeit«, Aktennotiz des Generalsekretärs Josef Winkelheide vom 24. Mai 1976.

[45] StAMa, Nl. 96, Bd. 12, Protokoll der Vorstandssitzung des Arbeitskreises Deutsch-Französischer Gesellschaften am 2. Februar 1980 in Mainz, S. 4.

[46] VDFG-Archiv, Ordner Vorstandssitzungen 1979–1982, Ergebnisprotokoll der Vorstandssitzung des ADFG am 31. Januar 1981 in Montigny-lès-Metz, S. 1.

Haushalten geraten[47]. Zum anderen machte die schwindende öffentliche Präsenz es für die verschiedenen Vereinigungen immer mühevoller, neue Mitglieder anzuwerben, deren Beiträge zur Finanzierung der Budgets jedoch dringend benötigt wurden. Das bedrohliche Schrumpfen der Mitgliederbasis und eine nahezu permanente Finanzmittelknappheit stellten somit neben antiquierten Verständigungsinstrumenten und fehlendem öffentlichen Interesse weitere Problemfelder in der Arbeit der privaten Austauschorganisationen an der Wende von den 1970er zu den 1980er Jahren dar.

Der Haushalt der IBU etwa bestand schon seit ihrer Gründungszeit weit überwiegend, vielfach zu mehr als zwei Dritteln, aus den Beitragseingängen der Mitglieder[48]. Deren Anzahl begann indessen seit den späten 1960er Jahren empfindlich abzusinken. Vor allem diejenigen Bürgermeister und Stadtverordnete verließen die IBU, die der Vereinigung bereits während des ersten Nachkriegsjahrzehnts beigetreten waren, inzwischen jedoch ihr Amt abgegeben hatten[49]. Ihre Nachfolger konnten trotz beständiger Bemühungen kaum mehr für eine Mitgliedschaft gewonnen werden, war doch die Aufgabe, bei der die Bürgermeister-Union hatte helfen sollen, die Initiierung einer Partnerschaft mit einer Gemeinde des jeweiligen Nachbarlandes, zumeist erfolgreich bewältigt worden[50]. Wozu also, dies mochten die Betroffenen sich fragen, sollten sie weiterhin einer Organisation angehören, die dem beinahe anachronistisch erscheinenden Ziel verschrieben blieb, deutsch-französische *jumelages* zu vermitteln? Der ausgehend von diesen Überlegungen in den Reihen der Mitglieder einsetzende Erosionsprozess führte dazu, dass sich gegen Ende der 1970er Jahre nicht nur der finanzielle Spielraum der IBU, sondern auch ihr Aktionsradius erheblich verringerte.

Mit ähnlichen Problemen sah sich zur gleichen Zeit auch das BILD konfrontiert. Nicht nur eine besorgniserregende Reduktion des Mitgliederbestandes wurde hier schon seit Beginn der 1970er Jahre festgestellt, sondern ebenso eine zunehmend geringere Verbreitung der beiden Publikationsorgane, insbesondere der »Documents« in Frankreich. Diesen Entwicklungen versuchte die Organisation seit Ende des Jahrzehnts durch gezielte Werbe-

---

[47] Vgl. hierzu auch die Angaben in Kap. 3.2.2.

[48] Vgl. hierzu exemplarisch StASt, Bestand 1020, Bd. 103, Haushaltsvoranschlag der Internationalen Bürgermeister-Union für das Geschäftsjahr 1967 sowie ibid., Bd. 356, Bericht über die Prüfung der Jahresrechnung der Internationalen Bürgermeister-Union für das Geschäftsjahr 1979.

[49] Vgl. StASt, Bestand 1020, Bd. 26 und Bd. 28, Hier findet sich jeweils eine Reihe von Austrittsschreiben von Städten, Gemeinden, Bürgermeistern und Stadtverordneten an die IBU im Zeitraum von 1968 bis 1975.

[50] Vgl. zu den Bemühungen der IBU um neue Mitglieder StASt, Bestand 1020, Bd. 332, Protokolle der Sitzungen des Verwaltungsausschusses der IBU am 24. Oktober 1977 in Fontainebleau und am 16. Oktober 1978 in Basel; ibid., Bd. 72, Schreiben des Geschäftsführers der IBU, Peter Keim, an den Saarbrücker Oberbürgermeister Oskar Lafontaine vom 9. Juli 1979 sowie weitere Werbungsschreiben der IBU an westdeutsche Städte im Zeitraum von 1977 bis 1979.

maßnahmen Einhalt zu gebieten. Mehr Menschen sollten wieder für den deutsch-französischen Austausch begeistert, neue Leser für die beiden Zeitschriften hinzugewonnen werden[51]. Auch an verschiedene Unternehmen der Wirtschaft trat das BILD heran, um Unterstützung für die in finanzielle Nöte geratenen Redaktionen in Köln und Paris zu erhalten[52]. Erschwert wurden diese Vorhaben wie auch die gesamte Verständigungsarbeit der Vereinigung jedoch dadurch, dass die Subventionen, welche das BILD und seine Schwestergesellschaft, die GÜZ, seit den 1950er Jahren seitens der westdeutschen und französischen Regierung bezogen hatten, im Verlaufe der 1970er Jahre schrittweise abnahmen. Vor allem die Zuwendungen des Quai d'Orsay, die sich 1959 noch auf knapp 180 000 Francs belaufen hatten, waren empfindlich zurückgeführt worden. Im Jahr 1975 lag der entsprechende Betrag bei bescheidenen 5000 Francs[53]. Erst nach energischem Insistieren bei den Verantwortlichen im französischen Außenministerium sowie dem vermittelnden Eingreifen der deutschen Botschaft konnte für 1977 wieder eine leichte Anhebung des Pariser Beitrags erreicht und ein drohendes Konkursverfahren abgewendet werden[54]. Das Überleben des BILD war damit zwar sichergestellt, doch blieb seine Existenz aufgrund der finanziellen Unsicherheit prekär; die Tendenz des anhaltenden Mitgliederschwundes konnte trotz vielfacher Anstrengungen nicht umgekehrt werden.

In vergleichbaren Finanzierungsschwierigkeiten befand sich seit Mitte der 1970er Jahre ebenso der ADFG. Hatte dieser in den vorangegangenen Jahren noch von einem laufenden Zuschuss aus dem Kulturfonds des Auswärtigen Amts profitieren können, so wurde dem Generalsekretariat des Arbeitskreises in Mainz im Dezember 1975 mitgeteilt, dass die Subventionierung der Organisation von nun an eingestellt werde. Aufgrund der erheblich verschlechterten Haushaltslage und unvermeidlicher Sparmaßnahmen in allen Bereichen sei das Auswärtige Amt nicht mehr in der Lage, dem ADFG auch im Jahr 1976 einen Zuschuss zu gewähren. »Diese Kürzung wird auch für

---

[51] Vgl. BILD-Archiv, Protokolle der Präsidiumssitzungen des Bureau international de liaison et de documentation und der Gesellschaft für übernationale Zusammenarbeit vom 9. Juni 1974, 8. März 1975 und 4. November 1978; Vermerk des Chefredakteurs der »Documents«, Jean-Paul Picaper, betreffend »Documents im Jahre 1975«, nicht datiert; Note sur la situation, 1975, S. 2f.; IMEC, Fonds Joseph Rovan, Protokoll der Vorstandssitzung des Bureau international de liaison et de documentation und der Gesellschaft für übernationale Zusammenarbeit vom 27. April 1979.

[52] Vgl. exemplarisch BILD-Archiv, Schreiben des geschäftsführenden Vize-Präsidenten des BILD, Joseph Rovan, an Helmut Gogröf, Generaldirektor bei Forges et Aciéries Röchling-Burbach, vom 16. Oktober 1979.

[53] Vgl. BILD-Archiv, Relevé des subventions reservées au Bureau international de liaison et de documentation et à la Gesellschaft für übernationale Zusammenarbeit 1958–1975.

[54] Vgl. BILD-Archiv, Protokolle der Präsidiumssitzungen des BILD und der GÜZ vom 8. März 1975 und vom 1. Juli 1978; Compte de gestion 1977, Einnahmen-Ausgaben-Rechnung für die Zeit vom 1.1.–31.12.1977; Tätigkeitsbericht des BILD für die Jahre 1977–1978.

Ihre Vereinigung sicherlich die Notwendigkeit mit sich bringen, in stärkerem Maße andere Finanzierungsquellen heranzuziehen und ihre Aktivitäten der neuen Lage anzupassen«[55]. Das Schreiben aus Bonn traf die Verantwortlichen hart. Zwar konnten sie für die jährlichen Tagungen der deutsch-französischen Gesellschaften auch weiterhin mit finanzieller Förderung rechnen[56], doch fiel die regelmäßige Zahlung des Auswärtigen Amts, die für 1975 immerhin 12 000 D-Mark betragen hatte[57], künftig weg. Dies schränkte die Tätigkeit des ADFG in den kommenden Jahren stark ein, zumal auch die Möglichkeiten, neue Geldgeber zu finden, angesichts der weithin spürbaren Auswirkungen der Wirtschaftskrise äußerst limitiert waren. Seit 1978 wurde in Vorstandssitzungen und Mitgliederversammlungen des Arbeitskreises wiederholt das Problem der ungenügenden Finanzmittel thematisiert und nach Auswegen gesucht, jedoch ohne greifbare Ergebnisse[58]. Mit wachsender Unruhe formulierte denn auch der Präsident der Vereinigung im März 1979: »Es steht außer Frage, daß die mangelnde finanzielle Ausstattung des Arbeitskreises sich lähmend auf die Aktivität auswirken muß«[59]. Kontraproduktiv erwies sich nicht zuletzt die aus der Not heraus getroffene Entscheidung, entstehende Kosten mehr denn zuvor den Teilnehmern der verschiedenen Aktivitäten aufzubürden. Für die ohnehin spärlich besuchten Veranstaltungen des ADFG bedeutete dies einen weiteren Rückgang der Beteiligung. Ein nicht unerheblicher Teil der Mitglieder sah in dieser Entwicklung »für das gedeihliche Fortbestehen des ADFG eine ernste Gefahr«[60].

Verglichen mit der Situation der IBU, des BILD und des ADFG konnte die finanzielle Lage des DFI in Ludwigsburg am Ende der 1970er Jahre als im Wesentlichen gefestigt gelten. Dies war zum einen auf die äußerst fruchtbaren Verbindungen des Instituts nach Bonn zurückzuführen. Diese spiegelten sich insbesondere in der Person Carlo Schmids wider, der zugleich Präsident des DFI und Koordinator der Bundesregierung für die deutsch-französische

---

[55] VDFG-Archiv, Ordner Abrechnungen AA 1969–1990, Schreiben der Kulturabteilung des Auswärtigen Amts an den ADFG betreffend »Zuwendungen aus dem Kulturfonds« vom 29. Dezember 1975.

[56] Siehe hierzu VDFG-Archiv, Ordner Abrechnungen AA 1969–1990, Schreiben der Kulturabteilung des Auswärtigen Amts an den ADFG betreffend »Zuwendungen aus dem Kulturfonds« vom 23. Februar 1977.

[57] Vgl. VDFG-Archiv, Ordner Abrechnungen AA 1969–1990, Schreiben der Kulturabteilung des Auswärtigen Amts an den ADFG betreffend »Tätigkeitszuschuß für das Haushaltsjahr 1975« vom 11. März 1975.

[58] Vgl. beispielsweise VDFG-Archiv, Ordner Vorstandssitzungen 1974–1976, Kurzprotokoll der Mitgliederversammlung des ADFG am 26. August 1978, S. 3.

[59] VDFG-Archiv, Ordner Arbeitskreis Korrespondenz 1977–1979, Jahresbericht des Arbeitskreises Deutsch-Französischer Gesellschaften über das Jahr 1978 vom 10. März 1979, S. 2.

[60] VDFG-Archiv, Ordner Arbeitskreis Korrespondenz 1977–1979, Schreiben des Ehrenpräsidenten des ADFG, Helmut Paetzold, an das Präsidium und den erweiterten Vorstand vom 15. Februar 1978, S. 3.

Zusammenarbeit war. Zum anderen spielte eine Rolle, dass das DFI den Prozess der Neuausrichtung seiner Verständigungsarbeit früher begonnen hatte und zielstrebiger angegangen war als seine Mitstreiter. Daher fiel es den Verantwortlichen des Instituts leichter, die staatlichen Zuwendungen weiterhin gerechtfertigt erscheinen zu lassen. Gleichwohl blieb das DFI von den negativen Entwicklungen, welche im Bereich der privaten Organisationen zu verzeichnen waren, nicht unberührt. So sah man sich auch in Ludwigsburg seit spätestens 1975 vor das Problem eines kontinuierlichen Rückgangs der Mitglieder gestellt[61]. Darüber hinaus war das Institut im Verlaufe der 1970er Jahre in zunehmendem Maße abhängig von Projektfinanzierungen geworden, die sich mit der Verschärfung des Sparzwanges der öffentlichen Haushalte bald als höchst unsichere Posten erwiesen. Im Rahmen einer Mitgliederversammlung des DFI Ende 1981 berichtete Robert Picht, dass das Institut zwar nicht auf dem Weg in eine existenzielle Krise sei, es aber dennoch vor Hindernissen stehe, die nicht klein geredet werden dürften: »je knapper sowohl im staatlichen wie im privaten Bereich die Mittel fließen, desto schwieriger wird es für uns, Projekte zu finanzieren«[62]. Um diesen Schwierigkeiten zu begegnen, habe man, wie Picht ausführte, beschlossen, »in großem Ausmaß« neue Mitglieder anzuwerben. Das Institut habe zwar viele Freunde, doch sei sein Mitgliederstamm im Laufe der Jahre kleiner geworden. Es sei daher eine gezielte Mitgliederwerbung sowohl bei Privatpersonen, die an Frankreich interessiert seien, wie auch bei Firmen und anderen Institutionen notwendig. Schließlich lebe das DFI davon, dass es von den Menschen getragen werde. »Deshalb ist Mitgliederwerbung für uns auch nicht nur eine Frage der Finanzen, sondern auch vor allen Dingen eine Frage, den Kreis in dem wir leben, zu vergrößern und zu erneuern«[63].

Die Erneuerung des organisierten Verständigungsmilieus, so lässt sich in Anlehnung an die Worte Pichts resümieren, war zu Beginn der 1980er Jahre in der Tat zu einer Notwendigkeit geworden, wollten die hier wirkenden Protagonisten nicht, wie auch vielfach von ihnen befürchtet, nach und nach vollständig von der Bildfläche verschwinden. Ähnlich den Regierungsstellen in Bonn und Paris hatten auch die privaten Kräfte, aufgeschreckt durch die zunehmend häufiger zu Tage getretenen deutsch-französischen Spannungen, am Ende der 1970er Jahre festgestellt, dass der Annäherungsprozess auf Ebene der Bevölkerungen nicht so weit gediehen war, wie man aufgrund der Vielzahl an organisierten Begegnungen zwischen Franzosen und Deutschen hatte vermuten und erhoffen können. Durchaus selbstkritisch gingen ausgehend

---

[61] Vgl. DFI-Archiv, Ordner Vorstandssitzungen 1972–1976, Ergebnisprotokoll zur Sitzung des geschäftsführenden Vorstands des Deutsch-Französischen Instituts am 26. Mai 1975, S. 3.

[62] DFI-Archiv, Ordner Mitgliederversammlungen 1972–1988, Protokoll der Mitgliederversammlung des Deutsch-Französischen Instituts am 27. November 1981, S. 7.

[63] Ibid., S. 8.

von diesem Befund die Verantwortlichen mit ihren Vereinigungen ins Gericht und gelangten zu der Erkenntnis, dass Studienreisen, Austauschprogramme und Vorträge, die »klassischen« Methoden kultureller Verständigung, die in vielen Fällen seit der Nachkriegszeit unverändert zum Einsatz gekommen waren, sich nach mehr als dreißig Jahren überlebt hatten und kaum noch die gewünschten Effekte erzielten. Das schwindende öffentliche Interesse für die deutsch-französische Arbeit, der kaum aufzuhaltende Rückgang der Mitgliederzahlen und die Reduzierung oder der Wegfall staatlicher Fördergelder schließlich konnten als Folgeerscheinungen des Alterungsprozesses eines ganzen Milieus verstanden werden, das hierdurch in schwere Existenznöte geriet. Neue Impulse für die Arbeit der Verständigungsorganisationen waren demnach dringlich angezeigt. Hinsichtlich der Fragen, wie die erforderlichen Initiativen der Erneuerung konkret aussehen und auf welche Weise die Vereinigungen vor allem in die Lage versetzt werden konnten, künftigen Auseinandersetzungen zwischen Frankreich und Westdeutschland wirkungsvoller zu begegnen als bislang, herrschte jedoch in ihren Reihen weitgehend Ratlosigkeit. Nicht zuletzt die immer wieder bekundete Enttäuschung darüber, dass die Jugendlichen in beiden Ländern kaum noch für die Idee der deutsch-französischen Freundschaft zu begeistern waren, ließ die privaten Vereinigungen mit einem Gefühl der Unsicherheit in die Zukunft blicken.

Die seit der zweiten Hälfte der 1970er Jahre erkennbar gewordenen Zerfallstendenzen der nicht-staatlichen Beziehungsstrukturen sowie die Erkenntnis, dass die seit Jahrzehnten gepflegten deutsch-französischen Bindungen es kaum vermochten, Belastungsproben standzuhalten, mussten schließlich gerade diejenigen alarmieren, die sich die Aussöhnung zwischen Deutschen und Franzosen zu ihrer Lebensaufgabe gemacht hatten. In Anbetracht der beständig von Neuem aufgebrochenen Konflikte schrieb etwa Joseph Rovan in einem Anfang der 1980er Jahre erschienenen Aufsatz:

Ces crises montrent chaque fois que la compréhension, la capacité de se rendre mutuellement compréhensibles – sans lesquelles la réconciliation et le rapprochement unifiant ne seraient même pas imaginables, ne doivent pas être considérées comme des données absolues et réalisées une fois pour toutes. La relation franco-allemande aura besoin d'être cultivée d'une manière attentive, consciente et coûteuse[64].

Allzu schnell würden dem Nachbarn auch jetzt noch, wie Rovan der Ansicht war, unlautere Intentionen unterstellt, gegenseitige Vorwürfe erhoben und alte Klischeevorstellungen bemüht, so dass der Fortgang der Annäherung von einer nicht ungefährlichen potenziellen Labilität gekennzeichnet sei.

Mit ähnlich mahnendem Unterton hatte Alfred Grosser bereits 1976 davon gesprochen, dass Verdächtigungen und Vorurteile das Verhältnis zwischen Franzosen und Deutschen wieder stärker prägten und in Frankreich

---

[64] Joseph ROVAN, L'opinion publique en question, in: Documents 37/1 (1982), S. 31–34, hier S. 31.

gar sich mehrende Anzeichen für die Rückkehr eines diffusen Gefühls der Feindseligkeit gegenüber dem Nachbarland, eines althergebrachten »Antigermanismus«, zu beobachten seien[65]. Zwar zeigten Meinungsumfragen, so räumte Grosser in einem späteren Beitrag ein, vielfach positive Ergebnisse, doch könne man mit Blick auf die öffentlichen Auseinandersetzungen der ausgehenden 1970er Jahre den Eindruck gewinnen, dass sich in Frankreich wie Westdeutschland ein beunruhigendes Bild des anderen festgesetzt habe[66]. Immer wieder kämen in den deutsch-französischen Beziehungen die in der Tiefe schlummernden Konfliktpotenziale einer unzureichend bewältigten Vergangenheit zum Tragen, die, seitens der Medien in hohem Maße dramatisiert, zerstörerische Kräfte entfalteten, welche dem Verständigungsprozess regelmäßig schadeten[67].

Die Feststellung, dass das deutsch-französische Verhältnis weiterhin nicht frei von Krisen sei, war zwar durchaus nicht neu, doch galten Rovan und Grosser deren ungewöhnlich häufiges Auftreten und die Aggressivität, mit welcher die öffentlichen Konfrontationen ausgetragen worden waren, als bislang ungekannte Phänomene. Darüber hinaus hatten sich in ihren Augen – und diese Wahrnehmung rief eine umso größere Besorgnis hervor – im Laufe der vorangegangenen Jahre immer weniger Franzosen und Deutsche in Politik, Gesellschaft oder Medien dazu bereit gefunden, für den Erhalt der Freundschaft einzutreten, hatten aber gleichzeitig immer mehr der drohenden Entfremdung der Partnerländer gleichgültig zugesehen. Nach über dreißig Jahren der Verständigungsarbeit, so der sich hieraus ableitende Eindruck, verlor die deutsch-französische Freundschaft zusehends an Fürsprechern. Gewiss sei, wie Rovan in einem 1982 veröffentlichten Artikel urteilte, das wechselseitige Verstehen zwischen Staatspräsident und Bundeskanzler unverändert gegeben, der Grad an Konsultation und Absprache im Bereich der Verwaltungen erfreulich hoch. Doch sei demgegenüber ein großer Teil der führenden Schichten derzeit in keiner Weise davon überzeugt, dass das deutsch-französische Verhältnis einen besonderen Rang einnehmen müsse[68]. Vor allem das Heranwachsen neuer Generationen, welche keinerlei persönliche Verbindungen mehr mit den ersten Aussöhnungsinitiativen der Nachkriegsjahre verspürten, spiele in dieser Hinsicht eine wesentliche Rolle. Diejenigen, die in den Jahrzehnten nach 1945 vielfach aufgrund eigener Erfahrungen in dem Bestreben gehandelt hätten, einen neuerlichen Krieg zwischen Franzosen und Deutschen zu verhindern, träten schrittweise ab.

---

[65] Vgl. GROSSER, Préface, in: MÉNUDIER, L'Allemagne selon Willy Brandt, S. 7–12, hier S. 8.

[66] Vgl. Alfred GROSSER, Verständigung heißt nicht immer gegenseitiges Verstehen. Die deutsch-französischen Beziehungen: Bilanz und Ausblick, in: Dokumente 40 (1984), Sonderheft, S. 37–42, hier S. 37.

[67] Vgl. DERS., Das Recht auf ein offenes Wort, S. 108–110; DERS., Was heißt Verständigung?; DERS., L'Allemagne de notre temps 1945–1978, S. 689–692.

[68] Siehe hierzu ROVAN, Dreißig Argumente für eine deutsch-französische Union, S. 13.

Zeitgleich rückten Altersjahrgänge in verantwortliche Positionen vor, die das Miteinander der Bevölkerungen dies- und jenseits des Rheins nun weitaus nüchterner betrachteten. Durch diesen Generationenumbruch sei, wie in den Schriften Rovans anklingt, das gemeinsame Bewusstsein für die Besonderheit des deutsch-französischen Nachkriegsweges mehr und mehr verloren gegangen. Um nicht mehr als das Verhältnis zweier getrennter Partner handele es sich daher bei den Beziehungen zwischen Frankreich und Westdeutschland zu Beginn der 1980er Jahre[69]. Ähnlich lautete auch die Einschätzung Alfred Grossers. Trotz aller Bemühungen habe sich in beiden Ländern der Kreis der in der Führungsschicht am Geschehen im Nachbarland Interessierten und über dieses Geschehen gut Informierten in den vergangenen Jahren verringert. Hierzu sei es vor allem deswegen gekommen, weil die Nachkriegsgeneration, für die die deutsch-französische Problematik wichtig gewesen sei, nun in den Hintergrund trete[70].

Als symptomatisch für den von Rovan und Grosser beobachteten Generationenwechsel in den deutsch-französischen Beziehungen kann der Tod Carlo Schmids angesehen werden; er verstarb im Dezember 1979. Der langjährige Koordinator der Bundesregierung für die Zusammenarbeit mit Frankreich galt weithin als einer der Überväter der Annäherung zwischen Frankreich und Westdeutschland nach 1945[71]. In den Augen derer, die für die Freundschaft eintraten, hinterließ er eine Lücke, die kaum zu schließen war. In einem Schreiben an Bundespräsident Carstens bekundete etwa der französische Staatspräsident Giscard d'Estaing seine Anteilnahme mit den Worten: »C'est avec une profonde émotion que j'ai appris le décès du Professeur Carlo Schmid. Apôtre de l'amitié franco-allemande, il a joué un rôle éminent dans la réconciliation entre nos deux pays et la consécration de leur amitié. Sa disparition est pour nous tous, Français et Allemands, une immense perte«[72]. Mitte Januar 1980 klagte auch Joseph Rovan, der Verlust Carlo Schmids wiege »jeden Tag schwerer«[73].

Die Entwicklungen, welche seit Ende der 1970er Jahre in den deutsch-französischen Beziehungen sichtbar geworden waren, stellten die Akteure der Verständigungsarbeit, dies mochten Rovan wie Grosser anhand ihrer Beobachtungen erkannt haben, somit vor einen doppelten Problemfall: Zum

---

[69] Vgl. DERS., Deux anniversaires, S. 64; DERS., Die deutsch-französische Diskussion, S. 189; DERS., Dreißig Argumente für eine deutsch-französische Union, S. 14.

[70] Siehe GROSSER, Verständigung heißt nicht gegenseitiges Verstehen, S. 39f.

[71] Vgl. hierzu DERS., Deutsch-französische Anfänge, in: Adolf ARNDT u. a. (Hg.), Konkretionen politischer Theorie und Praxis. Festschrift für Carlo Schmid zum 75. Geburtstag am 3. Dezember 1971, Stuttgart 1972, S. 413–423.

[72] AN Paris, 5 AG 3, Bd. 938, Schreiben Staatspräsident Giscard d'Estaings an Bundespräsident Carstens vom 12. Dezember 1979.

[73] IMEC, Fonds Joseph Rovan, Schreiben Joseph Rovans an den stellvertretenden Vorsitzenden der SPD, Hans-Jürgen Wischnewski, vom 14. Januar 1980; vgl. auch Joseph ROVAN, Erinnerung an Carlo Schmid, in: Dokumente 36/1 (1980), S. 65–67.

einen hatten sich Häufigkeit und Intensität der zwischen Frankreich und Westdeutschland auftauchenden öffentlichen Konfrontationen gesteigert und verdeutlicht, dass die Annäherung noch immer ein höchst sensibler und bei Weitem nicht abgeschlossener Vorgang war. Zum anderen schien sich gleichzeitig die Gruppe derer, die die deutsch-französische Partnerschaft seit der Nachkriegszeit in unterschiedlichen Bereichen des öffentlichen Lebens durch persönliches Engagement mitgetragen hatten, kontinuierlich zu verkleinern. Mehr denn je, dessen wurden die deutsch-französischen Mittler angesichts dieser Erschwernisse gewahr, benötigte die Freundschaft zwischen Deutschen und Franzosen bald vier Jahrzehnte nach Kriegsende neue Impulse, damit sie nicht an der Generationennahtstelle, die sich aufgetan hatte, ein jähes Ende nahm. Es bedürfe, wie Joseph Rovan in einem mit der Frage »Was bringt die Zukunft?« überschriebenen Aufsatz beinahe kampfeslustig formulierte, »einer Art permanenter und wirkungsvoller Verschwörung« im Dienste des deutsch-französischen Gedankens: »Wenn um uns herum Unsicherheit und ein Nachlassen der Bemühungen die Oberhand gewinnen, wenn dumpfe Resignation den Willen weithin lähmt, dann können wenige, aber einsatzfreudige und entschlossene Menschen viel erreichen und große Änderungen durchsetzen«[74].

Die deutsch-französischen Konflikte der 1970er Jahre und insbesondere die Krise des Herbstes 1977 hatten allenthalben, auf Ebene der Regierungen, bei privaten Verständigungsorganisationen und geistigen Mittlern, dazu geführt, eine Bilanz des langjährigen Annäherungsprozesses zwischen Franzosen und Deutschen und damit auch der eigenen Anstrengungen zu ziehen. Die Resultate, welche diese Rückschau zu Tage förderte, erwiesen sich für die verschiedenen Akteure indes als wenig zufriedenstellend. Die Analysen der Bonner und noch stärker der Pariser Regierungsstellen kamen zu dem Schluss, dass zwar die auf den Bestimmungen des Élysée-Vertrags beruhende politische Zusammenarbeit und vor allem die Kontakte zwischen Staatspräsident und Bundeskanzler weitgehend einvernehmlich und produktiv vonstattengingen. Das Verhältnis der Bevölkerungen war jedoch gemäß den Regierungsdokumenten trotz aller Verständigungsbemühungen noch immer von Unkenntnis, Vorurteilen und unterschwellig vorhandener Feindseligkeit geprägt. Weder die verschiedenen kulturpolitischen Initiativen noch das Wirken der zahlreichen privaten Organisationen hatten den amtlichen Einschätzungen zufolge die grenzüberschreitenden Bindungen in einer Weise gefestigt, dass ernstliche Auseinandersetzungen verhindert und die Gefahr einer Entzweiung der Partnerländer endgültig gebannt werden konnten.

Eine ähnliche Ernüchterung sprach auch aus den Konklusionen, welche die deutsch-französischen Vereinigungen am Ende der 1970er Jahre zogen: Ihre seit der Nachkriegszeit unermüdlich erprobten Verständigungsinstru-

---

[74] DERS., Was bringt die Zukunft?, in: DERS., WEIDENFELD (Hg.), Europäische Zeitzeichen, S. 141–147, hier S. 147.

mente hatten sich abgenutzt. Die öffentliche Anerkennung für ihre Arbeit nahm ebenso ab wie die Anzahl ihrer Mitglieder. Und auch die Bereitschaft der staatlichen Institutionen, ihnen finanzielle Unterstützung zu gewähren, ging zusehends zurück. Mittlerpersönlichkeiten schließlich wie Joseph Rovan und Alfred Grosser stellten mit wachsender Beunruhigung fest, dass nicht nur die Frequenz von Spannungen in den öffentlichen Beziehungen seit Mitte der 1970er Jahre zugenommen hatte. Im selben Zuge hatte sich auch der Kreis derjenigen, die ihre Aufgabe darin erblickten, dem deutsch-französischen Verhältnis unbeschadet über solcherlei Zerwürfnisse hinweg zu helfen, bedingt durch einen tief reichenden Generationenumbruch in den Gesellschaften beiderseits des Rheins, kontinuierlich verringert. Die Väter der deutsch-französischen Annäherung zogen sich nach und nach ins zweite Glied zurück, ohne jedoch Erben zu hinterlassen, die ihre Arbeit mit gleicher Überzeugung und gleichem Engagement fortsetzten. So übereinstimmend Regierungsstellen, private Organisationen und Mittler die Entwicklung der Beziehungen zwischen Deutschen und Franzosen als unbefriedigend bewerteten, so einhellig gelangten sie spätestens zu Beginn der 1980er Jahre zu der Erkenntnis, dass neue Ideen, neue Kraftanstrengungen vonnöten waren, um die deutsch-französische Freundschaft auch künftig am Leben zu erhalten.

4.2 Neue Initiativen für die Annäherung: der Staatsbesuch Giscard d'Estaings und der Pariser Kultur-Gipfel

Als entscheidend für das Anstoßen neuerlicher deutsch-französischer Verständigungsinitiativen erwies sich der Staatsbesuch Valéry Giscard d'Estaings in der Bundesrepublik im Juli 1980. Erstmals seit der Reise Charles de Gaulles im Jahr 1962[75] stattete damit ein französisches Staatsoberhaupt den deutschen Nachbarn eine offizielle Visite ab. Der sich über fünf Tage erstreckende Aufenthalt führte Giscard von Bonn über Baden-Baden, Würzburg und Kassel bis nach Lübeck[76]. Die Reiseroute abseits der großen Ballungszentren sollte es dem französischen Staatspräsidenten dabei auf eigenen Wunsch hin erlauben, »l'Allemagne profonde« kennenzulernen und verstärkt mit der deutschen Bevölkerung in Kontakt zu kommen. Ganz in diesem Sinne erklärte Giscard anlässlich eines durch Bundespräsident Carstens zum Auftakt seiner Reise in Schloss Falkenlust ausgerichteten Abendessens: »Peut-être le mystère de

---

[75] Vgl. hierzu Simone DERIX, Bebilderte Politik. Staatsbesuche in der Bundesrepublik 1949–1990, Göttingen 2009, S. 138–143; CONZE, Die gaullistische Herausforderung, S. 238–251.

[76] Vgl. »Diese Schande nie mehr erleben«. Frankreichs Staatspräsident Valéry Giscard d'Estaing und die Deutschen, in: Der Spiegel, 07.07.1980, S. 98–101.

la naissance me donne-t-il l'envie de rencontrer les Allemands tels qu'ils sont [...] et de connaître l'Allemagne comme on la découvre de l'intérieur [...] C'est un voisin qui vient saluer ses voisins, et auquel ceux-ci ouvrent les portes de leur maison de famille«[77]. Als Ausdruck einer seit Jahrzehnten gewachsenen Freundschaft wollte das französische Staatsoberhaupt seinen Aufenthalt im Nachbarland verstanden wissen. In den mehr als einem Dutzend Reden, die er im Verlaufe seines Besuchs in deutscher Sprache hielt, beschwor Giscard denn auch vor allem die Einzigartigkeit des von Franzosen und Deutschen nach dem Zweiten Weltkrieg gemeinsam zurückgelegten Weges[78]. »Worauf es dem französischen Staatspräsidenten und seinen deutschen Gastgebern ankommt«, so formulierte die »Frankfurter Allgemeine Zeitung« treffend, »ist, ihren Völkern aufs neue die besondere Bedeutung der deutsch-französischen Zusammenarbeit bewußtzumachen«[79]. Den Verweis auf das bereits Erreichte und auf die Singularität des deutsch-französischen Verhältnisses verband Frankreichs Staatschef zudem mit der Botschaft, dass die Zeit nunmehr reif sei, um eine neue Epoche in den Beziehungen zwischen beiden Ländern einzuläuten. Das Stadium der Aussöhnung, so Giscard, gelte es nach mehr als dreißig Jahren zu überwinden und durch eine »deutsch-französische Schicksalsgemeinschaft«[80] zu ersetzen, eine Phase vertiefter Beziehungen zwischen Franzosen und Deutschen, welche den positiven Entwicklungen der vorangegangenen Dekaden Rechnung trage. In einem Vermerk des Élysée-Palasts vom 3. Juli 1980 war diesbezüglich bereits ausgeführt worden: »Après la réconciliation, c'est une étape nouvelle dans laquelle nous sommes aujourd'hui bien engagés, celle d'une coopération toujours plus approfondie, [...] une étape qui rend impossible une rupture des liens tissés depuis vingt ans«[81].

Die Sympathien, welche dem französischen Staatspräsidenten in Westdeutschland allenthalben entgegenschlugen[82], schienen zu der Annahme zu berechtigen, dass seine Worte die beabsichtigte Wirkung, dem deutschfranzösischen Gedanken neuen Lebensgeist einzuhauchen, nicht verfehlen würden. Aus Sicht der regierungsamtlichen Stellen jedenfalls gestalteten sich die Ergebnisse der Reise außerordentlich erfreulich. Die westdeutschen Diplomaten urteilten, der zweite Staatsbesuch eines französischen Präsidenten in der Bundesrepublik habe der Verdeutlichung und Intensivierung

---

[77] Zitiert nach AMAE Nantes, Bonn Ambassade, Bd. 318, Schreiben des französischen Botschafters in Bonn, Jean-Pierre Brunet, an Außenminister Jean François-Poncet betreffend »Visite présidentielle en République fédérale« vom 17. Juli 1980, S. 1.

[78] Vgl. Jean WETZ, Les rapports franco-allemands dépassent tout ce que l'on pouvait espérer en 1962 déclare M. Giscard d'Estaing, in: Le Monde, 08.07.1980, S. 2.

[79] Thankmar von MÜNCHHAUSEN, Auf gutem Weg, in: FAZ, 07.07.1980, S. 1.

[80] Pressekonferenz von Staatspräsident Giscard d'Estaing am 11. Juli 1980, in: KIMMEL, JARDIN (Hg.), Die deutsch-französischen Beziehungen seit 1963, S. 229.

[81] AN Paris, 5 AG 3, Bd. 939, Note pour monsieur le président de la République, 3. Juli 1980.

[82] Vgl. Bernard BRIGOULEIX, M. Giscard d'Estaing reçoit un acceuil d'une chaleur exceptionnelle, in: Le Monde, 09.07.1980, S. 4.

der besonderen Qualität der deutsch-französischen Zusammenarbeit auf Grundlage des Élysée-Vertrags gedient. Die überaus positive Reaktion in der deutschen Öffentlichkeit und die Anteilnahme der Bevölkerung hätten gezeigt, dass dieses Ziel in vollem Umfang erreicht worden sei. Und auch die von französischer Seite im selben Maße empfundene Freundschaft sei sichtbar geworden[83].

Ähnlich zufrieden mit dem Verlauf der offiziellen Visite zeigten sich auch die politisch Verantwortlichen auf französischer Seite. Botschafter Brunet etwa teilte dem französischen Außenminister Jean François-Poncet wenige Tage nach der Abreise Giscards aus der Bundesrepublik mit, der Aufenthalt des Staatsoberhauptes im Nachbarland habe die in ihn gesetzten Erwartungen voll und ganz erfüllen können. Insbesondere der herzliche Empfang, der dem französischen Staatspräsidenten sowohl seitens der staatlichen Autoritäten als auch der deutschen Bevölkerung bereitet worden sei, habe dessen Wunsch entsprochen, den Besuch ganz unter das Zeichen der Freundschaft zu stellen. Die hauptsächliche Bedeutung der Reise könne jedoch darin gesehen werden, dass es gelungen sei, weite Teile der Öffentlichkeit für die deutsch-französische Partnerschaft einzunehmen: »un voyage officiel doit comporter une signification et permettre de dégager des voies qu'il importera d'explorer. Cette visite est venue à son heure. [L']événement aura permis, pour l'essentiel, de sensibiliser largement l'opinion au cours nouveau des relations franco-allemandes«[84].

Waren demnach durch den Staatsbesuch Valéry Giscard d'Estaings erste Impulse gesetzt worden, um den deutsch-französischen Beziehungen auf Ebene der Bevölkerungen neuen Auftrieb zu verleihen, so galt es nun, Vorsorge zu treffen, dass die günstigen Effekte, welche die Regierenden ausgemacht hatten, nicht nur ein Strohfeuer blieben, sondern in eine dauerhafte Vertiefung des Verhältnisses von Franzosen und Deutschen mündeten. Vor allem die kulturellen Bindungen zwischen beiden Ländern sollten hierzu gestärkt werden[85]. Diesbezügliche Gespräche führten Staatspräsident und Bundeskanzler im Rahmen des sich an die Staatsvisite anschließenden Gipfeltreffens in Bonn am 10. und 11. Juli 1980. Eine Aufzeichnung des Auswärtigen Amts hielt fest: »Breiten Raum nahmen Fragen der Kulturpolitik, insbesondere Intensivierung kultureller und menschlicher Kontakte, ein, denen nach Präsident Giscard und BK künftig größere, aktivere Aufmerksamkeit gewidmet werden

---

[83] Siehe Runderlass des vortragenden Legationsrats Boll, in: AAPD 1980, Bd. II, Dok. 211.

[84] AMAE Nantes, Bonn Ambassade, Bd. 318, Schreiben des französischen Botschafters in Bonn, Jean-Pierre Brunet, an Außenminister Jean François-Poncet betreffend »Visite présidentielle en République fédérale« vom 17. Juli 1980, S. 10.

[85] Botschafter Brunet hatte diesbezüglich im Vorfeld der Gipfelgespräche konstatiert: »La visite officielle et les consultations devraient, cette fois, me semble-t-il, servir à promouvoir les relations culturelles – au sens le plus large du terme – entre les deux pays«, AMAE Nantes, Bonn Ambassade, Bd. 325, Schreiben des französischen Botschafters in Bonn, Jean-Pierre Brunet, an das französische Außenministerium vom 2. Juli 1980, S. 2.

sollte, um gegenseitige Kenntnis der Völker zu vertiefen«[86]. Denn gerade im wechselseitigen Kennenlernen und im Bereich der Kultur hätten Deutsche und Franzosen, wie Bundeskanzler Schmidt äußerte, großen Nachholbedarf. Kultureller Austausch müsse künftig zu einer stärkeren Befruchtung zwischen den Partnerländern führen[87]. Diese Einsichten ließen den westdeutschen Regierungschef und seinen französischen Gegenüber den Entschluss fassen, die Anfang 1981 anstehenden Gipfelkonsultationen vorrangig der »Entwicklung der gegenseitigen Kenntnis des deutschen und des französischen Volkes und ihrer jeweiligen Kultur«[88] zu widmen.

Im folgenden Halbjahr waren die verantwortlichen Stellen, insbesondere in den Außenministerien und Botschaften, daher aufgefordert, Maßnahmen zu erarbeiten, die den ins Visier genommenen Zielen dienlich sein konnten. Bereits Anfang August 1980 übermittelte der deutsche Botschafter Axel Herbst erste vorläufige Überlegungen hinsichtlich einer Weiterentwicklung des deutsch-französischen Kulturaustauschs in die Bundeshauptstadt. Für erwägenswert hielt Herbst vor allem symbolhafte Akte wie etwa die Verleihung der Ehrendoktorwürde der Pariser Traditionsuniversität Sorbonne an Bundeskanzler Schmidt oder die Abhaltung eines gleichzeitig durch das westdeutsche wie das französische Fernsehen übertragenen Gesprächs des Bonner Regierungschefs mit Staatspräsident Giscard d'Estaing über die Kulturkontakte zwischen beiden Ländern[89]. Weiter ausgearbeitete Vorschläge legte Mitte August 1980 das Bundeskanzleramt vor[90]. Die deutsch-französischen kulturellen Beziehungen, so hielt die dortige Aufzeichnung fest, seien in den vorangegangenen 150 Jahren »Teil einer stark gefühlsbesetzten Seelenlandschaft in beiden Völkern« geworden. Allzu häufig hätten sich Frankreich und Deutschland in ihrem kulturellen Selbstverständnis in Abgrenzung zueinander definiert. Diese Epoche könne zwar im Wesentlichen als abgeschlossen betrachtet werden, doch gingen von ihr noch immer Rückwirkungen auch brisanter Natur aus, insbesondere wenn Deutsche und Franzosen sich dazu bemüßigt fühlten, wechselseitig »Seelenforschung« zu betreiben. Dem sollte die geplante kulturelle Initiative der Regierungen Rechnung tragen. Zunächst sei daran zu denken, die für Februar 1981 vorgesehenen Konsultationen in eine Reihe von begleitenden Kulturveranstaltungen – Ausstellungen, Konzerte oder auch die Ausstrahlung von Fernsehkoproduktionen – einzubetten und eine seitens des Staatspräsidenten und des Bundeskanzlers gemeinsam ge-

---

[86] Runderlass des vortragenden Legationsrats Boll, in: AAPD 1980, Bd. II, Dok. 211.

[87] Siehe ibid.

[88] Presseerklärung Staatspräsident Giscard d'Estaings am 11. Juli 1980, in: Bulletin des Presse- und Informationsamtes der Bundesregierung 84 (1980), S. 706.

[89] Siehe hierzu die Aufzeichnung des vortragenden Legationsrats I. Klasse Zeller, Bundeskanzleramt, vom 15. August 1980, in: AAPD 1980, Bd. II, Dok. 236, Anm. 10.

[90] Vgl. zu den folgenden Ausführungen, soweit nicht anders vermerkt, die vorbenannte Aufzeichnung des Bundeskanzleramts vom 15. August 1980.

zeichnete offizielle Erklärung herauszugeben, wodurch jeweils die Bedeutung des Gipfelthemas unterstrichen werde.

Um das Interesse der Regierenden an einer Belebung der deutsch-französischen Kulturbeziehungen nach außen hin noch deutlicher zu machen als dies durch bloße Willensbekundungen geschehen könne, sei es darüber hinaus wünschenswert, wenn Bundeskanzler und Staatspräsident vereinbarten, beispielhafte Projekte anzuregen und diese besonders in der Öffentlichkeit herauszustellen. So könne man etwa deutschen und französischen Touristen, die ihren Urlaub bei den Nachbarn verbrächten, landeskundliches Informationsmaterial an die Hand geben, so dass diese einen weiteren Blick auf das Partnerland gewännen. Zu prüfen sei des Weiteren, ob nicht die vielfach nur noch mühsam am Leben gehaltenen deutsch-französischen Städtepartnerschaften für die kulturelle Begegnung zwischen Franzosen und Deutschen besser nutzbar gemacht werden könnten. Und auch die Vergabe von Stipendien für einen Bildungsaufenthalt junger Künstler im anderen Land, die Schaffung eines deutsch-französischen Preises für Leistungen auf unterschiedlichen kulturellen Gebieten oder die Einrichtung eines länderübergreifenden Schülerwettbewerbs zu Themen von gemeinsamem Interesse seien der Überlegung wert. Neben solch öffentlichkeitswirksamen Einzelprojekten müsse schließlich in Betracht gezogen werden, Ergänzungen und Verbesserungen auch im institutionellen Bereich des Kulturaustauschs vorzunehmen. Insbesondere der zum Teil sehr guten Arbeit des DFJW gelte es, mehr öffentliche Aufmerksamkeit zu sichern. Darüber hinaus verdiene das Ludwigsburger DFI, eine in den deutsch-französischen Beziehungen »einzigartige« private Einrichtung, zusätzliche Förderung. Von herausgehobener Bedeutung sei es, ein dementsprechendes französisches Partnerinstitut ins Leben zu rufen[91].

Für die Koordinierung all der verschiedenen Anregungen und Möglichkeiten, so konstatierte der Bericht des Bundeskanzleramts, komme in erster Linie die Kulturabteilung des Auswärtigen Amts in Frage. Doch dürfe die Vorbereitung des Gipfeltreffens nicht allein der Ministerialbürokratie vorbehalten bleiben. Wichtig sei es, auch Persönlichkeiten außerhalb der Bundesverwaltung anzusprechen. Als »repräsentative kulturelle Mittlerpersonen« mit Affinitäten zu Frankreich könnten etwa Günter Grass, Volker Schlöndorff oder Hansgerd Schulte[92] betrachtet werden, auf französischer

---

[91] Dieser Vorschlag findet sich auch schon in PA-AA, Auslandsvertretungen, Botschaft Paris, Bd. 13523, Schreiben des deutschen Botschafters in Paris, Axel Herbst, an das Auswärtige Amt betreffend »Anregungen zum Ausbau der deutsch-französischen Beziehungen« vom 4. Januar 1979, S. 2f.

[92] Zu den Frankreich-Verbindungen von Günter Grass vgl. Marion GEORGE, Günter Grass und Frankreich, in: Norbert HONSZA, Irena ŚWIATŁOWSKA (Hg.), Günter Grass. Bürger und Schriftsteller, Dresden 2008, S. 297–312. Volker Schlöndorff hatte einen Teil seiner schulischen Ausbildung in Frankreich absolviert, dort am renommierten Lycée Henri IV in Paris das Abitur abgelegt und später ebenfalls in der französischen Hauptstadt Rechts-

Seite insbesondere eine Gruppe von Professoren, »allen voran Alfred Grosser und Joseph Rovan«[93]. Diese vielfältigen Überlegungen und Vorschläge hinsichtlich der praktischen Ausgestaltung der anvisierten deutsch-französischen Kulturinitiative aufgreifend, fanden im Auswärtigen Amt Ende September und Mitte November 1980 Ressortbesprechungen statt, die darauf abzielten, erste konkrete Ergebnisse festzuhalten. Für das Rahmenprogramm der Pariser Gipfelgespräche wurde etwa ein Besuch von Staatspräsident Giscard d'Estaing und Bundeskanzler Schmidt in der Ausstellung »Deutsche Kunst der 70er Jahre« und ein Konzert des Bundesjugendorchesters vorgesehen. Die geplante gemeinsame Erklärung, so kamen die Verantwortlichen überein, solle Denkanstöße für insgesamt fünf Bereiche der deutsch-französischen Kulturkontakte enthalten: Wissenschaft und Hochschulen, Sprache, Medien, berufliche Bildung, Austausch und Partnerschaften[94].

Ausgehend von der Reise des französischen Staatspräsidenten in die Bundesrepublik und den im Rahmen des Gipfeltreffens vom Juli 1980 zwischen Giscard und Schmidt getroffenen Vereinbarungen waren zu gleicher Zeit auch auf Seiten der französischen offiziellen Stellen verschiedene Optionen für eine Intensivierung der als unzureichend erachteten kulturellen Verbindungen zwischen Franzosen und Deutschen ventiliert worden. Wenige Wochen nach den Bonner Gesprächen urteilte der französische Botschafter Jean-Pierre Brunet: »La visite officielle du chef de l'État comme les récentes consultations franco-allemandes ont donc mis l'accent sur une importante lacune qu'il faudra combler si nous voulons donner à l'entente franco-allemande la substance et les fondements qui lui font encore défaut«[95]. Die nunmehr anzustrengenden Maßnahmen hätten daher zuvorderst darauf ausgerichtet zu sein, die mentalen Barrieren zwischen den Bevölkerungen beiderseits des Rheins abzubauen und wieder einen echten kulturellen Dialog zwischen ihnen zu etablieren:

L'effort à faire est considérable et à la mesure d'une entreprise qui suppose une action et une volonté d'ordre politique: accroître l'intérêt des deux peuples l'un pour l'autre, créer l'attirance mutuelle qui était encore celle des artistes et des écrivains pendant la plus grande partie du XIXe siècle, bref, en revenir au dialogue des cultures qui existait en Europe dans

---

wissenschaften studiert, vgl. Volker SCHLÖNDORFF, Licht, Schatten und Bewegung. Mein Leben und meine Filme, München 2008; der Germanist Hansgerd Schulte war zwischen 1963 und 1972 Leiter der DAAD-Zweigstelle in Paris, anschließend bis zum Jahr 1987 Präsident des DAAD, zudem lehrte er seit 1969 an der Universität Paris III-Sorbonne nouvelle, vgl. PFEIL, Die Pariser DAAD-Außenstelle in der »Ära Schulte«; Von der Begegnung zur Zusammenarbeit. Beiträge zur internationalen Hochschulkooperation. Reden von Professor Dr. Hansgerd Schulte, Präsident des DAAD von 1972 bis 1987, hg. v. DAAD, Bonn 1989.

[93] Aufzeichnung des vortragenden Legationsrats I. Klasse Zeller, Bundeskanzleramt, vom 15. August 1980, in: AAPD 1980, Bd. II, Dok. 236.

[94] Vgl. ibid., Anm. 11.

[95] AMAE Paris-La Courneuve, Europe, RFA 1976–1980, Bd. 3960, Schreiben des französischen Botschafters in Bonn, Jean-Pierre Brunet, an das französische Außenministerium betreffend »Trois ans en RFA (suite)« vom 27. August 1980, S. 5.

le passé et dont trois guerres franco-allemandes en trois générations ont souvent entravé le cours[96].

Gemäß dem Wunsch des Staatspräsidenten und dem Beschluss des französischen Ministerrats, so vermerkte Brunet Mitte September 1980, solle die Vertiefung des wechselseitigen Verständnisses zwischen Franzosen und Deutschen gar zu einem prioritären Ziel des Regierungshandelns der kommenden Jahre werden[97].

Als Bereich, von dem Initiativen für eine Festigung des deutsch-französischen Annäherungsprozesses ausgehen konnten, galt den französischen Diplomaten in Bonn zunächst die Zusammenarbeit bei Rundfunk und Fernsehen. Vor allem der regelmäßige Austausch von Sendungen und die Realisierung von Koproduktionen böten, wie der französische Botschafter an den Quai d'Orsay schrieb, das Potenzial, den Bevölkerungen Wissen über das jeweilige Nachbarland zu vermitteln und fortbestehende Klischeevorstellungen durch positivere Eindrücke zu ersetzen. Darüber hinaus müsse man prüfen, mit welchen Mitteln die direkten Kontakte zwischen den Menschen beider Länder gemehrt werden könnten. Neben der Freigabe zusätzlicher Subventionen für das effektiv arbeitende DFJW sei in dieser Hinsicht zum einen die Weiterentwicklung der vielfach einschlafenden Städtepartnerschaften zu tatsächlichen Zentren des kulturellen Austauschs in Erwägung zu ziehen. Zum anderen bestünde die Möglichkeit, an den Orten in Westdeutschland, wo sich französische Garnisonen befänden, verstärkt Begegnungen zwischen Soldaten und Einheimischen zu organisieren. Auf Ebene der geistigen Eliten schließlich komme der bereits seit einiger Zeit projektierten Schaffung einer französischen Forschungseinrichtung zum Studium des zeitgenössischen Deutschlands oberste Priorität zu. Unabdingbare Voraussetzung für jegliche Form kultureller Beziehungen zwischen Franzosen und Deutschen sei jedoch die kontinuierliche Entwicklung der beiderseitigen Sprachkenntnisse im Rahmen des Schulunterrichts. Gerade hier hätten die Regierungen dafür zu sorgen, dass sich die Tendenz zurückgehender Schülerzahlen in den Französischklassen in der Bundesrepublik und den Deutschklassen in Frankreich wieder umkehre[98].

Die Anregungen der französischen Botschaft weiterverfolgend und ergänzend, wurde Anfang Oktober 1980 durch Premierminister Raymond Barre eine interministerielle Arbeitsgruppe zur systematischen Vorbereitung der im Februar 1981 anstehenden Gipfelkonsultationen ins Leben gerufen. Diese

---

[96] Ibid.

[97] Siehe AMAE Nantes, Bonn Ambassade, Bd. 366, Schreiben des französischen Botschafters in Bonn, Jean-Pierre Brunet, an das französische Außenministerium betreffend »Compréhension réciproque des peuples français et allemand« vom 16. September 1980.

[98] Vgl. zu diesem Abschnitt ibid. sowie AMAE Nantes, Bonn Ambassade, Bd. 366, Vermerk für den Botschafter betreffend »Possibilités de développer les relations culturelles franco-allemandes« vom 25. August 1980.

stand unter Federführung der Kulturabteilung des Quai d'Orsay und sollte in Abstimmung mit den Gesprächspartnern im Auswärtigen Amt insbesondere Einvernehmen über die kulturpolitischen Zielsetzungen herstellen, welche in die gemeinsame Erklärung von Bundeskanzler und Staatspräsident aufzunehmen seien. Die Frage, wie man auf lange Sicht die Kooperation zwischen westdeutschen und französischen Universitäten und Wissenschaftsinstitutionen intensivieren könnte, stand hier ebenso zur Diskussion wie die Perspektiven zur Förderung des künstlerischen Austauschs, etwa auf den Gebieten des Films, des Theaters und der Musik, oder die Einrichtung eines deutsch-französischen Schulungsprogramms für Journalisten[99]. Ähnlich ihren bundesdeutschen Partnern waren die Pariser Verantwortlichen zudem zu der Einschätzung gelangt, dass auch außerhalb der Ministerialbürokratie stehende Kräfte – Personen und Organisationen, die aufgrund ihres spezifischen Wirkens selbst einen Teil der deutsch-französischen Beziehungen bildeten – in die Planungen für die kulturelle Initiative des kommenden Jahres integriert werden sollten. Auf diese Weise könnten die staatlichen Vorhaben auf gesellschaftlicher Ebene rückgebunden werden. So erarbeitete die französische Botschaft im Herbst 1980 eine Zusammenstellung der in Frankreich und Westdeutschland existierenden Einrichtungen und Vereinigungen, die durch ihre Erfahrungen in der praktischen Verständigungsarbeit dazu im Stande schienen, Anregungen für die künftige Ausgestaltung des deutsch-französischen Kulturaustauschs zu liefern und selbst einen Beitrag zu der beabsichtigten Vertiefung des Verhältnisses von Franzosen und Deutschen zu leisten[100]. Neben der Deutsch-Französischen Kulturstiftung, dem Carolus-Magnus-Kreis[101] und weiteren Institutionen des deutsch-französischen

---

[99] Vgl. AMAE Nantes, Bonn Ambassade, Bd. 318, Schreiben des französischen Botschafters in Bonn, Jean-Pierre Brunet, an das französische Außenministerium betreffend »Compréhension réciproque des peuples français et allemand« vom 17. Oktober 1980; AMAE Nantes, Bonn Ambassade, Bd. 366, Vermerk für Außenminister Jean François-Poncet betreffend »Préparation du sommet franco-allemand de février 1981, questions culturelles« vom 24. November 1980; Schreiben des französischen Außenministeriums, Nazelle, an die französische Botschaft betreffend »Préparation de la rencontre au sommet franco-allemand« vom 10. Dezember 1980; AMAE Paris-La Courneuve, Europe, RFA 1976–1980, Bd. 3971, Schreiben des französischen Botschafters, Jean-Pierre Brunet, an das französische Außenministerium betreffend »Préparation du prochain sommet franco-allemand, questions culturelles« vom 6. November 1980.

[100] AMAE Paris-La Courneuve, Europe, RFA 1976–1980, Bd. 3999, Schreiben des französischen Botschafters in Bonn, Jean-Pierre Brunet, an den Präsidenten der Interministeriellen Kommission für die deutsch-französische Zusammenarbeit, Jean Laloy, vom 10. Oktober 1980, Anlage: »Note sur le rapprochement des opinions publiques française et allemande«.

[101] Vgl. zu den beiden genannten Einrichtungen Jürgen HARTMANN, Die Deutsch-Französische Kulturstiftung in Mainz, in: Jahrbuch für westdeutsche Landesgeschichte 29 (2003), S. 541–550; Ulrich BARTH, Der Carolus-Magnus-Kreis und seine Funktion im deutsch-französischen Assistentenaustausch, in: Jürgen OLBERT (Hg.), Le colloque de

Kontextes zitierte die Liste auch die Namen des BILD, des ADFG und des DFI.

Gerade das Ludwigsburger Institut entwickelte sich im Vorfeld der Gipfelgespräche vom Februar 1981 zu einer wichtigen Verbindungsstelle zwischen regierungsamtlichen Überlegungen und den jenseits der Regierungsebene lancierten Initiativen zur Stärkung der kulturellen Bande zwischen beiden Ländern. Auf maßgebliches Betreiben des Bundeskanzleramts und mit finanzieller Unterstützung aus dem Bonner Kulturhaushalt und den Fördermitteln der Robert-Bosch-Stiftung organisierte das DFI Anfang Dezember 1980 ein deutsch-französisches Kolloquium. Dieses sollte insbesondere dazu dienen, eine Bilanz der zwischen Frankreich und der Bundesrepublik während der vorangegangenen Jahrzehnte in die Wege geleiteten kulturellen Austauschprozesse zu ziehen und Perspektiven für das Miteinander von Franzosen und Deutschen in der jüngst begonnenen Dekade aufzuzeigen[102]. Unter dem Titel »Das Partnerland in Kultur, Wissenschaft und Medien«[103] kamen in Ludwigsburg über sechzig französische und westdeutsche Kulturpolitiker und Kulturschaffende zusammen, welche die Überzeugung einte, dass der große Vorgang der deutsch-französischen Annäherung neue Impulse benötigte, um sich auch zukünftig fortsetzen zu können. Vertreter beider Botschaften und Außenministerien sowie des Bundeskanzleramts waren anwesend, Repräsentanten des Goethe-Instituts und des DFJW, namhafte Journalisten wie der Frankreich-Korrespondent der ARD, Heiko Engelkes, ausgewiesene Fachwissenschaftler, so etwa der französische Deutschlandexperte François-Georges Dreyfus und der Direktor des Deutschen Historischen Instituts in Paris, Karl Ferdinand Werner, schließlich die Delegierten verschiedener privater Austauschorganisationen, nicht zuletzt Joseph Rovan, der für das BILD sprach[104]. Kurzum: Am DFI waren diejenigen versammelt, die es not-

---

Strasbourg 1977. Die erste Begegnung deutscher Französischlehrer und französischer Deutschlehrer, Frankfurt a.M. u. a. 1979, S. 189–192.

[102] Vgl. AMAE Nantes, Bonn Ambassade, Bd. 366, Vermerk für Außenminister Jean François-Poncet betreffend »Préparation du sommet franco-allemand de février 1981, questions culturelles« vom 24. November 1980, S. 1; AMAE Paris-La Courneuve, Europe, RFA 1976–1980, Bd. 3971, »Réunion de préparation, dans le domaine culturel, de la rencontre au sommet franco-allemand de février 1981, tenu le 28 octobre 1980, Compte-rendu sommaire«, 13. November 1980, S. 10f.; DFI-Archiv, Ordner Deutsch-Französisches Kolloquium 1980, Schreiben des Auswärtigen Amts an das Deutsch-Französische Institut betreffend »Zuschuß zum 8. Deutsch-Französischen Kolloquium in Ludwigsburg« vom 10. Dezember 1980 und Schreiben der Robert-Bosch-Stiftung an das Deutsch-Französische Institut vom 28. November 1980.

[103] Vgl. 8. Deutsch-Französisches Kolloquium »Das Partnerland in Kultur, Wissenschaft und Medien«, 4.–6. Dezember 1980 in Ludwigsburg. Arbeitspapiere, hg. v. DFI, Ludwigsburg 1980.

[104] Siehe DFI-Archiv, Ordner Deutsch-Französisches Kolloquium 1980, Teilnehmerliste des 8. Deutsch-Französischen Kolloquiums »Das Partnerland in Kultur, Wissenschaft und Medien«, nicht datiert.

wendigerweise brauchte, um den Kulturbeziehungen zwischen Frankreich und Westdeutschland neuen Schwung zu verleihen.

Die konkreten Ziele des Kolloquiums sahen die Organisatoren darin, den »politischen und kulturellen Horizont« des deutsch-französischen Verhältnisses der 1980er Jahre zu skizzieren, auf Defizite und Hindernisse des kulturellen Austauschs hinzuweisen und denkbare Schwerpunkte für die künftige grenzüberschreitende Kulturarbeit zu benennen. Als »Börse der Ideen und Vorschläge« sollte die Tagung »eine bessere Nutzung der vorhandenen Instrumente und ein stärkeres Bewusstsein der Öffentlichkeit für die Bedeutung deutsch-französischer Kulturbeziehungen ermöglichen«[105]. Letztlich verband sich mit der Ausrichtung des Ludwigsburger Kolloquiums nicht nur die Hoffnung auf eine Intensivierung der kulturellen Kontakte zwischen Franzosen und Deutschen, sondern auch auf die Beantwortung der Frage, wie das »wohlgefällige Einschlafen« der deutsch-französischen Freundschaft in alter Routine zu verhindern sei[106]. Ausgehend von drei einführenden Referaten, welche von Staatsministerin Hildegard Hamm-Brücher, dem Hamburger Kunsthistoriker Werner Hofmann und dem Fernsehjournalisten Alfred Biolek bestritten wurden[107], diskutierten die Teilnehmer der Tagung in sechs Arbeitsgruppen mögliche Ansätze für eine Vertiefung der zwischen beiden Ländern bestehenden kulturellen Bindungen in den Bereichen »Austausch mit Breitenwirkung«, »intellektueller Dialog« und »Medien, Fernsehen, Film, Theater«[108]. Der Beitrag, den gesellschaftliche Gruppen in diesem Zusammenhang leisten konnten, kam hier ebenso zur Sprache wie die Rolle kommunaler und regionaler Partnerschaften und der Stellenwert von Literatur und Wissenschaft als Bindeglieder zwischen den Bevölkerungen.

Der Ergebnisbericht des Kolloquiums hielt zunächst fest, dass für ein funktionierendes deutsch-französisches Verhältnis eine informierte Öffentlichkeit und die Bereitschaft weiter Kreise zur Solidarität mit dem Nachbarland als unerlässliche Voraussetzungen betrachtet werden sollten. Zweck der kulturellen Beziehungen müsse es vornehmlich sein, mitzuhelfen, die Fortdauer dieser Grundkonstanten zu gewährleisten. Geschehen könne dies einerseits

---

[105] DFI-Archiv, Ordner Deutsch-Französisches Kolloquium 1980, Aufzeichnung zu Zielen, Themen, Arbeitsform und Programm des 8. Deutsch-Französischen Kolloquiums in Ludwigsburg vom 13. November 1980, S. 1; vgl. hierzu auch die Angaben bei Jürgen Voss, Karl Ferdinand WERNER, Bericht über die Aktivität des DHI Paris im Jahre 1980, in: Francia 8 (1980), S. 948–967, hier S. 954f.

[106] Siehe DFI-Archiv, Ordner Mitgliederversammlungen 1972–1988, Protokoll der Mitgliederversammlung des Deutsch-Französischen Instituts am 27. November 1981, S. 5.

[107] Themen der Exposés waren: »Kulturpolitische Perspektiven der deutsch-französischen Zusammenarbeit in den 80er Jahren« (Hildegard Hamm-Brücher), »Europäische Kultur in Ausstellungen« (Werner Hofmann), »Kulturelle Vermittlung durch Unterhaltung« (Alfred Biolek).

[108] Vgl. DFI-Archiv, Ordner Deutsch-Französisches Kolloquium 1980, Programm des 8. Deutsch-Französischen Kolloquiums »Das Partnerland in Kultur, Wissenschaft und Medien« vom 4. Dezember 1980.

durch das Zurückgreifen auf bereits Vorhandenes. Die seit den Nachkriegsjahren entstandenen Strukturen deutsch-französischer Kulturkontakte böten
schließlich eine breite Basis auch für die künftige Arbeit. Eintausend Städtepartnerschaften, das DFJW, der DAAD, Institutionen wie das BILD und
das DFI sowie die Fülle partnerschaftlicher Beziehungen zwischen einzelnen
Hochschulen, Museen oder Regisseuren hätten ein Instrumentarium geschaffen, das auch für neue Aufgaben genutzt werden könne[109]. Andererseits sei
es dringend erforderlich, die mittlerweile ausgetretenen Pfade langjährig er-
probter Verständigungsbemühungen zu verlassen und das alltägliche Wirken
stärker den Erfordernissen der Gegenwart anzupassen: »Die in den 50er und
60er Jahren entwickelten Formen kultureller Begegnung und Zusammenarbeit sind teilweise noch immer zu stark auf die Aufgaben der Vergangenheit
fixiert«[110]. Mangelnde Information, unzureichende Sprachkenntnisse und
administrative Hindernisse verschütteten oft gerade die attraktiven Möglichkeiten zukunftsgerichteter Zusammenarbeit. Ziel müsse es sein, diese
Blockierungen durch neue Impulse aufzubrechen.

Potenzial für eine Revitalisierung der Kulturbeziehungen erblickten die
Teilnehmer des Kolloquiums etwa in einer stärkeren Anbindung städte-
partnerschaftlicher Aktivitäten an Schulunterricht, Erwachsenenbildung
und Vereinsleben, in der Einrichtung gemeinsamer Ferienprogramme für
junge Arbeitnehmer oder einer intensiveren Kooperation der westdeutschen
und französischen Fernsehanstalten. Auch eine vermehrte Förderung von
Buchübersetzungen und Schriftstellertreffen, die regelmäßige Veranstaltung
publikumswirksamer Ausstellungen künstlerischer oder kulturgeschichtlicher Thematik und die Unterstützung von Kontakten zwischen der
französischen Germanistik und der westdeutschen Romanistik wurden
in Betracht gezogen[111]. Erschwernisse für die Verwirklichung der vorge-
schlagenen Maßnahmen erkannte man allerdings, wie dem Tagungsbericht
zu entnehmen ist, in der Frage der Bewilligung von Finanzmitteln und nicht
zuletzt der Schwerfälligkeit der administrativen Strukturen. Wünschenswert
sei es daher, wenn für die weitere Ausgestaltung der geplanten Kulturinitiative
»kleine ad hoc zu berufende deutsch-französische Gruppen aus Kultur und
Verwaltung« herangezogen würden, welche den politisch Verantwortlichen
als »freundschaftlich informelles Netz« zu Informations- und Beratungsauf-
gaben zur Verfügung stünden[112].

Die Ludwigsburger Gespräche vom Dezember 1980 erbrachten somit ein

---

[109] Siehe DFI-Archiv, Ordner Deutsch-Französisches Kolloquium 1980, Ergebnisbericht
des Kolloquiums »Das Partnerland in Kultur, Wissenschaft und Medien« vom 8. Dezember 1980, S. 1f.

[110] Ibid., S. 2.

[111] Vgl. Peter PAYER (Hg.), Deutsch-französische Kulturbeziehungen – Bilanz und Vorschläge. Ergebnisse des VIII. Deutsch-Französischen Kolloquiums in Ludwigsburg,
Gerlingen 1981.

[112] Siehe DFI-Archiv, Ordner Deutsch-Französisches Kolloquium 1980, Ergebnisbericht

ganzes Bündel von Anregungen für den Ausbau des kulturellen Dialogs zwischen Frankreich und der Bundesrepublik. Vieles, über das im Zuge des Kolloquiums debattiert worden war, verblieb zwar im Bereich des Theoretischen, doch konnte immerhin das Ziel, öffentlich auf das Thema aufmerksam zu machen, im Wesentlichen verwirklicht werden. Die Reaktionen der Presse deuten darauf hin, dass die mit der Tagung in Verbindung stehenden Intentionen auf Zustimmung stießen. In einem Kommentar der Zeitung »La Croix« hieß es voll des Lobes:

> Bourse aux idées et aux propositions, instance non officielle de concertation, d'information et de coordination, l'Institut contribue à tirer les relations franco-allemandes de la stagnation et à leur donner l'intensité que les seules administrations ne peuvent leur garantir. En diagnostiquant sereinement les déséquilibres, les blocages, les lacunes et les besoins qui se manifestent dans les échanges, il ouvre le dialogue avec ceux qui sont susceptibles d'apporter une solution[113].

In ähnlich anerkennendem Tonfall schrieb auch die »Stuttgarter Zeitung«, das Kolloquium habe die Erwartung, als »Ideenbörse« für den im Februar 1981 anstehenden Kultur-Gipfel zu fungieren, zweifellos erfüllt. Die anwesenden Ministerialbeamten und Vertreter der Botschaften hätten hiervon nur profitieren können: »Sie nahmen an den Sitzungen teil, hörten zu, notierten auf ihren Notizblöcken die Anregungen, die in die Gespräche und Entscheidungen Giscards und Schmidts einfließen sollen«[114]. Es seien somit politische Impulse entstanden, die aus der Praxis der alltäglichen deutsch-französischen Beziehungen kämen, von Journalisten und Wissenschaftlern, von Medienfachleuten und Bürgermeistern der Partnerstädte.

Dass die im Rahmen der Ludwigsburger Tagung erarbeiteten Vorschläge in der Tat Eingang in die politischen Planungen fanden, wird vor allem anhand ihrer expliziten Erwähnung in der von Helmut Schmidt und Valéry Giscard d'Estaing am 6. Februar 1981 abgegebenen Kultur-Erklärung ersichtlich. Bundeskanzler und Staatspräsident, so die Formulierung der entsprechenden Passage, befürworteten eine Verstärkung der engen und partnerschaftlichen Beziehungen zwischen Personen und Institutionen insbesondere im Bereich der Information, der Erziehung, der soziokulturellen Öffentlichkeitsarbeit und des Berufslebens. Sie würden empfehlen, Austauschmaßnahmen auf diesen Gebieten in möglichst flexibler Weise durchzuführen, »wie dies kürzlich auf dem deutsch-französischen Kolloquium in Ludwigsburg hervorgehoben

---

des Kolloquiums »Das Partnerland in Kultur, Wissenschaft und Medien« vom 8. Dezember 1980, S. 4.

[113] DFI-Archiv, Ordner Deutsch-Französisches Kolloquium 1980, Les impulsions de Ludwigsburg, in: La Croix, 23.12.1980.

[114] Thomas GACK, Vom Nutzen privater Kontakte. Deutsch-französisches Kolloquium in Ludwigsburg, in: StZ, 11.12.1980, S. 35; vgl. hierzu auch Helmut SCHEFFEL, Ein engeres Netz. Die Zukunft der deutsch-französischen Kulturbeziehungen, in: FAZ, 03.02.1981, S. 19.

wurde«[115]. Mit Recht konnte das DFI daher für sich in Anspruch nehmen, einen Beitrag zur inhaltlichen Ausgestaltung der staatlicherseits angestoßenen Kulturinitiative der frühen 1980er Jahre geleistet zu haben. Nicht nur war das Institut im Zuge der Vorbereitung der Gipfelkonsultationen vom Februar 1981 zum zentralen Ansprechpartner der amtlichen Stellen auf der Ebene der Verständigungsorganisationen geworden, sondern hatte es zudem verstanden, die Überlegungen und Vorschläge verschiedener weiterer privater Vereinigungen, mit denen es im Vorfeld oder während des Kolloquiums eng zusammengearbeitet hatte, zu bündeln. Hierzu zählten insbesondere das BILD und seine Schwestergesellschaft GÜZ, aber auch der ADFG, das in Amiens ansässige Centre de liaison et d'échanges internationaux und die Pariser Gruppierung Peuple et culture[116].

Neben den Anregungen der privaten deutsch-französischen Vereinigungen machten sich die Regierenden, so wie dies bereits im August 1980 durch das Bundeskanzleramt angeregt worden war, auch die Fachkompetenz von Wissenschaftlern und anerkannten Sachverständigen für den Kulturaustausch zwischen Frankreich und Westdeutschland zunutze. Deren Expertise war vor allem im Hinblick auf zwei spezifische Themenfelder gefragt. Zum einen sollten sie dabei helfen, Möglichkeiten für eine langfristige Verbesserung des Sprachunterrichts in beiden Ländern zu erörtern, zum anderen ein Modellkonzept für die Schaffung des von beiden Regierungen gewünschten Forschungszentrums für das zeitgenössische Deutschland in Frankreich entwickeln. Mit der Erarbeitung entsprechender Maßnahmen für den Bereich des Fremdsprachenerwerbs hatten der französische Bildungsminister Christian Beullac und der Bevollmächtigte der Bundesrepublik, Ministerpräsident Bernhard Vogel, bereits Ende 1979 eine Arbeitsgruppe betraut. Diese wurde durch hohe Beamte der beiden Außenministerien geleitet[117], ihre Mitglieder entstammten jedoch zu einem großen Teil der Hochschul- und Wissenschaftslandschaft[118]. Der französischen Delegation gehörten etwa

---

[115] Gemeinsame Kultur-Erklärung Bundeskanzler Schmidts und Staatspräsident Giscard d'Estaings vom 6. Februar 1981, in: Bulletin des Presse- und Informationsamtes der Bundesregierung 12 (1981), S. 103; vgl. hierzu auch DFI-Archiv, Ordner Deutsch-Französisches Kolloquium 1980, Formulierungsbeitrag des Deutsch-Französischen Instituts zur deutsch-französischen Gipfelerklärung vom 19. Dezember 1980.

[116] Vgl. BILD-Archiv, Tätigkeitsbericht 1980 der Gesellschaft für übernationale Zusammenarbeit und des Bureau international de liaison et de documentation, April 1981, S. 18f.; DFI-Archiv, Ordner Deutsch-Französisches Kolloquium 1980, Teilnehmerliste des 8. Deutsch-Französischen Kolloquiums »Das Partnerland in Kultur, Wissenschaft und Medien«, nicht datiert; VDFG-Archiv, Schreiben des Präsidenten des ADFG, Siegfried Troch, an den Leiter des DFI, Robert Picht, vom 7. Januar 1981.

[117] Es waren dies der stellvertretende Leiter der Kulturabteilung des französischen Außenministeriums, Xavier de Nazelle, und der Ministerialdirektor im Auswärtigen Amt, Kurt Müller.

[118] Vgl. AN Fontainebleau, ministère de l'Éducation nationale, Bd. 900672/38, »Note sur la coopération franco-allemande en matière d'éducation«, 18. Juni 1980; AMAE Nantes,

Pierre Bertaux und Joseph Rovan[119] an, auf deutscher Seite waren der Leiter des DFI, Robert Picht, der Gießener Fremdsprachendidaktiker Herbert Christ und der Münchener Romanist Harald Weinrich berufen worden[120]. Ziel der Kommission – so wurde im Verlaufe des deutsch-französischen Gipfeltreffens vom Februar 1980 beschlossen – sollte es insbesondere sein, Hindernisse für die Entwicklung und Verbreitung der Partnersprache in beiden Ländern zu benennen, zu prüfen, wodurch diese beseitigt und mit welchen Mitteln Jugendlichen und auch Erwachsenen stärkere Anreize für das Erlernen des Französischen oder Deutschen gegeben werden konnten. Mit Hilfe der Experten, so die seitens der Regierungen zum Ausdruck gebrachte Hoffnung, würde es gelingen, in beiden Ländern ein »günstiges Umfeld« für den Sprachunterricht zu schaffen[121]. Nach drei Sitzungen konnte die Arbeitsgruppe bis Juni 1980 erste Empfehlungen vorlegen, die allerdings nicht die Billigung der westdeutschen Kultusministerkonferenz fanden. Vor allem der vorgeschlagene Grundsatz, in sämtlichen westdeutschen Städten mit mehr als 100 000 Einwohnern sowohl an Haupt- und Realschulen als auch an Gymnasien die Möglichkeit anzubieten, Französisch als erste Fremdsprache zu wählen, ging den Vertretern der Bundesländer zu weit[122]. Infolgedessen drohte das Vorhaben, die wechselseitigen Sprachkenntnisse zu intensivieren, in eine Sackgasse zu geraten. Durch die Gespräche, die Bundeskanzler Schmidt und Staatspräsident Giscard d'Estaing anlässlich der Gipfelkonsultationen vom Juli 1980 in Bonn führten, konnte es jedoch auf die Tagesordnung zurückgeholt werden. Bildungsminister Beullac erklärte: »Lors du sommet de juillet 1980, les chefs d'État et de gouvernement ont apporté aux travaux d'experts une dimension nouvelle, en recommandant

---

Bonn Ambassade, Bd. 324, Vermerk betreffend »Consultations franco-allemandes des 4/5 février 1980, questions d'ordre culturel« vom 2. Januar 1980, S. 4.

[119] Vgl. IMEC, Fonds Joseph Rovan, Schreiben des Büros des Bevollmächtigten der Bundesrepublik Deutschland, O. Schlichting, an Joseph Rovan vom 24. April 1980; Schreiben der Direction générale des relations culturelles an Joseph Rovan vom 7. Oktober 1980.

[120] Vgl. DAAD-Archiv, B 212, Bd. 91517/2, Vermerk der Leiterin der DAAD-Zweigstelle Paris, Alexandra Hauck, betreffend »Teilnahme an der Sitzung der zweiten Tagung der deutsch-französischen Arbeitsgruppe ›Sprachenfrage‹ am 6. Juni 1980 in Bonn« vom 11. Juni 1980; IMEC, Fonds Joseph Rovan, Schreiben des deutschen Botschafters in Paris, Axel Herbst, an das Auswärtige Amt betreffend »Sprachenfrage« vom 2. April 1980.

[121] Vgl. AMAE Paris-La Courneuve, Europe, RFA 1976–1980, Bd. 4007, Protokoll der Sitzung der Interministeriellen Kommission für die deutsch-französische Zusammenarbeit vom 18. Juni 1980, S. 3.

[122] Vgl. AMAE Nantes, Bonn Ambassade, Bd. 366, Vermerk der Direction générale des relations culturelles für Außenminister Jean François-Poncet betreffend »Préparation du sommet franco-allemand de février 1981, questions culturelles« vom 24. November 1980, S. 4; AMAE Paris-La Courneuve, Europe, RFA 1976–1980, Bd. 3972, »Rapport de synthèse du groupe de travail franco-allemand sur la promotion de la langue du partenaire«, 18. Juni 1980.

l'approfondissement de la connaissance mutuelle que les deux peuples doivent avoir de leur culture et de leur personnalité«[123].

Bestärkt durch die Worte von höchster Stelle, setzte die deutsch-französische Kommission ihre Beratungen fort, nunmehr in dem Bestreben, bis zum Kultur-Gipfel im Februar 1981 ein umfassendes »Aktionsprogramm« zur Stärkung des Deutsch- und Französischunterrichts im schulischen und außerschulischen Bereich auszuarbeiten. Dieses sollte Wege für eine qualitative Verbesserung des fremdsprachlichen Unterrichts aufzeigen, beispielsweise durch Fortbildungsmaßnahmen für Lehrende oder die gemeinsame Erstellung didaktischen Materials. Es sollte Hinweise geben, wie der deutschfranzösische Austausch von Schülern, Sprachassistenten und Lehrern gesteigert und Eltern umfassender über die Sprachmöglichkeiten ihrer Kinder informiert werden könnten. Schließlich hatte es zum Ziel, sich mit der Frage zu beschäftigen, auf welche Weise ein Kursangebot für die fremdsprachliche Weiterbildung außerhalb der Schule zu gestalten sei, damit es in der Bevölkerung Anklang fände[124]. An Ideen jedenfalls, wie die »linguistischen Hemmnisse« beseitigt werden konnten, die der deutsch-französischen Zusammenarbeit zu Beginn der 1980er Jahre entgegenstanden[125], mangelte es den Mitgliedern der Arbeitsgruppe nicht. Auch ihnen kam daher die Funktion von Impulsgebern für die geplante Initiative zur Vertiefung der Beziehungen zwischen Franzosen und Deutschen zu.

Neben den Diskussionen um den Sprachunterricht waren die deutschfranzösischen Experten und Mittlerpersönlichkeiten vor allem in die Planungen für ein in Frankreich zu errichtendes Forschungsinstitut involviert,

---

[123] IMEC, Fonds Joseph Rovan, Erklärung des französischen Bildungsministers Christian Beullac anlässlich der deutsch-französischen Gipfelkonsultationen am 6. Februar 1981.
[124] Vgl. AMAE Paris-La Courneuve, Europe, RFA 1976–1980, Bd. 3971, »Réunion de préparation, dans le domaine culturel, de la rencontre au sommet franco-allemand de février 1981, tenu le 28 octobre 1980, Compte-rendu sommaire«, 13. November 1980; Schreiben des französischen Botschafters, Jean-Pierre Brunet, an das französische Außenministerium betreffend »Préparation du prochain sommet franco-allemand, questions culturelles« vom 6. November 1980; »Projet de Compte-rendu par le ministre de l'Éducation et le Plénipotentiaire pour les questions de coopération culturelle, des travaux du groupe pour la promotion de la langue du partenaire«, nicht datiert; AMAE, Bonn Service culturel, Bd. 24, »Programme franco-allemand d'action dans le secteur extra-scolaire«, 16. Januar 1981; IMEC, Fonds Joseph Rovan, »Projet de rapport pour la séance plénière du sommet«, 6. Februar 1981.
[125] Vgl. Catherine Arditti, La coopération franco-allemande reste limitée par l'obstacle linguistique, in: Le Monde, 08.11.1980, S. 17; AMAE Nantes, Bonn Ambassade, Bd. 325, Schreiben des französischen Botschafters in Bonn, Jean-Pierre Brunet, an das französische Außenministerium betreffend »Consultations franco-allemandes des 10 et 11 juillet, III – Relations bilatérales« vom 2. Juli 1980, S. 2, wo es heißt: »Un groupe commun sur l'enseignement des langues vient de mettre au point un rapport contenant des idées destinées à faciliter dans chaque pays l'enseignement de la langue de l'autre, ce qui pourrait aider à lever l'un des obstacles majeurs au développement des relations franco-allemandes«.

das sich, entsprechend dem DFI auf deutscher Seite, dem Studium des zeitgenössischen Deutschlands widmen sollte. Vorstöße zur Schaffung einer solchen Einrichtung hatte es aus ihren Reihen bereits seit 1976 gegeben. Insbesondere Pierre Bertaux und DAAD-Präsident Hansgerd Schulte hatten es sich immer wieder zur Aufgabe gemacht, den staatlichen Stellen in beiden Ländern die Grundzüge des Projekts vorzutragen und den Verantwortlichen dessen Realisierung nahe zu legen[126]. Im September 1978 etwa kam Schulte im Rahmen der deutsch-französischen Gipfelkonsultationen in Aachen zu diesbezüglichen Gesprächen mit der französischen Hochschulministerin Alice Saunier-Séïté zusammen. Bertaux unterbreitete das Vorhaben zu gleicher Zeit dem französischen Botschafter in Bonn, Jean-Pierre Brunet[127]. In seiner Problemskizze betreffend die Einrichtung eines Centre d'études et de recherches sur l'Allemagne contemporaine (CERAC), die Bertaux dem Botschafter im Anschluss an das Treffen zukommen ließ, formulierte er: »Or, mis à part quelques clichés douteux, que savent les Français de l'Allemagne? Que savent-ils de leur voisin immédiat, de leur adversaire principal d'hier, de leur ami aujourd'hui le plus proche [...][128]?« Im kommenden Jahr würden Franzosen und Deutsche gemeinsam in einem Europäischen Parlament vertreten sein. Wolle man eine solch wichtige neue Phase in der Geschichte Europas und der deutsch-französischen Beziehungen im selben Zustand der Unkenntnis beginnen, welcher schon zu den unglückseligen Ereignissen von 1870, 1914 und 1940 geführt habe? Gewiss, so räumte Bertaux ein, zeuge der Erfolg kultureller Großveranstaltungen wie der Ausstellung Paris-Berlin von einem gewissen Interesse an den deutschen Nachbarn, doch könnten derartige Repräsentationen lediglich punktuell Wirkungen entfalten, ohne die beklagenswerte Gesamtsituation tiefgründig und dauerhaft zu verändern. Hier aber setze die Arbeit des zu gründenden Instituts an: »Tenter d'y apporter un remède, voilà ce que propose le CERAC: qu'à tout le moins ceux des Français qui souhaitent s'informer des choses allemandes sachent où et à qui s'adresser«[129].

---

[126] Vgl. ZZBW, B 212, Bd. 89885, Schreiben Pierre Bertaux' an den Rektor der Pariser Akademie, Robert Mallet, vom 1. Juni 1976, Anlage: Exposé »Centre d'études et de recherches sur l'Allemagne contemporaine«; AMAE Paris-La Courneuve, Europe, RFA 1976–1980, Bd. 3968, Aufzeichnung Hansgerd Schultes betreffend »Création d'un centre universitaire franco-allemand«, August 1977; Schreiben des französischen Botschafters in Bonn, Jean-Pierre Brunet, an das französische Außenministerium betreffend »Projet de création d'un centre universitaire franco-allemand« vom 12. September 1977; Vermerk der Sous-direction d'Europe centrale betreffend »Projet de création d'un centre d'études et de recherches franco-allemand sur l'Allemagne contemporaine« vom 26. Januar 1979.

[127] Vgl. hierzu ZZBW, B 212, Bd. 89885, Schreiben Hansgerd Schultes an den Kulturrat der französischen Botschaft in Bonn, Maurice Descotes, vom 18. September 1978.

[128] ZZBW, B 212, Bd. 89885, »Note concernant la création d'un centre d'études et de recherches sur l'Allemagne contemporaine (CERAC)«, nicht datiert, S. 1.

[129] Ibid.

Das Papier Pierre Bertaux', das die hauptsächlichen Aufgaben der künftigen Einrichtung in den Bereichen Forschung und Lehre, Information und Dokumentation verortete, zirkulierte seit Ende 1978 bei den maßgeblichen Regierungsinstitutionen in Paris und Bonn, wo es weitgehend auf Zustimmung stieß. In der Kulturabteilung des Auswärtigen Amts etwa urteilten die Diplomaten, das Projekt verdiene es, weiterverfolgt zu werden. Aus Sicht der bundesdeutschen Vertretung war die Schaffung des Instituts geeignet, zu einer Intensivierung der deutsch-französischen Beziehungen beizutragen[130]. Und auch die Verantwortlichen der französischen Botschaft werteten die Initiative Bertaux' als wichtigen Schritt zu einer tiefer gehenden Annäherung zwischen Frankreich und Westdeutschland. In einem Bericht der Botschaft für den Quai d'Orsay vom Januar 1979 hieß es zur Begründung:

Si les deux pays ont été en contact étroit et permanent au cours de leur histoire, la connaissance que l'un a de l'autre apparaît cependant singulièrement superficielle, fragmentaire et même souvent inexacte. En dépit des échanges culturels, des voyages de jeunes, des stages de toute nature qui ne cessent de se développer mais ne peuvent évidemment toucher qu'un nombre limité de personnes, l'Allemagne de l'Ouest reste un pays que le Français même averti connaît et comprend mal. Qu'ils admettent eux-mêmes pouvoir difficilement faire preuve d'objectivité, que le poids du passé modifie inconsciemment leur jugement, ou plus simplement encore et pour beaucoup d'entre eux, qu'ils soient très largement ignorants des réalités allemandes, nos compatriotes considèrent leurs voisins à travers un prisme déformant où abondent les clichés, les lieux communs, et les idées reçues[131].

Um diese unbefriedigende Lage zu verbessern, um den Franzosen Gelegenheit und Anreize zu geben, sich eingehend über Deutschland zu informieren, sei die Gründung einer Institution, wie sie Bertaux vorgeschlagen habe, wärmstens zu empfehlen. Hierdurch würde nicht nur dem besonderen Charakter des deutsch-französischen Verhältnisses Rechnung getragen, sondern ein Instrument geschaffen, das für die wechselseitige Kenntnis von Deutschen und Franzosen von grundlegender Bedeutung sei[132].

Wurde das Projekt demnach von offizieller Seite grundsätzlich befürwortet und als ebenso sinnvolle wie notwendige Ergänzung der bestehenden deutsch-französischen Beziehungsstrukturen erachtet, so ließen konkrete Schritte zu seiner Verwirklichung zunächst auf sich warten. Vor allem an den Fragen, aus welchen Mitteln die Einrichtung finanziert werden konnte und in welcher Weise ihre Kompetenzen im Verhältnis zu den weiteren Akteuren des Kultur- und Wissenschaftsaustauschs, wie etwa dem DAAD, dem DFJW

---

[130] Vgl. PA-AA, Auslandsvertretungen, Botschaft Paris, Bd. 13523, Schreiben des deutschen Botschafters in Paris, Axel Herbst, an das Auswärtige Amt vom 4. Januar 1979; Vermerk der deutschen Botschaft Paris betreffend Möglichkeiten zur Verbesserung der deutsch-französischen Zusammenarbeit vom 24. November 1978.

[131] AMAE Paris-La Courneuve, Europe, RFA 1976–1980, Bd. 3968, Schreiben des französischen Botschafters in Bonn, Jean-Pierre Brunet, an die Sous-direction d'Europe centrale betreffend »Création d'un centre d'études et de recherches franco-allemand sur l'Allemagne contemporaine« vom 17. Januar 1979, S. 1.

[132] Siehe ibid., S. 2.

oder den Außenministerien, abzugrenzen seien, liefen sich die Bemühungen immer wieder fest[133]. Neue Bewegung brachte erst das deutsch-französische Gipfeltreffen vom Juli 1980 und die hier getroffene Vereinbarung, die Annäherung zwischen den Bevölkerungen durch vermehrte menschliche Begegnungen und einen vertieften kulturellen Dialog künftig stärker in den Fokus des Regierungshandelns zu rücken. Der Plan zur Gründung eines französischen Forschungsinstituts, das sich explizit dem Studium des Nachbarlandes widmen und als Informationsstelle dienen sollte, musste sich in diesen Kontext einigermaßen problemlos einfügen lassen. Dennoch bedurfte es weiterhin des Einsatzes von Persönlichkeiten außerhalb der Ministerialbürokratie, um die Realisierung des Vorhabens voranzubringen.

Die treibenden Kräfte blieben in dieser Hinsicht Pierre Bertaux und Hansgerd Schulte, die aufgrund ihrer herausgehobenen Stellung als Sachkenner und Organisatoren in den deutsch-französischen Hochschul- und Wissenschaftsbeziehungen bei den Verantwortlichen Gehör finden konnten. Bereits im Vorfeld der Gipfelgespräche im Juli schrieb Schulte an den Leiter der Kulturabteilung des Auswärtigen Amts: »Alle Beteiligten, die deutsche wie die französische Seite, sind sich über den Nutzen und die Notwendigkeit eines solchen Institutes einig; es fehlt nur noch der politische Anstoß, um das Konzept in die Realität umzusetzen«[134]. Auf Grundlage der Überlegungen Pierre Bertaux' befassten sich zu gleicher Zeit auch die französischen Stellen und insbesondere die Bonner Botschaft erneut mit der Initiative. Einem Vermerk der Vertretung für das französische Außenministerium vom Juni 1980 ist der eindringliche Hinweis zu entnehmen: »le rapprochement entre nos deux pays reste étroitement tributaire d'une meilleure connaissance de l'autre en profondeur, si l'on veut éviter que, au hasard d'un incident ou d'un malentendu, ne renaisse l'incompréhension et ne reparaissent les vieux démons du passé«[135]. Angesichts dieser Erkenntnis sollte das zu gründende Institut gleichermaßen Versicherung gegen deutsch-französisches Unverständnis und Stütze des Verständigungsprozesses zwischen beiden Ländern sein. Diese Ansicht machte man sich in den folgenden Wochen auch in der Kulturabteilung des Quai d'Orsay zu eigen. Anfang Juli 1980 wurde dort festgehalten, dass die geplante Forschungseinrichtung zum einen in hohem Maße mit den jüngst im Rigaud-Bericht niedergelegten Orientierungen der auswärtigen Kulturpolitik Frankreichs übereinstimme und sie zum anderen verspreche, ein erhebliches Defizit in der französischen Beschäftigung mit Deutschland auf wirkungsvolle

---

[133] Vgl. AMAE Paris-La Courneuve, Europe, RFA 1976–1980, Bd. 3968, Vermerk betreffend »Projet de création d'un centre d'études et de recherches franco-allemand sur l'Allemagne contemporaine« vom 26. Januar 1979.

[134] ZZBW, B 212, Bd. 89885, Schreiben des DAAD-Präsidenten Hansgerd Schulte an den Leiter der Kulturabteilung des Auswärtigen Amts, Ministerialdirektor Kurt Müller, vom 8. Mai 1980.

[135] AMAE Nantes, Bonn Ambassade, Bd. 325, Vermerk betreffend »Centre de documentation et de recherches sur l'Allemagne contemporaine« vom 9. Juni 1980.

Weise auszugleichen. Man befürworte das Projekt daher und habe gegenüber dem Hochschulministerium angeregt, eine Arbeitsgruppe aus Ressortvertretern und Repräsentanten der französischen Germanistik ins Leben zu rufen, welche die notwendigen Schritte zum Aufbau des Instituts im Detail festlegen könne, insofern die Regierungen an der Initiative festhielten[136].

Wesentlich befördert durch die Eingaben Schultes und Bertaux' war somit unmittelbar vor dem Staatsbesuch Giscard d'Estaings in der Bundesrepublik und den sich hieran anschließenden bilateralen Konsultationen auf ministerieller Ebene eine Atmosphäre entstanden, die sich für die Verwirklichung des angestrebten Vorhabens als ausnehmend günstig erwies. Die Bekundung von Staatspräsident und Bundeskanzler, kulturelle Thematiken in den Mittelpunkt der im Februar 1981 anstehenden Gipfelgespräche stellen zu wollen, kam sodann dem »politischen Anstoß« gleich, den Schulte zuvor eingefordert hatte. Wenige Wochen nach dem Gipfeltreffen vom Juli 1980 teilte der DAAD-Präsident seinem Intimus Alfred Grosser mit:

> Vous avez sans doute appris que le prochain sommet de janvier-février 1981 mettra l'accent sur les échanges culturels et universitaires. Nos deux chefs de gouvernement ont en effet constaté d'un commun accord que, si beaucoup de choses ont été faites dans le domaine politique et économique, beaucoup de choses restent à faire dans le domaine culturel. Quelle sagesse! On nous a demandé de participer à la préparation de ce prochain sommet et d'apporter quelques idées et suggestions[137].

In der Tat war das Auswärtige Amt mittlerweile an Schulte herangetreten und hatte ihn gebeten, an der Vorbereitung der geplanten Kulturinitiative mitzuwirken und insbesondere das in Bonn bereits skizzenhaft vorliegende Projekt einer in Frankreich anzusiedelnden Forschungseinrichtung, die sich schwerpunktmäßig mit der deutschen Gegenwart beschäftigen würde, zu präzisieren. Im Auftrag Schultes hatte daraufhin das Präsidialbüro des DAAD dem Ministerium unter dem Arbeitstitel »Institut franco-allemand de Paris/Deutsch-Französisches Institut Paris« ein Papier zukommen lassen, welches sich mit dem älteren Entwurf Bertaux' in den wesentlichen Punkten deckte[138].

Gemäß den Vereinbarungen von Bundeskanzler Schmidt und Staatspräsident Giscard d'Estaing solle die Gründung der ins Auge gefassten Institution, wie dort ausgeführt wurde, einen Beitrag zu einem profunderen Wissen um das Nachbarland, seine Kultur, Geschichte und Sprache leisten und das Verständnis der politischen, sozialen, wirtschaftlichen und kulturellen

---

[136] Vgl. AMAE Paris-La Courneuve, Europe, RFA 1976–1980, Bd. 3968, Vermerk der Direction générale des relations culturelles betreffend »Création d'un centre franco-allemand d'études et de recherche sur l'Allemagne contemporaine« vom 4. Juli 1980.

[137] ZZBW, B 212, Bd. 89885, Schreiben des DAAD-Präsidenten Hansgerd Schulte an Alfred Grosser vom 14. August 1980.

[138] Vgl. ZZBW, B 212, Bd. 89885, Schreiben des Präsidialbüros des DAAD, Joachim Nettelbeck, an das Auswärtige Amt betreffend »Vorbereitung des nächsten deutsch-französischen Gipfeltreffens« vom 6. August 1980, Anlage: Projektskizze »Institut franco-allemand de Paris/Deutsch-Französisches Institut Paris«.

Wirklichkeit in beiden Ländern fördern. Die Initiative trage somit der Erkenntnis Rechnung, dass die deutsch-französischen Beziehungen nach den unbestreitbaren Erfolgen der Vergangenheit nunmehr eines neuen Inhalts bedürften. Die erste Phase im Zeichen der Versöhnung solle übergehen in eine zweite Phase sachlicher und nüchterner Kooperation auf der Grundlage einer vertieften und illusionslosen Kenntnis des Partners. Hier allerdings gelte es, empfindliche Lücken zu füllen und erhebliche Fortschritte zu machen[139]. Nicht zuletzt das sich im deutsch-französischen Verhältnis auftuende Generationsproblem mache eine Einrichtung notwendig, welche durch Forschung, Lehrangebot und Informationsvermittlung die Verbindungen zwischen den Bevölkerungen auch in Zukunft stärken könne. Das Papier Schultes, welches zur weiteren Beratung auch an das Bundeskanzleramt, an Robert Picht und an Alfred Grosser überstellt worden war, bildete schließlich die Diskussionsgrundlage für die Ende September und Anfang November 1980 im Auswärtigen Amt stattfindenden Ressortbesprechungen zur Vorbereitung des Gipfeltreffens im Februar 1981[140]. Hier wurden allem Anschein nach die Weichen dafür gestellt, dass die verantwortlichen Stellen in Bonn zustimmten, die Errichtung des Instituts als Zielvorgabe in die gemeinsame Kultur-Erklärung von Staatspräsident und Bundeskanzler aufzunehmen.

Derweil nahmen auch die Überlegungen auf französischer Seite konkretere Formen an. Wie bereits durch den Quai d'Orsay angeregt, konstituierte sich beim französischen Hochschulministerium im September 1980 eine Arbeitsgruppe, welcher Pierre Bertaux, Alfred Grosser, Joseph Rovan, François-Georges Dreyfus, Jacques Bariéty und weitere ausgewiesene Deutschlandkenner angehörten. Sie war damit betraut, im Hinblick auf die bevorstehenden Gipfelgespräche ein detailliertes Konzept für die inhaltliche Ausrichtung, die Organisationsstruktur und die Finanzierung des Forschungsinstituts vorzulegen. Noch im Dezember 1980 verständigten sich die Mitglieder der Arbeitsgruppe auf einen gemeinsamen Entwurf, der über das Hochschulministerium der im Rahmen der Gipfelvorbereitung federführend tätigen Kulturabteilung des Quai d'Orsay zugeleitet wurde. Er diente zu wesentlichen Teilen als Fahrplan für die weiteren Schritte zur Realisierung des Vorhabens[141].

---

[139] Siehe ibid., S. 3.

[140] Vgl. ZZBW, B 212, Bd. 89885, Vermerk des Präsidialbüros des DAAD vom 29. September 1980; zu den Ressortbesprechungen im Auswärtigen Amt siehe Aufzeichnung des vortragenden Legationsrats I. Klasse Zeller, Bundeskanzleramt, vom 15. August 1980, in: AAPD 1980, Bd. II, Dok. 236, Anm. 11.

[141] Vgl. hierzu AMAE Paris-La Courneuve, Europe, RFA, 1976–1980, Bd. 3971, Aufzeichnung der Délégation aux relations universitaires internationales des französischen Hochschulministeriums betreffend »Projet de création en France d'une formation pour le développement de la connaissance de la RFA« vom 2. Dezember 1980; IMEC, Fonds Joseph Rovan, »Note sur la création d'un centre d'études sur l'Allemagne contemporaine, résumé des interventions de Joseph Rovan à la réunion du 14 novembre 1980«; Corine DEFRANCE, Sentinelle ou pont sur le Rhin? Le Centre d'études germaniques, Paris 2008, S. 235–238.

Ausgehend von den Empfehlungen der Sachverständigen hielten die Diplomaten des französischen Außenministeriums Ende Januar 1981, somit eine Woche vor Beginn der deutsch-französischen Konsultationen, Ziele, Funktionsprinzipien und erste Maßnahmen für die Gründungsphase der nun unter der Bezeichnung Centre d'information et de recherches sur l'Allemagne contemporaine (CIRAC) firmierenden Einrichtung fest. »Le Centre franco-allemand«, so wurde dort formuliert, »doit coordonner et développer les études sur l'Allemagne contemporaine, et diffuser largement ses résultats dans tous les milieux«[142]. Das Institut müsse in die Lage versetzt werden, den Franzosen Informationen zu Wissenschaft und Technik, zu Kultur, Wirtschaft und Politik im gegenwärtigen Deutschland zu liefern und auf diese Weise Sorge tragen, dass die »deutschen Realitäten« verstärkt Eingang in die verschiedenen Bereiche der französischen Gesellschaft fänden. Es solle Forschungsprojekte, Seminare und Kolloquien durchführen, den deutsch-französischen Studierendenaustausch und den Aufenthalt deutscher Wissenschaftler in Frankreich erleichtern und als Stütze des Fremdsprachenunterrichts an den französischen Universitäten fungieren. Folgend aus ihren Aufgaben sei die Einrichtung durch Frankreich zu finanzieren und zu verwalten, jedoch müsse eine institutionelle wie intellektuelle Hilfestellung seitens der Bundesrepublik gewährleistet sein. Unterstellt werden könne das Institut sowohl dem Quai d'Orsay als auch dem französischen Hochschulministerium. Für die direkte Aufsicht komme ein Verwaltungsrat in Frage, der paritätisch aus Vertretern der Wissenschaft und Repräsentanten des außeruniversitären Bereichs, insbesondere der Wirtschaft, zusammenzusetzen sei[143]. Mit diesen Bestimmungen, welchen auch die Bonner Verantwortlichen ihr Plazet erteilten, war der Weg zur Gründung des CIRAC nunmehr im Wesentlichen umrissen und das Projekt konnte im Zuge des anstehenden Gipfeltreffens seine offizielle Bestätigung erhalten.

Der Plan, das CIRAC aus der Taufe zu heben, fügte sich ein in die beachtliche Reihe von Anregungen und Vorschlägen, die als Teil der für Februar 1981 geplanten Kulturinitiative dazu beitragen sollten, die notwendigen Voraussetzungen für eine Vertiefung der deutsch-französischen Beziehungen zu schaffen. Nach dem Staatsbesuch Valéry Giscard d'Estaings in der Bundesrepublik und den bilateralen Gesprächen vom Juli 1980, zum Teil bereits zuvor, hatte auf Ebene der Regierungsstellen, im Bereich der privaten Verständigungsorganisationen und im Milieu der deutsch-französischen Mittlerpersönlichkeiten eine emsige Suche nach möglichen Rezepten für eine Intensivierung des kulturellen Austauschs zwischen beiden Ländern eingesetzt. Schließlich wollten Bundeskanzler und Staatspräsident, wie beide

---

[142] AMAE Nantes, Bonn Ambassade, Bd. 327, Vermerk der Direction générale des relations culturelles betreffend »Centre d'information et de recherches sur l'Allemagne contemporaine« vom 30. Januar 1981, S. 1.
[143] Siehe zu diesem Abschnitt ibid., S. 1f.

in eindeutiger Weise bekräftigt hatten, »der Entwicklung der gegenseitigen Kenntnis des deutschen und französischen Volkes und ihrer jeweiligen Kultur«[144] im nächsten Gipfelgespräch Priorität einräumen, erschienen die zu eruierenden Maßnahmen gar als das Bindemittel einer veritablen »Schicksalsgemeinschaft«, zu der Franzosen und Deutsche in den kommenden Jahren zusammenwachsen sollten. Dementsprechend umfangreich war denn auch das Bündel schöpferischer Möglichkeiten, welches die verschiedenen Kräfte gemeinsam schnürten.

Den damit befassten Ministerien und Botschaften galten etwa eine verstärkte Zusammenarbeit im Bereich des Fernsehens, eine effektivere Förderung der deutsch-französischen Städtepartnerschaften, die Unterstützung des Austauschs von Künstlern und Journalisten, die Stiftung eines Kulturpreises oder die Erhöhung der Mittel des DFJW als geeignete Maßnahmen, um den kulturellen Dialog zwischen Franzosen und Deutschen neu zu entfachen. Ihre Überlegungen wurden zum einen ergänzt durch die Ergebnisse des auf Anregung des Bundeskanzleramts im Ludwigsburger DFI veranstalteten Kolloquiums. Dieses bot den jenseits der Regierungsebene angesiedelten Akteuren – privaten Vereinigungen, Medienfachleuten, Wissenschaftlern – ein Forum, um eigene Empfehlungen für die geplante Intensivierung der Kulturkontakte zu formulieren. Der Ausbau der Beziehungen zwischen französischen Germanisten und westdeutschen Romanisten, die Steigerung der Anzahl von Buchübersetzungen und Schriftstellerbegegnungen oder das vermehrte Organisieren großer Kunst- und Geschichtsausstellungen waren nur einige der Ideen, welche hier hervorgebracht wurden. Zum anderen griffen die staatlichen Stellen auf den Sachverstand deutsch-französischer Experten und Mittler wie Pierre Bertaux, Joseph Rovan, Alfred Grosser oder Hansgerd Schulte zurück. Eingebunden in verschiedene Arbeitsgruppen unterbreiteten sie den Regierungen Vorschläge zu der Frage, mit welchen Mitteln der Deutsch- und Französischunterricht zu verbessern und eine stärkere Verbreitung der Partnersprache im jeweiligen Nachbarland zu erreichen sei, und gaben letztlich den Anstoß für die Schaffung der französischen Forschungseinrichtung CIRAC. Diese sollte den Prozess eines intensivierten wechselseitigen Kennenlernens zwischen den Bevölkerungen beiderseits des Rheins gleichsam institutionell verankern. Die Fülle von Anregungen, die somit im Zeitraum zwischen Sommer 1980 und Jahresbeginn 1981 erarbeitet und der verhältnismäßig hohe Aufwand, der hierzu betrieben worden war, ließen darauf hoffen, dass die bevorstehenden Gipfelgespräche den von höchster Stelle angekündigten Umschwung des noch immer belasteten deutsch-französischen Verhältnisses hin zu einem tiefer gehenden Verstehen des anderen würden erbringen können.

Tatsächlich jedoch bedeuteten die bilateralen Beratungen, die am 5.

---

[144] Vgl. zu dem angeführten Zitat oben, Anm. 88.

und 6. Februar 1981 in Paris stattfanden, für derlei Hoffnungen eine herbe Enttäuschung. Ein wahrhaftiger Kultur-Gipfel hätte das Treffen zwischen Bundeskanzler und Staatspräsident in der französischen Hauptstadt sein sollen. Dem Problem, wie der Annäherungsprozess zwischen Franzosen und Deutschen mittels kulturellen Austauschs vertieft werden konnte, hatte man im Rahmen der regelmäßigen bilateralen Konsultationen erstmals den Vorrang gegenüber klassischen politischen Sachfragen einräumen wollen. Die sich seit Anfang 1981 wandelnde internationale Lage ließ beide Regierungen jedoch recht unvermittelt von diesem Vorhaben abrücken. Im Vordergrund des Gipfels stand nun insbesondere die seit der Wahl Ronald Reagans zum Präsidenten der Vereinigten Staaten hervortretende neue Linie der amerikanischen Außenpolitik, die auf eine Verschärfung des Ost-West-Gegensatzes hindeutete[145]. Die zuvor so vehement propagierten kulturellen Themen konnten daher kaum mehr den Raum einnehmen, der ihnen ursprünglich zugedacht worden war. »Le Monde« schrieb in bezeichnender Weise: »Le programme initial de ces entretiens [...] accordait la priorité à la coopération culturelle, mais l'actualité internationale, notamment la nouvelle ligne diplomatique américaine, en a finalement relégué l'examen au second plan«[146]. Von der seit Juli 1980 forcierten Kultur-Initiative blieb nicht mehr als die bereits zitierte Erklärung vom 6. Februar 1981. In deren Einleitung hieß es zwar, Bundeskanzler und Staatspräsident bekräftigten ihren Wunsch nach »Vertiefung und Ausweitung des Verständnisses zwischen dem deutschen und dem französischen Volk und nach Verbesserung der Kenntnis der Kultur des Nachbarlandes«[147]. Nachstehend finden sich dort denn auch Empfehlungen, den Sprachunterricht gemäß den Vorschlägen der deutsch-französischen Expertenkommission zu verstärken, die Hochschul- und Wissenschaftskontakte zu intensivieren, die Zusammenarbeit bei Presse und Fernsehen auszubauen und die unmittelbaren Kontakte zwischen den Bevölkerungen beider Länder zu mehren[148]. Doch mit Ausnahme der Absichtsbekundung zur Errichtung eines Zentrums für Information und Forschung über das zeitgenössische Deutschland, des CIRAC, wurden kaum Vorhaben benannt, die im Einzelnen angegangen werden sollten. Die Formulierungen bewegten sich

---

[145] Vgl. hierzu Stephan BIERLING, Geschichte der amerikanischen Außenpolitik von 1917 bis zur Gegenwart, München ³2007, S. 176–181; Bernd STÖVER, Die Befreiung vom Kommunismus. Amerikanische »Liberation Policy« im Kalten Krieg 1947–1991, Köln u. a. 2002, S. 851–886.

[146] Bernard BRIGOULEIX, Les nouvelles orientations de Washington domineront le sommet franco-allemand, in: Le Monde, 05.02.1981, S. 1; siehe hierzu Corine DEFRANCE, Warum ist die Kultur nicht Gegenstand des Élysée-Vertrages?, in: DIES., PFEIL (Hg.), Der Élysée-Vertrag, S. 197–214.

[147] Gemeinsame Kultur-Erklärung Bundeskanzler Schmidts und Staatspräsident Giscard d'Estaings vom 6. Februar 1981, in: Bulletin des Presse- und Informationsamtes der Bundesregierung 12 (1981), S. 102.

[148] Siehe ibid., S. 102f.

weitgehend im Bereich des Vagen und Unverbindlichen. Die gemeinsame Erklärung beschränkte sich, wie noch genauer zu zeigen sein wird, darauf, Hoffnungen und Wünschen Ausdruck zu verleihen, ohne jedoch anzugeben, mit welchen konkreten Maßnahmen diese verwirklicht werden konnten. Der Reflexionsprozess, welcher in den Monaten vor den Gipfelkonsultationen angestoßen worden war und eine ganze Reihe von staatlichen Akteuren und zivilgesellschaftlichen Kräften gebunden hatte, schien demzufolge nur wenig Greifbares zu erbringen, um den Beziehungen zwischen Franzosen und Deutschen, so wie dies beabsichtigt war, neue Inhalte oder gar eine neue Tiefendimension zu geben. Die entscheidenden Impulse, die der deutsch-französischen Freundschaft durch das Pariser Gipfeltreffen hatten verliehen werden sollen, blieben jedenfalls aus. Die kommenden Jahre machten vielmehr deutlich, dass, gemessen an ihren ambitionierten Zielsetzungen, die groß angelegte kulturelle Verständigungsinitiative von 1980/1981 gescheitert war.

4.3 Das Scheitern der »deutsch-französischen Schicksalsgemeinschaft«: Inventur eines verpassten Aufbruchs

Die nicht mehr als schemenhaft umrissenen Empfehlungen der deutsch-französischen Kultur-Erklärung erwiesen sich nach den Gipfelgesprächen vom Februar 1981 als umso schwerwiegenderes Problem, als es nun daran ging, die Willensbekundungen in politisches Handeln umzumünzen. Schließlich galt nach wie vor, dass die Konklusionen der Pariser Beratungen, mochten diese auch noch so nebulös ausgefallen sein, den Kulturbeziehungen der kommenden Jahre den Weg weisen sollten. Eine die Entwicklung der vorangegangenen Monate resümierende Aufzeichnung der französischen Botschaft vom Mai 1981 hielt diesbezüglich fest:

[L]es observateurs ont pu noter, dans un passé encore récent, les réactions parfois surprenantes des ›opinions publiques‹ des deux côtés du Rhin devant des incidents de parcours qui ont marqué la vie quotidienne des deux peuples. Ces réactions, dues à une formation ou une information insuffisantes, illustrent la permanence de préjugés qui ont la vie dure. C'est pour porter remède à cet état de fait que les deux gouvernements ont décidé [...] de mettre en œuvre une série de mesures qui devraient permettre aux Français et aux Allemands de mieux se connaître. L'application de ces mesures, énumérées dans la ›Déclaration commune‹ du 6 février 1981, constitue le champ d'action prioritaire fixé dans les années à venir à notre coopération culturelle[149].

---

[149] AMAE Nantes, Bonn Ambassade, Bd. 367, Vermerk des Kulturrats der französischen Botschaft in Bonn betreffend »Coopération franco-allemande dans le domaine culturel« vom 22. Mai 1981, S. 4.

Hinsichtlich der Sprachenfrage etwa sah die gemeinsame Erklärung von Bundeskanzler und Staatspräsident vor, das regionale Angebot im Unterricht der Partnersprache »so günstig wie möglich zu gestalten«, die Unterrichtsqualität zu verbessern und die Kenntnisse über das jeweilige Partnerland auch mittels der Fächer Geschichte, Geografie und Wirtschaft zu vertiefen. Auf dem Gebiet der außerschulischen Jugendbildung sollte das Lehrangebot zudem »ausgebaut und noch besser den Bedürfnissen der Teilnehmer angepaßt« und insbesondere zwischen Partnerstädten »Pilotprojekte ins Leben gerufen werden, um das Interesse am Nachbarland und seiner Sprache zu verstärken«[150].

Solch allgemein gehaltene Beteuerungen, vereinte Anstrengungen zugunsten des Deutsch- und Französischunterrichts in beiden Ländern unternehmen zu wollen, waren indes weder besonders neu oder originell – vielmehr lassen sich ähnliche Bezeugungen bis zur Zeit des Élysée-Vertrags zurückverfolgen –, noch trugen sie aufgrund ihrer Unbestimmtheit dazu bei, konkrete Lösungsmöglichkeiten für das Sprachproblem aufzuzeigen. Es nimmt daher nicht Wunder, dass die diesbezüglich geführten deutsch-französischen Verhandlungen bereits kurz nach dem Gipfeltreffen in eine Sackgasse gerieten. In einem Schreiben der französischen Botschaft an die Kulturabteilung des Quai d'Orsay vom Oktober 1981 ist zu lesen: »Le Département a pu noter [...] les difficultés avec lesquelles se mettait en place le programme d'action franco-allemand [...], difficultés en majeure partie liées à la lenteur des procédures administratives et à un attentisme certain que nous avons pu rencontrer du côté de nos partenaires allemands«[151].

In der Tat schienen sich die gemeinsamen Bemühungen um die Verwirklichung des seitens der Expertenkommission angeregten »Aktionsprogramms« zur Förderung der Partnersprache in der bloßen Produktion von Statistiken, die jeweils den Ist-Zustand des Deutsch- und Französischunterrichts wiedergaben, zu erschöpfen. Ein Konsens hinsichtlich der hieraus abzuleitenden Maßnahmen konnte hingegen nicht erzielt werden. Dies war wohl nicht zuletzt auch den hinlänglich bekannten, weil in nahezu sämtlichen Fragen der bilateralen Kulturzusammenarbeit Schwierigkeiten bereitenden

---

[150] Zu den angeführten Zitaten siehe die Gemeinsame Kultur-Erklärung Bundeskanzler Schmidts und Staatspräsident Giscard d'Estaings vom 6. Februar 1981, in: Bulletin des Presse- und Informationsamtes der Bundesregierung 12 (1981), S. 102f.; vgl. hierzu auch BA, B 304, Bd. 4201, Protokoll der Gespräche zwischen dem Bevollmächtigten der Bundesrepublik Deutschland, Ministerpräsident Bernhard Vogel, der französischen Hochschulministerin Alice Saunier-Séïté und dem französischen Bildungsminister Christian Beullac anlässlich der deutsch-französischen Gipfelkonsultationen am 5. und 6. Februar 1981 in Paris, Anlage I: Deutsch-französisches Programm zur Verstärkung und Verbesserung des Unterrichts in der Partnersprache.

[151] AMAE Nantes, Bonn Service culturel, Bd. 50, Schreiben der französischen Botschaft in Bonn an die Direction générale des relations culturelles betreffend »Programme d'action franco-allemand pour l'enseignement de la langue du partenaire« vom 9. Oktober 1981, S. 1.

unterschiedlichen Bildungssystemen zuzuschreiben[152]. Auf Seiten der französischen Regierungsstellen wurde konstatiert: »La forte décentralisation et la compétence presque exclusive détenue par les Länder en matière culturelle et éducative rend [sic] parfois difficile le dialogue entre les deux partenaires. Inversement, tout bouleversement ou initiative prise dans la lourde administration centralisée française peut bloquer un programme pendant un an ou deux«[153].

Die in der Kultur-Erklärung propagierte Initiative zur Vertiefung der wechselseitigen Sprachkenntnisse blieb somit ergebnislos. Auch der zweite Bereich, der in dem Dokument vom Februar 1981 Erwähnung fand, die deutsch-französische Kooperation in Wissenschaft und Forschung, erfuhr kaum nennenswerte neue Impulse. In der entsprechenden Passage hieß es, die Universitäten, Hochschulen, Forschungszentren und anderen wissenschaftlichen Einrichtungen seien aufgerufen, ihre Beziehungen zu verstärken. Geschehen solle dies insbesondere durch den Austausch von Lehrkräften, Forschern und Studierenden im Rahmen gemeinsamer Arbeitsprogramme und integrierter Studiengänge sowie »durch alle anderen Mittel, die einer lebendigen geistigen Zusammenarbeit zwischen beiden Ländern dienen«[154].

So sinnvoll ein derartiger Appell klingen mochte, so wenig bindend war er für die angesprochenen Einrichtungen. Zu der Zielrichtung des Aufrufs konnte zudem schwerlich passen, dass zu gleicher Zeit die finanziellen Mittel, die das Auswärtige Amt dem DAAD zur Förderung des deutsch-französischen akademischen Austauschs zur Verfügung stellte, in erheblichem Maße reduziert wurden. So teilte im Dezember 1981 der Leiter der Pariser DAAD-Außenstelle der Zentrale in Bonn mit: »Die traditionellen Förderungsprogramme des DAAD in Frankreich haben im akademischen Jahr 1980/81 erstmals spürbare Einschränkungen – insbesondere im Haushaltsjahr 1981 – erfahren«[155]. Konsequenz dessen war ein spürbarer Rückgang der Stipendiatenzahl. Der in der gemeinsamen Erklärung formulierten Forderung, die »geistige Zusammenarbeit« zwischen Frankreich und Westdeutschland zu intensivieren, entsprach diese Entwicklung in keiner Weise. Zumeist ging der Text über einen bloßen Verweis auf die Tätigkeit bereits existierender Akteu-

---

[152] Vgl. hierzu weiterführend Ernst Ulrich GROSSE, Das Bildungswesen: Traditionen und Innovationen, in: DERS., Heinz-Helmut LÜGER, Frankreich verstehen. Eine Einführung mit Vergleichen zu Deutschland, Darmstadt ⁶2008, S. 198–243; Martin GESSMANN, Felix HEIDENREICH (Hg.), Bildung in Frankreich und Deutschland, Münster 2006.

[153] AMAE Nantes, Bonn Service culturel, Bd. 24, Vermerk betreffend »Les relations culturelles entre la France et l'Allemagne«, November 1983, S. 3.

[154] Gemeinsame Kultur-Erklärung Bundeskanzler Schmidts und Staatspräsident Giscard d'Estaings vom 6. Februar 1981, in: Bulletin des Presse- und Informationsamtes der Bundesregierung 12 (1981), S. 102.

[155] DAAD-Archiv, B 212, Bd. 91517/3, Schreiben des Leiters der DAAD-Außenstelle Paris, Hinnerk Bruhns, an den Generalsekretär des DAAD, Karl Roeloffs, vom 8. Dezember 1981, Anlage: Jahresbericht 1981 der DAAD-Außenstelle Paris, S. 8.

re der deutsch-französischen Wissenschaftskooperation wie des Ständigen Büros Grandes Écoles-Technische Hochschulen[156] oder der Deutsch-Französischen Gesellschaft für Wissenschaft und Technologie[157] nicht hinaus. Einzig die in der Kultur-Erklärung niedergeschriebene Empfehlung, qualifizierte Forscher sollten durch die Verleihung jährlicher Wissenschaftsstipendien und -preise die Möglichkeit erhalten, ihre Arbeiten im Nachbarland fortzusetzen, führte zu einem kreativen Akt in den Hochschul- und Wissenschaftsbeziehungen zwischen beiden Ländern[158].

Weitere Punkte, welche die gemeinsame Erklärung anführte, waren zum einen der Austausch auf dem Gebiet der beruflichen Bildung. Allerdings beschränkte sich auch der diesbezügliche Abschnitt weitgehend darauf, auf bereits vorhandene Strukturen zu verweisen. Bundeskanzler und Staatspräsident begrüßten, wie es dort in knapper Form hieß, die auf Grundlage des Regierungsabkommens vom Februar 1980 durchgeführten Austauschprogramme von in der Berufsausbildung befindlichen jungen Franzosen und Deutschen und empfahlen, diese weiter auszudehnen[159]. Zum anderen wurde das Informationswesen in den Blick genommen. Angesichts der »entscheidenden Rolle der Massenmedien – allen voran des Fernsehens und des Hörfunks –

---

[156] Vgl. Adolf WEBER, Die deutsch-französische Zusammenarbeit in den Ingenieurwissenschaften. Intervention für die deutsche Sektion des Büros GE-TH (Grandes Écoles-Technische Hochschulen), in: Yves COHEN, Klaus MANFRASS (Hg.), Frankreich und Deutschland. Forschung, Technologie und industrielle Entwicklung im 19. und 20. Jahrhundert, München 1990, S. 100f.

[157] Vgl. Gabriele BERBERICH, 20 Jahre Deutsch-Französische Gesellschaft für Wissenschaft und Technologie, Bonn ²2002; Uwe KALBHEN (Hg.), Die deutsch-französische Zusammenarbeit in Forschung und Technologie. Situation, Probleme, Perspektiven, Bonn 1985.

[158] Aus der Empfehlung resultierte die Schaffung des nachträglich so benannten Gay-Lussac-Humboldt-Preises, der erstmalig im Dezember 1982 verliehen wurde, vgl. hierzu 25 ans prix Gay-Lussac-Humboldt. 25 Jahre Gay-Lussac-Humboldt-Preis, hg. v. der Alexander von Humboldt-Stiftung u. dem Ministère de l'Enseignement supérieur et de la Recherche, Paris, Straßburg 2008.

[159] Am 5. Februar 1980 hatten die Regierungen beider Länder ein Abkommen über den berufsbezogenen Austausch von Jugendlichen und Erwachsenen beschlossen, welches diesen ermöglichen sollte, einen Teil ihrer Berufsausbildung im anderen Land zu absolvieren und hierdurch persönliche Verbindungen zu den Menschen des Partnerlandes zu knüpfen. Die praktische Durchführung der Austauschprogramme oblag dem eigens hierfür geschaffenen Deutsch-Französischen Sekretariat für den Austausch in der beruflichen Bildung (DFS)/Secrétariat franco-allemand pour les échanges en formation professionnelle (SFA), vgl. hierzu AMAE Nantes, Bonn Service culturel, Bd. 24, Vermerk des Kulturrats der französischen Botschaft in Bonn betreffend »Bilan du traité de l'Élysée, Chapitre C: Éducation, Jeunesse« vom 13. August 1982, S. 5; zum Wortlaut des Abkommens siehe KÄSTNER, Die deutsch-französische Zusammenarbeit im Bildungswesen, S. 232–238; Thomas BERRANG, Karl Ludwig JÜNGST, Arno AUFFENFELD, Deutsch-französischer Austausch in der beruflichen Bildung. Evaluation längerfristiger Erträge der vom Deutsch-Französischen Sekretariat (DFS/SFA) organisierten Maßnahmen, Bonn 1997.

für die Verbindung der Völker untereinander«[160] hielten es die Regierungen vor allem für wünschenswert, die Beziehungen zwischen französischen und westdeutschen Fernsehanstalten auszubauen und jährlich Praktikantenprogramme zu organisieren, die es jungen Journalisten ermöglichen sollten, »mit den Gegebenheiten des Partnerlandes vertraut zu werden«[161]. Letzteres Vorhaben ließen beide Seiten in den Monaten nach den Gipfelkonsultationen vom Februar 1981 allem Anschein nach wieder fallen. Zur Intensivierung der medialen Kontakte wurde ein »Abkommen über die Förderung von Filmvorhaben in Gemeinschaftsproduktion«[162] geschlossen, das sich jedoch, wie schon ähnliche Bestrebungen in den Jahren zuvor[163], als nur mäßig wirksam erwies. Robert Picht etwa kam 1984 zu dem Schluss, dass sich die Information, welche die Medien über das jeweilige Nachbarland lieferten, zwar insgesamt verbessert habe, dass aber »wirklich vergleichende Sendungen und Artikel« in beiden Ländern weiterhin eine seltene Ausnahme blieben[164].

Schließlich enthielt die Kultur-Erklärung einen Passus, der mit dem Titel »Gegenseitiges Kennenlernen und unmittelbare Kontakte der Bevölkerung beider Länder«[165] überschrieben war. Gemäß den einleitenden Worten musste es sich hierbei um das zentrale Kapitel des Dokuments handeln. Anhaltspunkte für konkrete Initiativen zur Vertiefung des deutsch-französischen Verhältnisses finden sich indes auch darin kaum. Besondere Bedeutung messe man, wie dort zu lesen ist, der Zusammenarbeit zwischen Museen, Theatern und Orchestern bei und fördere daher die Durchführung großer künstlerischer Veranstaltungen. Den Meinungsaustausch zwischen Historikern und Fachleuten für Schulbuchfragen wolle man in dem Bemühen fortgesetzt sehen, diesen für den Geschichtsunterricht in beiden Ländern nutzbar zu machen und so zum gegenseitigen Verständnis zwischen den Völkern

---

[160] Gemeinsame Kultur-Erklärung Bundeskanzler Schmidts und Staatspräsident Giscard d'Estaings vom 6. Februar 1981, in: Bulletin des Presse- und Informationsamtes der Bundesregierung 12 (1981), S. 103.

[161] Ibid.

[162] Vgl. Abkommen zwischen der Regierung der Bundesrepublik Deutschland und der Regierung der Französischen Republik über die Förderung von Filmvorhaben in Gemeinschaftsproduktion vom 5. Februar 1981, in: Bundesgesetzblatt 1981, Teil II, S. 605f.

[163] Bereits im Jahr 1978 hatte ein Programmaustausch zwischen der ARD und dem französischen Sender TF 1 stattgefunden, der jedoch beim französischen und westdeutschen Fernsehpublikum kaum Anklang fand. Ein später von Joseph Rovan erdachtes Projekt, eine gemeinsame deutsch-französische Rundfunk- und Fernsehanstalt einzurichten, führte ebenfalls zu keinem Ergebnis, vgl. hierzu DEFRANCE, Warum ist die Kultur nicht Gegenstand des Élysée-Vertrages?, S. 210; Henri MÉNUDIER, Les mass media en question, in: Documents 33 (1978), Sonderheft, S. 158–178.

[164] Siehe Robert PICHT, Die Versöhnung ist kein Grund zur Selbstzufriedenheit. Mängel in den Kulturbeziehungen unter Nachbarn, in: MANFRASS (Hg.), Paris-Bonn, S. 69–76, hier S. 74.

[165] Gemeinsame Kultur-Erklärung Bundeskanzler Schmidts und Staatspräsident Giscard d'Estaings vom 6. Februar 1981, in: Bulletin des Presse- und Informationsamtes der Bundesregierung 12 (1981), S. 103.

beizutragen. Wünschenswert sei ferner eine Ausweitung der Wirkungsmöglichkeiten des DFJW, das als ein wichtiges Instrument der Verständigung zu würdigen sei[166]. Ähnlich unverbindlich klingt auch die Bekundung, die Beziehungen zwischen Personen und Institutionen der gesellschaftlichen Ebene nach Maßgabe der Ergebnisse des Ludwigsburger Kolloquiums unterstützen zu wollen.

Insofern sich die privaten deutsch-französischen Organisationen von den Gipfelgesprächen in Paris politische Impulse für ihre eigenen Aktivitäten oder gar eine Stärkung ihrer Position, etwa durch die Gewährung zusätzlicher Fördergelder, erhofft hatten, wurden sie in eindeutiger Weise enttäuscht. Die Frage, mit welchen Mitteln die sich noch immer fremd gegenüberstehenden Bevölkerungen dauerhaft miteinander verbunden werden konnten, hatte ursprünglich das Kernthema der Konsultationen vom Februar 1981 bilden sollen. Der hierauf Bezug nehmende Abschnitt der Kultur-Erklärung vermittelt letztlich den Eindruck, dass die verschiedenen hiermit befassten Kräfte eine klare Antwort nicht hatten finden können.

Jenseits all dieser Fehlschläge und nicht realisierten Ideen erbrachte, wie oben bereits angedeutet, allein die Absichtsbekundung der Regierungen zur Gründung des CIRAC in absehbarer Zeit ein eindeutiges Resultat. In der gemeinsamen Erklärung war bekräftigt worden: »Ein Zentrum für Information und Forschung über das zeitgenössische Deutschland wird in Paris errichtet werden«[167]. Dieses Zentrum auf Hochschulebene habe die Aufgabe, Studien über das gegenwärtige Deutschland anzuregen, zu koordinieren und weiterzuentwickeln. Gleichzeitig solle es allen interessierten Benutzern, einschließlich der Gebietskörperschaften und Unternehmen, Informationen über die wissenschaftlichen, technischen, kulturellen, wirtschaftlichen und politischen Gegebenheiten in Deutschland liefern. Zwar verstrichen nach dem deutsch-französischen Gipfeltreffen, bedingt vor allem durch die Umbildung der französischen Regierung, einige Monate, bevor erste Schritte zur Verwirklichung des Projekts konkret ins Auge gefasst wurden. Zwischen Oktober 1981 und Februar 1982 fanden jedoch im Pariser Bildungsministerium, welches inzwischen die Federführung übernommen hatte, mehrere Zusammenkünfte von Ministerialbeamten und Vertretern der Wissenschaft statt, im Rahmen derer das bereits vorliegende Konzept für die Schaffung des Forschungsinstituts die letzte Form erhielt[168].

Neben der Präzisierung seiner Tätigkeiten konnte hier insbesondere Ein-

---

[166] Siehe ibid.

[167] Ibid.

[168] Vgl. IMEC, Fonds Joseph Rovan, »Relevé de décisions concernant le Centre d'information et de recherche sur l'Allemagne contemporaine, réunion tenue le 18.10.1981 au cabinet du ministre«; Schreiben des französischen Bildungsministeriums, Joseph Goy, an Joseph Rovan vom 28. November 1981, Anlage: »Procès verbal de la réunion du 5 novembre 1981 concernant le Centre d'information et de recherches sur l'Allemagne contemporaine«.

vernehmen über die noch offenen Fragen erzielt werden, welche Persönlichkeiten der Einrichtung vorstehen sollten und in welcher Weise ihr Haushalt zu strukturieren sei. Mit der wissenschaftlichen Leitung des CIRAC betraute man gemäß einem Beschluss vom 1. Februar 1982 Pierre Bertaux als Präsidenten und Alfred Grosser als *président délégué*. Ihnen zur Seite gestellt wurde der Germanist René Lasserre als Generalsekretär sowie ein wissenschaftlicher Beirat, dem unter anderem Joseph Rovan, Jacques Bariéty, François-Georges Dreyfus, der Gewerkschafter und Europa-Abgeordnete Jacques Moreau, der Direktor der École nationale supérieure des mines de Paris, Pierre Laffitte, und Delegierte des französischen Bildungs-, Außen- und Forschungsministeriums angehörten. Räumlichkeiten bekam das Institut bis auf Weiteres in der Pariser Maison des sciences de l'homme zugesprochen[169]. Da somit die Gründungsmodalitäten in allen wesentlichen Punkten geklärt waren, konnte das CIRAC am 1. März 1982 formell ins Leben gerufen werden[170]. Seine Schaffung blieb der einzig sichtbare Ausdruck, welchen die deutsch-französische Kulturinitiative der beginnenden 1980er Jahre annahm.

Nachdem die Bemühungen auf allen übrigen Gebieten, die die gemeinsame Erklärung genannt hatte, ohne Aussicht auf ein baldiges Vorankommen stagnierten oder ergebnislos eingestellt worden waren, führten die zeitlich nah beieinanderliegenden Regierungswechsel in Paris und Bonn in den Jahren 1981 und 1982 dazu, dass das noch wenig zuvor zur politischen Priorität erhobene Ziel, dem Annäherungsprozess zwischen Franzosen und Deutschen eine neue Tiefe zu verleihen, vollständig von der Agenda staatlichen Handelns verschwand. Nicht nur war das Vorhaben, die kulturellen Verbindungen zu stärken, ganz explizit ein Kind der Zusammenarbeit zwischen Helmut Schmidt und Valéry Giscard d'Estaing und damit für ihre Nachfolger kaum opportun, sich dessen erneut anzunehmen, zumal die Unternehmung sich in nicht eben erfolgversprechender Weise zu erschöpfen schien. Angesichts der seit der sowjetischen Invasion in Afghanistan und dem NATO-Doppelbeschluss anwachsenden internationalen Spannungen und des sich abzeichnenden Endes der Entspannungspolitik waren die bilateralen deutsch-französischen Beziehungen in den ersten Jahren der Amtszeiten François Mitterrands und Helmut Kohls zudem weitgehend von sicherheits- und verteidigungspolitischen Problemstellungen bestimmt[171].

---

[169] Vgl. IMEC, Fonds Joseph Rovan, »Compte rendu de la réunion du 1er février 1982 sur le Centre d'information et de recherche sur l'Allemagne contemporaine«.

[170] Vgl. ZZBW, B 212, Bd. 89885, Schreiben des deutschen Botschafters in Paris, Axel Herbst, an das Auswärtige Amt betreffend »Deutschlandkundliches Zentrum« vom 5. März 1982; IMEC, Fonds Joseph Rovan, Schreiben des französischen Bildungsministeriums, Joseph Goy, an Joseph Rovan vom 17. Februar 1982.

[171] Vgl. die Presseerklärungen Bundeskanzler Kohls und Staatspräsident Mitterrands im Anschluss an die deutsch-französischen Gipfelkonsultationen in Bonn am 22. Oktober 1982, in: KIMMEL, JARDIN (Hg.), Die deutsch-französischen Beziehungen, S. 245–247 sowie die Rede François Mitterrands vor dem Deutschen Bundestag am 20. Januar

Die Frage des deutsch-französischen Verhältnisses im Bereich der Bevölkerungen sahen die Regierungen hingegen nicht mehr als vordringlich an. Und auch die koordinierende und unterstützende Funktion, die sie im Hinblick auf die diesbezüglichen Initiativen der verschiedenen privaten Vereinigungen noch im Vorfeld der Konsultationen vom Februar 1981 ausgefüllt hatten, nahmen sie nun nicht mehr wahr.

Erst 1986, über fünf Jahre nach dem Pariser Kultur-Gipfel, der seinem Namen nicht hatte gerecht werden können, wurde der Gedanke, das wechselseitige Verständnis zwischen Franzosen und Deutschen durch kulturellen Austausch zu vertiefen, auf Seiten der politisch Verantwortlichen wiederbelebt. Bereits zwei Jahre zuvor hatten Kohl und Mitterrand den Menschen in beiden Ländern eindrücklich vor Augen geführt, wie sie das deutsch-französische Verhältnis verstanden wissen wollten. In Erinnerung an den siebzigsten Jahrestag des Ausbruchs des Ersten Weltkriegs waren sie im September 1984 auf dem Gräberfeld von Verdun zusammengetroffen. Während der Feierlichkeiten am Beinhaus von Douaumont hatten die beiden Politiker, nebeneinander stehend und den Blick auf zwei Ehrenkränze und ein mit den Nationalflaggen beider Länder geschmücktes Trauergerüst gerichtet, minutenlang in stillem Gedenken an die Toten Hand in Hand innegehalten[172]. Auch um die Wirkungskraft dieses politisch inszenierten Sinnbildes der Freundschaft und weiterer symbolträchtiger Gesten, um welche Mitterrand und Kohl Zeit ihrer Amtsausübung nicht verlegen waren, durch die kontinuierliche Praxis menschlicher Begegnungen zu verstärken, um dem Symbolhaften auf Ebene der Bevölkerungen eine ganz reale Gestalt zu geben, sollte der Intensivierung der Kulturbeziehungen zwischen Frankreich und Westdeutschland erneut eine besondere Aufmerksamkeit gewidmet werden.

1983, in: Verhandlungen des Deutschen Bundestages, 9. Wahlperiode, Stenographische Berichte, Bd. 123, Bonn 1982, 1983, S. 8978–8984; zu dieser Thematik weiterführend Hélène MIARD-DELACROIX, Ungebrochene Kontinuität. François Mitterrand und die deutschen Kanzler Helmut Schmidt und Helmut Kohl 1981–1984, in: Vierteljahreshefte für Zeitgeschichte 47 (1999), S. 539–558; Marcel KOTTHOFF, Die Entwicklung der deutsch-französischen Sicherheitskooperation seit dem Ende des Ost-West-Konflikts, Wiesbaden 2011, S. 57–59; Urs LEIMBACHER, Die unverzichtbare Allianz. Deutsch-französische sicherheitspolitische Zusammenarbeit 1982–1989, Baden-Baden 1992, bes. S. 75–94.

[172] Vgl. Helmut KOHL, Erinnerungen 1982–1990, München 2005, S. 309–313; Ulrich PFEIL, Der Händedruck von Verdun: Pathosformel der deutsch-französischen Versöhnung, in: Gerhard PAUL (Hg.), Das Jahrhundert der Bilder, Bd. 2: 1949 bis heute, Göttingen 2008, S. 498–505; Jürgen ELVERT, »Einig Freunde?« Einige Überlegungen über die Bedeutung von Freundschaft für den europäischen Integrationsprozess, in: Birgit ASCHMANN (Hg.), Gefühl und Kalkül. Der Einfluss von Emotionen auf die Politik des 19. und 20. Jahrhunderts, Stuttgart 2005, S. 184–196, hier S. 187–189; Sandra PETERMANN, Rituale machen Räume. Zum kollektiven Gedenken der Schlacht von Verdun und der Landung in der Normandie, Bielefeld 2007, S. 162–164.

Einen geeigneten Rahmen hierfür erblickten die Regierungen im deutsch-französischen Gipfeltreffen in Frankfurt am Main Ende Oktober 1986.

Anders als fünf Jahre zuvor bildeten kulturelle Thematiken nun tatsächlich einen Schwerpunkt der bilateralen Gespräche zwischen Bundeskanzler und Staatspräsident[173]. Ähnlich wie im Vorfeld der Pariser Beratungen vom Februar 1981 klangen indes die Beweggründe für die Ausrichtung eines neuerlichen Kultur-Gipfels: Eine dauerhafte Annäherung zwischen den Menschen westlich und östlich des Rheins auf Grundlage eines wahrhaftigen gegenseitigen Verstehens habe noch immer nicht stattgefunden. »Für viele Franzosen«, so der Leiter der Kulturabteilung des Auswärtigen Amts, Barthold C. Witte, »bleiben die Deutschen bis heute rätselhafte, unberechenbare Nachbarn, die in den Nebeln der germanischen Wälder wohnen und sich als irrationale Romantiker zeigen. Viele Deutsche hingegen meinen, daß Frankreichs Uhren anders gehen, wie ein seinerzeit oft zitierter Buchtitel lautet«[174]. Es könne, wie Witte in einem unmittelbar vor den Frankfurter Gipfelkonsultationen erschienenen Aufsatz schrieb, weiterhin die Feststellung gelten, dass das Versöhnungswerk keineswegs vollendet sei. Dafür sorge allein schon der Wechsel der Generationen. Denn vierzig Jahre nach Kriegsende träten zunehmend jene Persönlichkeiten von der deutsch-französischen Bühne ab, die aus der eigenen Erfahrung um Diktatur und Krieg, Widerstand, Gefangenschaft und Neubeginn den Impuls zur Versöhnungsarbeit gewonnen hätten. Der Tod von Pierre Bertaux[175] sei dafür ein traurig stimmendes Signal. »Nächsten Generationen ist vieles schon selbstverständlich, fast langweilig, was die vorigen aus existentieller Betroffenheit zustande brachten«[176]. Aus dieser Erkenntnis heraus seien für die anstehenden Gespräche zwischen Helmut Kohl und François Mitterrand drei Folgerungen zu ziehen. Erstens müsse das »lebenswichtige Geschäft« der gegenseitigen Sprach- und Informationsvermittlung weitergehen und ausgebaut werden. Zweitens komme es über den Austausch von Informationen hinaus darauf an, »den geistigen, wissenschaftlichen, künstlerischen, gesellschaftlichen Dialog beider Völker tief und dauerhaft zu machen«. Drittens gehe es nunmehr darum, »in einer neuen Etappe der kulturellen Zusammenarbeit die gegensei-

---

[173] Vgl. Christoph LIND, Die deutsch-französischen Gipfeltreffen der Ära Kohl-Mitterrand 1982–94. Medienspektakel oder Führungsinstrument, Baden-Baden 1998, S. 122.

[174] Barthold C. WITTE, Annäherung an Frankreich. Aufgaben nach dem Kulturgipfel (Beitrag für den Saarländischen Rundfunk, 10. Oktober 1987), in: DERS., Dialog über Grenzen. Beiträge zur auswärtigen Kulturpolitik, Pfullingen 1988, S. 118–121, hier S. 118f.; der Buchtitel, auf den Witte hier anspielt, ist Herbert LÜTHY, Frankreichs Uhren gehen anders, Zürich u. a. 1954.

[175] Pierre Bertaux starB am 13. August 1986 in Saint-Cloud bei Paris.

[176] Barthold C. WITTE, Der Geist – und das Bohren dicker Bretter. Vor einer neuen Etappe der kulturellen Zusammenarbeit, in: Dokumente 42/5–6 (1986), S. 390–397, hier S. 391.

tige Vernetzung in gemeinsamen Projekten, Programmen und Institutionen voranzubringen«[177].

So bemerkenswert kongruent demnach die Ziele der Konsultationen von 1986 mit den Motivationen und Gedanken waren, die schon das Gipfeltreffen von 1981 inspiriert hatten, so ähnlich gestaltete sich auch die Phase der Vorarbeiten. Wiederum wurden seitens der amtlichen Stellen Expertenkommissionen einberufen, die in zahlreichen Sitzungen einzelne Sachfragen erörterten. Zudem führte das CIRAC im Auftrag der Regierungen Ende Juni 1986 ein öffentliches »Kulturforum« in Versailles durch[178]. Ähnlich dem Ludwigsburger Kolloquium vom Dezember 1980 kamen dort Kulturschaffende, Fachleute und Vertreter privater Organisationen beider Länder mit Abgeordneten der verantwortlichen Ministerien zusammen, um – so hatten dies Mitterrand und Kohl bereits im Februar 1986 bekundet[179] – eine Bilanz des bisherigen Austauschs zu ziehen und Vorschläge für die Zukunft zu erarbeiten[180]. Gleich dem Ausgang der Pariser Gespräche fünf Jahre zuvor stand am Ende der bilateralen Konsultationen in Frankfurt schließlich eine »Gemeinsame Erklärung über kulturelle Zusammenarbeit« von Staatspräsident und Bundeskanzler, welche die erforderlichen Maßnahmen für eine Intensivierung der deutsch-französischen Kulturbeziehungen festhalten sollte[181].

Angesichts der in inhaltlicher wie organisatorischer Hinsicht nicht zu übersehenden Parallelen zwischen den jeweils zum Kultur-Gipfel erklärten Zusammenkünften konnte sich mancher Beobachter des Eindrucks nicht erwehren, dass man 1986 einer wenig sinnvollen Neuauflage des Misserfolgs von 1981 beiwohnte. »Die Zeit« etwa brachte drei Tage vor Beginn

[177] Siehe zu den angeführten Zitaten ibid.

[178] Zu den Beratungen und Ergebnissen des deutsch-französischen Kulturforums siehe Forum culturel franco-allemand de Versailles 24–25 juin 1986. Bilan de la coopération franco-allemande dans le domaine de l'éducation et de la recherche: synthèse de travaux, hg. v. CIRAC, Paris 1986; vgl. hierzu den Weiteren Ingo KOLBOOM, Quand les »VIP« boudent, les »VRP« bougent. Défense & illustration des relations culturelles franco-allemandes dans une Europe renaissante, in: Henning KRAUSS u. a. (Hg.), Offene Gefüge. Literatursystem und Lebenswirklichkeit. Festschrift für Fritz Nies zum 60. Geburtstag, Tübingen 1994, S. 531–547.

[179] Vgl. Erklärung Staatspräsident Mitterrands und Bundeskanzler Kohls über die 48. deutsch-französischen Gipfelkonsultationen mit kulturellem Schwerpunkt vom 28. Februar 1986, in: Bulletin des Presse- und Informationsamtes der Bundesregierung 24 (1986), S. 181.

[180] Auf dem Tagungsprogramm der rund 200 deutschen und französischen Teilnehmer des Kulturforums, darunter Pierre Bertaux, Alfred Grosser und Joseph Rovan, standen insbesondere die Zusammenarbeit in der Bildungspolitik, in den Geistes- und Sozialwissenschaften und bei der beruflichen Bildung sowie die Vertiefung sprach- und landeskundlicher Kenntnisse, vgl. Forum culturel franco-allemand de Versailles 24–25 juin 1986, S. 9–13.

[181] Vgl. Gemeinsame Erklärung Staatspräsident Mitterrands und Bundeskanzler Kohls über kulturelle Zusammenarbeit vom 28. Oktober 1986, in: KIMMEL, JARDIN (Hg.), Die deutsch-französischen Beziehungen, S. 268–272.

der Frankfurter Beratungen einen Kommentar, der es in dieser Hinsicht an Deutlichkeit nicht fehlen ließ. »Überflüssig wie ein Kropf« sei das Gipfeltreffen, hieß es dort: »Es gibt keine Ideen, es gibt kein Geld, deshalb wird auch nichts passieren«[182]. Mit diesem Dreisatz des Missvergnügens habe sich, wie die Autorin des Artikels schrieb, während der Vorarbeiten zum deutsch-französischen Kultur-Gipfel jene kleine Schar von Franzosen und Deutschen Mut zugesprochen, denen die kulturelle Zusammenarbeit ihrer Länder am Herzen liege, der kommende Gipfel aber nur auf den Magen schlage.

Viele der in den deutsch-französischen Beziehungen wirkenden unabhängigen Experten und Mittler hatten in den bilateralen Gesprächen von 1981 noch die Chance für einen Aufschwung des kulturellen Austauschs zwischen beiden Ländern und damit für eine positive Kehrtwende des Miteinanders von Franzosen und Deutschen erblickt. In Anbetracht der vielen gescheiterten Vorhaben und nicht weiterverfolgten Pläne wandten sie sich fünf Jahre später resignierend von dieser Vorstellung ab. Aus Sicht Joseph Rovans hatte das deutsch-französische Kulturforum »nur ein lächerliches, fast tragikomisches Schauspiel« geboten. Die Politiker hätten die Bedeutung der Resultate und die Größe der vorausliegenden Aufgaben gerühmt, während die Verwaltungsbeamten nur darum gebeten hätten, um Gottes willen keine neuen Ausgaben vorzuschlagen. »Fast ist es ein Wunder, wenn sich unter diesen Bedingungen noch neue Ideen zwischen Zensur und Selbstzensur vorwagen konnten«[183]. Auch Alfred Grosser sah den bevorstehenden Konsultationen nicht eben enthusiastisch entgegen. In der »Frankfurter Allgemeinen Zeitung« befand er, die Erwartungen an das Treffen hätten bescheiden zu bleiben, sonst werde die Enttäuschung am Ende unvermeidlich[184]. »Le Monde« fasste die im Vorfeld des Gipfels bei den Protagonisten des deutsch-französischen Milieus vorherrschende Grundstimmung mit den Worten zusammen: »les forums préparatoires à la rencontre de Francfort [...] n'ont pu que constater le point de blocage où l'on était arrivé«[185].

Die vorab zum Ausdruck gebrachte Skepsis bezüglich der Sinnhaftigkeit und der Erfolgsaussichten des Kultur-Gipfels erwies sich in vielfacher Hinsicht als berechtigt. Zwar wurden in Frankfurt immerhin die Weichen für die Schaffung gleich dreier neuer Institutionen gestellt. Es waren dies der Deutsch-Französische Kulturrat[186], welcher Persönlichkeiten aus dem

---

[182] Nina GRUNENBERG, Überflüssig wie ein Kropf. Das Treffen ist eine neue Belastungsprobe für die deutsch-französischen Beziehungen, in: Die Zeit, 24.10.1986, S. 4.

[183] Zitiert nach ibid.

[184] Vgl. Alfred GROSSER, Das Wenige wahren. Hoffnungen und Befürchtungen vor dem deutsch-französischen »Kulturgipfel«, in: FAZ, 21.10.1986, S. 25.

[185] Luc ROSENZWEIG, Une double épreuve de vérité, in: Le Monde, 26./27.10.1986, S. 1; vgl. auch Paris-Bonn et la culture, in: Le Monde, 30.10.1986, S. 1.

[186] Der Deutsch-Französische Kulturrat wurde im Januar 1988 formell gegründet, vgl. den Notenwechsel zur Vereinbarung über den Deutsch-Französischen Kulturrat vom 22. Januar 1988, in: KIMMEL, JARDIN (Hg.), Die deutsch-französischen Beziehungen, S. 506f.

Kulturleben beider Länder zusammenbringen und als Ideenschmiede für die kulturelle Kooperation zwischen Frankreich und Westdeutschland fungieren sollte, das Deutsch-französische Hochschulkolleg[187], das insbesondere der Förderung integrierter Studiengänge verpflichtet war, und der gemeinsame Kultursender ARTE[188], der zu Beginn der 1990er Jahre auf Sendung gehen konnte. Doch liest sich die Frankfurter Erklärung zur Kulturzusammenarbeit insgesamt weitaus mehr als eine Auflistung von Mängeln und Säumnissen, viel weniger als ein Initialdokument für den Abbau der noch immer bestehenden kulturellen Barrieren zwischen den Bevölkerungen beiderseits des Rheins. Da half es auch nichts, dass Kohl und Mitterrand den Entwurf zunächst als zu vage ablehnten und von ihren Ministerialbeamten Nachbesserungen einforderten[189].

Letztlich griff der Text zu wesentlichen Teilen die Themenfelder auf, welche bereits in der Kultur-Erklärung vom 6. Februar 1981 zur Sprache gekommen waren. Empfehlungen für eine Verbesserung der wechselseitigen Sprachkenntnisse finden sich hier ebenso wieder wie die Bezeugung, dem deutsch-französischen Dialog in den Bereichen der beruflichen Bildung, der Hochschul- und Wissenschaftsbeziehungen, der Medien und auf künstlerischem Gebiet zukunftsweisende Impulse geben zu wollen. Die im politischen, wirtschaftlichen und technologischen Austausch erreichten Fortschritte, so die in der Erklärung vom Oktober 1986 einleitend formulierte, jedoch bei weitem nicht neue Erkenntnis, sollten von einer Verstärkung des kulturellen Austauschs zwischen beiden Ländern begleitet werden, die sich auf diese Weise besser kennenlernen und ihr Einvernehmen vergrößern würden. Die enge Verbindung beider Kulturen sei daher eine grundlegende Notwendigkeit. Und mehr noch: Die Zeit sei gekommen, wie in dem Dokument bekräftigt wurde, »eine neue Etappe der kulturellen Zusammenarbeit zu beginnen, eine gegenseitige Durchdringung der Kulturen anzustreben und vom Austausch zu einer vertieften Zusammenarbeit überzugehen«[190]. Eine

---

[187] Zur Gründung des Deutsch-französischen Hochschulkollegs vgl. die Deutsch-französische Vereinbarung der Außenminister über das gemeinsame Hochschulkolleg vom 12. November 1987, in: KÄSTNER, Die deutsch-französische Zusammenarbeit im Bildungswesen, S. 281–284; hierzu weiterführend Corine DEFRANCE, Ulrich PFEIL, Das Projekt einer Deutsch-Französischen Hochschule seit 1963, in: PFEIL (Hg.), Deutschfranzösische Kultur- und Wissenschaftsbeziehungen, S. 309–338; Christian CONNAN, Deutsch-französische Universitätsbeziehungen, in: Winfried ENGLER (Hg.), Frankreich an der Freien Universität. Geschichte und Aktualität, Stuttgart 1997, S. 11–21; Hermann HARDER, »Doktor, Doktor«. La cotutelle de thèse, instrument de la coopération universitaire internationale et franco-allemande, in: Passerelles et passeurs, S. 105–122.

[188] Vgl. Oliver HAHN, ARTE – Der europäische Kulturkanal. Eine Fernsehsprache in vielen Sprachen, München 1997; Inge GRÄSSLE, Der europäische Fernseh-Kulturkanal ARTE. Deutsch-französische Medienpolitik zwischen europäischem Anspruch und nationaler Wirklichkeit, Frankfurt a.M., New York 1995.

[189] Vgl. LIND, Die deutsch-französischen Gipfeltreffen der Ära Kohl-Mitterrand, S. 122.

[190] Gemeinsame Erklärung Staatspräsident Mitterrands und Bundeskanzler Kohls über

derartige Belebung der Kulturbeziehungen werde die zwischen Frankreich und der Bundesrepublik bestehenden Bande dauerhaft festigen. Vor allem wolle man eine profunde Kenntnis der Denkstrukturen und Denkweisen des Partners fördern, um zu einem gemeinsamen Herangehen an die gegenwärtigen gesellschaftlichen Probleme beizutragen und die deutsch-französische Freundschaft somit langfristig zu stärken.

So gewichtig solcherlei Affirmationen von höchster Stelle auch zunächst erscheinen mochten, so wenig konnte es dem aufmerksamen Zuhörer entgehen, dass hier in plattitüdenhaft anmutender Manier Formulierungen bemüht und Zielsetzungen beschworen wurden, welche bereits die gemeinsame Erklärung von 1981 in ganz ähnlicher Form enthalten hatte, jedoch ohne in den darauffolgenden Jahren greifbare Ergebnisse zu zeitigen. Insbesondere das Bekunden, eine neue Phase der Kulturbeziehungen zwischen beiden Ländern einläuten zu wollen, erinnert nur allzu sehr an die schon im Vorfeld des Pariser Gipfeltreffens ausgegebene Marschrichtung, das deutsch-französische Verhältnis mittels Vertiefung der kulturellen Kontakte zu revitalisieren und es im Rahmen eines kontinuierlichen Annäherungsprozesses in eine weitere Entwicklungsstufe zu überführen.

Diejenigen, die wie Rovan und Grosser bereits an den Vorbereitungen für den fünf Jahre zuvor veranstalteten Kultur-Gipfel beteiligt gewesen waren, mussten die gleich lautenden Beteuerungen der Erklärung Kohls und Mitterrands daher schon fast zwangsläufig als substanz- und damit für das Vorhaben der deutsch-französischen Verständigung wertlos betrachten. Ebenso mussten die Verantwortlichen der privaten Organisationen feststellen, dass ihre Arbeit durch die unter staatlicher Regie stehenden Planungen keine nennenswerte Unterstützung erfahren und ihre schwierige Situation sich nicht wesentlich gebessert hatte[191]. Gar konnte der Eindruck entstehen, dass die regierungsamtlichen Bestrebungen aufgrund ihres allumfassenden Charakters kulturelles Verständigungshandeln unterhalb der Regierungsebene eher blockierten als beförderten. Ernüchtert hieß es denn auch in einem zwei Tage nach dem Ende der Gipfelgespräche in »Le Monde« erschienenen Kommentar: »De tous les domaines de la coopération franco-allemande, telle qu'elle a été instituée par le traité de l'Élysée de 1963, la culture est sans doute à ce jour le plus décevant«[192].

kulturelle Zusammenarbeit vom 28. Oktober 1986, in: Kimmel, Jardin (Hg.), Die deutsch-französischen Beziehungen, S. 269.

[191] Vermutlich bedingt durch die schwierigen Existenzbedingungen sowie den generellen Bedeutungsverlust, den die privaten Verständigungsorganisationen seit den 1970er Jahren zu verzeichnen hatten, löste sich die IBU im Oktober 1988 sogar vollständig auf, vgl. Barbara Dümmer, Die Städtepartnerschaft Frankenthal – Colombes (1958) und die Bedeutung transnationaler Kommunalverbände, in: Defrance, Kissener, Nordblom (Hg.), Wege der Verständigung, S. 189–204, hier S. 192f.

[192] Paris-Bonn et la culture, in: Le Monde, 30.10.1986, S. 1.

Die Ergebnisse der Konsultationen von Frankfurt nehmen sich wie das Spiegelbild eines nicht stattgefundenen Aufbruchs in den deutsch-französischen Beziehungen aus und bestätigen den Eindruck, dass die 1980/1981 von den Regierungen in Paris und Bonn angekündigte und nach Jahren des Stillstands 1986 wiederbelebte Kulturinitiative gescheitert war. Dies wird umso klarer ersichtlich, führt man sich noch einmal die in großen Worten umrissenen Visionen und Hoffnungen vor Augen, welche die politisch Verantwortlichen und zum Teil auch die jenseits des staatlichen Bereichs agierenden Protagonisten anfänglich an die Ausrichtung eines von kulturellen Fragestellungen geprägten Gipfeltreffens geknüpft hatten. Zunächst, so haben es die entsprechenden Schriften und Stellungnahmen erkennen lassen, ging es ihnen darum, durch eine verstärkte Förderung des bilateralen Kulturaustauschs und menschlicher Begegnungen einen Kontrapunkt zu den seit Ende der 1970er Jahre zunehmend deutlich festgestellten Dissonanzen im Verhältnis von Franzosen und Deutschen zu setzen. Das Wiederauftauchen der »alten Dämonen der Vergangenheit« und daraus eventuell resultierende Konflikte sollten hierdurch ebenso verhindert wie die gegenseitige Wahrnehmung von Vorurteilen und klischeehaften Bildern befreit werden. Die Tendenz eines wachsenden Desinteresses an den Menschen auf der jeweils anderen Rheinseite wollte man umkehren, dem augenscheinlichen Schwinden der Solidarität zwischen den Bevölkerungen Einhalt gebieten, die Gefahr eines neuerlichen Auseinanderdriftens der Nachbarländer endgültig bannen.

Die in diesem Sinne verstandene Kehrtwende hin zur Etablierung eines funktionierenden grenzüberschreitenden Dialogs einmal vollzogen, galt es sodann – dies zumindest die Intention der verständigungstheoretischen Sandkastenspiele von 1980/1981 – Franzosen und Deutschen im Rahmen der sich intensivierenden Kulturbeziehungen ein wirkliches Kennenlernen des bislang weitgehend unbekannten Partners zu ermöglichen. Ebenso galt es, das nur in unzureichendem Maße vorhandene wechselseitige Verständnis zu erweitern und nicht zuletzt die Presselandschaft auf beiden Seiten für den positiven Wandel der deutsch-französischen Verbindung zu sensibilisieren. Die hieraus entstehenden Impulse der Annäherung sollten Frankreich und Westdeutschland dabei helfen, die in den Jahren nach dem Zweiten Weltkrieg begonnene Etappe der Aussöhnung endgültig zu überwinden und gemäß der von Staatspräsident Giscard d'Estaing geprägten Maxime dazu beitragen, eine »Schicksalsgemeinschaft« zwischen nunmehr aufs engste miteinander verflochtenen Bevölkerungen zu begründen. Durch die neue Tiefe, welche das deutsch-französische Verhältnis erfahren sollte, würde man schließlich das schrittweise Abtreten der Generation, die den Verständigungsprozess seit der unmittelbaren Nachkriegszeit aufgrund ihrer persönlichen Involviertheit in die deutsch-französische Konfliktgeschichte getragen und maßgeblich mitgestaltet hatte, kompensieren. Der besondere Charakter, welcher die Beziehungen zwischen den einstigen »Erbfeinden« in den Jahrzehnten nach

1945 gekennzeichnet hatte, sollte somit auch in Zukunft bewahrt werden können.

Soweit die Vision. Die Realität nahm, wie oben gezeigt, einen anderen Weg. Da die so aufwändig geplante Kulturinitiative 1981 bereits im Ansatz stecken blieb und sich auch fünf Jahre später kaum zu neuem Leben erwecken ließ, konnten die entscheidenden Anstöße, die hiervon für das Verhältnis zwischen Deutschen und Franzosen ausgehen sollten, nicht erfolgen. Dieser Befund wirft eine Reihe von Fragen auf: Wenn eine die Verständigung fördernde Gegenbewegung, welche die staatlichen Akteure im Zusammenspiel mit privaten Vereinigungen und Mittlern in Reaktion auf die deutsch-französischen Auseinandersetzungen initiiert hatten, keine Wirkung zeigte, welche Konsequenzen brachte dies für den weiteren Verlauf des Annäherungsprozesses mit sich? Wenn die Idee der »Schicksalsgemeinschaft«, die Idee einer Neugestaltung der Beziehungen nach der Phase der Aussöhnung, unrealisierbar zerrann und kommende Generationen sich von der deutsch-französischen Verständigungsarbeit mehr und mehr abwandten, mussten hierdurch nicht Zentrifugalkräfte in Gang gesetzt werden, welche das Verhältnis zwischen Franzosen und Deutschen in Zukunft nur stören konnten? Zugespitzt formuliert: War das Scheitern der kulturellen Verständigungsinitiative vom Anfang der 1980er Jahre gleichbedeutend mit dem Ende des großen Nachkriegsprojektes der deutsch-französischen Völkerfreundschaft?

Die sich in dem vorstehenden Fragenkomplex spiegelnden Problemstellungen deuten bereits darauf hin, dass die deutsch-französischen Beziehungen im Zeitraum zwischen den ausgehenden 1960er und frühen 1980er Jahren von einem grundlegenden Umbruch bestimmt waren. Im Zuge dessen endeten Entwicklungsstränge, die seit den ersten Nachkriegsjahren bestanden hatten. Neue Entwicklungen und Strukturmuster begannen sich abzuzeichnen, die dem deutsch-französischen Weg in die Gegenwart die Richtung weisen sollten.

5. Schlussbetrachtung: auf dem Weg zur Normalität

Einerseits gelten die 1960er Jahre aus heutiger Sicht vielfach als Epoche einer glücklich vollzogenen Freundschaft zwischen Franzosen und Deutschen. Andererseits waren noch zu Beginn der 1980er Jahre ein Sportereignis und die hierdurch entfesselten Emotionen ausreichend, um eine über Wochen hinweg geführte öffentliche Polemik zwischen den Nachbarländern zu provozieren. Die seit langem überwunden geglaubten Bilder und Deutungsmuster aus den Zeiten der »Erbfeindschaft« wurden wieder heraufbeschworen. Und auch auf Seiten der amtlichen Stellen sorgte man sich darum, dass die Beziehung der beiden Nationen noch immer belastet und letztlich nicht mehr als eine *amitié imparfaite* sei. Ausgehend von den sich aus diesem Befund ableitenden Zweifeln an einem allzu problemlosen deutsch-französischen Verhältnis nach der »Ära der Versöhnung« hat die vorliegende Studie die Entwicklung des von verschiedenen staatlichen wie zivilgesellschaftlichen Akteuren getragenen Annäherungsprozesses zwischen Franzosen und Deutschen während der 1970er Jahre in den Blick genommen.

Durch den beständigen Ausbau grenzüberschreitender Verbindungen seit dem Zweiten Weltkrieg waren zwischen Frankreich und Westdeutschland bis Anfang der 1970er Jahre dichte Infrastrukturen der Annäherung entstanden, welche die deutsch-französischen Beziehungen dauerhaft krisenfest, die Freundschaft somit unumkehrbar machen sollten. Zu den wesentlichen Komponenten dieses Gefüges gehörte erstens die unter dem Dach der Auswärtigen Kulturpolitik stehende Verständigungsarbeit der Regierungen, die von staatlichen Institutionen oder eng mit dem Staat verzahnten Organisationen wahrgenommen wurde. Hierunter fielen neben den zuständigen Abteilungen in Außenministerien und Botschaften insbesondere das DFJW, der DAAD, das Goethe-Institut und die *instituts* und *centres culturels français*. Zweitens trugen die Aktivitäten privater Vereinigungen in erheblichem Maße zur Schaffung der deutsch-französischen Vernetzungen bei, die den Fortgang des Annäherungsprozesses gewährleisten sollten. Als Stätten der Begegnung und des Meinungsaustauschs wollten das Pariser BILD, das DFI in Ludwigsburg, die IBU und der ADFG persönliche Kontakte zwischen den Bevölkerungen herstellen, Vorurteile abbauen und, wie dort formuliert wurde, dabei helfen, das deutsch-französische »Aussöhnungswerk« fortzusetzen. Schließlich machte die geistige Vermittlungsarbeit einzelner Persönlichkeiten einen dritten bedeutenden Teil der deutsch-französischen Verständigungsarchitektur der frühen 1970er Jahre aus. Als geradezu idealtypische Verkörperungen der Figur des deutsch-französischen »Mittlers« nach 1945 – dies hat nicht zuletzt die zeitgenössische Wahrnehmung widergespiegelt – können Alfred Grosser,

Pierre Bertaux und Joseph Rovan betrachtet werden. In der Funktion von Erklärern, Ratgebern, Mahnern und Warnern waren sie bestrebt, der deutsch-französischen Freundschaft in der Öffentlichkeit eine Stimme zu geben und wollten zur Stelle sein, wenn Misstrauen und Unverständnis die Beziehungen zwischen Franzosen und Deutschen zu belasten drohten, wenn es galt, »gegen den Strom zu sprechen«.

Die verschiedenen Kräfte, welche somit die zwischen Frankreich und Westdeutschland existierenden Infrastrukturen der Annäherung trugen, einte der seit der unmittelbaren Nachkriegszeit beibehaltene Anspruch, Konflikte, die das deutsch-französische Verhältnis negativ beeinträchtigen konnten, zu verhindern und hierdurch einer dauerhaft wirksamen Verständigung den Boden zu bereiten. Während der 1950er und 1960er Jahre hatten sich diese Ziele aufgrund einer gesellschaftlich verbreiteten Versöhnungsbereitschaft, die sich aus den noch stark präsenten Kriegserlebnissen gespeist hatte, mit einigem Erfolg verwirklichen lassen. Nicht zuletzt galten die vielfältigen kulturellen Verständigungsinitiativen als Ouvertüre des Élysée-Vertrags. Die Rahmenbedingungen für das Wirken der Akteure des deutsch-französischen Kontextes in den 1970er Jahren gestalteten sich jedoch ungleich schwieriger. Nicht nur nahm mit wachsendem zeitlichen Abstand zum Zweiten Weltkrieg der zuvor in weiten Bevölkerungskreisen vorhandene Wille zur Aussöhnung schrittweise ab, sondern es mehrten sich gleichzeitig öffentliche Konfrontationen zwischen beiden Ländern. Diese machten deutlich, dass es nicht viel brauchte, damit die unter der Oberfläche schwelenden Relikte alter Gegnerschaft – Vorurteile, Argwohn, gar Feindseligkeit – erneut zu Tage treten konnten.

Als ernsthafte Belastungsproben für das Netz der Verständigung, welches die benannten Protagonisten in den vorangegangenen zwei Dekaden geknüpft hatten, erwiesen sich insbesondere die Debatten um Ostpolitik, deutsche Frage und Friedensbewegung, die Diskussionen über ein französischerseits vermutetes Hegemonialstreben der starken Bundesrepublik in Westeuropa, die gesellschaftlichen Auseinandersetzungen im Kontext von nachwirkenden Kriegserfahrungen und unbewältigter Kriegsvergangenheit sowie die Kontroversen um die Stabilität der westdeutschen Demokratie. In diesen medialen Gefechten zwischen Frankreich und Westdeutschland während der 1970er Jahre erkannten sowohl die verantwortlichen Regierungsstellen in Paris und Bonn als auch die verschiedenen privaten Organisationen und Mittlerpersönlichkeiten Gefährdungslagen für das freundschaftliche Verhältnis von Franzosen und Deutschen. Denn gemäß ihrer Auffassung konnten die sich aus alten Ressentiments und neuen Ängsten, aus Misstrauen und Stereotypen konstruierenden Zerrbilder, welche in der Presse kursierten, kaum ohne negative Wirkung auf die Rezipienten, sprich die Bevölkerungen, bleiben. Vereint waren die einzelnen Akteure daher in dem Entschluss, mäßigend auf die immer wieder auftretenden Spannungen einzuwirken.

Die Instrumente, derer sie sich hierzu bedienten, variierten im Verlaufe der 1970er Jahre nur wenig. Weitgehend unabhängig von den Spezifika einer bestimmten Konfliktkonstellation sollten aus Sicht der politisch Verantwortlichen vor allem die »sprach-pädagogische Verbindungsarbeit« der Goethe-Institute, des DAAD und der *instituts* und *centres culturels français* den Menschen die Möglichkeit eröffnen, sich jenseits der zum Teil stark tendenziösen Medienberichterstattung ein eigenes Bild der aktuellen politischen oder gesellschaftlichen Entwicklungen im Nachbarland zu machen. Desgleichen dienten hierzu Einladungsprogramme für Journalisten, die zahlreichen Austauschmaßnahmen des DFJW, die Vermittlung von Sprachkenntnissen im Rahmen des Schulunterrichts sowie Kooperationen zwischen den Fernsehanstalten beider Länder. Klischees, die den Blick auf die »Realitäten« jenseits des Rheins verstellten, wollte man auf diese Weise durch »wirklichkeitsnahe Eindrücke« ersetzen und eine möglichst enge kulturelle Verflechtung zwischen beiden Nationen erreichen, die zu einem Mehr an Verständnis führen und die Völkerfreundschaft absichern würde.

Ähnlich lautende Zielsetzungen inspirierten auch die Aktivitäten der privaten Verständigungsorganisationen. Sie setzten den öffentlichen Zerwürfnissen der 1970er Jahre eine publizistische Aufklärungsarbeit entgegen, die sich in Presseerklärungen und der Herausgabe eigener Mitteilungsblätter oder Zeitschriften niederschlug. Darüber hinaus führten die Vereinigungen Sprachkurse, Austauschprogramme, landeskundliche Studienreisen und Seminarveranstaltungen durch, die Franzosen und Deutsche in persönlichen Kontakt mit dem anderen Land bringen und, wie es hieß, das Vertrauen zwischen ihnen stärken sollten. Schließlich organisierten sie Kolloquien, die Wissenschaftler, Journalisten und Politiker beider Seiten in offener Aussprache vereinten, und engagierten sich für die deutsch-französischen Städtepartnerschaften. Informationsvermittlung und menschliche Begegnungen waren die dominanten Rezepte, mittels derer sie die fortexistierenden »alten Schranken des Misstrauens« zu überwinden suchten.

Staatlichen Institutionen und privaten Vereinigungen standen schließlich die deutsch-französischen Mittlerpersönlichkeiten zur Seite, die sich als dritte Akteursgruppe darum bemühten, in den Konflikten der 1970er Jahre zwischen beiden Ländern zu vermitteln. Als Vehikel einer intellektuellen Verständigungsarbeit dienten ihnen Presseartikel und Vorträge, wissenschaftliche Aufsätze und Buchveröffentlichungen. Diese hatten zum Zweck, Gegenmeinungen aufzuzeigen, Polemiken zu entschärfen und neben den zum Teil aggressiv geführten Debatten einen Diskurs des Ausgleichs zu etablieren, der wechselseitige Wahrnehmungen und Einstellungen von Deutschen und Franzosen in positiver Weise beeinflussen sollte. Der Vorstellung des eroberungsbereiten und uniformierten, des »ewigen« Deutschland, traten sie hierbei ebenso entgegen wie derjenigen des chauvinistischen und rückständigen Frankreich, das die Regungen der Nachbarn voll des Neides und des Argwohns beobachtete. Sie riefen zu gegenseitiger Toleranz auf, warnten vor allzu raschen Verurteilungen, versuchten einerseits Verständnis für historisch begründete französische Ängste zu wecken und präsentierten sich andererseits als vehemente Verfechter der westdeutschen Nachkriegswandlung.

Ein Schlüsselereignis stellte für die Protagonisten der Annäherung die deutsch-französische Krise des Herbstes 1977 dar, die aus Sicht zahlreicher Beobachter tiefer zu reichen schien als frühere Konflikte. Angesichts des bestürzenden Unverständnisses, welches die Beziehungen zwischen beiden Ländern im Anschluss an den »Le Monde«-Artikel Jean Genets über Wochen hinweg bestimmt hatte, gelangte Alfred Grosser gar zu der Feststellung, er habe in den mehr als dreißig Jahren seines Wirkens im Dienste der Freundschaft kaum eine Phase erlebt, die derart entmutigend gewesen sei. Wie hatte es trotz der unermüdlichen Verständigungsanstrengungen der vorangegangenen Jahre – dies die Frage, die Grosser und eine Vielzahl weiterer Akteure umtrieb – zur Entstehung einer solchen Atmosphäre der Feindseligkeit kommen können?

Die zurückliegenden Auseinandersetzungen gaben den Kräften des deutsch-französischen Kontextes Anlass, um am Ende der 1970er Jahre eine Bilanz des langjährigen Annäherungsprozesses und damit auch der eigenen Bemühungen zu ziehen. Diese Überprüfung erbrachte indes ein Ergebnis, das sie kaum zufriedenstellen konnte. Zwar kamen die amtlichen Berichte beider Seiten zu dem Schluss, dass sich die Zusammenarbeit der Regierungen trotz oftmals divergierender Interessen erfreulich gestaltete und vor allem das persönliche Vertrauensverhältnis von Helmut Schmidt und Valéry Giscard d'Estaing den »privilegierten« Beziehungen entsprach, die man hatte einrichten wollen. Doch wurde im selben Zuge konstatiert, dass die Kontakte zwischen den Bevölkerungen nicht die Intensität erreicht hatten, die nach über dreißig Jahren der Aussöhnungsarbeit zu erwarten gewesen war. Ganz im Gegenteil: Misstrauen und Ressentiments existierten nach wie vor. Manch ein Zeitgenosse gewann gar den Eindruck, dass sich Franzosen und Deutsche zunehmend auseinanderentwickelten, die jahrzehntealten Bande, die ihre Partnerschaft begründet hatten, zu reißen begannen. Der Weg der Völkerfreundschaft, den Adenauer und de Gaulle 1963 hatten unumkehrbar machen wollen, zeichnete sich in den Augen der politisch Handelnden jedenfalls nicht mehr so klar ab wie noch eine Dekade zuvor. Die zahlreichen kulturellen Verständigungsinitiativen, welche die Menschen beiderseits des Rheins im Laufe eines kontinuierlichen Prozesses hatten einander annähern und Konflikte verhindern sollen, schienen die erhoffte Wirkung nicht entfaltet zu haben. Es blieb daher die Sorge zurück, wie auch in Zukunft stabile Beziehungen zwischen Frankreich und der Bundesrepublik erhalten werden konnten, wenn sich die Bevölkerungen beider Länder von der Einsicht in die Notwendigkeit der deutsch-französischen Entente mehr und mehr abwandten.

Ähnlich ernüchtert fiel auch das Fazit aus, das die Verantwortlichen der privaten Austauschorganisationen am Ende der 1970er Jahre zogen. Kaum mehr als eine »oberflächliche Freundlichkeit« kennzeichne das Verhältnis von

Franzosen und Deutschen. Immer wieder träten Krisen auf, die das Erreichte gefährdeten. Nicht zuletzt diese Erkenntnis ließ die Vereinigungen langjährig erprobte Methoden und Konzepte kritisch hinterfragen. Der Befund, der sich ihnen darbot, war ebenso besorgniserregend wie eindeutig: Sprachkurse und Studienreisen, Austauschprogramme und Vorträge, die Instrumente kultureller Verständigungsarbeit, mit denen sie seit der unmittelbaren Nachkriegszeit versucht hatten, Bindungen zwischen den Bevölkerungen zu schaffen und das deutsch-französische Verhältnis vor Spannungen zu bewahren, stellten für die Menschen kein attraktives Angebot mehr dar, um sich für die deutsch-französische Idee zu engagieren. Diese konnten daher kaum die gewünschten Effekte erzielen. Mit dem schwindenden öffentlichen Interesse an ihren Aktivitäten hatte ein dramatischer Rückgang der Mitgliederzahlen eingesetzt, waren staatliche Fördergelder reduziert oder in Gänze gestrichen worden. Mit der deutsch-französischen Freundschaft waren auch die Protagonisten der Verständigung in die Jahre gekommen und suchten nun nach Möglichkeiten der Erneuerung.

Alarmiert durch die allenthalben beobachtbaren Zerfallstendenzen zeigten sich, wie bereits in der Stellungnahme Alfred Grossers angedeutet, schließlich auch die Mittlerpersönlichkeiten. Zum einen hatten sich ihrer Auffassung nach Häufigkeit und Intensität der öffentlichen Auseinandersetzungen zwischen Frankreich und Westdeutschland seit Mitte der 1970er Jahre zusehends gesteigert und einmal mehr verdeutlicht, wie fragil das Gerüst der Freundschaft noch immer war. Zum anderen, so schien es ihnen, hatte sich gleichzeitig der Kreis von Deutschen und Franzosen, die den Annäherungsprozess trugen und aktiv mitgestalteten, aufgrund des einsetzenden Generationenumbruchs erheblich reduziert. Die deutsch-französischen Beziehungen, so das Ergebnis des Bilanzierens der verschiedenen Akteure am Ende der 1970er Jahre, befanden sich an einem Scheideweg. Neue Impulse und neue Kraftanstrengungen wurden als unabdingbar betrachtet, um die seit über dreißig Jahren gepflegte Freundschaft zwischen den Bevölkerungen westlich und östlich des Rheins auch künftig erhalten zu können.

Der so notwendige positive Umschwung im deutsch-französischen Verhältnis sollte nach Ansicht der Regierungen mit dem Staatsbesuch Valéry Giscard d'Estaings in der Bundesrepublik im Juli 1980 eingeläutet werden. Entsprechend gewichtig klangen denn auch die Schlagworte, die in diesem Zusammenhang bemüht wurden. Eine neue Phase in den Nachkriegsbeziehungen zwischen Frankreich und der Bundesrepublik wolle man beginnen, der deutsch-französischen Entente die Substanz und die Grundlagen verschaffen, die ihr bislang gefehlt hatten, eine »Schicksalsgemeinschaft« beider Völker schmieden. Um diese Vorhaben zu verwirklichen, entschieden Staatspräsident und Bundeskanzler, das im Februar 1981 anstehende Gipfeltreffen in Paris vor allem dem Ausbau der kulturellen Kontakte und der Entwicklung der wechselseitigen Kenntnisse von Franzosen und Deutschen zu widmen. Und mehr noch: Die Vertiefung des Verständnisses zwischen den Bevölkerungen sollte gar zu einem prioritären Ziel des Regierungshandelns der kommenden Jahre werden. So setzte in der zweiten Hälfte des Jahres 1980 bei den verantwortlichen Regierungsstellen in Paris und Bonn eine rege Betriebsamkeit ein. Ein ganzes Bündel von Vorschlägen und Anregungen wurde für die geplante »Kulturinitiative« erarbeitet. Diese sahen etwa eine verstärkte Zusammenarbeit im Bereich des Fernsehens, eine gezieltere Förderung der Städtepartnerschaften, die Steigerung der Wirkungsmöglichkeiten des DFJW oder die Einrichtung von Austauschmaßnahmen für Künstler und Journalisten vor. Als Ideenbörse für die Gipfelgespräche diente zudem ein Kolloquium des DFI Ludwigsburg, das im Dezember 1980 deutsche und französische Kulturpolitiker mit Wissenschaftlern, Medienvertretern und Delegierten verschiedener privater Organisationen zusammenbrachte, um Empfehlungen für die Intensivierung des Kulturdialogs festzuhalten. Und auch eine Reihe von deutsch-französischen Experten und Mittlern trug mit ihren Überlegungen und Interventionen, so im Bereich des Sprachunterrichts und im Zuge des Gründungsprozesses des CIRAC, zur Vorbereitung der nunmehr zum Kultur-Gipfel erklärten Regierungskonsultationen bei.

Die sich mit den Pariser Gesprächen verbindenden Hoffnungen auf eine Wiederbelebung des deutsch-französischen Verhältnisses, welche nicht nur aufgrund der vollmundigen Ankündigungen von höchster Stelle, sondern auch angesichts der intensiven Planungsphase gerechtfertigt schienen, erfüllten sich jedoch nicht. Zum einen musste die Kultur, bedingt durch die Veränderungen der internationalen Großwetterlage zu Beginn der 1980er Jahre, den ihr zugedachten Platz letztlich doch zugunsten der Verhandlung außenpolitischer Sachfragen räumen. Zum anderen ließ das Schlussdokument, welches die Anleitung zu einem Aufbruch hatte sein sollen, die Kultur-Erklärung vom 6. Februar 1981, Innovatives nahezu gänzlich vermissen. Die dort in wenig verbindlichen Formulierungen niedergeschriebenen Empfehlungen deuteten vielmehr bereits an, dass die Bemühungen, den Beziehungen zwischen Franzosen und Deutschen eine neue Tiefendimension zu verleihen, ins Leere liefen, die kulturelle Verständigungsinitiative von 1980/1981 im Ansatz gescheitert war. Dies bestätigte sich dann auch, als die Bonner und Pariser Regierungsorgane in den folgenden Jahren versuchten, die Bestimmungen der Erklärung in politisches Handeln umzusetzen. Einzig die Absichtsbekundung der Regierungen zur Errichtung des CIRAC erbrachte auf mittlere Sicht ein greifbares Resultat. Das Forschungsinstitut konnte im März 1982 in Paris offiziell gegründet werden. Weitere Vorhaben, wie die Lancierung eines »Aktionsprogramms« zur Förderung der Partnersprache, blieben entweder vollkommen fruchtlos, erschöpften sich, wie die angestrebte Ausdehnung des Austauschs von Auszubildenden, in dem bloßen Verweis auf bereits vorhandene Strukturen oder zeigten sich, so etwa das deutsch-französische Filmabkommen, bereits binnen kurzem als nur wenig ertragreich. Als geradezu symptomatisch für die Ergebnislosigkeit der gemeinsamen Erklärung vom Februar 1981 erwies sich die Tatsache, dass der Passus, der aufgrund seines Titels, »Gegenseitiges Kennenlernen und unmittelbare Kontakte der Bevölkerung beider Länder«, als zentraler Abschnitt des Dokuments gelten konnte und von dem vor allen anderen neue Impulse für die Annäherung von Franzosen und Deutschen zu erwarten gewesen waren, sich in kaum mehr als vagen Andeutungen erging. Die Frage, mit welchen Mitteln die sich noch immer fremd gegenüberstehenden Bevölkerungen wirkungsvoll miteinander verbunden werden konnten, beantwortete er nicht.

Nach den Regierungswechseln in Bonn und Paris von 1981 und 1982 verschwand die mit so großen Worten auf den Weg gebrachte und nun weitgehend im Sande verlaufene Initiative zur Revitalisierung der deutsch-französischen Freundschaft zunächst von der politischen Agenda. Erst 1986 griffen die Regierungen Helmut Kohls und François Mitterrands die Bemühungen wieder auf. Erneut riefen sie zum Kultur-Gipfel, nun in Frankfurt am Main, denn, wie im Vorfeld zu hören war, habe eine dauerhafte Annäherung zwischen den Menschen westlich und östlich des Rheins noch immer nicht stattgefunden, sei ein wahrhaftiges gegenseitiges Verstehen nicht vorhanden. Eine »neue Etappe der kulturellen Zusammenarbeit« sollte daher erreicht, der Dialog zwischen beiden Völkern wieder aufgenommen und ausgebaut werden. Angesichts solcherlei Verlautbarungen, die den fünf Jahre zuvor verwendeten Formeln in nicht zu übersehender Weise ähnelten, beschlich zahlreiche Beobachter bereits vorab der Eindruck, es wiederhole sich lediglich der Misserfolg von 1981.

Ob des Inhalts der Frankfurter Erklärung zur Kulturzusammenarbeit vom Oktober 1986 konnten sich die Skeptiker in ihrer Haltung nur bestätigt finden. Zu wesentlichen Teilen wurden dort die Themenfelder als mögliche Ansatzpunkte für eine Intensivierung des kulturellen Austauschs zwischen beiden Ländern genannt, denen dieses Potenzial auch schon im Februar 1981 beigemessen worden war. Durch das Beschwören derselben Ziele und das Bemühen derselben Formulierungen wie fünf Jahre zuvor erschien der Text mehr als Ausdruck des Scheiterns denn als Inbegriff eines Neubeginns. Die Gegenbewegung, welche die unter staatlicher Federführung agierenden Kräfte der Verständigung in Reaktion auf die ernüchternde Bilanz des deutsch-französischen Annäherungsprozesses am Ende der 1970er Jahre initiiert hatten, war somit endgültig zum Erliegen gekommen. Die erhoffte Kehrtwende in dem noch immer belasteten Verhältnis zwischen Franzosen und Deutschen hin zu einer profunden wechselseitigen Kenntnis, hin zu mehr Vertrauen und mehr Verständnis, war ausgeblieben. Die Idee einer »Schicksalsgemeinschaft« der Bevölkerungen beider Länder hatte augenscheinlich ebenso wenig verwirklicht werden können wie das Ziel, die deutsch-französischen Beziehungen in eine neue Phase der vertieften Zusammenarbeit zu überführen. Welche Schlüsse lässt nun dieser Befund im Hinblick auf eine Gesamtbewertung des deutsch-französischen Verhältnisses im Zeitraum zwischen den ausgehenden 1960er und frühen 1980er Jahren zu? War nach über dreißig Jahren gemeinsamen Weges das Projekt der Völkerfreundschaft gescheitert?

Das im Rahmen der vorliegenden Arbeit erschlossene Panorama deutsch-französischer Beziehungen jenseits der Regierungskooperation in »klassischen« Politikfeldern, jenseits des »Glücksfalls« Schmidt-Giscard, hat eine Geschichte von Konflikt und Verständigung, von Annäherung und Abstoßung offengelegt, welche die 1970er Jahre von den beiden Dekaden, die unmittelbar auf den Zweiten Weltkrieg folgten, signifikant abhebt. Drei zentrale Charakteristika lassen sich dem untersuchten Jahrzehnt zuordnen. Erstens, so schien im Verlaufe der durchgeführten Analyse immer wieder auf, setzte seit Ende der 1960er Jahre ein Generationenwandel ein, der sich nicht nur für die Bevölkerungen in ihrer Gesamtheit, sondern vor allem auch für die hier betrachteten Verständigungsmilieus fassen lässt und weitreichende Auswirkungen zeitigte. Auf die Generation derjenigen, die den Krieg bewusst miterlebt hatten oder aktiv an ihm beteiligt gewesen waren, deren Einstellungen und Verhaltensmuster durch einschneidende existenzielle Erfahrungen geprägt worden waren, folgten nun nach und nach Altersjahrgänge, für welche die Kriegsjahre bereits erzählte Vergangenheit darstellten. In den Reihen der Nachgeborenen, so scheint es, nahm der zuvor verbreitete gesellschaftliche Konsens, demgemäß Deutsche und Franzosen aufgrund ihrer gemeinsamen Konfliktgeschichte geradezu in der Pflicht waren, eine beispiellos enge Verbindung zu pflegen und die deutsch-französische Freundschaft als sakrosankte Errungenschaft zu bewahren, schrittweise ab. Die grundsätzliche Bereitschaft zur Verständigung mit den Nachbarn sank, hüben wie drüben. Als Zeichen des in den 1970er Jahren beginnenden Generationenwechsels kann mit Blick auf die Regierungsebene vor allem der Tod Carlo Schmids im Dezember 1979 gelten[1]. Wie kaum ein anderer hatte der langjährige Koordinator der Bundesregierung für die deutsch-französische Zusammenarbeit den Prozess der Wiederannäherung nach 1945 verkörpert.

Im Bereich der Verständigungsorganisationen manifestierte sich der Altersumbruch des deutsch-französischen Verhältnisses vor allem in einer Reihe von Führungswechseln. Die Persönlichkeiten, welche die Vereinigungen in den ersten Nachkriegsjahren gegründet und ihr Wirken zumeist über mehr als zwei Jahrzehnte entscheidend geprägt hatten, zogen sich nach und nach aus ihren Funktionen zurück und gaben den Stab der Verantwortung an Jüngere weiter. Elsie Kühn-Leitz trat bereits 1968 als Präsidentin des ADFG zurück, beim BILD folgte im Jahr 1970 François Bourel auf den verstorbenen Gründer Jean du Rivau, 1972 übernahm Robert Picht die Leitung des DFI von Fritz Schenk und 1977 legte der seit 1952 amtierende Geschäftsführer der IBU, Heinz Engelhardt, seine Aufgaben in die Hände eines Nachfolgers. Der mit dieser Wachablösung verbundene Wegfall von persönlichen Netzwerken und oft auch von Finanzquellen musste zwar nicht zwangsläufig zu einem Bedeutungsrückgang und einer Verminderung von Aktivitäten führen[2], in

---

[1] Siehe hierzu Kap. 4.1 dieser Arbeit.
[2] Dies zeigt vor allem das Beispiel des DFI Ludwigsburg.

der Tendenz jedoch verstärkten sich die Erosionserscheinungen im Milieu der privaten Kräfte in der zweiten Generation.

Betrachtet man schließlich die Gruppe der Mittler, so kann hier von einem Generationenwechsel dem Wortsinn nach kaum gesprochen werden. Die geistigen Wegbereiter der Annäherung kamen vielmehr in die Jahre, ohne dass adäquate Nachfolger bereit standen, die das nach 1945 Begonnene in ähnlicher Weise hätten fortsetzen können. Zwar wirkten in beiden Ländern auch weiterhin Intellektuelle, deren vornehmliches Betätigungsfeld die deutsch-französischen Beziehungen waren[3], doch gelang es ihnen nicht, die öffentliche Präsenz, die Einflussmöglichkeiten und die Dialogfähigkeit zu entwickeln, welche Bertaux, Grosser oder Rovan auszeichneten. Der beiderseits des Rheins gleichermaßen be- und geachtete deutsch-französische Nachkriegsmittler, der mühelos zwischen den unterschiedlichen politischen, gesellschaftlichen, wirtschaftlichen und kulturellen Kontexten der Nachbarländer changierte, sich hier wie dort tonangebend in öffentlichen Debatten zu Wort melden und Deutschland- wie Frankreichbilder prägen konnte, war im Verlaufe der 1970er Jahre zu einem Auslaufmodell geworden.

Mit Generationenumbruch und sinkender gesellschaftlicher Verständigungsbereitschaft in engem Zusammenhang stehend, ist die deutliche Zunahme öffentlich ausgetragener Auseinandersetzungen, so hat die Untersuchung gezeigt, als ein zweites wesentliches Strukturmerkmal in den deutsch-französischen Beziehungen der 1970er Jahre auszumachen. Die Genese von Konflikten zwischen Frankreich und Westdeutschland folgte hierbei in sämtlichen betrachteten Fällen einem nahezu einheitlichen »Reiz-Reaktions-Schema«. Auch diese Erkenntnis darf als ein wesentliches Resultat der vorliegenden Arbeit angesehen werden. Den Hintergrund der auftretenden Spannungen bildeten jeweils Ereignisse oder Tendenzen in der Bundesrepublik. Wie die vier thematischen Abschnitte des Hauptteils veranschaulicht haben, standen diese in Zusammenhang mit der außenpolitischen Emanzipation, dem wachsenden ökonomischen Gewicht, den inneren Verhältnissen des westdeutschen Staates oder seinem Umgang mit der NS-Zeit. Zumeist katalysiert durch einen öffentlichkeitswirksamen Auslöser, etwa die Entsendung Wladimir Semjonows nach Bonn, das Veto Helmut Schmidts gegen die Agrarpreiserhöhung oder das Urteil gegen Beate Klarsfeld, riefen die genannten Entwicklungen in Frankreich Proteste und Ängste hervor, die in der Presse ihren Niederschlag fanden. Die französischen Zeitungen führten mediale Attacken gegen das Nachbarland, im Rahmen derer das Zerrbild des autoritären, machtlüsternen und brutalen Deutschen regelmäßig bemüht und

---

[3] Alfred Grosser zählte hierzu etwa den Germanisten René Lasserre, den Leiter des DFI, Robert Picht, DAAD-Präsident Hansgerd Schulte, den Politikwissenschaftler Henri Ménudier und den Leiter des Pariser Heinrich-Heine-Hauses Hermann Harder, vgl. ZZBW, B 212, Bd. 89885, Vermerk des Präsidialbüros des DAAD betreffend »Vorbereitung des nächsten deutsch-französischen Gipfeltreffens« vom 29. September 1980.

mit unverhohlenem Misstrauen vor einem Wiederaufleben nationalsozialistischer Strömungen gewarnt wurde. Die westdeutschen Medien antworteten auf die Angriffe von jenseits des Rheins mit der harschen Stimme dessen, der sich zu Unrecht verurteilt wähnt. Ihre Reaktionen waren vielfach geprägt von der stereotypen Vorstellung des rückständigen, chauvinistischen und neidvoll auf den westdeutschen Wiederaufstieg blickenden Franzosen. Mit einiger Verbitterung brachten die Kommentatoren insbesondere das Empfinden zum Ausdruck, dass die französischen Nachbarn den positiven Wandel in der Bundesrepublik nach 1945 nicht anerkannten. Vielmehr behandelten sie die Deutschen in einem anmaßenden Gefühl moralischer Überlegenheit, als Volk der ewig Schuldigen, und keineswegs als gleichberechtigte Partner und Freunde. In den öffentlichen Auseinandersetzungen zwischen Frankreich und Westdeutschland während der 1970er Jahre kam demnach der französischen Presse eine agierende Rolle zu, während die bundesdeutschen Medienorgane eine reagierende Stellung einnahmen. Auf französische Anklage folgte deutsche Verteidigung, auf französischen Argwohn deutsche Indignation.

Trotz des mehr als dreißig Jahre andauernden gemeinsamen Nachkriegsweges, trotz zahlreicher Versöhnungszeremonien und deutsch-französischer Zusammenarbeit im Rahmen des westeuropäischen Einigungsprozesses waren die untersuchten Kontroversen in bemerkenswerter Weise von nationalen Denkkategorien und Mechanismen wechselseitiger Abgrenzung bestimmt. Man möchte fast meinen, der sich abschwächende Impetus der Versöhnung habe einer Phase neuerlicher Opposition Platz gemacht, in welcher zuvor überdeckte Spannungen, die Nachwehen der »Erbfeindschaft«, nun offen hervortraten. Die auf beiden Seiten von nur wenig Verständnis für den anderen geprägten medialen Gefechte entfalteten in vielen Fällen eine Eigendynamik, die dem so mühevoll errichteten deutsch-französischen »Aussöhnungswerk« in den Augen der verschiedenen Akteure der Verständigung nur abträglich sein konnte und sie daher zum Handeln herausforderte.

Das Ziel, die zu Tage tretenden Auseinandersetzungen zu verhindern oder zu schlichten – und dies ist als drittes Charakteristikum des betrachteten Jahrzehnts anzusehen –, konnten die Protagonisten jedoch zumeist nicht in dem von ihnen erhofften Maße realisieren. Noch während der 1950er Jahre hatten vor allem die privaten deutsch-französischen Vereinigungen und einzelne Mittler durch geistige Aufklärungsarbeit, durch das Initiieren menschlicher Begegnungen und das Fördern kulturellen Austauschs dazu beigetragen, Franzosen und Deutsche einander wiederanzunähern. Sie hatten geholfen, dem Élysée-Vertrag einen gesellschaftlichen Unterbau zu verschaffen. In den 1960er Jahren waren sie, nunmehr unterstützt von neu gegründeten staatlichen Institutionen, als die unverzichtbaren Träger eines auf dem Höhepunkt seiner Strahlkraft befindlichen Verständigungsgedankens in Erscheinung getreten. Eine Dekade später blieb ihr Tun jedoch vielfach ohne greifbare Ergebnisse. Gewiss: Ihr Engagement für die Freundschaft setzten sie weiterhin fort. Das DFJW blieb im bilateralen Austausch aktiv, ebenso die staatlichen

Kulturinstitute. Und auch die privaten Organisationen führten unermüdlich Dialogveranstaltungen und landeskundliche Seminare durch, boten Sprachkurse und Studienreisen an wie zuvor. Damit kam den verschiedenen Kräften zumindest das Verdienst zu, die weit verzweigten Infrastrukturen der Annäherung, welche nach dem Zweiten Weltkrieg entstanden waren, und damit wichtige Verbindungen zwischen beiden Ländern unterhalb der politischen Ebene auch unter schwierigen Bedingungen aufrecht erhalten zu haben. Vor dem Hintergrund der sich in den 1970er Jahren mehrenden öffentlichen Konfrontationen wirkten ihre Appelle jedoch oftmals wenig durchdringend, konnten ihre Gegeninitiativen der Verständigung vielfach nicht auf fruchtbaren Boden fallen. Nicht zuletzt dadurch, dass sich immer weniger Franzosen und Deutsche für die grenzüberschreitende Verständigungsarbeit gewinnen ließen, verringerten sich deren Erfolgsaussichten ganz erheblich. Für die in den vorangegangenen Dekaden möglicherweise allzu oft und allzu vehement beschworene deutsch-französische Idee, so wurde im Verlaufe der 1970er Jahre deutlich, waren die Menschen westlich und östlich des Rheins kaum noch zu mobilisieren. Diese in Frankreich wie in Westdeutschland zunehmende Verdrossenheit, sich für die deutsch-französische Annäherung zu engagieren, spiegelte sich insbesondere im Bereich der privaten Vereinigungen wider. Das Schwinden des öffentlichen Interesses an ihrer Tätigkeit, der Wegfall finanzieller Zuwendungen und ein kontinuierlicher Rückgang der Mitgliederzahlen brachte das organisierte Verständigungsmilieu in Existenznöte, die gleichsam als Symptom für die tiefe Krise zu verstehen sind, in welche der deutsch-französische Gedanke dreißig Jahre nach dem Ende des Zweiten Weltkriegs geraten war.

Zu den drei grundlegenden Merkmalen des betrachteten Zeitabschnitts gehört somit erstens der seit Ende der 1960er Jahre verstärkt einsetzende Generationenwandel, im Zuge dessen die Erlebnisgeneration des Zweiten Weltkriegs schrittweise zugunsten der nachrückenden Altersjahrgänge in den Hintergrund trat. Dies führte zu einer Aufweichung des zuvor etablierten Nachkriegskonsenses der Versöhnung und zu einem Absinken der Verständigungsbereitschaft beiderseits des Rheins. Hieraus zu wesentlichen Teilen folgend, nahmen zweitens Anzahl und Eskalationsniveau öffentlich ausgetragener Auseinandersetzungen zwischen Frankreich und Westdeutschland im Verlaufe der 1970er Jahre zu. Schließlich konnte drittens die Vielzahl an Verständigungsinitiativen, welche staatliche Akteure, private Organisationen und einzelne Mittlerpersönlichkeiten den auftretenden Spannungen entgegensetzten, in vielen Fällen nicht die erwünschten positiven Wirkungen entfalten.

Die in diesen Epochenkennzeichen aufscheinende Negativtendenz des deutsch-französischen Annäherungsprozesses legt nahe, dass das Ziel einer sich auf vertieftem wechselseitigen Verständnis und Vertrauen gründenden Völkerfreundschaft zwischen Franzosen und Deutschen, in welche die Phase der Aussöhnung idealerweise hätte einmünden sollen, nicht erreicht werden konnte. Der vielfach befürchtete, gar prophezeite Rückfall in die Feindschaft vergangener Zeiten, eine verhängnisvolle Umkehr der nach 1945 eingeschlagenen Richtung, blieb jedoch trotz ernster Zerwürfnisse ebenfalls aus. Jenseits sowohl der Rückkehr in die alten Frontstellungen als auch der zu früh bejubelten »Erbfreundschaft« zeichnen sich in den Entwicklungen der 1970er Jahre vielmehr die Konturen eines dritten Weges in den deutsch-französischen Beziehungen ab. Das Schwinden der Verständigungsbereitschaft, die Zunahme öffentlicher Konflikte und das wachsende Desinteresse an der bilateralen Austauscharbeit erscheinen in diesem Lichte weniger als Vorboten einer unheilvollen Wende, sondern lassen sich als Indikatoren einer Umbruchzeit in den Beziehungen zwischen Franzosen und Deutschen deuten. In deren Verlauf verlor der seit den ersten Nachkriegsjahren von staatlichen wie zivilgesellschaftlichen Kräften getragene und während der Adenauer/de Gaulle-Ära zur außenpolitischen »lex fundamentalis« erhobene Topos von der Singularität der deutsch-französischen Verbindung nach und nach seine Wirkungskraft. Die in vielerlei Hinsicht überzeichnete Freundschaft begann sich als gewöhnliche Nachbarschaft zu offenbaren. Kurzum: In den 1970er Jahren endete das sich aus dem Zweiten Weltkrieg herleitende »besondere« deutsch-französische Verhältnis. Es setzte ein Prozess der »Normalisierung« ein, der das Miteinander von Franzosen und Deutschen zwischen Nachkriegszeit und Gegenwart maßgeblich bestimmen sollte. Fast mutet es so an, als hätten die deutsch-französischen Beziehungen nach der Phase einer in hohem Maße theatralisierten Aussöhnung in den 1950er und 1960er Jahren einer kathartischen Wandlung bedurft, einer Epoche der offenen Konfrontation, um zwischen »hundertjähriger Feindschaft« und »Schicksalsgemeinschaft« zu einem verträglichen Gleichgewicht zu finden. Mit Blick auf die letzten beiden Jahrzehnte des 20. Jahrhunderts scheint der so verstandene Balanceakt zwar zu einer wachsenden wechselseitigen Gleichgültigkeit[4], gleichzeitig aber zu einer sichtlich geringeren Konfliktanfälligkeit der Beziehungen geführt zu haben.

Im Juli 1982 reichte das unsportliche Verhalten des deutschen Torhüters Harald Schumacher aus, um in Frankreich das Klischee des »hässlichen

---

[4] Vgl. hierzu die These des Philosophen Peter Sloterdijk, der in einem 2008 erschienenen Essay den Standpunkt vertreten hat, die deutsch-französischen Beziehungen der zweiten Hälfte des 20. Jahrhunderts seien von einer einvernehmlichen Trennung der beiden Nationen gekennzeichnet, von einer endgültigen Entfremdung zwischen Franzosen und Deutschen, die zu einem heilsamen Desinteresse am jeweiligen Nachbarn geführt habe, siehe Peter SLOTERDIJK, Theorie der Nachkriegszeiten. Bemerkungen zu den deutsch-französischen Beziehungen seit 1945, Frankfurt a.M. 2008; gegen Sloterdijks betont herausfordernd formulierte Argumentation wenden sich Corine Defrance und Ulrich Pfeil, die mit Blick auf denselben Zeitabschnitt von einer »Neuorientierung der Emotionen« im deutsch-französischen Verhältnis sprechen, da es Deutschen und Franzosen zwischen 1945 und 1963 gelungen sei, »das Aggressionspotenzial zwischen beiden Gesellschaften in eine gewaltlose Aufhebung der wechselseitigen Feindschaft zu überführen«, DEFRANCE, PFEIL, Eine Nachkriegsgeschichte in Europa, S. 246–249.

Deutschen« wieder aufleben, die französische Presse gar von einem neuerlichen deutsch-französischen Krieg schreiben und die Bonner Regierung eine ernstliche Beeinträchtigung der Zusammenarbeit befürchten zu lassen. Die Reaktionen auf ein sich sechzehn Jahre später in einem ähnlichen Kontext zutragendes Ereignis zeugen hingegen von einer weit weniger spannungsgeladenen Atmosphäre zwischen beiden Ländern. Obgleich in seinen Folgen um ein Vielfaches gravierender, führte der Angriff deutscher Hooligans auf den französischen Gendarmen Daniel Nivel am Rande der Fußball-Weltmeisterschaft in Frankreich 1998 nicht zu nennenswerten Erschütterungen im deutsch-französischen Verhältnis. Die französischen Medien brachten die enthemmte Aggressivität der jungen Männer überwiegend mit einem sich aus sozialen Faktoren herleitenden europäischen Gewaltphänomen in Verbindung. Die Tatsache, dass es Deutsche waren, die Nivel in der Nähe des Stadions der nordfranzösischen Stadt Lens zusammengeschlagen und dabei lebensgefährlich verletzt hatten, spielte lediglich eine nachgeordnete Rolle. Das in früheren Jahrzehnten so oft heraufbeschworene Bild des »brutalen Teutonen« wurde in Frankreich nicht als Erklärungsmuster dargeboten. Auffällig sei, wie es denn auch in der deutschen Presse hieß, »daß sich nirgendwo Deutschlandfeindlichkeit entdecken läßt«[5]. Von der Pariser Korrespondentin der »Zeit« zu dem Vorfall befragt, antwortete ein französischer Polizist in geradezu symptomatischer Weise: »Aber Madame, was in Lens passiert ist, das hat doch mit Deutschland nichts zu tun«[6]. Nach der tiefen Entzweiung im Zweiten Weltkrieg und der Zeit der Wiederannäherung, nach dem Oszillieren zwischen Extremen, hatten die deutsch-französischen Beziehungen, so deutet sich hier an, am Ende des 20. Jahrhunderts zur »Normalität«[7] gefunden. Der Weg dorthin nahm in den 1970er Jahren seinen Anfang.

Heute liefert das Bestehen eines der alten Feindschaft entledigten, nor-

---

[5] Jochen LEIBEL, Sie kamen, um Unheil zu stiften, in: Die Welt, 23.06.1998, S. 12.

[6] Zitiert nach Jacqueline HÉNARD, Deutsch – na und? Von Haß reden sie nicht: französische Polizisten im WM-Einsatz, in: Die Zeit, 02.07.1998, S. 56.

[7] Der schwierig zu definierende Begriff der Normalität wird mit Blick auf die deutsch-französischen Beziehungen als ein Terminus aufgefasst, der einen Zustand jenseits von Extremen beschreibt, jenseits der »Erbfeindschaft« ebenso wie jenseits der vielfach überspitzt dargestellten Freundschaft; vgl. zur Frage der Definition von Normalität Henning RITTER, Art. »Normal, Normalität«, in: Joachim RITTER, Karlfried GRÜNDER (Hg.), Historisches Wörterbuch der Philosophie, Bd. 6, Darmstadt 1984, S. 906–928; vgl. zum heutigen Gebrauch des Begriffs im Kontext der deutsch-französischen Beziehungen etwa die Rede von Bundeskanzler Gerhard Schröder am 12. April 2002 in Freiburg: »Frankreich und Deutschland sind [...] Freunde geworden. Das ist ein Stück Normalität im Verhältnis der beiden Länder zueinander. [...] Es sind Freunde, die sich eben auch offen die Meinung sagen können, ohne dass damit ein Rückfall in alte Zeiten auch nur ansatzweise zu befürchten wäre«, Gerhard SCHRÖDER, Das deutsch-französische Verhältnis in einem erweiterten Europa. Rede anläßlich der Feier des zehnjährigen Bestehens des Fördervereins des Frankreich-Zentrums am 12. April 2002 in der Universität Freiburg, Freiburg 2002, S. 20; des Weiteren Joachim SCHILD, »Ganz normale Freunde«. Deutsch-französische Beziehungen nach 40 Jahren Élysée-Vertrag, Berlin 2003.

malisierten Verhältnisses von Deutschen und Franzosen beiden Ländern in regelmäßigen Abständen Anlässe, um ihre gemeinsame Nachkriegsgeschichte in gebührender Weise zu zelebrieren. Diesbezügliche Fixpunkte sind insbesondere die Jahrestage des Élysée-Vertrags, die sich in den Jahrzehnten nach 1963 zu einer festen Institution deutsch-französischer Selbstbespiegelung entwickelt haben. Einen vorläufigen Höhepunkt erreichten die wiederkehrenden Feierlichkeiten im Jahr 2003, als sich der Abschluss des Vertragswerks zum vierzigsten Male jährte[8]. Als eminent öffentlichkeitswirksam erwies sich in diesem Zusammenhang eine gemeinsame Sitzung der beiden nationalen Parlamente im Schloss von Versailles im Beisein von Staatspräsident Jacques Chirac und Bundeskanzler Gerhard Schröder[9].

Im Januar 2013 stand erneut ein runder Geburtstag desjenigen Dokumentes ins Haus, das Adenauer und de Gaulle als Brief und Siegel der deutsch-französischen Völkerfreundschaft verstanden wissen wollten[10]. Das 50. Jubiläum des Élysée-Vertrags findet sich dabei eingebettet in das von beiden Regierungen ausgerufene »Deutsch-Französische Jahr« 2012/2013, das bereits einige Monate vor dem eigentlichen Feierdatum mit der Erinnerung an den von Bundeskanzler und Staatspräsident im Juli 1962 in der Kathedrale von Reims begangenen »Versöhnungsgottesdienst«[11] eingeläutet wurde[12]. Die Richtung für das Jubiläumsjahr gaben die Beauftragten für die deutsch-französische Zusammenarbeit, Michael Georg Link und Bernard Cazeneuve, wie folgt vor:

Die deutsch-französische Freundschaft muss von Generation zu Generation immer wieder aufs Neue belebt werden. Sie zu bewahren und auszubauen kann nur gelingen, wenn wir uns alle für die Freundschaft beider Länder engagieren. Dieses Engagement zu fördern und ihm neue Impulse zu geben – das ist das Ziel des Deutsch-Französischen Jahres 2012/2013[13].

---

[8] Vgl. zum 40. Jahrestag des Élysée-Vertrags DEFRANCE, PFEIL, Der Élysée-Vertrag und die deutsch-französischen Beziehungen: Eine Einleitung, S. 9–12; Peter A. ZERVAKIS, Sébastien von GOSSLER, 40 Jahre Élysée-Vertrag: Hat das deutsch-französische Tandem noch eine Zukunft?, in: Aus Politik und Zeitgeschichte 3–4 (2003), S. 6–13.

[9] Vgl. hierzu Olaf LEISSE, Metaphysik und Realpolitik – Entwicklungspfade zu einer grenzenlosen europäischen Demokratie, in: Martin SIEG, Heiner TIMMERMANN (Hg.), Internationale Dilemmata und europäische Visionen. Festschrift zum 80. Geburtstag von Helmut Wagner, Berlin 2010, S. 35–51, hier S. 38–40.

[10] Im Zusammenhang mit dem 50. Jahrestag des Élysée-Vertrags sind mehrere Publikationen erschienen, die resümierende Beschreibungen zum Stand der deutsch-französischen Beziehungen der letzten fünf Jahrzehnte bieten. Hierzu gehören beispielsweise KROTZ, SCHILD, Shaping Europe; DEFRANCE, PFEIL, Eine Nachkriegsgeschichte in Europa; Christophe BRAOUET, Deutschland-Frankreich: Partner für Europa. 50 Jahre nach dem Élysée-Vertrag, Bochum 2012; Corine DEFRANCE, Ulrich PFEIL (Hg.), La France, l'Allemagne et le traité de l'Élysée 1963–2013, Paris 2012.

[11] Vgl. Ulrich LAPPENKÜPER, Die deutsch-französischen Beziehungen 1949–1963. Von der »Erbfeindschaft« zur »Entente élémentaire«, Bd. II: 1958–1963, München 2001, S. 1731f.

[12] Vgl. Reiner MARCOWITZ, Der Deutsch-Französische Freundschaftsvertrag zwischen Mythos und Wirklichkeit, in: Frankreich-Jahrbuch 25 (2012), S. 49–62.

[13] Grußwort der deutsch-französischen Beauftragten Michael Georg Link und Bernard

Neben den offiziellen Feierlichkeiten, so etwa zum 50. Jahrestag der Rede Charles de Gaulles an die deutsche Jugend in Ludwigsburg Ende September 2012[14] oder zum Gründungsjubiläum des Deutsch-Französischen Jugendwerks im Juli 2013 steht eine Reihe von Initiativen so unterschiedlicher Träger wie dem deutsch-französischen Magazin »ParisBerlin«, dem Centre Marc-Bloch, ARTE, dem Centre d'études des relations franco-allemandes oder der Stiftung Genshagen auf dem Programm[15]. Von Ausstellungen über Sportveranstaltungen und Konzerte bis hin zu Fachkonferenzen und Messen werden dem geneigten Frankreich- beziehungsweise Deutschlandfreund alle Möglichkeiten geboten, das jeweilige Nachbarland zu erleben. Angesichts dieses reich bestückten Jubelangebotes und der mittönenden salbungsvollen Worte schleicht sich allerdings leise der Eindruck ein, auch die deutsch-französische Fest- und Gedenkkultur sei nach fünf Jahrzehnten zu einem gewissen Teil bereits ganz normale Routine geworden. Einerseits ist diese Entwicklung bedenklich, denn hiermit verbindet sich die Gefahr, dass der eigentliche Anlass des Feierns zunehmend in den Hintergrund gerät. Andererseits lässt sich der Befund als gutes Zeichen deuten, zeigt er doch, dass zwischen Deutschland und Frankreich das Feiern, nicht das Säbelrasseln, zur Gewohnheit geworden ist. Dass dieser Zustand eintreten konnte, ist dem staatlichen und staatsmännischen Verständigungshandeln letztlich ebenso zu verdanken wie demjenigen der zivilgesellschaftlichen Organisationen und einzelner Brückenbauer. Sie alle haben ihren Beitrag zur deutsch-französischen Normalität der Gegenwart geleistet.

Cazeneuve, in: http://www.elysee50.de/Grusswort-der-deutsch,6945.html (Zugriff am 19.09.2013).

[14] Vgl. zur Rede de Gaulles in Ludwigsburg DERIX, Bebilderte Politik, S. 139f.

[15] Vgl. hierzu die Angaben in der Rubrik »Veranstaltungskalender« des eigens für das Jubiläumsjahr eingerichteten deutsch-französischen Internet-Portals http://www.elysee50.de (Zugriff am 24.09.2013).

Abkürzungen und Verzeichnisse

Abkürzungen

AA	Auswärtiges Amt
AAPD	Akten zur Auswärtigen Politik der Bundesrepublik Deutschland
ADFG	Arbeitskreis Deutsch-Französischer Gesellschaften
AFP	Agence France-Presse
AHL	Archiv der Hansestadt Lübeck
AMAE	Archives du ministère des Affaires étrangères
AN	Archives nationales
ARD	Arbeitsgemeinschaft der öffentlich-rechtlichen Rundfunkanstalten der Bundesrepublik Deutschland
ARTE	Association relative à la télévision européenne
BA	Bundesarchiv Koblenz
BBC	British Broadcasting Corporation
BILD	Bureau international de liaison et de documentation
BK	Bundeskanzler
BRD	Bundesrepublik Deutschland
BVA	Brulé Ville et associés
BverfGE	Bundesverfassungsgericht
CDU	Christlich-Demokratische Union Deutschlands
CECA	Communauté européenne du charbon et de l'acier
CIRAC	Centre d'information et de recherche sur l'Allemagne contemporaine
DAAD	Deutscher Akademischer Austauschdienst
DAG	Deutsche Auslandsgesellschaft
DDR	Deutsche Demokratische Republik
DFI	Deutsch-Französisches Institut
DFJW	Deutsch-Französisches Jugendwerk
DFS	Deutsch-Französisches Sekretariat
DGRCST	Direction générale des relations culturelles, scientifics et techniques
DVU	Deutsche Volks-Union
EG	Europäische Gemeinschaft
EWG	Europäische Wirtschaftsgemeinschaft
FAFA	Fédération des associations franco-allemandes
FAZ	Frankfurter Allgemeine Zeitung
FDP	Freie Demokratische Partei
FR	Frankfurter Rundschau
GÜZ	Gesellschaft für übernationale Zusammenarbeit

IASL	Internationales Archiv für Sozialgeschichte der deutschen Literatur
IBU	Internationale Bürgermeister-Union für deutsch-französische Verständigung
IEP	Institut d'études politiques
IFRI	Institut français des relations internationales
IMEC	Institut Mémoires de l'édition contemporaine
KMK	Kultusministerkonferenz
KPD	Kommunistische Partei Deutschlands
KSZE	Konferenz für Sicherheit und Zusammenarbeit in Europa
NATO	North Atlantic Treaty Organization
NPD	Nationaldemokratische Partei Deutschlands
OFAJ	Office franco-allemand pour la jeunesse
ONU	Organisation des nations unies (= UNO)
ORTF	Office de radiodiffusion télévision française
PA-AA	Politisches Archiv des Auswärtigen Amts
PCF	Parti communiste français
PS	Parti socialiste
RAF	Rote Armee Fraktion
RDA	République démocratique allemande
RFA	République fédérale d'Allemagne
RGE	Rat der Gemeinden Europas
SEW	Sozialistische Einheitspartei Westberlins
SFA	Secrétariat franco-allemand
SGDN	Secrétariat général de la défense nationale
SPD	Sozialdemokratische Partei Deutschlands
SS	Schutzstaffel
StAMa	Stadtarchiv Mainz
StASt	Stadtarchiv Stuttgart
StZ	Stuttgarter Zeitung
SZ	Süddeutsche Zeitung
TF 1	Télévision française 1
UdSSR	Union der Sozialistischen Sowjetrepubliken
URSS	Union des républiques socialistes soviétiques
USA	United States of America
VDFG	Vereinigung Deutsch-Französischer Gesellschaften in Deutschland und Frankreich (jetzt: Vereinigung Deutsch-Französischer Gesellschaften für Europa)
WM	Weltmeisterschaft
ZDF	Zweites Deutsches Fernsehen
ZZBW	Zentrum für Zeitgeschichte von Bildung und Wissenschaft

Quellen- und Literaturverzeichnis

Ungedruckte Quellen

Archiv der Hansestadt Lübeck (AHL)
  DAG Deutsche Auslandsgesellschaft e.V. (unverzeichnet)
Archiv der Vereinigung Deutsch-Französischer Gesellschaften, Mainz (VDFG-Archiv)
  Unverzeichnete Aktenordner:
    Beginn des ADFG 1965
    Vorstandssitzungen 1967–1971
    Rundschreiben/Mitteilungen 1969–1978
    Abrechnungen AA 1969–1990
    Vorstandssitzungen 1972–1973
    Vorstandssitzungen 1974–1976
    Kongreß Braunschweig 1976
    Arbeitskreis Korrespondenz 1977–1979
    Pressestimmen 1978–1983
    Vorstandssitzungen 1979–1982
    Arbeitskreis e.V. Vorstand
    Korrespondenz Kühn-Leitz mit den DFG
    Mitteilungsblatt für die Deutsch-Französischen Gesellschaften
Archiv des Bureau international de liaison et de documentation, Paris (BILD-Archiv)
Archiv des Deutsch-Französischen Instituts, Ludwigsburg (DFI-Archiv)
  Unverzeichnete Aktenordner:
    Städtepartnerschaft Ludwigsburg-Montbéliard 1950–1975
    Tätigkeitsberichte 1968–1977
    Besuch französischer Kriegsgefangener 1971
    Mitgliederversammlungen 1972–1988
    Seminar Bundestagswahlkampf 1972
    Vorstandssitzungen 1972–1976
    Kolloquium 10 Jahre deutsch-französischer Vertrag 1973
    Programme 1973–1987
    Deutsch-Französisches Kolloquium 1974
    Kolloquium Städtepartnerschaften 1975
    Büro des Koordinators 1975–1988
    Kolloquium Hamburg 1978
    Tätigkeitsberichte 1978–1989
    Kolloquium Außenpolitik Paris 1979
    Deutsch-Französisches Kolloquium 1980
    IBU I; IBU bis 1993
Archiv des Deutschen Akademischen Austauschdienstes, Bonn (DAAD-Archiv)
  B 212 DAAD-Außenstelle Paris
Archives du ministère des Affaires étrangères, Nantes (AMAE Nantes)
  Bonn Service culturel
  Bonn Ambassade

Archives du ministère des Affaires étrangères, Paris-La Courneuve (AMAE Paris-La Courneuve)

Direction des affaires politiques, série Europe, sous-série RFA 1961–1970

Direction des affaires politiques, série Europe, sous-série RFA 1971–1976

Direction des affaires politiques, série Europe, sous-série RFA 1976–1980

Direction générale des relations culturelles, scientifiques et techniques, cabinet du directeur général 1969–1972 (DGRCST)

Archives nationales, Fontainebleau (AN Fontainebleau)

Ministère de l'Éducation nationale

Archives nationales, Paris (AN Paris)

5 AG 2 Archives de la présidence de la République: Georges Pompidou 1969–1974

5 AG 3 Archives de la présidence de la République: Valéry Giscard d'Estaing 1974–1981

Bundesarchiv, Koblenz (BA)

B 122 Bundespräsidialamt

B 136 Bundeskanzleramt

B 145 Presse- und Informationsamt der Bundesregierung

B 189 Bundesministerium für Jugend, Familie und Gesundheit

B 252 Deutsch-Französisches Jugendwerk

B 304 Kultusministerkonferenz

B 362 Generalbundesanwalt beim Bundesgerichtshof

Institut Mémoires de l'édition contemporaine, Saint-Germain-la-Blanche-Herbe (IMEC)

Fonds Joseph Rovan

Politisches Archiv des Auswärtigen Amts, Berlin (PA-AA)

Auslandsvertretungen, Botschaft Paris

B 1 Ministerbüro

B 24 Bilaterale politische Beziehungen zu Frankreich

B 90–600 Kulturabteilung, Referat 600: Kulturpolitik Grundsatzangelegenheiten

B 94 Kulturabteilung: Wissenschaft, Hochschulen, Jugendfragen

B 96 Kulturabteilung: Kulturinstitute, Erwachsenenbildung, Buchwesen, Vereine

B 97 Kulturabteilung: Regionale Kulturplanung, Kulturabkommen

B 97–621B Bevollmächtigter der Bundesrepublik Deutschland für kulturelle Angelegenheiten im Rahmen des Vertrages über die deutsch-französische Zusammenarbeit

Stadtarchiv Mainz (StAMa)

Nl. 96 Arbeitskreis Deutsch-Französischer Gesellschaften e.V.

Stadtarchiv Stuttgart (StASt)

Bestand 1020 Internationale Bürgermeister-Union 1948–1985

Zentrum für Zeitgeschichte von Bildung und Wissenschaft, Hannover (ZZBW)

B 212 Deutscher Akademischer Austauschdienst

Gedruckte Quellen, Presseartikel und Quelleneditionen

Abkommen zwischen der Regierung der Bundesrepublik Deutschland und der Regierung der Französischen Republik über die deutsche Gerichtsbarkeit für die Verfolgung bestimmter Verbrechen vom 2. Februar 1971, in: Bundesgesetzblatt 1975, Teil II, S. 432–433.

Abkommen zwischen der Regierung der Bundesrepublik Deutschland und der Regierung der Französischen Republik über die Förderung von Filmvorhaben in Gemeinschaftsproduktion vom 5. Februar 1981, in: Bundesgesetzblatt 1981, Teil II, S. 605–606.

L'affaire Croissant, hg. v. Mouvement d'action judiciaire, Paris 1977.

L'affaire Klarsfeld (suites), in: Le Nouvel Observateur, 22.07.1974, S. 31.

L'affaire Klaus Croissant, in: Le Nouvel Observateur, 08.08.1977, S. 30.

Akten zur Auswärtigen Politik der Bundesrepublik Deutschland 1969, Bd. II, hg. im Auftrag des Auswärtigen Amts vom Institut für Zeitgeschichte, München 2000 (AAPD 1969).

Akten zur Auswärtigen Politik der Bundesrepublik Deutschland 1971, Bd. II, hg. im Auftrag des Auswärtigen Amts vom Institut für Zeitgeschichte, München 2002 (AAPD 1971).

Akten zur Auswärtigen Politik der Bundesrepublik Deutschland 1977, Bd. II, hg. im Auftrag des Auswärtigen Amts vom Institut für Zeitgeschichte, München 2008 (AAPD 1977).

Akten zur Auswärtigen Politik der Bundesrepublik Deutschland 1978, Bd. II, hg. im Auftrag des Auswärtigen Amts vom Institut für Zeitgeschichte, München 2009 (AAPD 1978).

Akten zur Auswärtigen Politik der Bundesrepublik Deutschland 1980, Bd. II, hg. im Auftrag des Auswärtigen Amts vom Institut für Zeitgeschichte, München 2011 (AAPD 1980).

ALIA, Josette, Alfred Grosser: »La société allemande est plus démocratique que la française«, in: Le Nouvel Observateur, 31.10.1977, S. 42f.

–, SANDOZ, Gérard, L'Europe allemande? M. Pompidou reçoit mardi le représentant de la nouvelle Allemagne, devenue la seconde puissance financière mondiale après les États-Unis, in: Le Nouvel Observateur, 25.01.1971, S. 16–19.

ALLEMANN, Fritz René, Bonn ist nicht Weimar, Köln 1956.

Allerlei französische Zweifel, in: SZ, 10.12.1969, S. 4.

ALY, Götz u. a. (Hg.), Die Verfolgung und Ermordung der europäischen Juden durch das nationalsozialistische Deutschland 1933–1945, Bd. 1: Deutsches Reich 1933–1937, bearb. v. Wolf GRUNER, München 2008.

AMALRIC, Jacques, DECORNOY, Jacques, Les vues du PCF et de Moscou sur la défense coïncident objectivement nous déclare le ministre français des affaires étrangères, in: Le Monde, 15.09.1977, S. 3.

Angst vor den hässlichen Deutschen, in: Der Spiegel, 26.04.1976, S. 25–27.

Ansprache Bundespräsident Walter Scheels anlässlich der 500-Jahr-Feier der Universität Mainz am 17. Juni 1977, in: Bulletin des Presse- und Informationsamtes der Bundesregierung 65 (1977), S. 609–611.

Après la condamnation de Mme Klarsfeld, in: Le Monde, 12.07.1974, S. 2.

ARDITTI, Catherine, La coopération franco-allemande reste limitée par l'obstacle linguistique, in: Le Monde, 08.11.1980, S. 17.

ARNOLD, Hans, Auswärtige Kulturpolitik. Ein Überblick aus deutscher Sicht, München u. a. 1980.

ARNSPERGER, Klaus, Frankreichs anderes Ordnungsdenken, in: SZ, 13.09.1977, S. 4.

ARON, Raymond, De Giscard à Mitterrand 1977–1983, Paris 2005.

Ausstellung des Jahres, in: Die Zeit, 17.11.1978, S. 50.

Avant-propos, in: Documents 32/4 (1977), S. 3f.

Axt, Heinz-Jürgen, Das »Europa der Bürger« – Ideologie und Wirklichkeit. Zum Tinde-mans-Bericht über die »Europäische Union« und zur gegenwärtigen Lage der EG, in: Blätter für deutsche und internationale Politik 21/8 (1976), S. 849–866.

Baader-Meinhof: An der Brüstung, in: Der Spiegel, 09.12.1974, S. 27f.

Barbé, François-Henri, L'unité allemande: pour quand?, in: Le Monde, 16.08.1978, S. 1 und 3.

Bazelaire, William de, Brandt joue et gagne, in: Paris Match, 20.12.1969, S. 18f.

Becker, Kurt, Ist Deutschland ein Alptraum? Der Fall Kappler: Eine unerwartete Lektion für die Bundesrepublik, in: Die Zeit, 26.08.1977, S. 1.

–, Die »Bonne Entente« – Zweiergespann für Europa. Die Freundschaft zwischen Gis-card und Schmidt ist ein Glücksfall in der Geschichte der beiden Nationen, in: Die Zeit, 04.07.1980, S. 9f.

Becker, Winfried u. a. (Hg.), Quellen zur Geschichte des Parlamentarismus und der politischen Parteien. Vierte Reihe: Deutschland seit 1945, Bd. 13/VII: Der Auswärtige Ausschuss des Deutschen Bundestages. Sitzungsprotokolle 1972–1976. Erster Halbband Januar 1973 bis November 1974, Düsseldorf 2010.

Behler, Aloys, Aufstand der wunden Seelen. Wie die Deutschen Zweite wurden, in: Die Zeit, 16.07.1982, S. 38.

Benckiser, Nikolaus, Die glückliche Ehe der Mundelsheimer, in: FAZ, 25.09.1975, S. 7.

Bericht der Enquête-Kommission Auswärtige Kulturpolitik gemäß Beschluß des Deutschen Bundestages vom 23. Februar 1973, Bonn 1975.

Bermann Fischer, Brigitte, Pierre Bertaux, der Kämpfer, der Forscher, der Deuter, in: Dies., Sie schrieben mir oder was aus meinem Poesiealbum wurde, Zürich 1978, S. 282–294.

Bertaux, Pierre, Hölderlin. Essai de biographie intérieure, Paris 1936.

–, La révolution nécessaire des études germaniques, in: Documents 25/2 (1970), S. 37–43.

–, La civilisation urbaine en Allemagne, Paris 1971.

–, Cent ans de germanisme dans l'université française, in: Revue d'Allemagne 4/3 (1972), S. 592–599.

–, Die Kultur der deutschsprachigen Länder in der französischen Germanistik und im Deutschunterricht, in: Siegler, Wilhelm (Hg.), Die Kultur der deutschsprachigen Länder im Unterricht. Vorträge, Länderberichte, Diskussionen und Ergebnisse der Arbeitsgruppen. Bericht über ein internationales Seminar des Goethe-Instituts München 16. bis 20. März 1970, München 1972, S. 56–72.

–, Wie ich Germanist wurde, in: Unseld, Siegfried (Hg.), Wie, warum und zu welchem Ende wurde ich Literaturhistoriker? Eine Sammlung von Aufsätzen aus Anlaß des 70. Geburtstags von Robert Minder, Frankfurt a.M. 1972, S. 27–38.

–, Les élections du 19 novembre et les rapports franco-allemands, in: Allemagne d'aujourd'hui 36 (1973), S. 57–62.

–, Libération de Toulouse et de sa région: Haute-Garonne, Ariège, Gers, Hautes-Pyrénées, Lot, Lot-et-Garonne, Tarn, Tarn-et-Garonne, Paris 1973.

–, »Germanistik« und »germanisme«, in: Jahrbuch Deutsch als Fremdsprache 1 (1975), S. 1–6.

–, Ein französischer Student in Berlin, in: Sinn und Form 35/2 (1983), S. 314–327.

–, Eine neue Germanistik-Konzeption, in: Dokumente 39/4 (1983), S. 360–366.

–, Zwischen Deutschland und Frankreich, Marburg 1984.

–, Mémoires interrompus, hg. v. Hansgerd SCHULTE u. a., Asnières 2000.

–, Un normalien à Berlin. Lettres franco-allemandes (1927–1933), hg. v. Hans Manfred BOCK, Gilbert KREBS et Hansgerd SCHULTE, Asnières 2001.

BIGLER, Rolf R., Sartre inszenierte sein schlechtestes Stück, in: Die Welt, 06.12.1974, S. 3.

BINOCHE, François, Un retour en arrière, in: Le Monde, 26.07.1975, S. 2.

–, Le rôle véritable de notre armée, in: L'Appel 18 (Juli/August 1975), S. 9–17.

BIRON, Daniel, FAIRE, Alexandre, Le mark souverain, in: Le Monde diplomatique, November 1978, S. 1 und 16.

BLEKER, Klaus, GROTE, Andreas (Hg.), Austellungen, Mittel der Politik? Internationales Symposium 10.9.–12.9.1980 in Berlin, Berlin 1981.

BM-Anwälte: Schon wieder umdrehen, in: Der Spiegel, 18.07.1977, S. 74 und 79.

BÖDDEKER, Günter, Die Rechtslage, gegen die Beate Klarsfeld anrannte, in: Die Welt, 10.07.1974, S. 5.

BÖLL, Heinrich, Le passé terroriste de notre histoire, in: Documents 33/1 (1978), S. 65–71.

BOISDEFFRE, Pierre de, Comment faire face à la violence. Réponse à Jean Genet, in: Le Monde, 17.09.1977, S. 1 und 8.

BOLLAERT, Baudouin, RFA: les nostalgiques d'Hitler sortent de l'ombre, in: Le Figaro, 09.09.1976, S. 3.

Bonn et Moscou renoncent à la force. Ils établissent entre eux les prémisses d'une coopération qui fera de la RFA le partenaire occidental privilégié de l'URSS, in: Combat, 08./09.08.1970, S. 1.

»Bonn hält ohne Scham Fiktionen aufrecht«. Französische Pressestimmen zur Polen-Haltung der Deutschen, in: Der Spiegel, 04.01.1982, S. 63.

Bonn: la liberté d'opinion en péril, in: L'Humanité, 20.10.1975, S. 1 und 3.

BOSQUET, Michel, Une Europe allemande?, in: Le Nouvel Observateur, 24.08.1970, S. 16.

BOURDET, Claude, Comme en 1940, in: Le Monde, 12./13.06.1977, S. 5.

BOUREL, François, Jean du Rivau, in: Dokumente 26/1 (1970), S. 3–8.

BOYER, André, La France ne rattrapera pas la RFA, in: Le Monde, 23.11.1978, S. 2.

BOZZI, J., Suivre le »modèle allemand«?, in: Perspectives, Nr. 1531, 20.07.1978, Teil II, S. 17–26.

BRANDT, Willy, La »seconde démocratie allemande« face à l'épreuve, in: Documents 33/1 (1978), S. 43–52.

BRIGOULEIX, Bernard, La presse allemande accuse d'»antigermanisme« plusieurs journaux français dont »Le Monde«, in: Le Monde, 14.09.1977, S. 6.

–, M. Giscard d'Estaing reçoit un acceuil d'une chaleur exceptionnelle, in: Le Monde, 09.07.1980, S. 4.

–, Les nouvelles orientations de Washington domineront le sommet franco-allemand, in: Le Monde, 05.02.1981, S. 1 und 3.

–, La tentation du neutralisme en RFA, in: Le Monde, 09.09.1981, S. 1 und 6.

BURCKHARDT, Lukas, Vorwort, in: Dreißig Jahre deutsch-französische Verständigung, S. 5.

CAU, Jean, Les grands moments d'un match historique. Pourqoui nous avons perdu la 3e guerre franco-allemande, in: Paris Match, 23.07.1982, S. 58.

Le chancelier interrogé par des citoyens français, in: Pariser Kurier, 15.–28.02.1979, S. 7–10.

CHIMELLI, Rudolph, In Paris spricht man nicht mehr von Détente. Vor dem Treffen Giscards mit Schmidt eine leichte Abkühlung im deutsch-französischen Verhältnis, in: SZ, 05.02.1981, S. 4.

COLARD, Daniel, Die Europa-Wahl und ihre Folgen für Frankreich, in: Dokumente 35/3 (1979), S. 203–211.

COLOMES, Michel, MICHEL, Léo, Guadeloupe: »la bande des quatre« de l'Occident, in: Le Point, 08.01.1979, S. 38–39.

CONRAD, Bernt, Persönlicher Kontakt zwischen Schmidt und Giscard abgekühlt, in: Die Welt, 09.01.1981, S. 1.

CRAMER, Dettmar, Nach dem Urteil gegen Beate Klarsfeld hat es der Bundestag sehr eilig, in: FAZ, 17.07.1974, S. 4.

Croissant: »Sache der Menschenrechte« von Paris aus verteidigen. Der Rechtsanwalt beantragt in Frankreich politisches Asyl, in: FAZ, 13.07.1977, S. 1.

Croissant zeigt Verständnis für Terroristen. Fernsehinterview mit dem nach Frankreich geflüchteten Strafverteidiger, in: Die Welt, 09.09.1977, S. 2.

DAHRENDORF, Ralf, Gesamtplan für die auswärtige Kulturpolitik. Notwendigkeit eines wechselseitigen Verständnisses der inneren Entwicklungen der Völker. Rede vor dem Deutschen Bundestag am 28. November 1969, in: Bulletin des Presse- und Informationsamtes der Bundesregierung 147 (1969), S. 1254–1256.

Dans la presse parisienne, in: Le Monde, 18.08.1977, S. 4.

DEBRÉ, Michel, France – Allemagne, in: Le Monde, 06./07.08.1975, S. 1 und 3.

–, L'Allemagne redevient-elle un danger?, in: Le Monde, 23.07.1976, S. 1f.

–, Le fond de l'affaire, in: Le Monde, 23.11.1978, S. 1–2.

DELANGE, Georges, La spécificité du »modèle« allemand. Trois études sur la RFA, Paris 1980.

DELARUE, Maurice, L'Allemagne de Kurt Lischka et celle de Willy Brandt, in: Le Monde, 11.07.1974, S. 1–2.

–, Les déclarations »irréfléchies« de M. Schmidt sur le gaullisme »étonnent« M. Chirac, in: Le Monde, 07.05.1976, S. 1 und 6.

DELCOUR, Roland, M. Brandt va tenter de dissiper les réticences françaises sur la politique de l'Est, in: Le Monde, 03.07.1970, S. 1 und 4.

DELORS, Jacques, Intervention, in: Documents 60/1 (2005), S. 24f.

DESCHNER, Günther, Ein Mord als Mittel zu einer Diffamierungs-Kampagne, in: Die Welt, 16.07.1976, S. 6.

»Deutsch-französische Dienste für Europa«. Dreißig Jahre »Gesellschaft für übernationale Zusammenarbeit«, in: FAZ, 23.08.1976, S. 3.

Das Deutsch-Französische Jugendwerk. DFJW-Dokumentation, hg. v. DFJW, Bad Honnef 1979.

»Die deutsche Frage ist wieder da«. In Ost und West steht die Zukunft von Bundesrepublik und DDR neu auf der Tagesordnung, in: Der Spiegel, 12.03.1979, S. 31–45.

»Diese Deutschen sind gefährlich«. Der französische General François Binoche über die Bundesrepublik und Frankreich, in: Der Spiegel, 22.09.1975, S. 89–94.

Deutschland. Weltmacht wider Willen, in: Der Spiegel, 06.01.1975, S. 22–34.

Deutschland-Frankreich: Bausteine zum Systemvergleich, 2 Bde., hg. v. der Robert-Bosch-Stiftung, Gerlingen 1980–1981.

Deutschlandpolitik: Herbert Wehner legt nach, in: Der Spiegel, 12.03.1979, S. 28–30.

Les deux Allemagnes à l'ONU, in: Le Monde, 21.09.1971, S. 1.

Devant l'ambassade de la RFA: pour Beate Klarsfeld, in: Le Figaro, 11.07.1974, S. 1.

DISTELBARTH, Paul H., Verständigungsbemühungen. Ein Kommentar zur Institutser-öffnung, in: DERS., Das andere Frankreich. Aufsätze zur Gesellschaft, Kultur, Politik Frankreichs und zu den deutsch-französischen Beziehungen 1932–1953, mit einer Einleitung hg. v. Hans Manfred BOCK, Bern u. a. 1997, S. 439–441.

DÖNHOFF, Marion Gräfin, Mittler zwischen zwei Kulturen. Alfred Grosser machte sich um die deutsch-französische Aussöhnung verdient, in: Die Zeit, 10.10.1975, S. 2.

–, Was bedeutet die Hitlerwelle? Ein Phänomen, gegen das wir uns nicht wehren können, in: Die Zeit, 02.09.1977, S. 1.

– u. a. (Hg.), Hart am Wind. Helmut Schmidts politische Laufbahn, Hamburg 1978.

Dokumentation zu den Ereignissen und Entscheidungen im Zusammenhang mit der Entführung von Hanns Martin Schleyer und der Lufthansa-Maschine »Landshut«, hg. v. Presse- und Informationsamt der Bundesregierung, Bonn [2]1977.

Dossier: L'Allemagne et l'Europe, in: Documents 30/1 (1975), S. 39–88.

Dossier: L'élection du parlement européen au suffrage universel, in: Documents 34/1 (1979), S. 14–100.

Dossier: Frankreich vor der Europa-Wahl, in: Dokumente 35/1 (1979), S. 7–36.

Dreißig Jahre deutsch-französische Verständigung. Chronik der IBU 1948–1978, hg. v. der IBU, Kornwestheim 1981.

Dreißig Jahre IBU. XVII. Internationaler Bürgermeister-Kongreß 23.–26. April 1978 in Salzburg: Reden und Referate, hg. v. der IBU, Kornwestheim 1978.

DROUIN, Pierre, Le deuxième »miracle« allemand, in: Le Monde, 22.01.1975, S. 1 und 34.

DROZ, Jacques, Questions aux socialistes allemands, in: Le Monde, 14.05.1976, S. 3.

DUMOULIN, Jérôme, Le président, le chancelier et l'ours, in: L'Express, 16.02.1980, S. 54–56.

DUTOURD, Jean, Le Feldwebel Helmut, in: France-Soir, 12.05.1975, S. 3.

DUVERGER, Maurice, L'heure de l'Allemagne?, in: Le Monde, 07./08.06.1970, S. 1.

EMMANUEL, Pierre, Une gifle, in: Le Figaro, 10.07.1974, S. 1.

Entente cordiale gegen Bonn?, in: Der Spiegel, 17.05.1971, S. 92–94.

EPPLER, Erhard, Dix thèses sur le problème allemand et l'Ostpolitik, in: Documents 26/2 (1971), S. 6–11.

Erklärung Bundeskanzler Helmut Schmidts vor dem Bundestag am 15. September 1977, in: Bulletin des Presse- und Informationsamtes der Bundesregierung 86 (1977), S. 805–808.

Erklärung des Regierungssprechers Armin Grünewald vom 23. August 1977, in: Bulletin des Presse- und Informationsamtes der Bundesregierung 80 (1977), S. 764.

Erklärung Staatspräsident Mitterrands und Bundeskanzler Kohls über die 48. deutsch-französischen Gipfelkonsultationen mit kulturellem Schwerpunkt vom 28. Februar 1986, in: Bulletin des Presse- und Informationsamtes der Bundesregierung 24 (1986), S. 181.

Erwiderung Bundeskanzler Brandts auf die Tischrede Staatspräsident Pompidous im Rahmen des deutsch-französischen Gipfeltreffens am 25. Januar 1971, in: Bulletin des Presse- und Informationsamtes der Bundesregierung 10 (1971), S. 81–84.

Europa: »Zum Zusammenraufen verdammt«, in: Der Spiegel, 20.08.1973, S. 17 und 19.

Feier des 8. Mai in Frankreich zum letzten Male, in: FAZ, 09.05.1975, S. 2.

FEST, Joachim, Hitler. Eine Biographie, Frankfurt a.M. 1973.

FONTAINE, André, Un entretien avec le chancelier Helmut Schmidt, in: Le Monde, 11.06.1974, S. 1 und 12.

–, Ombres sur le Rhin, in: Le Monde, 09.11.1977, S. 1 und 4.

–, Que faire de l'Allemagne?, in: Le Monde, 22.11.1978, S. 1 und 6f.

–, COLOMBANI, Jean-Marie, L'enjeu du 10 juin. Socialistes et sociaux-démocrates représentent le plus puissant courant d'opinion de la Communauté nous déclare M. François Mitterrand, in: Le Monde, 01.06.1979, S. 1 und 3.

Forum culturel franco-allemand de Versailles 24–25 juin 1986. Bilan de la coopération franco-allemande dans le domaine de l'éducation et de la recherche: synthèse de travaux, hg. v. CIRAC, Paris 1986.

La France, éternel second de l'Allemagne, in: Le Monde, 22./23.12.1974, S. 4.

FRANCESCHINI, Paul-Jean, Les rapports entre Bonn et Berlin-Est: De la réunification à la »nation allemande« ou l'agonie d'un mythe, in: Le Monde, 27.12.1969, S. 4.

–, Du bon usage de l'Allemagne, in: Le Monde, 04.07.1970, S. 6.

–, Bonn et la manière forte, in: Le Monde, 21.08.1971, S. 2.

FRANK, Paul, Laudatio, in: GROSSER, Alfred, Ansprachen anlässlich der Verleihung des Friedenspreises, Frankfurt a.M. 1975, S. 17–33.

–, Die Bundesrepublik Deutschland und Frankreich bilden eine Schicksalsgemeinschaft, in: Bulletin des Presse- und Informationsamtes der Bundesregierung 82 (1982), S. 734–738.

Frankreich: Deutschenfurcht härter als Gold, in: Der Spiegel, 08.12.1969, S. 143.

Frankreich: Letzte Zuflucht, in: Der Spiegel, 15.12.1969, S. 52.

»Frankreichs Trauma: die Niederlage von 1940«. Der französische Politologe Alfred Grosser über die Beziehungen zwischen Franzosen und Deutschen, in: Der Spiegel, 28.11.1983, S. 154–165.

»Die Franzosen sind ein seltsames Volk«. Der Soziologe Raymond Aron über die Verstimmung zwischen Bonn und Paris, in: Der Spiegel, 03.09.1973, S. 89–94.

FRISCH, Alfred, Puissance et fragilité, in: Documents 29/4 (1974), S. 6–16.

–, Les relations franco-allemandes, une amitié solide et fragile à la fois, in: Documents 31/4–5 (1976), S. 5–17.

–, L'Allemagne fédérale: partenaire à part entière du directoire occidental, in: Documents 34/1 (1979), S. 131–137.

Früherer SS-Oberst vermutlich ermordet. Brandanschlag in Frankreich auf das Haus von Joachim Peiper, in: FAZ, 15.07.1976, S. 6.

GACK, Thomas, Vom Nutzen privater Kontakte. Deutsch-französisches Kolloquium in Ludwigsburg, in: StZ, 11.12.1980, S. 35.

GALLO, Max, C'était il y a mille ans, in: L'Express, 22.08.1977, S. 36–38.

Gemeinsame Erklärung Bundeskanzler Adenauers und Staatspräsident de Gaulles zum deutsch-französischen Vertrag vom 22. Januar 1963, in: Bundesgesetzblatt 1963, Teil II, S. 706.

Gemeinsame Erklärung Bundeskanzler Schmidts und Staatspräsident Giscard d'Estaings anlässlich der deutsch-französischen Konsultationen am 5. und 6. Februar 1981 in Paris, in: Bulletin des Presse- und Informationsamtes der Bundesregierung 12 (1981), S. 101f.

Gemeinsame Kultur-Erklärung Bundeskanzler Schmidts und Staatspräsident Giscard d'Estaings vom 6. Februar 1981, in: Bulletin des Presse- und Informationsamtes der Bundesregierung 12 (1981), S. 102f.

Un général au trou, in: Le Nouvel Observateur, 11.08.1975, S. 27.

Le général Binoche nous écrit, in: Le Nouvel Observateur, 13.10.1975, S. 5.

Le général François Binoche est mis d'office à la retraite, in: Le Monde, 08.08.1975, S. 5.

GENET, Jean, Violence et brutalité, in: Le Monde, 02.09.1977, S. 1f.

GEORGES, Pierre, RFA-France: 120 minutes exceptionnelles, in: Le Monde, 10.07.1982, S. 10.

»Die germanische Seele ist geblieben«. Französische Zeitungen über die Wirtschaftskraft der Bundesrepublik, in: Der Spiegel, 08.12.1969, S. 145.

GISCARD D'ESTAING, Valéry, Le pouvoir et la vie, Paris 1988.

Giscard gegen Mutmaßungen über deutsche Dominanz-Absichten, in: FAZ, 23.11.1978, S. 1.

Giscard warnt die Franzosen, in: SZ, 17./18.02.1979, S. 4.

GLUCKSMANN, André, La force du vertige, Paris 1983.

Goldenes Buch der deutsch-französischen Städtepartnerschaften, hg. v. der IBU, Stuttgart 1964.

GRAPPIN, Pierre, Laudatio, in: Revue d'Allemagne 9/4 (1977), S. 560–570.

GRASS, Günter, S'auto-détruire ou construire le socialisme, in: Documents 33/1 (1978), S. 53–64.

–, GROSSER, Alfred, RADDATZ, Fritz J., Gespräch über eine schwierige Nachbarschaft, in: DUVE, Freimut, BÖLL, Heinrich, STAECK, Klaus (Hg.), Briefe zur Verteidigung der Republik, Reinbek b. Hamburg 1977, S. 160–169.

GREFFRATH, Mathias, SELLNER, Albert, BAIER, Lothar, Pazifisten sind keine Nationalisten, in: Die Zeit, 13.11.1981, S. 37f.

GROSSER, Alfred, Deutsch-französische Aufklärungsarbeit in Frankreich, in: Ausblick. Mitteilungsblatt der Deutschen Auslandsgesellschaft 3/5 (1952), S. 72–74.

–, Que vouliez-vous qu'ils fissent?, in: Le Monde, 01.10.1953, S. 5.

–, L'Allemagne de l'Occident 1945–1952, Paris [5]1953.

– (Hg.), Administration et politique en Allemagne occidentale, Paris 1954.

–, Emmanuel Mounier und das Comité français d'échanges avec l'Allemagne nouvelle, in: Deutschland-Frankreich: Ludwigsburger Beiträge zum Problem der deutsch-französischen Beziehungen 1 (1954), S. 270–280.

–, Die Bonner Demokratie. Deutschland von draußen gesehen, Düsseldorf 1960.

–, Der Wandel des Deutschlandbildes in der französischen öffentlichen Meinung in den Jahren nach 1945, in: FORSTER, Karl (Hg.), Frankreich und Deutschland. Elemente der Neuorientierung in der kulturellen und politischen Begegnung der beiden Nachbarvölker, Würzburg 1963, S. 103–123.

–, Réflexions sur les rapports franco-allemands, in: Documents 19/3 (1964), S. 7–15.

–, La République fédérale d'Allemagne, Paris [2]1964.

–, Frankreich und Deutschland. Freundschaftliche Bindungen und unterschiedliche Interessen, in: Aus Politik und Zeitgeschichte 48 (1965), S. 3–11.

–, Freundschaft ohne Illusionen, in: MÜLLER, Hans Dieter (Hg.), Die Force de frappe. Europas Hoffnung oder Verhängnis?, Olten, Freiburg 1965, S. 45–55.

–, Die Bundesrepublik Deutschland. Bilanz einer Entwicklung, Tübingen 1967.

–, Die innerdeutsche politische Entwicklung – von außen gesehen, in: BOLEWSKI, Hans (Hg.), Nation und Nationalismus, Stuttgart 1967, S. 9–25.

–, Au nom de quoi? Fondements d'une morale politique, Paris 1969.

–, Paris und Bonn – Freundschaft im Widerspruch, in: GROSSNER, Claus u. a. (Hg.), Das 198. Jahrzehnt. Eine Team-Prognose für 1970 bis 1980. 26 Originalbeiträge, Hamburg 1969, S. 79–95.

–, Le traité de Varsovie, in: Le Monde, 26.11.1970, S. 1 und 7.

–, Die Bundesrepublik: bieder oder nüchtern?, in: BONDY, François (Hg.), So sehen sie Deutschland. Staatsmänner, Schriftsteller und Publizisten aus Ost und West nehmen Stellung, Stuttgart 1970, S. 44–56.

–, Deutschlandbilanz. Geschichte Deutschlands seit 1945, München 1970.

–, France and Germany: less divergent outlooks?, in: Foreign Affairs 48/2 (1970), S. 235–244.

–, Die Bundesrepublik im Urteil Frankreichs, in: STEFFEN, Hans (Hg.), Die Gesellschaft in der Bundesrepublik. Analysen. Zweiter Teil, Göttingen 1971, S. 178–186.

–, Les traités et les institutions, in: Le Monde, 20.05.1972, S. 1 und 4.

–, Deutsch-französische Anfänge, in: ARNDT, Adolf u. a. (Hg.), Konkretionen politischer Theorie und Praxis. Festschrift für Carlo Schmid zum 75. Geburtstag am 3. Dezember 1971, Stuttgart 1972, S. 413–423.

–, Faut-il encore des médiateurs?, in: Documents 27/6 (1972), S. 9–21.

–, Deutschland von Frankreich aus gesehen, in: Zeitwende 44/3 (1973), S. 169–177.

–, De Beate Klarsfeld à Soljenitsyne, in: Le Monde, 13.07.1974, S. 3.

–, L'incompréhension franco-allemande, in: Le Monde, 11.12.1974, S. 1 und 5.

–, Die neuen Deutschen, in: Der Spiegel, 23.12.1974, S. 90–91.

–, Die kulturelle Identität der Bundesrepublik Deutschland. Probleme und Perspektiven, in: DERS. u. a., Wirtschaft, Gesellschaft, Geschichte, Stuttgart 1974, S. 202–221.

–, Versagen die Mittler? Was Deutschland und Frankreich voneinander wissen, in: PICHT, Robert (Hg.), Perspektiven der Frankreichkunde. Ansätze zu einer interdisziplinär orientierten Romanistik, Tübingen 1974, S. 3–12.

–, Ansprachen anlässlich der Verleihung des Friedenspreises, Frankfurt a.M. 1975.

–, Gegen den Strom. Aufklärung als Friedenspolitik, München 1975.

–, Was ist deutsche Außenpolitik?, Konstanz 1975.

–, La comparaison allemande, in: Le Monde, 07.04.1976, S. 1 und 6.

–, La démocratie des autres, in: Le Monde, 01.06.1976, S. 1 und 8.

–, Introduction: l'interrogation sur le devenir allemand, in: DERS. (Hg.), Dix leçons sur le nazisme, Paris 1976, S. 11–30.

–, Les politiques extérieures européennes dans la crise, Paris 1976.

–, Préface, in: MÉNUDIER, Henri, L'Allemagne selon Willy Brandt. Entretiens et enquêtes 1969–1976, Paris 1976, S. 7–12.

–, Les malaises allemands, in: Le Monde, 07.08.1977, S. 1 und 3.

–, Le criminel, le châtiment et la mémoire, in: Ouest-France, 24.08.1977, S. 1.

–, Les phantasmes français, in: Le Monde, 09.09.1977, S. 1f.

–, Cessons de craindre et de condamner, in: Le Point, 17.10.1977, S. 89–91.

–, Contre le terrorisme, in: Le Monde, 18.10.1977, S. 1 und 5.

–, Germany: a European and World Power, in: LANDES, David S. (Hg.), Western Europe: the Trials of Partnership, Lexington 1977, S. 173–207.

–, Les nouveaux rapports franco-allemands, in: Revue d'Allemagne 9/4 (1977), S. 714–731.

–, La passion de comprendre. Noël Copin interroge Alfred Grosser, Paris 1977.

–, L'Allemagne de notre temps 1945–1978, Paris 1978.

–, Was sollen Romanisten lehren?, in: BAUMGRATZ, Gisela, PICHT, Robert (Hg.), Perspektiven der Frankreichkunde, Bd. 2: Arbeitsansätze für Forschung und Unterricht, Tübingen 1978, S. 1–13.

–, Vingt ans de réussite allemande V. – Certitudes et incertitudes politiques, in: Le Monde, 17.03.1979, S. 37.

–, Conclusion: sur la route commune, in: L'Express, 24.03.1979, S. 73.

–, Semblable et différente, in: L'Express, 24.03.1979, S. 34–36.

–, Die äußere und die innere Sicherheit, in: SCHEEL, Walter (Hg.), Nach dreißig Jahren. Die Bundesrepublik Deutschland – Vergangenheit, Gegenwart, Zukunft, Stuttgart 1979, S. 47–57.

–, Convergences et divergences franco-allemandes, in: OLBERT, Jürgen (Hg.), Le colloque de Strasbourg 1977. Die erste Begegnung deutscher Französischlehrer und französischer Deutschlehrer, Frankfurt a.M. u. a. 1979, S. 26–36.

–, Federal Republic of Germany: from democratic showcase to party domination, in: SMITH, Anthony (Hg.), Television and Political Life. Studies in Six European Countries, New York 1979, S. 114–141.

–, 30 Jahre Grundgesetz. Beobachtungen von außen, in: Politische Vierteljahresschrift 20/2 (1979), S. 190–197.

–, Der Bürger – seine Verwaltung und sein Staat in Frankreich und in der Bundesrepublik Deutschland – eine vergleichende Betrachtung, Düsseldorf 1980.

–, Was heißt Verständigung?, in: PICHT (Hg.), Das Bündnis im Bündnis, S. 233–239.

–, Das Recht auf ein offenes Wort. Ein Gespräch mit Bernard Brigouleix und Rupert Neudeck, in: Dokumente 39 (1983), Sonderheft, S. 107–117.

–, Verständigung heißt nicht immer gegenseitiges Verstehen. Die deutsch-französischen Beziehungen: Bilanz und Ausblick, in: Dokumente 40 (1984), Sonderheft, S. 37–42.

–, Das Wenige wahren. Hoffnungen und Befürchtungen vor dem deutsch-französischen »Kulturgipfel«, in: FAZ, 21.10.1986, S. 25.

–, Mit Deutschen streiten. Aufforderungen zur Wachsamkeit, München 1992.

–, Une vie de Français. Mémoires, Paris 1997.

Grosser erneuert seine Kritik am Radikalenerlaß, in: StZ, 12.04.1976, S. 2.

GRUNENBERG, Nina, Überflüssig wie ein Kropf. Das Treffen ist eine neue Belastungsprobe für die deutsch-französischen Beziehungen, in: Die Zeit, 24.10.1986, S. 4.

Grusswort der deutsch-französischen Beauftragten Michael Georg Link und Bernard Cazeneuve, in: http://www.elysee50.de/Grusswort-der-deutsch,6945.html (Zugriff am 19.09.2013).

Gut Deutsch, in: Der Spiegel, 17.09.1979, S. 16.

HAERDTER, Robert, Le vingt-cinquième anniversaire de la RFA, in: Documents 29/3 (1974), S. 6–10.

HEIGERT, Hans, Der häßliche Deutsche, in: SZ, 29./30.05.1976, S. 4.

HELD, Robert, Deutsch-französische Mißverständnisse?, in: FAZ, 22.05.1976, S. 1.

–, Jahre der Anpassung – Über die Grenzlinien von Nationen hinweg. Fünfzehn Jahre nach dem deutsch-französischen Vertrag, in: FAZ, 16.12.1978, S. 37–38.

HÉNARD, Jacqueline, Deutsch – na und? Von Haß reden sie nicht: französische Polizisten im WM-Einsatz, in: Die Zeit, 02.07.1998, S. 56.

HERLT, Rudolf, Pas de deux in Paris. Entscheidung für die europäische Solidarität, in: Die Zeit, 07.06.1974, S. 1.

HÖHNE, Roland, Der Fall Binoche: antideutscher Nationalismus in Frankreich?, in: Frankfurter Hefte 31/2 (1976), S. 2–3.

–, Europawahlkampf in Frankreich, in: Die Neue Gesellschaft 26/4 (1979), S. 294–298.

HOFFMANN, Wolfgang, Rüstungshaushalt: Gestrichen, gestreckt und gekippt, in: Die Zeit, 13.03.1981, S. 8.

Incertitudes, in: Le Monde, 03.07.1980, S. 1.

Interessante Zeiten. Plant die Sowjet-Union eine neue Deutschland-Offensive?, in: Der Spiegel, 23.10.1978, S. 34.

Jahresbericht 1964, hg. v. DAAD, Bonn 1965.

Jahresbericht 1969, hg. v. DAAD, Bonn 1970.

Jahresbericht 1971, hg. v. DAAD, Bonn 1972.

Jahresbericht 1972, hg. v. DAAD, Bonn 1973.

Jahresbericht 1979, hg. v. DAAD, Bonn 1980.

JANSSEN, Karl-Heinz, Der Tod holte ihn ein. Warum ein Oberst der Waffen-SS seine Vergangenheit nicht abschütteln konnte, in: Die Zeit, 23.07.1976, S. 5.

–, Deutsche aus der Front?, in: Die Zeit, 13.11.1981, S. 3f.

JETTER, Karl, Auf dem Wege zur deutsch-französischen Feindschaft? Der neue Antigermanismus in Frankreich. Beobachtungen und Vermutungen über seine Ursachen, in: FAZ, 24.09.1977, S. 59.

–, Die Franzosen fürchten die Herrschaft der Mark. Kann sich Paris im neuen europäischen Währungssystem behaupten?, in: FAZ, 24.11.1978, S. 6.

JOBERT, Michel, De l'Allemagne, in: Politique étrangère 44/1 (1979), S. 7–19.

JUNGBLUT, Michael, Deutschland, Deutschland über alles?, in: Die Zeit, 09.01.1970, S. 22.

KÄSTNER, Harald, Die deutsch-französische Zusammenarbeit im Bildungswesen. Sammlung der Beschlüsse der deutsch-französischen Zusammenarbeit in den Bereichen Schule, Berufliche Bildung und Hochschule auf der Grundlage des deutsch-französischen Vertrages, Bonn 1999.

KAGENECK, August von, Ostpolitik ohne Frankreich, in: Die Welt, 15.12.1969, S. 2.

–, Mit Mißtrauen beobachtet Paris den deutschen Alleingang, in: Die Welt, 16.09.1971, S. 4.

–, Wie Mitterrand deutsche Politik macht, in: Die Welt, 29./30.05.1976, S. 3.

–, Den Franzosen steckt deutsche Kritik im Hals, in: Die Welt, 22.11.1976, S. 1.

–, Frankreich: Widerspruch gegen linke Klischee-Produzenten, in: Die Welt, 16.09.1977, S. 5.

–, Der Erfolg von »Paris-Berlin« ändert das Deutschlandbild der Franzosen, in: Die Welt, 06.10.1978, S. 5.

–, Giscard warnt vor antideutschen Parolen, in: Die Welt, 17.02.1979, S. 7.

–, Paris macht sich Sorgen über »deutschen Neutralismus«, in: Die Welt, 07.01.1981, S. 1.

KAISER, Carl-Christian, Neuer Sowjetbotschafter: Liebesgrüße aus Moskau?, in: Die Zeit, 27.10.1978, S. 8.

KAROL, K. S., Tempête pour un nazi perdu, in: Le Nouvel Observateur, 22.08.1977, S. 36f.

–, Réponse à des amis allemands, in: Le Nouvel Observateur, 26.09.1977, S. 56f.

KAUFMANN, Herbert, Frankreich sieht auf Deutschland, in: FAZ, 24.04.1976, S. 1.

KEIZER, Bernard, Le modèle économique allemand. Mythes et réalités, Paris 1979.

KIMMEL, Adolf, JARDIN, Pierre (Hg.), Die deutsch-französischen Beziehungen seit 1963. Eine Dokumentation, Opladen 2002.

KIPPHOFF, Petra, Die Zerschleuderung der Welt. Deutsch-französische Beziehungen und französisch-deutsche Nichtbeziehungen, in: Die Zeit, 21.07.1978, S. 33f.

KLARSFELD, Beate, Die Geschichte des PG 2633930 Kiesinger. Dokumentation, Darmstadt 1969.

–, Partout où ils seront, Paris 1972.

KOGON, Eugen, Der »häßliche Deutsche«, in: Frankfurter Hefte 31/11 (1976), S. 11–14.

KOHL, Helmut, Erinnerungen 1982–1990, München 2005.

–, Joseph Rovan, die deutsch-französischen Beziehungen und Europa, in: Dokumente 61/4 (2005), S. 45–53.

»Diese Krise ist die schwerste«. Alfred Grosser über Tendenzen zur Destabilisierung der Bundesrepublik, in: Der Spiegel, 19.10.1981, S. 32–35.

Kritik an Achenbach, Rücktritt verlangt, in: Die Zeit, 19.07.1974, S. 12.

KRUSCHE, Lutz, Paris sieht nur noch braun, in: FR, 09.09.1977, S. 4.

KÜHN-LEITZ, Elsie, So fing es an – Gründung und Zusammenschluß deutsch-französischer Gesellschaften nach dem Zweiten Weltkrieg, in: Europa – Herausforderung der Jugend, hg. v. ADFG, Mainz 1970, S. 102–107.

LALOY, Jean, Les relations franco-allemandes. Mythes ou réalités, in: Documents 32/4 (1977), S. 43–51.

LANGENBUCHER, Wolfgang R., RYTLEWSKI, Ralf, WEYERGRAF, Bernd (Hg.), Kulturpolitisches Wörterbuch Bundesrepublik Deutschland/Deutsche Demokratische Republik im Vergleich, Stuttgart 1983.

LASSERRE, René (Hg.), La France contemporaine. Guide bibliographique et thématique, Tübingen ²1980.

LEDERER, Heino, Vademecum der Auslandskulturarbeit. Informationen über die Tätigkeit amtlicher Stellen, Mittlerorganisationen und Institutionen der auswärtigen Kulturarbeit, Stuttgart 1975.

LEIBEL, Jochen, Sie kamen, um Unheil zu stiften, in: Die Welt, 23.06.1998, S. 12.

LEINEMANN, Jürgen, »Willst du den Herren Sauerkraut servieren?«, in: Der Spiegel, 25.07.1977, S. 24f.

–, Nur zum Schluß die vertraute Symbolik, in: Der Spiegel, 06.11.1978, S. 24f.

Leitsätze für die auswärtige Kulturpolitik, hg. v. Auswärtigen Amt, Bonn 1970.

LORIOT, Patrick, Connaître l'Allemagne, in: Le Nouvel Observateur, 06.10.1969, S. 42.

LUCBERT, Manuel, Le débat sur la neutralisation de l'Allemagne prend le pas sur le différend agricole entre Paris et Bonn, in: Le Monde, 18.08.1973, S. 1.

–, Réunifier l'Allemagne ou les Allemands?, in: Le Monde, 05.09.1973, S. 1.

–, Le IIIe Reich sans étoile jaune. »Hitler, une carrière«, in: Le Monde, 23.08.1977, S. 1 und 4.

–, La RFA malade de ses extrémistes II. – Fils de Wotan et guérilleros urbains, in: Le Monde, 08.09.1977, S. 2.

LÜTHY, Herbert, Frankreichs Uhren gehen anders, Zürich u. a. 1954.

M. Giscard d'Estaing s'entretient par téléphone avec le chancelier Schmidt, in: Le Monde, 15.09.1977, S. 6.

M. Schmidt et les euromissiles, in: Le Monde, 19.06.1980, S. 1.

MAMY, Georges, Le glas du droit d'asile. Un entretien sur l'affaire Croissant avec Henri Noguères, historien, avocat et président de la Ligue des droits de l'homme, in: Le Nouvel Observateur, 21.11.1977, S. 46f.

MANN, Heinrich, BERTAUX, Félix, Briefwechsel 1922–1948. Mit einer Einleitung von Pierre BERTAUX, Frankfurt a.M. 2002.

MATHIEU, Gilbert, Vingt ans de réussite allemande I. – Un écart qui va croissant entre la RFA et la France, in: Le Monde, 13.03.1979, S. 1 und 40.

MAURRAS, Charles, Devant l'Allemagne éternelle. Gaulois, Germains, Latins. Chronique d'une résistance, Paris 1937.

MAUZ, Gerhard, Verfolgen – für ein besseres Deutschland?, in: Der Spiegel, 01.07.1974, S. 48f.

–, »Ach, ach, der Achenbach...«, in: Der Spiegel, 15.07.1974, S. 31.

MÉNUDIER, Henri, Viel bewundert, aber mehr gefürchtet. Deutschland mit den Augen der Franzosen gesehen, in: FAZ, 06.10.1973, S. 7f.

–, La politique d'Helmut Schmidt vue par la presse française, in: Études. Revue de culture contemporaine 341/12 (1974), S. 703–725.

–, Une revue de la presse française. »De quelle Allemagne parlez-vous?«, in: Documents 32/4 (1977), S. 14–42.

–, Les mass media en question, in: Documents 33 (1978), Sonderheft, S. 158–178.

–, L'Allemagne à la télévision française en 1977, in: Documents 34 (1979), Sonderheft, S. 142–155.

MICHELET, Edmond, Rue de la liberté? Dachau 1943–1945, Paris 1988.

Mitterrand will Bürgerrechte in der Bundesrepublik verteidigen, in: FAZ, 28.05.1976, S. 5.

MÖLLER, Horst, HILDEBRAND, Klaus (Hg.), Die Bundesrepublik Deutschland und Frankreich. Dokumente 1949–1963, Bd. 3: Parteien, Öffentlichkeit, Kultur, bearb. v. Herbert ELZER, München 1997.

MÖRSBERGER, Heinz, Michel und Marianne vor dem Scheidungsrichter. Bilanz eines Kolloquiums zum 25jährigen Bestehen des Deutsch-Französischen Instituts, in: Stuttgarter Zeitung, 14.10.1974, S. 2.

MOREAU, Charles, Chronique des faits internationaux: Allemagne (RFA) et Italie, in: Revue générale de droit international public 82 (1978), S. 622–625.

MOREAU, Philippe, Image de l'Allemagne. La presse française et le »véto« allemand à la hausse des prix agricoles, Lille 1975.

MOREAU, Yves, Les »juges« de Cologne, in: L'Humanité, 10.07.1974, S. 1f.

MORNAND, Jacques, L'échappée du mark, in: Le Nouvel Observateur, 16.02.1976, S. 35.

MÜLLER-MAREIN, Josef, Schade!, in: Die Zeit, 09.03.1979, S. 84.

MÜNCHHAUSEN, Thankmar von, »Das ist der Beginn einer heimtückischen Kampagne«. Kommentare französischer Zeitungen zu den jüngsten Ereignissen in Deutschland, in: FAZ, 02.11.1977, S. 9–10.

–, Auf gutem Weg, in: FAZ, 07.07.1980, S. 1.

Nach 26 Jahren: Französische Kriegsgefangene kommen als Gäste, in: Ludwigsburger Kreiszeitung, 26.05.1971, S. 3.

Les nazis d'aujourd'hui, in: Le Nouvel Observateur, 08.07.1974, S. 31f.

Les nazis de Cologne ont pleuré Peiper sous la protection de la police, in: France-Soir, 14.09.1976, S. 1.

Eine neue Selbstbezogenheit in beiden Ländern. Carlo Schmid und Alfred Grosser verabschieden den Leiter des Deutsch-Französischen Institutes, Dr. Fritz Schenk, in: FAZ, 17.10.1972, S. 10.

NITSCHKE, Eberhard, Napoleon in der Bonner Beethovenhalle. Bürger nicken – ein Politiker glänzt, in: Die Welt, 04.10.1979, S. 3.

Un non-conformiste, in: Le Monde, 08.08.1975, S. 5.

Nous ne nous adressons pas à l'Est en francs-tireurs nous déclare le chancelier fédéral, in: Le Monde, 31.01.1970, S. 1.

Une nouvelle Allemagne, in: Le Monde, 27.09.1974, S. 1.

»Die Ohrfeige war ein symbolischer Akt«. Spiegel-Interview mit Beate Klarsfeld, in: Der Spiegel, 18.11.1968, S. 34.

Une ombre dissipée entre Paris et Bonn, in: Le Monde, 01.02.1975, S. 1.

Une parenthèse, in: Le Monde, 12.05.1971, S. 1.

Paris-Bonn et la culture, in: Le Monde, 30.10.1986, S. 1.

Paris, Bonn et l'Europe, in: Le Monde, 14.08.1973, S. 1.

Paris denkt nach, in: Der Spiegel, 05.10.1981, S. 14f.

Paris: Sorge über Bonns Ostpolitik, in: Der Spiegel, 20.09.1971, S. 105–107.

Paris unterstützt Bonns Ostpolitik, in: Die Zeit, 06.02.1970, S. 10.

Paris: »Wir jagen Croissant«, in: Der Spiegel, 19.09.1977, S. 127–132.

PAYER, Peter (Hg.), Deutsch-französische Kulturbeziehungen – Bilanz und Vorschläge. Ergebnisse des VIII. Deutsch-Französischen Kolloquiums in Ludwigsburg, Gerlingen 1981.

Pech für ihn, in: Der Spiegel, 19.07.1976, S. 56f.

PICHT, Robert, La perception de l'information par l'opinion publique, in: Documents 29/1 (1974), S. 75–82.

– (Hg.), Deutschland, Frankreich, Europa. Bilanz einer schwierigen Partnerschaft, München 1978.

–, Einführung, in: DERS. (Hg.), Deutschland, Frankreich, Europa, S. 11–16.

– (Hg.), Das Bündnis im Bündnis: deutsch-französische Beziehungen im internationalen Spannungsfeld, Berlin 1982.

–, Einführung, in: DERS. (Hg.), Das Bündnis im Bündnis, S. 8–11.

–, Die Fremdheit des Partners: genügen die kulturellen Beziehungen?, in: DERS. (Hg.), Das Bündnis im Bündnis, S. 193–219.

–, Die Versöhnung ist kein Grund zur Selbstzufriedenheit. Mängel in den Kulturbeziehungen unter Nachbarn, in: MANFRASS (Hg.), Paris-Bonn, S. 69–76.

Plusieurs associations organisent une manifestation de protestation devant l'ambassade d'Allemagne à Paris, in: Le Monde, 11.07.1974, S. 2.

Pompidou unterstützt die Ostpolitik. Übereinstimmung in wesentlichen Fragen beim deutsch-französischen Gipfelgespräch, in: Die Zeit, 10.07.1970, S. 10.

Presseerklärung Bundeskanzler Brandts nach Abschluss der deutsch-französischen Konsultationen am 11. Februar 1972 in Paris, in: Bulletin des Presse- und Informationsamtes der Bundesregierung 21 (1972), S. 256.

Presseerklärung Staatspräsident Giscard d'Estaings am 11. Juli 1980, in: Bulletin des Presse- und Informationsamtes der Bundesregierung 84 (1980), S. 706.

Pressekonferenz des französischen Staatspräsidenten Valéry Giscard d'Estaing am 15. Februar 1979 (Auszüge zu europa- und außenpolitischen Fragen), in: Europa-Archiv 34/7 (1979), Dokumente, S. 177–186.

Protokoll des XII. Internationalen Bürgermeister-Kongresses zum 20jährigen Bestehen der IBU, 17.–19. Mai 1968 in Menton, hg. v. der IBU, Stuttgart 1968.

RAYSKI, Benoît, Faut-il avoir peur de l'Allemagne?, in: France-Soir, 16.02.1979, S. 1f.

RAZUMOVSKY, Andreas, Schadenfreude und Chauvinismus in Frankreich angesichts des Terrors in der Bundesrepublik. Seltsame Reaktionen nach der Schleyer-Entführung, in: FAZ, 12.09.1977, S. 3.

–, Ein Rauchvorhang von Mißverständnissen lichtet sich. Die Ausstellung »Paris-Berlin« findet in Frankreich breite Anerkennung, in: FAZ, 02.09.1978, S. 19.

Le réalisme allemand, in: Le Monde, 03.09.1974, S. 1.

À la recherche de l'efficacité, in: Le Monde, 16.05.1974, S. 1.

Rede des Staatssekretärs im Auswärtigen Amt Hans Werner Lautenschlager im Rahmen des internationalen Symposiums »Ausstellungen – Mittel der Politik« am 12. September 1980 in Berlin, in: Bulletin des Presse- und Informationsamtes der Bundesregierung 103 (1980), S. 874–877.

Rede Staatspräsident Pompidous anlässlich des deutsch-französischen Gipfeltreffens in Paris am 30. Januar 1970, in: Bulletin des Presse- und Informationsamtes der Bundesregierung 16 (1970), S. 149.

REIFENBERG, Jan, Bewunderung und Sorge in Paris über Moskauer Gespräche, in: FAZ, 10.12.1969, S. 3.

REISSMÜLLER, Johann Georg, Zweimal Achenbach, in: FAZ, 13.07.1974, S. 1.

RENFORDT, Karlheinz, Im Pariser Außenministerium sieht man das Rapallo-Gespenst, in: FAZ, 27.12.1969, S. 2.

Du Rhin à l'Oural. Six semaines après l'arrivée au pouvoir du chancelier Brandt, l'URSS et la RFA engagent des pourparlers sur une déclaration de non-recours à la force, in: Combat, 09.12.1969, S. 1.

RIFFAULT, Hélène, Français et Allemands se comprennent-ils et veulent-ils la même chose?, in: Documents 34/1 (1979), S. 29–42.

RIGAUD, Jacques, Les relations culturelles extérieures, Paris 1980.

ROSENZWEIG, Luc, Une double épreuve de vérité, in: Le Monde, 26./27.10.1986, S. 1 und 5.

ROVAN, Joseph, L'Allemagne de nos mérites, in: Esprit 13/115 (1945), S. 529–540.

–, Allemagne, Paris 1955.

–, Qu'est-ce que peuple et culture?, Paris 1966.

–, Frankreich nach der Mai-Revolution, in: Frankfurter Hefte 23/7 (1968), S. 447–452.

–, Frankreich im Nachgaullismus, in: Frankfurter Hefte 26/10 (1971), S. 750–757 und 26/11 (1971), S. 844–852.

–, Les relations franco-allemandes dans le domaine de la jeunesse et de la culture populaire (1945–1971), in: Revue d'Allemagne 4/3 (1972), S. 675–704.

–, Deux destins mêlés, in: Le Monde, 07.06.1973, S. 4.

–, Brandt m'a convaincu que, in: Le Point, 03.09.1973, S. 26–28.

–, Das Problem der außerschulischen Bildung als Phänomen der Demokratisierung und Autonomisierung von Personen und Milieus in Deutschland und Frankreich, Saarbrücken 1973.

–, Frankreichs Außenpolitik nach dem 19. Mai, in: Dokumente 30/3 (1974), S. 195–199.

–, Frankreichs neues Regime, in: Frankfurter Hefte 29/9 (1974), S. 625–634.

–, Dreißig Jahre Gesellschaft für übernationale Zusammenarbeit, in: Dokumente 32/4 (1976), S. 263–268.

–, Deutsch-französische Zusammenarbeit: Bilanz und Verpflichtung, in: Dokumente 33/4 (1977), S. 275–279.

–, Hauptziel – dauerhafte Verständigung, in: Dokumente 33/1 (1977), S. 13f.

–, L'Allemagne n'est pas ce que vous croyez, Paris 1978.

–, Au service de l'Europe: l'union franco-allemande, in: Documents 33 (1978), Sonderheft, S. 192–200.

–, Die deutsch-französische Diskussion, in: Dokumente 34/3 (1978), S. 187–189.

–, Histoire de la social-démocratie allemande, Paris 1978.

–, Was bringt die Zukunft?, in: Dokumente 34 (1978), Sonderheft, S. 147–155.

–, Le chancelier Helmut Schmidt, in: Études. Revue de culture contemporaine 350/5 (1979), S. 599–606.

–, Les Allemands, un peuple comme les autres, in: Le Nouvel Observateur, 07.04.1980, S. 28.

–, »Le chancelier« Helmut Schmidt, in: Frankfurter Hefte 35/5 (1980), S. 21–26.

–, Erinnerung an Carlo Schmid, in: Dokumente 36/1 (1980), S. 65–67.

–, Vincennes – eine französische Reformuniversität, in: Frankfurter Hefte 35/8 (1980), S. 48–58.

–, Föderalismus und Zentralismus in der deutschen und französischen Geschichte: Reden gehalten in der Ludwig-Maximilians-Universität München aus Anlaß der Verleihung der Ehrendoktorwürde an Professor Joseph Rovan, Paris, am 4. Februar 1981, München 1981.

–, Wiedervereinigung Deutschlands – weder aktuell noch utopisch?, in: Deutschland-Archiv 14/9 (1981), S. 1000–1006.

–, Deux anniversaires, in: Espoir 42 (1982), S. 62–66.

–, Dreißig Argumente für eine deutsch-französische Union, in: DERS., WEIDENFELD (Hg.), Europäische Zeitzeichen, S. 13–21.

–, L'opinion publique en question, in: Documents 37/1 (1982), S. 31–34.

–, Vom Nächsten schlecht zu denken, liegt näher als das Gegenteil, in: Dokumente 38/1 (1982), S. 4f.

–, Was bringt die Zukunft?, in: DERS., WEIDENFELD (Hg.), Europäische Zeitzeichen, S. 141–147.

–, L'Allemagne du changement, Paris 1983.

–, Keine selbstzufriedenen Gedenkfeiern! Ein Wort zur Krisengefahr für Institutionen und Werte, in: Dokumente 39 (1983), Sonderheft, S. 5–10.

–, Erinnerungen an das Centre d'études in Saint-Denis, in: Bildung und Erziehung 37 (1984), S. 75–78.

–, Zwei Völker – eine Zukunft. Deutsche und Franzosen an der Schwelle des 21. Jahrhunderts, München u. a. 1986.

–, Contes de Dachau, Paris 1987.

–, L'Allemagne de nos mérites, in: Hartweg (Hg.), À Joseph Rovan, S. 6–18.

–, Erinnerungen an die Gründung des Deutsch-Französischen Instituts, in: Bock (Hg.), Projekt deutsch-französische Verständigung, S. 164–166.

–, Mémoires d'un Français qui se souvient d'avoir été allemand, Paris 1999.

–, Erinnerungen eines Franzosen, der einmal Deutscher war, München 2000.

–, Weidenfeld, Werner (Hg.), Europäische Zeitzeichen. Elemente eines deutsch-französischen Dialogs, Bonn 1982.

Roy, Albert du, Sondage: la fin de l'antigermanisme en France, in: L'Express, 24.03.1979, S. 36–37.

Rückblick und Ehrung, 14.10.1972: Verabschiedung von Dr. Fritz Schenk und Einsetzung seines Nachfolgers Dr. Robert Picht, hg. v. DFI, Ludwigsburg 1972.

Rückerl, Adalbert, Die Strafverfolgung von NS-Verbrechen 1945–1978. Eine Dokumentation, Heidelberg u. a. 1979.

–, NS-Verbrechen vor Gericht. Versuch einer Vergangenheitsbewältigung, Heidelberg 1982.

Le rude langage d'un homme du Nord, in: Le Monde, 08.05.1974, S. 3.

Rudolph, Hermann, Währt die Pickelhaube ewig?, in: FAZ, 13.09.1977, S. 1.

Rühl, Lothar, Ein Popanz für die Linke. Warum die Bundesrepublik vielen Franzosen ein Ärgernis ist, in: Die Zeit, 23.09.1977, S. 11.

Rühle, Günther, Bilder aus dem Drama der deutschen Seele. Paris-Berlin: Eine bedeutende Ausstellung für zwei Völker im Centre Pompidou in Paris, in: FAZ, 20.07.1978, S. 17.

Rüstung: Sinkendes Schiff, in: Der Spiegel, 02.03.1981, S. 22–24.

Saison des Nebels, in: Der Spiegel, 27.11.1978, S. 164.

Salomon, Michel, Faut-il avoir peur de l'Allemagne?, Paris 1969.

Sandoz, Gérard, Les nouveaux amis, in: Le Nouvel Observateur, 10.08.1970, S. 17.

–, »Le ›Boche‹ ne paiera plus«. Comment et pourquoi le chancelier Schmidt a provoqué le »coup de tonnerre« du 25 septembre, in: Le Nouvel Observateur, 30.09.1974, S. 71–73.

–, La diplomatie musclée de Helmut Schmidt, in: Le Nouvel Observateur, 28.07.1975, S. 30.

–, Les broyeurs de »rouges«. Comment un innocent décret de 1972 est devenu une machine contre tous ceux qui se réclament de la gauche, in: Le Nouvel Observateur, 08.03.1976, S. 38–39.

–, Le gendarme de l'Europe, in: Le Nouvel Observateur, 03.05.1976, S. 50.

–, Hitler en rose, in: Le Nouvel Observateur, 18.07.1977, S. 33.

–, Les derniers carrés de l'hitlérisme, in: Le Nouvel Observateur, 29.08.1977, S. 36.

–, Schlosser, François, Schmidt à la barre. À Bonn, des interlocuteurs peu compréhensifs pour la France, in: Le Nouvel Observateur, 21.05.1974, S. 39.

Sanguinetti, Alexandre, Risquer l'Europe franco-allemande, in: Le Monde, 10.10.1979, S. 10.

Sartre spricht von Folter. Besuch des französischen Philosophen bei Andreas Baader, in: Die Zeit, 13.12.1974, S. 8.

Sattler, Dieter, Die Dritte Bühne – Kulturelle Außenpolitik, in: Universitas 18/9 (1963), S. 913–920.

SAUZAY, Brigitte, Le vertige allemand, Paris 1985.

Le »scandale« Kappler, in: Le Monde, 18.08.1977, S. 1.

SCH., H., Pariser Asyl?, in: Die Zeit, 15.07.1977, S. 1.

»Diese Schande nie mehr erleben«. Frankreichs Staatspräsident Valéry Giscard d'Estaing und die Deutschen, in: Der Spiegel, 07.07.1980, S. 98–101.

SCHEEL, Walter, Reden und Interviews, Bd. 4: 1. Juli 1977–30. Juni 1978, Bonn 1978.

SCHEFFEL, Helmut, Ein engeres Netz. Die Zukunft der deutsch-französischen Kulturbeziehungen, in: FAZ, 03.02.1981, S. 19.

SCHENK, Fritz, Über Ziele und Arbeit des Deutsch-Französischen Instituts, in: Deutschland-Frankreich. Ludwigsburger Beiträge zum Problem der deutsch-französischen Beziehungen 1 (1954), S. 281–289.

–, Zwanzig Jahre Deutsch-Französisches Institut Ludwigsburg. Rechenschaftsbericht vorgelegt von Fritz Schenk, Ludwigsburg 1968.

SCHLÖNDORFF, Volker, Licht, Schatten und Bewegung. Mein Leben und meine Filme, München 2008.

SCHLOSSER, François, Allemagne »dangereuse«. Entre les trois tentations de l'Allemagne (l'Europe, les États-Unis, le rapprochement avec l'URSS), Pompidou comme Mitterrand, redoute que le socialiste Brandt ne choisisse un jour la troisième, in: Le Nouvel Observateur, 27.08.1973, S. 27–29.

–, Allemagne: un trop beau parti, in: Le Nouvel Observateur, 03.02.1975, S. 25.

–, Les sorcières de Helmut Schmidt, in: Le Nouvel Observateur, 15.09.1975, S. 39.

–, Bonn louche vers l'Est, in: Le Nouvel Observateur, 22.10.1979, S. 62.

SCHMID, Carlo, Über die Arbeit des Deutsch-Französischen Instituts, in: Deutschland-Frankreich. Ludwigsburger Beiträge zum Problem der deutsch-französischen Beziehungen 3 (1963), S. 22–24.

–, Ostpolitik et unification européenne, in: Documents 26/1 (1971), S. 7–11.

SCHMID, Klaus-Peter, Unheimliche Nachbarn. Warum die deutsche Wirtschaftsmacht jenseits des Rheins so gefürchtet wird, in: Die Zeit, 14.03.1975, S. 38.

–, Vor Deutschen auf der Hut. Propheten von gestern rühren an heimliche Ängste, in: Die Zeit, 14.11.1975, S. 7.

–, Der Wettlauf mit dem »Riesen«, in: Die Zeit, 16.04.1976, S. 25f.

–, Weh dem, der kritisiert. Warum die Franzosen so empfindlich auf Kanzlers Schelte reagieren, in: Die Zeit, 14.05.1976, S. 4.

–, Keine überzeugende Kritik, in: Die Zeit, 04.06.1976, S. 8.

–, Liebesmahl des Kanzlers für Giscard, in: Die Zeit, 09.07.1976, S. 2.

–, Geht es um Bonn, ist »Le Monde« gallisch und gallig, in: Die Zeit, 16.12.1977, S. 3.

–, Die Grenzen erreicht? Eine Völkerfreundschaft in ihrer vorhersehbaren Midlife-Crisis, in: Die Zeit, 01.12.1978, Literaturbeilage, S. 14.

–, Was ist bloß mit den Deutschen los? Pazifisten oder Nationalisten – ein großes Rätsel für Frankreich, in: Die Zeit, 11.12.1981, S. 5.

–, Im Zerrspiegel der Franzosen. An der Seine wächst das Mißtrauen: Reagieren die Deutschen richtig auf Polen?, in: Die Zeit, 08.01.1982, S. 5.

Schmidt: »l'Allemagne n'a ni la volonté ni le désir de dominer la France«. Une interview exclusive du chancelier allemand par Benoît Rayski, in: France-Soir, 16.02.1979, S. 2.

SCHMIDT, Helmut, Menschen und Mächte, Berlin 1987.

–, Menschen und Mächte, Bd. 2: Die Deutschen und ihre Nachbarn, Berlin 1990.

–, STERN, Fritz, Unser Jahrhundert. Ein Gespräch, München [6]2011.

Schrecken erregendes Deutschland, in: Der Spiegel, 12.09.1977, S. 136.

»Schreckliche Situation«. Interview mit Sartre über seinen Besuch bei Baader, in: Der Spiegel, 02.12.1974, S. 166–169.

SCHRÖDER, Gerhard, Das deutsch-französische Verhältnis in einem erweiterten Europa. Rede anläßlich der Feier des zehnjährigen Bestehens des Fördervereins des Frankreich-Zentrums am 12. April 2002 in der Universität Freiburg, Freiburg 2002.

SCHUELER, Hans, Vom Staate, den wir wollen. Radikalen-Erlaß und innerer Friede: Die Praxis unterspült die Theorie, in: Die Zeit, 17.10.1975, S. 1.

SCHWARZ, Jürgen (Hg.), Der Aufbau Europas. Pläne und Dokumente 1945–1980, Bonn 1980.

SCHWŒBEL, Jean, Paris approuve pleinement la politique d'ouverture à l'Est, in: Le Monde, 01.02.1970, S. 1.

SEYDOUX, François, Botschafter in Deutschland. Meine zweite Mission 1965–1970, Frankfurt a.M. 1978.

SEMJONOW, Wladimir S., Von Stalin bis Gorbatschow. Ein halbes Jahrhundert in diplomatischer Mission 1939–1991, Berlin 1995.

So will Helmut Schmidt die Wahlen gewinnen. Stern-Gespräch mit dem Bundeskanzler, in: Stern, 16.06.1976, S. 16–24.

SOLÉ, Robert, Des fleurs pour la condamné, in: Le Monde, 12.07.1974, S. 2.

SOMMER, Theo, Das Diktat der Vernunft. Schmidts Faustschlag hat den Nebel über Europa gelichtet, in: Die Zeit, 04.10.1974, S. 1.

–, Die Deutschen im Zerrspiegel. Radikalenerlaß als Stein des Anstoßes, in: Die Zeit, 04.06.1976, S. 1.

–, Deutschland – Traum oder Alptraum? Die nationale Einheit: Visionen und Illusionen einer unerwarteten Debatte, in: Die Zeit, 08.12.1978, S. 1.

SORGE, Helmut, Kappler is here, in: Der Spiegel, 29.08.1977, S. 54f.

Sortir de l'Europe pour sortir de la crise, in: Le Monde, 20./21.05.1979, S. 6.

SPIES, Werner, Paris-Berlin 1900–1933. Übereinstimmungen und Gegensätze Frankreich-Deutschland. Kunst, Architektur, Graphik, Literatur, Industriedesign, Film, Theater, Musik, München 1979.

–, Zur deutschen Ausgabe, in: Paris-Berlin 1900–1933, S. 3.

STADLMANN, Heinz, »Wie bei einem Versöhnungstermin vor dem Scheidungsrichter«, in: FAZ, 16.10.1974, S. 12.

Stadt und Garten am Ufer der Saar. Amtlicher Ausstellungskatalog der Deutsch-Französischen Gartenschau in Saarbrücken 1960, hg. v. der Stadtverwaltung Saarbrücken, Saarbrücken 1960.

STEHLIN, Paul, Les pactes germano-soviétiques. Jamais deux sans trois, in: L'Aurore, 11.08.1970, S. 4.

Stellungnahme der Bundesregierung zum Bericht der Enquête-Kommission des Deutschen Bundestages zur Auswärtigen Kulturpolitik, in: Bulletin des Presse- und Informationsamtes der Bundesregierung 91 (1977), S. 841–844.

»Sterben, um geliebt zu werden«. Spiegel-Redakteur Dieter Wild über die Deutschen-Furcht der Franzosen, in: Der Spiegel, 01.02.1971, S. 76.

STROTHMANN, Dietrich, Ein bißchen heilige Johanna. Beate Klarsfelds moralische Kreuzzüge, in: Die Zeit, 12.07.1974, S. 6.

–, Die Schatten des Ernst Achenbach, in: Die Zeit, 19.07.1974, S. 4.

Tätigkeitsbericht 1963–1973, hg. v. DFJW, Paris 1974.

TATU, Michel, »Sommet« franco-allemand: Vers un renforcement de la concertation, in: Le
Monde, 01.06.1974, S. 1 und 4.

TERN, Jürgen, Paris und Bonn, in: FAZ, 31.01.1970, S. 1.

THARRADIN, Lucien, Rencontre de maires français et allemands à Stuttgart, in: Allemagne
2/8 (1950), S. 3.

THEEGARTEN, Fridtjof, »Sie ist der Untergang der Demokratie«. Professor Grosser warnt vor
Intoleranz in der Politik, in: Stuttgarter Nachrichten, 12.04.1976, S. 8.

Then There Were Two: Valéry and Helmut, in: Time, 07.10.1974, S. 6–12.

Tischrede Staatspräsident Giscard d'Estaings im Rahmen des deutsch-französischen
Gipfeltreffens am 6. Juli 1976, in: Bulletin des Presse- und Informationsamtes der Bundesregierung 86 (1976), S. 805–807.

»Toleranz und Intoleranz in Deutschland und Frankreich«. Ein kritischer Beitrag zur
Jahresversammlung des Deutsch-Französischen Instituts, in: Ludwigsburger Kreiszeitung,
13.04.1976, S. 3.

Le traité germano-polonais du 7 décembre 1970, in: Documents 26/1 (1971), S. 59–119.

Le traité germano-soviétique, in: Documents 25/5 (1970), S. 57–95.

TRÉAN, Claire, Le chancelier Schmidt est confronté à une grave crise au sein de son parti,
in: Le Monde, 08./09.02.1981, S. 2.

–, Le pacifisme en Europe I. – Allemagne fédérale: la vague de fond, in: Le Monde,
20.10.1981, S. 7.

–, Entre le neutralisme et la peur. Les limites du pacifisme allemand, in: Le Monde,
06.02.1982, S. 1 und 3.

ULLMANN, Marc, Willy Brandt change l'Europe, in: L'Express, 25.01.1971, S. 38–41.

Unmenschliches Deutschland?, in: Der Spiegel, 21.11.1977, S. 132–139.

»Unser Haus, unser Kiez, unser Bauch«. Gibt es einen neuen deutschen Nationalismus?, in:
Der Spiegel, 01.02.1982, S. 34–41.

Untergrundorganisation droht mit Tötung deutscher Kriegsverbrecher, in: FAZ, 16.07.1976,
S. 5 und 7.

UTERWEDDE, Henrik, Europa-Wahl und nationale Politik. Die Wahlen zum Europäischen
Parlament im Juni 1979, Bad Honnef 1979.

Veranstaltungskalender, in: http://www.elysee50.de (Zugriff am 24.09.2013).

Verhandlungen des Deutschen Bundestages, 6. Wahlperiode, Stenographische Berichte,
Bd. 80, Bonn 1972.

Verhandlungen des Deutschen Bundestages, 9. Wahlperiode, Stenographische Berichte,
Bd. 123, Bonn 1982, 1983.

VERNET, Daniel, Après de nouveaux incidents le président du tribunal de Cologne interrompt l'audition de témoins français au procès de Mme Klarsfeld, in: Le Monde, 05.07.1974,
S. 3.

–, L'Institut franco-allemand de Ludwigsburg a fêté son 25e anniversaire, in: Le Monde,
19.10.1974, S. 2.

–, Le glissement à droite s'accentue dans l'opinion, in: Le Monde, 19.02.1975, S. 3.

–, Nouvelle »chasse aux sorcières«. Les mesures d'interdiction d'accès à la fonction publique se multiplient à l'encontre des »extrémistes«, in: Le Monde, 05.12.1975, S. 6.

–, Il y a radicaux et radicaux..., in: Le Monde, 21./22.12.1975, S. 2.

–, »Jamais depuis 1945 le nazisme n'a été aussi glorifié qu'aujourd'hui« constate le ministre de l'intérieur, in: Le Monde, 06.05.1976, S. 3.

–, Un journal allemand dénonce l'action des forces qui ne veulent pas oublier le passé, in: Le Monde, 16.07.1976, S. 22.

Verschärfte Diskussion um Radikale im öffentlichen Dienst. Aktivitäten Mitterrands zurückgewiesen, in: FAZ, 31.05.1976, S. 3.

Le vertige allemand, in: Le Point, 23.11.1981, S. 74–79.

Vertrag zur Regelung aus Krieg und Besatzung entstandener Fragen, in: Bundesgesetzblatt 1955, Teil II, S. 405–468.

Viénot, Pierre, Incertitudes allemandes. La crise de la civilisation bourgeoise en Allemagne, Paris 1931.

–, Ungewisses Deutschland. Zur Krise seiner bürgerlichen Kultur, hg. v. Hans Manfred Bock, Bonn 1999.

Vingt ans de réussite allemande. Une enquête du Monde, Paris 1979.

Von der Begegnung zur Zusammenarbeit. Beiträge zur internationalen Hochschulkooperation. Reden von Professor Dr. Hansgerd Schulte, Präsident des DAAD von 1972 bis 1987, hg. v. DAAD, Bonn 1989.

Von Europa hören und sehen, in: EG-Magazin 1 (1979), S. 31.

Wajsman, Patrick, La RFA, la France et les super-grands. Entretien avec Alfred Grosser, in: Politique internationale 9 (1979/80), S. 7–18.

Wehner, Herbert, L'intégration européenne et la question allemande, in: Documents 25/4 (1970), S. 7–12.

Weisenfeld, Ernst, Pompidou als Hemmschuh? Brandts Ostpolitik – ein heikles Thema der Bonner Konferenz, in: Die Zeit, 03.07.1970, S. 5.

–, Paris: Sowohl als auch, in: Die Zeit, 24.07.1970, S. 3.

–, »Nicht deutscher als die Deutschen«. In der Berlin-Frage hält sich Paris zurück, in: Die Zeit, 06.11.1970, S. 4.

–, Ja – mit stiller Sorge, in: Die Zeit, 18.12.1970, S. 5.

–, Im Namen Hölderlins. Zum Tode von Pierre Bertaux: Geheimdienstchef und Germanist, in: Die Zeit, 22.08.1986, S. 36.

Der Welt Lohn, in: Der Spiegel, 22.07.1974, S. 29f.

Wenders, Wim, That's entertainment: Hitler. Eine Polemik gegen Joachim C. Fests Film »Hitler – eine Karriere«, in: Die Zeit, 05.08.1977, S. 34.

»Wer reich ist, muss zahlen«. Bundeskanzler Schmidts Politik der Stärke – letzte Chance für Europa?, in: Der Spiegel, 30.09.1974, S. 29–39.

Wetz, Jean, La République fédérale est devenue une nation majeure, in: Le Monde, 21.09.1971, S. 2.

–, La politique de défense suscite des divergences au sein de la coalition socialiste-libérale, in: Le Monde, 21.02.1979, S. 6.

–, Bonn s'inquiète du développement du potentiel militaire des pays du pacte de Varsovie, in: Le Monde, 22.02.1979, S. 6.

–, Le chancelier Schmidt entre Washington et Paris, in: Le Monde, 24.03.1979, S. 8.

–, Les rapports franco-allemands dépassent tout ce que l'on pouvait espérer en 1962 déclare M. Giscard d'Estaing, in: Le Monde, 08.07.1980, S. 2.

–, Bonn compromet par ses réductions budgétaires la coopération militaire avec Paris et Londres, in: Le Monde, 10.03.1981, S. 1.

Wild, Dieter, Ihr Lieben von »Le Monde«, in: Der Spiegel, 12.09.1977, S. 138.

Willms, Günther, Späte Aufregung in Paris. Strafverfolgung von Kriegsverbrechern hätte sich auch ohne Vertrag mit Bonn erreichen lassen, in: FAZ, 02.08.1974, S. 10.

»Wir sind ein junges, entschlossenes Land«. Der französische Staatspräsident Valéry Giscard d'Estaing über Frankreich und das Europa-Jahr 1979, in: Der Spiegel, 01.01.1979, S. 46–52.

»Wir wussten wirklich nicht, wo er war«. Der französische Innenminister Christian Bonnet über die Fahndung nach BM-Anwalt Croissant, in: Der Spiegel, 26.09.1977, S. 139–145.

Wiss-Verdier, Antoine, Le double monologue d'Erfurt, in: Documents 25/2 (1970), S. 114–120.

–, Beate Klarsfeld ou la chasse aux nazis, in: Documents 29/5 (1974), S. 6–13.

Witte, Barthold C., Der Geist – und das Bohren dicker Bretter. Vor einer neuen Etappe der kulturellen Zusammenarbeit, in: Dokumente 42/5–6 (1986), S. 390–397.

–, Annäherung an Frankreich. Aufgaben nach dem Kulturgipfel (Beitrag für den Saarländischen Rundfunk, 10. Oktober 1987), in: Ders., Dialog über Grenzen. Beiträge zur auswärtigen Kulturpolitik, Pfullingen 1988, S. 118–121.

Diese Woche im Fernsehen, in: Der Spiegel, 09.02.1976, S. 159.

De Yalta à Oréanda, in: Le Monde, 17.09.1971, S. 1.

Zehm, Günter, Sartre geht zu Baader, in: Die Welt, 04.12.1974, S. 1.

8. Deutsch-französisches Kolloquium »Das Partnerland in Kultur, Wissenschaft und Medien«, 4.–6. Dezember 1980 in Ludwigsburg. Arbeitspapiere, hg. v. DFI, Ludwigsburg 1980.

XII. Fußball-Weltmeisterschaft, in: Die Welt, 10.07.1982, S. 15.

82 von 100: »Freundschaft ohne Vorbehalt«, in: Der Spiegel, 21.11.1977, S. 143–151.

1900–1933. Rapports et contrastes France-Allemagne. Art, architecture, graphisme, littérature, objets industriels, cinéma, théâtre, musique. Centre national d'art et de culture Georges-Pompidou, 12 juillet–6 novembre 1978, Paris 1978.

Literatur

Abelshauser, Werner, Deutsche Wirtschaftsgeschichte von 1945 bis zur Gegenwart, München ²2011.

Adams, Willi Paul, Die USA im 20. Jahrhundert, München 2008.

Adloff, Frank, Zivilgesellschaft. Theorie und politische Praxis, Frankfurt a.M. 2005.

Alber, Jens, In memoriam Ralf Dahrendorf (1.5.1929–17.6.2009) – ein persönlicher Rückblick, in: Soziologie 38/4 (2009), S. 465–475.

Albert, Pierre, La presse française, Paris 1979.

Albrecht, Carla, Das Comité français d'échanges avec l'Allemagne nouvelle als Wegbereiter des Deutsch-Französischen Jugendwerks, in: Lendemains 27/107–108 (2002), S. 177–189.

Allbritton, William T., Mitcham Jr., Samuel W., SS-Oberstgruppenführer und Generaloberst der Waffen-SS Joseph (Sepp) Dietrich, in: Ueberschär, Gerd R. (Hg.), Hitlers militärische Elite, Bd. 2: Vom Kriegsbeginn bis zum Weltkriegsende, Darmstadt 1998, S. 37–44.

ALTER, Peter (Hg.), Spuren in die Zukunft. Der Deutsche Akademische Austauschdienst 1925–2000, Bd. 1: Der DAAD in der Zeit. Geschichte, Gegenwart und zukünftige Aufgaben – vierzehn Essays, Bonn 2000.

ALTRICHTER, Helmut, WENTKER, Hermann (Hg.), Der KSZE-Prozess. Vom Kalten Krieg zu einem neuen Europa 1975 bis 1990, München 2011.

ALTWEGG, Jürg, Die Republik des Geistes. Frankreichs Intellektuelle zwischen Revolution und Reaktion, München, Zürich 1986.

ANGEHRN, Emil, Zivilgesellschaft und Staat. Anmerkungen zu einer Diskussion, in: Politisches Denken 1 (1992), S. 145–158.

AREND, Heike, Gleichzeitigkeit des Unvereinbaren. Verständigungskonzepte und kulturelle Begegnungen in den deutsch-französischen Beziehungen der Zwischenkriegszeit, in: Francia 20/3 (1993), S. 131–149.

ARTINGER, Kai, »Radikalenerlaß«, in: DERS. (Hg.), Die Grundrechte im Spiegel des Plakats 1919 bis 1999, Berlin 2000, S. 144–145.

ASSELAIN, Jean-Charles, La conduite de la politique économique, in: BERSTEIN, CASANOVA, SIRINELLI (Hg.), Les années Giscard. La politique économique, S. 9–52.

AZAM, Marie Cécile, Annäherungen – Jugendtreffen und Städtepartnerschaften, in: Vis-à-vis: Deutschland und Frankreich, hg. v. Haus der Geschichte der Bundesrepublik Deutschland, Köln 1998, S. 103–110.

BACKES, Uwe, JESSE, Eckhard, Politischer Extremismus in der Bundesrepublik Deutschland, Berlin 1993.

BAJON, Philip Robert, Die Krise des leeren Stuhls 1965/66. Ursachen, Verlauf und Folgen, in: GEHLER, Michael (Hg.), Vom gemeinsamen Markt zur europäischen Unionsbildung. 50 Jahre Römische Verträge 1957–2007, Wien u. a. 2009, S. 371–392.

BALZ, Hanno, Von Terroristen, Sympathisanten und dem starken Staat. Die öffentliche Debatte über die RAF in den 70er Jahren, Frankfurt a.M., New York 2008.

BARIÉTY, Jacques, Les Français craignent-ils une dérive allemande?, in: France-Allemagne. Perceptions et stratégies nationales, hg. v. der Fondation pour les études de défense nationale, Paris 1988, S. 5–16.

–, Nekrolog Jacques Droz 1909–1998, in: Historische Zeitschrift 267 (1998), S. 827–829.

BARTELS, Ulrike, Zwischen Anspruch und Wirklichkeit: Die Wochenschau als Propagandainstrument im Dritten Reich, in: HEIDENREICH, Bernd, NEITZEL, Sönke (Hg.), Medien im Nationalsozialismus, Paderborn u. a. 2010, S. 161–202.

BARTH, Ulrich, Der Carolus-Magnus-Kreis und seine Funktion im deutsch-französischen Assistentenaustausch, in: OLBERT, Jürgen (Hg.), Le colloque de Strasbourg 1977. Die erste Begegnung deutscher Französischlehrer und französischer Deutschlehrer, Frankfurt a.M. u. a. 1979, S. 189–192.

BASSEWITZ, Susanne von, Stereotypen und Massenmedien. Zum Deutschlandbild in französischen Tageszeitungen, Wiesbaden 1990.

BAUER, Fritz, Im Namen des Volkes: Die strafrechtliche Bewältigung der Vergangenheit, in: DERS., Die Humanität der Rechtsordnung. Ausgewählte Schriften, hg. v. Joachim PERELS und Irmtrud WOJAK, Frankfurt a.M., New York 1998, S. 77–90.

BAUER, Harald, Frankreichs Sicherheitspolitik und das geteilte Deutschland 1980–1985: Zwischen Kontrolle, Kooperation und Abhängigkeiten, Berlin 1987.

BAUER, Johannes, Die deutsch-französischen Beziehungen 1963–1969. Aspekte der Entwicklung nach Abschluss des Vertrages vom 22. Januar 1963, Bonn 1980.

BAUERKÄMPER, Arnd (Hg.), Die Praxis der Zivilgesellschaft. Akteure, Handeln und Strukturen im internationalen Vergleich, Frankfurt a.M. 2003.

–, Das umstrittene Gedächtnis. Die Erinnerung an Nationalsozialismus, Faschismus und Krieg in Europa seit 1945, Paderborn u. a. 2012.

BAUMANN, Ansbert, Begegnung der Völker? Der Élysée-Vertrag und die Bundesrepublik Deutschland. Deutsch-französische Kulturpolitik von 1963 bis 1969, Frankfurt a.M. u. a. 2003.

–, L'Office franco-allemand pour la jeunesse: une fondation controversée, in: BOCK u. a. (Hg.), Les jeunes dans les relations transnationales, S. 39–58.

BAUMS, Rainer, Die deutsch-französischen Beziehungen von 1969–1982 unter besonderer Berücksichtigung der Sicherheitspolitik, Bonn 1992.

BAUTZ, Ingo, Die Auslandsbeziehungen der deutschen Kommunen im Rahmen der europäischen Kommunalbewegung in den 1950er und 1960er Jahren: Städtepartnerschaften – Integration – Ost-West-Konflikt, Siegen 2002.

BECKER, Hellmut, Zwischen zwei Kulturen, in: HARTWEG (Hg.), À Joseph Rovan, S. 55–58.

BEILECKE, François, Französische Intellektuelle und die Dritte Republik. Das Beispiel einer Intellektuellenassoziation 1892–1939, Frankfurt a.M. 2003.

–, MARMETSCHKE, Katja (Hg.), Der Intellektuelle und der Mandarin. Für Hans Manfred Bock, Kassel 2005.

BELITZ, Ina, Befreundung mit dem Fremden: Die Deutsch-Französische Gesellschaft in den deutsch-französischen Kultur- und Gesellschaftsbeziehungen der Locarno-Ära. Programme und Protagonisten der transnationalen Verständigung zwischen Pragmatismus und Idealismus, Frankfurt a.M. u. a. 1997.

BENDER, Peter, Wandel durch Annäherung. Karriere eines Begriffs, in: Deutschland-Archiv 33 (2000), S. 971–978.

BENZ, Wolfgang, Der Aufbruch in die Moderne. Das 20. Jahrhundert, Stuttgart [10]2010.

BERBERICH, Gabriele, 20 Jahre Deutsch-Französische Gesellschaft für Wissenschaft und Technologie, Bonn [2]2002.

BERGMANN, Werner, Antisemitismus in öffentlichen Konflikten. Kollektives Lernen in der politischen Kultur der Bundesrepublik 1949–1989, Frankfurt a.M., New York 1997.

BERGSDORF, Wolfgang, In memoriam Joseph Rovan, in: Die politische Meinung 49/418 (2004), S. 87f.

BERRANG, Thomas, JÜNGST, Karl Ludwig, AUFFENFELD, Arno, Deutsch-französischer Austausch in der beruflichen Bildung. Evaluation längerfristiger Erträge der vom Deutsch-Französischen Sekretariat (DFS/SFA) organisierten Maßnahmen, Bonn 1997.

BERSTEIN, Serge, SIRINELLI, Jean-François (Hg.), Les années Giscard. Valéry Giscard d'Estaing et l'Europe 1974–1981, Paris 2006.

–, CASANOVA, Jean-Claude, SIRINELLI, Jean-François (Hg.), Les années Giscard. La politique économique 1974–1981, Paris 2009.

BIERLING, Stephan, Geschichte der amerikanischen Außenpolitik von 1917 bis zur Gegenwart, München [3]2007.

Biographisches Handbuch des deutschen Auswärtigen Dienstes 1871–1945, Bd. 1, hg. v. Historischen Dienst des Auswärtigen Amtes, Paderborn u. a. 2000.

BLUHM, Gesa, Vertrauensarbeit: Deutsch-französische Beziehungen nach 1945, in: FREVERT, Ute (Hg.), Vertrauen: Historische Annäherungen, Göttingen 2003, S. 365–393.

BOCK, Hans Manfred, Die Deutsch-Französische Gesellschaft 1926 bis 1934. Ein Beitrag zur Sozialgeschichte der deutsch-französischen Beziehungen der Zwischenkriegszeit, in: Francia 17/3 (1990), S. 57–101.

–, Zwischen Locarno und Vichy. Die deutsch-französischen Kulturbeziehungen der dreißiger Jahre als Forschungsfeld, in: DERS., MEYER-KALKUS, TREBITSCH (Hg.), Entre Locarno et Vichy, S. 25–61.

–, Kulturelle Eliten in den deutsch-französischen Gesellschaftsbeziehungen der Zwischenkriegszeit, in: HUDEMANN, SOUTOU (Hg.), Eliten in Deutschland und Frankreich, S. 73–91.

–, Wiederbeginn und Neuanfang in den deutsch-französischen Gesellschafts- und Kulturbeziehungen 1949 bis 1955, in: Lendemains 21/84 (1996), S. 58–66.

–, Vom Beruf des kulturellen Übersetzens zwischen Deutschland und Frankreich, oder: Verzagen die Mittler?, in: Lendemains 22/86–87 (1997), S. 8–19.

–, Das Deutsch-Französische Institut in der Geschichte des zivilgesellschaftlichen Austauschs zwischen Deutschland und Frankreich, in: DERS. (Hg.), Projekt deutsch-französische Verständigung, S. 11–120.

–, Der Intellektuelle und der Mandarin? Zur Rolle des Intellektuellen in Frankreich und Deutschland, in: Frankreich-Jahrbuch 11 (1998), S. 35–51.

– (Hg.), Projekt deutsch-französische Verständigung. Die Rolle der Zivilgesellschaft am Beispiel des Deutsch-Französischen Instituts in Ludwigsburg, Opladen 1998.

–, Connaître l'Allemagne – Enseigner l'Allemagne. Quelques origines biographiques de la conception des études germaniques de Pierre Bertaux, in: Lendemains 24/95–96 (1999), S. 164–168.

–, Universitätsrevolte und Reform des französischen Germanistikstudiums. Erinnerung und Dokumentation zur Gründung des Institut d'allemand d'Asnières vor dreißig Jahren, in: Lendemains 24/93 (1999), S. 117–139.

–, Créateurs, organisateurs, vulgarisateurs. Biographies de médiateurs socio-culturels entre la France et l'Allemagne au XXe siècle, in: Revue d'Allemagne 33/4 (2001), S. 453–467.

–, Deutsche und französische Europäer. Berliner Gespräche 1928 zwischen Joseph Roth und Pierre Bertaux, in: MONDOT, Jean, PELLETIER, Nicole, VALENTIN, Jean-Marie (Hg.), L'Allemagne et la crise de la raison: hommage à Gilbert Merlio, Bordeaux 2001, S. 407–421.

–, »Ich verzichte Herr Curtius, ich verzichte!«: Félix und Pierre Bertaux im Streitgespräch mit Ernst Robert Curtius (1925–1928), in: Passerelles et passeurs, S. 29–54.

– (Hg.), Deutsch-französische Begegnung und europäischer Bürgersinn: Studien zum Deutsch-Französischen Jugendwerk 1963–2003, Opladen 2003.

–, Komplizierung der politischen Beziehungen und Konsolidierung des DFJW in den sechziger Jahren, in: DERS. (Hg.), Deutsch-französische Begegnung, S. 61–90.

– (Hg.), Französische Kultur im Berlin der Weimarer Republik: kultureller Austausch und diplomatische Beziehungen, Tübingen 2005.

–, Kulturelle Wegbereiter politischer Konfliktlösung. Mittler zwischen Deutschland und Frankreich in der ersten Hälfte des 20. Jahrhunderts, Tübingen 2005.

–, Vorwort, in: DERS., Kulturelle Wegbereiter politischer Konfliktlösung. Mittler zwischen Deutschland und Frankreich in der ersten Hälfte des 20. Jahrhunderts, Tübingen 2005, S. 7–8.

–, Dialog der Kulturen. 50 Jahre Heinrich-Heine-Haus in der Cité universitaire de Paris, in: Dokumente 63/2 (2007), S. 25–28.

–, Die »Maison de l'Allemagne« in der Cité internationale universitaire de Paris 1956–1972. Zur Implementierung des ersten kulturpolitischen Projekts der Bundesrepublik in der französischen Hauptstadt, in: Lendemains 32/125 (2007), S. 110–149.

–, Transnationale Kulturbeziehungen und auswärtige Kulturpolitik. Die deutsch-französischen Institutionen als Beispiel, in: PFEIL (Hg.), Deutsch-französische Kultur- und Wissenschaftsbeziehungen, S. 9–27.

–, Complication des relations politiques et consolidation de l'OFAJ au cours des années 1960, in: DERS. u. a. (Hg.), Les jeunes dans les relations transnationales, S. 59–87.

–, Europäische Kulturpolitik als gesellschaftliche Praxis (Robert Picht 1937–2008), in: Lendemains 33/132 (2008), S. 156–159.

–, Les racines de l'OFAJ dans la société civile. Les initiatives privées de rapprochement en République fédérale et en France de 1949 à 1964, in: DERS. u. a. (Hg.), Les jeunes dans les relations transnationales, S. 15–38.

–, Zivilgesellschaftliche Kooperation zwischen Deutschland und Frankreich, in: KOLBOOM, Ingo, KOTSCHI, Thomas, REICHEL, Edward (Hg.), Handbuch Französisch: Sprache – Literatur – Kultur – Gesellschaft. Für Studium, Lehre, Praxis, Berlin ²2008, S. 716–723.

–, Vertretung und Vermittlung: Die Pariser Zweigstelle des Deutschen Akademischen Austauschdienstes 1964–2004, in: DERS., Topographie deutscher Kulturvertretung im Paris des 20. Jahrhunderts, Tübingen 2010, S. 365–390.

–, Vom Elitenaustausch zur zivilgesellschaftlichen Gruppenbegegnung. Die Ursprünge des Deutsch-Französischen Jugendwerks, in: DERS., Topographie deutscher Kulturvertretung im Paris des 20. Jahrhunderts, Tübingen 2010, S. 269–294.

–, MEYER-KALKUS, Reinhart, TREBITSCH, Michael (Hg.), Entre Locarno et Vichy. Les relations culturelles franco-allemandes dans les années 1930, Paris 1993.

–, KREBS, Gilbert (Hg.), Échanges culturels et relations diplomatiques. Présences françaises à Berlin au temps de la République de Weimar, Asnières 2004.

–, PFEIL, Ulrich, Kulturelle Akteure und die deutsch-französische Zusammenarbeit: Formen, Ziele, Einfluß, in: DEFRANCE, PFEIL (Hg.), Der Élysée-Vertrag, S. 215–234.

– u. a. (Hg.), Les jeunes dans les relations transnationales. L'Office franco-allemand pour la jeunesse, 1963–2008, Paris 2008.

BODE, Matthias, Expertise mit Weltverstand. Transnationalismus und auswärtige Kulturpolitik der Bundesrepublik in den sechziger und siebziger Jahren, in: KNOCH, Habbo (Hg.), Bürgersinn mit Weltgefühl. Politische Moral und solidarischer Protest in den sechziger und siebziger Jahren, Göttingen 2007, S. 93–114.

BÖSCH, Frank, Das »Dritte Reich« ferngesehen. Geschichtsvermittlung in der historischen Dokumentation, in: Geschichte in Wissenschaft und Unterricht 50/4 (1999), S. 204–220.

BORIES-SAWALA, Helga, Un passé qui ne passe pas. Täter, Opfer und Erinnerungskonflikte in Frankreich, in: KISSEL, Wolfgang Stephan, LIEBERT, Ulrike (Hg.), Perspektiven einer europäischen Erinnerungsgemeinschaft. Nationale Narrative und transnationale Dynamiken seit 1989, Berlin 2010, S. 105–126.

BOSSUAT, Gérard, La France, terre d'asile: l'avenir brouillé d'un grand destin, in: FLEURY, Antoine, FINK, Carole, JÍLEK, Lubor (Hg.), Les droits de l'homme en Europe depuis 1945. Human Rights in Europe since 1945, Bern u. a. 2003, S. 107–134.

BOURDIEU, Pierre, Die Intellektuellen und die Macht, Hamburg 1991.

BOURNAZEL, Renata, Rapallo. Ein französisches Trauma, Köln 1976.

BRANDT, Wolfgang, Die Sprache der Wirtschaftswerbung. Ein operationelles Modell zur

Analyse und Interpretation von Werbungen im Deutschunterricht, in: Germanistische Linguistik 5/1–2 (1973), S. 1–290.

BRAOUET, Christophe, Deutschland-Frankreich: Partner für Europa. 50 Jahre nach dem Élysée-Vertrag, Bochum 2012.

BRAUNTHAL, Gerard, Politische Loyalität und Öffentlicher Dienst. Der »Radikalenerlaß« von 1972 und die Folgen, Marburg 1992.

BREITMAN, Richard, Dannecker und Kappler in Rom. Neue Quellen zur Oktober-Deportation 1943, in: MATTHÄUS, Jürgen, MALLMANN, Klaus-Michael (Hg.), Deutsche, Juden, Völkermord. Der Holocaust als Geschichte und Gegenwart, Darmstadt 2006, S. 191–203.

BRUCK, Elke, Deutschland von außen, in: WEIDENFELD, Werner, KORTE, Karl-Rudolf (Hg.), Handbuch zur deutschen Einheit 1949–1989–1999, Frankfurt a.M., New York 1999, S. 202–215.

BRUNETEAU, Bernard, La mémoire de l'anti-européisme, des années 1950 à 2005, in: Les Cahiers Irice 2/4 (2009), S. 147–156.

BRUNNER, Bernhard, Lebenswege der deutschen Sipo-Chefs in Frankreich nach 1945, in: HERBERT, Ulrich (Hg.), Wandlungsprozesse in Westdeutschland. Belastung, Integration, Liberalisierung 1945–1980, Göttingen ²2003, S. 214–242.

–, Der Frankreich-Komplex. Die nationalsozialistischen Verbrechen in Frankreich und die Justiz der Bundesrepublik Deutschland, Göttingen 2004.

–, Deutsche NS-Täter vor französischen Gerichten, in: HALBRAINER, Heimo, KURETSIDIS-HAIDER, Claudia (Hg.), Kriegsverbrechen, NS-Gewaltverbrechen und die europäische Strafjustiz von Nürnberg bis Den Haag, Graz 2007, S. 148–157.

BUDDE, Gunilla, CONRAD, Sebastian, JANZ, Oliver (Hg.), Transnationale Geschichte: Themen, Tendenzen und Theorien. Jürgen Kocka zum 65. Geburtstag, Göttingen 2006.

BUFFET, Cyril, La sage aventure. Les conditions de la réconciliation franco-allemande 1944–1963, in: SCHUKER, Stephen A. (Hg.), Deutschland und Frankreich. Vom Konflikt zur Aussöhnung. Die Gestaltung der westeuropäischen Sicherheit 1914–1963, München 2000, S. 249–268.

BULA, Sandrine, Archives de la présidence de la République: Georges Pompidou, 1969–1974, Paris 1996.

BURIGANA, David, Toujours troisième? La République fédérale et la survivance technologique de l'»espace aérien européen« du bilatéralisme à Airbus. Entre rêve intégrationniste et pratique intergouvernementale (1959–1978), in: ELVERT, Jürgen, SCHIRMANN, Sylvain (Hg.), Zeiten im Wandel: Deutschland im Europa des 20. Jahrhunderts. Kontinuität, Entwicklungen und Brüche, Brüssel 2008, S. 177–196.

BURO, Andreas, Friedensbewegung, in: ROTH, RUCHT (Hg.), Die sozialen Bewegungen in Deutschland seit 1945, S. 267–291.

CHARLE, Christophe, SCHRIEWER, Jürgen, WAGNER, Peter (Hg.), Transnational Intellectual Networks. Forms of Academic Knowledge and the Search for Cultural Identities, Frankfurt a.M. 2004.

CHAUBET, François, La politique culturelle française et la diplomatie de la langue. L'Alliance française 1883–1940, Paris 2006.

CLARK, Christopher, Josef »Sepp« Dietrich – Landsknecht im Dienste Hitlers, in: SMELSER, Ronald, SYRING, Enrico (Hg.), Die SS: Elite unter dem Totenkopf. 30 Lebensläufe, Paderborn u. a. 2000, S. 119–133.

COLIN, Nicole, Mensch oder Schwein? Andreas Baader, Ulrike Meinhof und Gudrun Ensslin auf Besuch in Hamburg und Paris, in: DIES. u. a. (Hg.), Der »Deutsche Herbst« und die RAF in Politik, Medien und Kunst. Nationale und internationale Perspektiven, Bielefeld 2008, S. 67–82.

– u. a. (Hg.), Lexikon der deutsch-französischen Kulturbeziehungen nach 1945, Tübingen 2013.

Colvin, Sarah, Ulrike Meinhof and West German Terrorism: Language, Violence and Identity, Rochester NY 2009.

Connan, Christian, Deutsch-französische Universitätsbeziehungen, in: Engler, Winfried (Hg.), Frankreich an der Freien Universität. Geschichte und Aktualität, Stuttgart 1997, S. 11–21.

Conrad, Christoph, Der Erbfeind als Nachbar. Französisch-deutsche Wahrnehmungen der 1950er Jahre, in: Hohls, Schröder, Siegrist (Hg.), Europa und die Europäer: Quellen und Essays, S. 211–217.

Conze, Eckart, Die gaullistische Herausforderung: deutsch-französische Beziehungen in der amerikanischen Europapolitik 1958–1963, München 1995.

–, »Moderne Politikgeschichte«: Aporien einer Kontroverse, in: Müller, Guido (Hg.), Deutschland und der Westen. Internationale Beziehungen im 20. Jahrhundert. Festschrift für Klaus Schwabe zum 65. Geburtstag, Stuttgart 1998, S. 19–30.

–, Abschied von Staat und Politik? Überlegungen zur Geschichte der internationalen Politik, in: Ders., Lappenküper, Müller (Hg.), Geschichte der internationalen Beziehungen, S. 15–43.

–, Jenseits von Männern und Mächten: Geschichte der internationalen Politik als Systemgeschichte, in: Kraus, Hans-Christof, Nicklas, Thomas (Hg.), Geschichte der Politik. Alte und neue Wege, München 2007, S. 41–64.

–, Die Suche nach Sicherheit. Eine Geschichte der Bundesrepublik Deutschland von 1949 bis in die Gegenwart, München 2009.

–, Lappenküper, Ulrich, Müller, Guido (Hg.), Geschichte der internationalen Beziehungen: Erneuerung und Erweiterung einer historischen Disziplin, Köln u. a. 2004.

– u. a., Das Amt und die Vergangenheit. Deutsche Diplomaten im Dritten Reich und in der Bundesrepublik, München 2010.

Cornelissen, Christoph, Politische Geschichte, in: Ders. (Hg.), Geschichtswissenschaften. Eine Einführung, Frankfurt a.M. ³2004, S. 133–148.

Couchoud, Eitel-Victor, Die Gesellschaft für übernationale Zusammenarbeit, in: Deutschland-Frankreich. Ludwigsburger Beiträge zum Problem der deutsch-französischen Beziehungen 3 (1963), S. 28–31.

Dams, Carsten, Stolle, Michael, Die Gestapo. Herrschaft und Terror im Dritten Reich, München ³2012.

Dannenberg, Julia von, The Foundations of Ostpolitik. The making of the Moscow Treaty between West Germany and the USSR, Oxford 2008.

Daum, Andreas W., Charisma und Vergemeinschaftung: Zur Westbindung der Deutschen im Kalten Krieg, in: Berg, Manfred, Gassert, Philipp (Hg.), Deutschland und die USA in der internationalen Geschichte des 20. Jahrhunderts, Wiesbaden 2004, S. 449–472.

Deenen, Bernd van, Die Vereinigung Deutsch-Französischer Gesellschaften in Deutschland und Frankreich e.V. (VDFG). Versuch einer Standortbestimmung, in: Nass, Klaus Otto (Hg.), Elsie Kühn-Leitz. Mut zur Menschlichkeit. Vom Wirken einer Frau in ihrer Zeit, Bonn 1994, S. 404–417.

–, Koch, Georges, La FAFA, in: Ménudier (Hg.), Le couple franco-allemand, S. 314–319.

DEFRANCE, Corine, La politique culturelle de la France sur la rive gauche du Rhin 1945–1955, Straßburg 1994.

–, Les premiers jumelages franco-allemands 1950–1963, in: Lendemains 21/84 (1996), S. 83–95.

–, La création du réseau de centres culturels français en Allemagne dans l'immédiat après-guerre, in: Lendemains 26/103–104 (2001), S. 83–96.

–, »Es kann gar nicht genug Kulturaustausch geben«: Adenauer und die deutsch-französischen Kulturbeziehungen 1949–1963, in: SCHWABE, Klaus (Hg.), Konrad Adenauer und Frankreich: 1949–1963. Stand und Perspektiven der Forschung zu den deutsch-französischen Beziehungen in Politik, Wirtschaft und Kultur, Bonn 2005, S. 137–162.

–, Les relations culturelles franco-allemandes dans les années cinquante. Acteurs et structures des échanges, in: HUDEMANN, MIARD-DELACROIX (Hg.), Wandel und Integration, S. 241–255.

–, Warum ist die Kultur nicht Gegenstand des Élysée-Vertrages?, in: DIES., PFEIL (Hg.), Der Élysée-Vertrag, S. 197–214.

–, Sozio-kulturelle Beziehungen zwischen Frankreich und der Bundesrepublik Deutschland nach 1945, in: BERGSDORF, Wolfgang u. a. (Hg.), Erbfreunde. Deutschland und Frankreich im 21. Jahrhundert, Weimar 2007, S. 7–24.

–, Les jumelages franco-allemands. Aspect d'une coopération transnationale, in: Vingtième siècle 99 (2008), S. 189–201.

–, Sentinelle ou pont sur le Rhin? Le Centre d'études germaniques, Paris 2008.

–, Aus Feinden werden Freunde. Frankreich und Deutschland nach 1945, in: FELTEN, Franz J. (Hg.), Frankreich am Rhein: vom Mittelalter bis heute, Stuttgart 2009, S. 217–233.

–, Société civile et relations franco-allemandes, in: DIES., KISSENER, NORDBLOM (Hg.), Wege der Verständigung, S. 17–31.

–, Construction et déconstruction du mythe de la réconciliation franco-allemande au XXe siècle, in: PFEIL (Hg.), Mythes et tabous des relations franco-allemandes, S. 69–86.

–, PFEIL, Ulrich, (Hg.), Der Élysée-Vertrag und die deutsch-französischen Beziehungen 1945 – 1963 – 2003, München 2005.

–, PFEIL, Ulrich, Der Élysée-Vertrag und die deutsch-französischen Beziehungen: Eine Einleitung, in: DIES. (Hg.), Der Élysée-Vertrag, S. 9–46.

–, PFEIL, Ulrich, Das Projekt einer Deutsch-Französischen Hochschule seit 1963, in: PFEIL (Hg.), Deutsch-französische Kultur- und Wissenschaftsbeziehungen, S. 309–338.

–, KISSENER, Michael, NORDBLOM, Pia (Hg.), Wege der Verständigung zwischen Deutschen und Franzosen nach 1945. Zivilgesellschaftliche Annäherungen, Tübingen 2010.

–, PFEIL, Ulrich, Eine Nachkriegsgeschichte in Europa 1945 bis 1963, Darmstadt 2011.

–, PFEIL, Ulrich (Hg.), La France, l'Allemagne et le traité de l'Élysée 1963–2013, Paris 2012.

DERIX, Simone, Bebilderte Politik. Staatsbesuche in der Bundesrepublik 1949–1990, Göttingen 2009.

DETJEN, Marion, DETJEN, Stephan, STEINBEIS, Maximilian, Die Deutschen und das Grundgesetz. Geschichte und Grenzen unserer Verfassung, München 2009.

DITTGEN, Herbert, Deutsch-amerikanische Sicherheitsbeziehungen in der Ära Helmut Schmidt. Vorgeschichte und Folgen des NATO-Doppelbeschlusses, München 1991.

DOERING MANTEUFFEL, Anselm, RAPHAEL, Lutz, Nach dem Boom. Perspektiven auf die Zeitgeschichte seit 1970, Göttingen ²2010.

DROBISCH, Klaus, Die Judenreferate des Geheimen Staatspolizeiamtes und des Sicherheitsdienstes der SS 1933 bis 1939, in: Jahrbuch für Antisemitismusforschung 2 (1993), S. 230–254.

DUBOSCLARD, Alain u. a. (Hg.), Entre rayonnement et réciprocité. Contributions à l'histoire de la diplomatie culturelle, Paris 2002.

DÜLFFER, Jost, Europa im Ost-West-Konflikt 1945–1990, München 2004.

DÜMMER, Barbara, Die Städtepartnerschaft Frankenthal – Colombes (1958) und die Bedeutung transnationaler Kommunalverbände, in: DEFRANCE, KISSENER, NORDBLOM (Hg.), Wege der Verständigung, S. 189–204.

DÜWELL, Kurt, Zwischen Propaganda und Friedensarbeit – 100 Jahre Geschichte der deutschen Auswärtigen Kulturpolitik, in: MAASS (Hg.), Kultur und Außenpolitik, S. 61–111.

DUROSELLE, Jean-Baptiste, RENOUVIN, Pierre, Introduction à l'histoire des relations internationales, Paris [4]1997.

ECK, Jean-François, MARTENS, Stefan, SCHIRMANN, Sylvain (Hg.), L'économie, l'argent et les hommes. Les relations franco-allemandes de 1871 à nos jours, Paris 2009.

EDWARDS, Bob, FOLEY, Michael W., Civil Society and Social Capital, in: DIES., Michael, DIANI, Mario (Hg.), Beyond Tocqueville. Civil Society and the Social Capital Debate in Comparative Perspective, Hanover NH 2001, S. 1–14.

EIBER, Ludwig, SIGEL, Robert (Hg.), Dachauer Prozesse. NS-Verbrechen vor amerikanischen Militärgerichten in Dachau 1945–48. Verfahren, Ergebnisse, Nachwirkungen, Göttingen 2007.

ELVERT, Jürgen, »Einig Freunde?« Einige Überlegungen über die Bedeutung von Freundschaft für den europäischen Integrationsprozess, in: ASCHMANN, Birgit (Hg.), Gefühl und Kalkül. Der Einfluss von Emotionen auf die Politik des 19. und 20. Jahrhunderts, Stuttgart 2005, S. 184–196.

ENGEL, Kathrin, Stars ohne Grenzen, in: Vis-à-vis: Deutschland und Frankreich, hg. v. Haus der Geschichte der Bundesrepublik Deutschland, Köln 1998, S. 159–168.

ERB, Rainer, KOHLSTRUCK, Michael, Rechtsextremismus in Deutschland nach 1945, in: BENZ, Wolfgang (Hg.), Handbuch des Antisemitismus. Judenfeindschaft in Geschichte und Gegenwart, Bd. 3: Begriffe, Theorien, Ideologien, Berlin, New York 2010, S. 282–285.

ESPAGNE, Michel, Les transferts culurels franco-allemands, Paris 1999.

–, WERNER, Michael, Transferts culturels franco-allemands, in: Revue de synthèse 2 (1988), S. 187–194.

–, WERNER, Michael (Hg.), Transferts. Les relations interculturelles dans l'espace franco-allemand, Paris 1998.

FALBISANER, Christiane, Emmanuel Mounier et l'Allemagne, in: Revue d'Allemagne 21/2 (1989), S. 257–279.

FAULSTICH, Werner, Einführung in die Medienwissenschaft, München 2002.

FENSKE, Hans, Nachbarn – Erbfeinde – Freunde. Zu den Schwierigkeiten der deutsch-französischen Beziehungen seit dem 17. Jahrhundert, in: Jahrbuch für westdeutsche Landesgeschichte 17 (1991), S. 263–298.

FISCHER, Torben, LORENZ, Matthias N. (Hg.), Lexikon der »Vergangenheitsbewältigung« in Deutschland. Debatten- und Diskursgeschichte des Nationalsozialismus nach 1945, Bielefeld 2007.

FLEITER, Rüdiger, Die Ludwigsburger Zentrale Stelle – eine Strafverfolgungsbehörde als Legitimationsinstrument, in: Kritische Justiz 35/2 (2002), S. 253–272.

FLORIN, Katharina, Bürger schlagen Brücken. Das zivilgesellschaftliche Engagement für die deutsch-französische Annäherung, Kassel 2009.

Fouché, Jean-Jacques, Oradour, Paris 2001.

–, Oradour. La politique et la justice, Paris 2004.

–, Tulle, nouveaux regards sur les pendaisons et les événements de juin 1944, Paris 2008.

François, Étienne, Erbfreunde. Deutschland und Frankreich in Vergangenheit, Gegenwart und Zukunft, in: Bergsdorf, Wolfgang u. a. (Hg.), Erbfreunde. Deutschland und Frankreich im 21. Jahrhundert, Weimar 2007, S. 127–144.

Frank, Robert, Der Élysée-Vertrag: Ein deutsch-französischer Erinnerungsort?, in: Defrance, Pfeil (Hg.), Der Élysée-Vertrag, S. 237–247.

Frei, Norbert, Vergangenheitspolitik. Die Anfänge der Bundesrepublik und die NS-Vergangenheit, München ²1997.

Freudiger, Kerstin, Die juristische Aufarbeitung von NS-Verbrechen, Tübingen 2002.

Friedrich, Jörg, Die kalte Amnestie. NS-Täter in der Bundesrepublik, Berlin 2007.

Frindte, Wolfgang, Inszenierter Antisemitismus. Eine Streitschrift, Wiesbaden 2006.

Fritsch-Bournazel, Renata, Deutsche und Franzosen. Schicksalsgemeinschaft in Europa, in: Deutschland. Porträt einer Nation, Bd. 10: Deutschland, Europa und die Welt, Gütersloh 1986, S. 144–155.

Fröhlich, Claudia, Rückkehr zur Demokratie – Wandel der politischen Kultur in der Bundesrepublik, in: Reichel, Peter, Schmid, Harald, Steinbach, Peter (Hg.), Der Nationalsozialismus – die zweite Geschichte: Überwindung, Deutung, Erinnerung, München 2009, S. 105–126.

Führer, Karl Christian, Hickethier, Knut, Schildt, Axel, Öffentlichkeit – Medien – Geschichte. Konzepte der modernen Öffentlichkeit und Zugänge zu ihrer Erforschung, in: Archiv für Sozialgeschichte 41 (2001), S. 1–38.

Gaddis, John Lewis, Der Kalte Krieg. Eine neue Geschichte, München 2008.

Gallus, Alexander, Die Neutralisten. Verfechter eines vereinten Deutschland zwischen Ost und West 1945–1990, Düsseldorf 2001.

–, Für ein vereintes Deutschland zwischen Ost und West: Neutralistischer Protest in der Bundesrepublik Deutschland, in: Geppert, Dominik, Wengst, Udo (Hg.), Neutralität – Chance oder Chimäre? Konzepte des Dritten Weges für Deutschland und die Welt 1945–1990, München 2005, S. 59–78.

Garstka, Hansjürgen, Die Rolle der Gemeinde in der internationalen Verständigung nach dem Zweiten Weltkrieg gezeigt am Beispiel der deutsch-französischen Verständigung, Stuttgart 1972.

Geiger, Tim, Atlantiker gegen Gaullisten. Außenpolitischer Konflikt und innerparteilicher Machtkampf in der CDU/CSU 1958–1969, München 2008.

Geneste, Pascal, Archives de la présidence de la République: Valéry Giscard d'Estaing 1974–1981, Paris 2007.

George, Marion, Günter Grass und Frankreich, in: Honsza, Norbert, Światłowska, Irena (Hg.), Günter Grass. Bürger und Schriftsteller, Dresden 2008, S. 297–312.

Geppert, Dominik, Pressekriege. Öffentlichkeit und Diplomatie in den deutsch-britischen Beziehungen (1896–1912), München 2007.

Gessmann, Martin, Heidenreich, Felix (Hg.), Bildung in Frankreich und Deutschland, Münster 2006.

Gibbs, David N., Die Hintergründe der sowjetischen Invasion in Afghanistan 1979, in: Greiner, Bernd, Müller, Christian Th., Walter, Dierk (Hg.), Heiße Kriege im Kalten Krieg, Hamburg 2006, S. 291–314.

GIENOW-HECHT, Jessica, SCHUMACHER, Frank (Hg.), Culture and International History, New York 2003.

GILBERT, Mark, European Integration. A Concise History, Plymouth 2012.

GLAESSNER, Gert-Joachim, Politik in Deutschland, Wiesbaden ²2006.

GNESOTTO, Nicole, Der sicherheitspolitische Dialog 1954 bis 1986, in: KAISER, Karl, LELLOUCHE, Pierre (Hg.), Deutsch-französische Sicherheitspolitik. Auf dem Wege zur Gemeinsamkeit?, Bonn 1986, S. 5–26.

GÖDDE-BAUMANNS, Beate, Bürgerschaftliche Basis der Annäherung: Die Deutsch-Französischen Gesellschaften – Einblicke in die Praxis, in: DEFRANCE, KISSENER, NORDBLOM (Hg.), Wege der Verständigung, S. 137–158.

GOTTO, Bernhard u. a. (Hg.), Nach „Achtundsechzig". Krisen und Krisenbewusstsein in Deutschland und Frankreich in den 1970er Jahren, München 2013.

GOUGOU, Florent, Sport, in: KUFER, Astrid, GUINAUDEAU, Isabelle, PREMAT, Christophe (Hg.), Handwörterbuch der deutsch-französischen Beziehungen, Baden-Baden 2009, S. 175–177.

GRÄSSLE, Inge, Der europäische Fernseh-Kulturkanal ARTE. Deutsch-französische Medienpolitik zwischen europäischem Anspruch und nationaler Wirklichkeit, Frankfurt a.M., New York 1995.

GREVE, Michael, Der justitielle und rechtspolitische Umgang mit den NS-Gewaltverbrechen in den sechziger Jahren, Frankfurt a.M. 2001.

GROSCOLAS, Daniel, Au service de la jeunesse franco-allemande, in: HARTWEG (Hg.), À Joseph Rovan, S. 105–106.

GROSSE, Ernst Ulrich, Das Bildungswesen: Traditionen und Innovationen, in: DERS., LÜGER, Heinz-Helmut, Frankreich verstehen. Eine Einführung mit Vergleichen zu Deutschland, Darmstadt ⁶2008, S. 198–243.

GROSSE KRACHT, Klaus, »Ein Europa im kleinen«. Die Sommergespräche von Pontigny und die deutsch-französische Intellektuellenverständigung in der Zwischenkriegszeit, in: IASL 27/1 (2002), S. 144–169.

GROSSER, Alfred, Frankreich und seine Außenpolitik 1944 bis heute, München, Wien 1986.

GRUNER, Wolf D., Deutschland mitten in Europa. Aspekte und Perspektiven der deutschen Frage in Geschichte und Gegenwart, Hamburg 1992.

GRUNERT, Thomas, Langzeitwirkungen von Städte-Partnerschaften. Ein Beitrag zur europäischen Integration, Kehl, Straßburg 1981.

GRUNEWALD, Michel, Face à l'»Allemagne éternelle«. Maurras et l'Allemagne de la naissance de l'Action française à la Première Guerre mondiale, in: BUSSIEK, Dagmar, GÖBEL, Simona (Hg.), Kultur, Politik und Öffentlichkeit. Festschrift für Jens Flemming, Kassel 2009, S. 244–265.

–, De Luther à Hitler. Maurras et l'»Allemagne éternelle«, in: DARD, Olivier, GRUNEWALD, Michel (Hg.), Charles Maurras et l'étranger. L'étranger et Charles Maurras, Bern 2009, S. 339–358.

– u. a. (Hg.), France-Allemagne au XXᵉ siècle – La production de savoir sur l'autre (vol. 2). Deutschland und Frankreich im 20. Jahrhundert – Akademische Wissensproduktion über das andere Land (Bd. 2), Bern u. a. 2012.

GRYGOWSKI, Dimitri, La RFA et la France face aux turbulences du système monétaire international. L'Union économique et monétaire (UEM) comme exutoire, instrument de dissuasion et de négociation de 1957 à 1978, in: ECK, MARTENS, SCHIRMANN (Hg.), L'économie, l'argent et les hommes, S. 339–355.

GUÉHENNO, Jean Marie, Diplomatie culturelle: culture de France, culture d'Europe, in: Politique étrangère 51/1 (1986), S. 165–171.

GUERVEL, Michel, Jalons sur une éducation allemande, in: HARTWEG (Hg.), À Joseph Rovan, S. 89–91.

–, Le fondateur Jean du Rivau, in: Documents 45/1 (1990), S. 125–131.

–, Le BILD de Jean du Rivau à Joseph Rovan, in: MÉNUDIER (Hg.), Le couple franco-allemand, S. 299–306.

HACHMEISTER, Lutz, Schleyer. Eine deutsche Geschichte, München 2004.

HACKE, Christian, Weltmacht wider Willen. Die Außenpolitik der Bundesrepublik Deutschland, Stuttgart 1988.

–, 60 Jahre Außenpolitik der Bundesrepublik Deutschland, in: SCHWARZ, Hans-Peter (Hg.), Die Bundesrepublik Deutschland. Eine Bilanz nach 60 Jahren, Köln u. a. 2008, S. 487–510.

HAFTENDORN, Helga, Deutsche Außenpolitik zwischen Selbstbeschränkung und Selbstbehauptung 1945–2000, Stuttgart 2011.

HAHN, Oliver, ARTE – Der europäische Kulturkanal. Eine Fernsehsprache in vielen Sprachen, München 1997.

HANN, Chris, Zivilgesellschaft oder Citizenship? Skeptische Überlegungen eines Ethnologen, in: HILDERMEIER, KOCKA, CONRAD (Hg.), Europäische Zivilgesellschaft in Ost und West, S. 85–109.

HARDER, Hermann, »Doktor, Doktor«. La cotutelle de thèse, instrument de la coopération universitaire internationale et franco-allemande, in: Passerelles et passeurs, S. 105–122.

HARNISCHFEGER, Horst, Auswärtige Kulturpolitik, in: SCHMIDT, Siegmar, HELLMANN, Gunther, WOLF, Reinhard (Hg.), Handbuch zur deutschen Außenpolitik, Wiesbaden 2007, S. 713–723.

HARTJE, Hans (Hg.), Heinrich Mann: Le roman d'Henri IV et les relations d'amitié avec Félix Bertaux, Paris 2010.

HARTMANN, Jürgen, Die Deutsch-Französische Kulturstiftung in Mainz, in: Jahrbuch für westdeutsche Landesgeschichte 29 (2003), S. 541–550.

HARTWEG, Frédéric (Hg.), À Joseph Rovan, penseur et acteur du dialogue franco-allemand: hommages pour son soixante-dixième anniversaire, Paris 1989.

HASSNER, Pierre, Was geht in Deutschland vor? Wiederbelebung der deutschen Frage durch Friedensbewegung und alternative Gruppe, in: Europa-Archiv 37/17 (1982), S. 517–526.

HEINEMANN, Manfred, Spuren in die Zukunft. Der Deutsche Akademische Austauschdienst 1925–2000, Bd. 2: Fakten und Zahlen zum DAAD. Personen, Programme und Projekte – ein Rundblick, Bonn 2000.

HEINEN, Armin, Jumelage Reims-Aachen. Eine Bildgeschichte deutsch-französischer Beziehungen über Interessen, gesellschaftliche Verflechtungen und die Bedeutung von Symbolen, in: DERS., HÜSER (Hg.), Tour de France, S. 239–252.

–, HÜSER, Dietmar (Hg.), Tour de France. Eine historische Rundreise. Festschrift für Rainer Hudemann, Stuttgart 2008.

HEIN-MOOREN, Klaus Dieter, Spontan oder geplant? Bemerkungen zu Willy Brandts Kniefall in Warschau, in: Geschichte in Wissenschaft und Unterricht 55 (2004), S. 744–753.

HENKE, Klaus-Dietmar, Die amerikanische Besetzung Deutschlands, München [2] 1996.

HERBERT, Ulrich, NS-Eliten in der Bundesrepublik, in: LOTH, Wilfried, RUSINEK, Bernd A. (Hg.), Verwandlungspolitik. NS-Eliten in der westdeutschen Nachkriegsgesellschaft, Frankfurt a. M., New York 1998, S. 93–115.

HIEPEL, Claudia, Willy Brandt und Georges Pompidou. Deutsch-französische Europapolitik zwischen Aufbruch und Krise, München 2012.

HILDEBRAND, Klaus, Der provisorische Staat und das ewige Frankreich. Die deutsch-französischen Beziehungen 1963–1969, in: Historische Zeitschrift 240 (1985), S. 283–311.

HILDERMEIER, Manfred, KOCKA, Jürgen, CONRAD, Christoph (Hg.), Europäische Zivilgesellschaft in Ost und West. Begriff, Geschichte, Chancen, Frankfurt a.M. 2000.

HÖHNE, Heinz, Wladimir S. Semjonow, der Deutschlandspezialist Moskaus, in: Der europäische Osten 2/7–8 (1955), S. 447f.

HÖLSCHER, Lucian, Art. »Öffentlichkeit«, in: BRUNNER, Otto, CONZE, Werner, KOSELLECK, Reinhart (Hg.), Geschichtliche Grundbegriffe. Historisches Lexikon zur politisch-sozialen Sprache in Deutschland, Bd. 4, Stuttgart 2004, S. 413–468.

HÖLZLE, Peter, Brückenbauer über den Rhein: Pierre Viénot und Pierre Bertaux, in: Frankreich-Jahrbuch 15 (2002), S. 231–242.

HÖPEL, Thomas, TIEMANN, Dieter (Hg.), 1945 – 50 Jahre danach. Aspekte und Perspektiven im deutsch-französischen Beziehungsfeld, Leipzig 1996.

HOHENSEE, Jens, Der erste Ölpreisschock 1973/74. Die politischen und gesellschaftlichen Auswirkungen der arabischen Erdölpolitik auf die Bundesrepublik Deutschland und Westeuropa, Stuttgart 1996.

HOHLS, Rüdiger, SCHRÖDER, Iris, SIEGRIST, Hannes (Hg.), Europa und die Europäer: Quellen und Essays zur modernen europäischen Geschichte. Festschrift für Hartmut Kaelble zum 65. Geburtstag, Stuttgart 2005.

HOLESCHOVSKY, Christine, Art. »Direktwahl zum Europäischen Parlament«, in: MICKEL, Wolfgang W., BERGMANN, Jan M. (Hg.), Handlexikon der Europäischen Union, Baden-Baden [3]2005, S. 156–157.

HOLIK, Josef, Die Rüstungskontrolle. Rückblick auf eine kurze Ära, Berlin 2008.

HOLZER, Horst, Medien in der BRD. Entwicklungen 1970–1980, Köln 1980.

HUDEMANN, Rainer, Lehren aus dem Krieg. Neue Dimensionen in den deutsch-französischen Beziehungen nach 1945, in: HOHLS, SCHRÖDER, SIEGRIST (Hg.), Europa und die Europäer: Quellen und Essays, S. 428–435.

–, Mariannes und Michels Erbfreundschaft?: Deutschland und Frankreich seit 1945, Trier 2005.

–, SOUTOU, Georges-Henri (Hg.), Eliten in Deutschland und Frankreich im 19. und 20. Jahrhundert. Strukturen und Beziehungen, Bd. 1, München 1994.

–, POIDEVIN, Raymond (Hg.), Die Saar 1945–1955. Ein Problem der europäischen Geschichte, München [2]1995.

–, MIARD-DELACROIX, Hélène (Hg.), Wandel und Integration. Deutsch-französische Annäherungen der fünfziger Jahre. Mutations et intégration. Les rapprochements francoallemands dans les années cinquante, München 2005.

HÜSER, Dietmar, Frankreich, Deutschland und die französische Öffentlichkeit 1944–1950: Innenpolitische Aspekte deutschlandpolitischer Maximalpositionen, in: MARTENS (Hg.), Vom »Erbfeind« zum »Erneuerer«, S. 19–64.

–, Frankreichs »doppelte Deutschlandpolitik«. Dynamik aus der Defensive – Planen, Entscheiden, Umsetzen in gesellschaftlichen und wirtschaftlichen, innen- und außenpolitischen Krisenzeiten 1944–1950, Berlin 1996.

–, Geschichte internationaler Beziehungen und Methoden zeithistorischer Forschung – Zum deutsch-französischen Verhältnis zwischen Kriegsende und Jahrtausendwende, in: Frankreich-Jahrbuch 15 (2002), S. 243–254.

–, Struktur- und Kulturgeschichte französischer Außen- und Deutschlandpolitik im Jahre 1945. Für eine methodenbewusste Geschichte der internationalen Beziehungen, in: Historische Mitteilungen 16 (2003), S. 155–170.

–, Zivilgesellschaftliche Mittler im kurzen 20. Jahrhundert. Deutsch-französische Intellektuellengeschichten um Edmond Vermeil und Robert Minder, in: Frankreich-Jahrbuch 22 (2009), S. 187–194.

HURTIG, Serge, LANCELOT, Alain, Avant-propos, in: BADIE, Bertrand, SADOUN, Marc (Hg.), L'autre. Études réunies pour Alfred Grosser, Paris 1996, S. 11–15.

HUSEMANN, Friedrich W., SIEGERT, Wolf, Helmut Schmidt et les incertitudes allemandes, in: Documents 37/1 (1982), S. 38–58.

ILIĆ, Frano, Frankreich und Deutschland. Das Deutschlandbild im französischen Parlament 1919–1933, Münster 2004.

JAMES, Harold, Die D-Mark, in: FRANÇOIS, Étienne, SCHULZE, Hagen (Hg.), Deutsche Erinnerungsorte. Eine Auswahl, München 2005, S. 369–384.

JARAUSCH, Konrad H., BAUERKÄMPER, Arnd, PAYK, Marcus M. (Hg.), Demokratiewunder. Transatlantische Mittler und die kulturelle Öffnung Westdeutschlands 1945–1970, Göttingen 2005.

JESSE, Eckhard, Demokratie in Deutschland. Diagnosen und Analysen, hg. v. Uwe BACKES und Alexander GALLUS, Köln u. a. 2008.

JESSEN, Ralph, REICHARDT, Sven, KLEIN, Ansgar (Hg.), Zivilgesellschaft als Geschichte. Studien zum 19. und 20. Jahrhundert, Wiesbaden 2004.

JÜNEMANN, Annette, RICHTER, Emanuel, ULLRICH, Hartmut (Hg.), Gemeindepartnerschaften im Umbruch Europas, Frankfurt a.M. 1994.

KAELBLE, Hartmut, Die sozialen und kulturellen Beziehungen Frankreichs und Deutschlands seit 1945, in: Aus Politik und Zeitgeschichte 3–4 (2003), S. 40–46.

–, Kalter Krieg und Wohlfahrtsstaat. Europa 1945–1989, München 2011.

–, KIRSCH, Martin, SCHMIDT-GERNIG, Alexander (Hg.), Transnationale Öffentlichkeiten und Identitäten im 20. Jahrhundert, Frankfurt a.M. 2002.

KALBHEN, Uwe (Hg.), Die deutsch-französische Zusammenarbeit in Forschung und Technologie. Situation, Probleme, Perspektiven, Bonn 1985.

KALTEFLEITER, Werner, Vorspiel zum Wechsel. Eine Analyse der Bundestagswahl 1976, Bonn 1977.

KAMBAS, Chryssoula, La famille Bertaux, in: ESPAGNE, Michel, WERNER, Michael (Hg.), Les études germaniques en France (1900–1970), Paris 1994, S. 205–222.

–, Im Zeichen Hölderlins: Pierre Bertaux' ikonoklastische Germanistik für ein deutsch-französisches Europa, in: DOTZLER, Bernhard J., SCHRAMM, Helmar (Hg.), Cachaça. Fragmente zur Geschichte von Poesie und Imagination, Berlin 1996, S. 180–189.

KATHE, Steffen R., Kulturpolitik um jeden Preis. Die Geschichte des Goethe-Instituts von 1951 bis 1990, München 2005.

KELLER, Thomas, Das Spiel – le match oder Krieg der Vorurteile, in: Informationen Deutsch als Fremdsprache 10/1 (1983), S. 16–27.

KIERSCH, Gerhard, Nationalismus, nationale Ideen und Interessen als Bestimmungsfaktoren der französischen Europapolitik, in: Politische Grundströmungen im europäischen Integrationsprozeß. Jahreskolloquium 1981, hg. v. Arbeitskreis Europäische Integration, Baden-Baden 1982, S. 153–176.

–, Geduldiges Abtragen von »Kulturmauern«. Vierzig Jahre Deutsch-Französisches Institut, in: Dokumente 44/5 (1988), S. 357–363.

–, Die Außenpolitik Frankreichs, in: WOYKE, Wichard (Hg.), Netzwerk Weltpolitik. Groß-mächte, Mittelmächte und Regionen und ihre Außenpolitik nach dem Zweiten Weltkrieg, Opladen 1989, S. 193–215.

–, L'Institut franco-allemand de Ludwigsburg. L'abolition patiente des »barrières culturel-les«, in: MÉNUDIER (Hg.), Le couple franco-allemand, S. 320–325.

KIESSLING, Friedrich, Der »Dialog der Taubstummen ist vorbei«. Neue Ansätze in der Geschichte der internationalen Beziehungen des 19. und 20. Jahrhunderts, in: Historische Zeitschrift 275 (2002), S. 651–680.

KISSENER, Michael, Wie Völker hassen lernen. Deutsche und Franzosen im 19. Jahrhundert, in: FELTEN, Franz J. (Hg.), Frankreich am Rhein: vom Mittelalter bis heute, Stuttgart 2009, S. 181–198.

KLEE, Ernst, Das Personenlexikon zum Dritten Reich. Wer war was vor und nach 1945, Frankfurt a.M. 2003.

KLEIN, Thomas, SEW – Die Westberliner Einheitssozialisten. Eine »ostdeutsche« Partei als Stachel im Fleische der »Frontstadt«?, Berlin 2009.

KLÜMPEN, Heinrich, Deutsche Außenpolitik zwischen Versailles und Rapallo. Revisionis-mus oder Neuorientierung?, Münster, Hamburg 1992.

KNIPPING, Franz (Hg.), Französische Kulturpolitik in Deutschland 1945–1950, Tübingen 1987.

KOCKA, Jürgen, Zivilgesellschaft als historisches Problem und Versprechen, in: HILDERMEI-ER, KOCKA, CONRAD (Hg.), Europäische Zivilgesellschaft in Ost und West, S. 14–20.

–, Zivilgesellschaft in historischer Perspektive, in: Neue Soziale Bewegungen. Forschungs-journal 18/2 (2003), S. 29–37.

–, Ralf Dahrendorf in historischer Perspektive. Aus Anlass seines Todes am 17. Juni 2009, in: Geschichte und Gesellschaft 35 (2009), S. 346–352.

– u. a. (Hg.), Neues über Zivilgesellschaft. Aus historisch-sozialwissenschaftlichem Blick-winkel, WZB-Paper P 01–801, Berlin 2001.

KOENEN, Gerd, Das rote Jahrzehnt. Unsere kleine deutsche Kulturrevolution 1967–1977, Köln [2]2001.

KÖNIGSEDER, Angelika, Art. »Gesetz zur Wiederherstellung des Berufsbeamtentums«, in: BENZ, Wolfgang, GRAML, Hermann, WEISS, Hermann (Hg.), Enzyklopädie des Nationalso-zialismus, München [5]2007, S. 536–537.

KOLB, Eberhard, Die Weimarer Republik, München [6]2002.

KOLBOOM, Ingo, Im Westen nichts Neues? Frankreichs Sicherheitspolitik, das deutsch-fran-zösische Verhältnis und die deutsche Frage, in: KAISER, Karl, LELLOUCHE, Pierre (Hg.), Deutsch-französische Sicherheitspolitik. Auf dem Wege zur Gemeinsamkeit?, Bonn 1986, S. 68–89.

–, Deutschlandbilder der Franzosen: Der Tod des »Dauerdeutschen«, in: TRAUTMANN, Gün-ter (Hg.), Die hässlichen Deutschen? Deutschland im Spiegel der westlichen und östlichen Nachbarn, Darmstadt 1991, S. 212–243.

–, Das Bild vom Nachbarn: Zur Rolle nationaler Klischees in der Entwicklung der deutsch-französischen Beziehungen am Beispiel französischer Deutschlandbilder, in: Französisch heute 24/1 (1993), S. 1–15.

–, Quand les »VIP« boudent, les »VRP« bougent. Défense & illustration des relations cul-turelles franco-allemandes dans une Europe renaissante, in: KRAUSS, Henning u. a. (Hg.), Offene Gefüge. Literatursystem und Lebenswirklichkeit. Festschrift für Fritz Nies zum 60. Geburtstag, Tübingen 1994, S. 531–547.

–, Alfred Grosser: Le Français franco-allemand, l'Européen, in: Documents 50/1 (1995), S. 46–56.

–, Hommage à Alfred Grosser, in: Allemagne d'aujourd'hui 131 (1995), S. 109–120.

–, Er glaubte an das Deutschland, das wir alle verdienen: Joseph Rovan, in: Documents 60/1 (2005), S. 83–85.

KOOPMANN, Martin, Das schwierige Bündnis. Die deutsch-französischen Beziehungen und die Außenpolitik der Bundesrepublik Deutschland 1958–1965, Baden-Baden 2000.

KOPPER, Christopher, Handel und Verkehr im 20. Jahrhundert, München 2002.

KOSS, Michael, Scheitern als Chance. Helmut Kohl und die Bundestagswahl 1976, in: FORKMANN, Daniela, RICHTER, Saskia (Hg.), Gescheiterte Kanzlerkandidaten. Von Kurt Schumacher bis Edmund Stoiber, Wiesbaden 2007, S. 174–201.

KOTTHOFF, Marcel, Die Entwicklung der deutsch-französischen Sicherheitskooperation seit dem Ende des Ost-West-Konflikts, Wiesbaden 2011.

KRAMER, Mark, Die Sowjetunion, der Warschauer Pakt und blockinterne Krisen während der Brežnev-Ära, in: DIEDRICH, Torsten, HEINEMANN, Winfried, OSTERMANN, Christan F. (Hg.), Der Warschauer Pakt von der Gründung bis zum Zusammenbruch 1955 bis 1991, Berlin 2009, S. 273–336.

KRAUSHAAR, Wolfgang (Hg.), Die RAF und der linke Terrorismus, 2 Bde., Hamburg 2006.

KREBS, Gilbert, In Paris hatte ich einen sehr geliebten Freund. Heinrich Mann und Félix Bertaux vor Locarno, in: BEILECKE, MARMETSCHKE (Hg.), Der Intellektuelle und der Mandarin, S. 619–642.

–, SCHULTE, Hansgerd, STIEG, Gerald, Avant-propos, in: DIES. (Hg.), Médiations ou le métier de germaniste. Mélanges offerts à Pierre Bertaux par ses amis, collègues et élèves, Asnières 1977, S. 5–7.

KREILE, Michael, Die Bundesrepublik Deutschland – eine »Économie dominante« in Westeuropa?, in: BERMBACH, Udo (Hg.), Politische Wissenschaft und politische Praxis, Opladen 1978, S. 236–256.

KREMENDAHL, Hans, Die Freiheit-Sozialismus-Diskussion im Bundestagswahlkampf 1976 und das Verhältnis von Konsens und Konflikt im Parteiensystem der Bundesrepublik Deutschland, in: GÖHLER, Gerhard (Hg.), Politische Theorie: Begründungszusammenhänge in der Politikwissenschaft, Stuttgart 1978, S. 109–135.

KRETZENBACHER, Heinz L., Der »erweiterte Kulturbegriff« in der außenpolitischen Diskussion der Bundesrepublik Deutschland. Ein Vergleich mit der öffentlichen/innenkulturpolitischen und kulturwissenschaftlichen Begriffsentwicklung von den sechziger bis zu den achtziger Jahren, in: Jahrbuch Deutsch als Fremdsprache 18 (1992), S. 170–196.

KRIEGER, Wolfgang, Airbus: un exemple de coopération européenne, in: DEFRANCE, Corine, PFEIL, Ulrich (Hg.), La construction d'un espace scientifique commun? La France, la RFA et l'Europe après le »choc du Spoutnik«, Brüssel u. a. 2012, S. 293–301.

KROTZ, Ulrich, SCHILD, Joachim, Shaping Europe. France, Germany and Embedded Bilateralism from the Élysée Treaty to Twenty-First Century Politics, Oxford 2013.

KUSBER, Jan, Ostverträge 1970/72. Überwindung oder Zementierung der Teilung Europas?, in: RÖDDER, Andreas, ELZ, Wolfgang (Hg.), Deutschland in der Welt. Weichenstellungen in der Geschichte der Bundesrepublik, Göttingen 2010, S. 47–66.

KWASCHIK, Anne, Auf der Suche nach der deutschen Mentalität. Der Kulturhistoriker und Essayist Robert Minder, Göttingen 2008.

LACROIX, Jean-Michel, Hommage à Joseph Rovan: une carrière exceptionnelle. Discours prononcé par le président de l'université Paris III-Sorbonne Nouvelle, in: Documents 57/1 (2002), S. 61–65.

LÄMMERT, Eberhard, Bertaux, Hölderlin und die Deutschen, in: DERS., Das überdachte Labyrinth. Ortsbestimmungen der Literaturwissenschaft 1960–1990, Stuttgart 1991, S. 232–238.

LAITENBERGER, Volkhard, Organisations- und Strukturprobleme der auswärtigen Kulturpolitik und des akademischen Austauschs in den zwanziger und dreißiger Jahren, in: DÜWELL, Kurt, LINK, Werner (Hg.), Deutsche auswärtige Kulturpolitik seit 1871: Geschichte und Struktur, Köln u. a. 1981, S. 72–95.

LANOË, Élise, La réforme des diplomaties culturelles dans les années 1970: la RFA et la France sur le même chemin?, in: Allemagne d'aujourd'hui 183 (2008), S. 94–103.

LAPPENKÜPER, Ulrich, Der »Schlächter von Paris«: Carl-Albrecht Oberg als höherer SS- und Polizeiführer in Frankreich 1942–1944, in: MARTENS, Stefan, VAÏSSE, Maurice (Hg.), Frankreich und Deutschland im Krieg (November 1942–Herbst 1944). Okkupation, Kollaboration, Résistance, Bonn 2000, S. 129–143.

–, Die deutsch-französischen Beziehungen 1949–1963. Von der »Erbfeindschaft« zur »Entente élémentaire«, 2 Bde., München 2001.

–, Von der »Erbfeindschaft« zur »Erbfreundschaft«. Deutsch-französische Beziehungen zwischen Reichsgründung und Wiedervereinigung (1870–1990), in: Französisch heute 34/3 (2003), S. 220–236.

–, »Wunder unserer Zeit«. Konrad Adenauer und die Versöhnung mit Frankreich (1949–1963), in: ARETZ, Jürgen, BUCHSTAB, Günter, GAUGER, Jörg-Dieter (Hg.), Geschichtsbilder: Weichenstellungen deutscher Geschichte nach 1945, Freiburg 2003, S. 71–85.

–, Auswärtige Angelegenheiten: Auf dem Weg zu einer gleichgerichteten Haltung in Fragen gemeinsamen Interesses?, in: DEFRANCE, PFEIL (Hg.), Der Élysée-Vertrag, S. 101–125.

–, Ein »Mittelpunkt deutscher Kulturarbeit«. Das Deutsche Haus in der Cité universitaire de Paris (1950–1956), in: PFEIL (Hg.), Deutsch-französische Kultur- und Wissenschaftsbeziehungen, S. 257–279.

–, Die Außenpolitik der Bundesrepublik Deutschland 1949 bis 1990, München 2008.

LASSERRE, René, La digue de Cuxhaven, in: HARTWEG (Hg.), À Joseph Rovan, S. 102–103.

LAY, Franziska, Erbfeinde, Erbfreunde. Die deutsch-französischen Beziehungen zwischen 1870 und 1945 im Spiegel zeitgenössischer Literatur. Eine Ausstellung des Deutsch-Französischen Instituts Ludwigsburg, Ludwigsburg 2007.

LAYRITZ, Stephan, Der NATO-Doppelbeschluss. Westliche Sicherheitspolitik im Spannungsfeld von Innen-, Bündnis- und Außenpolitik, Frankfurt a.M. u. a. 1992.

LEE, Dong-Ki, Option oder Illusion? Die Idee einer nationalen Konföderation im geteilten Deutschland 1949–1990, Berlin 2010.

LEHMKUHL, Ursula, Diplomatiegeschichte als internationale Kulturgeschichte. Theoretische Ansätze und empirische Forschung zwischen historischer Kulturwissenschaft und soziologischem Institutionalismus, in: Geschichte und Gesellschaft 27 (2001), S. 394–423.

LEIMBACHER, Urs, Die unverzichtbare Allianz. Deutsch-französische sicherheitspolitische Zusammenarbeit 1982–1989, Baden-Baden 1992.

LEISSE, Olaf, Metaphysik und Realpolitik – Entwicklungspfade zu einer grenzenlosen europäischen Demokratie, in: SIEG, Martin, TIMMERMANN, Heiner (Hg.), Internationale Dilemmata und europäische Visionen. Festschrift zum 80. Geburtstag von Helmut Wagner, Berlin 2010, S. 35–51.

LEUCHTWEIS, Nicole, Deutsche Europapolitik zwischen Aufbruchstimmung und Weltwirtschaftskrise: Willy Brandt und Helmut Schmidt, in: MÜLLER-BRANDECK-BOCQUET, Gisela u. a. (Hg.), Deutsche Europapolitik von Adenauer bis Merkel, Wiesbaden ²2010, S. 67–117.

LIEB, Peter, Konventioneller Krieg oder Weltanschauungskrieg? Kriegführung und Partisanenbekämpfung in Frankreich 1943/44, München 2007.

LIND, Christoph, Die deutsch-französischen Gipfeltreffen der Ära Kohl-Mitterrand 1982–94. Medienspektakel oder Führungsinstrument, Baden-Baden 1998.

LINK, Werner, Thesen über Mittlerorganisationen in den deutschen auswärtigen Kulturbeziehungen, in: DÜWELL, Kurt, LINK, Werner (Hg.), Deutsche auswärtige Kulturpolitik seit 1871: Geschichte und Struktur, Köln u. a. 1981, S. 262–279.

–, Außen- und Deutschlandpolitik in der Ära Brandt 1969–1974, in: BRACHER, Karl-Dietrich, JÄGER, Wolfgang, LINK, Werner, Geschichte der Bundesrepublik Deutschland, Bd 5, Teil I: Republik im Wandel 1969–1974. Die Ära Brandt, Stuttgart 1986, S. 163–282.

–, Außen- und Deutschlandpolitik in der Ära Schmidt 1974–1982, in: JÄGER, Wolfgang, LINK, Werner, Geschichte der Bundesrepublik Deutschland, Bd. 5, Teil II: Republik im Wandel 1974–1982, Stuttgart 1987, S. 275–432.

–, Der lange Weg zum »geregelten Nebeneinander«. Die Deutschlandpolitik der Bundesrepublik Mitte der sechziger bis Mitte der siebziger Jahre, in: KLESSMANN, Christoph, MISSELWITZ, Hans, WICHERT, Günter (Hg.), Deutsche Vergangenheiten – eine gemeinsame Herausforderung. Der schwierige Umgang mit der doppelten Nachkriegsgeschichte, Berlin 1999, S. 97–114.

LINSENMANN, Andreas, Musik als politischer Faktor. Konzepte, Intentionen und Praxis französischer Umerziehungs- und Kulturpolitik in Deutschland 1945–1949/50, Tübingen 2010.

LOCH, Bernd, Der Deutsch-Französische Garten in Saarbrücken. Geschichte und Führer, Saarbrücken 2000.

LOTH, Wilfried, Einleitung, in: DERS., OSTERHAMMEL (Hg.), Internationale Geschichte, S. VII–XIV.

–, OSTERHAMMEL, Jürgen (Hg.), Internationale Geschichte. Themen, Ergebnisse, Aussichten, München 2000.

LÜSEBRINK, Hans-Jürgen, OSTER, Patricia (Hg.), Am Wendepunkt. Deutschland und Frankreich um 1945. Zur Dynamik eines »transnationalen« kulturellen Feldes, Bielefeld 2008.

MAASS, Kurt-Jürgen, Das deutsche Modell – die Mittlerorganisationen, in: DERS. (Hg.), Kultur und Außenpolitik, S. 269–280.

– (Hg.), Kultur und Außenpolitik. Handbuch für Studium und Praxis, Baden-Baden ²2009.

–, Überblick: Ziele und Instrumente der Auswärtigen Kulturpolitik, in: DERS. (Hg.), Kultur und Außenpolitik, S. 25–32.

MANFRASS, Klaus (Hg.), Paris-Bonn. Eine dauerhafte Bindung schwieriger Partner. Beiträge zum deutsch-französischen Verhältnis in Kultur, Wirtschaft und Politik seit 1949, Sigmaringen 1984.

MARCOWITZ, Reiner, Option für Paris? Unionsparteien, SPD und Charles de Gaulle 1958 bis 1969, München 1996.

–, Von der Diplomatiegeschichte zur Geschichte der internationalen Beziehungen: Methoden, Themen, Perspektiven einer historischen Teildisziplin, in: Francia 32/3 (2005), S. 75–100.

–, Der Deutsch-Französische Freundschaftsvertrag zwischen Mythos und Wirklichkeit, in: Frankreich-Jahrbuch 25 (2012), S. 49–62.

MARMETSCHKE, Katja, Mittlerpersönlichkeiten. Neuere biographische Arbeiten zur Mittlerfunktion zwischen Deutschland und Frankreich, in: Lendemains 25/98–99 (2000), S. 239–257.

–, Zwischen Feindbeobachtung und Verständigungsarbeit: Edmond Vermeil und die französische Germanistik in der Zwischenkriegszeit, in: BEILECKE, MARMETSCHKE (Hg.), Der Intellektuelle und der Mandarin, S. 503–526.

–, Feindbeobachtung und Verständigung. Der Germanist Edmond Vermeil (1878–1964) in den deutsch-französischen Beziehungen, Köln u. a. 2008.

MARTENS, Stefan (Hg.), Vom »Erbfeind« zum »Erneuerer«. Aspekte und Motive der französischen Deutschlandpolitik nach dem Zweiten Weltkrieg, Sigmaringen 1993.

MEHDORN, Margarete, Französische Kultur in der Bundesrepublik Deutschland. Politische Konzepte und zivilgesellschaftliche Initiativen 1945–1970, Köln u. a. 2009.

MEIMETH, Michael, Frankreichs Entspannungspolitik der 70er Jahre zwischen Status quo und friedlichem Wandel: die Ära Georges Pompidou und Valéry Giscard d'Estaing, Baden-Baden 1990.

MÉNUDIER, Henri, L'Allemagne à la télévision française en 1978 et 1979, in: Revue administrative de l'Est de la France 18 (1980), S. 49–74.

–, L'antigermanisme et la campagne française pour l'élection du Parlement européen, in: Études internationales 11/1 (1980), S. 97–131.

–, Deutschfeindlichkeit im französischen Wahlkampf zum Europäischen Parlament, in: DERS., Das Deutschlandbild der Franzosen in den 70er Jahren. Gesammelte Aufsätze 1973–1980, Bonn 1981, S. 218–234.

–, Valéry Giscard d'Estaing und die deutsch-französischen Beziehungen (1974–1981), in: Deutsche Studien 21 (1983), S. 259–282.

–, L'Allemagne à laquelle il croit, in: HARTWEG (Hg.), À Joseph Rovan, S. 95–101.

–, En l'honneur d'Alfred Grosser, in: DERS. (Hg.), La République fédérale d'Allemagne dans les relations internationales. En l'honneur d'Alfred Grosser, Brüssel 1990, S. 9–22.

–, Das Deutsch-Französische Jugendwerk: ein exemplarischer Beitrag zur Einheit Europas, Stuttgart u. a. 1991.

– (Hg.), Le couple franco-allemand en Europe, Asnières 1993.

–, Die Deutschlandbilder der Franzosen, in: TIEMANN, Dieter (Hg.), Die deutsche Frage im 19. und 20. Jahrhundert als west- und osteuropäisches Problem. Fachliche und didaktische Aspekte, Wiesbaden 1994, S. 123–163.

–, Die Deutschlandbilder der Franzosen 1974–1985, in: SÜSSMUTH, Hans (Hg.), Deutschlandbilder in Dänemark und England, in Frankreich und den Niederlanden, Baden-Baden 1996, S. 303–336.

–, La revue Documents et le BILD. Les articles des années 1945–1955, in: Passerelles et passeurs, S. 233–256.

–, Joseph Rovan. Les vies multiples d'un citoyen d'Europe, in: Documents 60/1 (2005), S. 102–118.

MEYER, Ahlrich, Die deutsche Besatzung in Frankreich 1940–1944. Widerstandsbekämpfung und Judenverfolgung, Darmstadt 2000.

–, Oradour 1944, in: UEBERSCHÄR, Gerd R. (Hg.), Orte des Grauens – Verbrechen im Zweiten Weltkrieg, Darmstadt 2003, S. 176–185.

MEYER-KALKUS, Reinhart, Le bureau parisien du DAAD, in: ESPAGNE, Michel, WERNER, Michael (Hg.), Les études germaniques en France (1900–1970), Paris 1994, S. 301–306.

MÉZIÈRES, Raïssa, Documents, revue des questions allemandes et de l'idée européenne, 1945–1949, in: Bulletin de l'institut Pierre-Renouvin 5 (1998), S. 33–50.

MIARD-DELACROIX, Hélène, Partenaires de choix? Le chancelier Helmut Schmidt et la France (1974–1982), Bern u. a. 1993.

–, Ungebrochene Kontinuität. François Mitterrand und die deutschen Kanzler Helmut Schmidt und Helmut Kohl 1981–1984, in: Vierteljahrshefte für Zeitgeschichte 47 (1999), S. 539–558.

–, Willy Brandt, Helmut Schmidt und François Mitterrand. Vom Komitee gegen »Berufsverbote« 1976 bis zum Streit um die Mittelstreckenraketen 1983, in: MÖLLER, VAÏSSE (Hg.), Willy Brandt und Frankreich, S. 231– 246.

–, Libertés et droit dans le débat sur la législation contre l'extrémisme dans l'Allemagne fédérale des années 1970, in: BÉHAGUE, Emmanuel, GOEDEL, Denis (Hg.), Une germanistique sans rivages. Mélanges en l'honneur de Frédéric Hartweg, Straßburg 2008, S. 388–397.

–, Im Zeichen der europäischen Einigung 1963 bis in die Gegenwart, Darmstadt 2011.

MICHELS, Eckard, Vom Glück der verspäteten Arbeitsaufnahme: Die Anfänge des Goethe-Instituts in Paris, in: Lendemains 26/103–104 (2001), S. 97–107.

–, Von der Deutschen Akademie zum Goethe-Institut. Sprach- und auswärtige Kulturpolitik 1923–1960, München 2005.

–, Zwischen Zurückhaltung, Tradition und Reform: Anfänge westdeutscher auswärtiger Kulturpolitik in den 1950er Jahren am Beispiel der Kulturinstitute, in: PAULMANN, Johannes (Hg.), Auswärtige Repräsentationen. Deutsche Kulturdiplomatie nach 1945, Köln 2005, S. 241–258.

–, Vom Deutschen Institut zum Goethe-Institut, in: PFEIL (Hg.), Deutsch-französische Kultur- und Wissenschaftsbeziehungen, S. 181–196.

MIQUEL, Marc von, Ahnden oder amnestieren? Westdeutsche Justiz und Vergangenheitspolitik in den sechziger Jahren, Göttingen 2004.

MÖLLER, Horst, Jacques Droz (1909–1998), in: Francia 28/3 (2001), S. 195–198.

–, Joseph Rovan (1918–2004), in: Francia 32/3 (2005), S. 195–199.

–, VAÏSSE, Maurice (Hg.), Willy Brandt und Frankreich, München 2005.

MOISEL, Claudia, Frankreich und die deutschen Kriegsverbrecher. Politik und Praxis der Strafverfolgung nach dem Zweiten Weltkrieg, Göttingen 2004.

–, Joseph Rovan: ein bürgerliches Leben im Zeitalter der Extreme, in: BAUER, Theresia u. a. (Hg.), Gesichter der Zeitgeschichte. Deutsche Lebensläufe im 20. Jahrhundert, München 2009, S. 115–132.

MORAVCSIK, Andrew, The Choice for Europe. Social Purpose and State Power from Messina to Maastricht, Cornell 1998.

MOREAU, Jean-Charles, Jugendarbeit und Volksbildung in der französischen Besatzungszone, in: VAILLANT (Hg.), Französische Kulturpolitik in Deutschland, S. 23–41.

MÜLLER, Guido, Europäische Gesellschaftsbeziehungen nach dem Ersten Weltkrieg. Das Deutsch-Französische Studienkomitee und der Europäische Kulturbund, München 2005.

MÜLLER, Ingo, Furchtbare Juristen. Die unbewältigte Vergangenheit unserer Justiz, München 1987.

MUSOLFF, Andreas, Die Terrorismus-Diskussion in Deutschland vom Ende der sechziger bis Anfang der neunziger Jahre, in: STÖTZEL, Georg, WENGELER, Martin, Kontroverse Begriffe. Geschichte des öffentlichen Sprachgebrauchs in der Bundesrepublik Deutschland, Berlin, New York 1995, S. 405–445.

NAKATH, Detlef, Das Dreieck Bonn – Ost-Berlin – Moskau. Zur sowjetischen Einflußnahme auf die Gestaltung der deutsch-deutschen Beziehungen (1969–1982), in: PFEIL, Ulrich (Hg.), Die DDR und der Westen. Transnationale Beziehungen 1949–1989, Berlin 2001, S. 99–115.

NARR, Wolf-Dieter, Bürger- und menschenrechtliches Engagement in der Bundesrepublik, in: ROTH, RUCHT (Hg.), Die sozialen Bewegungen in Deutschland seit 1945, S. 347–362.

NASS, Klaus Otto, Incertitudes allemandes, in: Dokumente 26/5–6 (1970), S. 287–294.

–, Der »Zahlmeister« als Schrittmacher? Die Bundesrepublik Deutschland in der Europäischen Gemeinschaft, in: Europa-Archiv 31/10 (1976), S. 325–336.

NIEDHART, Gottfried, Partnerschaft und Konkurrenz: Deutsche und französische Ostpolitik in der Ära Brandt und Pompidou, in: MIECK, Ilja, GUILLEN, Pierre (Hg.), Deutschland, Frankreich, Rußland – La France et l'Allemagne face à la Russie. Begegnungen und Konfrontationen, München 2000, S. 365–367.

–, Zustimmung und Irritationen: Die Westmächte und die deutsche Ostpolitik 1969/70, in: LEHMKUHL, Ursula, WURM, Clemens A., ZIMMERMANN, Hubert (Hg.), Deutschland, Großbritannien, Amerika. Politik, Gesellschaft und internationale Geschichte im 20. Jahrhundert. Festschrift für Gustav Schmidt zum 65. Geburtstag, Stuttgart 2003, S. 227–246.

–, Die Außenpolitik der Weimarer Republik, München [2]2006.

–, Ost-West-Entspannung aus amerikanischer, deutscher und französischer Sicht, in: METZGER, Chantal, KAELBLE, Hartmut (Hg.), Deutschland – Frankreich – Nordamerika: Transfers, Imaginationen, Beziehungen, Stuttgart 2006, S. 35–50.

NOLTE, Paul, Was ist Demokratie? Geschichte und Gegenwart, München 2012.

NOTZ, Anton, Die SPD und der NATO-Doppelbeschluss. Abkehr von einer Sicherheitspolitik der Vernunft, Baden-Baden 1990.

ORY, Pascal, SIRINELLI, Jean-François, Les intellectuels en France. De l'affaire Dreyfus à nos jours, Paris [3]2002.

OSTERHAMMEL, Jürgen, Transnationale Gesellschaftsgeschichte: Erweiterung oder Alternative?, in: Geschichte und Gesellschaft 27 (2001), S. 464–479.

PALAYRET, Jean-Marie, De la CECA au Comité des régions: le Conseil des communes et des régions d'Europe – un demi siècle de lobbying en faveur de l'Europe des régions, in: BITSCH, Marie-Thérèse (Hg.), Le fait régional de la construction européenne, Brüssel 2003, S. 85–113.

Passerelles et passeurs. Hommages à Gilbert Krebs et Hansgerd Schulte, Asnières 2002.

PATEL, Kiran Klaus, Europäisierung wider Willen. Die Bundesrepublik Deutschland in der Agrarintegration der EWG 1955–1973, München 2009.

PAULMANN, Johannes, Deutschland in der Welt: Auswärtige Repräsentationen und reflexive Selbstwahrnehmung nach dem Zweiten Weltkrieg – eine Skizze, in: HOCKERTS, Hans Günter (Hg.), Koordinaten deutscher Geschichte in der Epoche des Ost-West-Konflikts, München 2004, S. 63–78.

–, Auswärtige Repräsentationen nach 1945: Zur Geschichte der deutschen Selbstdarstellung im Ausland, in: DERS. (Hg.), Auswärtige Repräsentationen. Deutsche Kulturdiplomatie nach 1945, Köln 2005, S. 1–32.

PELLISSIER, Béatrice, L'antenne parisienne du DAAD à travers les archives de l'Auswärtiges Amt de Bonn jusqu'en 1939, in: BOCK, MEYER-KALKUS, TREBITSCH (Hg.), Entre Locarno et Vichy, S. 273–286.

PERELS, Joachim, Das juristische Erbe des »Dritten Reiches«. Beschädigungen der demokratischen Rechtsordnung, Frankfurt a.M., New York 1999.

PETERMANN, Sandra, Rituale machen Räume. Zum kollektiven Gedenken der Schlacht von Verdun und der Landung in der Normandie, Bielefeld 2007.

PETERS, Butz, Tödlicher Irrtum. Die Geschichte der RAF, Frankfurt a.M. ³2007.

PFEIL, Ulrich, Die »anderen« deutsch-französischen Beziehungen. Die DDR und Frankreich 1949–1990, Köln u. a. 2004.

–, Die Pariser DAAD-Außenstelle in der »Ära Schulte« (1963–1972). Die Institutionalisierung der transnationalen Wissenschaftskooperation in den westdeutsch-französischen Beziehungen, in: Francia 32/3 (2005), S. 51–74.

– (Hg.), Deutsch-französische Kultur- und Wissenschaftsbeziehungen im 20. Jahrhundert. Ein institutionengeschichtlicher Ansatz, München 2007.

–, »Dynamische, expansive Austauschpolitik auf allen akademischen Gebieten«. Die DAAD-Außenstelle in Paris (1963–1972), in: DERS. (Hg.), Deutsch-französische Kultur- und Wissenschaftsbeziehungen, S. 197–222.

–, Der Händedruck von Verdun: Pathosformel der deutsch-französischen Versöhnung, in: PAUL, Gerhard (Hg.), Das Jahrhundert der Bilder, Bd. 2: 1949 bis heute, Göttingen 2008, S. 498–505.

– (Hg.), Mythes et tabous des relations franco-allemandes au XXᵉ siècle. Mythen und Tabus der deutsch-französischen Beziehungen im 20. Jahrhundert, Bern 2012.

PICARD, Emmanuelle, Les réseaux du rapprochement franco-allemand dans les années 1950, in: HUDEMANN, MIARD-DELACROIX (Hg.), Wandel und Integration, S. 257–265.

PICHT, Robert, Städtepartnerschaften und deutsch-französische Beziehungen, in: BRÜSKE, Hans-Günter (Hg.), Städtepartnerschaften. Kulturelle Beziehungen, Bonn 1983, S. 16–20.

– u. a. (Hg.), Fremde Freunde. Deutsche und Franzosen vor dem 21. Jahrhundert, München ²2002.

PLOETZ, Michael, MÜLLER, Hans-Peter, Ferngelenkte Friedensbewegung? DDR und UdSSR im Kampf gegen den NATO-Doppelbeschluss, Münster 2004.

PLUM, Jacqueline, Jugend und deutsch-französische Verständigung. Die Entstehung des Deutsch-Französischen Vertrages und die Gründung des Deutsch-französischen Jugendwerkes, in: Francia 26/3 (1999), S. 77–108.

–, Französische Kulturpolitik in Deutschland 1945–1955. Jugendpolitik und internationale Begegnungen als Impulse für Demokratisierung und Verständigung, Wiesbaden 2007.

POIDEVIN, Raymond, Die Vernunftehe 1945–1975, in: DERS., BARIÉTY, Jacques, Frankreich und Deutschland. Die Geschichte ihrer Beziehungen 1815–1975, München 1982, S. 423–464.

–, Sur le malaise 1969–1974: questions de l'historien, in: MANFRASS (Hg.), Paris-Bonn, S. 236–240.

POIER, Klaus, Die Wahl des Europäischen Parlaments – auf dem Weg zu einem einheitlichen Wahlverfahren, in: BUSEK, Erhard, HUMMER, Waldemar (Hg.), Etappen auf dem Weg zu einer europäischen Verfassung, Wien u. a. 2004, S. 341–358.

PRAGER, Brad, The Haunted Screen (Again): The Historical Unconscious of Contemporary German Thrillers, in: COHEN-PFISTER, Laurel, WIENROEDER-SKINNER, Dagmar (Hg.), Victims and Perpetrators: 1933–1945. (Re)Presenting the Past in Post-Unification Culture, Berlin 2006, S. 296–315.

PRAUSER, Steffen, Mord in Rom? Der Anschlag in der Via Rasella und die deutsche Vergeltung in den Fosse Ardeatine im März 1944, in: Vierteljahrshefte für Zeitgeschichte 50/2 (2002), S. 269–301.

Putensen, Dörte, Die »Finnlandisierung« Finnlands, in: Bohn, Robert, Elvert, Jürgen (Hg.), Kriegsende im Norden, Stuttgart 1995, S. 281–294.

Quadflieg, Peter M., Rohrkamp, René (Hg.), Das »Massaker von Malmedy«. Täter, Opfer, Forschungsperspektiven: Ein Werkbuch, Aachen 2010.

Raether, Martin (Hg.), Maison Heinrich-Heine Paris 1956–1996. Quarante ans de présence culturelle, Bonn, Paris 1998.

Rahner, Mechtild, Die Intellektuellentreffen der Nachkriegszeit als Agentur der deutsch-französischen Verständigung, in: Lendemains 21/84 (1996), S. 96–109.

Reichardt, Sven, Große und Sozialliberale Koalition (1966–1974), in: Roth, Rucht (Hg.), Die sozialen Bewegungen in Deutschland seit 1945, S. 71–91.

Reichel, Peter, Vergangenheitsbewältigung in Deutschland. Die Auseinandersetzung mit der NS-Diktatur in Politik und Justiz, München [2]2007.

Requate, Jörg, Öffentlichkeit und Medien als Gegenstände historischer Analyse, in: Geschichte und Gesellschaft 25 (1999), S. 5–32.

Riess, Volker, Malmédy – Verbrechen, Justiz und Nachkriegspolitik, in: Wette, Wolfgang, Ueberschär, Gerd R. (Hg.), Kriegsverbrechen im 20. Jahrhundert, Darmstadt 2001, S. 247–258.

Rigoll, Dominik, Die Demokratie der anderen. Der Radikalenerlass von 1972 und die Debatte um die Berufsverbote. International vergleichende und transfergeschichtliche Aspekte, in: Calliess, Jörg (Hg.), Die Geschichte des Erfolgsmodells BRD im internationalen Vergleich, Loccum 2006, S. 173–177.

–, »Was täten Sie, wenn quer durch Paris eine Mauer wäre?«. Der Radikalenbeschluss von 1972 und der Streit um die westdeutschen Berufsverbote. Deutsch-deutsch-französische Verflechtungen, in: Timmermann, Heiner (Hg.), Historische Erinnerung im Wandel. Neuere Forschungen zur deutschen Zeitgeschichte unter besonderer Berücksichtigung der DDR-Forschung, Berlin 2007, S. 603–623.

–, »Herr Mitterrand versteht das nicht«. »Rechtsstaat« und »deutscher Sonderweg« in den deutsch-französischen Auseinandersetzungen um den Radikalenbeschluss 1975/76, in: Schulze, Detlef Georgia, Berghahn, Sabine, Wolf, Frieder Otto (Hg.), Rechtsstaat statt Revolution, Verrechtlichung statt Demokratie? Transdisziplinäre Analysen zum deutschen und spanischen Weg in die Moderne, Bd. 2: Die juristischen Konsequenzen, Münster 2010, S. 812–822.

Ritter, Henning, Art. »Normal, Normalität«, in: Ritter, Joachim, Gründer, Karlfried (Hg.), Historisches Wörterbuch der Philosophie, Bd. 6, Darmstadt 1984, S. 906–928.

Rivau, Hugues du, Souvenir de famille. Hommage à Jean du Rivau, fondateur de BILD-GÜZ, in: Dokumente/Documents 66/3 (2010), S. 31–33.

Roche, François, Das Goethe-Institut als Motor der deutsch-französischen Zusammenarbeit, in: Sartorius (Hg.), In dieser Armut – welche Fülle!, S. 222–225.

Rödder, Andreas, Die Bundesrepublik Deutschland 1969–1990, München 2004.

Rohrkamp, René, »Weltanschaulich gefestigte Kämpfer«. Die Soldaten der Waffen-SS 1933–1945. Organisation – Personal – Sozialstrukturen, Paderborn u. a. 2010.

Roik, Michael, Der NATO-Doppelbeschluss und die Veränderung des antiautoritären Konsenses in der Bundesrepublik Deutschland, in: Bracher, Karl Dietrich (Hg.), Politik, Geschichte, Kultur. Wissenschaft in Verantwortung für die »res publica«. Festschrift für Manfred Funke zum 70. Geburtstag, Bonn 2009, S. 65–76.

Roth, Roland, Rucht, Dieter (Hg.), Die sozialen Bewegungen in Deutschland seit 1945. Ein Handbuch, Frankfurt a.M. 2008.

ROWELL, Jay, SAINT-GILLE, Anne-Marie (Hg.), La société civile organisée aux XIXe et XXe siècles: perspectives allemandes et françaises, Villeneuve d'Ascq 2010.

RUCHT, Dieter, Von Zivilgesellschaft zu Zivilität: Konzeptuelle Überlegungen und Möglichkeiten der empirischen Analyse, in: FRANTZ, Christiane, KOLB, Holger (Hg.), Transnationale Zivilgesellschaft in Europa. Traditionen, Muster, Hindernisse, Chancen, Münster 2009, S. 75–102.

RÜCKER, Katrin, What Role for Europe in the International Arena of the Early 1970s? How France and Germany Were Able to Matter, in: GERMOND, Carine, TÜRK, Henning (Hg.), A History of Franco-German Relations in Europe. From »Hereditary Ennemies« to Partners, New York 2008, S. 211–221.

RUPPS, Martin, Helmut Schmidt. Politikverständnis und geistige Grundlagen, Bonn 1997.

SANDERS, Paul, Anatomie d'une implantation SS: Helmut Knochen et la police nazie en France 1940–1944, in: Revue d'histoire de la Shoa 165 (1999), S. 111–145.

SARTORIUS, Joachim (Hg.), In dieser Armut – welche Fülle! Reflexionen über 25 Jahre auswärtige Kulturpolitik des Goethe-Instituts, Göttingen 1996.

SATTLER, Julia, Nationalkultur oder europäische Werte? Britische, deutsche und französische Auswärtige Kulturpolitik zwischen 1989 und 2003, Wiesbaden 2003.

SAUZAY, Brigitte (Hg.), Vom Vergessen vom Gedenken. Erinnerungen und Erwartungen in Europa zum 8. Mai 1945, Göttingen 1995.

SCHÄFER, Frank L., Wehrhafte Demokratie. Ein Vergleich zwischen Weimar und Bundesrepublik, in: BRENNEISEN, Hartmut, STAACK, Dirk, KISCHEWSKI, Susanne (Hg.), 60 Jahre Grundgesetz, Berlin 2010, S. 197–214.

SCHEIPER, Stephan, Innere Sicherheit. Politische Anti-Terror-Konzepte in der Bundesrepublik Deutschland während der 1970er Jahre, Paderborn u. a. 2010.

SCHILD, Joachim, »Ganz normale Freunde«. Deutsch-französische Beziehungen nach 40 Jahren Élysée-Vertrag, Berlin 2003.

SCHMIDT, Jürgen, Zivilgesellschaft. Bürgerschaftliches Engagement von der Antike bis zur Gegenwart. Texte und Kommentare, Reinbek b. Hamburg 2007.

SCHMIDT, Manfred G., Das politische System der Bundesrepublik Deutschland, München 2005.

SCHMIDT-GERNIG, Alexander, Europa als Kontinent der Zukunft. Pierre Bertaux und die Zeitdiagnostik der 1960er Jahre, in: HOHLS, SCHRÖDER, SIEGRIST (Hg.), Europa und die Europäer: Quellen und Essays, S. 299–305.

SCHMITT, Burkard, Frankreich und die Nukleardebatte der Atlantischen Allianz 1956–1966, München 1998.

SCHMITT, Rüdiger, Die Friedensbewegung in der Bundesrepublik Deutschland. Ursachen und Bedingungen der Mobilisierung einer neuen sozialen Bewegung, Opladen 1990.

SCHMITZ, Christian M., Zwischen Mythos und Aufklärung: Deutschland in der außenpolitischen Berichterstattung der Zeitung Le Monde 1963 bis 1983. Eine Untersuchung von Kontinuität und Wandel französischer Deutschlandbilder unter Berücksichtigung der Presseorgane L'Express, Le Nouvel Observateur und France-Soir, Frankfurt a.M. u. a. 1990.

SCHNEIDER, Christoph, Der Warschauer Kniefall. Ritual, Ereignis und Erzählung, Konstanz 2006.

SCHNEIDER, Michael, Demokratie in Gefahr? Der Konflikt um die Notstandsgesetze: Sozialdemokratie, Gewerkschaften und intellektueller Protest (1958–1968), Bonn 1986.

SCHNEIDER, Wolfgang, Vom Export zum Netzwerk, vom Event zur Intervention. Zum Wandel Auswärtiger Kulturpolitik, in: DERS. (Hg.), Auswärtige Kulturpolitik. Dialog als Auftrag – Partnerschaft als Prinzip, Essen 2008, S. 13–31.

SCHREIBER, Gerhard, Deutsche Kriegsverbrechen in Italien. Täter, Opfer, Strafverfolgung, München 1996.

SCHRÖTTER, Hans Jörg, Das neue Europa. Idee, Politik, Zeitgeschichte in 200 Stichworten, Köln [3]2006.

SCHULTE, Hansgerd, Einleitung, in: DERS. (Hg.), Spiele und Vorspiele: Spielelemente in Literatur, Wissenschaft und Philosophie. Eine Sammlung von Aufsätzen aus Anlaß des 70. Geburtstages von Pierre Bertaux, Frankfurt a.M. 1978, S. 7–16.

–, Le messager: Joseph Rovan. Essai d'une biographie franco-allemande, in: KREBS, Gilbert (Hg.), Sept décennies de relations franco-allemandes 1918–1988: hommage à Joseph Rovan, Asnières 1989, S. 319–341.

–, Pierre Bertaux 1907–1986. Une esquisse biographique, in: BERTAUX, Pierre, Mémoires interrompus, hg. v. Hansgerd SCHULTE u. a., Asnières 2000, S. 273–280.

–, Joseph Rovan (1918–2004), in: BEILECKE, MARMETSCHKE (Hg.), Der Intellektuelle und der Mandarin, S. 453–459.

–, Robert Picht – eine europäische Biographie, in: BAASNER, Frank, KLETT, Michael (Hg.), Europa. Die Zukunft einer Idee. Robert Picht zum 70. Geburtstag, Darmstadt 2007, S. 277–283.

SCHULTE, Philipp H., Terrorismus und Anti-Terrorismusgesetzgebung. Eine rechtssoziologische Analyse, Münster 2008.

SCHULZ, Matthias, Vom »Atlantiker« zum »Europäer«? Helmut Schmidt, deutsche Interessen und die europäische Einigung, in: KÖNIG, Mareike, SCHULZ, Matthias (Hg.), Die Bundesrepublik Deutschland und die europäische Einigung 1949–2000. Politische Akteure, gesellschaftliche Kräfte und internationale Erfahrungen, Stuttgart 2004, S. 185–220.

SCHULZE WESSEL, Martin, Rapallo, in: FRANÇOIS, Étienne, SCHULZE, Hagen (Hg.), Deutsche Erinnerungsorte, München 2009, S. 537–551.

SCHWARZ, Hans-Peter (Hg.), Adenauer und Frankreich. Die deutsch-französischen Beziehungen 1958–1969, Bonn [2]1990.

–, Erbfreundschaft. Adenauer und Frankreich, Bonn, Berlin 1992.

–, Willy Brandt, Georges Pompidou und die Ostpolitik, in: MÖLLER, VAÏSSE (Hg.), Willy Brandt und Frankreich, S. 155–165.

SCHWIND, Hans-Dieter, Kriminologie. Eine praxisorientierte Einführung mit Beispielen, Heidelberg u. a. [20]2010.

SEIDENDORF, Stefan (Hg.), Deutsch-französische Beziehungen als Modellbaukasten? Zur Übertragbarkeit von Aussöhnung und strukturierter Zusammenarbeit, Baden-Baden 2012.

SEIFERT, Jürgen (Hg.), Die Spiegel-Affäre, 2 Bde., Olten 1966.

SIEDENTOPF, Heinrich, SPEER, Benedikt (Hg.), Deutschland und Frankreich in der europäischen Integration: »Motor« oder »Blockierer«?, Berlin 2011.

SIEDERSLEBEN, Wenke, PABEL, Tobias, Die historische Entwicklung der G7/G8: von Weltwirtschaftsgipfeln zu Gipfeln der »Weltinnenpolitik«, in: GSTÖHL, Sieglinde (Hg.), Global Governance und die G8. Gipfelimpulse für Weltwirtschaft und Weltpolitik, Münster u. a. 2003, S. 29–57.

SIGEL, Robert, Die Dachauer Prozesse, in: GÖTTLER, Norbert (Hg.), Nach der »Stunde Null«. Stadt und Landkreis Dachau 1945 bis 1949, München 2008, S. 178–193.

SIMON, Vera Caroline, Gefeierte Nation. Erinnerungskultur und Nationalfeiertag in Deutschland und Frankreich seit 1990, Frankfurt a.M., New York 2010.

SLOTERDIJK, Peter, Theorie der Nachkriegszeiten. Bemerkungen zu den deutsch-französischen Beziehungen seit 1945, Frankfurt a.M. 2008.

SONNABEND, Gaby, Pierre Viénot (1897–1944). Ein Intellektueller in der Politik, München 2005.

SONTHEIMER, Michael, »Natürlich kann geschossen werden«. Eine kurze Geschichte der Roten Armee Fraktion, München 2010.

SOUTOU, Georges-Henri, L'alliance incertaine. Les rapports politico-stratégiques franco-allemands 1954–1996, Paris 1996.

–, Les accords de Paris. Une étape diplomatique traduisant les mutations européennes des années cinquante, in: HUDEMANN, MIARD-DELACROIX (Hg.), Wandel und Integration, S. 41–52.

–, Willy Brandt, Georges Pompidou et l'Ostpolitik, in: MÖLLER, VAÏSSE (Hg.), Willy Brandt und Frankreich, S. 121–154.

–, Staatspräsident Valéry Giscard d'Estaing und die deutsche Frage, in: HILDEBRAND, Klaus, WENGST, Udo, WIRSCHING, Andreas (Hg.), Geschichtswissenschaft und Zeiterkenntnis von der Aufklärung bis zur Gegenwart. Festschrift zum 65. Geburtstag von Horst Möller, München 2008, S. 373–382.

–, Mitläufer der Allianz? Frankreich und der NATO-Doppelbeschluss, in: GASSERT, Philipp, GEIGER, Tim, WENTKER, Hermann (Hg.), Zweiter Kalter Krieg und Friedensbewegung. Der NATO-Doppelbeschluss in deutsch-deutscher und internationaler Perspektive, München 2011, S. 363–376.

SPERNOL, Boris, Notstand der Demokratie. Der Protest gegen die Notstandsgesetze und die Frage der NS-Vergangenheit, Essen 2008.

SPRANGER, Tade Matthias, BVerfGE 39, 334ff. – Extremisten. Zur Einstellung von politisch Radikalen in den Öffentlichen Dienst, in: MENZEL, Jörg (Hg.), Verfassungsrechtsprechung. Hundert Entscheidungen des Bundesverfassungsgerichts in Retrospektive, Tübingen 2000, S. 254–259.

STANAT, Markus, Die französische Nationalversammlung und die Europäische Union. Zwischen parlamentarischer Tradition und europäischer Integration, Wiesbaden 2006.

STARON, Joachim, Fosse Ardeatine und Marzabotto: Deutsche Kriegsverbrechen und Resistenza. Geschichte und nationale Mythenbildung in Deutschland und Italien (1944–1999), Paderborn u. a. 2002.

STÖBER, Rudolf, Deutsche Pressegeschichte. Von den Anfängen bis zur Gegenwart, Konstanz ²2005.

STÖVER, Bernd, Die Befreiung vom Kommunismus. Amerikanische »Liberation Policy« im Kalten Krieg 1947–1991, Köln u. a. 2002.

–, Der Kalte Krieg. Geschichte eines radikalen Zeitalters 1947–1991, München 2011.

STOLL, Ulrike, Kulturpolitik als Beruf. Dieter Sattler (1906–1968) in München, Bonn und Rom, Paderborn u. a. 2005.

STRAUSS, Gerhard, HASS, Ulrike, HARRAS, Gisela, Brisante Wörter von Agitation bis Zeitgeist, Berlin, New York 1989.

STRICKMANN, Martin, L'Allemagne nouvelle contre l'Allemagne éternelle. Die französischen Intellektuellen und die deutsch-französische Verständigung 1944–1950, Frankfurt a.M. u. a. 2004.

–, Französische Intellektuelle als deutsch-französische Mittlerfiguren 1944–1950, in: LÜSEBRINK, OSTER (Hg.), Am Wendepunkt, S. 17–47.

SUSINI, Jean-Luc, Reims als historischer Ort, in: MÖLLER, Horst, MORIZET, Jacques (Hg.), Deutsche und Franzosen. Orte der gemeinsamen Geschichte, München 1996, S. 238–262.

TERHOEVEN, Petra, Deutscher Herbst in Italien. Die italienische Linke und die »Todesnacht von Stammheim«, in: DIES. (Hg.), Italien, Blicke. Neue Perspektiven der italienischen Geschichte des 19. und 20. Jahrhunderts, Göttingen 2010, S. 185–208.

THADDEN, Rudolf von, KAUDELKA, Steffen (Hg.), Erinnerung und Geschichte 60 Jahre nach dem 8. Mai 1945, Göttingen 2006.

THIELE, Martina, Publizistische Kontroversen über den Holocaust im Film, Berlin [2]2007.

THIESSEN, Hillard von, WINDLER, Christian (Hg.), Akteure der Außenbeziehungen. Netzwerke und Interkulturalität im historischen Wandel, Köln u. a. 2010.

TROMMER, Siegfried Johannes, Die Mittlerorganisationen der auswärtigen Kulturpolitik, Tübingen 1984.

TROUILLET, Bernard, Das deutsch-französische Verhältnis im Spiegel von Kultur und Sprache, Weinheim, Basel 1981.

URFF, Winfried von, Agrarpolitik und Währungsentwicklung, in: PRIEBE, Hermann (Hg.), Die agrarwirtschaftliche Integration Europas, Baden-Baden 1979, S. 41–67.

VAILLANT, Jérôme (Hg.), Französische Kulturpolitik in Deutschland 1945–1949. Berichte und Dokumente, Konstanz 1984.

VAÏSSE, Maurice, Internationale Politik und deutsch-französische Beziehungen im zweiten Halbjahr 1967, in: HILDEBRAND, Klaus, WENGST, Udo, WIRSCHING, Andreas (Hg.), Geschichtswissenschaft und Zeiterkenntnis von der Aufklärung bis zur Gegenwart. Festschrift zum 65. Geburtstag von Horst Möller, München 2008, S. 365–371.

VIGNAL, Marc, Joseph Rovan et Peuple et culture, in: Documents 60/1 (2005), S. 73–76.

VOLZ, Gerhard, Die Organisationen der Weltwirtschaft, München 2000.

VOSS, Jürgen, WERNER, Karl Ferdinand, Bericht über die Aktivität des DHI Paris im Jahre 1980, in: Francia 8 (1980), S. 948–967.

WAECHTER, Matthias, Helmut Schmidt und Valéry Giscard d'Estaing. Auf der Suche nach Stabilität in der Krise der 1970er Jahre, Bremen 2011.

WEBER, Adolf, Die deutsch-französische Zusammenarbeit in den Ingenieurwissenschaften. Intervention für die deutsche Sektion des Büros GE-TH (Grandes Écoles – Technische Hochschulen), in: COHEN, Yves, MANFRASS, Klaus (Hg.), Frankreich und Deutschland. Forschung, Technologie und industrielle Entwicklung im 19. und 20. Jahrhundert, München 1990, S. 100–101.

WEBER, Gabriele, Die europapolitische Rolle der Bundesrepublik Deutschland aus Sicht ihrer EG-Partner: deutscher Sonderweg oder europäische Musterrolle?, Bonn 1984.

WEBER, Petra, Carlo Schmid 1896–1979. Eine Biographie, München 1996.

WEGNER, Bernd, Hitlers Politische Soldaten: Die Waffen-SS 1933–1945. Leitbild, Struktur und Funktion einer nationalsozialistischen Elite, Paderborn u. a. [9]2010.

WEHLER, Hans-Ulrich, Moderne Politikgeschichte oder »Große Politik der Kabinette«?, in: Geschichte und Gesellschaft 1 (1975), S. 344–369.

–, Deutsche Gesellschaftsgeschichte, Bd. 5: Bundesrepublik und DDR 1949–1990, München 2008.

WEINACHTER, Michèle, Valéry Giscard d'Estaing et l'Allemagne. Le double rêve inachevé, Paris 2004.

–, Le tandem Valéry Giscard d'Estaing – Helmut Schmidt et la gouvernance européenne, in: LOTH, Wilfried (Hg.), La gouvernance supranationale dans la construction européenne, Brüssel 2005, S. 205–238.

–, Franco-German Relations in the Giscard-Schmidt Era 1974–81, in: GERMOND, Carine, TÜRK, Henning (Hg.), A History of Franco-German Relations in Europe. From »Hereditary Ennemies« to Partners, New York 2008, S. 223–233.

WEINHAUER, Klaus, REQUATE, Jörg, HAUPT, Heinz-Gerhard (Hg.), Terrorismus in der Bundesrepublik. Medien, Staat und Subkulturen in den 1970er Jahren, Frankfurt a.M., New York 2006.

WEINKE, Annette, »Alliierter Angriff auf die nationale Souveränität«? Die Strafverfolgung von NS-Verbrechen in der Bundesrepublik, der DDR und Österreich, in: FREI, Norbert (Hg.), Transnationale Vergangenheitspolitik. Der Umgang mit den deutschen Kriegsverbrechern in Europa nach dem Zweiten Weltkrieg, Göttingen 2006, S. 37–93.

–, Eine Gesellschaft ermittelt gegen sich selbst. Die Geschichte der Zentralen Stelle Ludwigsburg 1958–2008, Darmstadt ²2009.

WEISENFELD, Ernst, Ostpolitik und deutsche Frage: Französische Initiativen und deutsche Ostpolitik, in: MANFRASS (Hg.), Paris-Bonn, S. 247–259.

–, Welches Deutschland soll es sein? Frankreich und die deutsche Einheit seit 1945, München 1986.

–, Frankreich und die deutsche Ostpolitik, in: KNIPPING, Franz, WEISENFELD, Ernst (Hg.), Eine ungewöhnliche Geschichte. Deutschland-Frankreich seit 1870, Bonn 1988, S. 177–186.

WENKEL, Christian, Entre normalisation et continuité. La politique étrangère de la France face à la RDA, in: Francia 36 (2009), S. 231–249.

WETTE, Wolfram, Von der Anti-Atombewegung zur Friedensbewegung (1958–1984), in: SALEWSKI, Michael (Hg.), Das nukleare Jahrhundert. Eine Zwischenbilanz, Stuttgart 1998, S. 174–187.

WETZEL, Juliane, Italien, in: BENZ, Wolfgang, DISTEL, Barbara (Hg.), Der Ort des Terrors. Geschichte der nationalsozialistischen Konzentrationslager, Bd. 9: Arbeitserziehungslager, Ghettos, Jugendschutzlager, Polizeihaftlager, Sonderlager, Zigeunerlager, Zwangsarbeiterlager, München 2009, S. 292–312.

WIEGREFE, Klaus, Das Zerwürfnis: Helmut Schmidt, Jimmy Carter und die Krise der deutsch-amerikanischen Beziehungen, Berlin 2005.

WILD, Christiane, Der Bundestagswahlkampf 1976, Mannheim 1980.

WILKE, Karsten, Die »Hilfsgemeinschaft auf Gegenseitigkeit« (HIAG) 1950–1990. Veteranen der Waffen-SS in der Bundesrepublik, Paderborn u. a. 2011.

WILKENS, Andreas, Der unstete Nachbar. Frankreich, die deutsche Ostpolitik und die Berliner Vier-Mächte-Verhandlungen 1969–1974, München 1990.

–, Archivführer Paris – 19. und 20. Jahrhundert. Zentrale Bestände zu Politik, Wirtschaft und Gesellschaft in Archiven und Bibliotheken, Sigmaringen 1997.

–, Retour à Rapallo. À propos d'un mythe qui vient de loin, in: PFEIL (Hg.), Mythes et tabous des relations franco-allemandes, S. 87–110.

– (Hg.), Le plan Schuman dans l'histoire. Intérêts nationaux et projet européen, Brüssel 2004.

WILLIS, F. Roy, Deutschland, Frankreich und Europa, in: HANRIEDER, Wolfram F., RÜHLE, Hans (Hg.), Im Spannungsfeld der Weltpolitik. 30 Jahre deutsche Außenpolitik (1949–1979), Stuttgart 1981, S. 159–181.

WINKLER, Willi, Die Geschichte der RAF, Berlin 2007.

WINOCK, Michel, Das Jahrhundert der Intellektuellen, Konstanz 2003.

WINTZEN, René, Private und persönliche Initiativen in der französischen Besatzungszone. Die Zeitschriften »Documents« und »Dokumente«, »Vent debout« und »Verger«, in: VAILLANT (Hg.), Französische Kulturpolitik in Deutschland, S. 143–151.

–, Le rôle des »services d'éducation populaire« et des initiatives privées (rencontres franco-allemandes d'écrivains, Documents/Dokumente), in: JURT, Joseph (Hg.), Von der Besatzungszeit zur deutsch-französischen Kooperation, Freiburg 1993, S. 209–224.

WIRSCHING, Andreas, Internationale Beziehungen, in: EIBACH, Joachim, LOTTES, Günther (Hg.), Kompass der Geschichtswissenschaft, Göttingen 2002, S. 112–125.

WIRTH, Maria, Christian Broda. Eine politische Biographie, Göttingen 2011.

WISTRICH, Robert S., Who's Who in Nazi Germany, London 2002.

WOLFRUM, Edgar, Die Besatzungsherrschaft der Franzosen 1945 bis 1949 in der Erinnerung der Deutschen, in: Geschichte in Wissenschaft und Unterricht 46 (1995), S. 567–584.

–, Die französische Politik im besetzten Deutschland. Neue Forschungen, alte Klischees, vernachlässigte Fragen, in: Hochstuhl, Kurt (Hg.), Deutsche und Franzosen im zusammenwachsenden Europa 1945–2000, Stuttgart 2003, S. 61–72.

–, Aufruhr und Zuversicht, in: Die Zeit, 23.02.2006 (Beilage »60 Jahre Die Zeit – 60 Jahre Zeitgeschichte 1946–2006«), S. 4–17.

–, Die geglückte Demokratie. Geschichte der Bundesrepublik Deutschland von ihren Anfängen bis zur Gegenwart, Stuttgart 2006.

–, ARENDES, Cord, Globale Geschichte des 20. Jahrhunderts, Stuttgart 2007.

–, Der Élysée-Vertrag, in: HEINEN, HÜSER (Hg.), Tour de France, S. 499–503.

WOLLER, Hans, Vom Mythos der schleichenden Entfremdung, in: RUSCONI, Gian Enrico, SCHLEMMER, Thomas, WOLLER, Hans (Hg.), Schleichende Entfremdung? Deutschland und Italien nach dem Fall der Mauer, München 2008, S. 17–24.

WOYKE, Wichard, Frankreichs Außenpolitik von de Gaulle bis Mitterrand, Opladen 1987.

ZAUNER, Stefan, Erziehung und Kulturmission. Frankreichs Bildungspolitik in Deutschland 1945–1949, München 1994.

ZERVAKIS, Peter A., GOSSLER, Sébastien von, 40 Jahre Élysée-Vertrag: Hat das deutsch-französische Tandem noch eine Zukunft?, in: Aus Politik und Zeitgeschichte 3–4 (2003), S. 6–13.

ZIEBURA, Gilbert, Die deutsch-französischen Beziehungen seit 1945. Mythen und Realitäten, Stuttgart 1997.

ZIMMERMANN, Marita, Kultur: Culture. Zum Verhältnis zwischen Deutschen und Franzosen. Eine Analyse des gepflegten Kulturaustauschs, Frankfurt a.M. 1995.

ZNINED-BRAND, Victoria, Deutsche und französische auswärtige Kulturpolitik. Eine vergleichende Analyse. Das Beispiel der Goethe-Institute in Frankreich sowie der Instituts und Centres culturels in Deutschland seit 1945, Frankfurt a.M. 1999.

ZÖLLER, Mark A., Terrorismusstrafrecht. Ein Handbuch, Heidelberg u. a. 2009.

ZOLL, Ralf, Der »Radikalenerlass«, in: IMBUSCH, Peter, ZOLL, Ralf (Hg.), Friedens- und Konfliktforschung. Eine Einführung, Wiesbaden ⁵2010, S. 485–509.

25 ans prix Gay-Lussac-Humboldt. 25 Jahre Gay-Lussac-Humboldt-Preis, hg. v. der Alexander von Humboldt-Stiftung u. dem Ministère de l'Enseignement supérieur et de la Recherche, Paris, Straßburg 2008.

Personenregister

www.ingramcontent.com/pod-product-compliance
Lightning Source LLC
Chambersburg PA
CBHW031930090426
42811CB00002B/138